賈二强　主編

陝西師範大學國際長安學研究院

長安學研究文獻匯刊·考古編·金石卷

第五輯

科學出版社

内容簡介

本書匯編清代金石著作《潛研堂金石文字目録》《潛研堂金石文跋尾》《曝書亭金石文字跋尾》《兩漢金石記》四種，希冀爲長安學、地方史、學術史及中國古代文化研究提供資料，以促進學術研究及社會文化的發展。

本書可供文獻學、中國古代史專業學者及相關專業本科生、研究生學習、參考。

圖書在版編目(CIP)數據

長安學研究文獻匯刊. 考古編. 金石卷. 第五輯 / 賈二强主編. —北京：科學出版社，2018.8

ISBN 978-7-03-054676-0

Ⅰ. ①長…　Ⅱ. ①賈…　Ⅲ. ①長安（歷史地名）-文化史-文集 ②金石學-中國-文集　Ⅳ. ①K294. 11-53 ②K877. 24-53

中國版本圖書館 CIP 數據核字（2017）第240146號

責任編輯：范鵬偉 / 責任校對：王媛
責任印製：張克忠 / 封面設計：黄華斌

編輯部電話：010-64011837
E-mail:yangjing@mail. sciencep. com

科學出版社 出版
北京東黄城根北街 16 號
郵政編碼：100717
http://www.sciencep.com
北京匯瑞嘉合文化發展有限公司 印刷
科學出版社發行　各地新華書店經銷
*
2018 年 8 月第　一　版　開本：889 × 1194　1/16
2018 年 8 月第一次印刷　印張：44 3/4
字數：750 000
定價：389.00元
（如有印裝質量問題，我社負責調换）

《長安學研究文獻匯刊·考古編·金石卷》編輯委員會

主　任：甘　暉

副主任：蕭正洪　高子偉

委　員：（按姓氏筆畫排列）

王其禕　王雪玲　何志龍　周曉薇　姚若俠　黄留珠　黄壽成　張懋鎔　賈二强　趙世超

主　編：賈二强

編　輯：李　燉

前言

金石文獻上古時即已出現，指以青銅器爲主的金屬器具以及石磚陶器作爲載體的文字、辭句或篇章，是除了竹木簡牘、絲帛、紙質載體形態文獻之外，中國古代文獻的另一重要淵藪，其包涵的歷史文化信息，具有其他形態不可替代的作用，因此受到歷來學者們的高度重視。作爲一個系統並有著自身學理的學科——金石學，其興始於北宋，劉敞《先秦古器記》、歐陽修《集古録》、趙明誠《金石録》，確立了據金石保存文獻、考訂史籍的學術傳統；至南宋時期獲得巨大發展，出現專録漢碑的洪适《隸釋》、備録全國石刻目録的王象之《輿地碑目》、陳思《寶刻類編》，偏於記録書家石刻的佚名《寶刻叢編》，專録古器物的王黼《宣和博古圖》、王俅《嘯堂集古録》和主要著録商周青銅器銘文的薛尚功《歷代鐘鼎彝器款識法帖》等，諸體大致齊備，表明是時金石之學已基本成熟。

元明兩朝，受空談心性、不務實學的學術風氣影響，加之金石器物出土較少之故，經歷了一個相對沉寂的時期。其間雖仍時有金石學者與著作，如元代之吾丘衍《周秦刻石釋音》、楊鈞《增廣鐘鼎篆韻》、潘昂霄《金石例》，明楊慎《石鼓文音釋》、盛時泰《蒼潤軒碑跋》、都穆《金薤琳琅》、趙崡《石墨鐫華》等，或訂石刻之音訓，或采石刻古文奇字，或述碑碣之製作義例，間有考訂經史者，然多疏漏舛謬，罕有新見。

明末清初金石學再度勃興。清代前期中期，經過顧炎武、朱彝尊、錢大昕、畢沅、孫星衍、王昶、阮元等著名學者的宣導，到嘉慶、道光間金石學成爲顯學。有清一代，搜討、收藏、鑒賞、研究金石的風氣盛行不衰，有關金石的著述層出不窮，研究成果蔚爲大觀，重要著述達1000多部。其研究方法雖難出宋人窠臼，研究範圍却已全面擴大，體例亦更臻完善，既有存目、録文、摹圖、摹字等環節的材料整理，又有通過題跋方式從内容上進行經史、小學、義例等方面的考訂闡發；既有專門研究，又有通論；既有地域研究之分，又有全面總括。

在金石學研究中，『陝西』是一個特殊區域。關中作爲周秦漢唐故都之所在，碑碣吉金文字之富甲於海内，商周青銅器，秦漢瓦當，唐代昭陵、宋代碑林碑石，匯集了一大批寶貴的金石文獻。加之歷代不時有新的金石出土，因此自北宋以來，陝西一直是金石學家青睞的一方寶地，如吉金之學的開山之作北宋劉敞《先秦古器記》，就是作者根據他在陝西任職期間所獲古器而作；而第一部專記一地金石的北宋田概《京兆金石録》，則是記録長安古碑所在的著作。明末清初以來，更是形成了長久不衰的訪古求碑熱潮。

前代金石著録雖詳於古，直到清代中葉，元明以下金石都不大受到學者關注，然陝西正是漢唐碑石的集中之地，以此在歷代金石著作中，對陝西金石的研究占有很大比重。以清人名家著作爲例，顧炎武《金石文字記》有一半左右的篇幅記録秦地金石，朱彝尊《曝書亭金石文跋尾》、錢大昕《潛研堂金石文跋尾》、王昶《金石萃編》等也分别有三分之一左右的内容爲陝西金石。又有多種專以秦地金石爲研究對象的著作，如朱楓《雍州金石記》、畢沅《關中金石記》、毛鳳枝《關中金石存逸考》，等等，約有數十種之多。

陝西金石學在整個金石學研究中占有極其重要的地位，自宋至清也經歷了幾個不同的發展階段，呈現不同的特色。

金石文字，可資正經訂史，可評其文之優劣，亦可賞其書體之美。然自劉敞《先秦古器記自序》中提出古器研究有明其制度、正其文字、次其世謚三法，歐陽修在《集古録目序》中指出金石『可與史傳正其闕謬』，趙明誠《金石録序》稱『蓋史牒出於後人之手，不能無失，而刻詞當時所立，可信不疑』，以《集古録》『是正訛謬，有功於後學甚大』，之後論金石者多以『正經補史』爲研究宗旨，爲清代金石考據學的繁榮奠定了基礎。

元明學風空疏，然就陝西地區而言，由於受關學影響，研究風氣稍有不同。明代關中大儒吕柟繼承北宋張載理學傳統，以『文必載道，行必顧言』爲號召，高揚『關學』的旗幟，使『關中自古稱理學之邦』不僅引爲鄉里之榮，也成爲天下公論。關學一向講求經世尚用，强調實踐功夫，影響及於金石之學，形成一種重實地考察，注重金石文獻可靠性的研究風氣。被錢謙益譽爲『關中汲古二士』的趙崡與郭宗昌是其中的典型代表，其金石著作《石墨鐫華》、《金石史》，發論雖然未脱明人空疏積習，但因有著親身實地訪碑著録的研究基礎，所以多能糾正宋人因僅據拓本或輾轉傳抄而導致的文本和考訂失誤。

清初顧炎武、黄宗羲等前明遺老治學以返孔孟真淳爲要旨，大力提倡『經世致用』之學，金石作爲『實學』之一類，重新受到學人關注。顧炎武首開風氣，提倡金石考訂的學術觀念，正與關學的學術風氣相契合。他多次前往關中，晚年定居於陝，整理刊刻了其一系列金石著作，揭示金石可資考證的意義，一開清代金石考據學的先聲，因此可以説，清初金石學的復興實與陝西的學術同氣相求，密切關聯。這一時期關中本土學者，如王弘撰等人的研究興趣却多在金石書法，他們倡導漢碑，其尊碑抑帖的主張對後來的碑學有很大影響，於清代金石學重考據的主流研究之外别開生面。

乾嘉時期漢學發展至高峰，陝西的金石研究在這一時期也發生至關重要的一大變局，對於整個金石學的發展産生很大影響。畢沅是乾嘉學派的領軍人物之一，乾隆三十六年至五十年（1771–1785），其涖陝爲官，位至封疆大吏，且究心於金石之學，將政治權力廣施於學術研究，故群賢畢至，少長咸集，一時蔚爲大觀，也成就了陝西金石學之高峰。畢沅對於陝西金石的研究成就，主要有三：一是有組織地、大規模地搜訪金石，修護金石文物。這一方面促使了金石器物在這個時期的大量出土，同時也使很多金石文物，如碑林、昭陵等得到了很好的修繕保護。二是組織幕府學者編撰方志金石志。宋代方志中金石的相關内容多收録在藝文、碑記或其他相近門類之下，直到明末《吴興備志》『金石』方首次作爲一級類目出現在方志中，然而這種做法仍屬偶然，到清初此種局面未有太大改觀，設立金石類目的方志屈指可數。而畢沅在陝共編纂方志 28 種，設有『金石』門類者达 13 種，且其中 11 種爲一級類目，這種爲金石立志的做法大大提升了金石的學術地位，對於乾嘉時期金石學科格局的確立有奠基之功。三是這類金石專書和金石志，十分純熟地運用金石文字以考經訂史，使得這一宋人提出、在清初由顧炎武倡導的金石考據的學術方法，在此時演變成爲金石之學的主流，同時也使之廣泛推及文字學、音韻學等研究領域，取得了多方面的卓越成就。此外，畢沅陝西幕府中培養出一大批金石學者，如嚴長明、孫星衍、錢坫等，均在金石學研究上取得了不凡的成績。

道光以降，漢學高潮漸至消歇，風光不再，陝西金石學也後繼乏力，故其學漸入低谷。然篳路藍縷，遺風尚存，學人仍孜孜以求，其學術風貌雖蹈其舊，然拾遺補闕，求全求真，精化深化，亦成一時之特色。其中傳統金石考據方面，集大成者則屬毛鳳枝無疑。毛氏長期居陝，遍搜關中金石文字，著成《關中金石文字存逸考》《金石萃編補遺》《古誌石華續編》《關中金石文字古逸考》及《關中金石文字古存考》諸書，以傳統金石考據的方法，對關中遺留金石文獻做了精深考證，堪稱清末陝西金石學的代表。然因其生涯寥落，《關中金石文字古逸考》、《關中金石文字古存考》兩種不知存世與否，其《關中金石文字存逸考》、《金石萃編補遺》、《古誌石華續編》三書，幸得其門生顧家相、顧燮光父子前後歷數十年之功，在毛氏身後梓行於世。

陝西擁有深厚的金石學傳統，充分利用這類豐富的學術資源，對於長安學、地方史、學術史乃至中國古代歷史文化的研究，具有無可替代的價值。由於成書時代綿長，各類文獻性質各異，保存狀況複雜，利用這些材料存在種種不便。有鑒於此，本編意在將歷代陝西金石文獻匯爲一編，俾其爲當今社會文化發展發揮應有的作用。

本編所收宋至清末民初陝西金石文獻120餘種，基本涵蓋傳統金石之學的目録、録文、題跋考訂、義例、摹圖、方志相關金石部分等主要類别，賞鑒品評書法藝術之帖學類前代即爲别途，近世之影印則多入現代學術，因而未予收録。各書如有不同版本則以文本完足文字精審可以信據爲主要准的，而前代所謂珍罕秘本，則非主要考慮因素。

編輯過程中，國家圖書館、陝西師範大學圖書館慨允提供資料，俾全書得以成編，謹致衷心感謝。

時間匆迫，思慮未周，所在差謬，尚乞學人讀者指正。

陝西省2011協同創新中心

陝西師範大學國際長安學研究院

（李向菲執筆　賈二强審定）

二〇一六年十月

目録

金石文字目錄

潛研堂金石文字目錄卷一　　嘉定錢氏收藏

三代

岣嶁山銘 在長沙府嶽麓寺 存其一 會稽江寍皆有翻刻本今

殷比干墓銅盤銘 在汲縣

吉日癸巳四字 在贊皇縣

石鼓文 在京師國子監

焦山鼎銘 在丹徒縣焦山

曶鼎銘 在蘇州府靈巖山畢氏祠

卯敦銘

周公華鐘銘 在河間紀氏

西宮槃銘 在楊州府

孔子題吳季子墓字 唐大歷十四年蕭定重刻有張從申跋 在丹陽縣

孔子題殷比干墓字 在汲縣

芊子戈銘

敔戟銘

秦

琅邪臺刻石 在諸城縣

泰山刻石 在泰山頂碧霞元君廟今亾

又翻刻本 在泰安府城內東嶽廟

嶧山刻石 西安本 宋鄭文寶摹刻有記正書 淳化四年八月

又嶧縣本 元至元二十九年三月摸刻

又江寍本 元李處巽摸刻有記篆書 至元癸巳五月 朱天與跋行書

漢

魯孝王刻石 八分書 五鳳二年六月 在曲阜縣孔廟

海鹽甎字 五鳳三年 在海鹽縣

漢瓦當字 篆書

漢并天下 二　長生未央 八

長樂未央 九　與天無極 三

與天毋極 三　長生無極 九

延年益壽 二　永奉無疆 三

千秋萬歲 三　億年無疆 一

永年口口　長安寍慶 一

高安萬世 一　長毋相忘 一

蘭池宮當 一　衛 三

上林農官 一

都司空瓦 一

上林 三

右空 三

維天降靈延元萬年天下康寍 一

大廿五 一

萬物咸成 一
漢甎長生未央字 篆書 一甎分五列每交縫處俱有此四字
漢鏡銘
上谷府卿墳壇 篆書 居攝二年三月 在曲阜縣孔廟
祝其卿墳壇 篆書 居攝二年三月 在曲阜縣孔廟
漢中太守鄐君開褒余道碑 八分書 永平六年 在褒城縣北石門
慮虒銅尺銘字 篆書 建初六年八月 在曲阜縣孔氏
中嶽太室神道石闕銘 八分書 元和五年四月 在登封縣
開母廟石闕銘 篆書 金石文字記云延光二年 在登封縣
少室神道石闕銘 篆書 在登封縣

潁州太守石闕銘 篆書 延光四年三月 在太室闕額下
諸城縣篆碑 八分書 似有延光字 在諸城縣公署
敦煌太守裴岑紀功碑 八分書 永和二年八月 在巴里坤關帝廟
北海相景君碑 八分書 漢安二年八月 在濟寧州學
碑陰
燉煌長史武班碑 八分書 建和元年 在嘉祥縣
武氏石闕銘 八分書 建和元年三月兩闕上下各有書像拓得廿二紙 在嘉祥縣
司隸校尉楊孟文石門頌 八分書 建和二年中冬 在褒城縣
魯相置百石卒史碑 八分書 永興元年六月 在曲阜縣孔廟
孔德讓碣 八分書 永興二年 在曲阜縣孔廟

益州刺史神祠碑 八分書 □興二年六月疑是永興紀年也
孔君墓碣 八分書 文有元年乙未趙明誠以爲永壽元年也在曲阜縣
魯相韓勑造孔子廟禮器碑 八分書 永壽二年九月 在曲阜縣孔廟
碑陰及兩側
郎中鄭固碑 八分書 延熹元年四月 在濟寧州學
蒼頡廟碑 八分書 延熹五年正月 在白水縣東北五十里史官村
碑陰及兩側
淮源桐柏廟碑 八分書 延熹六年正月 元至正四年二月吳炳重書
泰山都尉孔宙碑 八分書 延熹七年二月 在曲阜縣孔廟
碑陰

孔褒碑 八分書 無年月 在曲阜縣孔廟
執金吾丞武榮碑 八分書 無年月吳玉搢云當在永康元年 在濟寧州學
竹邑侯相張壽碑 八分書 建寧元年五月 在城武縣
衛尉卿衡方碑 八分書 建寧元年九月金石錄作三年者誤 在汶上縣
郭有道碑 八分書 建寧二年正月 後人重書 在介休縣
魯相史晨孔子廟碑 八分書 建寧二年三月 在曲阜縣孔廟
史晨饗孔廟後碑 八分書 卽前碑之陰
淳于長夏承碑 八分書 建寧三年六月 明人翻刻本在廣平府
武都太守李翕西狹頌 八分書 建寧四年六月 在成縣
李翕黽池五瑞碑 仝上

武都丞呂國等題名　八分書　在西狹頌之後洪文惠云在天井磨厓之後未知其審
博陵太守孔彪碑　八分書　建寧四年六月　在曲阜縣孔廟
碑陰
李翕析里橋郙閣銘　八分書　建寧五年二月　翻刻本在略陽縣
司隸校尉楊淮碑　八分書　熹平二年二月　在褒城縣
司隸校尉魯峻碑　八分書　熹平二年四月　在濟寧州學
碑陰
某府君碑　八分書　熹平二年十一月　在曲阜縣
武都太守耿勳碑　八分書　熹平三年四月
聞熹長韓仁銘　八分書　熹平四年

州從事尹宙碑　八分書　熹平六年四月　在鄢陵縣
校官碑　八分書　光和四年十月　在溧水縣學
白石神君碑　八分書　光和六年　在元氏縣
郃陽令曹全碑　八分書　中平二年十月　在郃陽縣
碑陰
尉氏令鄭季宣碑　八分書　中平二年　在濟寧州學
碑陰
蕩陰令張遷碑　八分書　中平三年二月　在東平州學
碑陰
圉令趙君碑　八分書　初平元年十二月

仙人唐公房碑　八分書　在城固縣　以下皆無年月
武氏石室畫象　八分書　在嘉祥縣
武氏左石室畫象　八分書　大小十紙　同上
武氏石室祥瑞圖　八分書　四紙　同上
武氏前石室畫象　大小十八紙　同上
武氏後石室畫象　大小十紙　同上
天祿辟邪四字　篆書
魯相謁孔廟殘碑　八分書　在曲阜縣孔廟
碑陰
中部督郵郭佾等題名　八分書　俗稱竹葉碑　在曲阜縣顏懋倫家

膠東令王君廟門碑　八分書　在濟寧州學
石人胸前殘字二　篆書　一云漢故樂安太守麃君亭口　一云府門之口　在曲阜縣
禹陵窆石題字　八分書　在紹興府
三公山碑　篆書　在無極縣
華山廟殘碑　八分書　凡七行每行五六字或七字皆題名弟一行稱民餘皆故功曹　在華陰縣
孔子見老子畫象一　在濟寧州學
孔子見老子畫象二　本在寶應縣之平家莊即古射陽地今爲江都汪氏所藏
朱鮪石室畫象
朱君長三隸字　似漢人書　在濟寧州學
殘碑十三字　八分書　在郃陽縣

恭川李松殘字 八分書　似漢末人書

魏

公卿上尊號奏 八分書　在許州
受禪表 八分書　黃初元年十月在許州
封宗聖侯孔羨碑 八分書　黃初元年　在曲阜縣孔廟
潘宗伯韓仲元題名 八分書　泰□六年晏表云魏明帝太和六年也　在襄城縣
盧江太守范式碑 八分書　趙明誠云青龍三年　在濟甯州學
碑陰 此即洪氏隸續誤指爲魯峻碑陰者今又失其大半矣
王基碑 八分書　景元二年四月
盪寇將軍李苞通閣道碑 八分書　景元四年十二月　在襃城縣

吳

九真太守谷朗碑 八分書　鳳皇元年四月　在耒陽縣東五里杜公祠
禪國山碑 篆書　天璽元年　在宜興縣
紀功碑 篆書　天璽元年八月　在江甯縣學尊經閣下
宋元祐六年三月轉運副使胡宗師題記正書　又崇甯元年中秋日轉運判官石豫題名亦正書

晉

衡陽郡太守葛府君碑額 正書　無年月　在句容縣
任城太守夫人孫氏碑 八分書　文有庚寅十二月字當是泰始六年　在新泰縣新甫山下
太康瓶字 太康四年八月　在海鹽縣德政鄉
楊紹買冢地莂 正書　太康五年九月

太公呂望表 八分書　太康十年三月　在汲縣
碑陰
元康瓶字 元康八年　在陽湖孫季仇家云得之定遠縣旅店
湯猛瓶字 元康九年八月　在海鹽縣
征東將軍軍司劉韜墓版文 八分書　無年月　在偃師縣武氏
咸和瓶字 咸和四年八月　在秀水錢氏
咸康瓶字 在句容縣張氏
徐泰瓶字 在海鹽縣
蘭亭序 王羲之撰并行書　永和九年三月　東陽本
又 國子監本

又 甯波范氏本
又 涿州馮氏本
又 真定梁氏本
又 慈溪姜氏本背面各一行款竝同
又 玉枕本
又 大字本 有宋紹聖二年六月蔡挺跋　元至元辛未府谷折杖實摹刻於同之郡學

前秦

立界山祠碑 八分書　建元二年十月　在宜君縣
碑陰 刻部將姓名　八分書
重修太尉鄧公祠碑 八分書　建元三年六月

宋

牛鼎銘　篆書　文云惟甲午八月丙寅帝若稽古肇作宋器審厥象作牛鼎欿程瑶田以爲劉宋孝建元年造　在豐潤縣學

梁

石井闌題字　正書　天監十五年　在句容縣

瘞鶴銘　華陽真逸撰　正書　在丹徒縣焦山

始興忠武王碑　徐勉撰　貝義淵書　正書　在上元縣黃城村

安成康王碑　文已摩滅獨其額存　正書　在上元縣

碑陰　正書

吳平忠侯蕭公碑　正書反刻　在上元縣

後魏

中岳嵩高靈廟碑　正書　文有大代字而不見年月中多述寇謙之事當立於太武帝時也

孫秋生等二百人造像記　孟廣達撰　蕭顯慶書　正書　大代太和七年　額云邑子像　下方刻維那姓名題景明三年五月　在洛陽縣

始平公造像記　孟達撰　朱義章書　正書　太和十二年九月　在洛陽縣

孝文皇帝弔比干墓文　八分書　太和十八年十一月元祐五年九月重刻有吳處厚記

碑陰　諸臣題名　八分書

林舍書　在汲縣

解伯達造彌勒像記　正書　太和年造

石門銘　王遠撰　正書　永平二年正月　在褒城縣

兗州刺史鄭羲碑　正書　永平四年　在掖縣

鄭道昭登雲峯山觀海詩　正書　在掖縣　金石録云永平四年

鄭公石闕門題字　凡三石一曰鄭公之所當門石坐也一曰熒陽鄭道昭之山門也於此游止一曰雲峯山之左闕也皆無年月

曹連造釋迦牟尼像記　正書　永平四年八月

佌和寺造彌勒像記　女周阿足字　正書　永平四年十月　後有清信

華州刺史安定王造像記　正書　永平四年十月

靈朔將軍司馬元興墓誌　正書　永平四年十月

造天尊像記　正書　延昌二年三月　在涇陽縣

楊大眼爲孝文皇帝造像記　正書　無年月　當在宣武初年　額云邑子像　在洛

陽縣

魏靈藏薛法紹造石像記　正書　無年月　額云釋迦像

涇州刺史齊郡王祐造像記　正書　熙平二年七月

洛州刺史刁遵墓誌　正書　熙平二年十月　在樂陵縣

兗州賈使君碑　正書　金石録云神龜二年四月

杜永安造无量壽佛像記　正書　神龜二年四月

趙阿歡等造彌勒像記　正書　神龜三年六月

魯郡太守張猛龍碑　正書　正光三年正月　在曲阜縣孔廟

碑陰　正書

邑子造像記　正書　正光三年　在高陵縣

懷令李超墓誌 正書 正光六年正月 在偃師縣
滎陽太守元寧造石像記 正書 孝昌二年正月
清信女□□姬造釋迦像記 正書 永熙三年五月
濟青相涼朔恒六州刺史高植墓誌 正書殘缺 無年月 在德州
金剛般若經 正書 菩提流支譯 無年月
中嶽嵩陽寺碑 八分書 天平二年四月 在登封縣
造須彌塔記 正書 天平三年正月
清信女孫思香造觀世音像記 正書 天平四年正月
汝陽王□叔□似是照字造彌勒像題字 正書 天平四年□月 在歷城縣龍洞
齊州刺史高湛墓誌 正書 元象二年十月 在德州

敬使君顯儁碑 正書 興和二年 在長葛縣
碑陰 正書
李仲琁修孔子廟碑 正書 興和三年十二月 在曲阜縣孔廟
碑陰 正書
冀州刺史誦德碑 正書 武定二年八月
齊郡太守劉世明造石像記 正書 武定二年十二月 在益都縣
造像記 正書 武定六年九月
武德于府君等義橋石像碑 正書 武定七年四月
張保洛等造像記 正書 武定七年十二月
太公廟碑 正書 武定八年四月

造太上老君像記 正書 大統十四年四月
邑子造像記 正書 大統十五年 在涇陽縣
松滋公元萇溫泉頌 正書 無年月 在臨潼縣靈泉觀
宋景妃造釋迦像記 正書文云大魏孝昌三年歲次癸未攷孝昌紀年不値癸未然字畫古勁似非僞託

齊

張景暉造像記 正書 天保五年七月 在益都縣
夫子廟碑 八分書 乾明元年 在曲阜縣孔廟
陽阿故縣村造石像記 正書雜篆體 河清二年五月 在澤州府
天柱山銘 鄭述祖撰 八分書 天統元年 毛式玉云在平度州

造七佛寶堪記 八分書 天統三年三月 在偃師縣
宋買等造天宮石像記 八分書 天統三年四月 在偃師縣
造丈八大像頌 正書 天統三年五月 在許州
造彌勒像記 正書 天統四年九月
般若波羅蜜經 王子椿書 武平元年
大般若經 王子椿書
石刻佛名 正書 武平元年
董洪達造像記 正書 武平元年正月 在登封縣少林寺
隴東王感孝頌 八分書 武平元年正月 在肥城縣孝堂山
朱岱林墓志 子敬修撰序 猶子敬範撰銘 正書 武平二年二月 在壽光縣

邑義三百餘人造像記正書　武平二年九月　在偃師縣
造像記正書　武平二年十月
造觀音象記正書　武平二年十一月　在臨漳縣
邑義主一百人等造塔記正書　武平三年十二月
臨淮王像記正書　武平四年六月　在青州府
孟阿妃造像記正書　武平七年二月
張思文造像記正書　承光元年正月　在諸城縣
馮翊王平等寺碑正書兼帶八分書　在偃師縣
洛州鄉城老人佛龕碑正書　中州金石攷云碑末有大齊口口年正月廿一日字予所得無齊字而有十口年字疑是唐貞觀中刻　在洛陽縣

周

王貧生造像記正書　保定四年　在江寧孫氏祠
華嶽頌万紐于瑾撰　趙文淵書　八分書　天和二年　在華陰縣嶽廟
邑子造象記正書　天和二年　在涇陽縣
造觀音像記正書　天和四年七月　今在仁和趙氏
邑子造象記正書　天和四年八月　在涇陽縣
宇文康造象記正書　天和五年六月

隋

佛象題字正書　開皇元年十一月　在濟寧州晉陽山慈雲寺
楊遵義造象記正書　開皇三年十二月　在涇陽縣

王府君夫人張氏墓誌正書　開皇四年十月
淮安定公趙芬碑正書　開皇口年二月　在西安府
仲思那等造石橋碑八分書　開皇六年二月　在鄒縣
龍藏寺碑張公禮撰　正書　開皇六年十二月　在真定府隆興寺
碑陰正書
石刻佛經正書　後有象主章仇昕娘名　開皇九年　在汶上縣
東阿王廟碑正書兼隸　開皇十一年　在東阿縣城西八里魚山
張洪亮等造像記正書　開皇十五年四月　在益都縣劈山
造彌陁像記正書　開皇十六年　在涇陽縣
安喜公李使君碑八分書　開皇十七年二月　在乾州上官村
靈州刺史賀若誼碑正書　在興平縣學
宋文彪等造澧水石橋碑八分書　開皇中立　在南和縣
舍利塔下銘孟弼書　八分書　仁壽元年十月　在青州府
舍利寶塔下銘正書　仁壽二年四月　文云於鄧州大興國寺奉安舍利
胡叔和造像記正書　仁壽二年十一月　在澤州府興龍寺
李世民造像記正書　大業元年五月
滎澤合常醜奴墓志正書　大業三年八月
陳明府修孔子廟碑仲孝俊撰　八分書　大業七年七月　在曲阜縣孔廟
左屯衛大將軍姚辯墓志虞世基撰　歐陽詢書　正書　大業七年十月
千字文僧智永書　一行真書一行草書　宋大觀己丑二月薛嗣昌刻有跋　在西安府學

齊太公廟碑 正書 湯德不知世代疑是唐以前刻 在苪城縣

永樂縣造像記 正書 無年號似是隋以前刻

比邱尼□暉造像記 行書 無年月似是唐人却不避世字故附於隋末

金石文目錄一　十五

潛研堂金石文字目錄卷二　嘉定錢氏收藏

唐

秦王告少林寺教 正書惟世民二字行書 武德四年四月 在登封縣少林寺

觀音寺方碣 陸德明撰 正書 武德五年

宗聖觀記 歐陽詢撰序 陳叔達撰銘 八分書 武德九年二月 在盩厔縣樓觀

千佛厓石刻 正書 有大唐武德字 在歷城縣

皇甫府君碑 于志寧撰 歐陽詢書 正書 無年月當在貞觀初 在西安府學

鄎州寶室寺鐘銘 正書 貞觀三年

孔子廟堂碑 虞世南撰并正書 貞觀四年 在西安府學

又 在城武縣學

金石文目錄二　一

幽州昭仁寺碑 朱子奢撰 正書 貞觀四年 在長武縣

等慈寺碑 顏師古撰 正書 金石錄云昭仁寺等慈寺碑據唐史貞觀二年立

徐州都督房彥謙碑 李百藥撰 歐陽詢書 八分書 貞觀五年三月

碑陰 八分書

九成宮醴泉銘 魏徵撰 歐陽詢書 正書 貞觀六年四月 在麟遊縣

又 翻刻本 在江寧縣學 明天順壬午祭酒吳節重刻

虞恭公溫彥博碑 岑文本撰 歐陽詢書 正書 貞觀十一年十月 在醴泉縣

睦州刺史張琮碑 正書 貞觀十三年二月 在長安縣

姜行本紀功碑 正書 貞觀十四年六月 在哈密城北天山今為鎮西府地

伊闕佛龕記 岑文本撰 褚遂良書 正書 貞觀十五年十一月

褒忠壯公段志玄碑 正書 貞觀十六年 在醴泉縣
造石像記 正書 貞觀十八年 在歷城縣千佛厓
贈比干太師詔并祭文 薛純陁書 八分書 貞觀十九年二月 在汲縣
晉祠銘 太宗御製并行書 貞觀二十一年七月 在太原縣
又 翻刻本
思順坊老幼等造彌勒龕記 正書 貞觀二十二年四月 在洛陽縣
國子祭酒孔穎達碑 于志寧撰 正書 貞觀二十二年 在醴泉縣
太宗屏風書 草書 宋嘉泰甲子十月王允初刻石於餘杭縣 元延祐丙辰縣尹王昌遷立縣廳
洛陽鄉望父老等造像記 淳于敬一撰 正書 永徽元年 在洛陽縣
梁文昭公房玄齡碑 褚遂良書 正書 無年月 在醴泉縣

金石文目錄二　二

三藏聖教序 太宗御製 褚遂良書 正書 永徽四年十月 在永安府慈恩寺
三藏聖教序記 高宗御製 褚遂良正書 永徽四年十二月 仝上
萬年宮銘 高宗御製并行書 永徽五年五月 金石文字記作六年誤 在麟遊縣
碑陰 長孫無忌等四十八人題名皆自書
潁川定公韓仲良碑 于志寧撰 王行滿書 正書 永徽六年三月 在富平縣學
汾陰獻公薛收碑 正書 關中金石記云于志寧撰 永徽六年八月 在醴泉縣
渝國公劉元意造像記 正書 顯慶二年九月 在歷城縣千佛厓
封曾客造釋迦像記 正書 顯慶二年九月
三藏聖教序并記 太宗撰序 高宗撰記 王行滿書 正書 顯慶二年十二月 在偃師縣
南平長公主造像記 正書 顯慶二年 在歷城縣千佛厓

禮部尚書張允碑 正書 顯慶三年三月 在醴泉縣
衛景武公李靖碑 許敬宗撰 王知敬書 正書 顯慶三年五月 在醴泉縣
王居士塼塔銘 上官靈芝撰 敬客書正書 顯慶三年十月
趙王福造彌陁像記 正書 顯慶三年 在歷城縣千佛厓
鄂忠武公尉遲敬德碑 許敬宗撰 正書 金石錄云顯慶四年三月 在醴泉縣
紀功碑 高宗御製并行書 顯慶四年十月 在汜水縣
蘭陵長公主碑 正書 金石錄云李義甫撰 寶刻類編云賈懷哲書 顯慶四年十月 在醴泉縣
平百濟碑 正書 後半缺不見年月當在顯慶五年
勅使東岳先生郭行眞造像記 正書 顯慶六年二月 在泰山岱岳觀今呼老君堂
附 萬歲通天二年三洞道士口文儁造像記 正書

金石文目錄二　三

久視二年正月靑元觀主麻慈力奉旨齋醮記 正書
儀鳳三年三月法師葉法善奉勅設醮記 正書
長安元年十二月金臺觀主趙敬奉勅造天尊像記 正書
長安四年九月設醮記 張浚書 正書
長安四年十一月造像記 正書
大曆七年正月修金籙齋醮記 行書
大曆七年正月公孫杲贈諸法師詩 正書
大曆八年九月設醮記 正書左行
大曆十口年二月淄州刺史王圓等題名 行書

天授二年二月中岳先生馬元貞奉勑齋醮幷造像記　正書
神龍元年三月法師阮孝波奉勑齋醮幷造像記　正書
貞元十四年十二月兗州刺史任要等題名　行書左行
景龍二年二月東岳設醮記　行書
景龍三年三月龍興觀主杜大素等奉勑設大醮記　正書
任要臘月與韋戸曹遊發生洞見白蝙蝠詩　行書左行
景雲二年六月賜道士楊太希勅　正書
景雲二年八月設醮記　行書

金石文目錄二　四

開元八年七月修岱嶽觀記　行書
開元十九年十一月張遊霧等修齋記　行書
開元廿年二月胡寂等題名　行書左行
建中元年二月淄青支度判官敬謇等題名　正書
建中元年祭岳題名　正書
聖曆元年臘月恒道彥弟子晁自揣奉勑造老君像記　正書
兗州團練使都虞候高晃等題名　正書左行
祭岳題名
陪勑使麻先生祭岳詩　馬□□撰　正書

政和甲午董元康題名　行書　政和甲午重九日
徂徠山人高季良等題名　行書
乾封縣令劉難等題名　正書
左監門將軍許洛仁碑　正書　金石文字記云龍朔二年十一月　在醴泉縣
三藏聖教序幷記　褚遂良書　正書　龍朔三年六月　在同州府學
濟度寺比邱尼法願墓志　正書　龍朔三年
道因法師碑　李儼撰　歐陽通書　正書　龍朔三年十月　在西安府學
碑額佛名　正書　額七字入分書
騎都尉李文墓志　正書　麟德元年二月
造石碑像記　行書　麟德甲子九月

金石文目錄二　五

會善寺造像記　郭知及書　正書　麟德元年十月　在登封縣
贈泰師孔宣公碑　崔行功撰　孫師範書　入分書　乾封元年　在曲阜縣孔廟
燕公于志寧碑　令狐德棻撰　于立政書　正書　金石錄云乾封元年十一月　在三原縣
紀國先妃陸氏碑　正書　乾封元年十二月　在醴泉縣
朝請大夫雷君墓志　正書　有總章二年字
碧落碑　篆書　咸亨元年　在絳州
淄川公李孝同碑　諸葛思禎書　正書　咸亨元年五月　在三原縣
左監門將軍張阿難碑　僧□□書　正書　咸亨二年九月　在醴泉縣
金剛經　王知敬書　正書　咸亨三年十月　在登封縣少林寺
三藏聖教序幷述聖記幷心經　僧懷仁集王右軍書　行書　咸亨三年十二月

在西安府學
中書令馬周碑 許敬宗撰 殷仲容書 八分書 金石錄云上元元年十二月 在醴泉縣
薛公阿史那忠碑 正書 金石錄云上元元年十二月 在醴泉縣
王仁恪造阿彌陁像記 正書 上元二年三月
孝敬皇帝叡德記 高宗御製并行書 上元二年八月 在偃師縣
栖霞寺明徵君碑 高宗御製 高正臣書 行書 上元三年四月 在江寧府攝山栖霞寺
修孔子廟詔表 八分書 儀鳳二年七月 在曲阜縣孔廟 即贈泰師碑陰也
英貞武公李勣碑 高宗御製并行書 儀鳳二年十月 在醴泉縣
李万通造彌勒像記 正書 儀鳳三年七月
調露殘碑 正書 調露元年七月 在濟寧州河長□關帝廟

開業寺碑 李尚一撰 蘇文舉書 正書 開耀二年二月
天后御製詩并書一通 王知敬書 正書 永淳二年九月 在登封縣
散騎常侍褚亮碑 八分書 在醴泉縣
申文獻公高士廉塋兆記 許敬宗撰 趙模書 正書 在醴泉縣
新息令□君墓志 正書 光宅元年十一月
奉先觀老君像記 李審幾撰 沮渠智烈書 正書 垂拱元年十二月
王徵君臨終□授銘 弟紹宗甄錄并正書 垂拱二年四月 在登封縣
劉孝光造彌勒像記 正書 垂拱三年□月
沐澗魏夫人祠碑 路敬淳撰 僧從謙書 行書 垂拱四年正月 在河內縣
美原神泉詩序 韋元旦撰 尹元凱書 篆書 垂拱四年四月 在富平縣美原鎮

美原神泉詩 尹元凱溫翁念李鵬各一首 元凱篆書 仝上
梁府君并夫人唐氏墓志 朱賓撰 鄭莊書 正書 垂拱四年十一月
述聖紀 武后撰 中宗正書 文明元年八月 在乾州乾陵上
宣州刺史陶府君德政碑 寶刻類編云僧靈廓撰 陶德凱書 正書 永昌元年二月
在當塗縣橫山
朝請大夫雷府君墓志 正書 永昌元年
邛州刺史狄知愻碑 正書 金石錄云載初元年正月
右虞候副率乙速孤昭祐碑 苗神客撰 正書 金石錄云釋行滿書 載初二年二月 在醴泉縣
榮德縣丞梁師亮墓誌 正書 萬歲通天二年二月 在長安縣百塔寺

馮善廓造浮圖銘 趙□撰 行書 萬歲通天二年四月
鴻慶寺碑 正書 聖曆□年 在澠池縣
河東州刺史王仁求碑 撰人姓名曼漶 長子善寶書 正書 聖曆元年正月
中嶽體元先生潘尊師碣 王適撰 司馬子微書 八分書 聖曆二年二月 在登封縣
昇仙太子碑 武后御撰并行書 聖曆二年六月 在偃師縣
明堂令于大猷碑 正書 聖曆三年十一月 在三原縣
武后游石淙詩并序 薛曜書 正書 久視元年五月 金石錄云無年月 在登封縣
懷州大雪寺碑 賈膺福撰并八分書 大足元年五月 在河內縣
順陵殘碑 武三思撰 相王旦書 長安二年正月 在咸陽縣 今存三石 一在縣治 一在儒學 一在縣民竇氏

漢忠烈紀信墓碑 盧藏用撰并八分書 在滎澤縣 長安二年七月
高延貴造像贊 正書 長安三年七月
王璿造阿彌陁像銘 王無惑書 在西安府寶慶寺 正書 長安三年七月
韋均造佛像銘 正書 長安三年九月
蕭元眘造佛像讚 正書 長安三年九月 在西安府寶慶
姚元之造像記 寺 正書 長安三年九月
李承嗣造佛像銘 正書 長安三年九月
姚元景光宅寺造像銘 正書 長安四年九月
共城縣百門陂碑 辛怡諫文 張元琮記 孫去煩書 行書 長安四年九月 在輝縣
百泉

金石文目錄二　八

金剛經 菩提流支譯本 字 正書 無年月中有武后新製
六門陁羅尼經 心經 正書 刻於金剛經之後
尊勝陁羅尼經 行書中雜隸體後半缺不見年月中有武 后新製字 在涇陽縣
游仙篇 武后製 薛曜書 正書 在昇仙太子碑陰
大德寺碑 正書 武后時立 在澠池縣
千佛碑 武后時立 無字惟有佛像 在鳳翔府法門寺
碑側 正書
中興三藏聖教序 中宗御製 一書 八分書 神龍三年五月 金石錄云唐奉 今殘缺 在長
清縣四禪寺
滎陽縣令盧公清德文 劉穆之撰 神龍三年五月 王守質書 八分書

口部將軍功德記 郭謙光撰并八分書 在太原縣 景龍元年十月
陽滎陽令盧正道勅 飛白書 景龍元年十一月
道德經 正書 景龍二年正月 在易州龍興觀
比邱尼法琬碑 沙門承遠撰 劉欽旦書 三年五月 在西安府學 正書 景龍
長安縣丞蕭思亮墓誌 顏惟貞撰 月 在西安府 正書 景雲二年二
許公蘇瓌碑 盧藏用撰并書 入分書 雲二年三月 在武功縣 張說撰銘 景
景龍觀鐘銘 正書 景雲二年九月 在西安府鐘樓
孝子郭思訓墓誌 正書 景雲二年十二月
易州石浮圖頌 王利貞撰 正書 太極元年四月
亳州錄事參軍馮本紀孝碑 閻朝隱撰 闕字缺上半 子敦直書 入分書 嬀 先天

金石文目錄二　九

元年十一月 在高陵縣
僧九定等造像記 氏祠 正書 先天二年九月 在江寧縣孫
涼國公契苾明碑 婁師德撰 二年十二月 殷元祚書 在咸陽縣 正書 先天
周公祠碑 賈□義撰 師縣 正書 開元二年十二月 在偃
醴泉寺誌公碑 行書 開元三年十月 在鄒平縣
嶲州都督姚懿碑 胡皓撰 年十月 徐嶠之書 正書 開元三
法藏禪師塔銘 田休光撰 長安縣終南山 正書 開元四年五月 在
協律郎裴公妻賀蘭氏墓志 正書 開元四年十二月
有道先生葉國重碑 李邕撰 重刻本 并正書 開元五年三月
光祿少卿姚彝碑 崔沔撰 年四月 徐嶠之書 在洛陽縣 正書 開元五

宗聖觀主尹尊師碑　員半千撰　八分書　開元五年十月　元大德元年重摹　在盩厔縣

幽棲寺浮圖銘　正書　開元六年七月

鬱林觀東巖壁記　崔逸撰　在海州雲臺山　八分書　開元七年正月

兗州都督于知微碑　正書　金石錄云姚崇撰　開元七年六月　在三原縣

贈太尉王仁皎碑　明皇御書　八分書　開元七年十月　在同州羗白鎮

修孔子廟碑　李邕撰　張庭珪書　八分書　開元七年十月　在曲阜縣孔廟

雲麾將軍李思訓碑　李邕撰并行書　開元八年六月　在蒲城縣

華嶽精享昭應碑　咸廙撰　劉升書　八分書　開元八年　在華陰縣嶽廟

北嶽府君碑　韋虛心撰　陳懷志書　行書　開元九年三月　在曲陽縣北嶽廟

鎮軍大將軍吳文墓誌　沙門大雅集王右軍書　開元九年十月　在西安府學

雲居寺李公石浮圖銘　梁高望書　行書　開元十年四月

萊州刺史唐府君德政碑　八分書　無年月　在萊州府治　按金石錄有萊州刺史于府君碑沙門重閏八分書開元十年七月疑即此碑傳寫之譌以唐爲于耳

大盧舍那像龕記　開元十年十二月

秦望山法華寺碑　李邕撰并行書　開元十一年二月　金石錄作二十三年十二月　在紹興府

娑羅樹碑　李邕撰并行書　開元十一年十月　明隆慶壬申重刻　在淮安府治

御史臺精舍碑　崔湜撰　梁昇卿書　八分書　開元十一年　在西安府學

御史臺題名　在碑陰　第一行及盧懷慎崔湜陸景初三人名八分書餘皆正書

少林寺賜田牒　正書　開元十一年　在登封縣

內侍高福墓誌　孫翌書　行書　開元十二年正月

香積寺主淨業法師塔銘　畢彥雄撰　正書　開元十二年六月　在長安縣香積寺

王無競墓誌　正書　據文苑英華孫逖撰　開元十二年十月　在萊州府

楊將軍新莊像銘　正書　開元十二年十月　在西安府花塔寺

虢國公楊花臺銘　申屠液撰　正書　不著年月　蓋與前碑本一篇而分刻於兩石也

比邱尼堅行禪師塔銘　正書　開元十二年十月

涼國長公主碑　蘇頲撰　明皇八分書　開元十二年十一月　在蒲城縣

華山銘殘字　明皇御製并八分書　今惟存四字亦殘闕　開元十二年十一月　在華陰縣嶽廟

右武衛大將軍乙速孤行儼碑　劉憲撰　白義晊書　八分書　開元十三年二月　在醴泉縣

鄎國長公主碑　張說撰　明皇八分書　開元十三年四月　在蒲城縣

述聖頌　達奚珣序　呂向撰頌并正書　開元十三年六月　在華陰縣嶽廟

象城縣光業寺碑　楊晉撰　行書　開元十三年六月　在隆平縣

明皇行次成皐詩　史敘書　行書　開元十三年十月

紀泰山銘　明皇御製并八分書　開元十四年九月　在泰山頂嶽廟後厓上

端州石室記　李邕撰　正書　開元十五年正月　在肇慶府七星巖

北嶽祠碑　張嘉貞撰并正書　開元十五年八月　在曲陽縣北嶽廟

道安禪師碑　宋儋撰并行書　開元十五年十月　在登封縣

少林寺碑　裴漼撰并行書　開元十六年七月　在登封縣

佛說六門陁羅尼經　行書　開元十六年楊淡立　在隴州

敬節法師塔銘　正書　開元十七年七月　在咸寧縣

興唐寺主尼法澄塔銘嗣彭王志暕撰幷正書　開元十七年十一月　在咸寧縣
嶽麓寺碑李邕撰幷行書　開元十八年九月　在長沙府嶽麓山
東林寺碑李邕撰幷行書　開元十九年七月　在九江府東林寺
比邱尼堅行禪師塔銘正書　開元二十一年閏三月　在西安府城南
代國長公主碑鄭萬鈞撰幷行書　開元二十二年十二月　在蒲城縣
謁郭巨祠堂記八分書　金石錄云楊傑撰李皐八分書今止存口行　開元二十三年七月　在肥城縣孝堂山
北嶽神廟碑鄭子春撰　崔鏹書　八分書　開元二十三年閏十一月　在曲陽縣北嶽廟
碑陰記八分書
慈州刺史鄭府君碑八分書　開元二十四年
元氏令龐履溫清德頌邵混之撰　蔡有鄰書　八分書　開元二十四年六月　在元氏縣
李憕華嶽題名正書　開元二十四年六月　在華陰縣
附
別駕蘇頲題名華嶽頌碑側　正書　開元二十六年八月
下邽縣丞孫廣等題名正書　廣德二年六月
華陰令李仲昌等題名韋滸書　正書　廣德口年三月
禮部尚書裴士淹題名正書　大曆五年六月
華州司士參軍郭豐等題名崔杙書　正書　元和元年七月
賈竦謁華嶽廟詩正書　元和元年十月　後有大和六年姪男璵
大智禪師義福碑嚴挺之撰　史惟則書　八分書　開元二十四年九月　在西安府學
碑陰記陽伯成撰　附　史惟則書　八分書　開元二十九年五月

齊州神寶寺碑李翼撰幷八分書　開元二十四年十月　在長清縣
佛說審多心經行書　無年月　刻于神寶寺碑側
美原縣尉張昕墓志正書　開元二十四年十月
令長新戒明皇御製　韋堅書　正書　開元二十五年二月
臨高寺碑常允之撰　弟演之書　開元二十五年四月　在閿鄉縣
三藏無畏不空法師塔記正書　開元二十五年八月　在咸陽縣
濟度寺尼惠源和上神空誌楊休烈撰　蕭定書　正書　開元二十五年十一月　在西安府
修尉遲迥廟碑閻伯璵撰序　顏眞卿銘　蔡有鄰書　八分書　金石文字記云開元二十六年正月
尊勝陁羅尼經正書　開元二十六年二月　在宜興縣靜山庵
任城縣橋亭記游芳撰　王子言書　八分書　開元二十六年閏八月　在濟寧州學
御注道德經行書　開元二十六年十月　在易州龍興觀
易州鐵象頌王端撰　蘇靈芝書　行書　開元二十七年五月　在易州
易州刺史田公德政碑徐安貞撰　蘇靈芝書　行書　開元二十八年十月　在保定府蓮池書院
莒公唐儉碑正書　金石錄云開元二十九年二月　在醴泉縣
石壁寺鐵彌勒像頌林諤撰　房嶙妻高氏書　行書　開元二十九年六月　在交城縣
眞容應見記蘇靈芝書　行書　開元二十九年六月　在易州
又仝上　在盩厔縣

金仙長公主碑 徐嶠之撰 明皇御書 行書 開元中立 在蒲城縣

虢國公造像記 行書 開元□年四月 黄叔璥以爲徐浩書 在洛陽縣

内侍省功德碑 行書 開元□年 在洛陽縣

雲麾將軍李秀殘碑 金石錄云李邕撰并行書 天寶元年正月 在順天府學文信國祠

褒封四子勅 正書 天寶元年二月 在盩厔縣樓觀

大照禪師碑 李邕撰并行書 天寶元年

告華嶽文 韓賞撰 韓擇木書 八分書 天寶元年四月 在華陰縣嶽廟

兖公之頌 張之宏撰 包文該書 正書 天寶元年四月 在曲阜縣

老子靈應頌 戴璇撰序 劉同昇撰頌 戴伋書 八分書 天寶元年七月 在盩厔縣樓觀

吏部南曹石幢頌 左光胤撰序 尹王祚撰頌 正書 天寶元年九月 後有梁貞明二年題字 在鄠縣草堂寺

賜張説勅 行書 金石文字記載於天寶元年

張尊師遺烈碑 蔡瑋撰 韓賁書 正書 天寶二年六月 在浮山縣

金籙齋頌 崔明允撰 史惟則書 八分書 天寶二年十月

隆闡大法師懷惲碑 行書 題云懷惲及書 天寶二年十二月 在西安府學

法昌寺主身塔銘 韓詮撰 董光朝書 天寶二年十二月

嵩陽觀聖德感應頌 李林甫撰 徐浩書 八分書 天寶三載二月 在登封縣

騎都尉薛良佐塔銘 再從兄鈞撰 正書 天寶三載閏二月 云弟良史書 金石文字記

御注孝經 明皇御製序并注并八分書 天寶四載九月 在西安府學

權溦琵琶泓詩 王紆書 行書 天寶五載五月 在澤州府

淨藏禪師身塔銘 行書 天寶五載十月 在登封縣

逸人竇居士神道碑 李邕撰 段清雲書 行書 天寶六載二月 在三原縣橋頭鎮

周夫人墓誌 正書 天寶六載十月 在長安縣

北嶽封安天王銘 李荃撰 戴千齡書 八分書 天寶七載五月 在曲陽縣嶽廟

碑陰 康傑撰 戴千齡書 八分書

崇仁寺尊勝陁羅尼石幢 張少悌書 行書 天寶七載五月

天寶七載殘碑 八分書 有天寶七載五月十三日字又有敬仙兒等人名

吏部常選潘智昭墓志并蓋 正書 天寶七載七月

郭密之使永嘉經謝公石門山詩 正書 天寶八載冬仲月勒 在青田石門洞

少林寺靈運禪師功德塔銘 崔琪撰 沙門勒□書 行書 天寶九載四月 在登封縣

尊勝陀羅尼經 正書 天寶九載八月 後有施主張超名

中嶽永泰寺碑 沙門靖彰撰 苟望書 正書 天寶十一載閏三月 在登封縣

多寶佛塔感應碑 岑勛撰 顔眞卿書 正書 天寶十一載四月 在西安府學

常董□造象記 正書 天寶十一載八月 在濟寧州普照寺

駙武部尚書楊珣碑 明皇御製并八分書 天寶十二載二月 在扶風縣

内常侍□志廉墓志 申堂構撰 韓獻之書 行書 天寶十三載六月

東方朔畫像贊 夏侯湛撰 顔眞卿書 正書 天寶十三載十二月 在陵縣

碑陰記 顔眞卿撰并正書

張希古墓誌 田穎書 行書 天寶十五載四月 在長安縣

雲門山投龍詩 趙居貞撰 吳□書 正書 天寶中立 在益都縣雲門山 金石錄六終

潛研堂金石文字目錄卷三　嘉定錢氏收藏

唐

憫忠寺寶塔頌 張不矜撰 蘇靈芝書 行書 至德二載十一月 在京師憫忠寺

華嶽題名 顏眞卿書 正書 乾元元年十月 在華陰縣嶽廟

華州刺史張惟一祈雨記 李權書 八分書 乾元二年二月 在華嶽廟

通微道訣碑 肅宗御製 行書 乾元二年六月 元戊午歲重刻 在三原縣大化觀

縉雲縣城隍廟記 李陽冰撰并篆書 乾元二年八月 宋宣和中重刻 在縉雲縣

華陰縣令王宥等題名 李楓書 八分書 上方題上元二年二月 篆書亦李楓筆也 在華嶽廟

邱據題名 正書 寶應二年六月 在華嶽廟

劉士深等題名 正書 廣德元年三月 在華嶽廟

顏魯公與郭僕射書 行草 王澍云當在廣德二年十一月 在西安府學

贈太保郭敬之家廟碑 顏眞卿撰并正書 廣德二年十一月 在西安布政司署

碑陰 行書

左武衛大將軍白道生碑 于益撰 摯宗書 正書 永泰元年三月 在咸寧縣

怡亭銘 裴虯撰 李陽冰篆書 序八分書 銘古文篆隸 永泰元年五月 在武昌縣

陽華巖銘 元結撰 瞿令問書 序八分書 銘古文篆隸三體書 後題年月篆書 永泰二年五月

成德軍節度使李公紀功載政頌 王佑撰 王士則書 行書 永泰二年七月

碑陰題名 正書 在眞定府

峿臺銘 元結撰 篆書 大曆二年六月 在祁陽縣浯溪

遷先塋記 李季卿撰 李陽冰書 篆書 大曆二年 在西安府學

三墳記 李季卿撰 李陽冰書 篆書 大曆二年 在西安府學

孔子廟殘碑 程浩撰 顏眞卿書 正書 大曆二年 在華州

光祿卿王訓墓志 嗣澤王諶撰并正書 大曆二年八月

義琬禪師墓志 正書 大曆三年二月

磨厓銘 元結撰 篆書 大曆三年閏六月 在祁陽縣浯溪

大證禪師碑 王縉撰 徐浩書 正書 大曆四年 在登封縣

逍遙樓三大字 顏眞卿書 正書 大曆五年正月 在廣西省城

儲潭神頌 裴諝撰 正書 大曆五年六月 在贛州府儲潭廟

祈雨感應頌 裴諝撰 裴宏書 正書 在儲潭神頌碑陰

潤州上元縣福興寺碑 許口撰 張從申書 後題歲在庚戌六月建蓋大曆五年也 在江寧府銅井鎮

龔邱令庾公德政頌 李陽冰撰并篆書 大曆五年九月 在寧陽縣

左金吾衛將軍臧希晏碑 張口撰 韓秀弼書 八分書 大曆五年十月 在三原縣

麻姑仙壇記 顏眞卿撰并正書 小字本 大曆六年四月

中興頌 元結撰 顏眞卿書 正書 大曆六年六月 在祁陽縣

又 翻刻本 在劍州

尊勝陁羅尼幢銘 僧昔眞撰 康玠書 行書 大曆六年十月

廣平文貞公宋璟碑 顏眞卿撰并正書 大曆七年九月 在沙河縣

碑側記 顏眞卿撰并正書 又有宋人翻刻碑側記

八關齋會報德記 顏眞卿撰并正書 大曆七年

般若臺題名 李陽冰書 篆書 大曆七年 在福州府

黃石公祠記 李卓撰 八分書 在東阿縣穀城山

碑陰記 齊嵩撰 裴平書 八分書 大曆八年七月

文宣王廟新三門記 裴孝智撰 裴平書 八分書 大曆八年十二月 在曲阜縣孔廟

元澄等題名 行書 大曆八年十二月 在華嶽廟

干祿字書 顏元孫撰 顏眞卿書 正書 大曆九年正月 宋人重刻 在潼川府

韋滉題名 正書 大曆九年四月 在華嶽廟 右方有平陸王簿杜錫等題名題云建四三月廿三口 四字有磨改迹未詳其紀年

清源公王忠嗣碑 元載撰 王縉書 行書 大曆十年四月 在渭南縣鄉賢祠

妒神頌 李諲撰 行書 大曆十一年五月 在平定州娘子關

同朔方節度副使王履淸碑 侯冕撰 正書 大曆十二年二月 在高陵縣

元靖先生李含光碑 顏眞卿撰并正書 大曆十二年五月 在句容縣石已裂碎

內侍監高力士碑 行書 大曆十二年五月 在蒲城縣

解慧寺三門樓讚 李宥撰 周處金書 行書 大曆十二年六月

無憂王寺大聖眞身塔銘 張彧撰 楊播書 行書 大曆十三年四月 在扶風縣法門寺

改修吳延陵季子廟記 蕭定撰 張從申書 正書 大曆十四年八月 後有張孝思題字

重刻孔子篆吳季子墓十字題記 張從申書 正書 大曆十四年 在丹陽縣

刻於孔篆之下方其旁有建中元年八月守令盧國遷樹并建堂題字

贈揚州大都督段行琛碑 張增書 正書 大曆十四年閏五月 在汧陽縣

紫陽觀鐘題名 正書 大曆十四年九月 又一款題崇寧甲申中元日 在句容縣關帝廟

容州都督元結碑 顏眞卿撰并正書 大曆　年十一月

贈工部尚書臧懷恪碑 顏眞卿撰并正書 無年月當在大曆間金石文字記以爲廣德元年者誤 在三原縣

錢唐丞殷君夫人碑 顏眞卿撰并正書 無年月當在大曆間

李陽冰書謙卦 篆書 無年月 在蕪湖縣

又 在太平府學

顏眞卿送劉太沖敘 行書 無年月 宋慶元己未戴援模刻有跋 秦堣書額 在溧水縣學

顏眞卿奉使蔡州書 行書 無年月 下方刻魯公像有宋靖康元年七月唐重題 在同州府學

顏眞卿天中山三字 正書 無年月 在汝陽縣 明嘉靖乙巳重刻

大伾山銘 洪經綸撰 正書 建中元年四月 在濬縣

顏惟貞家廟碑 顏眞卿撰并正書 建中元年七月 在西安府學

碑陰額上題字 顏眞卿書 正書

舜廟碑 韓雲卿撰 韓秀寶書 八分書 建中元年 在桂林府

景教流行中國碑 僧景淨撰 呂秀巖書 正書 建中二年太簇月 在西安府崇聖寺

不空和尚碑　嚴郢撰　徐浩書　正書　建中二年十一月　在西安府學
易州刺史張公山亭再葺記　王璿書　行書　碑末題云歲在作噩當是建中二年　在易州
吳嶽祠堂記　于公異撰　冷朝陽書　行書　興元元年十月　在隴州嶽祠
大伾山銘　李沛撰　行書　貞元元年　在濬縣
崔頻鄭齊聃韋綬題名　行書　貞元元年二月　在華陰嶽廟　刻於精享昭應碑側
魏文侯師段干木廟銘　盧士牟撰　趙彤書　正書　貞元元年八月　在芮城縣
鄭播謁吳季子廟題名　正書　貞元三年五月　在丹陽縣
贈太保張延賞碑　八分書　撰書人姓名殘缺　貞元三年十月　在偃師縣
李元諒懋功昭德頌　張濛撰　韓秀弼書　八分書　貞元五年　在華州署大門外

杜兼題名　正書　貞元七年二月　在曲阜縣孔廟唐開元碑右側
姜嫄公劉廟碑　高郢撰　張誼書　行書　貞元九年四月　在邠州
聖母帖　僧懷素書　草書　貞元九年五月　在西安府學
李抱眞德政碑　董緒撰　班宏書　正書　貞元九年　在潞安府
梁思墓志　正書　貞元九年十月　在平遙縣
會善寺戒壇記　陸長源撰　陸郢書　八分書　貞元十一年大火西流之月　在登封縣
鹽池靈慶公神祠記　崔敖撰　韋縱書　正書　貞元十三年八月
澄城令鄭公德政碑　鄭雲逵書　行書　金石錄云陳京撰　貞元十四年正月　在澄城縣南門祠內
彭王傅徐浩碑　張式撰　金石錄云次子峴書　貞元十五年十一月　在偃師縣學

軒轅鑄鼎原銘　王顏撰　袁滋書　篆書　貞元十七年正月
軒轅鑄鼎原銘　王顏撰　袁滋書　正書　下方刻王顏進王石瓶表　貞元十七年三月　在閿鄉縣
追樹十八代祖晉司空猗氏侯碑　王顏撰　韋縱書　正書　貞元十七年十月
劍州長史李廣業碑　鄭雲逵撰　正書　貞元二十年十一月　在三原縣
楚金禪師碑　沙門飛錫撰　吳通微書　正書　貞元二十一年七月　刻於多寶佛塔感應碑陰
孟簡題名　正書　元和元年二月
懷素藏眞律公二帖　草書　無年月　宋元祐八年重刻　在西安府學
永州刺史馮敘等題名　柳宗直書　正書　元和元年三月　在永州府朝陽巖
睦州刺史李口題名　正書　元和元年十二月　在富陽縣定山

饒州刺史李夷簡題名　正書　元和二年四月　同上
楊岐山禪師廣公碑　劉禹錫撰并正書　元和二年五月　在萍鄉縣
殿中侍御史鄭敦禮題名　正書　元和二年五月　在富陽縣定山
龍泉記　張鑄撰　裴少微書　正書　元和三年　在芮城縣
左拾遺竇叔向碑　羊士諤撰　姪易直書　正書　元和三年十月　在偃師縣
蜀丞相諸葛武侯祠堂碑　裴度撰　柳公綽書　正書　元和四年二月　在成都府
司勳員外郎薛存口等題名　正書　元和四年九月　在華嶽廟
范陽盧縝題名　正書　元和四年十月　在富陽縣定山
晉平西將軍周孝侯碑　題云陸機撰王羲之書蓋唐人僞託也　行書　元和六年十一月　在宜興縣

尊勝陁羅尼碑　正書　元和八年八月　後題女弟子邢羅延建　在西安府學

河南府司錄盧公夫人崔氏誌　寶從直撰　公亮書　正書　元和九年十月　在洛陽縣

內侍李輔光墓誌　崔元略撰　巨雅書　正書　元和十年四月　在高陵縣

龍城柳銘　柳宗元書　行書　元和十二年　明天啓三年得此於柳州井中

使院新修石幢記　高瑀撰　譚藩書　正書　元和十二年九月　在徐州府

興國寺上座憲超塔銘　沙門元應撰并行書　元和十三年十月　在淳化縣

朔方節度使李光進碑　令狐楚撰　子季元書　行書　元和十五年　在榆次縣

南海廣利王神廟碑　韓愈撰　陳諫書　正書　元和十五年十月　在廣州府

智者大師修禪道場碑　梁肅撰　徐放書　正書　元和口年十一月　在天台山大慈寺

忠武軍監軍使朱孝誠碑　蘇遇撰　曹鄴書　正書　長慶元年二月　在三原縣

靈巖寺題記　正書　長慶元年四月　前有天禧五年三月題字亦正書　在長清縣

太保李良臣碑　李宗閔撰　楊正書　正書　長慶二年　在榆次縣

鄎國公功德銘　楊承和撰并正書　長慶二年十二月　在西安府學

中書令張九齡碑　徐浩撰并正書　長慶三年口月　宋天聖八年刁湜重刻　在韶洲府

李紳題名　正書　寶曆元年二月　在肇慶府七星巖

尊勝陁羅尼幢　正書　寶曆二年三月　在濟寧州普照寺

大悲陁羅尼幢　正書　何宥則為其亾兄宥卿造　寶曆二年十二月　在廣州府光孝寺

方參題名　前半不全　正書　大和二年八月　在華嶽廟

李渤留別南溪詩　正書　大和二年十一月

西平郡王李晟碑　裴度撰　柳公權書　正書　大和三年四月　在高陵縣奉正原

狀嵩高靈勝詩　尉遲汾撰　正書　大和三年六月　在登封縣

東郡懷古詩　李德裕撰　八分書　大和四年六月

華州刺史李虞仲題名　正書　大和四年七月　在華嶽廟

洋王府長史吳達墓誌并蓋　寇同撰　正書　大和四年十月

尊勝陁羅尼經并序　幢後銘僧叡川撰　僧无可書　行書　大和六年四月　在西安府百塔寺

甄叔大師塔銘　沙門至閑撰　元幽書　行書　大和六年四月　在萍鄉縣

龍泉記　鄭澤撰　姚全書　正書　大和六年七月

眞空寺修石幢記　張模撰并行書　大和六年八月

義陽郡王苻璘碑　李宗閔撰　柳公權書　正書　金石錄云大和七年　在富平縣學

尊勝陁羅尼經　正書　大和七年四月　在涇陽縣

靑蓮寺碑　沙門道振撰　司徒暎書　正書　大和七年十月　在澤州府

寂照和上碑　段成式撰　僧无可書　正書　大和七年十二月

阿育王寺常住田碑　萬齊融撰　碑後記于季友撰　附季友與范的唱和詩　俱范的書　行書　大和七年十二月　在鄞縣育王寺

修龍宮寺碑　李紳撰　行書無姓名　大和九年四月　在嵊縣

石鼓山西谿題名　正書　大和九年九月　在衡州府石鼓山

重陽庵題名　八分書　開成元年六月　在杭州府

國子學石經　正書　開成二年　在西安府學

周易
尚書
毛詩
周禮
儀禮
禮記
春秋
公羊傳
穀梁傳
孝經

論語
爾雅
五經文字
九經字樣
梓州刺史馮宿碑 王起撰 柳公權書 正書 開成二年五月 在西安府學
大泉寺新三門記 姚謩撰 沙門齊操書 行書 開成三年十一月 在句容縣崇明寺
湖州刺史楊漢公題名 正書 開成四年二月 在長興縣顧渚山
大徧覺法師玄奘塔銘 劉軻撰 沙門建初書 行書 開成四年五月 在西安府城南
基公塔銘 李宏度撰 沙門建初書 行書 開成四年五月 在咸寧縣興教寺
李景讓等題名 正書 開成四年六月 在華嶽廟 後有內東頭供奉官康弼題一行不見年月

蓋宋時人也
太尉李光顏碑 李程撰 郭虔書 正書 開成五年八月 在榆次縣
重修大像寺記 沙門□□書 行書 會昌元年五月
陳商題名 行書 會昌元年七月 在華嶽廟 又有後六年十月續題
尊勝陀羅尼經 胡季良書 行書 會昌元年十一月 幢王姚仲文等造 在湖州府天寧寺
大達法師玄秘塔碑 裴休撰 柳公權書 正書 會昌元年十二月 在西安府學
金剛經石幢 止存下半 行書 會昌二年二月
李友義題名 正書 會昌二年四月 在嘉祥縣石龍庵 旁有大和八年題字無姓名後有元慶元年三月字似後人鑿改唐宋金俱無以元慶紀元者
京兆尹崔郇題名 正書 會昌二年六月 在華嶽廟

尊勝陀羅尼幢 僧契元書 正書 會昌二年九月 在吳縣包山
尊勝陀羅尼經并序 僧令洪書 行書 會昌三年十月建五年廢大中元年十一月重建後列湖州刺史令狐綯等名 在湖州府天寧寺
疊綵山記 八分書 無書撰人姓名 會昌四年六月 在廣西省城疊綵山
處士包公夫人墓誌 正書 會昌三年十二月 在杭州府趙晉齋家
李珏題名 正書 會昌五年五月 在廣西省城風洞
義武軍節度使韋損等題名 正書 大中二年二月 在曲陽縣北嶽廟
蓬萊觀碑 孫諫卿撰 貝治該書 八分書 大中二年六月 在象山縣
六種眞言 曹巨川書 行書 大中二年八月 後題湖州刺史蘇特名 在湖州府天寧寺
汝南周君墓誌 正書 無姓名 大中二年十月 在海寧州

周公祠靈泉碑 崔珙奏 荅詔 在岐山縣周公廟 正書 大中二年十二月
義武軍節度使李公度等題名 正書 大中二年十二月 在曲陽縣北嶽廟
節度判官禱雨題名 正書 北嶽廟 大中三年四月 在曲陽縣
勑內莊宅使牒 正書 碑陰 大中五年正月 刻於大達法師
比邱尼正言疏 正書 大中五年正月 仝上
尊勝陀羅尼幢 行書 大中五年六月黎同店奉爲敬聖 文思和武光孝皇帝及文武百官衆施主
建 在淳化縣
尊勝陀羅尼經并序 胡季良書 行書 開成二年正月 建 大中五年八月重建又有後梁
乾化五年五月重修字 在杭州府龍興寺
般若波羅蜜多心經 尊勝總持經咒 正書刻銅磬上 大中五年九月

岳林寺塔記 僧君長撰并正書 大中五年 在奉化縣 岳林寺
監察御史于德晦題名 正書 大中六年二月 在華嶽 廟
杜順和尚行記 杜殷撰 董景仁書 行書 大中六年 在西安府開佛寺
義武軍節度使李公度等題名 正書 大中六年九月 在曲陽縣北嶽廟
吏部尚書高元裕碑 正書 大中六年十一月 金石錄云蕭鄴撰 柳公權書 在洛陽縣
魏公謩先廟碑 崔口撰 柳公權書 正書 大中六年 十一月
奉化縣岳林寺塔銘 李柔撰 化縣岳林寺 正書 大中七年 在奉
修方山證明功德記 牟瑞撰 正書 大中八年四月 在長清縣靈巖寺
佛頂尊勝陁羅尼幢 正書 大中八年四月後有鄮縣令 崔初昌名 明洪武二十四年重立
在鄞縣

佛頂尊勝陁羅尼眞言 崔口書并撰讚 正書 大中甲戌八年秋幽月 宋皇祐五年重
立 在元和縣角直鎭
下邳郡林夫人墓誌 褚符撰 在福州府 正書 大中九年五月
圭峯禪師傳法碑 裴休撰并正書 鄠縣草堂寺 大中九年十月 在
襄州別駕韓昶墓誌 昶自爲誌 正書 大中九年十一 月
尊勝陀羅尼經 淩渭書 行書 大中十一年四月 後列功德主王用爲亾妣沈氏夫人建 在
湖州府天寧寺
大佛頂首楞嚴經 淩渭書 行書 大中十一年四月 仝上
鄭恒夫人崔氏墓誌 秦貫撰 正書 大中十二年二月 又一本文字與此同惟鄭君名遇疑
皆好事者爲之

侯官縣丞湯華墓誌 林珽撰 正書 大中十二年十一 月 在鄞縣東湯君廟
郎官石柱題名 正書 趙崡云後題大中十二年十一月 在西安府學
尊勝陁羅尼經幢 王鎔書 正書 咸通二年正月 在 蕭山縣覺苑寺上有一行云太平興國
二年十一月重修
窣堵波塔銘 高塘撰并正書 咸通五年八月 在咸陽 縣龍華寺
易定觀察使韋絢等題名 正書 咸通六年二月 在曲 陽縣北嶽廟
尊勝陁羅尼經幢 李遇書 正書 咸通六年八月 在 許州
尊勝陁羅尼經幢 沙門繼遠書 正書 咸通七年四月 在青州府司獄署內
尊勝陁羅尼 正書 咸通七年十二月弟子李君佐建造
後魏洛州刺史馮王新廟碑 十二代孫元德述 弟元錫 書 正書 咸通八年十一

月　在偃師縣西三十里鋪

尊勝陁羅尼經并序　正書　咸通八年十二月後題建幢王弟子莫少卿名　宋太平興國五年重修　在嘉定縣城南二十四里南翔寺

內莊宅使劉遵禮墓志　劉瞻撰　崔鈞書　正書　咸通九年十一月

加句尊勝陁羅尼經　曹新書　正書　咸通十年五月　在鄆縣育王寺

尊勝陀羅尼經并序　馮則書　行書　咸通十年六月　在湖州府天甯寺

修文宣王廟記　賈防撰　孔溫裕奏中書門下牒附　正書　咸通十一年三月　在曲阜縣孔廟

尊勝陁羅尼經　行書　咸通十一年三月後列軍事押衙陳珏等名　在湖州府天甯寺

碧落碑釋文　鄭承規書　正書　咸通十一年七月　在絳州

許環等題名　正書　咸通十一年十月　在華嶽廟

大悲心陁羅尼　正書　咸通十二年孟春　在咸甯縣東南卧龍寺

蕭山縣殘墓誌　正書　咸通十二年二月　在蕭山縣

尊勝陁羅尼經　行書　咸通十五年四月保壽寺僧從賢立

左拾遺孔府君墓志　鄭仁表撰并正書　咸通十五年

張常洧殘碑　行書　碑末有咸通字　在句容縣張氏祠

尊勝陁羅尼經并序　正書　乾符二年八月後題建造幢王弟子莫少卿名　宋太平興國五年重修　在嘉定縣南翔寺

瑯琊王夫人墓銘　正書　乾符三年二月　在西安府崇仁寺

尊勝陀羅尼經并序　李端符書　行書　乾符三年十一月　在無錫縣惠山寺

鄭畋謁昇仙太子廟詩　正書　乾符四年閏二月　在偃師縣

崇明寺殘碑　正書　有乾符四年九月字　在句容縣

尊勝陁羅尼經并讚　鄭筠撰讚　行書　乾符五年八月　在許州

尊勝陀羅尼經　正書　乾符五年□月　後題弟子范信爲亡妻韓卅二娘子建　在湖州府天甯寺

尊勝陀羅尼經　正書　乾符五年七月　在昭文縣梅李鎮

大佛頂陁羅尼幢　正書、乾符六年八月　後題東都天宮寺沙門縣筆書畢又有抓子□□等伏爲先考尚書先妣蘭陵夫人敬立斯幢字

李克用題名　正書　中和五年二月　在曲陽縣北嶽廟　金天會十一年刻

撫州寶應寺鐘銘　正書　大順元年十月　又一面刻甘露陁羅尼後題淳化元年十二月僧敬昭記亦正書

重藏舍利記　沙門南叙撰　知常書　正書　景福元年十二月　在京師憫忠寺

道德經　正書　景福二年孟秋月　在易州龍興觀

觀世音經幢　正書　乾甯元年後題女弟子陳氏建立　在咸甯縣卧龍寺

內樞密使吳承泌墓誌　裴庭裕撰　閻湘書　正書　乾甯二年十一月

吳越王鐵券文　正書　乾甯四年八月　在臨海縣錢氏

端州銅鐘款字　正書　乾甯四年九月　又有咸平三年三月題字　在肇慶府大門譙樓上

尊勝陁羅尼經并記　沙門元秀撰記　正書　光化二年

金剛經石幢　正書　天復三年七月　在澤州府

王審知德政碑　于兢撰　王倜書　正書　天祐三年閏十二月　在福州府

梁府君墓志　行書　天祐十年孟冬月　文云葬于易州東北隅一里半易縣□出鄉梁村之右

修北嶽廟碑　劉端撰　王知新書　行書　碑上半已損惟歲在丙子十月癸未朔字尚存蓋天祐十

三年也　在曲陽縣嶽廟
太師中書令北平王再修文宣王廟記 高諷撰并正書 天祐十五年四月
在定州學
碑陰 上十行行書　下方列僚屬題名正書
法門寺塔廟記 薛昌序撰　王仁恭書　正書　天祐十
九年二月　在扶風縣法門寺
李靖告西嶽文 行書　在華陰縣嶽廟　以下皆無年月
又 行書 或殘缺
在潞城縣　宋崇寧三年五月楊大中模刻
鄭恭王妃碑 正書
沁州刺史馮公碑 崔尚撰　郭謙光書　八分書　在咸
陽縣
敬善寺石像銘 李孝倫撰　正書　文稱紀國太妃韋氏
所造　在洛陽縣

姜遐碑 姜晞撰　正書　在醴泉縣
中大夫盧府君碑 行書　郎盧正道墓碑也
梁義深等題名 正書　在西安府寶慶寺
邛州刺史狄府君碑 正書　在洛陽縣
贈隴西縣君牛氏像龕碑 八分書　在洛陽縣
唐殘碑 八分書　不及三百字有突騎施可汗字
贈邢州刺史宋府君碑 正書　在沙河縣
華陰廟殘碑 權俌撰　杜繹書　八分書　在華嶽廟
張旭肚痛帖 草書　在西安府學
白鸚鵡賦 草書　題云退之或謂韓愈書也

皇甫湜五言詩 正書
杜兼題名 正書　無年月　在曲阜縣啓相謁孔廟碑側
承仙觀田尊師碑 碑字漫滅　在富平縣美原鎮
張孝孫題名 正書　題銜稱潼關節度都虞候又有元從
字蓋唐刻也旁有細書熙甯字乃宋人續題
在華嶽廟
河南府參軍崔恭伯等題名 正書　在華嶽廟崔郇題名
之左
居士趙琮墓誌 申昕撰　正書　丙申年七月　在益都
縣李素伯家
檢校太子賓客尒朱逵墓碣 程彥矩撰　正書　年月殘
缺　在郃陽縣西三十里朱
家河
韋君墓志銘 正書曼患不可識惟題蓋大唐故韋府君墓誌
銘九字尚存

右武衛大將軍李府君碑額
贈太常卿趙公碑額
石鼓尊勝經 正書　在醴泉縣
尊勝陁羅尼經 正書　後有溫州刺史李師簡建造等字
汪中云在揚州府東隱庵
尊勝陀羅尼經 正書　在句容縣
尊勝陁羅尼經 周德書　行書　後題徐師範及母王氏
等名　在湖州府天甯寺
尊勝陁羅尼經 胡季良譔并正書　幢已曼患不見年月
有蕭山縣令丞尉諸人名　在蕭山縣覺
苑寺
徐嶠游石門山詩 八分書　在青田石門洞
尊勝陁羅尼經 陸展書　行書　後有女弟子徐十四娘
等施財人姓名及樹幢僧智峯上座僧巨

冊等名

尊勝陀羅尼經　正書　後有四社邑衆名　在澤州府

尊勝陁羅尼經并銘　張鍊撰　行書　銘中有三年夏四月而不見年號　在涇陽縣

尊勝陁羅尼經并後序　行書　後有歲在作噩及安定皇甫賓字　在涇陽縣

尊勝陁羅尼經　正書　止存下一截末有龍興寺字　在蘇州府城西隅龍興寺

尊勝陁羅尼經　行書　後有贊殘缺有處士胡季口名疑郎胡季良書　在湖州府天甯寺

尊勝陁羅尼經　王宏書　正書　在鄜城縣彼岸寺

尊勝陁羅尼幢　正書　止存一段有節度押衙左亦鎮使孫守口州節度押衙林國鎮遏使孫二行

石幢　正書　有幢主張毛顏名　在濬州安居天仙廟　黃小松以爲唐刻

石幢　失其上半　口徽書　正書　後題佛弟子惠敬名

金石文目錄三　十七

尊勝陀羅尼經幢　行書　在廣德州城北廿里鎮山寺　不署年月當是唐末或五代時刻　此

景福二大字　正書　相傳李邕書　在肇慶府七星巖

樞室二大字　正書　相傳陸羽書　在樂昌縣

杭州刺史口仝等題名　正書　在富陽縣定山

源方回等題名　正書　在青州府城東門壁間　李素伯據題名有賓鞏一人定爲唐刻

後梁

崇福侯廟記　錢鏐撰　行書　開平二年　在紹興府城隍廟

裴說寄邊衣詩　僧彥修書　草書　乾化四年　在西安府學

昭義軍節度使葛從周碑　薛廷珪撰　張遁書　行書　貞明二年十月　在偃師縣

尊勝陁羅尼及大悲心陁羅尼幢　正書　貞明三年十一月　在許州

後唐

澤州開元寺神鐘記　正書　天祐十一年七月　在澤州府

振武節度使李存進碑　呂夢奇撰　梁邕書　正書　同光二年十一月

尊勝陀羅尼　正書　天成三年四月澤州劉紹等造　在澤州府

武安縣重修定晉禪院千佛邑碑　正書　天成四年九月　俗名透影碑

尊勝陁羅尼經　行書　長興三年八月　在鞏縣淨土寺

特賜寘福禪院土地牒　正書　長興四年九月　偽齊阜昌二年二月刻　在秦安府寘福寺

後晉

贈太傅羅周敬墓誌　殷鵬撰并正書　天福二年十月　在洛陽縣

金石文目錄三　十六

聖宇山崆峒巖記　正書　天福五年七月　在澤州府

吳越文穆王神道碑　和凝撰　行書　天福八年四月　在杭州府

寘福禪院新寫藏經碑　周元休撰　正書　天福八年五月　在泰安府寘福寺

贈太保史匡翰碑　陶穀撰　行書　天福八年六月　閻光遠書

開化寺瑞巖閣記　蘇禹珪撰　蘇曉書　行書　開運二年七月　元至正八年十月重刻　在太原縣

後漢

佛說父母恩重經　正書　兗州龔邱縣剛成村孟知進造　乾祐三年

後周

衛州刺史郭公屏盜碑　杜韓撰　孫崇望書　行書　顯德二年五月

濟州刺史任公屏盜碑 李𠴨撰　張光振書　行書　顯德二年九月　在鉅野縣

澤州龍泉禪院記 徐綸撰　王獻可撰後序并正書　顯德三年九月　在澤州府

中書侍郎平章事景範碑 扈載撰　孫崇望書　行書　顯德三年十二月

銅舍利塔題字 行書　顯德五年十一月　文云弟子夏永原并妻林一娘　在蕭山縣祇園寺

佛頂陁羅尼幢 正書　顯德五載高陽許氏建　在蘇州府虎邱山

吳

大安寺鐵香爐題字 正書　太和五年七月　在南昌府

尊勝陁羅尼眞言 正書　右衛贊賢坊清信男弟子周從爲其亾妻丁氏造　天祚二年閏十一月

吳越

風山靈德王廟記 吳越王錢鏐撰　行書　寶正六年爲相之月　在武康縣

吳越國故僧統大師塔銘 行書　唐應順元年五月　何夢華云皮光業撰　在臨安縣功臣山下淨度寺桑園中

吳越國王造寶塔記 正書　乙卯歲

崇化寺西塔基記 正書　首稱吳越王長男鄭國公吳延福載興塼塔二所而後題唐下元戊午七月二十八日戊午當是後周顯德之五年碑稱唐不稱周未詳其說

閩

崇妙保聖堅牢塔記 林同穎撰　僧無逸書　正書　永隆□年□月

南漢

黃蓮山銅鐘刻字 正書　大寶二年七月　在韶州府學

拓路題記 行書　大寶三年仲冬　在潮州府西湖石上

龔澄樞造鐵塔記 行書　大寶六年五月　在廣州府光孝寺西院

雲門山大覺寺匡聖大師碑 陳守中撰　沙門行修書　正書　大寶七年四月　在乳源縣

北漢

造千佛寶塔記 行書　大寶十年　在光孝寺東院

天龍寺千佛樓碑 李惲撰　劉守清書　行書　廣運二年八月　在太原縣

南唐

祈澤寺殘碑 保大四年十月　在上元縣高橋門外祈澤寺

紫陽觀殘碑 止存四十餘字　徐鉉撰　楊元鼎書　正書　已未十二月周顯德六年也　在句容

縣駱氏

龍興寺鐘銘 正書　南都留守林仁肇造　乾德五年二月　在南昌府百花洲鐘樓

本業寺記 僧契撫撰　任德筠書　正書　乾德五年七月　在上元縣麒麟門外

龍光禪院元寂禪師塔碑 韓熙載撰　張藻書　入分書　開寶二年仲夏　在吉水縣龍華寺

南詔

南詔德化碑 正書　雲南通志云鄭回撰　贊普鍾十四年

南詔鐘題字 正書　建極十二年三月　在大理府感通寺

潛研堂金石文字目錄卷四　嘉定錢氏收藏

宋

重修合武廟碣　毛口撰并正書　建隆元年　在襄城縣

重修文宣王廟記　劉從乂撰　馬昭吉書　行書　建隆三年八月　在西安府學

千字文　僧夢英篆書　袁正己正書自題隸書　乾德三年十二月　在西安府學

三體陰符經　郭忠恕書　小篆徑一寸五分古文隸書旁注徑五分　乾德四年四月　在西安府學刻于唐懷惲禪師碑陰

十八體書　僧夢英書　刻小字八分書碑之上方刻馬去非等十一人贈詩袁允忠正書題云丁卯年于長安集䇿在乾德五年也　在西安府學

篆書千字文序　郭穀撰　皇甫儼書　正書　乾德五年九月　在西安府學

摩利支天經　袁正己書　正書　乾德六年十月　在西安府

陰符經　袁正己書　正書　乾德六年十一月　即刻摩利支天經之下方

嵩山會善寺重修佛殿碑　王著撰　王正己書　行書　開寶五年閏二月　在登封縣

龍池石塊記　行書　開寶六年四月　在濬源縣

修周武王廟碑　盧多遜撰　孫崇望書　行書　開寶六年十月　在咸陽縣

修周康王廟碑　黃遜浮撰　孫崇望書　行書　開寶六年十月　在咸陽縣

修唐太宗廟碑　李瑩撰　孫崇望書　行書　開寶六年十月　在醴泉縣

新修南海廣利王廟碑　裴麗澤撰　韓溥書　開寶六年十月　在廣州府南海縣

潘美等題名　正書　刻于宋新修南海廟碑陰

新修嵩嶽中天王廟碑　盧多遜撰　孫崇望書　行書　開寶六年十二月　在登封縣

新修商中宗廟碑　梁周翰撰　司徒儼書　行書　開寶七年四月　在內黃縣

龍興寺記　撰文者名岵而不著姓　正書　開寶八年四月　在同州府

蒼公碑　韓從訓撰　韓元正書間雜行艸　開寶八年大呂月　在白水縣

碑陰　字與碑相似

福嚴院中書門下牒　正書　太平興國三年五月　在潭州府

夫子廟堂碑　唐程浩撰　僧夢英書　正書　題壬午六月益太平興國七年也　在西安府

兖州文宣王廟碑　呂蒙正撰　白崇矩書　行書　太平興國八年十月　在曲阜縣

廣慈禪院新修瑞象記　陳摶撰　楊從乂書　正書　雍熙二年三月　在咸寧縣香城寺

上清太平宮鐘口記　王化基撰　行書　皇宋耕籍元年七月　後題益端拱元年也

新譯三藏聖教序　太宗御製　沙門雲勝書　八分書　端拱元年口月　在西安府學

重修鑄大悲像并閣碑　田錫撰　吳郢書　行書　端拱二年正月　在眞定府龍興寺

潭州鐵佛寺塔柱文　董議書　正書　淳化元年　在長沙府

善才寺觀音院記　陽晙撰　梁文素書　行書　淳化元年五月　在禹州

禱先聖文　徐休復撰　彭晨書　八分書　淳化二年三月當作四月　在曲阜縣

重修北嶽安天王廟碑　王禹偁撰　黃仲英書　行書　淳化二年八月　在曲陽縣

石幢　正書　淳化二年十月　在嘉祥縣七日山

巡撫使呂文仲題名　正書　淳化四年正月　在西安府學大智禪師碑陰

福昌院功德記　李用晦撰　沙門山文書　正書　淳化四年閏十月

殿直崔承業題名　正書　淳化四年十一月　在西安府學大智禪師碑陰

涇州回山重修王母宮記 陶穀撰 僧夢英書 行書 咸平元年

贈夢英大師詩 陶穀等三十二人作 僧正蒙書 正書 咸平元年正月 在西安府學

篆書目錄偏旁字源 僧夢英篆書 附自序及郭忠恕答書 皆正書 咸平二年六月 在西安府學

敕賜西嶽廟乳香記 韓見素撰 □智通書 正書 咸平六年九月

檢校太保程德元神道碑 撰人姓名殘缺 王坦書 行書 景德二年

敕修文宣王廟牒 正書 景德三年二月 在曲阜縣

頒行莊子詔 正書 景德三年八月

黃夢松留題江兄祕丞監讀易亭詩 行書 景德四年二月

林渭夫送交代祕丞歸闕詩 行書 景德四年閏五月

陳總等題名 劉起書 行楷 景德四年仲冬月 在肇慶府七星巖

景德寺中書門下牒并澤州帖 俱行書 景德四年十一月 帖在十二月 金泰和八年刻石有題字 在澤州府

謝天書述二聖功德頌 真宗御製御書 正書 大中祥符元年十月 在泰安府城南門外

青帝廣生帝君贊 真宗御製 正書 大中祥符元年 聶欽日舊在泰山南麓青帝觀今亾

禪社首壇頌 王欽若撰 正書 大中祥符元年 在泰安府

祀文宣王廟題名記 裴瑀書 行書 大中祥符元年十一月 在曲阜縣

重修魏孝文廟碑 劉淳撰并正書 大中祥符二年三月 在澤州府龍門峽

賜御書與九經正義釋文敕牒 行書 大中祥符二年閏月 在曲阜縣

永興軍修文宣王廟大門記 孫僅撰 冉宗閔書 行書 大中祥符二年六月 在西安府學

封祀壇頌 王旦撰 裴瑀書 行書 大中祥符二年七月 在泰安府城東南二里

廣武原宣聖家廟碑 孔晃撰 正書 大中祥符二年十月

元聖文宣王贊 真宗御製御書 正書 大中祥符二年十一月 在曲阜縣

□□禪師述 僧靜己書 行書 大中祥符三年正月 在西安府學

重刊旌儒廟碑 唐賈至撰 徐珽書 正書 大中祥符三年五月張緯重刊 在臨潼縣

龍泉寺普濟禪院碑 閻仲卿撰 僧善儁書 行書 大中祥符三年十一月 在汧陽縣龍泉山

龍門銘 真宗御製并書 正書 大中祥符四年三月

靈顯王廟之贊 真宗御製并書 正書 大中祥符四年三月 在鄭州

棣州防禦使贈貝州觀察使石公碑 楊億撰 尹熙古書 行書 大中祥符四年十二月

御製元聖文宣王贊及加號詔 正書 大中祥符五年十一月 在南雄縣學

東嶽天齊仁聖帝碑 晁迥撰 尹熙古書 行書 大中祥符六年六月 在泰安府城內嶽廟

中嶽中天崇聖帝碑 王曾撰 白憲書 行書 大中祥符七年九月 在登封縣

真宗賜陳堯咨敕 堯咨行書 大中祥符七年九月 在西安布政司廨

北嶽醮告文 真宗御製 白憲書 行書 大中祥符八年二月 在曲陽縣

河東轉運使陳堯佐劄子 行書 大中祥符八年十二月 在澤州府天井關

北嶽安天元聖帝碑陳彭年撰　邢守元書　行書　大中祥符九年四月　在曲陽縣
興平縣保寧寺碑冉留撰并行書　天禧二年六月　在興平縣
敎興頌虛儀先生撰　唐英篆書　題云皇帝嗣明啇之三葉歲在未月建午日丁卯以曆推之蓋天禧三年五月也　在西安府學刻于虞永興廟堂碑陰
中嶽醮告文眞宗御製　劉太初書　天禧三年九月　在登封縣
靈祐觀中書門下牒徐則書　行書　天禧五年十月　在吳縣洞庭山
建觀年月記行書　天禧五年十月　在吳縣洞庭山
永福院彌勒閣記正書　撰書人姓名漫漶　題云皇宋天改元天口五年歲次辛酉十二月蓋天禧五年也　在河內縣
殿直趙勝等題名正書　乾興元年仲春　在肇慶府七星巖

金石文目錄四　五

中嶽中天崇聖帝廟碑陳知微撰　邢守元書　行書　乾興元年六月　在登封縣
張希顏等題名行書　天聖元年二月　在蘇州府虎邱山石壁
王瀆等題名正書　天聖元年九月　在蘇州府虎邱山
涇州回山王母宮頌陶穀撰　上官佖書　篆書　天聖三年三月
昭慶寺夢筆橋記葉清臣撰　吳則之書　正書　天聖四年三月　在蕭山縣覺苑寺
賈守文題名正書　天聖戊辰六年二月　在肇慶府七星巖
愼刑箴并序晁迥撰　盧經書　正書　天聖六年五月　在西安府學
勸愼刑文晁迥撰　正書　同上
太原王質等題名正書　己巳九月蓋天聖七年也　在虎邱山
給事中朱巽等題名行書　天聖八年八月　在虎邱山石壁

栖禪寺新修水磨記僧志隆撰并行書　天聖口年八月　在鄠縣草堂寺
宋文安牡丹詩劉孟堅後序　行書　天聖九年五月　在咸寧香城寺
澤州龍堂記夏侯觀撰并正書　天聖九年七月　在澤州府
天台山護國寺碑錢惟演撰　李端懿書　行書　天聖九年七月　在天台縣護國寺
長城蓧光等題名石曼卿書　行書　明道二年六月　慶元元年正月刻有朱希賢跋正書　在桂林府龍隱上巖
修昇仙太子大殿記謝絳撰　僧智成書　正書　明道二年六月
絳州重修夫子廟記李垂撰　集王羲之書　山西通志云明道中立今碑已殘缺止存六月癸未朔字　在絳州
永安縣會聖宮碑石中立撰　李孝章書　正書　景祐元年九月

金石文目錄四　六

湖州靈山開善禪院記許申撰　男因其書　正書　景祐元年十二月　在潮陽縣西六十里靈山寺
祖廟祭文孔道輔撰　張宗益書　正書　景祐二年六月　在曲阜縣
延慶禪院新修舍利塔記馬元穎撰　楊虛己書　行書　景祐三年六月　在濟源縣
孫蒼舒等題名正書　景祐四年　在永州府淡山巖
文宣王廟新建講堂記成昂撰　孫正己書　正書　景祐四年七月　在曲阜縣
尊勝陁羅尼經劇如錫書　正書　景祐五年三月　在趙州
鄆州新學記口弼撰　口縯書　正書　景祐五年七月　在東平州
明州保安縣大界相碑僧維白撰　如顯書　正書　景祐五年十月　在鄞縣
陳述古題名正書　寶元己卯二年登高前五日　旁有治平丙午重五日男知素題亦正書

棲霞寺碑 陳江總持撰 沙門懷則書 行書 康定元年三月 在江甯府攝山
癸酉仲夏詩 正書漫患 康定元年季秋 在永州府
石氏世表 石介撰 士建中書 正書 康定二年八月 在泰安府城東南三十里徂徠山陰汶水東岸橋溝莊
成口田琟等題名 行書 康定二年中秋前一日 在永州府淡山巖
興元府修文宣王廟記 竇充撰并正書 慶曆二年正月 在褒城縣
周湛錢聿包拯題名 正書 慶曆二年三月 在肇慶府七星巖
郡守朱顯之題名 正書 慶曆壬午二年十二月 同上
轉運使馬尋等題名 朱顯之書 正書 慶曆三年二月 同上
法門寺重修九子母記 張爽撰 魏戩書 行書 慶曆五年閏五月 在扶風縣

馮元輔等題名 正書 慶曆六年季秋 在曲陽縣
婺州題名記 關詠撰 正書 慶曆丙戌六年立冬日 題名自太平興國二年閻象至詠凡三十五人續題者自慶曆花尹至宣和楊應誠又四十三人 在金華府
程琳題名 正書 丁亥六月 蓋慶曆七年也 在華嶽廟
潘衢等題名 正書 慶曆七年十一月 在永州府淡山巖
仁宗飛白書 慶曆八年四月
葉清臣題名 正書 慶曆戊子八年四月 在華嶽廟
同提點刑獄劉建勳等題名 正書 慶曆八年九月 在西安府慈恩塔
雷簡夫題名 八分書 慶曆口口 同上
重修北嶽廟記 韓琦撰并正書 皇祐元年正月 在曲陽縣

程琳再謁嶽祠題名 正書 皇祐己丑元年三月 在華嶽廟
富平縣李太尉祠堂記 王哲撰 張大中書 正書 皇祐元年六月
知宣州宋克隆等題名 正書 皇祐元年十二月 在肇慶府七星巖
同游㴩溪石室記 余靖撰 黃昌齡書 皇祐二年三月 在樂昌縣
王鼎禱雨北嶽題名 正書 皇祐二年四月 在曲陽縣
蘇舜元題名 正書 皇祐庚寅仲夏
祖無擇謁廣利王廟題名 正書 皇祐二年孟秋 刻於南海廟韓碑之陰
崇教寺辟支佛塔記 僧普莊撰 顧清書 正書 皇祐二年八月 在江甯縣牛首山
張吉甫題名 正書 皇祐庚寅九月 在沐澗魏夫人碑陰
永通監記 余靖撰 黃昌齡書 皇祐二年十月 在曲江縣

復唯識廨記 黃庶撰 口口元書 行書 皇祐三年 在西安府學 刻于皇甫君碑陰
定州路監兵趙滋題名 正書 皇祐三年正月 在曲陽縣
屯田員外郎楚執中題名 正書 皇祐辛卯仲夏 在曲陽縣
朱顯之祭南海廟題名 正書 皇祐辛卯五月 刻于南海裴麗澤碑陰
旌賢崇梵縣牒 行書 皇祐三年九月 大觀元年七月刻 在新鄭縣
河北沿邊安撫副使劉兼濟題名 正書 皇祐辛卯冬 在曲陽縣
范仲淹書伯夷頌 正書 皇祐三年十一月 後有文彥博富弼蘇舜元晏殊杜衍詩及賈昌朝諸人題跋 元大德庚子二月刻有牟巘跋正書 在蘇州府城內范氏義莊
岱嶽觀宋禱題名 皇祐四年三月 在泰安府
李陟題名 皇祐壬辰仲夏月 同上

平蠻三將題名正書 皇祐五年二月 三將者狄青孫沔余靖也 在廣西

王起等題名正書 皇祐癸巳寒食日 在青田縣石門洞

秘臺石室文陶巽撰 正書 皇祐五年仲夏 在肇慶府七星巖

高灤題名正書 皇祐五年八月 在永州府朝陽巖

京兆府小學規裴袗書 正書 至和元年四月 在西安府學

張子諒等題名正書 至和元年五月 在沐澗魏夫人碑陰

柳拱辰等題名子平書 正書 至和二年六月 在永州府淡山巖

郡守陳求古題名正書 至和二年六月 在溫州府

柳拱辰等題名正書 至和二年九月 在永州府朝陽巖

柳拱辰等題名正書 至和二年十一月 同上

金石文目錄四　九

通判定州馬耿題名正書 至和三年正月 在曲陽縣

三班奉職蘇拱之題名正書 至和三年正月 同上

范文正公神道碑歐陽修撰 王洙書 正書 至和三年二月 在洛陽縣

柳子厚祠堂記柳拱辰撰 正書 至和三年二月 在永州府

興州新修白水路記雷簡夫撰并正書 嘉祐二年二月 在略陽縣

潘旦等題名正書 嘉祐丁酉二年八月 在沐澗魏夫人碑陰

張師中等題名正書 嘉祐戊戌二月 在青田石門洞

雲門山僧守忠碑李世昌書 正書 嘉祐三年四月 在益都縣雲門山洞西壁

呂大防題名正書 嘉祐己亥四年五月 在白水縣蒼頡廟宋碑額

張子諒等題名盧臧書 正書 嘉祐四年五月 在永州府淡山巖

吳奎等題名正書 嘉祐四年八月 在永州府朝陽巖

張子諒等題名正書 嘉祐祫享後十一日按嘉祐四年十月祫享明堂此題當在是年十月也

同上

轉運使榮諲等題名八分書 嘉祐庚子五年正月 在肇慶府七星巖

朝陽巖三大字張子諒書 正書 盧臧題記亦正書 嘉祐五年二月 在永州府

汾州別立大宋磨崖碑文記謝景初撰 正書 嘉祐五年九月 在汾州府

宋仲任等題名正書 嘉祐庚子六月 在永州府淡山巖

萬安橋記蔡襄撰并正書 嘉祐五年秋

虢塔石函題字正書 嘉祐五年九月沈文罕建 出蘇州府宮巷塔中今藏瞿鏡濤家

徐大方題名盧臧書 正書 嘉祐辛丑上元後一日 在永州

金石文目錄四　十

徐大方等題名正書 嘉祐辛丑上元後一日 在永州府淡山巖

蔣緯題淡山巖詩孫褒書 正書 嘉祐六年正月 同上

陸詵題名正書 嘉祐辛丑六月 同上

芮城縣涼軒詩李□序 吳東之書 正書 嘉祐六年八月 在芮城縣

陳知晦題名正書 嘉祐七年正月 在曲陽縣北嶽廟

褚理題名正書 嘉祐壬寅二月 在青田石門洞

燕堂記富弼撰 陸經書 行書 嘉祐七年二月 在宜陽縣

譙南薰等題名行書 嘉祐七年四月 在曲陽縣

滁州醉翁亭記歐陽修撰 蘇唐卿書 篆書 嘉祐七年十月 在費縣

狄武襄公神道碑王珪撰 宋敏求書 正書 嘉祐七年十一月 在汾州府

李師中詩　正書　嘉祐七年十一月　在桂林府龍德下巖

韓愷墓誌　韓琦撰并正書　嘉祐七年十一月　文云葬于安陽縣新安村

敕賜廣嚴院額牒　正書　嘉祐七年十二月　在階州

石林亭唱和詩　劉敞作蘇軾和　李邰書　正書　嘉祐七年十二月　在麟游縣

嘉祐壬寅題名　正書　姓名殘缺　在西安府慈恩塔

轉運使王純臣題名　正書　嘉祐八年正月　在曲阜縣孔廟唐碑側

宋迪題名　正書　嘉祐八年三月　在永州府淡山巖

先秦古器記　劉敞撰　正書　嘉祐八年六月

曹宗卿王世寳題名　正書　癸卯九月蓋嘉祐八年也　在曲陽縣

山陰縣新建廣陵斗門記　張燾撰并正書　嘉祐八年十月　在蕭山縣

仁宗皇帝飛白記　吳充撰并行書　嘉祐八年十一月　在偃師縣

右諫議大夫贈太師韓國華碑　富弼撰　王珪書　正書　嘉祐八年十一月

王世寳題名　正書　癸卯季冬　在曲陽縣

國子博士單從化題名　正書　嘉祐癸卯季冬　同上

文彦博宿少林寺詩　正書　無年月　當在嘉祐間

靳樸題名　正書　甲辰立春日蓋治平元年也　在曲陽縣

知曲陽縣事王世安題名　正書　治平元年二月　在曲陽縣

盧盛等題名　正書　治平甲辰六月　在西安府慈恩塔

孔延之等題名　余藻書　正書　治平元年仲冬　在桂林府龍隱下巖

知郡事皇甫宗憲題名　正書　治平乙巳二年仲春　在肇慶府七星巖

贈太尉孫宣公神道碑　賈昌朝撰　正書　治平二年二月

相州晝錦堂記　歐陽修撰　蔡襄書　正書　治平二年三月　在彰德府

王巖叟題名　正書　治平乙巳中元日　在曲陽縣

河東薛俅等題名　正書　治平乙巳中元後一日　在衡州府石鼓山西谿

梁庚等題名　正書　治平乙巳九月　在永州府淡山巖

持正等題名　正書　隱甫書　治平二年九月　同上

薛俅等題名　正書　治平二年十一月　同上

欒咸淡山巖詩　正書　治平三年正月　在永州府

士宏昌衡元規安道題名　正書　題丙午仲春蓋治平三年也　士宏者盧士宏也以治平元年知廣州

梁宏等題名　正書　治平三年季秋　在永州府朝陽巖

提刑程濬等題名　正書　治平三年十二月　同上

范子明等題名　減叔題　正書　治平丙午十二月　在永州府淡山巖

沈紳題名　八分書　治平四年正月　同上

鞠拯等題名　正書　治平四年三月　同上

周敦頤題名　正書　治平四年三月　同上

菩提寺柱礎題字　正書　治平四年四月　在嘉定縣安亭鎮

重修南海廟記　章望之撰　曹隲書　正書　治平四年十月　在廣州府南海廟

溫泉箴　唐張說撰　楊方平書　正書　治平丁未四年孟冬　在臨潼縣

韓魏公觀魚軒詩　正書

蔣之奇題淡巖詩 正書 熙寧元年正月 在永州府
都轉運使孫永等題名 正書 熙寧元年三月 在西安府慈恩塔
章峴登環翠閣及留題龍隱巖詩 男凝書 正書 熙寧戊申元年仲秋 在桂
林府龍隱下巖
諫議大夫閻詢題名 正書 戊申重陽日 在華陰縣嶽廟
蕭山大悲閣記 沈遼撰 正書 蕭山縣覺苑寺 熙寧元年十一月 在
濂溪周元公題名 正書 子呂中等續題 熙寧二年正月 在肇慶府七星巖 後有淳祐壬
荆延年等題名 正書 巖 熙寧己酉二月 在永州府淡山
康衞等題名 正書 熙寧二年三月 在七星巖
康衞陳𢢀唱和詩 正書 熙寧二年三月 同上

虔州重修儲潭廟記 黃慶基撰 在贛州府 正書 熙寧三年七月
瀧岡阡表 歐陽修撰 正書 熙寧三年四月
岔利鈐轄馮文顯題名 正書 縣北嶽廟 熙寧三年六月 在曲陽
環慶副都總管楊遂題名 正書 在華陰縣嶽廟 熙寧庚戌三年七月
陳纆題名 行書 熙寧三年十二月 在華陰縣嶽廟
向宗道等燕喜亭題名 正書 連州燕喜亭 熙寧辛亥四年三月 在
提點刑獄劉忱題名 正書 嶽廟 熙寧辛亥孟夏 在華陰縣
何延世等游西湖題名 梁立儀題 正書 熙寧四年五月 在潮州府西湖大石上
范育等題名 正書 碑陰 熙寧四年六月 在同州府聖教序
向宗道謁南海祠題名 正書 南海廟碑陰 熙寧壬子五年三月 在

劉莘老題名 正書 孫震孫續題 無年月 後有寶祐三年九月六世
之題 當在熙寧壬子歲 云相去一百八十三年 則莘老 在衡州府石鼓山
高士安等題名 正書 容達題名 熙寧壬子十月 在象山縣蓬萊觀碑側 後有明年十月
蔡延慶謁金天帝題名 正書 嶽廟 熙寧六年正月 在華陰
陳舜俞騎牛圖詩 行書 金華府 熙寧六年正月 劉渙序 在
知府事吳中復等題名 八分書 安府慈恩塔 熙寧六年二月 在西
通判定州李布題名 行書 熙寧六年二月 在曲陽縣
轉運使金君卿等題名 正書 熙寧癸丑六年中伏 在
廣東學院公署九曜石
河南監牧使劉航等題名 正書 陰縣嶽廟 熙寧癸丑仲秋 在華
呂升卿題名 正書 碑側 熙寧六年十月 在曲阜縣孔廟唐

柳應辰題名 正書有押字 熙寧六年十月 在祁陽縣
浯溪旁有元祐丁卯孟夏陳宏題 亦正書
盧訥等題名 王讜書 行書 嶽廟 熙寧癸丑仲冬 在華陰
金傑題名 正書 喜亭 題癸丑歲 蓋熙寧六年也 在連州燕
諫議程公禱雨記 正書 廟碑陰之額 熙寧癸丑十二月 刻于南海
楊永節等題名 正書 巖 熙寧七年正月 在永州府淡山
程師孟等同游藥洲題名 行書 在廣東學院公署九曜石 熙寧甲寅七年上元日
敕祠南海神記 陳之方撰 廣州府南海廟 正書 熙寧甲寅正月 在
權轉運使金君卿等題名 正書 東學院公署九曜石 熙寧甲寅二月 在廣
開元寺重塑佛像記 李駿撰 在韶州府 正書 鄢強書 熙寧七年二月
譚粹等題名 李禮書 廟表碑之陰 正書 熙寧甲寅仲春 在南海

許彦先藥洲詩 正書 熙寧甲寅上巳 在廣東學院公署九曜石
陳鉉題名 正書 熙寧七年三月 在華陰嶽廟
李伷祈雨題名 正書 甲寅三月 同上
楊巨卿等題名 八分書 熙寧七年九月 在永州府淡山巖
楊傑英題名 正書 熙寧甲寅十月 同上
南海禱雨題名 蘇成記李確書 熙寧七年十月 在南海廟裴碑之陰
趙汴等題名 吳中復書八分書 熙寧七年仲冬 在西安府慈恩塔
提點刑獄晁端彦等題名 正書 熙寧九年四月 在天台縣護國寺碑陰
秦日新等題名 正書 熙寧九年十二月 在永州府淡山巖
玉皇廟碑陰題名 正書 碑以熙寧九年立 在澤州府

胡奕澹山巖詩 正書 熙寧九年 在永州府
趙揚等題名 行書 熙寧丁巳十年清明前二日 在永州府淡山巖
張升卿題名 行書 熙寧十年三月 在華陰嶽廟
知郡事陸口題名 正書 熙寧十年五月 在衡州府石鼓山西谿
題种明逸會眞宮詩後 胡宗回以下凡二十餘人 熙寧十年丙午月譚遂叙麗綴之刊 在泰安府李文藻云舊在會眞宮今移東嶽廟環詠亭壁間
梵書唵字贊 太宗御撰 僧顯俊書 正書 熙寧十年八月 在咸寧縣卧龍寺
觀世音普門品經 曾公亮等書 正書 無年月皆熙寧中人也 在蘇州府虎邱
安撫使曾布等題名 行書 元豐元年正月 在廣東學院公署九曜石
表忠觀碑 蘇軾撰并正書 元豐元年 在杭州府學石四片皆止存上半又錢王祠有明人重刻本
階州福津廣嚴院記 羅文顯書 正書 元豐元年八月 在階州
薛昌朝等題名 正書 元豐戊午元年仲冬 在華嶽廟
曾布題名 篆書 巳未上巳蓋元豐二年也 在龍隱下巖
蔡延慶題名 正書 元豐己未 在華陰嶽廟
孫頎等題名 正書 元豐二年四月 在永州府淡山巖
敕封順應侯牒 正書惟前一行中書門下牒五字及兩敕字行書 元豐二年七月 在歷城縣龍洞山壽聖寺
張申等題名 正書 元豐己未季秋 在永州府淡山巖
魏國韓忠獻公祠堂記 郭時亮撰 滕中書 正書 元豐三年正月 在定州學

權轉運使陳倩等題名 正書 元豐三年十二月 在桂林府曾公巖洞口右壁
五臺山孫眞人祠記 王巘撰 正書 元豐四年四月 金大定九年七月重刻有米孝思跋 在耀州五臺山
眞身瑞像歷年記 正書 元豐四年五月 在蘇州府吏門內關帝廟
知郡事王洎等題名 正書 元豐四年五月 在肇慶府七星巖
純中等題名 失其姓 行書 元豐辛酉四年仲夏 在連州燕喜亭
正甫等題名 正書 元豐辛酉五月 同上
蘇子瞻集歸去來字詩 行書 元豐四年九月 在西安府學
東牟王子淵題名 正書 元豐四年九月 在輝縣百泉
通直郎劉陶題名 正書 元豐五年正月 在華陰嶽廟 題于精享昭應碑旁

耆英會圖并詩 富弼等十二人作 司馬光撰序并正書 元豐五年正月 明天啟中刻

陳叔度雙阜夾行 子正舉記 八分書 元豐五年七月 在臨潼縣

歐陽公跋昭仁寺碑 張淳書 正書 元豐五年十一月 在昭仁寺碑陰

謝卿材過饒益寺題名 正書 元豐癸亥六年三月 在朝邑縣

龍井山方圓菴記 僧守一撰 米黻書 行書 元豐癸亥四月 在杭州龍井山

王觀等題名 行書 元豐六年九月 在華嶽廟

知軍州事廖君玉等題名 正書 元豐七年正月 在英德縣南山

劉靜叔等題名 正書 元豐八年孟春 在肇慶府七星巖

陳遘等題名 正書 元豐八年六月 在永州府淡山巖

惠明寺舍利塔碑 呂惠卿撰并正書 元豐八年八月 在太原縣

碑陰 題名 正書

王植韓孝彥文大方王安禮題名 王書 題辛丑三月盡 熙寧四年也 亦在前碑之陰附見于此

蘇子瞻海市詩 正書 元豐八年十月

李旣張翥等東山題名 張翥書 正書 元豐八年季冬 在潮陽縣東山雙忠廟後栖雲石北

蔣僅題名 正書 元豐乙丑 在永州府朝陽巖

司馬温公書家人卦 八分書 無年月 在杭州府南屏山

司馬温公書樂記 君子曰禮樂不可斯須去身一段 八分書 同上

司馬温公書中庸 自子曰道不遠人至君子無入而不自得焉 八分書 同上 終

潛研堂金石文字目錄卷五

嘉定錢氏收藏

宋

張琬等題名 正書 元祐元年閏二月 在西安府慈恩塔

時仲公許積中題名 正書 元祐丙寅元年季春 在廣東布政司公署九曜石

新修昭明廟記 撰書姓名漫患文云世美筦庫於此而邪人屬以記則撰人名世美也 元祐元年七月 在池州府

杭州惠因院賢首教藏記 章衡撰 唐之問書 正書 元祐元年十二月 在杭州城外集慶寺

范登題名 正書 元祐二年四月 在西安府慈恩塔

張汝賢等題名 正書 元祐丁卯二年孟秋 在盱眙縣

眞相院釋迦舍利塔銘 蘇軾撰并正書 元祐二年八月 宣和三年立石 在長清縣

蔣之奇武溪深詩 行書 元祐二年十一月 後有李修跋題 元祐三年正月 在韶州府九成臺

杜純謁詞題名 男問書 正書 元祐戊辰三年閏月 在華嶽廟

長清王掞題名 正書 元祐三年孟夏 後有蘇永叔等題名二段李顏李憲題名丁巳三月十日齊恭仲等題名丙子仲春皆刻于大中譿明功德碑 在靈巖寺

游師雄等題名 正書 元祐三年五月 在同州府聖教序碑陰

提點刑獄張公綬題名 行書 元祐三年八月 在衡州府石鼓山西谿

王評題名 正書 元祐三年八月 在西安府慈恩塔

呂義山題名 行書 元祐戊辰三年十二月 在臨潼縣

李衛公墓題記 游師雄撰 行書 元祐四年二月 在醴泉縣

郭祥正石室游 正書 元祐四年二月 在肇慶府七星巖

蘇子瞻馬券帖 行書 元祐四年四月 後有子由詩及黃魯直跋 在嘉興府學

王鞏等題名 正書 元祐己巳四年維夏 在曲陽縣

昭陵六馬像并贊 游師雄重刻并題 元祐四年端午日 才玠書 正書 在醴泉縣

楊傑奏吳季子墓狀并賜嘉賢廟敕 正書 元祐四年九月 在丹陽縣孔子十字篆碑之旁

李義山題渾河中祠詩 游師雄書并跋俱正書 元祐四年重陽日 後有仇伯玉等題名則明年仲夏也 在乾州

侍其瓘題名 正書 元祐庚午五年季夏 在曲陽縣

林邵題名 行書 元祐五年季夏 在永州府淡山巖

涇陽縣孔子廟記 杜德機撰 王驥書 八分書 元祐五年七月 在涇陽縣

京兆府學新移石經記 黎持撰 安宜之書 正書 元祐五年九月 在西安府學

鄆州州學新田記 尹遷撰 李伉書 八分書 元祐五年九月 在東平州

韓魏公祠堂繪畫遺事記 王巖叟撰 劉安世書 正書 元祐五年九月 在定州學

韓魏公載祀典敕 行書 元祐五年十月 在定州學

林慮山聖燈記 張商英撰 行書 元祐庚午十一月 在林縣

游師雄過九成宮遺址詩 周上功跋并正書 元祐五年十二月 在麟遊縣

許珏題名 正書 元祐辛未六年 在肇慶府七星巖

重修平西周將軍廟記 沃彥撰 劉明仲書 正書 元祐辛未正月 在宜興縣

宸奎閣碑　蘇軾撰并正書　元祐六年正月　明萬曆乙酉重刻　在鄞縣育王寺

蘇子瞻半月泉詩并題名　行書　元祐六年三月　明萬曆丁亥重刻　在湖州府

江瀲題名　古文篆　元祐六年八月　在永州府淡山巖

知青州曾布等題名　正書　元祐辛未閏八月　在益都縣雲門山

高公傑等題名　正書　元祐辛未九月　在永州府淡山巖

修武令張裴題名　正書　元祐辛未九月　在沐澗魏夫人碑陰

王右丞畫竹　鳳翔開元寺東塔畫壁本游師雄摹刻并題　元祐六年冬至日

又　岐山東塔畫壁本游師雄摹刻并題　同上

七佛偈　黃庭堅書　正書　元祐六年十二月　在南康府盧山開先寺

壽陽縣新修學記　李毅撰　王可書　正書　元祐七年二月　在壽陽縣

芮城縣題名序　章炳文撰　正書　元祐七年四月　在芮城縣廨

知衡州柳詔等題名　張鈞書　八分書　元祐七年六月　在石鼓山西谿

重修天王堂記　馬天口撰并正書　元祐七年孟秋　在澤州府

劉蒙邢恕安惇題名　行書　元祐七年九月　在永州府朝陽巖

重修郃陽縣學記　時彥撰　王寔書　正書　元祐癸酉八年正月　在郃陽縣

重書孝女曹娥碑　蔡卞書　行書　元祐八年正月　在上虞縣曹娥廟

廣福寺石幢　僧守慶書　元祐八年六月　在青州府

阿房宮賦　唐杜牧撰　游師雄記　安宜之書　正書　元祐八年六月

左中散大夫徐師閔墓志　蔣之奇撰　黃履書　正書　元祐八年十一月

駙馬都尉王詵題名　行書　元祐癸酉　又一題無年月　在西安府慈恩塔

邢恕題花嚴嵓絕句　行書　元祐八年　在永州府

重修臧大夫廟殿記　僧德晏述并正書　元祐癸酉　在益都縣

游師雄題名　正書　元祐甲戌九年中和節後一日　在同州府聖教序碑陰

蘇子瞻雪浪石盆銘　正書　紹聖元年四月　在定州

昭陵圖　游師雄記　正書　紹聖元年端午日　在醴泉縣唐太宗廟

張重題名　正書　紹聖元年七月　在邠州昭仁寺碑陰

劉蒙等題名　正書　紹聖改元仲秋　在永州府淡山巖

蘇子瞻遊聖壽寺題名　正書　紹聖元年九月　後有紹興七年九月傳雩跋　在英德縣南山

劉用之等題名　正書　紹聖元年九月　在永州府淡山巖

佛牙贊　仁宗御製　正書　紹聖改元乙亥月　在杭州府慈雲嶺

太守方希覺等題名　行書　紹聖元年十二月　在英德縣南山

祠山廟鐵像題字　陳述明題　正書　紹聖二年正月　在廣德州

賈公直等題名　俞次皋書　正書　紹聖乙亥二年中春　在襄城縣

盧約等題名　正書　紹聖乙亥初伏　在桂林府曾公巖

胡宗回等題名　正書　紹聖乙亥季秋　在桂林府曾公巖洞口左壁

試劍石三字　呂升卿書　正書　紹聖乙亥　在蘇州府虎邱山

蘇子瞻行香子詞　正書　紹聖二年重九日

黃庭堅蓄狸說　行書　紹聖二年九月

張茂先題名　正書　紹聖乙亥孟冬　在永州府淡山巖

章惇遊草堂寺題名　行書　甲辰正月　紹聖二年十二月立石　在鄠縣

吳郡丁執文等題名　正書　紹聖二年仲春　在象山縣蓬萊觀碑側

新安曹季明題名　行書　紹聖三年三月　在永州府朝陽巖

方希覺新泉樂亭七言律詩一首留別南山絕句一首　正書　紹聖三年四月　在英德縣南山

朱伯虎新葺南山亭詩　正書　不著年月與方希覺同時　同上

曹長倫等題名　鄒洵武書　正書　紹聖丙子三年仲夏　在永州府淡山巖

芮城縣大安壽聖寺碑　劉覺撰　僧洪湛書　正書　紹聖三年六月　在芮城縣

兖州頁使君碑陰　溫益題　行書　紹聖三年中元日

仇公著墓誌　柳子文撰　王同老書　行書　紹聖三年十月　在益都縣

淨土寺寶月大師碑　李洵撰并正書　紹聖三年十二月　在鞏縣

關山月關山雪詩　宋構撰　行書　紹聖丙子　在龍州大佛寺

祠山廟鐵像題字　胡庶題　正書　紹聖丁丑四年三月　在廣德州

朱養浩等題名　正書　紹聖四年三月　在永州府淡山巖

如意輪陁羅尼　蘇軾撰　正書　紹聖四年五月　在宣城縣北雙塔寺

眞宗賜賀蘭眞詩　正書

唐節等題名　正書　紹聖四年閏月　在永州府淡山巖

章聖皇帝御製詩記　張閣撰　正書　紹聖四年十月

游師雄墓誌　張舜民撰　邵䚹書　正書　紹聖四年十月　在西安府學

仁壽縣君蘇氏墓誌　劉次莊撰并正書　紹聖四年十月　在上元縣祈澤寺

奉議郎施績墓誌　李琮撰　張綬書　正書　紹聖四年十一月　在宣城縣

呂公明父謁先聖記　方鶴撰　行書　紹聖四年十二月　在東平州

潘利涉等游南山題名　李永言書　行書　紹聖五年元月

神通寺造阿彌陀佛窣堵波銘　潘卞撰　馮膺書　正書　紹聖五年三月　在歷城縣

越州重修城隍廟記　吳賾撰　王仲甹書　行書　紹聖戊寅五年五月　在紹興上城隍廟　刻于吳越崇福侯記之陰

范正思等題名　正書　元符元年十月　在永州府淡山巖

孫欽臣等題名　正書　元符二年六月　同上

建安游茂先題名　正書　元符二年八月　在富陽縣定山

張壽之題名　行書　元符二年九月　在桂林府龍隱巖

汲縣令朱子才等題名　行書　元符二年九月

白雲山主利師塔記　趙宗輔撰　僧道雅書　正書　元符二年十月　在高陵縣

蔡穀等題名　正書　元符己卯十一月　在永州府淡山巖

蔡卞書涅槃經偈　行書　元符二年十二月　在長清縣靈巖寺

崇明寺大佛殿莊功德記　李潛撰并正書　元符庚辰二年正月　在句容縣崇明寺唐碑之陰

孫叔靜游南山題名　行書　元符庚辰仲春　在英德縣南山

重修三藏鳩摩羅什塔亭記　寗祖武撰　僧宗議書　八分書　元符三年六月　在鄠縣草堂寺

韓川等題名　正書　元符庚辰六月　在永州府淡山巖
程懿叔遇雪詩　行書　元符三年十月　在臨漳縣
蘇子瞻題名　八分書　文云禹功傳道明叔子瞻游　無年月　在諸城縣學
蘇子瞻書醉翁亭記　正書　在滁州
又　行書　字亦小
蘇子瞻書豐樂亭記　正書　在滁州　明嘉靖乙酉陳則清集東坡書重刻
蘇子瞻書金剛經　行書　明萬曆元年摹刻　在臨江府
蘇子瞻臨江仙詞　正書
蘇子瞻題洋州園池詩　中山松醪賦　陽羨帖　楚頌帖　俱行書　在重慶府學
蘇子瞻寄銀帖　惠既帖　行書　後有金大定十八年劉資跋　正書　在長清縣
蘇子瞻與佛印禪師簡　正書　淳熙戊戌立春日摹刻
蘇子瞻贈文長老三詩　行書　弟三首公手書　前二首則僧本覺集公書足成之　慶元元年五月本覺跋　又有乙卯九月楊汝明跋　皆行書　在嘉興府城西本覺寺
蘇子瞻黃州謝上表稿　正書
蘇子瞻詩偈　詩二首偈一首俱行書
蘇子瞻歸去來二章　行書　以上三種俱在太平府學卿姑孰帖之第三也　淳熙十六年十二月刻　洪邁跋云東坡先生所書詩文十篇刻石于當塗郡齋
蘇子瞻書歸去來詞　集歸去來詞字詩　哨遍詞　赤壁二賦　小楷書　在太倉州張氏

金石文目錄五　七

蘇子瞻羅池廟迎送神詩　行書　嘉定十年刻　天台開□跋　豫章廖□正書
蘇子瞻浴日亭詩　行書　嘉定辛巳留筠摹刻　在廣州府南海廟
蘇子瞻書蘇門山涌金亭六字　正書　在輝縣百泉
蘇子瞻書周孝公斬蛟橋十二字　正書　紹定庚寅謝采伯跋　行書　在宜興縣
蘇子瞻題名　正書　在富陽縣定山
比干廟碑　唐李翰撰　張珙書　正書　建中靖國元年正月　在汲縣
蔣緯題瀘山巖詩　行書　四世孫務敏跋　建中靖國改元仲春　在永州府
孫竦等宿草堂題名　正書　建中靖國元年五月　在鄠縣草堂寺
三十六峯賦　樓异撰　僧曇潛書　行書　建中靖國元年九月　在登封縣
題期思遺愛廟碑　張□撰　戴元書　正書　建中靖國元年九月　在固始縣孫叔敖廟
重建南山亭榭詩　譚粹作　正書　建中靖國元年十月　在英德縣
蔡卞書首楞嚴經偈　行書　建中靖國元年十一月　在長清縣靈巖寺
譚掞題名　正書　建中靖國元年臘廿日　在龍隱上巖
張適等題名　正書　壬午中春蓋崇寧元年也　在永州府淡山巖
王彥祖等題名　行書　崇寧壬午二月　在盱眙縣
張景修題名　正書　崇寧元年二月　在同州府聖教序碑陰
劉晦叔等題名　行書　崇寧元年季春　在盱眙縣
梅澤過草堂望終南山三詩　崔珙書　行書　崇寧改元三月　在鄠縣草堂寺
鄭敦義題名　正書　題云壬午暮春蓋崇寧元年也　在肇慶府七星巖
李長者行蹟碑　正書　上方刻長者像　崇寧元年七月僧宗勝立石　在壽陽方山

金石文目錄五　八

蕪湖縣學記黃裳撰　米芾書　行書　崇寧元年十月　在蕪湖縣

又小字本　明萬曆己酉工部主事王演疇集米書

中嶽寺修五百大阿羅漢洞記釋有挺撰　王適書　行書　崇寧元年十月　金大定二十九年八月重立

口時彥留題南山詩行書　崇寧癸未二年寒食日　在英德縣

虎頭巖題名正書　崇寧癸未清明日

崇寧癸未獎諭敕書　行書　崇寧二年五月　在龍隱巖

張頡等題名正書　崇寧二年六月　在歷城縣東南龍洞山誠應嵓側

崇寧興學聖德頌范致君撰并正書

進崇寧興學聖德頌表范致君撰　正書　崇寧二年口月　在順德府

賜妙應孫眞人敕牒行書　碑兩層其上方崇寧二年八月賜靜應廟額敕下方爲崇寧三年三月封妙應眞人敕　崇寧三年十月刻　在耀州五臺山

太原府帖　正書　崇寧二年九月　在壽陽縣方山

千手眼大悲菩薩贊釋子英撰　蔡林書　正書　崇寧二年孟冬　宣和壬寅季冬刻　在蘇州府虎邱山

卞公叔題名　正書　崇寧癸未季冬　在乾州乾陵無字碑

元祐黨籍碑正書　崇寧三年　慶元戊午九月饒祖堯跋

又　正書　字體略小　嘉定辛未沈暐跋

員逢源雪中遊昭化院謁李長者祠詩行書　崇寧三年二月　在壽陽縣方山

黃庭堅浯溪詩　正書　崇寧三年三月　在祁陽縣

靜應廟記王允中撰　東長孺書　行書　崇寧三年九月

慕容選等題名朱炳書　行書　崇寧甲申仲冬　在永州府淡山巖

唐遘題逍遥栖禪寺詩行書　崇寧甲申冬至前二日　在鄠縣草堂寺

滕祐遊石室題名正書　崇寧乙酉四年仲春　在肇慶府七星巖

知州張漸等題名　正書　崇寧四年二月　同上

曹湜等題名　正書　崇寧四年六月　在永州府淡山巖

御書手詔　正書　崇寧四年十月　在金華府

五臺山唱和詩于巽等九人　正書　崇寧四年十二月　在耀州五臺山

楊逵等題名　正書　崇寧乙酉口月　在襄城縣

王祖道等題名　正書　崇寧五年八月　在龍隱下巖

王端章綜張舜民題名行書　崇寧丙戌五年重九日　在西安府慈恩塔

邑令鮮于翔題名　正書　崇寧五年九月　在襄城縣

黃庭堅少林寺初祖達磨頌　行書　在登封縣初祖庵

張大亨米芾題名　行書　丙戌歲　在盱眙縣

黃庭堅雲亭宴集詩　行書　明嘉靖戊午模刻

米芾藥洲二字　正書　在廣東布政司公署九曜石

米芾寶藏二字　正書　在英德縣

米芾第一山三字并詩　行書　在盱眙縣

米芾第一山三字　行書　在杭州府瑞石山

孔聖手植檜贊 米芾書　行書　在曲阜縣孔廟
李粹老等題名 行書　大觀改元二月　在盱眙縣
同州長興萬壽禪院記 尒朱權撰　楊時中書　正書　大觀元年七月　在同州府
鞏鑒題名 子庭賓書　大觀二年三月　在永州府淡山巖
蓋侗題名 行書　大觀戊子二年季春　同上
知州事梁純之等題名 行書　大觀二年三月　在歷城縣佛慧山
王璘等題名 行書　大觀戊子孟夏　在盱眙縣
雲門山富口榮等題名 正書　大觀二年六月　在益都縣雲門山
大觀聖作碑 徽宗御書　行書　蔡京題額　大觀二年八月　在新太縣
又 在興平縣

又未詳所在
知定州梁子美劄子 行書　大觀三年四月　在定州天寧寺
佛說生天經 後有劉球跋　正書　大觀己丑三年五月　在長清縣
魯自損游奉仙觀詩 正書　大觀己丑六月
臨川吳可等題名 正書　大觀己丑六月　在英德縣
龍泉二大字 許巽篆　大觀三年七月　在澤州府
吳師能留題南山寺詩 行書　大觀己丑仲冬　在英德縣南山
運使中奉遊七星巖詩 正書　大觀己丑十二月　在肇慶府七星巖
雒陽張輔等題名 正書　大觀庚寅四年中春
劉春等題名 正書　大觀四年四月　在長興縣顧渚山

孫允升高明等題名 阮功遠書　正書　大觀四年仲夏　在潮陽縣
周元吉等題名 張莊書　正書　大觀四年六月　在會公巖
漢太尉紀公廟碑 周穎撰　蔡靖書　正書　大觀四年八月
趙佺題名 正書　大觀四年九月　在涇陽縣
東汶梁慶祖題名 行書　大觀四年九月　在華陰嶽廟
知耀州李傳題名 正書　大觀四年十月　在華陰嶽廟
開元寺圓照塔記 陳振撰　晁詠之書　正書　大觀四年十月　在順德府
朝散郎孫覲墓誌 許翰撰并書　大觀四年十月　在泰安府城東百里樓德莊萬壽宮
韓公輔等題名 胥士頴書　行書　大觀庚寅十一月　在桂林府龍隱下巖
李挺過臨潼三絕句 子熙民記　行書　大觀四年十二月　在臨潼縣

政和御製五禮記 正書　在大名府
范致明題名 正書　政和元年天祺節後一日蓋四月二日也　在乾陵無字碑
睢陽徐處仁等題名 正書　政和改元孟夏　在西安府慈恩塔
朱幹等題名 正書　政和改元孟秋　在龍隱上巖
桯振謁先聖廟題名 行書　政和元年九月　明年四月續題　在曲阜縣孔廟唐碑側
陳知存謁先聖廟題名 行書　政和改元季秋　在曲阜縣孔廟
陳仲宜等題名 正書　政和辛卯元年九月　在龍隱下巖
鶴林老圃偈 正書　政和元年十月　在定州天寧寺
張智周題名 正書　政和改元季冬　在同州府聖教序碑陰
河瀆靈源王廟碑 陳振撰　王𢡟書　正書　政和二年正月　在韓城縣東王邨

席旦題名正書　政和壬辰二月　在華陰嶽廟題于精享昭應碑空處
知涇陽縣事謝口等題名正書　政和壬辰二月　在華陰嶽廟
西河宋逵等題名正書　政和二年重五日　在華陰嶽廟
蕭雄等題名正書　政和二年六月　在龍隱上巖
先之等題名正書　政和壬辰季秋　在龍隱巖
先之等題名正書　政和壬辰季秋　在曾公巖洞口左壁
楊書思題名正書　政和二年九月
鹽官縣社壇碑正書　政和二年十月　上方刻社壇及風師雨師雷師諸壇圖　在海鹽州
孟元和等題名正書　政和二年九月　在桂林府獨秀山
尙書省指揮正書　政和二年十一月

府州諸部落寨主題名正書　刻于碑之下方　在府谷縣
建安謝勳等題名正書　政和三年二月　在龍隱下巖
建安謝勳等遊石門洞題名正書　政和三年二月　在壘綵山
時庚題名行書九字云朝拜時庚因案部到此時庚疑其姓名也　政和三年重五日李倪摹勒　在澤州天慶觀
御製八行八刑條陳克庭書　行書　政和三年七月　在崑山縣學
穆氏先塋石表王壽卿撰并篆書　黃山谷跋　政和癸巳九月　在章邱縣
政禪師行狀記僧宗悟撰郭瑗書　正書　政和三年　在壽陽縣方山
楊可世等題名正書　政和四年二月　在華陰嶽廟
杜宏等題名正書　政和四年二月　在華陰嶽廟

康訓等題名行書　政和四年四月　在西安府慈恩塔
孫端等題名正書　政和甲午四年四月　在虎邱山石壁
雒陽馮才叔題名正書　政和甲午五月　在龍隱上巖
宋孝先題名行書　政和甲午仲秋　在乾陵無字碑
神應王扁鵲廟記董作撰　康修立書　正書　政和甲午季秋
孫漸遊驪山詩行書　政和四年十月　在臨潼縣
李濟等題名行書　政和甲午十月　在乾陵無字碑
汾陽宋雲從題名行書　政和甲午　在華陰嶽廟
圓測法師塔銘宋復撰并行書　政和五年四月　在咸寧縣興教寺
福嚴院齋公塔銘僧仁慶撰　正書　政和六年正月　在澤州府

薛延構等題名正書　政和六年三月　在潮陽東山韓文公祠內大石上
莆陽陳國瑞謁廟題名行書　政和六年浴沂之月　在曲阜縣孔廟唐碑側
謝龍圖留題詩謝彥書　行書　政和六年五月　在臨潼縣
河南趙耘老題名行書　政和丙申七月　在西安府慈恩塔
題永州淡山巖詩黃庭堅作并行書　政和六年九月　刻在祁陽縣
祖天敕正書　上方刻符篆不可識　政和六年九月
張勳等題名行書　政和七年仲春　在歷城縣佛慧山
二仙廟記衛尙撰　王重書　行書　政和七年九月　在澤州府
建安暨唐裔題名正書　政和戊戌八年孟春　在乾陵無字碑
升元觀敕敕行書前後皆正書　政和八年六月　在泰安縣泰山南麓升元觀

御筆付李邦彥詔 行書 政和八年六月 在濟南府學
御筆記 李邦彥撰并行書 政和八年十月 刻于碑之下方
又 在韶州府學
古革題名 正書 政和八年八月 在肇慶府七星巖
李士觀題名 正書 宣和元年仲春 在乾陵無字碑
劉鐩等題名 行書 宣和己亥仲秋 在龍隱上巖
神霄玉清萬壽宮詔 徽宗御撰并行書 宣和元年八月 元至順改元六月摹刻有王大利跋
錢伯言嶽祠題名 行書 宣和己亥九月 在泰安府嶽廟

長者龕記 張商英撰并行書 宣和庚子二年七月 在壽陽縣方山
黃同訪澹山偶成詩 行書 宣和二年季冬 在永州府
暨尹卿題名 行書 宣和辛丑三年清明前二日 在同州府聖教序碑陰
向子千題名 行書 宣和辛丑孟夏 在臨潼縣
王正叔題名 行書 宣和辛丑五月 在西安府慈恩塔
東平梁龍題名 正書 宣和辛丑九月 在華陰縣嶽廟
黎獻民等題名 正書 宣和辛丑 在西安府慈恩塔
劉豫題蘇門山泉詩 行書 宣和四年正月 在輝縣百泉山
準高僧舍利塔題字 正書 宣和四年正月 在海鹽縣
轉運副使王雲等題名 行書 宣和四年春 在西安府學大智禪師碑陰

暨唐裔等題名 行書 宣和壬寅上巳後三日 在同州府聖教序碑陰
陳康年等鬬牛巖題名 正書 宣和壬寅季春 在潮陽縣
高逸上人詩 行書 宣和四年四月 在上元縣祈澤寺
季季梵仙詩 行書 宣和四年四月 同上
范智聞五言絕句 行書 宣和四年八月 在西安府慈恩塔
劉錫等題名 正書 宣和癸卯五年正月 在乾陵無字碑
宋伸題名 行書 宣和五年正月 同上
星妙空禪師詩 朱濟道作并篆書 宣和五年二月 在長清縣靈巖寺
少蘊等題名 正書 宣和癸卯四月 在長興縣丁氏
宋京題名并詩 行書 宣和五年五月 在乾陵無字碑

權邦彥遊百門泉詩 行書 宣和五年七月 在輝縣百泉山
蘇過題名 正書 癸卯九月 在定州天寧寺
宋光等題名 行書 宣和五年十月 在西安府慈恩塔
韓退之五箴 李宗書 篆書 宣和六年三月子玠刊 在西安府學
御筆改修孟州門頒詔廳記 碑三層上刻並依所奏施行六字行書中刻河陽軍奏狀下刻記文並正書 宣和六年三月 在孟縣
胡少汲等題名 正書 宣和六年三月 在虎邱山
灞溪眞常題名 正書 宣和甲辰夏 在西安府慈恩塔
安撫蔡澤等題名 正書 宣和甲辰八月 在曾公巖
佛果老僧克勤法語 草書 宣和六年十二月 在鄞縣天童寺

鄭釋之等題名 正書 宣和七年三月 在盱眙縣

華陰楊損題名 正書 宣和七年六月 在留公巖

蔡興行等題名 正書 宣和乙巳六月 在龍隱上巖

淳化縣吏隱堂記 石彥政撰并行書 宣和七年□月 在淳化縣

折克行神道碑 毛友撰 宇文虛中書 正書 當在徽宗朝 在府谷縣

顏魯公像題記 唐重撰并正書 靖康元年七月 在同州府學

潛研堂金石文字目錄卷六　嘉定錢氏收藏

宋

武佑廟牒 行書狀正書 宣和三年六月 建炎二年刻 在蕭山縣

菩提寺柱礎題字 正書 建炎二年四月 在嘉定縣安亭鎮

河南李□彥遊石門題名 正書 建炎己酉三年清明前一日 在褒城縣

三洞記 李邦彥撰 正書 建炎三年閏八月 在興安縣

尙用之呈琦老禪師詩 行書 建炎庚戌四年上春 在永州府淡山巖

金山龍神勑牒碑 上方太常寺狀正書下方尚書省牒行書 碑有建炎字而失其年 在寶山縣江灣鎮景德觀

越州顯寧廟昭祐公牒 行書 紹興元年五月 在紹興府上城隍廟

顯寧廟尚書省牒 行書 紹興元年五月 同上

韓敏求等石室題名 張逵明書 正書 紹興辛亥十一月 在肇慶府七星巖

陳日華題名 正書 紹興二年五月 在連州燕喜亭

薛子法等浯溪題名 行書 紹興壬子仲春

觀世音經 董仲永贊 正書 紹興二年中元日 在杭州府六和塔

嘉惠廟牒 行書 紹興二年十一月 寶慶改元趙時喬刻石 在上元縣祈澤寺

平江府學田記 孫衡撰 正書 紹興四年四月 在蘇州府學

孫覿題名 行書 紹興四年十月 在桂林府獨秀山

似槼等題名 篆書 紹興五年閏二月 在桂林府疊綵山

董令升題名 篆書 紹興乙卯二月 在永州府淡山巖 石刻是卯字但紹興無乙酉必是刊石時

工人偶誤耳
岳飛送紫巖先生北伐詩 行書 紹興五年秋 在湯陰縣岳王廟
岳飛滿江紅詞 正書 同上
鹽官縣修學記 胡珵撰 才應書 正書 在海寧州學
僊蹟記 尹穡撰 李彌大書 正書 紹興五年十一月 在肇慶府七星巖
朱文中等題名 八分書 紹興五年仲冬 在肇慶府七星巖
汪藻等題名 八分書 紹興戊午中春 在長興縣顧渚山
向子諲題名 正書 紹興八年十二月 在蘇州府虎邱山石觀音殿壁
吳寔施財米疏 正書 紹興十年三月 在鄞縣小天童山
大用庵銘 僧正覺撰 潘良貴書 行書 紹興十年九月 同上

吳郡重修大成殿記 鄭仲熊撰 米友仁書 行書 紹興十一年四月 在蘇州府學
虞文舉等題名 行書 紹興癸亥十三年孟冬 在廣東學院公署九曜石
無湖縣新學記 陳長方撰并正書 紹興十三年十二月 在蕪湖縣學
華嚴嵓三大字 篆書 題云浮谿翁汪藻也 紹興甲子十四年 在永州府
游何詩 八分書 紹興乙丑十五年七月 在永州府淡山巖
平江府修學記 鄭億年撰 時行之書 正書 紹興十五年十二月 在蘇州府學
陳杲等題名 正書 紹興乙丑臘前一日 在龍隱上巖
御筆籍田手詔 正書 下方有跋云上即位之二十年蓋紹興十六年也 在金華府
張浚登列秀亭題名 正書 紹興丁卯十七年寒食日 在連州
張淵道等題名 正書 紹興戊辰十八年六月 在賀公巖

紹興十八年進士題名記 正書 明人重刻 在滁州歐梅亭
張浚遊燕喜亭題名 正書 紹興己巳十九年 在連州燕喜亭
叔遲等題名 八分書 紹興己巳正月 在龍隱上巖
高座寺新公塔銘 僧法永撰 李布書 正書 紹興十九年九月 在江寧縣雨花臺永寧寺
宋景通題名 正書 紹興庚午二十年九月 在龍隱上巖
應庵和尚送傑行者頌 行書 辛未正月上元日蓋紹興二十一年也 在鄞縣天童寺佛果法語下方
昌黎公洋川詩 韓億作 正書 紹興辛未清明日刻 有知洋州宋華跋
唐廷堯等題名 行書 紹興辛未六月 在桂林府曾公巖洞口石壁
錢孜等題名 正書 紹興壬午三月 在長興縣顧渚山

鍾離松等題名 篆書 紹興癸酉二十三年孟夏 在盱眙縣
章元振遊東山題名 正書 紹興癸酉仲冬 在潮陽縣東山雙忠廟後大石上
句容縣重修夫子廟記 江賓王撰 正書 紹興二十四年 在句容縣學
呂愿忠訪顏氏讀書巖詩 八分書 紹興甲戌三月 在桂林府獨秀山
御筆付劉旣濟詔 行書 紹興甲戌下元 在蘇州府崇真宮
賜道士項舉之宸翰 行書 無年月 在前碑之陰
高宗御書石經 在杭州府學今存七十七碑易書詩春秋中庸俱正書論語孟子行書
易二
書六
詩十

春秋四十
論語七
孟子十一
中庸一
程逖等題名 正書 紹興丙子二十六年仲冬 在永州府淡山巖
宣聖及七十二弟子像贊 高宗御製并正書其像則李公麟所畫也 紹興二十六年十二月 舊有秦檜記明宣德二年巡按御史吳訥磨去其文自識于後 在杭州府學
妙喜泉銘 張九成撰并正書 又僧宗杲偈一首亦九成書 紹興丁丑二十七年三月 在鄞縣育王寺
鄭安恭題名 正書 紹興二十八年上元日 在肇慶府七星巖

東谷無盡燈碑 正書 紹興二十八年正月 在鄞縣小天童寺
宏智老人像贊 僧宗杲撰 行書 在前碑之陰
赤樂堂銘 胡銓撰 正書 紹興戊寅二十八年 在永州府朝陽巖
四十二章經 周沆該等四十二人書維賀允中錢端禮楊朴周操四人行書餘皆正書 紹興己卯二十九年十一月 在杭州府六和塔
宏智禪師妙光塔銘 周葵撰 張孝祥書 正書 紹興二十九年七月 在鄞縣小天童寺
高宗御書無量壽佛字 正書 無年月
陳師中重建玉皇三官殿題記 正書 隆興二年五月 在瀏陽縣東山三官廟後大石上
宮巷塔軌題字 閏月題 正書 隆興二年九月 又有一斷軌不見年月文稱女弟子孝妻傅氏

妙喜同男虞宗臣等 在瞿鏡濤家
井闌題名 正書 乾道元年正月 在海鹽縣城中錦繡里
開化寺敕牒及帖 上二層尚書省牒隆興二年十二月第三層尚書省劄付二道一乾道元年七月付開化寺一隆興二年十二月付僧智曇第四層臨安府帖乾道元年八月 在杭州府六和塔
崑山縣校官碑 范成象撰 黃萬頃書 八分書 乾道二年正月 在崑山縣學
朝陽亭記 張孝祥撰 正書 丙戌五月晦蓋乾道二年也 在桂林府
漢中新修堰記 楊絳撰并正書 乾道二年六月 在褒城縣
行在尚書戶部帖 行書 乾道二年七月 在天台縣桐柏宮
白雲昌壽觀牒 行書 乾道四年五月 同上
劉董等題名 正書 乾道戊子六月 在永州府淡山巖

和州防禦使楊從儀墓誌 袁勃撰 李昌諤書 正書 乾道五年三月 在洋縣
尚書省劄付二道 正書 一乾道四年五月一乾道六年十一月 在昌壽觀牒之下方
皇子節度使魏王詔書 行書 乾道七年二月 在金華府
黃彪等題名 正書 乾道辛卯百五日 在永州府淡山巖
知衡陽縣王光祖題名 正書 乾道八年十月 在衡州府石鼓山
興安蔣時題名 八分書 乾道八年秋 在桂林府獨秀山
雙清室三字 蔣時書 篆書 乾道九年 同上
復水月洞銘 范成大撰 正書 乾道九年九月 在桂林府
許口留別龍隱巖詩 八分書 淳熙元年重九日 在桂林府龍隱下巖
碧虛銘 范成大撰 正書 淳熙改元嘉平月 在桂林府

蔣子明等題名　行書　淳熙二年六月　在曾公巖洞門左壁
寂通證誓大師碑　孫時敏撰并正書　淳熙三年八月　在韶州府光運寺
重修英烈廟記　蕭德藻撰　趙伯津書　八分書　淳熙三年九月　在宜興縣周孝侯廟
斬蛟射虎四大字　裴相如篆　淳熙四年六月　在宜興縣周孝侯廟
趙雝遊七里巖詩并題名　行書　淳熙丁酉十月　在肇慶府七星巖
韶音洞記　張栻撰　正書　淳熙四年十月
詹儀之題名　正書　淳熙戊戌五年春分日　在桂林府城外風洞山
水桶記　正書　淳熙五年六月　在桂林府虞山
蘇舜欽詩　正書　淳熙戊戌仲秋刻有楊倓跋　在太平府學
史彌大等題名　八分書　淳熙辛丑八年季秋　在盱眙縣

靈濟廟尚書省牒　正書　淳熙十年九月　在蘇州府五龍堂
石郤段雄飛晏紊題名　八分書　乙巳清明前一日當是淳熙十二年也　在褒城縣
普生泉題字　八分書　淳熙丙午十三年　在江寧布政司公署瞻園
文岡等題名　正書　淳熙丁未十四年仲春　在褒城縣
趙善擇等題名　正書　淳熙十五年正月　在肇慶府七星巖
石柱礎題名　正書　淳熙十五年二月　在蘇州府寶林寺
廣巖院記　魏穌撰并行書　淳熙十五年八月　在階州
鄒飛熊等九曜石題名　淳熙戊申十月　在廣東學院公署
濂溪先生拙賦　八分書　淳熙戊申重午刻　有趙師俠跋正書
宋之源等題名　正書　淳熙戊申　在褒城縣

張伯山等題名　正書　淳熙己酉十六年閏月　同上
太平州瑞麻贊　洪邁撰　正書　文云太歲在酉蓋淳熙十六年己酉也　在太平府學
平江府學御書閣碑　洪邁撰并正書　當在淳熙十六年　在蘇州府學
郭德麟等題名　行書　淳熙己酉仲冬　在盱眙縣
楊萬里等題名　行書　淳熙己酉十二月　同上
朱子書易有太極一段　行書
朱子書敬以直內八字　行書
朱子書上蔡先生語　行書　俱在衡州府學
朱子書邵堯夫四絕句　行書　在江寧府學　明景泰丙子刻
張栻書禮義廉恥四字　八分書　在衡州府學

張栻書韓退之合江亭詩　行書　在衡州府石鼓山後合江亭
張安國書裴坦對杜黃裳語　正書　在蘇州府學
同年酬唱詩　袁說友等十二人作　范成大序　龔頤正跋　正書　紹熙元年二月　在蘇州府學
吳郡壽寧萬歲禪院記　僧妙思撰　經炳文書　紹熙改元仲春　八分書　在蘇州府雙塔寺
龍圖梅公瘴說　梅摯撰　朱晞顏跋　石俛書　八分書　紹熙元年中秋日　在龍隱下巖
朱希顏龍隱巖詩　正書　紹熙元年十月　在龍隱下巖
邕州新建貢院記　林子蒙撰　林會書　行書　紹熙元年十月　在南寧府學
長孫宗旦等題名　行書　紹熙元年冬至日　在龍隱巖
袁說友等題名　八分書　紹熙辛亥二年九月　在盱眙縣

黃山等題名 行書 紹熙辛亥冬至前一日 同上

沈有開等題名 行書 紹熙壬子三年中秋 同上

永嘉徐誼等題名 行書 紹熙壬子十二月 同上

勅靈濟五龍侯封爵告詞 行書 紹熙四年五月 在蘇州府五龍堂

修山河堰記 八分書 紹熙五年二月 在褒城縣

鄭挺題名 正書 紹熙甲寅仲春 在青田石門洞

漢鄐君開褒余道碑陰記 晏袤撰并八分書 紹熙甲寅四月 同上

漢鄐君碑釋文 正書

朱希顏龍隱洞詩 正書 紹熙五年重午後兩日 在龍隱下巖

朱希顏遊韶音洞詩 正書 紹熙甲寅重午後二十日 在桂林府虞山

王俊等題名 正書 慶元乙卯元年季夏 在永州府淡山巖

潘宗伯等通褒余閣道碑陰記 晏袤撰并八分書 慶元元年中秋日 在褒城縣

朱希顏泛舟過龍隱洞詩 正書 慶元元年至後二日 在龍隱巖

吳學糧田籍記二 正書 慶元二年正月 在蘇州府學

張釜遊山七絶 行書 慶元丙辰正月有滑懋跋正書 在龍隱上巖

閭邱資深等題名 八分書 慶元二年二月 上有玉盆二大字亦八分書 在褒城縣

趙公茂等題名 正書 慶元丙辰暮春 同上

竹鶴二大字 蘇唐卿篆 慶元丙辰季夏刻 在蘇州府學

丹陽張釜等題名 八分書 慶元丙辰冬季 在盱眙縣

范霖等題名 正書 慶元丁巳三年重陽後一日 在褒城縣

蓑衣何眞人事實 胡袤撰正書 慶元三年五月 上方有通神庵三大字孝宗御書 在蘇州府玄妙觀

江西諸公題名 行書 慶元戊午四年正月 在龍隱上巖

王還嗣等題名 正書 慶元戊午仲春 在褒城縣

張叔信龍隱洞龍隱巖詩二絶 行書 慶元戊午季春 在龍隱巖

郭嗣卿等題名 正書 慶元戊午嘉平月 在褒城縣

萬壽山修觀音祠記 張寅撰 劉震書 正書 慶元五年六月 在階州

王淮等題名 行書 慶元庚申六年閏月 在永州府淡山巖

修長洲縣主簿廳記 黃士特撰 孫應時書 行書 慶元六年三月 在長洲縣學

蘇仁翁上澄公禪師詩 正書 慶元庚申七月 在桂林府龍隱巖

南翔寺義井記 龔大雅撰 正書 慶元六年十二月 在嘉定縣

吳學義廪規約 黃由撰 葉適題 正書 慶元口年正月 在蘇州府學

義井題字 正書 嘉泰元年正月 在蘇州府城內西洋環巷

王正功留題乳洞詩 行書 嘉泰二年正月有王克勤等跋正書 在龍隱上巖

勅賜靈應廟牒 行書 禮部牒文正書 嘉泰二年二月 在分水縣

耿與義題名 行書 壬戌孟冬蓋嘉泰二年也 在盱眙縣

趙仲義題名 正書 嘉泰癸亥三年仲春 在永州府淡山巖

李震等題名 正書 嘉泰甲子四年季春 同上

吳學續置田記一 正書 開禧元年四月牒一道 在蘇州府學

汲郡孟猷等題名 行書 開禧改元十月 在盱眙縣

牟節甫等題名　行書　開禧二年人日　在褒城縣
趙善恭題名　正書疊綵山　開禧丙寅二年寒食日　在桂林府
吳學續置田記二　正書　開禧二年三月牒一道　五月牒一道　在蘇州府學
陸游書詩境二字　正書　開禧丁卯三年三月　嘉定辛未四年九月刻　在韶州九成臺
安丙題名　正書縣　嘉定己巳二年閏月清明日　在褒城
安丙題名　正書上　題云嘉定閏月蓋與前刻同時也　同
郡太守齊礪等題名　行書　嘉定己巳四月　在盱眙縣
唐安鮮于申之題名　八分書縣　嘉定三年三月　在褒城
虞泉銘　方信孺撰　方眞儒書　八分書　嘉定庚午七月　在韶州府城西北皇岡舜祠下
平亭二大字并平亭詩　正書　額題經略殿撰侍郎李公翰墨未詳其名　嘉定庚午霜降

節　下方唐口跋亦正書
成都劉參題名　八分書縣　嘉定辛未四年春閏　在褒城
邑令何武仲題名　正書　嘉定辛未中秋後十日　同上
忠烈廟碑　胡銓撰　樓鑰書　正書　嘉定五年二月　在江寗府卞忠貞祠
方信孺觀張魏公遺墨題字　正書　嘉定五年十月　在連州學張俊題名碑陰
趙希蓬修威惠廟題記　趙希璲書　正書　嘉定六年春　在潮州府西湖山上
鐘大鳴等題名　正書右壁　行書　嘉定六年六月　在會公巖洞口
方信孺古相思曲　行書音洞　嘉定八年二月　在桂林府韶
清眞觀建昊天閣記　陳振撰　鄭準書　正書　嘉定八年九月　在崑山縣
蘇州學記　朱長文撰　盧祖皋書　正書　嘉定八年十月　在蘇州府學儀門外

陳光祖題名　正書　嘉定乙亥臘月　在肇慶府七星巖
南翔院觀堂記　僧居簡撰　書　行書　南翔文錄云林英發書　嘉定九年季冬　在嘉定縣南翔寺
鄒應龍等題名　正書龍隱下巖　嘉定丁丑十年立秋後五日　在
留筠游淡山詩　正書　嘉定丁丑杪冬　在永州府
郡守徐寵年題名　正書慶府七星巖　嘉定戊寅十一年二月　在肇
顯靈公勅　行書　嘉定十一年十一月　在褒城縣
平江府添助學田記　謝甫撰并正書臘月　下方刻嘉定十一年正月軍府牒一道　嘉定庚辰十三年十月軍府牒一道　在蘇州府學
王子申游澹巖詩并題名　行書州府　嘉定庚辰孟冬　在永
石井闌題字　正書布政司前街南　嘉定辛巳十四年四月　在蘇州府

安撫胡槻等題名　正書巖　嘉定十四年季冬　在龍隱下
陸游玉京行　醉歌　紙閣絕句　初夏詩　春晚絕句
追懷南鄭幕府詩　南窗絕句　一竿風月詞　讀
劉伯倫傳詩　俱行書　八弟九也　在太平府學　郎姑孰帖之弟
建康府教授西廳記　鄭自誠撰　行書　嘉定癸未十六年上元日　在江寗縣學
治平寺建藏殿記　僧寶華撰　正書　嘉定十六年七月　在上元縣祈澤寺
晉征西將軍周孝公像　洪興祖跋　行書　嘉定十七年三月　在宜興縣
古竹院唱和詩　正書　岳珂等　嘉定甲申八月　附是年閏八月僧慧曦跋　在丹徒縣鶴林寺
處州重刊孔子廟碑　唐韓愈撰　陳孔碩書　篆書　嘉定十七年閏八月
石井題字　正書卷　嘉定十七年十二月　在蘇州府西米

李口能題名　八分書　嘉定甲申　在褒城縣下半爲李一鰲磨去刻石盃如有意要洗貪者廉十字

鄭起沃等題名　正書　寶慶改元正月　在肇慶府七星巖

英烈廟置田檀越題名記　行書　寶慶改元五月　在宜興縣

提舉常平司公據　正書　寶慶元年六月　在蘇州府雙塔寺下方有是年八月住山師哲跋

重修天慶觀記　高之問撰　王松書　正書　寶慶二年二月　在蘇州府玄妙觀

趙彥吶游石門題名　八分書　寶慶丙戌前熟食五日

安養院記　陳耆卿撰　正書　寶慶二年八月　在蘇州府學

高惟月淡山巖題名　行書　題云慶元戊午後廿九年當是寶慶丙戌也　在永州府

鄭起沃等題名　正書　寶慶丁亥三年二月　在肇慶府七星巖

給復學田公牒　正書　紹定元年五月七月各一道　在蘇州府學

給復學田公牒　正書　紹定元年九月一道十一月二道　同上

嘉應侯廟記　陳夏撰　陳繹書　紹定己丑二年仲春　在潮陽縣東山雙忠廟後大石上

句容五瑞圖詩　劉宰撰　行書　紹定己丑寒食日　在句容縣學

曹濟之等題名　八分書　紹定己丑清明日　在褒城縣

又　正書　紹定己丑熟食日　同上

吳學復田建祠記　陳耆卿撰　石孝隆書　正書　紹定二年八月　在蘇州府學

嘉定縣學記　沈瑛撰并正書　紹定二年中秋日　在嘉定縣學

判府編修添設養士學田記　正書　刻于前碑陰

寧海縣尹題名記　吳子良撰　葛應龍書　正書　紹定二年十二月　在寧海縣大堂左壁

吳郡梅隱菴記　范元衡撰　趙綝書　正書　紹定二年十二月　在蘇州府瑞光寺

永嘉許綸題名　正書　紹定庚寅三年正月　在永州府淡山巖

張友仁水調歌頭詞　行書　紹定庚寅二月　同上

吳千能水調詞并題名　正書　紹定庚寅清明日　同上

蔡熙國題名　正書　紹定庚寅七月　在虎邱山石壁

給復學田省劄　正書　一紹定元年十月一紹定三年九月是年十月立石有汪泰亨跋　在蘇州府學

朱協極書中庸格言　八分書　紹定壬辰五年　在松江府學

提舉祕丞郎中詞翰　行書　僧普華跋正書　紹定五年二月　在蘇州府雙塔寺

婁續祖題永州淡喦詩　正書　紹定六年二月　在永州府

華亭安濟院管田記　程熹撰　正書　紹定六年中和節　在松江府學

華亭縣蠲免安濟院苗稅公據　正書　紹定六年四月　同上

郡侯鄒公置學田記　鄭準撰　趙綝書　正書　紹定六年八月　在崑山縣學　下方刻學田數

郭三聘五言詩　行書　紹定癸巳仲秋　在永州府淡山巖

南雄州新建四先生祠堂記　眞德秀撰　田圭書　正書　端平元年三月　在南雄府學

天慶觀尚書省劄并部符使帖　正書惟劄中大字行書　端平元年六月　在蘇州府玄妙觀

趙崇垓曾純游七星巖詩并題名　正書　端平乙未二年嘉平月　在肇慶府七星巖

清江彭鉉詣祠題名 行楷書 端平丙申三年三月 在南海廟碑陰向宗道題名之下方
重建華亭縣學記 魏了翁撰 趙彥悈書 正書 端平三年九月 在松江府學
華亭縣學田記 楊瑾撰 行書 嘉熙改元仲春 同上
王洤題名 正書 嘉熙戊戌二年仲春 在永州府淡山巖
顏頤仲題名 正書 嘉熙戊戌七月 在龍隱上巖
區永年等題名 正書 嘉熙戊戌九月 在肇慶府七星巖
陳疇等觀仙掌石題名 八分書 嘉熙三年元日 在廣東學院公署九曜石
賜杜範敕 行書 下方杜範跋 正書 嘉熙三年七月 在寍國府
徐清叟等題名 正書 嘉熙己亥重九日 在曾公巖
直龍圖閣曾三聘神道碑 游侶撰 子宏正書 正書 在龍隱上巖

長樂黃朴等題名 正書 嘉熙庚子四年孟秋 在廣東學院公署九曜石
道統十三贊 理宗御製并正書 紹定三年作淳祐元年孟春書 在杭州府學
紹興手詔及陳襄經筵薦士章槀 正書 陳口跋 淳祐元年七月 在蘇州府學
金祝二太尉廟記 鄭文子撰 彭一飛書 正書 淳祐元年中秋日 明成化十三年重刊 在杭州府
劉燧叔題名 正書 淳祐壬寅二年中秋日 在連州燕喜亭
重建南山亭題名 繆夢遂題 正書 淳祐壬寅季秋 在英德縣南山石壁
長樂潘𠕋等題名 正書 淳祐癸卯三年中秋 在虎邱山石上
韓文公符讀書城南詩 朱協極書 八分書 淳祐甲辰四年 在蘇州府學

朱文公敬齋銘 朱協極書 八分書 在前碑之陰
滿庭芳詞 如愚居士撰并正書 淳祐四年十月 杜江寧縣牛首山
白雲山慈聖觀圓通殿記 樓扶撰并正書 淳祐四年仲冬
桂林撤戍記 正書 淳祐六年三月 在龍隱下巖
番禺李昴英等飲南山石屏下題名 行書 淳祐六年三月 在英德縣
增修華亭縣學記 王遂撰并正書 淳祐六年端午日 在松江府學
九疑山銘 蔡邕作 李挺祖書 八分書 淳祐六年八月
長州陳信伯等題名 正書 淳祐丁未七年季秋 在龍隱下巖
帝王紹運圖 正書 在蘇州府學
天文圖 正書 同上

地理圖 正書 淳祐丁未仲冬刊 同上
邕州重建學記 鄧容撰 趙立書 正書 淳祐戊申八年 在南寍府學
修經略司犒賞庫記 陳彌壽撰 趙孟口書 正書 淳祐九年二月 在龍隱上巖
放生池勅 理宗御製 下方項公澤跋 並正書 淳祐十年正月 明萬曆四年重刊 在崑山縣清眞觀
郡守朱䢵遊燕喜亭詩 八分書 淳祐庚戌五月
菩提寺石橋題字 正書 淳祐十年十一月 在嘉定縣安亭鎮
義泉題字 正書 淳祐庚戌 在蘇州府城內布政司前街井闌上
程振父等題名 正書 淳祐辛亥十一年春分 在虎邱山
總所撥歸本學園租公據 正書 淳祐十一年二月 下方張濟之跋題辛亥五月 在

蘇州府學

嘉定縣修學記　林應炎撰并正書　淳祐辛亥五月　在嘉定縣

葉堪之重修寒翠亭詩　行書　淳祐壬子十二年四月　在英德縣南山

中山翠微閣記　趙與諲撰　徐士㚟書　八分書　寶祐元年二月　在台州府巾子山

虞芸秋丁釋奠詩　行書　寶祐元年八月　在永州府

帶御器械張垻壙刻　孤哀子萊孫稱孫識　正書　文云卜葬以癸丑歲十一月甞寶祐元年也　在蕭山縣

周梅叟等題名　行書　寶祐甲寅二年正月

郡守莆陽陳煒等題名　行書　寶祐甲寅季夏　在湖州府西湖石上

太白脫韡圖　牟子才贊正書　在太平府學　當在寶祐四年

太學土地封勅告　凡二通一淳祐六年五月一寶祐四年九月　勅告俱行書餘正書　在杭州府

山谷反棹圖　牟子才贊正書　在太平府學　左方有牟應復題至元戊寅五月

使府鐲免安濟院苗稅公據　正書　寶祐五年九月　在松江府

郡守莆田林光世等題名　正書　寶祐戊午六年　在湖州府西湖石上

朱埴題名　行書　寶祐戊午冬　在桂林府龍隱巖

吳郡鄉舉題名　正書　起紹興十年庚申至寶祐六年戊午　在蘇州府學

林光世四言詩　正書　開慶元年　在湖州府西湖石上

逸老堂記　吳潛撰　張卽之書　正書　開慶元年七月　在寧波府賀祕監祠

賀知章像并贊　吳潛贊　行書　在逸老堂碑陰

淺湖衙城局出錢記　正書　西湖崖石　開慶元年八月　在湖州府

勅賜忠顯廟牒　狀正書勅牒行書　景定元年八月　在杭州府

陳宗禮澹山巖詩　行書　景定壬戌三年　在永州府淡山巖

鍾有大題名　正書　景定壬戌正月　同上

文有年題淡巖詩　正書　景定壬戌四月　同上

張孝先等題名　正書　景定壬戌菊節後三日　同上

封劉錡爲天曹猛將勅　正書　景定四年二月　在吳縣靈巖山下盈豐莊廟

義井題字　正書　口口口年四月以文中有端平元年推之當是景定四年也　在蘇州府城內烏鵲橋南

華嚴巖絶句　行書　不見姓名　景定癸亥中元　在永州府

張逵猷淡山巖詩　行書　景定癸亥仲秋　後有僧紹珏詩亦行書　同上

太安人徐氏墓誌　陳壄撰　陳伯錢書　正書　文多漫漶有景定五年字　在崑山縣安亭孫氏

義泉題字　正書　景定甲子　在蘇州府城內黃鸝坊橋西巷

文子璋淡巖詩　正書　景定甲子仲冬　舊有洪彥淡巖詩紹熙甲寅重九前二日正書文詩卽刻其上　在永州府

劉錫等題名　正書　景定五年十一月　舊有嘉定戊寅呂口題字正書劉書卽刻其上　同上

朱禩孫題名　正書　咸淳元年春　在龍隱上巖

蘇艮題七星巖詩　正書　咸淳乙丑艮月　在肇慶府

字田租記　唐夢翔撰并正書　咸淳丙寅二年七月　在嘉定縣學

寶泉詩 正書 井闌上 咸淳四年 在蘇州府城內杉瀆橋府行
咸淳己巳同銓題名 正書 咸淳五年五月 在杭州府
趙與詘等題名 正書 咸淳己巳仲秋 在永州府
光孝寺大鑒禪師殿記 陳宗禮撰 王應麟書 咸淳五年十一月 在廣州府光孝寺 正書
趙口口淡巖偶成詩 行書 州府 咸淳壬申八年九月 在永
熊桂巖等題名 正書 咸淳壬申嘉平月 在龍隱上巖
智門寺祀聖傳燈庫府據 正書 咸淳十年孟夏 咸淳九年二月 在象山縣
鄒川陳彥題名 行書 咸淳癸酉九年 行書 季冬跋 在盱眙縣
同谷李與等題名 正書 在龍隱上巖 咸淳甲戌十年上巳後十日

戴寶民等題名 正書 德祐乙亥秋 在虎邱山石上
彼岸寺石幢 篆書 有興國中字
金剛經石幢 正書 在歷城縣正覺寺 以下皆無年月
張仲荀抄高僧傳序 陶穀撰 僧夢英書 在西安府學
商王廟碑 丁若撰 八分書
石刻周禮殘字 凡三紙一行篆書一行正書 缺學 在陳留縣
卞忠貞墓碣 正書 在江寧府朝天宮
陳舜俞等題歐川留槎閣詩 八分書 後有何口跋行書 在金華府
仁宗皇帝釋迦舍利佛牙讚 正書
仁宗皇帝釋迦佛牙舍利讚 正書 右二刻在嘉興府精嚴寺塔

黃履金陵雜咏 周沔書 行書 在江寧縣學
衆樂亭詩 錢公輔 王安石諸人作 監祕訶 行書 在寧波府賀
邢恕獨游偶題詩 行書 在永州府朝陽巖
王無競等題名 正書 丁巳三月 在汴淵魏夫人碑陰
西谿二大字 正書 在衡州府石鼓山
石鼓山西谿題名 似有史嵩姓名 同上
龍洞記 正書 碑漫漶不見撰書人姓名
杜常等題名 八分書 在西安府慈恩塔
吳立禮題名 八分書 同上
張智周等題名 正書 同上

李遷等題名 正書 同上
洪宣等題名 正書 丙戌十一月 在永州府朝陽巖
康倫等題名 正書 在華陰縣嶽廟
王盆二字 晏袤書 八分書 在褒城縣
宋之源等修禊題名 正書 同上
漢上段從龍題名 正書 戊申春 同上
康衛等題名 正書 戊午秋 同上
程閎中等題名 正書 門洞 己卯閏月二十三日 在詩田石
鄒仲辰題名 正書 辛未清明 同上
李炳文張孝升等題名 正書 同上

章升之題名　正書　同上

趙旲題名　正書

李嵓等題名　八分書　在褒城縣

劉繼元等題名　八分書

元次山朝陽巖記　用山玉書　八分書　甲寅中秋　在永州府朝陽巖

范益題名　正書　丁亥清明日　在乾陵無字碑

劉宰殺虎行　行書　在宜興縣周孝侯廟

劉希岳朗然子詩　王燦書　金天德二年正月重刊

陳境采石磯詩　洪革刻　行書　在太平府蛾眉亭

李璆等題名　行書　在盱眙縣

唐興殿記　行書　菩提寺　無撰書人姓名　無年月　在嘉定縣

遊燕喜亭詩　題辛卯二月三日不著年號似宋人筆法　在連州燕喜亭

常懋憩宮偶成詩　行書　在嘉定縣集仙宮

會稽令趙與陞題名　八分書　在禹陵窆石上

劉希旦詩　正書　不著年代　在龍隱巖

彭城劉子安等題名　行書　題云丙戌仲春　在河內縣沐澗

山陰王口題名　正書　戊子五月又有後四年季秋子口續題　在虎邱山

岳氏銅爵題名　篆書　岳珂造　無年月　在永寧縣

章岷題名　正書　在虎邱

道卿題名　正書　無年月　在青田縣石門洞　後有題名四行不全

才翁題名　正書不著姓蓋蘇舜元也　在富陽縣定山

井闌題字　正書　首題大宋國兩浙西路平江府長洲縣　在蘇州府西米巷小市橋南

困齋銘　劉芮撰　八分書　蓋爲方耕道作　在永州府

陳適中等題名　正書　庚子十月　在青田石門洞

馬璟等題名　正書　辛丑秋社日　同上

尹瞻淡山巖詩　正書　同上

蔣穎叔澹山巖題記　行書　同上

俞希孟和零陵三題詩　正書　同上

潘正夫題淡巖呈遜叔詩　後附遜叔和韻　行書　同上

送陳祕丞知永州詩　朱昂等作　正書　同上

建康府執字　正書　無年月　瞿鏡濤得於江寧府貢院

閶門奇班祇候洪公墓碣　文曼琡額正書　在嘉定縣

長清宰趙邦美等題名　正書　不著年代　在長清靈巖寺　碑本唐刻尚有小楷可辨後人展轉鐫刻一名

曹口口詩字　正書　不著年代　同上　後有姪中美西美

神運石題字　行書　不著年代　在杭州府龍井

齊太公廟碑　正書　漫漶不辨年代　在芮城縣

柳磚二字　正書　不著年代　在海鹽縣金粟山下

齊　劉豫

勅祭渾忠武王碑　上方刻知丹州劉議祭文一道并尚書禮部文移下方記一首王蔚撰王寵書

俱正書　阜昌七年正月　在宜川縣

禹跡圖　㫄小字正書無姓名　阜昌七年四月　在西安府學

華夷圖　㫄小字正書無姓名　阜昌七年十月　同上

潛研堂金石文字目錄卷七　嘉定錢氏收藏

遼

佛頂尊勝陁羅尼幢記　行書　會同九年五月　後有保寧元年九月續修記　在京師歸義寺

白川州佛頂尊勝陁羅尼幢記　正書　當在開泰間

彌陁邑特建起院碑　正書　咸雍元年十二月　在京師歸義寺

碑陰　正書

大憫忠寺觀音菩薩地宮舍利函記　沙門善製撰　正書　大安十年閏四月　在京師憫忠寺

興國寺太子誕聖邑碑　沙門方偁撰　張雲書　正書　壽昌四年七月　在易州

玉石觀音像唱和詩　沙門智化等三十五人作　性照書　正書　壽昌五年九月　在三座塔下同

碑陰　正書

金

興中府靈感寺舍利佛塔銘　張嗣初撰　僧□□書　行書　天慶六年八月

皇弟都統經略郎君行記　右方女直字　左方正書譯前言　王圭書　天會十二年仲冬　在乾州乾陵無字碑

靈峯院千佛洞碑　劉子初撰　杜彥臣書　正書　皇統三年七月

仙遊觀永陽園詩　蔺世一書　正書　題云太歲甲子正月癸丑朔不著年號以術推之蓋金皇統四年也　在麟遊縣

沂州普照寺碑　仲汝尙撰　集柳公權正書　皇統四年十月　在沂州府
宣州驄峪道院復建藏經千人邑記　徐卓撰　正書　皇統八年七月
空桐麗傑題名　正書　貞元乙亥三年五月　在乾陵無字碑
興福院重修大殿三門記　張忱撰　釋福崇書　正書　正隆元年八月
重修紫虛元君殿記　韓迪簡撰　韓翊書　正書　正隆二年六月
京兆府重修府學記　李桌撰　潘師雄書　正書　正隆二年十一月　在西安府學
鼓山常樂寺佛殿記　胡礪撰　翟炳書　正書　正隆四年四月　在武安縣
法明院禮部牒　行書　大定二年十二月　在涇陽縣
妙因院禮部牒　行書　大定三年正月　同上
王雷謁無盡居士祠堂詩　行書　題癸未仲秋不著年號蓋大定三年也　在壽陽縣方

山
靈泉觀牒　行書刻于靈泉觀記之上方　大定三年九月
寶峯院禮部牒　行書　大定三年十一月　在涇陽縣
清涼禪院禮部牒　行書　大定四年四月　同上
洪福院禮部牒　行書　大定四年六月　同上
鄭彥文題名　正書　大定甲申四年六月　在同州府聖教序碑陰
重公大師壽塔銘　宋壽隆撰　正書　大定四年七月
福勝禪院禮部牒　行書　大定四年七月　在涇陽縣
正覺寺禮部牒　行書　大定四年十月　同上
邢州開元寺重修圓照塔記　劉仲尹撰　張天和書　正書　大定五年八月　在順

德府
辯才大師誠公塔銘　僧師偉撰　正書　大定五年八月
觀音院記　李□撰　李居仁書　正書　大定丙戌六年九月　在隴州
興中府改建三學寺碑　韓長嗣撰并正書　大定七年六月　在承德府三座塔
廣福院禮部牒　正書　大定七年八月　在澤州府鳳臺縣
萬迴和尚塔題字　正書　大定十一年八月
乾州思政堂記　鄭彥文撰并行書　大定辛卯十一月　在乾州署內
觀音像下題字　正書　大定十五年四月　在涇陽縣
重建唐德宗詩碑　許安仁撰并行書　大定十六年七月
懷州敕修大明禪院記　白清臣撰　段建中書　正書　大定十六年應鐘月

驪山靈泉觀凝眞大師成道記　王鎬撰　李輔書　正書　大定十六年　在臨潼縣
李子易拜孔廟題名　行書　大定十七年四月　在曲阜縣孔廟唐碑側
涇陽縣鐘銘　鄭時舉撰　正書　大定十七年八月　在涇陽縣
禮部令史題名記　党懷英撰　正書　大定戊戌十八年八月　在京師憫忠寺
京兆府錄事馬烜題名　行書　大定十八年九月　在西安府學大智禪師碑陰
重修漢太史公墓記　趙振撰　正書　大定己亥清明後二日　在韓城縣
濟源縣敕建石橋記　王藏器撰　史仲尹書　八分書　大定二十年三月
臨潼縣九陽鐘銘　柴震撰　正書　大定二十一年四月
博州重修廟學記　王去非撰　王庭筠書　行書　大定辛丑　在東昌府學

碑陰記王遵古撰　王庭筠書　行書　大定辛丑六月
中嶽廟碑黄久約撰　郝史書　正書　大定二十二年十月　在登封縣
壽聖院珍公和尚塔銘李天益書　正書　大定二十四年五月
杜天師忽鷟圖并詩譚處端書　正書　大定二十四年七月
重修天封寺記党懷英撰并正書　大定二十四年十一月　在秦康府東南舊縣村
華州城隍神濟安侯新廟記張建撰　尉□書　正書　大定二十四年
靈泉觀記楊峻撰　劉光書　正書　大定二十五年重陽日　在同官縣
譚眞人踏雲行詞　行書　大定□十五年
許眞君拔宅昇天詔張秉跋并正書　大定二十六年仲夏　在涇陽縣
重修岱嶽廟記正書　碑後題劉景山篆額而無撰書人姓名　大定二十七年三月　在淳化縣

趙摅游百泉詩趙揚跋　正書　大定二十七年六月　在輝縣百泉
涇陽縣北極宮記蕭貢撰　杜万石書　八分書　大定二十七年七月　在涇陽縣
蓮峯眞逸二絶句申天祿跋　正書　大定戊申二十八年正月
孛术魯驃騎園亭記范懌撰　李含德書　正書　大定二十九年十月　在萊州府
雲寂院鐘題字正書　大定二十九年十月　在淳化縣
開州刺史高公葺孔廟題記赫統撰　正書　明昌辛亥二年十月　在曲阜縣廟
元碑陰
宣聖廟題名赫統書　正書　明昌二年十月
李幾說拜林廟題名王書唐碑側　明昌二年十月　在曲阜縣
范陽王扂元謁廟題名正書阜縣孔廟唐碑側　明昌二年十二月　在曲

大奉國寺續裝兩洞賢聖題名記張劭撰　劉承錫書　正書　明昌三年正月　在義州
咸顯廟祈雨感應記馬肅撰并正書　明昌三年二月
京兆府學提學所帖正書　明昌五年四月　在西安府學
劉仲游題武后廟及乾陵詩草書　明昌五年孟冬　在乾州乾陵無字碑
碧落寺勑修溪堂記許安仁撰并行書　明昌五年閏十月　在澤州府
開堂疏党懷英書　八分書　明昌六年二月　在濟寧州普照寺
党懷英書王荆公詩篆書　明昌六年四月　在濟寧州學
許安仁游青蓮寺詩行書　明昌六年八月　在澤州府
重修至聖文宣王廟碑党懷英撰并八分書　明昌六年　在曲阜縣孔廟

濟州普照寺照公禪師塔銘趙渢撰　党懷英書　八分書　明昌七年三月　在濟寧州普照寺
十方靈巖寺記党懷英撰并八分書　明昌七年九月　在長淸縣靈巖寺
中山趙充題名正書元碑側　承安二年秋　在曲阜縣孔廟
党懷英杏壇二字篆書　承安三年
完顏亶孔廟祭文後有孔元措記并八分書　承安四年三月
移剌霖驪山有感詩孫極之書　正書　承安己未四年書雲後七日　在臨潼縣
重修蜀先主廟碑王庭筠撰　行書　承安四年四月　在涿州
許古題名行書　承安五年閏月　在澤州府青蓮寺
益公和尚行狀銘趙秉文撰并書　承安五年

重修州學記　正書　泰和改元正月　在綏德州
谷山寺記　党懷英撰并八分書　泰和元年五月　在泰山東五十里谷山寺俗名佛峪寺
高夢得等題名　泰和四年清明日
王宏遊百家巖詩　行書　泰和四年三月
孫錡題名　正書　泰和四年十月　在同州府聖教序碑陰
虞用康等題名　正書　泰和五年春　在西安府慈恩塔
伏羲廟碑　石抹輓撰并正書　泰和五年六月
硤石山福嚴禪院記　楊□秀撰并正書　泰和六年正月　在澤州府
重修岱嶽廟記　苗□撰　苗□書　正書　泰和六年五月
權綱題名　正書　泰和丁卯重九日　在同州府聖教序碑陰

鈞州重修文宣王廟碑　趙銖撰　屈師古書　正書　大安二年十二月
貞祐寶券　正書　有京兆平涼府字
長安令王公二題名　行書　貞祐五年春　在西安府學大智禪師碑陰
進士題名記　正書　始阜昌六年終興定二年皆京兆人也
杲公禪師塔銘　樂誌甫撰　僧性英書　正書　興定二年九月
師具瞻等題名　張秀華書　行書　興定五年四月　在乾陵無字碑
白樂天遊枋口詩　賈獻臣書　正書　元光元年九月
請印公開堂疏　行書　元光二年二月　在鄠縣草堂寺
許柔等題名　正書　正大元年夏　在乾陵無字碑
重修府學教養碑　劉渭撰　楊煥書　正書　正大二年十二月　在西安府學

趙秉文游草堂詩五絕句　行書　有力亨跋正書　正大丙戌三年仲夏刻
濟瀆靈應記　韓時舉撰并正書　正大五年二月　在濟源縣
重修濟瀆廟記　種竹老人撰　梁邦瑞書　正書　正大五年六月　同上
鄧州宣聖廟碑　趙秉文撰并行書　正大七年四月
安陽縣乞伏村唐帝廟碑　趙秉文撰并王書　黃叔璥云明昌六年刻
古柏行　行書

元

萬卦山天寧寺功德疏　耶律楚材撰　守一道人書　行書　辛卯年九月　葢元太宗之三年也　在交城縣
中書省公據　行書　辛卯年十月　同上

僧德苑與王巨源啟　行書　無年月　上下俱有衆僧題名刻于天寧寺碑陰
神山洞聖旨碑　正書　乙未年正月六皇后稱制之四年也　在萊州府城南神山洞
謝彥寔王萬慶謁孔廟詩　行書　乙未年二月　太宗七年也　在曲阜縣孔廟
張公墓銘　劉贊撰并正書　乙未歲季春　在山東新城縣丁家堤
闊端太子令旨　碑四層刻令旨四通　一癸卯年五月　一乙未年十一月　一丁未年四月　一丁未年十月　並正書　在鄠縣草堂寺
闊端太子祭妙應孫眞人文　正書　丙午歲二月　在耀州五臺山
重修太清觀記　楊宏道撰　謝良弼書　八分書　文稱著雍涒灘十月　葢定宗三年戊申歲也　在歷城縣
元好問涌金亭詩　正書　己酉清明　在輝縣百泉

萬安恩公碑銘　劉百熙撰并正書　庚戌歲正月　在順德府
旭烈大王令旨　楊聰書　行書　庚戌年五月　在涇陽縣
重陽延壽堂碑　秦志安撰　楊聰書　正書　辛亥歲八月　同上
道德經　高翿書　古文篆　乙卯年十月憲宗之五年也　至元辛卯刻石有李道謙跋　在盩厔縣樓觀
雲峯眞人康泰眞碑　撰書人姓名殘缺　丙辰年癸巳月　憲宗之六年也
孫眞人福壽論　楊聰書　正書　丙辰歲九月
五泉野人詩　行書不署名　丙辰歲重九日
太上老君常清靜經　楊思聰書　正書　丁巳歲　在三原縣大化觀
昇元經　楊聰書　草書　丁巳歲四月　同上
大化觀四頌　楊聰書　草書　丁巳歲六月　同上

祭濟瀆記　李忠國撰　史芝書　正書　中統元年八月　在濟源縣
涉縣懸鐘山覺慈寺記　李衷撰　禪士正許書　正書　中統三年七月　在涉縣
先天觀碑銘　呂文尉撰　陳志玉書　中統三年閏九月　在河內縣
金御史程震墓碑　元好問撰　李微書　正書　中統四年七月
天門銘　杜仁傑撰　嚴忠範書　正書　中統五年正月　在泰山南天門西石厓
重立孟州三城記　正書　中統五年八月　在孟縣
請珪公長老復住韶州十方雲門禪寺疏　沙門福門書　正書　至元二年　在澠池縣
重修大安寺記　張巽撰　僧倍應書　正書　至元三年律姑洗上澣吉日　在涇陽縣
僉憲楊公靈應記　蘇楪撰　郭居仁書　行書　至元七年二月　在濟源縣

御香投龍簡感應記　李惟深撰　正書　至元七年三月　同上
濟瀆投龍簡記　李惟深撰　附姚樞楊果送行詩　正書　至元七年五月　同上
天壇重修北極紫微大帝廟記　薛元撰　蘇珪書　正書　至元七年八月　在澠池縣
李氏遷祖之碑　楊宏道撰　趙時中書　正書　至元七年閏十月
文廟瑞芝記　楊成撰　荊幹臣書　八分書　至元八年正月　在武安縣
修清涼國師妙覺塔記　沙門邱吉祥撰　藏吉祥書　正書　至元九年九月　在咸寧縣華嚴寺
聖旨碑　上層蒙古字下層漢字　正書　至元十二年二月　在韓城縣
代祀濟瀆投龍簡記　袁志遠撰　史芝書　正書　至元十二年二月　在濟源縣

終南山重陽眞人全眞教祖碑　密國公璹撰　李道謙書　正書　至元乙亥十二年中元日
終南山重陽祖師仙跡記　金劉祖謙撰　姚燧書　正書　至元丙子中秋日
治平寺捨田記　正撰　至元丁丑十四年仲春　在上元縣祈澤寺
祭張飛卿文　何瑋書　正書　至元丁丑三月　在太平府采石磯
游大相寺詩　胡居祐作　行書　至元丁丑仲秋
寶積資福寺鐘銘　曹說撰　正書　戊寅五月　蓋至元十五年也　在寧波府延慶寺
寇志靜功行碑　唐埜撰　書人姓王而空其名　正書　至元十七年二月　在涇陽縣
磻溪長春成道宮記　魏初撰　孫德彧書　正書　至元十七年五月
吏部侍郎劉傑等題名　正書　至元十八年正月　在輝縣百泉

陳山龍君行祠記 正書 至元二十年季秋 在海鹽縣
七佛閣記 閻復撰 李謙書 八分書 至元二十一年正月 在泰安縣谷山寺東北
王惲漢柏詩 行書 至元二十一年五月 在泰安府嶽廟環詠亭
宗聖宮說經臺記 李道謙撰 李志宗書 行書 至元二十一年陽復日 在盩厔縣樓觀
嶽陽朝玄觀記 徐世隆撰 劉惟一書 篆書 至元二十二年正月 在泰山升玄觀
聖旨焚燬諸路僞道藏經之碑 王磐等撰 粘合璋書 正書 至元二十二年五月 在泰安府冥福寺
衛志隱道行碑 李謙撰 寇元德書 正書 至元二十二年十月 在濟源縣
蕪湖縣重新學記 陳萬里撰并行書 至元二十二年七月 在蕪湖縣學
孟州學記 傅夢弼撰 正書 至元二十三年十月 在孟縣

金石文目錄七　十

三官廟記 李孝純撰 王德政書 正書 至元二十四年清明前二日
皇子北安王降香記 秦艮佐撰 徐秉中書 正書 至元二十四年閏二月 在濟源縣
重修三殿昭惠靈顯眞君廟記 岳泰撰 正書 至元二十四年八月 在虞城縣
濟瀆靈異記 王光撰并正書 中州金石攷以光祖爲名誤 至元二十四年九月 在濟源縣
五指山大輪禪師碑 僧居實撰 廣純書 正書 至元二十四年九月
玉京觀地產記 李察撰 張洪禮書 至元二十四年亥月
碑陰
敕建法籙堂記 陳南美撰 張口書 正書 至元二十五年五月 在修武縣
濮州學記 吳衍撰并正書 至元二十五年六月 在濮州學
碑陰題名 正書

敵樓山天宮禪院記 僧顯月書 正書 至元二十六年五月
應宜兒赤獵虎記 正書 至元二十六年九月 在鳳陽縣劉府集東嶽廟
王顯德七星巖詩 行書 至元乙丑十一月 在肇慶府七星巖
澤州長官段直墓碑 劉因撰并正書 至元二十七年二月 在澤州府
敕建遇仙觀記 楊定撰并正書 至元二十七年五月
重建風后八陣圖碑 唐獨孤及撰 劉道源書 正書 至元二十七年中秋日 在密縣
壽陽縣新學記 元好問撰 里恂書 正書 至元庚寅二十七年季冬 在壽陽縣學
增修扁鵲廟記 胡祇遹撰并正書 至元二十八年四月 在湯陰縣
加封濟瀆清源善濟王記 秦艮佐撰 劉伯達兒書 正書 至元二十八年四月 在濟源縣

金石文目錄七　十一

模刻嶧山碑記 劉之美撰 正書 至元二十九年三月
加封北海廣澤靈祐王記 祁思問撰 正書 至元二十九年六月 在濟源縣
平江府報恩萬歲賢首教院碑 閻復撰并正書 至元二十九年八月 在蘇州府北寺
慶元路重建學記 王應麟撰 李思衍書 正書 至元二十九年十月 在寧波府學
御香祭南海記 王獻撰 正書 至元癸巳三十年三月 在廣州府南海廟
韓城縣尹陳大中墓塔銘 郭汝弼撰并正書 至元三十年仲夏 在韓城縣陳莊
諭中外尊奉孔子詔 上層蒙古書 中層正書 下層張之翰記正書 至元三十一年七月 在松江府學
又 正書 在蘇州府學

又 正書 在崑山縣學

又 正書 在定州學 下層刻中山府學地產數 至治三年十月刻

濟陽縣廟學記 楊文郁撰 趙孟頫書 正書 至元三十一年八月 在濟陽縣

石狻猊像贊 正書 元貞元年七月朱宅立 在山東布政司土地祠刻于石獅胸前

石鼓山西谿題名 史杠題 正書 元貞元年八月 在衛州府

璨和尚塔銘 正書 元貞元年八月小僧永金等建 在涇陽縣

平江路儒學祭器碑 李淦撰 方文豹書 正書 元貞元年 在蘇州府學

句容縣修學記 口文龍撰 正書 元貞二年七月 在句容縣學

麗水縣廟學碑陰記 王度撰幷行書 元貞丙申七月 在麗水縣

唐古台遊闢牛嵓觀大顛古蹟詩 正書 元貞丙申仲秋 在潮陽縣東五里闢

牛嵓

芮王廟記 何南卿撰 樊彥書 正書 大德元年七月 在芮城縣

松江南山勝地記 閻復撰 傅大有書 正書 大德元年夷則月 在松江府

重修令武廟記 胡芳子撰 馬份書 正書 大德元年七月 在襄城縣

敕建天壇紫微大帝廟記 劉璋撰 趙守玉書 正書 大德元年庚戌月 在澠池縣

居竹記 方回撰 趙孟頫書 大德二年二月 在華亭縣學

月華山林泉禪寺剏建地產四至碑 僧性空書 大德三年三月

膠萊莒密鹽使司新建廟學記 傅夢弼撰 喬達書 正書 大德三年三月 在掖縣城北五十里西由場

大德己亥靈睍碑 史芝撰 張秉彝書 正書 大德三年四月 在濟源縣

蕭山縣學重建大成殿記 張伯淳撰 趙孟頫書 行書 大德三年十月

妙相寺鐘題字 正書 大德四年三月沿海上副萬戶石抹艮輔等鑄造 在寧海縣

剏立興國觀記 馬光國撰 王正一書 正書 大德五年三月 在澠池縣

重修至聖文宣王廟碑 閻復撰 劉賡書 正書 大德五年秋 在曲阜縣孔廟

重修漢李將軍廟碑 張達書 正書 大德五年二月 在河內縣

大開元寺萬安恩公碑 王思廉撰幷正書 大德辛丑十二月 在順德府

濟瀆投龍簡記 李思誠撰 柏德元書 正書 大德六年三月 在濟源縣

汜水縣濟瀆廟碑 薛貴祖撰 嚴君宏書 正書 大德六年四月 在汜水縣

義州重修大奉國寺碑 盧懋撰 王遂書 正書 大德癸卯七年九月 在義州

重修逍遙觀記 田道育書 正書 大德八年二月

薛六等題名 正書 大德九年七月 在西安府慈恩塔

四皓廟碑 宋王禹偁撰 蕭恭書 八分書 大德九年十一月

漁莊記 陳儼撰 趙孟頫書 正書 大德十年閏正月

觀世音菩薩傳略 吳興管氏書 正書 大德丙午三月 在江寧府

玩鞭亭詩跋 盧摯作 行書 大德丙午十二月 周子鎮在蕪湖縣玩鞭亭

嘉興路重修儒學記 牟巘撰 趙孟頫書 行書 大德十一年七月 在嘉興府

崑山州新建三皇廟記 潘昂霄撰 杜與可書 八分書 大德丁未五月 在崑山縣學

涇陽縣修公宇記 蕭𣂏撰 男恭書 八分書 大德十一年八月 在涇陽縣

加號大成至聖文宣王詔 正書 大德十一年九月

又 正書 大德十一年七月 下層刻徽州路儒學旨揮二道 正書 至大三年四月 在績溪縣學

又蒙古字旁譯漢字正書　在曲阜縣

又上層蒙古字　下層正書　在定州

又正書　大德十一年十二月刻　在松江府學

又正書　年月漫漶　在邠州

又正書　至大元年　在江寧縣學　碑陰記并題名別速臺書記文行書題名正書　皇慶二年八月

又正書　至大元年　在句容縣學

中書省榜正書後有蒙古字一行　大德十一年十月在曲阜縣

襄城縣學廡記劉必大撰　孛术魯翀書　正書　至大元年二月　在襄城縣

松江寶雲寺記牟巘撰　趙孟頫書　行書　至大元年五月

加封孔子聖旨及致祭先師顏孟祝文正書　至大元年七月　在曲阜孔

廟

萬安寺茶牓頭陀溥光撰并正書　至大二年正月　在登封縣

常熟知州盧侯生祠記周馳撰　趙孟頫書　正書　至大二年正月　在常熟縣

句容縣重建學記王構撰　潘汝勛書　正書　至大二年五月　在句容縣學

袁州路修建記杜與可撰并八分書　至大己酉季夏

許文正公祠堂記鄭沖霄撰　呂士文書　正書　至大二年八月　在新鄭縣

新安洞眞觀碑張仲壽撰并行書　至大二年十月　在新安縣

佑聖觀重建玄武殿碑元明善撰　趙孟頫書　行書　碑後未題年月以孟頫署銜揚州路泰州尹攷之當在至大二三年

重修昭濟侯獻殿舞亭記雷豫撰并正書　至大三年三月　在澠池縣

建康路文廟祭器記劉泰撰　潘汝勛書　正書　至大三年九月　在江寧縣學

伊尹墓祠記張中元撰　高合丹書　正書　至大四年二月　在商邱縣東南穀熟集

郎公墓誌正書　至大四年四月　在拔縣城西郎村

江東宣慰使珊竹公神道碑姚燧撰　趙孟頫書　行書　文中有至大字　在儀徵縣

潛研堂金石文字目錄卷八　　嘉定錢氏收藏

元

集仙宫東嶽行祠記 張與材撰 張與紹書 行書 皇慶元年寎月 在嘉定縣集仙宫

集仙宫瑞竹記 行書 皇慶元年寎月 同上

玄眞子詩 行書 在前碑之陰

員嶠眞逸題名 行書 皇慶元年八月 在紹興府禹陵窆石上

建康路學祭器記 胡助撰并正書 皇慶二年正月 在江寧縣學

采石蛾眉亭記 王文龍撰并正書 皇慶二年八月 在太平府采石磯

大都路總治碑 王構撰 劉賡書 正書 皇慶二年十月 在順天府公署大堂前

泂溪先生遊玉川詩 王公孺撰 男符書 皇慶二年十月 在濟源縣

漢槐圖 童童作 一百五書 正書 皇慶癸丑二年十一月 在虢縣

廉訪副使王信拜林廟題名 正書 皇慶二年十一月 在曲阜縣

漢尹宙碑陰記 李讐撰 王克讓書 正書 皇慶三年正月 在鄢陵縣

長興州修建東嶽行宫記 孟淳撰 趙孟頫書 正書 延祐元年四月

投龍簡記 周應極撰 趙孟頫書 行書 延祐元年八月 在澤州府

裕公禪師碑 程鉅夫撰 趙孟頫書 行書 延祐元年十一月 在登封縣

勅藏御服碑 趙世延撰 趙孟頫書 行書 延祐二年三月 在盩厔縣樓觀

贈兵部侍郎清河郡伯張成墓碑 元明善撰 趙孟頫書 正書 延祐二年三月

四川廉訪使梁天翔神道碑 李源道撰 趙孟頫書 行書 延祐二年七月 在平遥縣梁官村

勅賜南陽諸葛書院碑 程鉅夫撰 劉賡書 正書 文稱皇帝即位之四年十有二月恭延祐二年也 在南陽縣

鄠縣廟學記 袁桷撰 薛基書 正書 延祐三年四月 在鄠縣學

勅賜伊川書院碑 薛友諒撰 趙孟頫書 行書 延祐三年四月 在嵩縣

涇陽縣北極宫記 朱象先撰 楊道遠書并篆額 正書 延祐三年八月 在涇陽縣

懿旨重修濟瀆廟碑 王公孺撰 王符書 正書 延祐三年九月 在濟源縣

大覺普慈廣照無上帝師膽巴碑 趙孟頫撰并行書 延祐三年十月

保定路孔子廟講堂記 元明善撰 張珪書 正書 延祐三年十一月 在保定府

勅封帝君詔 行書 延祐三年

重修慈雲禪寺記 顔之義撰 李玉書 正書 延祐四年正月 在濟寧州晉陽山

上眞殿記 章嘉撰 行書 延祐四年三月 在嘉定縣集仙宫

鄖城縣五老堂記 宫珪撰 侯浩書 行書 延祐四年四月 在鄖城縣

海寧寺鐘銘 章嘉撰 正書 延祐四年十月 在太倉州鐘樓

長明燈記 揭傒斯撰 趙孟頫書 延祐四年十月 在延津縣大覺寺

郜北山先墓銘 岳崧撰 曾孫惟賢書 正書 延祐四年十月 在韓城縣

勅修殷比干墓碑 王公孺撰 劉敏中書 正書 延祐四年十一月 在汲縣

梁國文正公何瑋神道碑 程鉅夫撰 趙孟頫書 行書 延祐四年□月

泰安武穆王博羅歡碑 姚燧撰并八分書 延祐四年 在泰安府城西門外校場

祝延聖主本命長生碑 王思廉撰 趙孟頫書 正書 延祐四年 在眞定府隆興寺

祁西鎮碑 莫勝撰 賈幹魯思台書 正書 延祐四年十二月 在隴州

永壽禪寺記 呂師說撰 呂元規書 行書 延祐五年正月 在嘉定縣婁塘鎮

同知晉寧路事蒙天祐阡表 蕭㪺撰并八分書 延祐五年九月 在同州府

番君廟碑 元明善撰 趙孟頫書 延祐六年三月

劉文祭孔廟文 行書 延祐六年六月

建立加封孔子詔書碑記 正書 延祐六年七月 在蘭溪縣

中山府增修加號碑樓記 朱德潤撰 正書 延祐六年八月 在定州學

虛照禪師明公塔銘 陳庭實撰 趙孟頫書 正書 延祐六年八月 在順德府

大報國圓通寺碑 趙孟頫撰并行書 延祐六年十月 在嘉定縣

佛心禪師明了造橋題字 正書 延祐六年仲冬 在嘉定縣

西湖書院增置田記 湯炳龍撰 白珽書 行書 文云延祐戊午之次年盖延祐六年也 在杭州府

乾明廣福禪寺觀音殿記 胡應青撰 趙孟頫書 正書 延祐七年二月 在江陰縣

于欽告孔廟文 行書 延祐七年二月 在曲阜縣孔廟 唐碑側

處州萬象山崇福寺記 沙門明本撰 趙孟頫書 行書 延祐七年三月 在處州府

加封師眞之碑 至大三年二月聖旨四通 陳德定書 正書 延祐七年重陽日 在耀州五臺山

金仙寺裕公和尚道行碑 趙孟頫撰并行書 延祐七年小春日 在翼城縣

禪悅寺鐘題字 沙門懷寶書 正書 延祐七年十月 在海鹽縣澉浦鎮

淸夏二字 幻住道者書 行書 延祐庚申 在松江府

重修廟學記 陳良弼撰 廉希貢書 正書 延祐七年 在嘉興府學

趙孟頫臨樂毅論 正書 在京師國子監

趙孟頫天冠山詩 行書 明人刻 在西安府學

趙孟頫書普覺堂三大字 在湖州府

趙孟頫書天寧萬壽禪寺六大字 在湖州府天寧寺 明嘉靖丁未刻石

閼邪公家傳 周馳撰 趙孟頫書 正書

襄城學記 李朮魯翀撰 溫廸罕紹基書 正書 至治元年正月 在襄城縣

長春道院記 楊載撰 趙孟頫書 行書 至治元年四月 洪武三年立石 在松江府

平江路重修儒學記 楊載撰 趙孟頫書 行書 至治元年七月 在蘇州府學

王慶拜孔林題名 正書 至治元年七月 在曲阜縣

嘉興路資聖禪寺長生修造局記 僧如是撰 趙孟頫書 行書 至治元年十月 在嘉興府

東平忠憲王安童碑 元明善撰并正書 至治元年十二月 在直隸新城縣高碑店今亾

大瀛海道院記 吳澂撰 趙孟頫書 行書 至治二年二月 在象山縣

涇縣尹蘇公政績記 梅農撰 趙孟頫書 行書 至治二年仲春 在涇縣學

尊經閣記 楊載撰 趙樵書 行書 至治二年良月 在蘇州府學

寶成寺伯家奴造佛相題名 正書 至治二年口月 在杭州府吳山

畏吾字碑 亦在寶成寺

磁州武安縣三瑞記 蕭時敏撰并行書 至治三年正月 在武安縣

大成樂記 周仁榮撰 薩德彌實書 行書 至治三年八月 在嘉定縣學

太上感應篇陳堅注定甲子上元仇遠跋在杭州府學又堅自跋　正書　泰
浙東道宣慰使荅里麻世禮墓誌焦可撰并正書元年二月　泰定
東嶽廟聖旨碑　正書　泰定元年十月　在泰安府嶽廟
碑陰題名　正書
西湖書院重整書目記陳袤撰定元年長慶孫書在杭州府學　行書　泰
西湖書院書目　正書　仝上
嘉定州儒學教授題名記劉德載撰七月在嘉定縣學　正書　泰定二年
太華山敕建朝元洞碑井道泉撰定二年下元日李𩿨書在華陰縣　正書　泰
仙源圖　正書　無年月　在前碑之陰
川州重修東嶽廟記徐滑撰字丙寅泰定三年也張質書　文有泰定丙寅

鄉賢祠記胡炳文撰在句容縣學程益書　行書　泰定三年七月
文殊寺碑正書今日在肅州　泰定三年八月　碑陰畏吾書　周苊
天妃廟迎送神曲黃向撰七月董復書在蘇州府　行書　泰定四年
曹用題名　正書　泰定丁卯七月　在青田縣石門洞
默庵記趙良弼撰冬日在咸寧縣集顏魯公書　正書　泰定四年立
嘉定州護國寺大佛殿記撰書人姓名漫滅或云湯彌昌撰文有泰定丁卯字　在嘉定縣西門外護國寺
湖州路歸安縣建學記鄧文原撰并書年三月在湖州府　行書　泰定五
盧海州知州王慶碑李僊撰五年朱泰亨書在掖縣城南七里河岸　正書　泰定
龍飛祀海瀆記貢奎撰并行書濟源縣　天曆元年十二月　在

楊大倫寄南窗煉師詩行書縣集仙宮　天曆己巳二年　在嘉定
集慶孔子廟碑盧摯撰十月王叔善書在江寧縣學　正書　至順元年
句容縣學田地記許良知撰二年二月吳□文書在句容縣學　行書　至順
皇太后懿旨碑　正書　至順二年六月　在易州
碑陰蒙古字
加封啟聖王及王夫人制　正書　至順二年九月
加封文宣王夫人并官氏制正書制各刻一碑　至順三年六月　在江寧縣學　兩
又　正書　在句容縣學
加封復聖宗聖述聖亞聖四公制　正書在江寧縣學　至順二年九月
加封顏孟二子制　正書　至順二年九月　在句容縣學

加封曾子子思制　正書　至順二年九月　同上
封豫國洛國公制　正書　至順二年九月　同上
贈河南行省參知政事濟南郡公張斯和碑張養浩撰鄧文原書
正書　至順二年十月　在章邱縣東南相公莊
碑陰記張起巖撰　魏萓書　正書
重修帝嚳廟碑范漢撰并正書商邱縣　至順二年十一月　在
清化鎮廟學記何守謙撰十二月王昱書在河內縣　正書　至順二年
重修儲潭廟記劉泰撰州府儲潭廟　正書　至順二年□月　在贛
永嘉縣新學記柳貫撰并正書州府　至順三年二月　在溫
湖州路韓山書院記吳澄撰月至順三年也邢讓書　正書　壬申七　在湖州府城內韓

公祠

涇陽縣學田記何希淵撰在涇陽縣　正書　至順三年十一月

嘉定州重建廟學記智玉成撰　朱炎書　正書　至順三年十二月　在嘉定縣學

漢校官碑釋文單禧書并跋在溧水縣學　正書　至順四年五月

龍興路儒學鼎題字　正書　至順四年

吳學附城地經界碑　正書　至順癸酉七月　在蘇州府學

新修平江路學記柳貫撰　干文傳書　正書　至順四年九月　同上

太師太平王德勝廟碑撰書人模糊不可識　當在文宗朝

聖旨碑　正書　元統二年三月　在句容縣學

井闌題字正書　元統二年三月　在蘇州府吳趨坊首題平江路西北隅鳳凰鄉道堂巷

加封顏子父母制詞上層蒙古書下層正書　元統二年五月

李洞月夜過采石江詩草書　皇慶壬子作　元統甲戌書　至元六年九月刻有黃文思跋　在太原府蛾眉亭

孝烈將軍祠像辨正記侯有造撰并正書　元統二年六月　在商邱縣

偃師伯王輔嗣墓碣吳炳書　八分書　元統二年十月　在偃師縣

碑陰記陳思忠撰　元統二年十一月

濟寧路總管鄧衡祭孔廟文王民望撰并行書　元統二年十二月

飛騎尉楊君世慶碑孛术魯翀撰　蠖叟書　正書　元統三年三月　在澠池縣

齊國武敏公樂實碑虞集撰　正書　元統三年五月　在萊州府駙馬莊

降香記于克紹撰　李景參書　正書　元統三年五月　在濟源縣

安晚軒記陳旅撰并正書　元統三年六月　在杭州府

興中州達魯花赤也先公平治道塗碑林□撰　正書　元統三年七月

孫德彧道行碑鄧文原撰　趙孟頫書　行書　元統三年九月　在盩厔縣重陽宮

古緱氏縣重修泰山廟記賈昌文撰　正書　元統三年十月　在偃師縣

元公書院西湖田記邵舜生撰　正書　元統三年十二月　在潮州府西湖上今為之放生池

江東建康道廉訪司題名記王士熙撰　卜顏帖睦兒書　正書　不著立碑年月以題名證之當在元統間至元以後則後人續題　在寧國府署前

宗聖宮碑元明善撰　正書　至元二年正月

西湖書院記陳泌撰　正書　至元二年五月　在杭州府

姚紱悟溪碑詩　正書　至元丙子六月

辟邪鐘題字篆書　至元二年十二月　在江寧府靈谷寺

考城縣重修宣聖廟碑張琬撰　朱融書　正書　至元二年十二月

石溪禪寺無一禪師塔銘偰文質撰　偰玉立書　正書　至元三年三月　在廣德州東南五十里石溪寺

任城郡公札忽兒解墓碣正書　趙世延書　至元三年三月　在濟寧州

起信閣施造千佛因緣記僧宏濟撰　陳子翬書　正書　至元三年十二月　在寧波府延慶寺

四明祖庭世統題名記胡世佐撰并篆書　至元四年正月　在寧波府延慶寺

觀瀾亭記王理撰　陳肅書　正書　至元四年正月　在太平府蛾眉亭

英烈廟新殿記汪澤民撰并正書　至元四年三月　在宜興縣
句容縣學恭刻制詞記張起巖撰　孔思立書　正書　至元戊寅四年五月　在句容縣學
南雄路文廟從祀記易景升撰　楊益書　八分書　至元四年九月　在南雄府學
紫虛元君廣惠碑石瑄撰　李德存書　正書　至元五年仲春月
閬鄉縣臨高寺碑邵節撰　張繪書　正書　至元五年六月　在閬鄉縣
慶元路新修廟學記陳旅撰　王安書　行書　至元五年七月　在寧波府學
祀曲阜宣聖廟記王守誠撰　張起巖書　正書　至元五年八月
祭文宣王廟文謝端撰　正書　至元五年八月
監郡脫來公祀濟瀆記姜朴撰　郭安貞書　行書　至元五年九月　在濟源縣

金石文目錄八　九

濟瀆重建靈異碑記撰書人姓名闕　至元五年九月　同上
敕修曲阜先聖廟碑歐陽原功撰　巙巙書　正書　至元五年十一月　在曲阜縣
普度禪師義公塔銘虞集撰　柳貫書　正書　至元六年正月　在蘇州府南禪寺
句容縣學大樂禮器碑趙承禧撰　曹復亨書　八分書　至元六年五月　在句容縣
碑陰正書
劉宗煥拜林廟題名正書　至元六年八月　在曲阜縣孔廟
也先不花祭孔林題名正書　至正元年三月　在曲阜縣
巙巙與王由義書行書　至正元年四月　明人重刻　在朝邑縣
重建清源廟碑李桓撰　趙巖書　八分書　至正二年三月　在江寧府南門外三茅宮
碑陰戴元吉書　正書

達奚將軍廟碑林仲節撰　樊嗣祖書　正書　至正二年五月　在句容縣
碑陰題名正書
鄧州重修宣聖廟碑王睿撰　楊元書　正書　至正二年七月
皇帝遣郭孝基祀孔廟文正書　至正二年十二月
幻住經堂記沙門曇噩撰　王元恭書　行書　至正三年正月　在奉化縣岳林寺
覺苑寺興造記趙貫翁撰　趙宜浩書　正書　至正三年三月　在蕭山縣覺苑寺
重修寶泉寺記撰書人姓名漫滅　至正三年三月　在澠池縣
濟陽縣曲堤鎮修建大成廟碑王士熙撰　楊僖書　八分書　至正三年七月
松江府重建廟學記黃溍撰　和立平書　正書　至正三年八月　在松江府學
慶元路總管王侯去思碑朱文剛撰　趙知章書　行書　至正三年十一月　在寧波府學

金石文目錄八　十

鎮守平江分鎮嘉定等處萬戶郝天麟政績碑黃溍撰　行書　至正三年十二月　在嘉定縣伏虎廟
長葛縣尹趙侯德政碑張繼祖撰　蕭起賢書　正書　至正四年四月　在長葛縣廨
敕賜元教宗傳碑虞集撰　趙孟頫書　行書　至正四年八月
東嶽廟聖旨碑正書　至正四年九月　在泰安府
上卿元教大宗師張留孫碑趙孟頫撰并正書　至正四年　在貴溪縣
重修南鎮廟碑貢師泰撰　泰不華書　八分書　至正四年　在紹興府
石刻佛經蒙古畏兀女直梵漢五種字　至正五年　在居庸關過街塔下
周伯溫遊白牛巖詩僕列篪撰序　正書　至正丙戌六年冬　在潮陽縣

雲巖禪寺興造記　黃溍撰并正書　至正七年三月　在蘇州府虎邱山
瑞州雲谿觀碑　張道中撰　白道榮書　至正七年五月
上海縣學文昌祠記　居性撰　口霖書　正書　至正七年六月　在上海縣學
任城縣重建石佛碑　秦本書　正書　至正七年七月　在濟寧州石佛庿
天寶山太平興龍禪寺碑　李泂撰　干文傳書　正書　至正七年九月　在廣德州石溪寺
中書平章政事高公勳德碑　干文傳撰　吳鐸書　正書　至正七年　在蘇州府北寺
慶元路儒學重修靈星門記　鄭奕夫撰　趙孟貫書　行書　至正八年四月　在寧波府學
重刻鍾離權詩　正書　宋皇祐四年九月刻　至正八年四月重刻　在順德府
縣學重修記　偰哲篤撰　李桓書　行書　至正八年五月　在句容縣學
王按彈溥化修南海祠詩　正書　至正戊子八年冬至日　在廣州府南海廟
餘姚州儒學新建文會堂記　汪文璟撰　郭文煜書　正書　至正八年十二月　後有趙德在跋　八分書　至正九年七月　在餘姚縣學
雷山義泉四字　篆書　至正戊子　在江寧府
僉憲周公遊朝陽巖題名　白鑛撰　李尖泉書　正書　至正九年仲春　在永州府
濟瀆潮賜記　陶黃庭撰　馬道蘊書　行書　至正九年四月　在濟源縣
祈澤治平寺佛殿碑　沙門伯元撰　泰不華書　正書　至正九年四月　在上元縣祈澤寺
濟瀆廟題名記　郝正撰并正書　至正九年五月　在濟源縣

梅巖瞿先生作興鄉校記　薛元德撰　觀音奴書　正書　至正九年六月　在嘉定縣學
碑陰　正書
東祁王先生歸田興學記　薛元德撰　馬遂良書　正書　至正九年七月　在嘉定縣學
道山亭聯句詩　僧家奴等作　任允書　八分書　至正九年八月　在福州府
寶際川禪師影堂逸事　沙門正印記并行書　至正九年仲秋　在崑山縣城東永懷寺
重修鄞縣學記　段天祐撰并行書　至正九年九月　在鄞縣學
長洲縣重修學宮記　楊維楨撰　危素集唐歐陽詢書　正書　至正十年七月　在長洲縣學
山東鄉試題名碑記　毛元慶撰　許彧書　正書　至正十年十月　在濟南府學明倫堂東
盧江縣禁鐘題字　正書　至正十年十月　在盧江縣城隍廟
潮陽縣學明倫堂記　林泉生撰　高若鳳書　正書　至正十年十一月　在潮陽縣
長興州重修學宮記　楊維楨撰　高明書　正書　至正十一年二月
餘姚州儒學廢田記　孫元蒙撰　傅常書　正書　至正十一年十一月　在餘姚縣學
湖州路歸安縣修學記　儲惟賢撰　張世昌書　行書　至正十一年十二月　在湖州府
追封英義武惠正應王周將軍碑　曹復亨撰　蘇天爵書　正書　至正壬辰十二年三月　在宜興縣
關王廟碑　無撰書人姓名　正書　至正十二年五月　在許州
中山聖廟禮器記　王秉彝撰　正書　至正壬辰仲秋　在定州學
碑陰　中山府達魯花赤大都等題名　至正十二年季秋

賈使君碑陰題名 邱鎮題 行書 至正十二年十一月

雷祥廟碑 潘懇撰并正書 至正十二年十一月 在白水縣

監郡公阿察雅實禮感雨記 元思孝撰 鄭顒書 正書 至正十三年四月 在濟源縣

重建五龍堂記 趙本撰 邱世賢書 正書 至正十三年五月 在濟南府城西門外

王德成題名 正書 至正十三年九月 在西安府慈恩塔

李世安題名 正書 至正十三年艮月

大田洞磨厓記 鄭文口撰 恩平縣志作鄰文趙 正書 至正十三年十二月 在恩平縣西北二十里石團山口

七聘堂記 蘇天爵撰 諭立書 正書 至正十四年建辰月 在濟南府張公祠

張養浩感皇恩詞 草書 刻于前碑之上方

張文忠公家訓 諭立書 正書 無年月 在濟南府張公祠

張養浩草書 至正十四年三月刻 同上

張養浩詩 草書 碑上方刻虞集詩一首 同上

重新聖水龍祠記 杜翱撰 王思齊書 行書 至正十四年四月 在青州府城東十里聖水祠

龍門重修神禹廟記 李克敏撰 裴時靜書 行書 至正十四年仲夏 在韓城縣

嘉定州教授題名記 朱孔昭撰 正書 至正十四年四月 在嘉定縣學

歸安縣儒學教諭題名記 宇文公諒撰 錢用壬書 正書 至正十五年閏正月 在湖州府

蒲城義門王氏先塋碑 歐陽元撰 危素書 正書 至正十五年戊子月 在蒲城縣

杭州府重建廟學記 王大本撰 康里慶童書 正書 至正十五年 在杭州府學

重建李晉王影堂碑 正書 至正十五年六月

安慶城隍顯忠靈祐王碑 余闕撰 八分書 至正十六年四月 在安慶府

理公嵓記 周伯琦撰并篆書 至正十六年 在杭州府天竺寺東南

慶元路重修儒學記 黃溍撰 正書 丙申三月葢至正十六年也 在寧波府學

何太古題名 正書 至正十七年仲夏 在西安府慈恩塔

董仲珪弭寇紀功碑 張煥撰 陳佐實書 正書 至正十七年四月 在潮陽縣東山雙忠廟

太尉丞相祀濟瀆神應記 趙恆撰并正書 至正十七年十月 在濟源縣

金粟道人小像 倪瓚贊 正書 戊戌八月葢至正十八年也 在嘉定縣

續蘭亭會詩 劉仁本序并正書 作詩者仁本及謝理等四十二人 至正庚子二十年三月 在餘姚縣學

賀祕監祠堂記 劉仁本撰 史銓書 正書 至正庚子七月 在寧波府

嘉定州重修儒學記 楊維楨撰 褚奐書 八分書 至正二十一年二月 在嘉定縣學

平章路總管周侯興學記 鄭元祐撰 錢逵書 正書 至正辛丑三月 在蘇州府學

本一禪院記 楊維楨撰 林鏞書 正書 至正二十一年六月 在松江府

祭罕帖木兒祀文宣王文 正書 至正二十一年九月 在曲阜縣

靜江路新城記 危素撰并正書 至正二十一年十一月 在桂林府

碑陰記 楊子春撰 正書

慶元路儒學興修記 劉仁本撰并正書 至正二十一年十二月 在寧波府學

祀瀆記　田文舉撰　鐵口書　行書　至正二十二年八月　在濟源縣

温州路總管陳所學壙誌　子逢祥等撰　正書　至正二十二年八月　在崑山縣馬鞍山

常熟州李王廟刊刻靈籤記　正書　至正二十二年十一月　在常熟縣

山東鄉試題名碑記　孫翥撰　趙恆書　正書　至正二十二年　在濟南府學明倫堂西東向

崑山州重修三皇廟記　陳秀民撰　饒介書　行書　至正二十三年六月　在崑山縣學

東嶽廟碑　孔克任撰　正書　至正二十三年五月　在長武縣

常熟州修學記　陳基撰并正書　至正二十四年二月　在常熟縣學

杭州路重建廟學記　孟昉撰　林鏞書　正書　至正二十四年三月　在杭州府學

崇國寺隆安選公傳戒碑　危素撰并正書　至正二十四年九月　在京師護國寺

愛水壺銘　楊彝撰并篆書　至正乙巳五月　在上虞縣治

鄞縣重修儒學記　程徐撰　楊彝書　正書　至正二十六年二月　在鄞縣學

重修宣聖廟記　董立撰　張沖書　八分書　至正二十六年三月　在西安府學

白牛巖二篆字　王用文撰　至正丁未二十七年春　在潮陽縣

王用文白牛巖題名　八分書　至正丁未秋　在潮陽縣

潮州韓文公廟碑　蘇軾撰　正書　至正丁未重刻　在潮州府

重建韓山書院記略　劉嵩撰　張泰書　正書　至正丁未　在重刻蘇碑之陰

大通法寺常住上下院地產碑　安思道撰并正書　不見年月　蓋在至正間

分司捋務同立孟州記　正書　無年月

樓觀道德經　正書　無姓名　在盩厔縣

重修玉清萬壽宫碑　姚燧撰　王元輔書　正書　年月漫漶

完顏正叔碑　王磐撰　正書　碑上半斷失其年月

林縣殘碑　行書　文有行中書省及打捕鷹房總管字

王磐詠百泉詩　行書　無年月　在輝縣百泉

元妙方丈通神庵記　陸元吉書　行書　王都中篆額　年月漫漶　在蘇州府元妙觀

王口題七星巖詩　題銜稱同知廣南西道宣尉司事　行書　在肇慶府七星巖

太平路丹陽書院記　正書　無年月　在太平府黃池鎮

倪雲林小像　在嘉定縣王氏

上清三洞四字　正書

飛霞二字　正書　右二刻皆在粤西無年代然非明以後人筆

容成太玉洞天六字　正書　不著年代　在温州府

璇璣臺三字　篆書　不著年代　在肇慶府七星巖

隨意泉題字　正書　在蘇州府城内剪金橋北井闌上有平江路字

文殊師利經　正書　不著年代

廣德路修建儒學記　正書　止存上半截後有學錄鄭禾等立石字　在廣德州學

盧靖眞人像　孫士元書　上方題贊者二人元好問古文篆劉祁小篆杜仁傑八分書

外舅少詹錢先生博采金石文字以攷正經史之
學多歐趙前賢所未逮中溶隨侍甥館十三四年
親蒙先生指授閒嘗撰杖從游所過山厓水畔豐

宮梵宇得一斷碑殘刻必剔蘚拂塵摩挲審讀而後去其好殆至老而益篤云家藏拓本二千餘種著有跋尾八百餘篇每積二百餘篇輒爲門弟子轉寫付梓故先後共成四集其目錄八卷因時有增補尚未登諸梨棗今歎先生已歸道山而海内未獲讀此書無以見先生披羅之富與記載之勤猶爲闕事原與僚壻許君蔭堂急謀剞劂用廣其傳庶幾無負先生津梁後學之意歟

嘉慶十年歲次乙丑秋七月既望子壻瞿中溶謹識

金石文跋尾

潛研堂金石文跋尾卷一

錢大昕著

三代

岣嶁山銘

右岣嶁山銘韓退之賦詩云道人獨上偶見之又云千搜萬索何所有文人寓意不過子虛亡是之流非眞有見之者也宋嘉定壬申何子一自言親至碑所模其文于嶽麓書院然當時好古之家皆疑其僞故歷元至明初罕聞于世自楊用修楊時喬安如山輩展轉翻刻流布海內眞以爲古文復出矣予嘗見嘯堂集古錄模漢滕公石室銘文與此絕相似皆宋人僞作

殷比干墓銅盤銘

右比干墓銅盤銘薛尚功謂唐開元中得于偃師攷諸圖籍卽比干之墓然比干墓在汲縣北十五里宣尼題字或出後人傅會魏孝文唐太宗碑文具在可證其不在偃師而薛氏遂題爲封比干墓銅盤系之周時毋乃信之太過乎張邦基又謂政和中得自鳳翔按汝帖刻於大觀己丑

才固不逮竹汀遠甚竹汀顧欲得予言弁其端者豈非以其才雖不逮而意趣則同故邪丁未冬日同里西莊王鳴盛譔

傳青主問閻百詩金石文字足以正經史之譌而補其闕此學始於何代何人百詩考得王肅據子尾尊劉杳據齊景公尊孟康據玉琯張晏據伏生碑晉灼據黎陽碑傳宏仁據齊胡公銅棺題字顏之推據秦權銘凡七事以爲此外無先之者但王肅劉杳孟康所據皆無文字則精確者惟四事耳而此外若昭三年傳叔向引讒鼎銘以證憂不可樂昭七年傳孟僖子引考父鼎銘以證明德後有達者禮記祭統篇引孔悝鼎銘以證作銘之義考工記㮚氏引嘉量銘以證量之制此見於經者也史記封禪書李少君識齊桓公柏寢銅器案其刻果然漢書郊祀志張敞案美陽鼎款識辨爲周鼎此見於史者也若家語載金人銘大戴禮載丹書銘秦本紀載始皇所立諸碑魏收魏書衛操傳載操所立大邘城碑而柏人城西門碑闞駰且據以爲郎舜納于大麓之迹凡此皆百詩之所未及舉也然則金石之學自周漢以至南北朝咸重之矣而專著爲一書者則自歐陽永叔始自永叔以下著錄者甚多有專取一體書者如洪氏适隸釋婁氏機漢隸字原是也有取金不取石者若宣和博古圖及薛氏尚功鍾鼎款識王氏俅嘯堂集古錄是也有專取一地者若黃氏叔瓚中州金石考畢氏沅關中金石記是也而王氏象之雖稱輿地碑目實限

於偏安州郡至葉氏封嵩陽石刻記限於一山黃氏華蕃
㮣山石墨考限於一廟而潘氏廸石鼓音訓桑氏世昌兪
氏松蘭亭考周氏在浚天發神讖考鄭氏元慶石柱記釋
陳氏鵬年瘞鶴銘考則弁專考一碑更爲狹矣凡此皆偏
而不全姑勿具論予嘗論其完備者凡六家自歐陽外則
趙氏明誠都氏穆趙氏崡顧氏炎武王氏澍斯爲具體而
以跋入文集者如曾氏鞏歸氏有光寥寥數通未足名家
惟朱氏彝尊始足並列爲七焉最後予妹婿錢少詹竹汀
潛研堂金石跋尾乃盡掩七家出其上遂爲古今金石學
之冠吁此豈予汙其所好爲一人之私言哉實平心研覈

而灼見其然者爾且夫金石之學青主雖並稱有益經史
實惟考史爲要葢漢碑或間足證經亦須精識愼擇若魏
晉以下碑何必作經證哉故知當專取考史也乃七家中
最佳者能考史十之三四其次一二而已下者至但評詞
章之美惡點畫波磔之工拙何裨實學乎竹汀於史橫縱
鈎貫援據出入既博且精所作二十二史攷異固已得未
曾有出其餘技以治金石而考史之精博遂能超軼前賢
論者動云今人不及古人何哉予曩與竹汀同居燕邸兩
人每得一碑輒互出以相品騭及先後歸田予肆力於史
作十七史商榷於金石未暇別成一書而竹汀獨兼之予

已載此銘政和紀年乃在大觀之後其不足信明矣元延
祐閒衛輝路學正王公悅臨摹汝帖刻於墓上推官張淑
記之公悅秋澗之子也墓之有此銘實始於元時今所傳
者明萬曆中重摹本又非公悅之舊矣此銘文字奇古自
非漢以後物其以爲封比干者則無確證但相沿已久姑
存其名焉爾

元石鼓文

右石鼓文今在國子監大成門左右各五元國子司業潘
廸撰音訓刻石立其旁稱見存三百八十六字今距至元
已卯又四百二十餘年文之存者僅二百五十四點畫或

不具然猶是周家之故物非有神物護訶安能久而不壞
若此哉古文籀文學者不能盡通諸家釋音不無傅會之
失楊用修任意增改尤爲識者所憎至如君子員員邋邋
員斿鄭潘說皆不了按古文斿游本一字云與員亦相通
楊讀爲君子云獵云獵云游蓋得之矣澫有鯊潘氏讀鯊
爲鯊疑澫有重文愚意鯊當是小魚二字小魚合爲鯊字
猶大小合爲尖字也

元吉日癸巳四字

右吉日癸巳四字相傳爲周穆王書在贊皇縣之壇山宋
皇祐中宋子京守鎭陽訪此於士大夫閒後有贊皇令劉

莊鑿石輦置趙州廨權守李中祐陷置廳事右壁爲文記其事政和五年此石取入內府亂後失所在矣今贊皇儒學有此文右方載李中祐記後題嘉祐己亥歲秋七月丁未望日口石于鄗口之廳壁令趙庠誌蓋宋時翻刻者

焦山鼎銘

右焦山鼎銘京口三山昔人比之蓬萊方丈瀛洲焦最僻左而名特著者以此鼎及瘞鶴銘在焉宋人好辨識鐘鼎文字此銘獨未著於錄其出於何時何地不可得而知矣古器銘多用鋚勒字惟石鼓及寅簋文正作鋚勒伯姬鼎則作攸勒宰辟父敦又作攸革薛尚功王俅諸家皆釋攸爲鋚此文亦但作攸蓋古文之鋚勒卽詩所云鞗革也詩鞗革凡四見鄭氏箋或云轡或云轡首或云轡首垂毛公則訓鞗爲轡革爲轡首說文無鞗字而有鋚字訓爲轡首銅明乎鋚之卽鞗也釋器云轡首謂之革郭景純曰轡靶勒也詩如鳥斯革韓詩作勒明乎勒之卽革也詩鞗革有鶬鄭以鶬爲金飾古文鞗从金與許叔重訓轡首銅合孔疏謂以鞗皮爲轡首之革似未達古制矣伯姬鼎師毀敦竝有縞必字薛氏釋必爲縪案攷工記天子圭中必鄭注讀如鹿車縪之縪是必縪古文相通此銘亦作必與康成注合

卯敦銘

右卯敦銘文十二行百四十九字首云惟王十有一月既生霸乂云卯立中阼共伯乎（卽呼字）令卯末云卯其萬年子子孫孫永寶用文字奇古不能盡通大約述其先祖考之勳令卯嗣厥職錫以㚇器土田之詞其云拜手𩒨手卽稽首春秋曹公子首二傳或作手聲同假借也

西宮槃銘

右西宮槃銘凡一十九行行十九字第十八行十八字末行十字共三百五十字詞甚奇古似紀田獵之事西宮襄字凡三見似是人姓名周有南宮氏北宮氏則亦當有西宮氏何氏姓苑有西宮氏或卽襄之苗裔乎亡友吳山夫撰金石存以文有惟王九月辰在乙卯字題爲乙卯鼎今此器尚存廣陵人家乃銅槃非鼎也予改題爲西宮槃云

秦

琅邪臺刻石

右琅邪臺刻石文已漫漶趙德甫謂頌詩已亡獨從臣姓名及二世詔書尚存熙寧中蘇翰林守密令廬江文勛模搨刻石者卽此本也今惟存皇帝曰以下十行從臣姓名僅存五大夫楊漻一人爾都元敬所藏乃宋莒公刻本止十七字皆頌詩中語與此不同

冠 泰山刻石

右泰山刻石世所傳者僅二十有九字明北平許某于岱頂榛莽中得之陷置碧霞元君宮東廡壁此眞秦刻也後人復摹其文別刻石於泰安縣城之嶽廟乾隆戊午歲碧霞宮火而泰刻遂亡舊榻之存于天壤者有日少之勢此本乃益都李進士文藻所貽視嶽廟重刻本眞如優孟之見楚相矣吾子孫其永寶之

元 嶧山刻石

右嶧山刻石傳刻有數本以西安儒學鄭文寶所摹者爲佳說文攸從攴從人水省秦刻石嶧山文攸作攸今石刻

作攸疑徐氏傳模之誤

漢

元 五鳳二年刻石

右五鳳二年石刻文曰五鳳二年魯卅四年六月四日成凡三行一十三字按漢書諸侯王表魯孝王慶忌以後元元年嗣三十七年薨則五鳳二年當爲孝王之三十三年與石刻不合予因取表與本傳反覆校之如魯共王餘以孝景二年立爲淮陽王二十八年薨表與傳並同計其薨年當在元朔元年而表乃以爲安王光之元年表稱文王畯十九年薨而傳作十八年則魯諸王嗣封年歲史文固多牴牾此刻出於當時宜得其實也

元 居攝墳壇刻字 居攝二年二月

右祝其卿墳壇一上谷府卿墳壇一今在曲阜孔子廟相傳自孔氏墓前移置於此此二卿疑亦孔氏之裔也趙德甫不知祝其卿上谷府卿爲何官洪景伯据縣竹江堰碑稱縣丞犍爲王卿又應劭說大縣有丞左右尉所謂命卿三人以證祝其卿之爲縣丞又据武開明終吳郡府丞而武榮碑稱爲吳郡府卿以證上谷府卿之爲府丞其說誠辨而核然洪氏郤未見此刻今距洪氏又五百餘年而予乃獲見之斯亦　足以傲古人矣漢書地理志祝其莽曰

猶亭上谷莽曰朔調當居攝之時郡縣名尙未易也

利 漢中太守鄐君開褒余道碑 永平六年

右漢中太守鄐君開褒余道碑歐趙洪三家俱未著錄宋紹熙末南鄭令臨淄晏袤始得之爲文記其事然其地崖壁斗峻落蘚阻深自晏令作記後六百餘年罕有津逮而摹搨者今巡撫畢公撰關中金石記乃搜訪而錄之文字古朴東京分隸傳於今者以此爲最先焉鄐本晉邑以邑爲氏廣韻漢有鄐熙爲東海太守此碑所載鄐君惜未詳其名字也

貞 中嶽太室神道石闕銘 元初五年四月

右中嶽太室闕銘顧氏金石文字記始著於錄然所見止十三行其釋文誤以崇作嵩祀作起近畢氏翁氏所釋較爲詳審予諦視第十三行丞下似是江字夏下似是西陵字第十五行河東臨下似是汾字而第二行翁釋冢土岱氣四字未敢信其必然也少室闕題名有將作掾嚴壽此有鄉三老嚴壽蓋即一人由鄉三老辟掾也

敦煌太守裴岑紀功碑　永和二年八月

右敦煌太守裴岑紀功碑無額六行行十字文云惟漢永和二年八月敦煌太守雲中裴岑將郡兵三千人誅呼衍王等斬馘部衆克敵全師除西域之疢蠲四郡之害邊竟艾安振威到此立德祠以表萬世按漢自安帝以後北匈奴呼衍王常展轉蒲類秦海閒專制西域共爲寇鈔及班勇爲長史破平車師西域稍通順帝陽嘉四年春呼衍王侵車師後部敦煌太守率兵掩擊于勒山漢軍不利其秋呼衍王復將二千人攻後部破之當是時呼衍之勢日張而岑能以郡兵誅之克敵全師紀功勒石可謂不世之奇績矣而漢史不著其事蓋其時朝多秕政妬功害能者衆而邊郡之文簿壅于上聞故也然千載以後燕然之銘久已澌滅而斯刻獨立於風霜冰雪煙塵沙礫之中經久而不壞豈非神物所護持功雖抑于一時而名乃彰于後代也哉碑向在巴里坤城西五十里今移于城之關壯繆廟我

皇上神聖文武綏定西域天山南北皆入版章官吏銜命撫治其地凡行役於西徼者至此頓宿猶戶牖焉視漢永和之績又卑之不足道矣

北海相景君碑　漢安二年

右北海相景君碑王元美云益州當言刺史不當言太守予案漢時有益州又有益州郡郡有太守州有刺史刺史治廣漢郡之雒縣而太守自治滇池蜀漢建興三年始改益州郡曰建寧避州郡同名也此碑額題益州太守而銘稱守郡益州其爲太守非刺史明矣元美於史學未甚究心故有此失洪文惠謂景君嘗刺益部亦偶誤也銘辭云宜參鼎鉉洪氏謂字書無鉉字當是借作拂取輔拂之義案紱冕之紱古書或作紼此鼎鉉當取朱紱之義而以鉉代紼爾

碑陰

右碑陰題名一十八行每行三列凡五十四人而下云行三年服者凡八十七人則故吏之行服而不列名碑陰者尚多也碑末云諒闇沈思又云陵成宇立諒闇即亮陰似非臣下可用而稱墓爲陵亦後世所宜囘避也

利燉煌長史武斑碑 建和元年

右燉煌長史武斑碑歐公集錄金石時已稱其文殘滅不復成文近代金石家亦未有著於錄者頃錢唐何元錫夢華游山左歸訪予吳門出搨本見詒雖漫漶已甚猶有可辨識者碑陰有武氏碑三字頗近六朝人筆法歐趙諸公所未見也碑云昔殷王武丁久伐鬼方元功章炳官族分析因以爲氏而應劭風俗通以爲宋武公之後則漢人述武姓所自已有異詞至唐武后竊位自言周平王少子武之後因追尊周文王爲始祖文皇帝武爲睿祖康皇帝然廣韻武字姓祇取應氏說廣韻本於唐韻則孫愐亦以武

后爲誣妄而不之信矣春秋時周有武氏子來求賻此武氏之見於經傳者而姓氏書惟舉趙武臣爲始亦弗深攷也

利司隸校尉楊孟文石門頌 建和二年中冬

右司隸校尉楊孟文石門頌文云高祖受命興於漢中建定帝位以漢詆焉詆卽氐字謂高帝與於漢中故定有天下之號曰漢猶陶唐氏有虞氏之例也洪文惠讀詆爲抵失其義矣槍碭猶言槍唐古文唐爲啺碑又變爲碭其義一也殷躬疑卽殷肱字垓鬲義與閡隔同

元孔廟置百石卒史碑 永興元年六月

右孔廟置百石卒史碑碑載魯相平行長史事卞守長擅爲魯屬縣故守長得上行長史事其云守者未正授之名也書首相長史並列其後祇相一人署名史晨碑亦如此式蓋漢時公牘之例然也前稱司徒司空府後祇稱司空府當時必有故事今不可考太常有祠曹掾史百官志亦失載碑云乙君察舉守宅除吏孔子十九世孫麟廉請置百石卒史一人蓋乙瑛有功于孔氏者二事察廉一也請置守廟卒史二也洪氏謂麟廉請置百石卒史一人而乙瑛書言之於朝疑未然矣易說卦傳幽贊于神明釋文云

本或作讚此碑正作幽讚神明可證陸氏之有本也

元韓勑造孔廟禮器碑 永壽二年九月

右韓勑造孔廟禮器碑文云遠頤之思遠塱卽卓爾也云前闓九頭以什言教後制百王獲麟來吐什言者十言也春秋正義引易云伏羲作十言之教曰乾坤震巽坎離艮兌消息碑蓋用其語上二句言贊易下二句言作春秋意正相對婁機顧靄吉皆釋什爲斗文義殊難通矣自皇戲統華胥而下五十二句句皆四言獨皇戲句五言而皇字特跳上一格書之殊不可解竊意此字後人妄加非本文也

元　碑陰及兩側

右碑陰題名六十有二人兩側三十有二人碑之左方題名者八人有書名不書字者王畾孫殷是也有書字不書名者麃次公蘇漢明是也有書名兼書字者西門儉元節种亮奉高是也有書名書字而又殊其例者敬謙字季松趙福字元直是也郡縣兼書如潁川長社河南成睾之類碑之常例也有書縣不書郡者魯卞文陽蕃騶薛皆隸魯碑爲魯相立不必更書魯國也東平陸隸東平國非同郡而不書避重出也任城泰山彭城下邳京兆或不書縣者郡所治也若泰山之鉅平任城之亢父彭城之廣戚則郡

縣仍兼書也惟曲城侯王畾郡縣俱不書又例之變也碑有相行義史文陽公百煇世平百有山陽瑕丘九百元臺三百此公百九百乃複姓非出錢之數也何氏姓苑云昔岱縣人姓九百名里爲縣小吏而功曹姓萬縣中語曰九百小吏萬功曹是古有九百氏也廣韻公伯複姓有魯大夫公伯寮碑云公百以百爲伯也文陽郎汶陽後漢書王梁傳擊肥城文陽拔之注文音汶與此碑正同也碑陰有褒城侯孔建壽碑側又有孔建壽古人命字多相同非一人而再見也云守廟百石卽乙瑛碑所置百石卒史也不云卒史者省文猶稱太守曰二千石也洪氏隸釋有碑陰無兩側都元敬所藏搨本合碑左方碑陰兩側爲一元敬不能詳攷妄譏洪之誤不知隸釋所載碑陰本無闕文也兩側題名不載于隸釋元敬自以意讀之舛謬殊甚如以河南匽師爲河消退師任城亢父爲侯我交父皆大可笑也

亨　郎中鄭固碑　延熹元年四月

右郎中鄭固碑下截已斷每行止存十九字詳其文義乃弟述其兄而作喪服傳不滿八歲以下爲無服之殤鄭君長男孟子七歲而夭乃建墳東固配食此禮之過而失其中者論語色斯舉矣斯乃語辭而漢魏人多用色斯字如

王充論衡翔而後集色斯而舉費鳳碑色斯輕翔費鳳別碑色斯高舉元賓碑翻署色斯抱朴子外篇明哲色斯而幽遯內篇杜漸防微色斯而逝皆以斯連上讀若張壽碑常懷色斯斥彰長田君碑色斯去官抱朴子外篇或色斯而不終日三國志崔琰傳哲人君子俄有色斯之志此碑亦云將從雅意色斯自得則竟以色斯當遠舉之義所謂歇後語也春秋晉侯詭諸卒陸德明云左氏傳作俛諸今本左氏亦作詭惟石經猶是俛字此碑造膝俛辭亦以俛爲詭則古書俛詭通用矣

亨　蒼頡廟碑

右蒼頡廟碑在白水縣東北五十里之史官村其地於漢爲衙縣春秋秦晉戰於彭衙卽此地續漢志左馮翊有衙縣注引皇覽云有蒼頡冢在利陽亭南墳高六丈後人因建廟於此縣以彭衙得名兩漢志皆作衙字而碑作衙猶曲江之爲曲紅西城之爲西成也碑文雖漫漶諦視之尙有可識者惜洪丞相隸釋未著於錄不得其全文故不能通耳碑上穿之左有宋人題名四行云汲郡吕大忠華陰喬岳同過蒼頡祠下嘉祐庚子五月大忠者大防之兄嘗爲陝西轉運副使者也

漢 碑陰及兩側

右碑陰文更漫滅其可見者有故督盜五官掾高陵守等字蓋掾屬題名而姓名無一存者其兩側面各有字尙可讀其一云朔方臨戎孫羨以永壽二年爲朔方太守上郡仇君察孝除郎中太原陽曲長延熹四年九月乙酉詔書遷衙令五年正月到官奉見劉明府立祠刊石表章大聖之遺靈云云下有上官鳳諸人題名三列歐陽集古錄題爲朔方太守碑陰者蓋卽此然碑所述者衙令孫羨筮仕本末朔方太守仇君則孫令之舉將與立祠無與乃以朔方守標題誤矣其一題名三列有議曹史功曹書佐騎吏高陵左鄉有秩萬年左鄉有秩蓮勺左鄉有秩池陽左鄉有秩夏陽候長粟邑候長等歐公亦有跋而不知其爲何碑之陰蓋碑本四面有字歐公僅得其兩側又誤分爲二趙德甫金石錄有蒼頡廟碑卽碑之正面又有蒼頡廟人名卽碑側之一面其又一面與碑陰則趙亦未見洪文惠則全未之見予訪之廿年未得頃曹中允來殷遊秦中始募工搨以餉余以歐趙洪三家未能盡見者而予幸得之誰謂古今人不相及乎

漢 淮源桐柏廟碑 延熹六年正月　元人重書本

右淮源桐柏廟碑漢刻久亡元至正四年同知唐州事杜昭旣修祠廟乃請翰林待制浚儀吳炳重書炳子嗣昌墳

摹上石炳分隸頗有法度而少漢人淳古之氣碑末記亦炳所述行書殊遒美中州罕拓碑手故流傳者寡而碑估之黠者往往割去炳重書字及碑後記裝界成册收藏家未見全文遂以爲眞漢刻矣朱錫鬯疑爲後人重摹而不得其主名潘次耕又疑爲唐人釋曠書蓋兩公所見者皆裝界之本耳但錫鬯謂碑闕靈祐二年此本却未闕又謂碑云盧奴張君今盧奴下闕一字非張字豈錫鬯所見者又別一本耶

元 泰山都尉孔宙碑 延熹七年二月

右泰山都尉孔宙碑文云天姿醇嘏醇嘏卽純嘏也云祇

傳五教祇傳卽敬敷也銘詞以虔𠭥二字叶陽唐庚青韻
吳才老韻補所未取

元碑陰

右碑陰額云門生故吏名題名三列凡六十有二人每人具書郡縣名字漢碑陰之最謹嚴者惟弟子魯國戴璋不書某縣未審其故漢志泰山郡有華縣續漢志無之方輿紀要以爲并入費縣按三國志稱臧霸太山華人此碑亦有題泰山華者然則後漢元有華縣殆省併未久而復置耳通鑑獻帝興平元年劉備爲豫州刺史屯小沛胡三省注沛國治相縣而沛自爲縣屬沛國時人謂沛縣爲小沛

由此今碑立於延熹末已有小沛之名疑當時縣名固有小字非土俗之稱也魏郡治鄴不治魏此碑籍魏郡魏者二人不稱小魏與沛國小沛書法迥異則小沛爲縣名審矣廣韻十九侯部婁字下引何氏姓苑云母婁氏今琅邪人此碑有母樓覬一人婁樓蓋通用也如盧複姓志氏族者亦失載

元執金吾丞武榮碑

右執金吾丞武榮碑武君以孝廉起家遭孝桓大憂屯守玄武感憧（字卽慟）而亡蓋在建寧改元之初矣續漢書百官志玄武司馬主元武門屬衛尉不屬執金吾此以執金吾丞屯玄武者國有大喪備非常也漢初舉孝廉無限年之令自順帝陽嘉元年用左雄之言令郡國舉孝廉限年四十以上諸生通章句文吏能牋奏乃得應選其有異才異行若顏淵子奇不拘年齒由是廣陵徐淑以年未四十爲臺所詰而罷之矣榮年卅六爲汝南蔡府君察舉其才行必有過人者以非常格故碑特著其年也其云仁如不壽者以如爲而也

亨竹邑侯相張壽碑　建寧元年五月

右竹邑侯相張壽碑僅存上一段每行十餘字中閒又鑿去四十字卽明時人斷爲碑趺者今在城武縣孔廟戟門

壁閒說文眈視近而志遠也覞內視也覞與眈音同而義亦相近先儒傳易皆作虎視眈眈此碑乃作覞覞是古人固通用矣王輔嗣釋眈眈以爲威而不猛碑云覞覞虎視不折其節意亦相類也婁機云碑在單州城武宋時本隸單州也

元衛尉卿衡方碑　建寧元年九月

右衛尉卿衡方碑衡氏家于平陸祖父以來世爲大官范史不立公卿表故方之拜罷年月無考祖左馮翊並佚其名矣云恩降乾太威肅剝巛太卽泰字巛卽坤字說文太古文泰義無二訓故卦名亦可作太也云感背人之凱風

陸德明釋文邶本又作鄁顔師古注漢書亦云然碑葢从鄁而省其邑也云不虞不陽郎不吳不揚之别古人吳虞多通用泰伯弟仲雍以居吳稱吳仲雍而左氏傳論語皆作虞仲是其證也說文吳姓也亦郡也一曰吳大言也是吳敖之吳與吳越之吳無别體矣陸德明謂吳說文作吳又引何承天從口下大之說毋乃誤讀說文乎孔氏詩正義謂鄭讀不吳爲不娛人自娛樂必讙譁爲聲今此碑作虞虞娛亦通用字也碑又以寬慄爲寬栗聲香爲馨香邵虎爲召虎瘧爲虐謚爲謚尉長尉君尉郎克字謇謇王臣謇郎謇字樂旨君子旨郎只字皆鄱陽洪氏所未及舉也

元 史晨奏祀孔子碑 建寧二年三月

右魯相史晨奏出王家穀祀孔子碑前載史晨奏詞後爲韻語贊孔子之聖也晨既奏言于朝以其副上太傅太尉司徒司空大司農府漢世郡國奏事之例葢如此猶今時題本之有副又有揭帖也攷是時太傅則南郡華容胡廣伯始太尉則沛國聞人襲定卿司徒則東萊牟平劉寵祖榮司空則穎川郾許栩季闕大司農卿則不知其人矣

元 史晨饗孔廟後碑

右史晨饗孔廟後碑刻于前碑之陰文分六節各不相屬前四行紀晨到官謁廟因上尙書請出公家錢承祀刋石勒銘次四行紀饗孔廟禮樂之盛次二行紀補完里中牆垣修通大溝次二行紀昌平亭下立會市次一行紀治孔瀆顔母井次一行紀立夫子家顔母井舍及魯公冢守吏四人皆史君爲魯相時事也漢書禮樂志桐生茂豫師古讀桐爲通言草木皆通達而生此碑云桐車馬于瀆上亦以桐爲通也

舊 淳于長夏承碑 建寧三年

右淳于長夏承碑字體奇怪王秋澗以爲蔡中郎書雖出臆揣要是漢隸之佳者今再經翻刻古意盡失矣碑云策薰著于王室薰郎勳字攷易艮九三厲薰心荀爽本薰作

勳葢勳之譌孟子太王事獯鬻說苑太王有聖人之恩故事勳育史記周本紀作薰育此薰勳相通之證也沇州本因沇水得名今尙書沇州之沇作兖與沇水異文而說文無兖字篆書家不知兖字所从難以下筆予謂古文从水者或用立水如江河之類或用横水如益頻之類沇本立水或從横水作兖而隸變爲兖爾此碑與曹全碑俱作兖亦二之變文也

元 武都太守李翕西狹頌 建寧四年六月

右武都太守李翕西狹頌文字完好無刓缺由所在僻遠多虎豹之害椎拓者少故也碑前有小字二行云君昔在

黽池修崤嶔之道德治精通致黃龍白鹿之瑞故圖畫其象而碑文亦云三蓟荷守致黃龍嘉禾木連甘露之瑞蓋洪氏所謂黽池五瑞碑者本與此碑首尾爲一五瑞圖像當在小字二行之前拓碑者不知而遺之可惜已李翕在武都吏民立碑頌德不一而足而後漢書皇甫規傳稱屬國都尉李翕多殺降羌倚恃權貴不尊法度規到官條奏其罪蓋後來治行或滅於前而石刻亦容有溢美也

貞 博陵太守孔彪碑并碑陰 建寧四年七月

右博陵太守孔彪碑并碑陰文字曼患以洪氏隸釋讀之釐得十之一二耳元上自博陵太守遷下邳相河東太守以病去位建寧四年七月卒碑爲博陵故吏崔烈等所立故額題故博陵太守孔府君碑文亦但述博陵治迹而已下邳河東故吏當別有碑今失其傳矣博陵郡不見於郡國志按桓帝紀延熹元年六月丙戌分中山置博陵郡以奉孝崇皇園陵司馬彪志郡國以孝順爲斷則延熹分置之郡例不當書而劉昭注竟不一及難免漏畧之譏豈今所傳劉注亦有脫簡耶郡所領縣以碑陰證之則博陵也安平也安國也高陽也南深澤也此五縣之中唯安國舊屬中山若安平南深澤本屬安平國高陽本屬河間國則紀云分中山置者亦未核矣故吏題名十三人皆郡縣名

字兼舉齊晉題博陵者上爲郡下爲縣諸史列傳中此類甚多洪氏隸釋本重出博陵俗刻本少兩字蓋校書者誤以爲重複而去之耳

利 司隸校尉楊淮碑 熹平二年二月

右司隸校尉楊淮碑洪氏隸續具載其文惟御史中丞下闕一字頃陝西巡撫畢公拓此碑見贈審視之乃是三字可補洪書之闕孟文伯邳祖孫皆爲司隸校尉故稱大司隸以別之伯邳官終河南尹而首題司隸校尉與魯峻碑同例京尹雖列九卿其權任之重遠不逮司隸故也伯邳穎伯俱稱孟文之元孫元雖訓始訓首訓長然亦兼有大與善義書稱武王爲元孫武王之兄尚有伯邑考則元孫不必長孫矣碑稱追述勒銘而不作韻語與韓仁銘同例古人製銘或韻或不韻初無定準禮記所載衛孔悝鼎銘未嘗有韻也

亨 司隸校尉魯峻碑 熹平二年四月

右司隸校尉魯峻碑文云有黃霸召信臣在穎南之歌霸守穎川信臣守南陽此稱穎南者各舉其一字也三國人多稱吳會稽二郡爲吳會亦類此蓋流俗之稱文人沿用而不察爾胡三省云太史公謂吳爲江南一都會故後人謂吳爲吳會予案史公貨殖一篇言都會者多矣何獨於

矣稱曾此胡氏之臆說而近人多取之何也

[illegible]碑陰

右碑陰題名二十一行每行二列故吏四人門生三十七人義士一人各列郡縣姓名字及錢數攷洪文惠隸續所載魯峻碑陰與此全別洪公在南渡時未得親至碑所但據收藏家之說題之故猶疑而未定碑今在濟甯州學其陰文字尚完恨洪公之不及見而洪所指爲峻碑陰者世已失傳竟未審爲何人碑也

[illegible]熹平殘碑

右熹平殘碑乾隆癸丑十月黃郡丞小松訪得之曲阜東關外會學使阮詹事芸臺按試至縣因命移置孔廟幷題識左方碑存字僅七十餘有云年廿有七熹平二年十一月乙未者蓋其卒之年月也又云府君君國濟民以禮闓風旌善表德當是曾任郡守者漢時唯郡國守相及都尉得稱府君也攷漢自陽嘉以後用左雄議孝廉年不滿四十不得察舉此君官至二千石計其入官踐歷當亦有年而卒之時僅廿有七豈陽嘉詔書所謂有如顏回子奇不拘年齒者邪

[illegible]武都太守耿勳碑　熹平三年四月

右武都太守耿勳碑中有十數字經後人重開不無譌舛翁閣學金石記中辨之審矣唯苻莢乃胙一句洪氏隸釋闕乃字而莢字未誤翁謂洪誤釋爲英此刊本之譌予家藏鈔本猶未作英也莢與筴同即策字漢時郡守賜虎符及策書故有苻莢之語翁釋爲筭恐未然耿君以熹平二年三月到官其歲歲在癸丑淫雨害稼而後漢書靈帝紀續漢書五行志俱不言郡國淫雨事知史之失載者多矣

[illegible]聞熹長韓仁銘　熹平四年十一月

右漢循吏聞熹長韓仁銘金正大中滎陽令李天翼得之京索閒土中令石匠王福再立石趙秉文周臣李獻能欽叔俱有跋刊於碑之左方今在滎陽縣廨漢世重吏治而

仁在聞熹刑政得中碑額稱循吏賢之也仁自聞熹遷槐里令除書未到而卒故額不云槐里令也仁既歿司隸校尉愍其短命下河南尹遣吏祠以少牢豎石以旌其美於此見善政之效而校尉風勸良吏之意亦可尚已兩漢書俱作聞喜此獨从心熹喜古蓋通用碑八行每行止存十七八字天翼字輔之固安人登貞祐二年進士歷滎陽長社開封三縣令所在有治聲終右警巡使

兖州從事尹宙碑　熹平六年四月

右從事尹宙碑云君東平相之玄會稽太守之曾富波侯相之孫守長社令之元子稱曾稱玄而去孫字亦𠛬例也

云秦兼天下侵暴大族或居三川或徙趙地漢興以三川爲潁川分趙地爲鉅鹿按史記秦莊襄王元年韓獻成皐鞏秦界至大梁初置三川郡始皇十七年内史騰攻韓得韓王安盡納其地以其地爲郡命曰潁川潁川之與三川非一地矣漢初改三川爲河南郡而潁川則承秦舊未嘗以三川爲潁川也秦滅趙置邯鄲郡及鉅鹿郡亦非漢初所分作碑者殆誤矣金石文字記謂鉅鹿之鹿不當從金然廣韻明言鉅鹿郡名後魏弔比干文碑陰有鉅鹿伯魏祐北史有鉅鹿郡守元道龍顧氏特未詳考爾

亨校官碑 光和四年十月

右校官碑溧陽人頌其長潘乾構修學宫而作隋時割溧陽西鄉置溧水縣宋南渡初溧水尉得碑於固城湖中其後移置縣學碑遂爲溧水所有矣釋名誄累也累列其事而稱之也廣韻誄壘也壘述前人之功德也誄本爲哀死而作今縣民頌其長而稱誄雖亦累德之詞然失其義矣說文臤堅也古文以爲賢字公羊經鄭伯堅卒釋文本作臤疏云穀梁作賢蓋臤賢本一字古今文異爾今本公羊穀梁皆作堅與左氏同矣此碑親臤賓習師臤作朋皆从古文其書籩豆之籩爲匴亦籀文之變也

亨校官碑釋文 元至順四年五月刻　附

右校官碑釋文卽洪文惠所釋也元至順癸酉濟陰單禧官溧水始刻之石而跋於下方又補洪氏所闕者入字改正者兩字

白石神君碑 光和六年

右白石神君碑今在元氏縣金石文字記以爲在無極縣蓋因碑有無極山之文而誤不知無極三公封龍諸山並在元氏界自漢迄今未始易也碑末有隸字一行云燕元璽三年正月十日主簿程疵家門傳白石將軍教吾嗣今日爲火所燒元璽前燕慕容雋年號此等妖妄之詞公然刻之石上甚矣人之好怪也或疑此碑爲前燕重刻予觀

其字體方整已開黄初之先漢隸遒逸之格至此小變然慕容僭僞詎能辦此况字體亦絕不類要爲漢刻無疑矣碑列名者八人常山相馮巡元氏令王翊名字具書他皆名而不字别於守令也王翊樊瑋二人郡縣兼書其三人書郡不書縣掾史石師則郡縣俱不書洪氏隸釋移長史于元氏令之前且謂中闕三字蓋洪所得者裁剪裝潢之本而以意度之爾碑以幽讚爲幽贊無畺爲無疆亦洪氏所未及舉

亓郃陽令曹全碑 中平二年十月

右郃陽令曹全碑漢時重清議故雖邊方人士猶知敦孝

友以立名譽若全之重親致歡見于鄉諺亦其一也其稱季祖母猶言庶祖母也官府所居曰寺碑云燔燒城寺又云開南寺門又云繕官寺開南門皆以寺爲官廨之稱也漢書地理志酒泉郡有祿福縣續漢志作福祿晉隋唐諸志皆因之此碑云拜酒泉祿福長魏志龐淯傳及皇甫謐列女傳載龐娥事云祿福趙君安之女又云祿福長尹嘉然則漢魏之閒猶稱祿福其改爲福祿葢在晉以後史無明文以知之矣碑末題中平二年十月丙辰造同年紀編修昀嘗疑其僞云後漢書靈帝本紀是年十月有庚寅距丙辰前二十六日天文志十月有癸亥距丙辰後七日其

閒不得有丙辰日恐是後人妄作予以四分術推之是歲入庚子蔀四十一年積月五百有七閏餘二積日一萬四千九百七十二小餘一百三十三天正壬申朔加朔實十一得十月丙申朔丙辰月之二十一日癸亥月之二十八日是月無庚寅庚寅乃九月二十四日本紀誤而碑不誤也今攷定中平二年三年朔日於左

中平二年正月辛未朔

二月庚子朔 本紀二月己酉月十日五行志二月有己酉庚戌月十一日又五行志二月癸亥廣陽城門外屋無故自壞月二十四日本紀作己亥誤 劉寬碑二月丁卯月二十八日

三月庚午朔 譙敏碑三月九日戊寅以曆推之恰合

四月己亥朔 本紀五行志俱有四月庚戌月十二日 鄭季宣碑有四月辛亥月十三日

五月己巳朔

六月戊戌朔

七月戊辰朔

八月丁酉朔

九月丁卯朔

十月丙申朔

十一月丙寅朔

十二月丙申朔

三年正月乙丑朔

二月乙未朔 本紀二月庚戌月十六日

三月甲子朔

四月甲午朔 鄭季宣碑四月辛酉月二十八日

五月癸亥朔 本紀五月壬辰晦五行志同以曆推之恰合

六月癸巳朔

七月壬戌朔

八月壬辰朔

九月辛酉朔

十月辛卯朔天文志十月戊午月二十八日

元碑陰

右碑陰列出錢人名有鄉三老鄉嗇夫門下祭酒門下掾門下議掾督郵功曹門下賊曹市掾郵書掾門下史塞曹史法曹史賊曹史集曹史金曹史皆縣屬掾史也處士岐茂別爲一行不與掾史並者非其部民也義士五人亦別爲一列在掾史之下無職故也

元蕩陰令張遷碑　中平三年二月

右張遷頌其額云漢故穀城長蕩陰令張君表頌張君治穀城有惠政及遷蕩陰令而去穀城故吏韋萌等豎石表以頌之今在東平州儒學碑出于近代都元敬金薤琳瑯嘗載其文都氏攷稽未審釋文多誤如以籌策爲蕭何之類八月筭人見後漢書皇后紀碑云八月筭民不煩于鄉筭作莽盎省文而都氏釋作莽字亦誤也碑云張是輔漢世載其德爰既且于君詳其文義謂張氏是即氏字仕漢世世有德後有興者且于君也顧寗人讀作爰暨于君以既且爲暨字之誤釋爰爲爰雖本都氏尚在疑似之閒以既且爲暨乃由聽斷遠詆碑爲訛謬豈其然乎漢制大縣置令小縣置長後漢書王堂傳遷穀城令而此云穀城長蓋縣之大小亦時有更易也

元碑陰

右碑陰四十有一人皆字而不名古人命字有祇一字者此范巨范成韋宣三人當亦其字也范伯口韋德榮韋武章騶叔義四人不言出錢之數曹全碑陰亦有類是者

利仙人唐公房碑

右仙人唐公房碑文有云厲蠱不遐去其蝱蟥皆用詩語大雅思齊篇烈假不瑕鄭讀烈假爲厲瘕皆訓爲病蠱假聲相近知厲蠱即詩之烈假矣瑕遐古書亦多通用釋文瑕音遐違也後儒譏康成解經好改字碑立于東漢之世其時鄭學未行而闇與之合可證康成所改皆本經師相承之訓非若後人之師心妄作也

利武梁石室畫象

右武梁石室畫象婁機云在濟州宋以後碑石湮沒久失所在好事家得宋拓本輒詫爲希世之珍乾隆丙午錢唐黃易小松始于嘉祥縣南卅里紫雲山得之嘉祥本折鉅野置宋時故屬濟州也今土人名爲武宅山蓋以石室得名其石裂而爲五以洪氏隸釋隸續證之文字大略相同惟榆母之前洪云缺一人名者今驗石刻有榆口親年老氣力稍衰笞之口癒心懷楚十有六字而上下尚有缺文蓋圖伯俞事以榆爲俞也錢唐何夢華云榆上一字尚存

木旁當是柏字漢書古今人表多以柏爲伯也范且之後又有魏須賈一人賈字雖泐其上半猶可識戰國秦漢人多以且爲名讀子余切如穰且豫且夏無且龍且皆是且旁或加佳如范雎唐雎文殊而音不殊也胡身之注通鑑靴音范雎之雎爲雖是誤仍爲目旁矣據此碑可正胡注之誤

利　武氏左石室畫象

右武氏左石室畫象乾隆己酉秋濟寧李東琪等營治武氏祠復於土中得之上下二列上爲顏淑留乞宿婦事次信陵君迎侯嬴事次王陵母事下爲范䧺求代兄罪事旁各題四言韻語古質可誦趙洪諸家皆未之見也顏叔子事見詩巷伯傳此碑叔作淑無子字彼云蒸盡縮屋而繼之碑則云未明蒸盡縮笮續之笮即笮字謂屋笮也周禮秋官柞氏鄭司農讀爲屋笮之笮說文笮迫也在瓦之下棼上何休注公羊云禮取毀廟室笮以爲爨者炊沐則笮可爲薪矣搉與縮通搉之言抽抽屋笮以當蒸燭二文相須其義乃備范䧺代兄與邢渠哺父後世鮮知之者賴石刻以傳古人搜訪金石文字有益於風教如此豈僅爲博物之助已哉

利　天祿辟邪字

右天祿辟邪字在南陽縣宗資墓前石獸膊上左爲辟邪右爲天祿皆獸名也石獸今已敗壞字亦摩滅後人取汝帖舊文重摸於石點畫雖似然乏淳古之趣

亨　膠東令王君廟門碑

右膠東令王君廟門碑乾隆乙未歲濟寧人李東琪於州學古樹下掊得之濟寧學故有漢碑五得此而六洪氏隸續載其文有二段今止存前半數十字爾

元　石人胸前題字

右石人胸前題字滋陽牛運震云曲阜縣東南五里許張屈莊西魯王墓前東側一石人介而執殳高五尺腰圍七尺自腰以下陷土中不可見刻曰府門之□字徑四寸一石人冕而拱手立頷下裂文如滴淚痕高五尺五寸腰圍七尺五寸胸刻漢故樂安太守麃君亭□字徑三寸兩石人肩而西向相去者五六步謂此刻也漢制諸郡置太守王國稱相和帝永元七年改千乘國爲樂安國質帝本初元年以樂安國土卑溼租委鮮薄徙樂安王鴻封勃海自後無封樂安者蓋已罷爲郡矣此稱樂安太守其在桓帝以後乎麃姓不詳其所出韓勑碑有故涿郡太守麃次公故樂安相麃季公皆魯人也則麃固魯之名族矣季公故樂安相桓帝永壽中猶存此刻所云麃君　豈卽季公乎季

公王國相而追稱之曰太守猶荀淑爲朗陵侯相而文若傳稱朗陵令也

利三公山碑口初四年

右三公山碑在元氏縣首云口初四年常山相隴西馮君到官按後漢諸帝紀元有建初永初元初本初此碑初上缺一字趙晉齋以爲永初翁覃溪以爲元初疑未敢質也洪氏隸釋所載三公山碑立于光和四年者爲隸書今已不存此碑乃是篆體又在光和之前而金石家無知之者始歎古迹顯晦亦有時也漢儒說禹貢者分導山爲三條太行恆山北條山也三公白石諸山皆恆山南之支峯故

白石神君碑云居九山之數參三條之壹此碑亦有三條别神迴在領西之語趙明誠跋白石神君碑不曉三條爲何語洪文惠始引禹貢正義實之參以此碑益信洪氏之不謬覃溪不信洪說疑三條别有實事似不然矣

利孔子見老子畫象

右孔子見老子畫象一旁有標題三曰老子曰孔子也曰孔子車洪氏隸續嘗載之而未詳碑石所在乾隆丙午冬錢唐黃易得此石於嘉祥之武宅山始知爲武氏石室象之一今移於濟寧州學

利又

右孔子見老子畫象二旁有標題三曰孔子曰老子曰弟子其圖象位置與武氏石室本各異本在寶應縣之平家莊即古射陽縣地錢唐吳孝廉春潠知縣事爲予訪得之漢人墓道多立石闕刻聖賢象如趙岐魯峻李剛武梁皆然此石亦必墓前物而志乘未之及鄉人或指爲伯夷叔齊象由未見其題識而以意度之爾今爲江都汪容甫取去

宣中部督郵郭侚等題名

曹　薛夏侯　奏曹史卞

蔣　辭曹史文陽

曹史　曹　曹史蕃

中部督郵蕃郭侚　中賊曹史薛荀

南部督郵文陽　左賊曹史

北部督郵魯王壽　右賊曹史

守　左決曹史

曹　魯　右決曹史文陽

史薛　曹史

曹

右中部督郵郭侚等題名可辨者十行曲阜人顔懋倫所藏始著錄於牛運震金石圖然釋文頗疏舛海寧陳上舍

以綱別有釋文視牛稍詳頃大興翁學士方綱復攷牛陳同異別爲之釋得字八十有四多所駮正出以示予予因取家藏拓本諦視之參以三家所釋得了然可信者七十二字錄於右方其介於疑似及文不全者姑闕之漢時掾史辟本郡人爲之文陽蕃薛卞皆魯之屬縣此碑當爲魯相紀德而作正面磨滅無字惟碑陰獨存然亦剝裂似竹葉紋俗因謂之竹葉碑也

潛研堂金石文跋尾卷二

錢大昕箸

魏

孔子廟碑　潘宗伯韓仲元造橋格題字　廬江太守范式碑碑陰　東武侯王基碑　蕩寇將軍李苞開閣道碑

吳

禪國山碑　巖山紀功碑　葛府君碑額

晉

任城太守夫人孫氏碑　楊紹買冢地莂　太公呂望表　征東將軍軍司劉韜墓版文　咸和四年甎文

前秦

修鄧太尉祠碑

梁

井闌文　始興忠武王憺碑　吳平忠侯蕭景碑

後魏

孫秋生等二百人造像記　孝文皇帝弔比干文碑陰　石門銘　中書令鄭羲碑　盪朔將軍司馬紹墓誌　張相造天尊像記　楊大眼爲孝文皇帝造

像記　涇州刺史齊郡王祐造像記　洛州刺史刁
遵墓誌　兖州賈使君碑　魯郡太守張猛龍碑
懷令李超墓誌　滎陽太守元寧造像記　濟青相
涼朔恒六州刺史高植墓誌　金剛般若經　中嶽
嵩陽寺碑　造須彌塔記　汝陽王造彌勒像記

魏

元孔子廟碑 黄初元年

右孔子廟碑文帝卽位之初封議郎孔羨爲宗聖侯奉孔子祀令魯郡修舊廟置百石吏卒以守衛之於其外廣爲屋宇以居學者故魯人立頌紀之後人以爲陳思王之詞疑未必然也文稱追存二代三恪之禮兼紹宣尼褒成之後魏志祇載封孔子後詔書而不及存三恪事乃史之闕漏爾魏伯陽參同契皇上覽視之兮王者退自改杜篤論都賦受命於皇上獲助於靈祇皆用向書惟皇上帝之文以皇上爲天之稱此碑云皇上懷仁聖之懿德顏延之曲水詩序皇上以叡文承歷陽給事誄皇上嘉悼沈約安陸王碑文時皇上納麓在辰北魏鄭羲碑皇上振悼唐房彥謙碑皇上情深遺烈贈太師孔宣公碑皇上以聖敬而撫璇圖兖公頌皇上禮行鄒魯吳文碑皇上欽腹心之寄少林寺碑皇上睿圖廣運姚崇碑皇上悼焉大照禪師碑皇上將幸于京師則皆以爲至尊之稱矣

刻潘宗伯韓仲元造橋格題字 太和六年五月

右潘宗伯韓仲元造橋格題字在褒城縣之石門文稱泰和六年晏袤以史證之斷爲魏明帝年號但史作太和而石刻作泰泰太本一字古今文異爾予邑南翔寺石幢書太平興國號亦作泰

刻盧江太守范式碑 青龍三年正月

右盧江太守范式碑今存十二行每行十五六字少者厘五六字以洪氏隸釋校之文字無異惟錫邑命族之下洪云闕一字今驗石本是實字洪所見係全本今碑石中斷失其下半後文及銘詞十餘行則全失之矣碑額十二篆字獨完好額既不題漢字而文有青龍三年正月丙戌故洪氏列於魏碑今雖不見青龍字而洪說必可信不敢輒有更易也

刻碑陰

右碑陰題名四列凡三十餘人皆字而不名洪氏隸續第十二卷誤指爲魯峻碑陰今此刻現在范式碑之背面而魯峻自有碑陰其列名者則故吏河内管懿等四人門生沛國丁直等卅七人義士梁國史强一人與此全不相涉且峻碑既未嘗斷何緣其陰獨斷此又理之必不然者洪

氏生於南宋之世疆宇隔越無由得至碑所僅據藏碑者無稽之談故有此失耳然洪所見題名今又失其前大半益令憮然增懷古之思矣巨卿爲山陽人此題名諸人雖不著郡縣然如都如魯如范皆山陽望族則其餘亦必山陽人可知

元 東武侯王基碑 景元二年四月

右王基碑碑中斷存下半近洛陽民墾土得之以歷官及薨之年月攷之其爲基碑無疑碑云年七十二而魏志本傳遺之其遷荊州刺史加揚武將軍而本傳作揚烈亦誤廣韻東萊王氏殷王子比干爲紂所害子孫以王者之後

號曰王氏此碑云有成父者出仕於齊獲狄榮如孫湫違難爲萊大夫然則東萊之王系出王子成父成父豈殷之後乎伯輿東州名士康成高弟叙述先世當有傳授韓退之撰王仲舒神道碑云王氏皆王者之後在太原爲姬姓春秋時王子成父敗狄有功因賜氏厥後世居太原按太原之王皆祖王子晉成父在子晉之前既祖子晉不得更祖成父矣退之誤也

利 盪寇將軍李苞開閣道碑 景元四年十二月

右盪寇將軍李苞開閣道碑在潘宗伯題字之後距太和壬子盍三十一年其年十一月蜀漢亡故有閣道之役也盪寇盍漢魏所置雜號將軍之一沈約宋書作蕩寇張遼滿寵關羽蔣欽皆嘗爲之晏袤碑陰記但舉蜀張嶷一人所謂知其一未知其二也

吳

利 禪國山碑 天璽元年

右禪國山碑吳志天璽元年吳興陽羨山有空石長十餘丈名曰石室在所表爲大瑞乃遣兼司徒董朝兼太常周處至陽羨縣封禪國山卽此事也碑稱大司空朝不云司徒又無周處名承祚所書得諸傳聞不如碑之可信矣其云國史瑩覈者左國史薛瑩右國史華覈也吳志華覈傳

天册元年以微譴免數歲卒據碑所書則覈免官之後不久仍復故職也史能之咸淳毗陵志國山在宜興縣西南五十里延袤三十五里高百二十五仞一名離墨山舊傳鍾離墨得道於此吳五鳳二年陽羨離墨山大石自立天璽元年陽羨山有石裂十餘丈名曰石室晧以爲天瑞遣司徒董朝等行封禪禮圜碑猶存其形如鼓俗呼囤碑碑下字漫滅不可讀或稱董山以朝至此故名

利 巖山紀功碑 天璽元年

右巖山紀功碑文云枩月己酉朔是歲卽晉武帝咸寗二年晉初承用魏景初術吳用乾象術朔閏往往參錯而七

月之己酉朔弔吳晉不異也北史齊上黨王渙傳初術士言亡高者黑衣文宣問左右曰何物最黑對曰莫過漆帝以渙第七爲當之此碑亦借桼爲七王莽侯鉦銘亦云重五十桼斤則二文相通久矣考工記史記貨殖傳桼字皆無水旁惟漆沮之漆乃从水然經典多通用張參五經文字計字數皆用壹貳參肆等字而七作漆今世俗通用柒卽漆之艸書眞艸各自一家不可變艸作眞如盡爲尽與爲𡗝皆艸書減省而里俗用之宋時閩中麻沙板本往往有此等字此亦六書之戹也

利　葛府君碑額

右碑額三行云吳故衡陽郡太守葛府君之碑楷書徑三寸許在句容縣衡陽孫吳所置郡漢世稱郡國守相爲府君魏晉猶然予收藏孫吳石刻如谷朗及此碑皆以太守故得府君之稱非若後人之泛用也

晉

貞　任城太守夫人孫氏碑

右任城太守夫人孫氏碑在新泰縣新甫山下向來未有著錄者乾隆甲寅秋阮詹事芸臺搨以見詒文多剝落而點畫嚴整頗似范式碑筆意任城太守不見其姓名世系據文有夫人在羊氏語知其姓羊也又有庚寅十二月甲申字以干支求之當是泰始六年也又云昔臧武仲先犯齊壯不令予邑葢用左氏傳齊侯將與臧紇田事壯與莊古書往往通用其云長沙人桓伯序者桓階也魏志階字伯緒此碑作序古人名字多相應當以序爲正

藏　楊紹買冢地莂　太康五年九月

右楊紹買冢地莂文云大男楊紹從土公買冢地一邱東極闞澤西極黄滕南極山背北極於湖直錢四百萬卽日交畢日月爲證四時爲任太康五年九月廿九日對共破莂民有私約如律（卽律字）令案古人稱分券爲別若今人合同文字也周禮小宰聽稱責以傳別鄭司農云傳別謂券書也傳傳著約束於文書別別爲兩兩家各得一也鄭康成云傳別謂爲大手書於一札中字別之傳別故書作傳辨鄭大夫讀爲符別辨與別聲相轉其義一也說文無莂字釋名莂別也大書中央中破別之也廣韻莂分契也莂種穊移蒔也古者書契多以竹簡故傳別字或从竹隸變作莂與移蒔之莂相混釋氏書往往用記莂字亦取受記作符劵之義魏晉以前契劵之式傳於今者惟此故錄其全文以詒好古者

貞　太公呂望表　太康十年三月

右太公呂望表晉太康中汲令盧无忌所立石已斷裂每

行廛存十一二字无忌名與題識年月皆不可得見矣予初意此碑不當在汲縣城疑即東魏碑裝潢者析而爲二後見范氏天一閣有此碑始知其石尚存深悔向來持論之失頃黄小松郡丞以搨本見詒讀之又知表後有韻語六行爲魏碑所未録皤綌之皤作般亦勝於魏碑碑陰題名曼患已甚尚有功曹主簿等字可辨字畫頗古雅不似東魏之率易然以魏碑校其文存者雖無甚異同而以所闕字數驗之頗有多寡不合且既録其文何又去其韻語或好事者假託爲之未可知也劉青藜亦以此碑爲後人重刻

晉征東將軍軍司劉韜墓版文

右征東將軍軍司劉韜墓版文乾隆癸卯偃師武進士億於本縣杏園莊得之相傳二十年前郗民掘井所得也其文云晉故使持節都督青徐諸軍事征東將軍軍司關中侯劉府君之墓君諱韜字泰伯叔孝處士君之元子也夫人沛國蔡氏凡四十七字詞甚簡而不題年月其石廣僅二尺餘上鋭下平如圭形與漢碑式異予題爲墓版文未知其肰否也軍司之名不見於晉志而紀傳屢見之文帝紀帝奉天子西征是時魏諸王侯悉在鄴命從事中郎山濤行軍司事鎮於鄴衛瓘傳以本官持節監鍾會鄧艾軍

事行鎮西軍司給兵百人李憙傳司馬伷爲寧北將軍鎮鄴以憙爲軍司羊祜傳爲都督荆州諸軍事嘗欲夜出軍司徐胤執棨當營門曰將軍都督萬里安可輕脱劉寔傳杜預之伐吴也寔以本官行鎮南軍司王濬傳臣復與軍司張敀等共入觀皓宫王戎傳趙王倫子欲取戎爲軍司王衍傳東海王越之討苟晞也衍以太尉爲太傅軍司義陽王望傳置太尉軍司一人南陽王模傳遣軍司謝班伐賈疋譙王承傳王敦詐稱北伐請承以爲軍司傳祗傳齊萬年舉兵反以祗爲行安西軍司汝南王亮傳與軍司曹冏上言節度之咎由亮而出東海王越傳以尚書曹馥爲軍司謝玄傳時遣軍司鎮慰荒雜劉允傳爲平南軍司蔡謨傳太尉郗鑒疾篤出謨爲太尉軍司金石録晉光禄勳向凱碑嘗爲北中郎軍司是軍司固軍中要職山濤衛瓘李憙之爲軍司皆在魏朝則魏已有此官竊意軍司即軍師晉時避諱改師爲司史臣并魏之軍師亦追改之非魏時本稱也

元咸和四年甎文咸和四年八月

右咸和甎文乾隆初武康人蔡方逸者於屋後掊土見一穴極深啓之乃古墓墓有七壙壙中無棺槨惟古泉數千枚中一壙有陶盆一盆心凸起爲巵形試以花插之信宿

輒生根壙皆輒嫠兩面無字左側有咸和四年八月立七字右側無字上側刻是戊二字意其人姓名也三國志是儀北海營陵人本姓氏孔融嘲言氏字民無上可改爲是乃遂改焉儀既仕于吳子孫散處吳與閒亦理所宜有矣下側刻一錢有好郭郭外復作四出文輒質鴉不可爲硯材然典午遺刻存於今者罕矣秀水錢庶子坤一得其二汪舍人康古得其一形製欵識並同庶子嘗搨其文見貽且爲諗其本末

秦

【秦】修鄧太尉祠碑　建元三年六月

右修鄧太尉祠碑首題大秦苻氏建元三年歲在丁卯孜建元之號漢武帝晉康帝劉聰皆嘗稱之此加苻氏於建元之上意欲別於前代而失紀事之體葢武臣不學者所爲也碑爲馮翊護軍鄭能進修祠而作先云以甘露四年到官又云在職六載末云以其年六月左降爲尚書庫部郎自甘露四年壬戌至建元三年丁卯恰是六載吾友吳山夫撰金石存列此碑於曹魏之世葢未見全文但以甘露紀年意之不知其爲苻秦之甘露非魏甘露也碑書膚施爲夫施北屈爲北掘皆以音同假借而題名軍主簿數人字皆从草則以去漢未遠閒存古法也鄧太尉卽魏之

鄧艾水經注濮陽城南有魏使持節征西將軍太尉方城侯鄧艾廟尙有艾碑秦建元十二年廣武將軍兗州刺史關內侯安定彭超立此別是一碑亦見艾之威德及人久而不忘也艾從乂聲今人讀乂艾爲兩音實則一聲之轉古人無甚區別如鼂錯之錯不妨去入兩讀矣魏志艾始封方城亭侯進封方城鄉侯又進封鄧侯而水經注但稱方城侯豈以封號與姓相涉舉舊封以示別歟抑史有譌文歟

梁

【梁】井闌文　天監十五年

右井闌文凡七行其文云梁天監十五年太歲丙申皇帝慜商□之渴乏乃詔茅山道士□□永若作亭及井十五口在句容縣前人著錄未有及之者乙巳春陽湖孫秀才季仇省親句容學齋得以遺予陶隱居舊館壇碑向在茅山玉晨觀　國初前輩猶有見之者予七年前與季仇入山宿觀中徧尋不獲此刻雖漸曼患却亦是蕭梁時物所謂買王得羊也

【梁】始興忠武王憺碑

右始興忠武王碑文漫漶失其大半諦審之尙有千三百餘字其額云梁故侍中司徒驃騎將軍始興忠武王之碑

凡十七字獨完好梁時定官品爲十八班班多者爲貴司徒十九班侍中十二班而結銜侍中在司徒之上蓋其時以侍中爲親要之任出入帷幄與參大政儼然居三司右矣

元 吳平忠侯蕭景碑

右吳平忠侯碑其額云梁故侍中中撫將軍開府儀同三司吳平忠侯蕭公之神道正書而反刻宅碑所未有也按梁書景高祖從父弟封吳平縣侯天監十五年加侍中十九年出爲安西將軍郢州刺史普通四年卒于州詔贈侍中中撫軍開府儀同三司謚曰忠梁置一百二十五號將

軍四征施于外東南西北是也四中施于內軍衛撫護是也碑稱中撫將軍而史作中撫軍葢脫一字

後魏

亨 孫秋生等二百人造像記 太和七年

右孫秋生等二百人造像記孟廣達文蕭顯慶書首稱大代太和七年葢自道武建國稱魏仍兼稱代崔浩所云代魏兼用猶彼殷商者至孝文時此號尚未改也額題邑子像旁刻邑主中散大夫滎陽太守孫道務寧遠將軍中散大夫潁川太守安成令衛白犢二人名記之下方列維那程道起等諸人名而後題景明三年歲在壬午五月戊子朔廿七日造距太和七年癸亥已二十載蓋後來續刻者記今在洛陽縣黃氏中州金石攷曾載之惟誤以秋生爲狄生顯慶爲顯楷爾蘭條字作擽字書未載惟見於此刻

元 孝文皇帝弔比千文 太和十八年十一月

右孝文皇帝弔比千文金石錄云其首已殘缺惟元載字可識今搨本字畫完好葢宋吳處厚所重刻也碑陰下方有記云汲郡比千墓舊有元魏高祖弔文一篇其體頗騷其字類隸久已爲鄉人毀去賴民間偶存其遺刻再獲刊勒固知興廢自有數也元祐五年九月十五日左朝請郎

知衛州吳處厚記此碑別體之字最多又經後人翻刻不無失其本眞故閒有一二難曉者處厚言高氏小史載其文以嗚呼介士爲嗚呼分土字之誤也今高氏小史久亡好古者亦無從是正矣

亨 碑陰

右比干碑陰題名凡八十二人曰使持節驃騎大將軍都督司豫荊郢洛東荊六州諸軍事開府司州牧咸陽王臣河南郡元禧侍中司徒公都督中外諸軍事太子太師駙馬長樂郡開國公臣長樂郡馮誕使持節司空公太子太傅長樂公臣河南郡丘目陵亮下闕一字 特進太子太保廣陵

王臣河南郡元羽侍中始平王臣河南郡元勰領尚書右
僕射吏部尚書任城王臣河南郡元澄散騎常侍祭酒光
祿勳卿高陽伯臣河南郡元徵疑太子右詹事始藏伯臣
隴西郡李口右旁似是召散騎常侍北海王臣河南郡元詳散
騎常侍領司宗中大夫臣河南郡元膺散騎常侍臣河南
郡元纂右衞將軍臣河南郡元翰光祿大夫行太僕少卿
臣高陽郡李堅中常侍中尹高都子臣上黨郡秦松驍驤
將軍臣河南郡大野口司衞監臣河南郡元蚪司衞監臣
河南郡万忸于勁員外散騎常侍光祿勳少卿東平子臣
河南郡丌目陵純兼司衞監少府少卿臣魏郡游雅給事

金石文跋尾二　十四

黄門侍郎臣太原郡郭祚給事黄門侍郎領著作郎臣清
河郡崔光典命中大夫太子中庶子臣廣平郡游肇羽林
中郎將臣河南郡侯莫陳盌員外散騎常侍帶官輿給事
中臣河南郡丌目陵惠太子率更令襄陽伯臣河南郡元
尉給事中臣河南郡乙旃括給事中臣河南郡乙旃免給
事中臣河南郡郁久閭麟右軍將軍臣河南郡元口太樂
給事臣長樂郡衞況給事領太醫令臣高平郡李循給事
臣河南郡侯文福給事臣河南郡万忸乎拔中給事錄太
官令臣上黨郡白整中給事臣高陽郡劇鴿射聲校尉臣
河南郡元洛干顯武將軍臣河南郡万忸乎吐拔直閤武

衞中臣高車部人斛律慮直閤武衞中臣河南郡乙旃阿
各仁直閤武衞中臣河南郡侯吕阿倪直閤武衞中臣河
南郡叱羅吐蓋直閤武衞中臣上谷郡董明惠直閤武衞
中臣代郡若干侯莫仁直閤武衞中臣河南郡乙旃應仁
直閤武衞中臣河南郡吐難萇命直閤武衞中臣上谷郡
張代連長兼典命下大夫齊郡王友臣趙郡李預兼給事
黄門侍郎員外散騎常侍守屬國下大夫臣太原郡王翔
白衣守尚書左丞臣遼東郡公孫良散騎侍郎東郡公臣
河南郡陸昕散騎侍郎臣河南郡郁久閭敏散騎侍郎臣
中山郡甄琛中壘將軍帶登聞令臣廣平郡游綏中黄門

金石文跋尾二　十五

令帶典農令臣安德郡雙蒙宰官令臣河南郡伊婁願太
官令鉅鏕伯臣口口魏祐監御令臣河南郡莫耐婁悦符
節令臣代郡賀拔舍通直散騎侍郎臣河澗郡邢巒通直
散騎侍郎臣京兆郡韋纘武騎侍郎守薗陵令臣高平郡
徐舟武騎侍郎臣河南郡獨孤遥武騎侍郎臣上谷郡張
覃武騎侍郎臣河南郡乙旃侯莫干武騎侍郎臣河南郡
万忸乎澄武騎侍郎臣趙郡李華符璽郎中臣河南郡拔
拔臻符璽郎中臣上谷郡張慶員外散騎侍郎臣博陵郡
崔廣員外散騎侍郎臣博陵郡崔逸員外散騎侍郎臣河
南郡陸㤾道尚書郎中貝邱男臣清河郡傅脩期尚書郎

中臣滎陽郡鄭長遊尚書郎中臣清河郡崔哲尚書郎中臣河東郡張暎尚書郎中臣澄東郡高觀尚書郎中臣趙郡李引尚書郎中臣河內郡司馬寔尚書郎中臣南陽郡宋孟孫尚書郎中臣蘭陵郡蕭彥尚書郎中臣趙郡李良軌尚書郎中臣河東郡柳崇案北史太和十九年詔遷洛人死葬河南不得還北於是代人南遷者悉為河南洛陽人又云太和二十年正月詔改姓元氏今此碑立於太和十八年冬宗室已襲元姓代人並稱河南郡則史所載歲月恐未得其實矣諸臣稱河南郡者元氏而外若邱目陵氏万忸于氏侯莫陳氏乙旃氏叱羅氏吐難氏伊婁氏獨孤氏拔氏莫耐婁氏並見魏書官氏志而譯字小有異同如邱目陵之目作穆万忸于之万作勿吐難之吐作土莫耐婁之耐作郁是也陸氏本步六孤氏太和十九年詔稱穆陸賀劉樓于嵇尉八姓皆太祖已降勳著當世位盡王公者也穆即邱目陵于即万忸于劉即獨孤諸人皆未改氏而陸昕等已單稱陸氏而陸氏之改又在穆賀諸姓之先矣大野氏郁久閭氏侯呂氏魏志俱失載以予考之郁久閭乃蠕蠕姓後亦單稱閭氏周書太祖賜韓褒姓侯呂陵氏（此盧辯所引今本侯辯作侯）當即侯呂氏也後魏末有南州刺史大野拔大野亦代北著姓矣又有侯文滬一人則未知

其侯氏賤（官氏志侯伏侯氏後改為侯氏）抑別有侯文氏也若干氏賀拔氏不稱河南而稱代郡蓋代人之未南遷者斛律氏稱高車部人雖入處中國而尚未有所隸州縣也馮誕以尚樂安公主拜騎馬都尉此但云騎馬而去都尉從俗稱也史稱傳永字脩期此直云脩期蓋以字行也公孫良據傳為燕郡廣陽人此云遼東郡則舉郡望言之于勁嘗為司衛監李賾兼典命下大夫皆本傳所未載陸昕傳作昕之當以石刻為正其書姑臧為姑藏河間為河澗龍驤為龍驤傳脩期作傳脩期皆當時承用別體字若万忸于之于或作平陸希道作佈道則翻刻之譌

石門銘　永平二年四月

右石門銘蓋述龍驤將軍梁秦二州刺史泰山羊祉開通石門之功魏書宣武紀正始四年九月甲子開斜谷舊道即其事也碑云起四年十月十日至永平二年正月畢功而史書其事[illegible]傳不書[illegible]皇魏[illegible]遷背梁歸魏[illegible]於閏十一月溫公通鑑據長曆梁置閏在次年正月後書[illegible]移於後一年非也

元中書令鄭羲碑永平四年

右中書令鄭羲碑魏書本傳父曅不仕而碑云拜建威將軍汝陰太守當從碑爲是羲之使於宋也宋主客郎孔道均就邸設會酒行樂作均問樂其何如答曰哀楚有餘而雅正不足其細已甚矣而能久乎均嘿然移年而蕭氏滅宋此事可補本傳之闕羲謚文靈碑祇稱文公者猶諸葛孔明謚忠武而後人止稱武侯擧其美者言之也羲字幼驎碑及魏書皆同北史唐書世系表俱作麟盖二字可通用矣

元寧朔將軍司馬紹墓誌永平四年十月

右銘題云魏故寧朔將軍固州鎮將鎮東將軍漁陽太守宜陽子司馬元興墓誌銘而文中絶無一言及其官位以題已著之也古人文字之簡如此後代罕知此法矣攷晉書河間王欽之名僅於河間王洪河間王顒兩傳內一再見至欽子曇之則晉書並未見其名魏書司馬叔璠傳叙其父曇之爲河間王又不言曇之爲欽子得此碑可補晉書之脫漏碑稱欽謚武曇之謚景叔璠謚簡亦晉魏二書所未及載也元興嘗爲固州鎮將攷魏書地形志無固州之名惟析州有固郡其卽固州與否俱未可知碑書儀使俻諸字皆從彳旁以驃爲騁以休爲烋以遥授爲姚授皆

異文

真張相造天尊像記延昌二年三月

右張相造天尊像記首云道士張相供次云延昌二年歲在癸巳三月乙卯朔廿九日癸未攷通鑑目錄是年卽梁天監十二年梁魏置閏不同而正月均爲丙戌朔梁置閏於三月後則二月丙辰朔三月乙酉朔而乙卯爲閏三月朔魏置閏於二月後則二月丙辰朔閏二月乙酉朔三月正得乙卯朔温公目錄本於劉羲叟長秝自延昌距今千有三百年石刻月日與羲叟所推不失絫黍足徵劉氏算術之精矣道家祖老莊老聃未嘗棄妻子莊周亦有妻漢

武尊方士欒大以公主妻之晉葛洪許邁皆全家學道此相亦道士而有妻有息男有息女是道家雖非正教猶不如釋氏之棄絶人倫也自釋教盛而道教微於是羽流亦以出家爲眞修舍華夏之舊規效瞿曇之陋俗而道亦非古之道矣

元楊大眼爲孝文皇帝造像記無年月當在宣武初年

右楊大眼爲孝文皇帝造像記首稱邑主仇池楊大眼云云而額云邑子像殊不可解魏書本傳云封安成縣開國子北史作安城此記作安戎安戎縣隸略陽郡於仇池爲近當據此以正史文之誤其爲梁州大中正則史所不載

也記無年月以大眼所署官推之當在世宗景明初矣云掃雲鷁于天路鷁卽鷀字云震僦歸闕字書無僦字音義未詳

利涇州刺史齊郡王祐造像記 熙平二年七月

右涇州刺史齊郡王祐造像記文稱體蔭宸儀天縱淑茂蓋魏文成帝之孫齊郡王簡之子也北史作祐蓋傳刻之譌其官征虜將軍亦史所失載洛疑卽濟字

元洛州刺史刁遵墓誌 熙平二年十月

右魏刁遵墓誌遵雍之子也誌載遵歷官始末與魏書刁雍傳略同惟本傳云遵襲爵太和中例降爲侯而前叙雍事但云賜爵東安侯別無進封之文不知何以云例降蓋傳文有脫誤爾碑于遵高祖協曾祖彝皆云晉侍中祖暢云晉中書令而晉書皆無之竊疑雍北歸之後自述其家世以誇耀魏朝或有飾詞不如晉史之得其眞故魏書亦不取也遵有子十三人誌惟云小子懃等懃卽整字不及諸昆弟之名蓋遵沒時整兄楷尙俱已先卒古人文字之質而簡如此而諸弟姪不以不列名爲嫌又微古風之渟厚也誌列三世官爵於首似行狀之式而銘詞之後別云夫人同郡高氏云云皆墓誌之變例也廣韻及通志氏族略並引風俗通以刁氏爲齊大夫監刁之後此誌云彸彸卽悠字

緜冑帝僵之諱廟驛代貞賢自唐暨晉不知何所据徧檢字書亦無僵字

利兗州賈使君碑

右兗州賈使君碑文殘闕失立碑之歲月趙明誠云在神龜二年四月今不可攷矣碑云思伯字士休而魏書北史作仕休當從石刻其書休爲烋與司馬元興墓誌同晉人艸書休下多一畫亦以此碑云晉太師賈他之後卽賈佗也又云九世祖口魏青龍中爲幽州刺史按唐書宰相世系表賈詡魏太尉肅侯生璣駙馬都尉關內侯又徙長樂此碑九世祖下似是璣字又有因忠喪亡之語官位亦與唐表不合未審其是否也

元魯郡太守張猛龍碑 正光三年正月

右魯郡太守張猛龍碑猛龍者晉西平公軌之八世孫軌祖瑍魏西中郎將使持節平西將軍涼州刺史軌第三子素晉臨羌都尉平西將軍西海晉昌金城武威四郡太守皆晉書所未及軌安定烏氏人而碑云南陽白水人此則當以史爲正者也武宣王大沮渠謂沮渠蒙遜也碑書萬仭爲刄按書爲山九仭釋文云仭字又作刄士喪禮疏引禮緯天子之旗九刄諸侯七刄大夫五刄士三刄刄之爲仭猶十之爲什古人固相通也

貞懷令李超墓誌

右懷令李超墓誌文云正光五年八月十八日卒於洛陽縣之永年里宅越六年正月丙午朔十六日辛酉葬洛陽縣覆舟山之東南其云越六年者卽謂正光之六年是年六月改元孝昌當刻石之時猶未改号也證之温公通鑑目錄其年正月果是丙午朔又唐以前碑誌每云粤以某年月日葬其年号未改者卽承前數之非卒後又隔若干年與此誌同例吾友武虛谷跋是碑謂自正光後又越六年當是武泰二年葢用尚書越三日越七日之例攷武泰無二年當爲永安虛谷記憶偶誤而永安二年正月乃是癸丑朔非丙午朔故知誌云越六年者承前五年數之耳

元熒陽太守元寧造像記 孝昌二年正月

右石刻首云大魏孝昌二年歲次丙午正月辛丑朔廿四日甲子熒陽太守元寧仰爲二聖敬造石像一堰是時靈太后稱制所謂二聖者肅宗及皇太后也元寧之名不見於史其族屬親疏不可知矣說文熒从焱冂屋下燈燭之光滎从水熒省聲絶小水也禹貢滎波字从水左氏傳滎澤字並從火周禮職方氏其川熒洛今本从水逸周書職方解其川熒雒从火是滎熒固通用矣漢書滎陽从水自後志地理者皆因之然漢碑書滎陽皆作熒予所見隋以

前石刻熒陽字無從水者北史王劭傳云大象元年夏熒陽汴水北有龍鬬熒字三火明火德之盛也足徵當時熒陽字從火不從水也碑以堰爲軀以儀爲儀皆異文

元濟青相涼朔恆六州刺史高植墓誌

右高植墓誌存字不及百名惟首書君諱植字子建渤海條人數字題有故濟青相涼朔恒六州刺史數字及文中宣武皇帝字可辨識魏書外戚傳稱植頻莅五州皆清能著稱不言其刺涼州葢史文之闕也相傳康熙中德州第三屯居民得之運河岸傍田侍郎雯撰長河志籍考始載之云石形高横三尺厚五寸四面徧書上云諱植字子建末注神龜元年葢北魏高植之墓石也田又作長歌紀之有云屯氏河厓秋雨塌中有片石鋟文辭殘闕漫漶不易辨亥豕魚魯多支離曰君諱植字子建魏濟青相司徒兒豈是曹家瘞舊物官號封削無臨淄洶洗摩挲摸石尾下紀年月稱神龜拓跋人代越千載六朝荒碣遺今茲渤海蓨人父名肇北魏高氏從可知按山薑詩已云殘闕漫漶什不存一今併神龜紀年亦不復可辨矣漢書地理志勃海郡有脩市縣侯國應劭讀脩爲條又信都國有脩縣顏氏亦音條周亞夫封條侯功臣表亦作脩侯續漢書郡國志勃海郡有脩縣故屬信都而脩市之名不見疑併入脩

縣矣宋書州郡志始以脩爲蓚魏書州郡志乃作脩而于高湖高聰高肇等傳皆書勃海蓚人蓋蓨脩脩通用矣此碑以蓨爲蓧而高湛碑又書作滌攷之於古條蓧脩滌皆多通用周禮司尊彝凡酒脩酌鄭康成讀如滌濯之滌而秋官條狼氏杜子春亦讀爲滌張平子碑尉封樹之蕭條蔡湛碑蕭滌而雲消蕭蓧蕭滌皆蕭條之轉爾雅釋艸云蓨蓨釋文蓨他彫反蓨他的反又二云苗蓨釋文蓨郭湯彫他周一反廣他迪反故碑或書脩爲條爲滌也魏碑凡从彳旁字多作亻碑今在德州田氏

[illegible] 金剛般若經

右金剛般若經石刻譯金剛般若經者有羅什流支眞諦耶舍元奘五家世所傳惟鳩摩羅什譯本二云佛在舍衛國者是也此經乃後魏時流支所譯舍衛城作舍婆提城其餘文句亦多異所說四句偈云一切有爲法如星翳燈幻露泡夢電雲應作如是觀蓋不止於六如矣首題三藏菩提流支在胡相國秦太上文宣公弟譯文宣公者靈太后之父胡國珍也魏書外戚傳國珍之薨就進假黃鉞使持節侍中相國都督中外諸軍事太師領太尉公司州牧號太上秦公謚文宣故稱相國秦太上文宣公也史稱國珍雅敬佛法行年八十自强禮拜而不載就第譯經事畧之

也碑書第爲弟从古也隋書經籍志永平中有天竺沙門菩提留支大譯佛經與羅什相埒留支即流支也碑雖不著年月以字體驗之當是北魏人書睬即睬字稱即稱字莅即莅字陁即陁字笇即算字亂即亂字皆北碑所有也

貞 中岳嵩陽寺碑 天平二年四月

右中岳嵩陽寺碑碑立於天平二年而文云仰資皇帝聖曆無窮國境寧泰太后德被蒼海永保仁齡攷孝靜帝以清河王世子嗣大統而清河王未有尊號胡妃亦無太后之稱前朝諸后或已歿或別嫁不識此所稱太后何人也

其二云司空公裴衍昔在齊都欽承師德願歸中國爲寺檀主則魏書北史未見其人裴叔業雖自齊歸魏然官未至司空亦不聞別名衍也碑書馴獸爲怒獸汪洋爲汪庠此古字之通用者若東作東樂作樂則違六書之旨矣天平東魏年號潘氏金石文字補遺題爲北齊者誤潘所錄本以補顧氏之闕此碑顧氏已載而復收之亦失於檢點也

貞 造須彌塔記 天平三年正月

右造須彌塔記常熟張子侑遊中州所得其書陛下之陛作陸爲定碑所未有最後題名有郭阿未知何字殆即阿个兩字幷書之

真　汝陽王造弥勒像記天平四年

右汝陽王造弥勒像記在歷城縣龍洞李南澗訪得之拓以遺予文多殘泐首云大魏天平四年又云朔廿□曰使持節又云侍騡騎大將軍開府儀又云尚書事涇涼華又云九州刺史汝陽王□矵耵似是照字又云敬造弥勒像一軀所謂汝陽王者未審何人也

潛研堂金石文跋尾卷三

錢大昕箸

後魏下

齊州刺史高湛墓誌　敬史君顯㑺碑碑陰　李仲琁修孔子廟碑　邑主造石像碑　大公廟碑　造太上老君石像記

齊

張景暉造象記　陽阿故縣村造石像記　天柱山銘　造丈八大像頌　般若波羅蜜經　大般若經殘字及佛名　董洪達造像記　隴東王感孝頌

朱岱林墓志　皇太后造觀世音石像記　臨淮王像碑

周

王瓫生造像記　華嶽頌　造象記　造石像記　造象記

隋

楊遵義造像記　淮安定公趙芬碑　高平縣石裏村造橋碑　龍藏寺碑碑陰　章仇氏造象碑　東阿王廟碑　張洪亮等造像記　造阿彌陁像記　安喜公李使君碑　海陵郡公賀若誼碑　宋文彪

等造澧水石橋碑　舍利塔下銘　舍利寶塔下銘

胡叔和造石像記　李世民造像記　滎澤縣令

常醜奴墓志　陳明府修孔子廟碑　左屯衞大將

軍姚辯墓志

後魏下

元齊州刺史高湛墓誌元象二年十月

右碑題魏故假節督齊州諸軍事輔國將軍齊州刺史高公墓誌銘乾隆己巳秋德州衞第三屯運河決東岸岸崩得此石文字尚全宋蒙泉編修以予嗜金石刻也遣人搨一本見貽惜高君之名不見於魏史乃撫其大略書之君

諱湛字子澄勃海蓨人祖冀州刺史勃海公父侍中尚書令司徒公君起家爲司空參軍事轉揚烈將軍羽林監天平中假驃騎將軍行襄城郡事尋除使持節都督南荆州諸軍事鎭軍將軍南荆州刺史於時僞賊陳慶率旅攻圍孤城獨守載離寒暑終能尅保邊隍全口民境復除大都督行廣州事春秋卌三元象元年正月廿四日終於家皇上動哀能言灑涙廼有詔曰故持節都督南荆州諸軍事鎭軍將軍揚烈將軍員外羽林監行南荆州諸軍事南荆州刺史當州大都督高子澄識用開敏氣幹英發擁攝蕃衞誠劾尅宣臨難殉軀奄從非命言念遺績有悼於懷宜申追寵式光往烈可贈假節督齊州諸軍事輔國將軍齊州刺史粤元象二年十月十七日還葬于故鄉司徒公之塋云云按魏書地形志有荆州北荆州無所謂南荆州者而攷通鑑所載是時東魏尚有東荆州西荆州亦皆志所未載葢其時干戈搶攘僑置州名甚多史家不能詳也元象二年卽興和元年據魏書本紀是年十一月癸亥改元碑建于十月故猶稱元象通鑑書改元興和在十月癸亥以目錄考之是歲十月辛巳朔不得有癸亥十一月辛亥朔其月十三日爲癸亥則通鑑所書誤矣碑不書湛祖父之名或云當是高肇之子肇爲尚書令遷司徒肇父颺贈

勃海公與碑官位頗合但本傳無湛名未敢定也湛有臨難捐軀之節宜見於史不幸與齊文襄武成同名殆作史者避齊諱故并其事沒之乎千載之後陵谷變易而留此一片石以顯湛之名甚不可謂非幸矣而其死於何人之手碑亦諱而不書使人讀其文而不詳其殉難本末則又湛幸中之不幸也

元敬史君顯儁碑興和二年

右碑題禪靜寺剎前銘敬史君之碑乾隆初長葛民墾土得之文尚完好移置縣之陘山書院己卯歲錢塘周君天度以戶部主事出知許州搨一本貽予讀其文葢頌穎州

刺史敬顯儁而作寺故潁川太守梁洪雅所建而顯儁修之曰敬史君者借史爲使也顯儁齊書北史有傳北史云陽平太平人陽平益平陽之誤太平魏書地形志作泰平此碑亦稱平陽泰平與魏書合史載顯儁歷官殊略以碑攷之釋褐奉朝請靈太后稱制棄官歸孝莊初還朝封泰平縣開國子除晉州别駕後從齊神武起兵以功封永安縣侯食邑千戶拜車騎將軍度支尚書轉都官尚書孝靜初爲汾州刺史轉晉州刺史拜儀同三司驃騎大將軍潁州刺史大都督潁州諸軍事其次第如此而齊書所云羽林監行臺倉部郎中則碑無之益顯儁未嘗爲此官故北

史亦不取也碑云公名空一字字顯儁而傳云字孝英益先以字行後乃别立字爾碑中别體之字如抱作怉后作石戚作慼綱作䋲佩作珮儀作儀鴟作鵄豎作竪喜作憘聯作聰廊作廓服作服其宅不能悉數也泰本从水碑从心益流俗之譌相承久矣

元碑陰

右碑陰題名有功曹中兵騎兵長流城局士曹鎧曹集曹默曹皆府屬官也諸曹不云參軍者省文也隋書百官志有墨曹無默曹借默爲墨也有州都西曹祭酒門下省事皆州屬官也門下不云督亦省文也民望月令黨司三者其義未詳民望多至二十餘人益非職官之稱矣其云蓑社令者借蓑爲長也

元李仲琁修孔子廟碑 興和三年十二月

右兗州刺史李仲琁修孔子廟碑魏書本傳稱仲琁以孔子廟牆宇頗有穨毀遂修改焉碑益述其事而以十哲配食孔子實自仲琁始矣其云使持節兗州諸軍事車騎大將軍當州大都督兗州刺史當州即謂兗州猶云本州也碑叙所歷官云釋褐奉朝請俄除定州平北府法曹參軍仍□□□功□諮議參軍事定相雝三州長史東郡汲郡恆農三郡太守司徒左長史中散太中大夫營構都將雝

兗二州刺史與傳大略相同惟傳云定雍二州長史不云相州又以營構都將爲營構將作則其缺誤也北史但云營構將無作字頗與碑合碑稱仲琁趙國柏仁人本傳作趙郡平棘攷之地形志平棘屬趙郡柏仁屬南趙郡本非一地意者李氏之望出自平棘而仲琁又别居柏仁乎其云傷河啚之莫出啚本音鄙借作河圖之圖按廣韻十一模部圖字下别出啚字注以爲俗益後魏時已然矣唐張希古墓誌銘豈啚二監典彧其云祖習堯舜獻章文武述之爲習憲之爲獻皆異文

眞邑主造石像碑 武定六年九月

右邑主造石像碑亦張子恂所贈前爲儷語後皆四言有韻之文云乃作訟曰以訟爲頌也𡗝即夷字靁即靈字宄即究字𢦏即哉字彿即佛字悳即德字寘即冥字笲即算字拯即極字襃即裔字滌即滌字䄛即旄字妻即妻字悋即恡字匓即兔字䆊即龜字逸即逸字徙即徒字鞕即鞭字㟠即岡字

元 太公廟碑 武定八年四月

右太公廟碑穆子容撰文子容魏書北史俱附見穆崇傳而北史較詳其官平東將軍中書侍郎恆州大中正則北史亦未載也汲郡尚氏自言太公之裔以晉時盧无忌所

立碑僻據山阜別營祠于博望之亭子容時守汲郡爲文記之山行碁子容之字也碑前半刻盧无忌文後半刻子容文趙明誠金石錄有晉碑無魏碑或趙氏所見乃晉時元刻而未見東魏重刻之本乎朱彝尊謂汲縣師尚父舊居遺碑一表一表在縣治西南隅范陽盧无忌爲汲令刻石碑在縣西北三十里廟中穆子容正書不知西晉之文魏時嘗重刻且與子容記同刻一石蓋朱所見者不過東魏之本工人裝潢析而爲二而遂誤以爲眞有二碑也或云朱氏明言石表所在似曾見晉刻者予以爲不然攷魏碑云盧忌置碑僻據山阜今汲縣治在衛水之濱平衍無

山阜又當南北之衝不得云僻使汲縣果有此表亦必後人傳會重刻者耳碑乃子容撰文別無書者姓名而朱以爲子容書朱之疏舛如此其未見晉刻審矣晉書武帝紀咸寧五年汲郡人不準掘魏襄王冢得竹簡小篆古書十餘萬言趙明誠据此碑及荀勗敘穆天子傳俱作太康二年以證史之誤然晉書束皙傳載此事亦作太康二年蓋史家所采非一書紀傳之相牴牾者固不少矣

眞 造太上老君石像記 大統十四年四月

右造太上老君石像記其上横書劉曜光初五年冠軍將軍關內侯平陽太守豫州刺史太尉公□洪像碑一區凡

三十字似是題額者宅碑未有此式也文多曼滅細審之有云故使持節鎮北大將軍冀州刺史陳留侯蔡伯皆孫等似是蔡氏後裔爲其祖洪造像以資冥福而作其敘述先世有秦大將軍大丞相蔡翟故太常卿汝南太守陳留侯蔡順晉征東將軍六州諸軍事陳留太守兗州刺史司徒公蔡謨字仲□諸人以史證之皆不合史記秦相有蔡澤翟與澤音相近或可通用然秦時丞相無大名也漢孝子蔡順史稱舉孝廉不就不聞官太常封侯也惟司徒公蔡謨與晉史頗合而其字道明非仲□蓋碑出於里巷不學者之手附會華胄多非其實其書劉聰之聰爲菍繇

之麟爲驎則可以廣晉載記之異聞者也

齊

元張景暉造像記 天保五年七月

右張景暉造像記在益都縣北三十五里平昌寺石高七寸分二層上方尺有三寸下方尺有四寸五分下層字徑六分文云大齊天保五年歲次甲戌七月乙酉朔十五日己亥平昌縣人張景暉爲亡父母敬造彌勒佛一軀後爲師僧七世父母皇帝陛下居家眷屬普爲法界羣生果登正覺凡十六行行四字其上層刻像中爲蓮花座右男子三人左女子三人傍皆有字曰張度供食曰息景暈供曰

暈息阿喜曰度妻曹曰暈妻孫曰暈女阿男蓋皆肖其像也左側題張子昴等六人名凡六行乾隆壬午秋李進士文藻拓以見貽並述其式如此古音微文二部相近故旂沂之屬从斤得聲暉揮之屬从軍得聲周官十煇之法音運詩庭燎有煇許云切太玄經鸞鳳紛如厥德暉如漢安平相孫根碑光容有暉與民僨協韻說文有暉字無暈字暈字新附此碑景暉亦作景暈可徵暈暉本是一字後人讀暉許歸切讀暈王問切以爲不相通用者非也

利陽阿故縣村造石像記 河清二年五月

右陽阿故縣村造石像記文云大齊河清二年歲次癸未五月甲兮朔十口日戊寅陽阿故縣村合邑長幼等敬造石口華像一軀具相嚴麗藉此功福上爲皇帝口僧七世父母因緣眷屬邉地四生咸豈正口致通鑑目錄是歲五月甲子朔戊寅爲月之十五日則兮即子字也豈即登字邉從身從彔或云邊之俗未審然否次从二當作兩點而誤作三點則爲涎液之次矣記本正書雜以篆體日作㘴與武后所製同陽阿漢縣名屬上黨郡廢於魏晉間而村猶有故縣之名今爲澤州鳳臺縣地

元天柱山銘 天統元年五月

右天柱山銘光州刺史鄭述祖撰文既渟雅而八分書亦

方整有漢魏人遺法蓋北朝石刻之佳者述祖之父道昭以魏永平中爲光州刺史述其父義述狀鐫碑于天柱山東堪石室之內復製其銘其述祖守光州復作斯銘叙其父治迹可謂風雅不墜攷北史是歲述祖年已八十一矣耄而好學尤人所難也文云麗其騁辯之地麗其者酈食其也云謳諮傒乂謳諮即疇咨也北史述祖傳叙所歷官較齊書爲詳然皆不云車騎大將軍略之也

利造丈八大像頌 天統三年五月

右造丈八大像頌文稱大齊天統三年歲在丁亥黄氏中州金石攷以爲天統五年者誤其詥曰詥卽頌字說文詥

爭也一日謌訟徐氏謂古本毛詩雅頌字多作訟史記呂后本紀未敢訟言誅之漢書作誦是訟頌誦三文互通矣頌本容皃之容音與融近故武梁碑亦書祝融爲祝誦也其書脩作滫像作豫師作師捨作拾無作無罔作岡央作央皆魏齊閒俗字

【貞】般若波羅蜜經　武平元年

右般若波羅蜜經字徑一尺或七八寸不等蓋因石爲之亦王子椿書也首云文殊師利白佛言世尊何故名般若波羅蜜佛言般若波羅蜜無口無口無名無相以下多闕文亦聶劍光所贈劍光又言泰山有石經峪平廣畝許刻金剛經於上字大如斗不記姓名年代明王世懋疑爲宋元人筆而無所指實今驗其字迹古勁與徂來二刻如出一手當亦出子椿筆宋元人不能如此渟朴也予昔登岱親見彼刻而未及搨因附識之

【貞】大般若經殘字及佛名　武平元年

右大般若經殘字及佛名金石家皆未著錄吾友聶劍光游徂來山始訪得之手拓寄予都下且詒以書云光化禪寺東南里許有巨石南面刻大般若經隸書徑五寸剝蝕不能讀後題冠軍將軍梁父縣令王子椿字蓋卽子椿書也其東面大書四佛名末有中正胡賓及武平元年字魏齊皆承晉制州郡有中正題品人物而縣令帶將軍号六朝往往有之

【貞】董洪達造像記　武平元年正月

右董洪達造像記首題大齊武平元年歲次庚寅正月乙酉朔廿六日顧富人題爲少林寺碑者卽此刻也中州金石記以爲武平九年者誤武平紀元止於七年不當有九年且亦非庚寅歲也此碑別體字甚多如齋作褎老作鬼率作卛徒作徙次作㳄彼作彼後作後標作摽體作躰渠作渠布作希眇作眇微作微天作无火作大吉作吉顯作顯曇作曇業作業遐邇作暇尒藍田作濫田之類又閒有篆體如日爲⊙月爲夕頗合於古其餘不盡尒也碑後列邑主諸人名黃頭者二曰張黃頭曰馬黃頭

【元】隴東王感孝頌　武平元年四月

右隴東王感孝頌今在泰安府肥城縣孝堂山因孝子堂而名也胡長仁武成皇后之兄齊書北史本傳皆不云爲開府儀同三司者缺文也長仁除齊州刺史史皆不著年月惟北史本傳載天統五年從駕自并還鄴因及和士開之譖及長仁到任謀刺士開士開與祖孝徵議遣使馳驛責長仁賜死事通鑑遂以長仁刺齊州及賜死俱繫之天統五年四月不知其非一時事也今觀此頌立于武平元

年四月稱新除特進使持節齊州刺史蓋其時長仁始到任又攷隋書五行志武平四年四月隴東王胡長仁謀遣刺客殺和士開事露反爲士開所譖死則長仁之死又在其後四年而通鑑之誤顯然矣長仁以外戚登膴仕驕恣寡謀其人固無足取然猶知孝行之美令賓僚製文以頌之蓋未忘乎好名也噫秦漢而下躬行而不好名者鮮有其人矣世之不好名者皆專于好利者也二者之好孰優孰劣故吾于長仁此事而節取之焉金石文字記載此碑題曰孝子郭巨墓碑蓋未見篆額而以意名之也

元朱岱林墓誌 武平二年二月

右朱岱林墓誌銘今在青州府壽光縣之田劉村岱林字君山樂陵濕沃人曾祖霸魏使持節平州諸軍事安遠將軍平州刺史擁鄉里三千餘戶降于宋值元嘉之末不獲其賞仍居青州之樂陵郡祖法擧秀才釋褐南平王府行參軍遷尚書祠部郎中司徒府諮議參軍事贈鴻臚卿父孝祖起家樂陽縣令轉北海太守君山嘗徵爲廣陵王國常侍又爲彭城王主簿普泰中卒以齊武平二年二月葬按岱林兄元旭魏書有傳其除南兗州刺史則傳所未載岱林官不大顯其弟叔業通直散騎左光祿大夫亦不得附書何也霸官安遠將軍平州刺史傳既失書而以曾祖爲祖則誤之甚矣岱林不樂仕進與黄門郎徐紇善而不爲紇所維縶可謂能避患矣而卒不免爲羣盜所害士大夫遭亂世而不及於禍豈非天幸乎誌文云第四子敬脩自惟羅此荼毒眇然孩幼離奇以生龍鍾而止磬茲鄙拙式序徽猷思與泣俱文兼涕落從父兄敬範沈懷好古尤工摛屬勤銘黄壤以播清風蓋誌爲子敬修所撰而銘詞則出於猶子敬範文皆雅贍在魏齊之閒可稱高手漢書地理志濟南郡有般陽縣師古音盤魏書地形志作盤陽此碑作槃陽古字皆通用也碑書閶闔爲閶擱廷尉爲廷尉清瀾爲清灡以衎干帝干作忓皆異文

真皇太后造觀世音石像記 武平二年十一月

右皇太后造觀世音石像記黄小松郡丞所寄云得於臨漳縣三臺佛寺其文有云皇太后以武平二年十一月十三日敬造觀世音石像一區以茲勝善仰資武成皇帝昇七寶之宫殿皇帝處萬國之威雄傷兼有心之類一時俱登聖道蓋胡太后所作功德也魏齊造像題刻流傳於今甚多大率邑子維那所爲此像出於宫闈文字完好尤極難得而金石家鮮有著錄者

元臨淮王像碑 武平四年六月

右臨淮王像碑首題大齊武平四年歲次癸巳六月乙未

朔廿七日辛酉建文云使持節都督青州諸軍事驃騎大將軍青州刺史司空公盛都縣開國公高城縣開國公昌國侯臨淮王者婁定遠也齊書本傳惟云瀛州刺史不及青州而和士開傳云出定遠青州刺史正與碑合可補本傳之闕定遠以是年六月造像成立碑明年爲穆提婆所誣縊死事佛之福安在哉

周

貞 王𤇾生造像記 保定四年

右王𤇾生造像記陽湖孫淵如游關中得古佛像旁有保定四年字知爲宇文周時物攜歸置江寧孫忠愍侯祠旁

字不見字書瞿鏡濤謂即㱚字與㚐同見廣韻六朝石刻从瓦之字或作凡也其稱祖母張香香母阿儼香母樂女香殆當時婦人以香爲美稱猶元時稱女子爲秀矣

元 華嶽頌 天和二年十月

右華嶽頌万紐于瑾撰趙文淵字德本書文淵稱奉勅瑾不稱奉勅者碑文云爰詔史臣爲之頌則奉勅可知也文淵書字而瑾不書字其義未曉周書唐瑾傳不云加大都督趙文深改淵爲深避唐諱傳不云爲車騎大將軍皆闕也朱錫鬯謂賜姓万紐于者洛陽則于謹猶氏則樊深匪特唐瑾也按于謹之先出自北方居万紐于山因以爲氏魏孝文時改姓于氏凡代人南遷者例稱河南洛陽人周書長孫儉長孫紹遠斛斯徵元定元偉及于謹等皆稱河南洛陽人蓋以此也大統十五年詔諸代人太和中改姓者並令復舊故于謹仍稱万紐于氏非漢人賜姓者比而錫鬯僃之唐瑾樊深誤矣碑文云大統七年歲在旒蒙旒蒙當與旃蒙同稽之通鑑實辛酉歲爾雅歲在辛曰重光非旃蒙瑾豈別有所据耶碑引易天險不可升作阩字

貞 造像記 天和二年

右造像記同邑王定山壽游涇陽得周隋造象石刻數種遣予皆畢尚書關中金石記未采入者此其一也前後皆

列邑子姓名又有都維那口長典錄典坐香火之目文云造口像一區區即區字其文右轉它碑所罕見也

貞 造石像記 天和四年八月

右造石像記亦王定山游涇陽所得畢氏關中金石記未及采入文云天和四年歲次己丑八月戊午朔一日戊午兩戊字俱少一撇顏魯公千福寺碑戊戌字亦如此書家省筆非有所回避也次謁作次則齊隋及唐初石刻多同自張參唐元度等正定五經文字以後乃無此失耳文又云仰爲皇帝陛下延祚无窮復願大冢宰保國安民口延万世所云大冢宰者晉國公護也鄭康成注周禮以胥爲

有才智之稱漢人又加言旁虞仲翔解易稱荀爽爲荀諝廣韻諝有才智稱是諝卽胥也漢隸从胥旁者多變从肙此刻有邑諝數人或又作諝皆諝之變體釋氏書以男子未出家者爲優婆塞女子未出家者爲優婆夷此刻云憂婆夷者卽優婆夷也說文憂愁字作惪優裕字作憂俳優字乃从人旁此書優作憂與說文合彤刻之刻作克則以同音通用也

貞 造像記 保定四年九月

右造像記瞿生中溶於吳市買得凡三紙文云維大周保定四年歲次甲申九月丁巳朔八日甲子所列像主邑子

複姓昨和者十有七人屈男者十人閇井者六人荔非三人同琋二人弥姐鉗耳薄地各一人閇卽罕字或作閇以廣韻攷之昨和屈男罕井荔非同蹄弥姐皆羌姓廣韻蹄从足旁而此刻與唐安天王碑陰並从王旁譯語無定字也雷黨二族尤多廣韻黨姓不言所自而引姚弋仲將黨耐虎爲證弋仲羌之大族則黨亦羌姓無疑它書或作党則黨之省耳

隋

貞 楊遵義造像記 開皇三年十二月

右楊遵義造像記在涇陽縣遵義父道憘母形雙華憘卽憙字形姓不見於姓氏書當卽邢氏以偏旁相同假借也唐有薛純陁此遵義之息亦名純陁陁與陁同純陁蓋梵語

元 淮安定公趙芬碑

右淮安定公趙芬碑碑已斷失其上半又無題額其敘世系官閥可攷者云淮安定公繼之云公諱芬字士□云十一世祖融字稚長云曾祖珍祖賓育或頻贊藩維或□□□□云公炳靈特挺氣稟純粹云中書舍人尚書兵部郎云加儀同三司仍長史徵入朝歷御伯納言云治夏官府司馬封淮安縣開國子前後任熊浙二州刺史云開皇五

年除蒲州刺史加金紫光祿大夫云乞骸骨以大將軍淮安公歸第仍降璽書兼賜几杖云二月十二日寢疾薨于京師之太平里第按隋書芬傳稱封淮安縣男而碑稱淮安縣開國子傳不載芬謚而碑云定公其以大將軍歸第傳亦不書皆可補史之缺漏此碑前人未有著錄者予于京師琉璃廠市中得之如獲珍珠船矣

貞 高平縣石裏村造橋碑 開皇六年二月

右高平縣石裏村造磚碑嘉慶丙辰春錢唐黃小松郡丞搨以見餉云新出鄒縣石裏村前題云大隨開皇六年歲次丙午二月壬午八日己丑兗州高平縣石裏村仲思那

等卌人造碻之碑碑中别體字甚多如李作秊堯作尭褢作裛那作那橋作碻碑作碑浮作浮儵作儵傾作傾克作剋苦作𠰅寧作寍邑作邑競作竸漂作漂淚作淚樓作樓稽作稽婉作婉斷作断德作德櫚作櫚陽朱即楊朱首尾即首尾之類皆其異者隋書地理志但云任城縣舊置高平郡開皇初廢而鄒縣之嘗爲高平縣史無其文蓋南北朝郡縣遷改無常史官采訪不能備悉唯石刻出於當時最可徵信爾

元龍藏寺碑 開皇六年十二月

右恆州刺史鄂國公爲國勸造龍藏寺碑張公禮撰都太

僕金薤琳琅具錄其文以予所藏拓本校之則都氏之訛者五六字都氏所有而今磨滅者十餘字公禮此文徵引內典富贍不減頭陀寺碑在當時必以文學名而史家傳文苑者不及焉士之韞才蘊者莫不欲身後名而往往泯滅無稱如公禮者何可勝數乃知古人蒐討金石之文其於表微闡幽不爲無助也其云太師上柱國大威公之世子使持節左武衛將軍上開府儀同三司恆州諸軍事恆州刺史鄂國公金城王孝儁歐陽承叔趙子函以爲齊周隋諸史皆無之以予攷之蓋王傑之子孝僊也周書傑金城直城人宣帝卽位拜上柱國追封鄂國公謚曰威子孝僊大象末位至開府儀同大將軍碑書僊爲僲盖字體之偶異傳不云襲鄂國公則史之闕也其仕隋爲恆州刺史在周書固不當載而北史亦未增入此爲缺漏矣文稱勸奬州內士庶壹万人等又稱九重壹柱之殿皆以壹代一字按禮記節以壹惠鄭注壹讀爲一正義云上壹是齊壹下一是數之一二也經文爲大壹之字鄭恐是均同之理故讀爲小一取一箇善名爲謚耳讀此碑知壹之代一隋時已然故唐初撰正義者有大壹小一之語耳銘詞云鄒魯媿俗汝潁慙能與臺材來協韻蓋才能之能古讀奴來反隋時古音猶存也

元碑陰

右龍藏寺碑陰及左右兩側題名字畫完好歐趙諸家俱未之見壬午歲予奉使過眞定宿龍興寺秉燭訪斯刻見碑陰兩側皆有題字乃募工搨而藏之題銜有云前城郡郡丞者隋書地理志滎陽縣舊置滎陽郡後齊改曰成皐郡開皇初郡廢城皐卽成皐也又有云恆州前士曹從事省事云眞定縣主簿省事者攷百官志州縣吏無省事之名不知何職也下二列眞定石邑邦陘蒲吾零壽行唐滋陽九門諸縣維邦姓名或不具以俟續刻也書井陘爲邦陘者按廣韻邢字不注邦邢地名卽井陘也其書靈壽爲

零壽則他書所未有也

貞　章仇氏造象碑　開皇九年

右章仇氏造象碑黃小松司馬所贈云在汶上縣辛家海三聖堂上截已斷碑陰有開皇九年字知爲隋刻也中央刻佛經語兩旁有象主菩提主菩薩主等姓名多章仇氏隋書盧太翼傳云本姓章仇氏煬帝曰卿。因岳之胄與盧同源賜姓盧氏太翼河閒人而此刻在汶上則章仇氏所在有之濟寧有唐贈東平太守章仇元素碑述其上世云裂繻去國筮仕于周世官保章因官爲姓秦項之際雍王章邯爲漢所併子孫降處仇山取因生之舊名增卜居之

金石文跋尾三　二十

新号是章仇之先爲章氏章又出自紀國春秋紀姜姓而盧爲齊太公之裔亦姜姓故有與盧同源之語矣碑左旁有章仇昨娘名子壻瞿生中溶謂昨即五字敌史君碑尤圓鸞施田仵拾畝借仵拾爲五十昨仵同音亦可借用也

元　東阿王廟碑　開皇十三年

右東阿王廟碑叙子建封爵與史多同惟本傳云黃初二年貶爵安鄉侯其年改封鄄城侯三年立爲鄄城王四年徙封雍邱王太和元年徙封浚儀二年復還雍邱三年徙封東阿六年二月封爲陳王碑於黃初三年之下云四年改封東阿王則誤以太和之四年爲黃初之四年又中脫徙封鄄城浚儀雍邱諸事耳傳稱薨時年四十一碑作三十一按傳建安十九年太祖征孫權使植留守鄴戒之曰吾昔爲頓邱令年二十三思此時所行無悔於今汝年亦二十三矣通鑑考異引此文云植今年年二十三則死時當年四十一矣本傳云三十一誤也今讀此碑則知隋以前其本已誤故碑亦承其誤而今本乃作四十一者後人因温公之言追正之耳碑文云父操魏太祖武皇帝昆丕魏高祖文皇帝於父字上空一字武皇皇字上空一字丕字上空一字碑又稱齊孝昭皇帝皇字上空一字至皇建二年係年號不應空格亦空一字蓋書碑之人不學無術

金石文跋尾三　二十一

故有此失也文稱齊朝皇建二年蒙前尊孝昭皇帝恢宏古典敬立二王崇奉三恪據北齊書在皇建元年八月未知孰是碑書黃中爲黃內避隋諱又以博愍爲博敏既如爲既而兆瑩爲兆瑩玉閏爲玉潤又書其詞粵以粵爲曰與太公碑正同銘詞四章章皆八句獨首章多惟王二字王阮亭居易錄載此文疑惟王之上尚有缺文乃於其詞下空六格又不知粵與曰通而以粵字接惟王爲句皆謬也

亨　張洪亮等造像記　開皇十五年四月

右張洪亮等造像記文云大隋開皇十五年口次乙卯四

月己丑朔八日丙申維那張洪亮等敬造□光像一軀二菩薩上爲皇帝陛下州縣令長又爲七世父母援及一切衆生咸同斯福後列維那孟清等十人清信女李荒女等九人諸女名有稱王次男張元妃管那子者其書隋作隨次作㳄爰作援劉作釗皆字體之異者石刻在青州府城南廣福寺前人未有著錄者李進士素伯始訪得之

貞造阿彌陀像記　開皇十六年三月

右造阿彌陀像記亦在澄陽縣像即像字又云□皇上半剝蝕十六年歲□□□三□□寅朔八日辛酉攷通鑑目錄開皇十六年丙辰正甲寅四癸未則三月當是甲寅朔與石

刻合石刻所闕歲名當爲丙辰矣其云至如水胞餓尔消滅胞與泡同

貞安喜公李使君碑　開皇十七年二月

右安喜公李使君碑前後磨滅文字多不相屬趙氏石墨鐫華已云名字無可攷今去趙氏又百數十年宜其摧剝益甚矣中間叙述歷官先云太祖武元皇帝□□在田府望□重乃以爲外兵參軍事武元皇帝者隋文帝之父忠也李君由楊忠幕僚累立戰功位至斥章縣開國子其後晉國公宇文護執政又見信任此以文義推尋得之者也此下文字稍可讀其略云轉大都督進封□州安喜縣開國侯邑一千二百戶又除天官府都上士天和四年除使持節車騎大將軍儀同三司大象二年□司武大夫進位□儀同大將軍皇隋□運□□茅社進爵爲公開皇二年□□開府車騎將軍六年除使持節邛州諸軍事邛州刺史十一年以疾還京十六年八月□於京第春秋六十有五而前幅又有季父玫之字玫玫之卒於永熙之世其子皆隨孝武入關此君爲玫之從子亦當相從入仕於周與碑所稱大略相應李延壽修史既列玫之於叙傳而安喜公之名獨不及焉未免失之漏略矣此刻點畫纖細易於

摩滅中有數字似經後人鑿改漸失其眞今略舉其可信者以資攷史之助

元海陵郡公賀若誼碑

右靈州刺史海陵郡公賀若誼碑止存其上方十之三四所載世系歷官雖不全證之隋書本傳無甚牴牾惟誼祖伏連襲爵安富公則隋書與北史俱未之及

亨宋文彪等造澧水石橋碑

右宋文彪等造澧水石橋碑元和郡縣志南和縣開皇三年屬洺州十六年改屬邢州此碑稱洺州南和縣蓋在開皇十六年以前矣邢州所統諸縣襄國南和平鄉舊屬洺州鉅鹿內邱柏仁舊屬趙州隋書地理志皆不書惟元和

郡縣志詳載之證以石刻始知吉甫之精核也其文有云
斜眺衡彰郄瞻瀛碣以彰爲漳以竭爲碣古人偏旁相同
之字多可代用或云漢隸从水之字或作彡此以漳爲彰
蓋置水於右旁也

元舍利塔下銘 仁壽元年十月

右舍利塔下銘在青州城南廣福寺孟弼八分書甚佳其
文與金石文字記所載同州塔銘正同惟彼云同州武鄉
縣大興國寺此云青州逢山縣勝福寺爲異爾碑末列名
者勑使大德僧智能侍者曇辯侍者善才勑使羽騎尉李
德諶四人爲一行長史邢祖俊司馬李信則錄事叅軍邱

文安司功叅軍李佶四人爲一行皆正書唐沙門道宣廣
宏明集載仁壽元年六月十三日立舍利塔詔其略云朕
歸依三寶重興聖教思與四海之內一切人民俱發菩提
共修福業使當今見在爰及來世永作善因同登妙果宜
請沙門三十人諳解法相兼堪宣導者各將侍者二人并
散官各一人薰陸香一百二十斤馬五匹分道送舍利往
前件諸州起塔其塔所司造樣送往當州僧多者三百六
十人其次二百四十人其次一百二十人若僧少者盡見
僧爲朕皇后太子廣諸王子孫等及內外官人一切民庶
幽顯生靈各七日行道并懺悔率土諸州僧尼普爲舍利

設齋限十月十五日午時同下入石函總管刺史已下縣
尉已上自非軍機停常務七日專檢校行道及打刹等事
務盡誠敬稱朕意焉是歲分送舍利之州凡三十不特青
州與同州也二銘文既同則諸州胥視此矣王劭撰舍利
感應記云青州于勝福寺起塔掘基深五尺遇磐石自然
成大函因而用之及舍利將入瓶內有光乍上乍下卽謂
此塔也

貞舍利寶塔下銘 仁壽二年四月

右舍利寶塔下銘其略云皇帝歸依正法郎法字紹隆三寶
思與率土共崇善業敬以舍利布諸州精誠懇切大聖乘

郎垂字祐爰在宮殿與居之所舍利應現前後非一頂戴歡
憘敬仰弥深以仁壽二年歲次壬戌四月戊申朔八日乙
卯謹於鄧州大興國寺奉安舍利崇建神塔以此功德願
四方上下虛空法界一切含識幽顯生靈俱免蓋纏咸登
妙果攷隋文帝仁壽元年分布舍利於三十州各建塔藏
之以十月十五日入函予所藏青州勝福寺銘蓋其一也
其二年正月復出舍利分布五十一州建立靈塔以四月
八日入石函鄧州有表言舍利四月六日石函變作玉及
瑪瑙其石有文現正國德三字并有仙人麟鳳等出此見
於王劭舍利感應記者也杭州之神尼塔當亦仁壽二年

所立而其銘不傳矣

利 胡叔和造石像記 仁壽二年十一月

右胡叔和造石像記在澤州鳳臺縣北村興龍寺文云大隋仁壽二年歲次壬戌次作次與北齊河清二年石像記同佛像旁刻施主男婦姓名中有胡煞鬼一人攷北齊史叱列平字殺鬼當時人名字多如此維那之那作䚷亦別體字此與河清造像記皆鉅野姚半塘所詒金石家未有著錄者

元 李世民造像記 大業元年五月

右李世民造像記文云鄭州刺史男李世民遇染時患比聞大海寺有雙王像治病有驗故就寺禮拜其患乃除便于此寺願造石彌勒像一鋪與趙子凾石墨鐫華所載祈疾記文字頗異年月亦殊時方尊信佛法而文皇又爲神堯愛子宜乎佞佛之舉不一而足也子凾據史稱高祖爲譙隴岐三州刺史不云鄭州謂可證史之闕予按舊唐書高祖紀大業初爲滎陽樓煩二郡太守滎陽郡即是鄭州大業三年始改州爲郡刺史爲太守然則未改以前固當云鄭州刺史矣石刻從當時本稱史據其改後稱之非有闕文也

亨 滎澤縣令常醜奴墓誌 大業三年八月

右滎澤縣令常府君墓誌後魏時有万俟醜奴趙醜奴蠕蠕主醜奴此府君亦名醜奴字文泰本名黑獺而醜奴之祖亦名黑獺蓋當時人名多如此醜奴以周保定元年起家右勳侍下士三年轉膳部下士建德元年遷天官府口中士隋初不仕開皇十九年詔以周代文武普加優選因授都督又授鄭州滎澤縣令祿滿言歸大業元年十一月十九日終春秋八十有六攷宇文建國關中用蘇綽盧辯之議依周禮設官其名繁多史不能悉載而開皇一詔亦隋史所宜書故略敘其所歷官位如右誌又稱後魏孝武帝爲明帝此宅書所未見也

元 陳明府修孔子廟碑 大業七年七月

右陳明府修孔子廟碑濟州秀才前汝南郡主簿仲孝俊作文孝俊嘗爲晉州司法見北史隋庶人諒傳陳明府叔毅宣帝之子陳時未有封號故史不爲立傳其名僅見于四十二男之列陳氏宗室官于隋者姚思廉皆載于本傳叔毅爲曲阜令以無傳而不得書則其宅之失載者尚多也隋之用法刻深諸王功臣多以法死上下相蒙媮安旦夕而國因以速亡獨平陳之後自長城公以下皆得及于寬典猶有君天下之度焉大業初諸陳子弟官守宰者徧天下史家謂由宮掖之寵故優其族屬則亦非出於大公

之心矣詩漑之釜鬵説文作溉碑作㵩㵩字字書未載

【刻】左屯衛大將軍姚辯墓志 大業七年十月

右左屯衛大將軍姚辯墓志此信本小楷之有名者銘詞執恭履下脱一字方陪紀岳遽佳城遽下脱一字而旁有祀掩兩字謂紀岳之紀當作祀而遽下脱掩字也此刻文字完好而詞意間有不屬又多譌脱如克著奇功克誤作充校尉之井既枯將之泉又竭將字上下當有脱字右光大夫光下脱禄字葢元石已亡後人據搨本鈎摹入石而芟棄其殘闕曼患者故爾褚登善聖教序立於永徽中刻字者爲萬文韶此志刻於隋大業中已出文韶之手一技

之微擅名兩朝亦足稱也隋時石刻書隋字多不从辵吳曾能改齋漫錄謂古無隋字隋文受禪以魏周齊不遑寧處惡之遂去辵更書隋字王伯厚亦謂隋文改隨爲隋然此刻却用隨字

潛研堂金石文跋尾卷四

錢大昕著

唐一

唐一

唐秦王告少林寺教 武德四年四月

右秦王告少林寺教刻於裴漼少林寺碑之上方末題四月卅日蓋武德四年之四月也其云上柱國德廣郡開國公安遠者李安遠也新舊書本傳俱作廣德郡公誤少林寺僧以柏谷塢歸唐安遠奉秦王教往宣諭蓋在征王世充時裴漼碑稱寺西北五十里有柏谷墅居晉成塢在齊爲郡王充僭號署曰轅州乘其地險以立峯戍太宗文皇帝軍次廣武僧志操惠瑒曇宗等審靈睠之所往辨謳歌之有屬率衆以拒僞師抗表以明大順執充姪仁則以歸本朝太宗嘉其義烈頻降璽書宣慰旣奉優教兼承寵錫賜地四十頃水碾一具裴所稱優教者卽指此刻其述寺僧翻城顛末亦可裨史家之闕

元觀音寺碣 武德五年

右觀音寺碣今在汜水縣秦王世民平王世充實建德班師駐驆廣武值夜雨作東南雲際光中見觀音菩薩金身乃建此寺工訖樹碣以紀其歲月時武德五年也舊唐書陸德明傳王世充平太宗徵爲秦府文學館學士尋補大學博士不云爲國學助教者略也碑云駐驆不稱蹕者避至尊也

元歷城縣千佛厓石刻五種

歷城縣東南神通寺北千佛厓有唐人石刻五其一有大唐武德字及來門僧字文多漫滅其一首題大唐貞觀十八年僧某又云越娲衣鉢又云石像兩軀蓋記造佛像事文亦缺其大半矣其一云大唐顯慶二年九月十五日齊州刺史上柱國駙馬都尉渝國公劉元廟諱意造□像供養其一云南平長公主爲太宗文皇帝敬造像一軀而題顯慶二年於上方攷唐書公主傳太宗女南平公主下嫁王敬直以累斥嶺南更嫁劉元意又劉政會傳子元意襲爵尙南平公主與石刻合唐制帝姊稱長公主南平蓋長于高宗矣史稱元意高宗時爲汝州刺史不知其嘗刺齊州也其一云大唐顯慶三年行青州刺史淸信佛弟子趙王福爲太宗文皇帝敬觧彌陁像一軀願四夷順命家国安寧法界衆生普登佛道造之爲觧從古文也国字玉篇集韻諸書皆無之讀斯刻知以国爲國唐初已然矣益都李進士素伯寓歷城拓以遺予攷前人著錄無及之者書之用詒好事君子

利皇甫誕碑

右皇甫誕碑不署年月信本題銜稱銀青光祿大夫亦在碑末與醴泉銘同隋書稱誕安定烏氏人北史稱安定三水人而碑云安定朝那縣名互異碑稱父璠長樂恭侯按

周書及北史璠封長樂縣子不云進封侯也石已中斷損四十餘字下方剝落一片又失九十餘字銘辭漫漶不可識者又五六十字

利 寶室寺鐘銘 貞觀三年

右寶室寺鐘銘文云以大唐貞觀三年攝提在歲蕤賓御律景丁統日己巳司辰用銅三千斤鑄鐘一口攷溫公通鑑目錄是歲屠維赤奮若此云攝提差校一年未審其義蕤賓者五月之律月令仲夏其日丙丁故有景丁統日之語己巳則鑄鐘之日也說文鄜左馮翊縣从邑麃聲史記漢書皆作鄜蓋从麃之省此刻正作鄜與說文合周隋設

勳官有上大將軍上開府儀同三司上儀同之名唐武德七年定勳官十二等上大將軍正三品貞觀十一年改爲上護軍此刻有上大將軍張神安名其時猶未改稱也悠悠作悠悠宅碑所未有

元 孔子廟堂碑

右孔子廟堂碑虞世南書有二本一在西安府學一在城武縣學皆非元刻城武本書銜以相王旦爲相臣王旦則誤也碑文有云晛尔微㖡晛尔者莞尔之別體集韻莧尔笑貌或作莞晥碑作晛則又晥之譌也廣韻集韻俱以㖡爲俗字伯施名家不免雜以俗體蓋小學不講久矣碑又以覆簣之字作匱攷漢書王莽傳成不一匱小顏引論語未成一匱解之班固典引並開迹于一匱章懷注亦引此語則古者簣與匱通

利 等慈寺碑

右等慈寺碑今在氾水縣太宗破竇建德之所其文有云愍疏屬之罪方滯迷塗念刑夭之魂久淪長夜按陶淵明讀山海經詩有形夭無千歲句宋曾紘周紫芝輩據山海經證爲刑天舞干戚之譌其說固然今碑文却作夭字疑唐以前山經本作刑夭後人轉寫譌爲天耳形與刑古人亦通用然則淵明刑夭二字非誤矣其云鬻鬻恆沙卽臺臺

之異文

元 徐州都督房彥謙碑 貞觀五年

右房彥謙碑文云高祖法壽立功歸魏封莊武侯使持節龍驤將軍東冀州刺史堯暱青州刺史謚簡侯魏書北史法壽傳俱云謚敬侯又以東冀州爲冀州稱平遠將軍不稱龍驤將軍皆其脫誤至青州刺史本贈官而隋書彥謙傳遂云青冀二州刺史猶未核也北史法壽傳云賜爵壯武侯子伯祖襲例降爲伯而其下云子翼襲爵壯武侯當爲伯字之誤碑雖不載例降之說而稱伯祖襲爵壯武侯翼襲爵壯武伯正與傳所謂例降者合隋書謂伯祖與翼

並襲爵壯武侯則考之不詳爾舊唐書玄齡傳唐書宰相世系表俱云襲壯武伯與碑合碑稱彥謙遷鄀州司馬尋以州廢解任攷地理志鄀州之廢正在大業初而本傳云彥謙知王綱不振遂去官者史家之飾詞也果爾何以復應司隸刺史之召且爲涇陽令乎唐初史臣以玄齡之故爲其父立佳傳讀其文似子姓所述行狀未必皆實錄姑以一事論之如傳稱開皇平陳之後天下一統論者咸云將致太平彥謙私謂所親曰主上性多忌尅云云而唐書玄齡傳中亦有避左右告父之語大指相同今碑亦未載斯事蓋史家因玄齡之說而傳會之以是歸美其親而已碑云安措于齊州亭山縣趙山之陽桉亭山縣本名衞國開皇六年改名唐元和十五年省入章邱今爲章邱西南境

利 九成宫醴泉銘 貞觀六年四月

右九成宫醴泉銘祕書監檢校侍中鉅鹿郡公魏徵撰兼太子率更令渤海男歐陽詢書文貞列銜碑文之前信本列銜碑文之後率更庶僚不敢與宰相並也予初疑信本只爲率更令不兼他職何故冠以兼字後讀舊唐書職官志稱武德令職事解散官欠一階不至爲兼職事卑者不解散官貞觀令以職事高者爲守職事卑者爲行仍各帶散位其欠一階依舊爲兼與當階者皆解散官其欠一階之兼古念反其兩職事之兼古恬反字同音異乃悟此碑兼字當讀去聲率更令職事官也有職事而去散官又以其欠一階故加兼以别於當階者此唐初之制後人知之者尠矣

亨 虞公温彥博碑 貞觀十一年十月

右虞公温彥博碑字存者僅十之一說文逯行謹逯逯也逮及也二字本不相通率更書往往借逯爲逮如醴泉銘逯乎立年此碑逯輔德慾報是也案尒疋釋言逮遝也方言遝及也關之東西曰遝或曰及禮記所以逮賤也陸德明釋文本作遝公羊傳祖之所逮聞也漢石經亦作遝是逮遝二字古書通用隸楷相承變遝爲逯遂與逯逯字相溷爾

元 睦州刺史張琮碑 貞觀十三年二月

右睦州刺史張琮碑出於近時趙子函顧寍人二家於秦中石刻捜剔最夥亦未見斯刻也琮字文瑾武威姑臧人釋褐隨奮武尉除新鄭令潁川郡丞唐初授驃騎將軍上開國改左衞中郎將從征劉武周授左三總管事平除左衞長史從征王世充竇建德劉黑闥天下既定授上柱國封南安縣開國侯檢校參旗軍副又檢校左領左右中郎將貞觀元年授太子左衞率檢校右武衞將軍左領軍

將軍四年授雲麾將軍十年授銀青光祿大夫行睦州刺史十一年十二月之任薨於宋州館舍謚曰懿公此其歷官本末也曾祖誼魏驃騎將軍涼州刺史黃門侍郎散騎常侍武威郡公祖舄周驃騎將軍鄜城郡太守死王事贈上柱國瀛州總管河北莊公父辯隨上柱國秦州總管潭州總管左武衛大將軍河北郡開國公祖母李景皇帝之女贈信都郡大長公主母竇隋文帝之甥夫人長孫文德皇后之姊琮家世貴顯姻連天家且有從征之功而姓名不載於新舊史非神道碑復出于千有餘年之後琮且泯沒以終古矣用是知名位之不可恃而昔人求能文善書以不朽其親者非無稗也韓退之誌張季友墓云其上世有爵者當宇文時爲車騎大將軍鄜城太守卒葬河北謚曰忠公與碑所稱官謚小異此碑時代尚近宜得其眞隋書地理志上郡後魏置東秦州後改爲北華州西魏改爲敷州大業二年改爲鄜城郡今觀此碑則周時已有鄜城郡之名矣文云駛其豕窦以駛爲駛以窦爲突也云建德餘孽以孽爲蘖也云哥兩岐于仝吳以哥爲歌也云茂鄧林而聳幹以幹爲榦也云未嘗富貴嬌人以嬌爲驕也云高宴瑶池以宴爲宴也

亨 姜行本紀功碑 貞觀十四年六月

右姜行本紀功碑文多剝落有云使持節光祿大夫吏部尚書上柱國陳國公侯君集交河道行軍大總管副總管左屯衛大將軍上柱國永安郡開國公薛萬均副總管左屯衛將軍上柱國通川縣開國男姜行本等□整三軍龔行天討又云以通川公□謀特出妙思縱橫命□前軍營造攻具乃統沙州刺史上柱國望都縣開國侯劉德敏等鼓行而進以貞觀十四年五月十日師次伊□攻唐書姜行本傳高昌之役爲行軍副總管出伊州距柳谷百里依山造攻械其處有漢班超紀功碑行本磨去古刻更刊頌陳國威靈卽此碑也行本嘗封通川縣男新舊史皆失載碑今在哈密城北天山之麓土人名潤石圖漢言碑嶺也侯君集傳稱高昌平君集刻石紀功乃別是一碑今已無存舊一統志誤以此卽君集所刻乃云高昌卽土魯番地東去哈密尚一千五百里此嶺在天山上當是君集旣平高昌凱旋而東過此山因而勒石倣竇憲勒銘燕然之意震耀武功非勒石於高昌國都今案碑額題大唐左屯衛將軍姜行本勒石紀文則非君集所刻明甚君集克高昌在八月癸酉而碑立於六月辛卯蓋在進兵之時亦非凱旋後所刻也唐書西域傳拜侯君集爲交河道大總管左屯衛大將軍薛萬均薩孤吳仁副之碑無薩孤吳仁名疑

西域傳誤

貞贈太師比干詔并祭文 貞觀十九年二月

右贈太師比干詔并祭文元延祐四年修廟碑稱唐碑斷仆於地伐石宅山載爲刊建卽是碑也碑爲元時重刻故多空文如梓林當爲梓材直弘文館直作宜皆傳刻之誤唐書太宗紀贈比干太師謚忠烈在二月丁巳此祭文題二月己亥朔廿日戊午與史差一日碑末題司徒太子太師趙國公無忌開府儀同三司申國公士廉光祿大夫民部尚書莒國公唐儉吏部尚書駙馬都尉柱國安德郡開國公楊師道中書令江陵縣開國子岑文本正議大夫守

中書令兼太子左庶子馬周中大夫守黄門侍郎褚遂良右貞觀十九年二月卅日無忌等奏請以贈比干詔并祭文刻石樹碑奉勑依奏無忌三公士廉開府皆名而不姓異於餘官也攷宰相表士廉以開府儀同三司同中書門下三品平章政事遂良以黄門侍郎參豫朝政碑刻不書者蓋其時猶不以爲官名史稱同三品入銜自張文瓘始平章事入銜自郭待舉等始皆高宗朝事也

元晉祠銘 貞觀二十年正月

右晉祠銘太宗御製并書書法與懷仁聖教序極相似蓋其心摹手追乎右軍者深矣元和郡縣志晉祠一名王祠周唐叔虞祠也在晉陽縣西南十三里志又稱晉祠碑在乾陽門街貞觀二十年太宗幸并州所置又有起義堂碑明皇御製并書亦在乾陽門街今堂之遺址無考而碑亦失所在獨此銘山西人猶知重之山西罕拓碑手故流傳於江南者少不若聖教序之家蓄一本也其云陳若之祠虛傳夜影蓋用陳倉寶夫人事蒼倉古通用也

貞洛州思順坊老幼造弥勒像龕記 貞觀二十二年四月

右洛州思順坊老幼造弥勒像龕記字畫秀整有虞歐法度而不署姓名唯彼徒兩字俱從人旁爲異爾題名稱清信女者數人皆姓而不名蓋女而未嫁者

貞曲阜憲公孔頴達碑 貞觀

右曲阜憲公孔頴達碑新舊書本傳並云字仲達宰相世系表則云字沖遠碑雖曼患而沖遠字特分明表所書三代名諱官階盡與碑合汲古閣本脱頴達一格監本初不誤也頴達長子名志元碑與表同而傳但作志蓋宋人避諱去下一字然傳諱而表不諱它傳於元字亦多不避當時史官非一手無素定之例故也

貞洛陽鄉望父老等造像記 永徽元年

右洛陽鄉望父老等造像記後題淳于敬一制文制卽製字王居士塔銘稱上官靈芝製文與此同文云思念大聖

無猶得覩借猶爲由也云謹於此堪敬造尊儀說文堪地
突也金石錄載後魏天柱山東堪石室銘正用此義讀此
刻知唐人猶識古訓今佛堪字多借用龕字而堪之本義
遂晦矣演卽演字斲卽斲字檀卽檀字靈卽靈字碑前列
諸人姓名有云張苟子賈奴奴者盍村野小名尙沿南北
朝之舊

元三藏聖教序記 慈恩寺本永徽四年

右三藏聖教序并記在西安府慈恩寺塔下序記各爲一
碑皆褚遂良書其書序自右而左記自左而右古人之不
拘恆式如此故筆法能極其工也兩碑皆建于永徽四年

一在十月一在十二月而遂良題銜一稱中書令一稱尙
書右僕射上柱國河南郡開國公殊不相合攷唐書宰相
表遂良以永徽元年罷中書令三年拜吏部尙書同中書
門下三品四年進尙書左僕射舊史遂良傳亦同惟以左
僕射爲右僕射此碑正作右僕射可證表左字之誤其稱
中書令者王元美以爲出于後人附益理當然也

利萬年宮銘 永徽五年五月

右萬年宮銘高宗御書極似懷仁聖教序而文多漫漶點
畫不具末題大唐永徽五年歲次甲寅五月景午朔十五
日庚申建五字甲寅字雖殘缺猶依稀可辨攷冊府元龜

永徽五年五月制萬年宮銘刻石於永光門外與石刻年
月正合又以温公通鑑目錄推之是年五月正丙午朔趙
氏金石錄以爲永徽六年者誤也

利碑陰

右碑陰首行題云奉勅中書門下及見從文武三品以上
并學士并聽自書官名於碑陰列名者長孫無忌李勣韓
王元嘉鄧王□□趙王福曹王明尉遲敬德褚遂良唐儉
崔敦禮柳奭韓瑗來濟□□契苾何力阿史那忠□達□
柳亨許敬宗李緯趙元楷唐臨長孫沖蕭鈫張大師郭廣
敬豆盧承基竇智純史□施崔義元馮士翽趙孝祖李義

辨李仁□權善才趙道興仇懷吉王文度元武榮李客師
侯貴昌賀蘭僧伽劉善因常基宰文陵李義府薛元超上
官儀凡四十八人無忌勣進德遂良四人以官高故不書
姓敦禮以下四人中書門下官也儉曾爲兩省官以致仕
故列於見任兩省官之前□□以下四人皆大將軍也椰
亭以下八人皆卿監惟唐臨以尙書厠其間然則唐初六
曹尙書班視卿監矣自廣敬至文陵廿人其十七人皆將
軍也而義元以御史大夫武榮善因以前刺史參錯其間
御史大夫階三品上州刺史亦三品也義府元超儀皆學
士官未登三品故敘於文武三品之下韓鄧趙曹四王官

或刺史或大將軍或併無官而列敘於太尉無忌司空勣之下開府儀同三司敬德之上然則唐時諸王班在眞三公之下開府之上也元嘉官遂州刺史福官鄜州刺史儀官太子洗馬學士新舊書皆不載而洗馬學士之名百官志亦未之及

亨　潁川定公韓仲良碑　永徽六年三月

右潁川定公韓仲良碑于志寧撰王行滿書仲良新舊書俱附見於子瑗傳所書歷官甚略碑敘次頗詳文雖剝落尚多可辨今具書之曾祖演魏征虜將軍恆州刺史祖褒魏侍中周使持節開府儀同三司原涼二州總管口口少保三水貞伯父紹周昌樂郡守隨隋字儀同三司驃騎將軍衛尉少卿金崖縣開國公公由國子學生仁壽中被舉授吏部朝散郎大業元年除河東郡司功書佐唐高祖授銀青光祿大夫馮翊郡丞加左光祿大夫授大理少卿三年奉使入蜀勅便宜從事尋授陝東大行臺左丞五年判天策府從事劉黑闥反除元帥府長史策功授上柱國復攝天策府司馬又攝吏部侍郎九年轉陝東大行臺戶部尚書又除安州大都督貞觀元年詔授戶部尚書三年改刑部尚書授右光祿大夫秦州都督府長史總檢校王府事封潁川縣開國公貞觀十二年薨于安興里第春秋五十七詔贈兵部尚書謚曰定公永徽五年贈太子少保唐書宰相世系表以紹與仲良列于一行似仲良爲紹之弟誤矣歐趙諸家俱未載此碑近三十年來碑估訪求得之始行于世

元　三藏聖教序幷記　顯慶二年十二月

右三藏聖教序幷記門下錄事王行滿書今在河南之偃師縣碑末云奉勅弘福寺爲招提寺蓋避太子名而改也字與褚本異者象爲像躅爲躅並同懷仁本此書耨爲褥懷仁本又轉从禾旁猶蘭亭序書禊作稧也民仰德而知遵褚改民爲人以避廟諱此與懷仁本却不避蓋緣太宗御製之文故可不改爾高宗所撰記褚本題云述三藏聖教序記此但云述聖記亦異

貞　金紫光祿大夫張嗣碑

右金紫光祿大夫張嗣碑嗣以儒學顯隋唐間太宗微時嘗從受左氏傳其卒也陪葬昭陵贈官予謚可謂極儒臣之殊遇矣新舊史俱稱張後嗣碑惟云張嗣殆字後嗣而以字行乎碑云行鄫王府文學而史不書蓋史家之漏舊史云贈禮部侍郎新史作禮部尚書碑額亦云故禮部尚書與新史合

利　王居士塼塔銘　顯慶三年十月

右王居士塼塔銘古今志墓之石類小而薄不能耐久歐趙所見誌石今無一存者此銘出土纔百餘年已裂爲三矣說文廛从广从里从八从土詩胡取禾三百廛兮釋文廛本亦作堰又作厘厘本廛之省文故唐碑纏𨔶躔字旁多有从厘者張敬誂墓志葬于瀍澗之陽後周石幢曰躔南斗隋舍利塔銘俱免蓋纏唐孔泰師碑門人議服俱纏至極之哀鴻慶寺碑疴纒縢理李思訓碑憂纏家國陸柬之蘭亭詩適足纏利害此銘亦有離蓋纏字廣韻以纏爲纏字之俗其實乃省文爾

亨 鄂公尉遲敬德碑 顯慶四年四月

右鄂忠武公尉遲敬德碑止存下截可辨識者約五百字趙子函遊九嵕記云碑自額以下埋土中掘而出之了無一字今去趙氏作記時又百五十年而碑字可辨識者尚多則知子函所云非其實矣碑文許敬宗撰文苑英華錄其全文以石本校之間有異同當以石本爲正如貞觀四年授襄均鄧淅唐五州都督襄州刺史石本均作都攷唐書地理志均州貞觀元年廢八年復置又云武德四年置都州貞觀八年州廢敬德除都督在貞觀四年其時有都州無均州也顧寗人云凡數字作壹貳叁肆捌玖等字皆武后所改此碑立於顯慶中有云賻絹布壹千伍伯叚米粟壹阡伍伯石則不始於武后矣

利 蘭陵長公主碑 顯慶四年十月

右蘭陵長公主碑金石錄不著書人姓名據寶刻類編則駙馬都尉竇懷哲所書也碑稱懷哲太穆皇后之孫銀青光祿大夫少府監上柱國德素之子按太穆皇后神武公竇毅女而德素爲毅曾孫於太穆屬孫行也史稱德素南康郡太守而碑云少府監宰相世系表懷哲武威郡都督公主傳稱兗州都督而碑云慶州刺史皆與史互異碑誌例書某郡縣人以表族望所出若親王公主天家肺附其姓望世所共知何必拘此成例而沈約撰安陸昭王碑任

昉撰竟陵王行狀皆稱南蘭陵人此碑亦稱隴西狄道人似未通乎尊王之義矣荀粲字奉倩碑作奉蒨

亨 道因法師碑 龍朔三年十月

右道因法師碑中臺司藩大夫隴西李儼字仲思製文奉義郎行蘭臺郎渤海縣開國男騎都尉歐陽通書其云中臺司藩大夫者通鑑龍朔二年二月改尚書省爲中臺胡三省注謂二十四司郎中皆改爲大夫主客爲司蕃杜岐公通典所載同惟司藩作司蕃以是碑證之則通典爲正唐書百官志武德三年改司藩郎曰主客郎中龍朔二年改禮部曰司禮祠部曰司禋膳部曰司膳獨不及主客之

爲司籓皆轉寫漏脫爾儼書郡望書字而通獨否未詳其故蘭臺郎郎祕書郎亦龍朔所改也碑有具禍以盡語今本毛詩作燼攷說文無燼字火餘之燼當作㶳方言盡餘也自關而西秦晉之閒炊薪不盡曰盡則盡㶳本一字馬融長笛賦盡滯抗絕李善注盡與燼同陸元朗詩釋文亦作盡盡唐初諸儒傳授之本如此釋文雖云或作燼然㶳已从火不應更著火旁疑流俗所加故陸氏不從之也賣軌傳封贊皇縣公宰相世系表書鄴公此碑稱贊國公蓋由贊皇縣公進國公而傳失書耳軌父恭仕周封鄴國公故軌亦承父封鄴省邑旁作贊古字通用也

元 濟度寺尼法願墓誌 龍朔三年十月

右濟度寺尼法願墓誌法願俗姓蕭氏梁武帝之六葉孫唐故司空宋國公瑀之第三女桉漢書諸侯王功臣外戚諸表玄孫之子即爲六世瑀爲梁武帝之元孫而其女稱六葉孫蓋從漢表之例也瑀好浮屠法嘗請于太宗欲捨家爲桑門自度不能爲乃止而其女及女孫相繼出家于濟度寺可謂宗風不墜矣

剃 定公碑 麟德元年四月

右定公碑入分書予得之繡谷蔣氏蓋裝潢之本而失其前半其敘事可見者云恩詔矜遂以龍朔二年歲次癸亥二月乙酉朔二十六日庚戌遘疾薨于隆慶里之私第春秋七十有七其年五月癸丑朔二十日壬申葬于三原縣萬壽鄉謚曰定公嗣子前荊州大都督府錄事參軍武州司馬護軍昶末一行云大唐麟德元年歲次甲子四月戊寅朔八日乙酉建此豐碑攷唐初大臣謚定者豆盧寬韓仲良于志寧各有豐碑此定公未詳何人金石家未有著錄者畢中丞撰關中金石記搜羅最富亦未載此碑不審世間尚有全本否文稱稟滎河之純粹即粹字烝相高門烝即丞字東髮肆業肆即肄字

予蓄此碑有年後讀陳氏寶刻叢編載有越州都督于

德芳碑從弟志寧撰蘇李子分書麟德元年四月八日建在三原計其立碑年月日與此碑正合又係分書而在三原當即德芳碑也唐會要隴州刺史會稽郡公于德方謚曰定亦是一證會要及唐書宰相世系表俱作德方獨陳氏作德芳表不載其子而碑有嗣子昶疑表有脫文

亨 贈泰師孔宣公碑 乾封元年

右贈泰師孔宣公碑說文太師泰之古文故此碑太師太宰皆用泰字碑云荷貰徵者翻嗟擊磬之心又云岱畎泗濱採怪石而喧浮磬皆以磬代罄字案左氏傳室如懸罄

國語作懸磬韋昭謂府藏空虛但有榱梁如懸磬也禮記
石聲磬注云磬當爲罄字之誤也予謂鐘磬皆以聲得名
釋名磬罄也聲堅罄罄然古文磬作硜史記樂書石聲硜
硜以立別是罄罄即硜硜也磬罄同物康成以爲字誤者
失之新舊唐書霍王元軌傳不載爲兗州都督事可據以
補史之缺

于志寧碑　乾封元年十二月

右燕公于志寧碑碑稱所著文集勒成七十卷而舊唐書
本傳云有集二十卷經籍志又云志寧集四十卷皆誤也
新史藝文志與舊志同志寧罷相後嘗爲岐州刺史此新舊書本傳
所失載而趙氏金石錄亦未之舉故爲表而出之

紀國先妃陸氏碑　乾封元年十二月

右紀國先妃陸氏碑妃河南洛陽人年十有三歸于紀國
貞觀十七年詔冊命爲紀王妃生東平郡王續等六男江
陵縣主等八女麟德二年六月廿六日薨于澤州之館舍
春秋卅有五詔陪葬昭陵以乾封元年景寅十二月壬辰
朔九日庚子葬于陵南二十二里唐書紀王愼七子續琮
叡秀獻欽證宗室表有續琮孫庄叡秀獻欽曠澄十人傳
作證表作澄字形相涉而訛耳碑惟云六男其餘非妃所
生也河南陸氏本出代北步六孤氏後魏太和中改爲陸
氏與望出吳郡者源流各別妃之父爽官尚書庫部兵部
二曹郎中隋時有太子洗馬陸爽其子法言撰切韻爲後
世所宗與此非一人也

碧落碑　咸亨元年

右李訓等造大道天尊像記世所稱碧落碑也篆書奇古
小儒咋舌不能讀賴有鄭承規釋文稍可句讀至其假借
之原好古者猶或昧焉有以聲相轉而借者窒之爲凭
之爲伏膚古文臚之爲廉是也有以同音相借者顈之爲宜
頪之爲規瓌之爲柔是也有以偏旁相同而借者諄之爲
敦檽之爲端蒸琛之爲深廛之爲纏虡之爲號誰之爲維
翻之爲烈崴之爲誠衜之爲同塿之爲度禰之爲猷抲之
爲何是也依本沉溺字故借爲强弱之弱蜀本目眴字故
借爲元妙之元彥本啚吝字故借爲文章之文廣疋筵西
皆訓席故以迺爲筵飄見周禮廱亭見石鼓文叚見漢書
鬲蕤縶泉箕六槀兵之爲古文蔡戴融之爲籀文皆見於
說文略舉一隅亦足見古人精於小學非不知而妄作也

釋文　咸通十一年

右碧落碑釋文咸通十一年鄭承規所書距造像時已二
百年矣承規書名不甚著而楷法遒整釋文未審即出承
規之手或別有傳授否要非精研六書博涉古今者不能

辨也自宋以來篆書家奉此釋爲金科玉律莫敢易一字顧甯人始糾其誤者數字然如直書心事句碑本釋爲書而顧謂其誤釋爲言則又太不檢照矣予習是碑有年乃覺承規所釋尚有未當者而前人皆未及舉正如璣議鄭釋爲瓊儀攷說文本有璣字讀若柔从玉夒聲夒與猱同說文有夒字無猱字故璣有柔音不當釋爲瓊也嘷闇鄭釋爲嘷闇按玉篇嘷古弔切聲也亦作叫又嘷五弔切叫也嘷與嘷皆叫之異文不當釋爲嘷也碑中逢字兩見鄭前釋爲逮後釋爲建並誤按說文逢古文及字碑前云敬立大道天尊逢侍眞像後云貪逢餘漏皆當釋爲及宋書范蔚宗徐湛之兩傳並有貪及視息之語則貪及二字固有本矣鄭讀爲建顧讀爲逮所謂楚失而齊亦未爲得也

金石文跋尾　四　二十二

元 汶江縣侯張阿難碑 咸亨二年九月

右張阿難碑文殘缺阿難嘗爲謁者監內給事封汶江縣開國侯食邑六百戶左監門將軍銀青光祿大夫行內侍知其爲宦者也碑末云咸亨二年九月廿日瑤臺寺僧口似是普字口書而以咸亨爲咸亨則下筆之誤也書法遒逸似王知敬褚登善

元 三藏聖教序并述聖記并心經 咸亨三年十二月

右三藏聖教序并記弘福寺沙門懷仁集王右軍書玄奘以貞觀元年遊西域十八年始還得經典六百五十七部奉勑于弘福寺翻譯玄奘表求御製經序凡再請乃許焉二十二年序成命弘文館學士上官儀於明月殿對羣僚讀之元奘奉啓陳謝賜勑襃答已而皇太子復爲撰記玄奘啟謝東宮亦賜教荅褚王所書惟序與記尔此復附以答勑及教并心經於後蓋右軍眞跡世不多有而集古人書愈多則愈難此懷仁之以多自誇也舊唐書玄奘傳顯慶元年高宗令左僕射于志甯侍中許敬宗中書令來濟李義府杜正倫黃門侍郎薛元超等共潤色玄奘所定之經國子博士范義頵太子洗馬郭瑜弘文館學士高若思

金石文跋尾　四　二十三

等助加翻譯此碑列潤色諸臣名獨無杜正倫不知何故也

元 薛公阿史那忠碑 上元二年十二月

右薛公阿史那忠碑醴泉縣志云存七百餘字予所藏本厪存二百餘字所書事跡與本傳略同惟突厥傳稱太宗立阿史那思摩爲可汗詔左屯衛將軍阿史那忠爲左賢王左武衛將軍阿史那泥孰爲右賢王相之而其後又云右賢王阿史那泥孰蘇尼失子也始歸國妻以宗女賜名忠及從思摩出塞思慕宗國見使者必流涕求入侍許之又併忠與泥孰爲一人前後自相牴牾則其謬也

貞孝敬皇帝叡德紀 上元二年八月

右孝敬皇帝叡德紀高宗御製并書書法與晉祠銘相似孝敬皇帝者高宗之第五子皇太子弘也上元二年從幸合璧宮薨新唐書以爲武后酖之是年追加謚號葬於緱氏縣景山之恭陵宋熙寧八年省緱氏縣入偃師今爲偃師縣地矣孝敬字宣慈新舊史皆失載

亨棲霞寺明徵君碑 上元三年四月

右棲霞寺明徵君碑徵君者南齊處士僧紹朱錫鬯以爲梁處士山賓蓋承舊唐書明崇儼傳之誤山賓仕梁通顯沒贈侍中非處士也撿碑捨宅爲寺乃僧紹第二子臨沂

公仲璋而崇儼傳以爲山賓故宅皆誤也碑稱僧紹祖玩晉建威將軍而南史云州中從事父略宋平原太守中書侍郎而南史云給事中未知孰是碑稱移居鬱洲撿榆山而史作弇榆撿弇本一字金陵在明代有南京之稱此碑云乃届南京似先爲之讖矣

貞李万通造彌勒像記 儀鳳三年六月

右李万通造弥勒像記虞山張子惘遊中州歸得以貽予其文云大唐儀鳳三年歲在戊寅六月乙卯朔十七日辛未弟子李万通及妻徐合家等敬造弥勒像一軀上爲天皇天后又爲亾父見存母賈及七祖先靈存亾眷屬法界蒼生俱登正覺其書戊作戍后作石蓋宅碑所未有

元天后御製詩及書 永淳二年九月

右天后御製詩一首御製書一首后從駕幸少林寺覩其母楊營建之所追慕作詩復遣其姪三思賫金絹等物繢成功德而以書遺寺僧也唐書后妃傳后母楊再封代國夫人以后故寵日盛徙封榮國又從鄭衞二國咸亨元年卒追封魯國謚忠烈俄又贈士彠太原郡王魯國忠烈夫人爲妃此所以有先妃之稱乎外戚傳榮國卒后出珍幣建佛廬徼福不云徙封鄭衞未知孰是又攷永淳元年三月立重照爲皇太孫開府置官屬有太子而立太孫非禮

之正故有自我作古之語知敬以司門郎中爲太孫諮議諮議參軍事乃王府官之稱而東宮無之然則當時太孫府所設官屬其名略與王府同史傳不載其詳不可得聞矣

利贈太常卿褚亮碑

右贈太常卿褚亮碑凡廿八行下截已失每行僅存廿一字其篆額云大唐褚卿之碑與它碑式異褚字左从禾右从老省蓋不通六書者所作也亮卒於貞觀廿一年十月碑之立在高宗朝其時遂良已得罪貶死故祗述襲封陽翟侯遂賢一人

終

潛研堂金石文跋尾卷五

錢大昕著

唐二

新息令口君墓誌　奉先觀老君像碑　王徵君臨終口授銘　美原神泉詩幷序　梁府君幷夫人唐氏墓誌　乾陵述聖紀　宣州刺史陶府君德政碑　卭州刺史狄知愻碑　敬善寺石像銘　右虞候副率乙速孤神慶碑　滎德縣丞梁師亮墓志　馮善廓浮圖銘　河東州刺史王仁求碑　明堂令于大猷碑　王璿造石龕像記　姚元之造像記　共城縣百門陂碑　中興三藏聖教序　滎陽縣令盧公清德文　口部將軍功德記　老子道德經　法琬法師碑　長安縣丞薦思亮墓志　司空蘇瓌碑　景龍觀鐘銘　孝子郭思訓墓誌　田義起石浮圖頌　亳州錄事參軍馮本紀孝碑　凉國公契苾明碑　周公祠碑　巂州都督姚懿碑　淨域寺法藏禪師塔銘　光祿少卿姚彝碑　宗聖觀主尹尊師碑　幽棲寺尼正覺浮圖銘　鬱林觀東巖壁記　兗州都督于知微碑　贈太尉王仁皎碑　雲麾將軍李思訓碑　華嶽精享昭應碑

唐二

元 新息令某君墓誌光宅元年十一月

右新息令某君墓誌今在沙河縣無撰書人姓名題目及首二行並磨泐故失其姓氏名字其文敍述先代有云飛鉗辨士威六國而騰英握節忠臣口口口口口疑其姓蘇也君以文明元年四月廿五日終夫人張氏以文明元年五月廿四日終卽以光宅元年歲次甲申十一月二日合窆於嘉泰鄉之平原攷之史是年正月中宗改元嗣聖二月被廢立睿宗改元文明九月改元光宅則新息君實未踰年而葬故云卽也唐書地理志新息縣武德四年置

息州貞觀元年州廢以縣屬蔡州史無隸鄭州之文此誌云宏道元年加君鄭州新息縣令疑當時必有改隸之事而史失載爾其云地極膏腴者膏腴之誤也書極爲極後魏石刻往往有之

利 奉仙觀老君像碑垂拱元年十二月

右奉仙觀老君像碑沮渠蒙遜史稱盧水胡智烈亦自署瀘水濾與盧通殆蒙遜之裔歟智烈以書名金石錄所載尚有少姨啟母二廟碑予所見獨此爾

元 王徵君臨終口授銘垂拱二年四月

右王徵君臨終口授銘弟紹宗甄錄幷書唐書儒學傳紹

宗兄元宗隱嵩山號太和先生傳黃老術郎徵君也紹宗長于書當時以虞伯施比之紹宗自言聞虞被中畫腹與予正同其自負亦不淺矣今觀此碑楷法圓勁結體似褚河南而鋒穎不露殊得永興三昧洵唐刻之極佳者趙德甫去唐未遠藏弆石刻至二千卷之多此碑近在嵩少閒乃未著于錄何也

利 美原神泉詩并序 垂拱四年四月

右美原神泉詩韋元旦製序賈言淑及無名氏詩各一篇刻於碑之正面徐彥伯序尹元凱温翁念李鵬詩各一篇刻於碑之背面元旦元凱史皆有傳而失載其字彥伯史

稱名洪以字顯據碑乃名彥伯而字光也李至遠史稱初名鵬以大父素立奉使因名至遠按素立卒於高宗朝此碑立於武后初尚仍初名而以至遠爲字則非初名鵬而後改至遠矣蓋後來以字行其字或出於素立所命史家傳聞失其實爾温翁念彥博之孫官至太僕少卿見宰相世系表其字敬祖表亦未載

元 梁府君并夫人唐氏墓誌 垂拱四年十一月

右澤王府主簿梁府君并夫人唐氏墓誌四品孫義陽朱賓撰文五品孫滎陽鄭莊書其云四品孫五品孫者唐書選舉志三品以上蔭曾孫五品以上蔭孫孫降子一等此朱賓鄭莊二人法當蔭敘而尚未得官故以四品孫五品孫署銜他碑所未有也碑文云父柱皇朝奉義郎考唐書百官志有奉議郎無奉義郎蓋二字可通用也府君以出身助轉餉永隆二年恩詔授上柱國上柱國爲勳績之最而官止王府主簿攷之杜佑傳佑上議曰魏置柱國當時宿德盛業者居之貴寵第一周隋閒授受已多國家以爲勳級纔得地三十頃耳可見唐時勳級甚濫雖階視正二品人猶輕之故選舉志凡勳官選者上柱國正六品敘梁府君以朝議郎正六品階而任王府主簿從六品職職卑于階故云行也明嘉靖中大學士嚴嵩辭加上柱國疏謂

上之一字非人臣所宜居國初始設此官亦不輕授乞特免此官仍著爲國典以昭臣節詔允所辭而以其子世蕃爲太常寺卿當時君臣相率爲諛佞如此曾不知攷唐宋故事殊可嗤也然詔而不學終不免於及禍君子以是知詐忠之無益矣

利 乾陵述聖紀 文明元年八月

右乾陵述聖紀武后撰文碑已斷爲數叚今惟存兩叚亦多曼滅文有云喍喍齊萌齊萌者齊民也喍即喋字改世爲云亦以避太宗諱故也今禮記曲禮篇藂渫處末玉藻篇爲已傈卑渫當作渫傈當作偞唐人刻石經避廟諱改

易本文後來琹板者因其字稍僻不能訂正遂相沿到今矣肯庭之肯卽胥字謂赫胥大庭氏也

利 宣州刺史陶府君德政碑 永昌元年二月

右宣州刺史陶府君德政碑前數行漫漶不能讀以寳刻類編證之知府君名大舉撰文者僧靈廓書之者陶德甄也大舉以弘道元年刺宣州垂拱四年改刺相州明年始立此碑其時猶未改唐爲周碑中詔字亦未回避也王象之云碑在當塗縣東六十里丹陽鎭南之禪那院今石故無恙而地僻左知之者尠頃歲朱學士竹君視學安徽始訪得之而沈太守方穀拓本貽予二君皆予同年也碑書

藝作藝與顏魯公書李含光碑同

貞 邛州刺史狄知愻碑

右邛州刺史狄知愻碑其家世歷官可辨識者曰曾祖叔湛魏平西將軍口邑子曰父孝緒唐行軍總管大將軍金紫光祿大夫尚書左丞使持節汴州諸軍事曰公卽臨潁公之第五子也曰起家國子明經擢第補東宮內直曰鄭州司兵參軍兼鄭王府兵曹參軍曰梁州都督府錄事參軍俄除越州剡縣曰華州鄭縣令曰夔州都督府長史曰贈使持節邛州諸軍事邛州刺史曰嫡子故中書令尚書右僕射贈司空梁國文惠公蓋仁傑之父也碑下截剝落

不見建立年月趙氏金石錄以爲載初元年正月未審然否趙錄題稱周邛州刺史狄知愻碑今案此碑額及題皆冠以大唐字不當作周或校書者妄以意改爾

貞 敬善寺石像銘

右敬善寺石像銘宣德郎守記室參軍事李孝倫撰石像爲紀國太妃韋氏所造則孝倫殆紀王府之記室參軍矣此刻不署年月而書法頗似虞永興當是高宗朝所刻

光 右虞候副率乙速孤神慶碑 載初二年二月

右右虞候副率乙速孤神慶碑文云龍朔元年歲次癸亥二月戊午朔案癸亥乃龍朔三年非元年也又以通鑑目

錄攷之龍朔元年二月丙寅朔三年二月乙酉朔俱非戊午朔碑版之文所紀年月宜得其眞而牴牾如此殊不可解然此碑決非後人所能僞作也神慶嘗爲右衛勳二府郎將桉唐書百官志親衛之府一曰親府勳衛之府二曰勳一府曰勳二府翊衛之府二曰翊一府曰翊二府凡五府每府中郎將一人右左郎將一人是其職也神慶祖安爲周右武候右六府驃騎將軍父晟唐右武候右廿府左車騎將軍六府廿府之名於史無考

元 滎德縣丞梁師亮墓誌 萬歲通天二年三月

右珍州滎德縣丞梁師亮墓誌元和郡縣志珍州貞觀十

六年開山洞置并置夜郎麗臯樂源三縣别無榮德之名惟溱州有榮懿縣溱與珍接壤而德懿字形亦相似豈榮懿即榮德之誤而榮德又嘗改隸珍州乎然無他文以証之矣唐書地理志謂元和二年珍州廢縣皆屬溱州攷元和郡縣志珍溱各自爲州尚未改併吉甫薨於元和九年十月故志所載有八年九月事而珍州之廢志無其文則唐志以爲元和二年廢者又未可信也師亮以出貲助轉餉永隆二年授上柱國與澤王府主簿梁君同又云起家左春坊别教醫生攷百官志左春坊藥藏局有郎丞侍醫典藥藥童無云别教醫生者惟大醫署有醫博士及助教

掌教授諸生然則師亮殆以醫助教入侍宫坊者歟又云調補隱陵署丞攷唐六典隱章懷懿德節愍惠莊惠文惠宣七太子陵署各令一人丞一人又唐書儒學傳亦云隱章懷懿德節愍四太子並建陵廟分八署置官列吏卒是知隱陵者隱太子建成之陵太子陵不别立名以謚爲名也此胡三省通鑑注所闕

貞 馮善廓浮圖銘 萬歲通天二年四月

右馮善廓浮圖銘文稱大周萬歲通天二季歲次景申肆(子)景濵朔拾肆(乙)己卯景濵者丙寅也月日用大壹試字宅碑所罕有碑書夫人沉氏即沈字今俗浮沈字多作沉欲與沈姓之沈示區别盎失之矣文云陰魄陽魂如風似燭按古詩百年未幾時奄若風吹燭陸倕思田賦感風燭與石火嗟民生其若寄庾信傷心賦一朝風燭萬古埃塵唐汝南周君墓志亦云風前失燭知此語相傳久矣

貞 河東州刺史王仁求碑 聖曆元年正月

右河東州刺史王仁求碑同年王逑庵侍郎任雲南方伯時所贈向來收藏金石家皆未著錄其額云大周故河東州刺史之碑而題稱唐朝故使持節河東州諸軍事河東州刺史上護軍王府君碑銘者仁求卒於高宗朝其長子善寶襲職至武后聖曆元年始爲樹碑相距已二十五年

仁求固唐臣非周臣也攷河東州本唐羈縻州隸黎州都督府史但言開元前置據此碑知高宗朝已有是州矣仁求卒於咸亨五年八月十五日是月改元上元未改号以前仍稱咸亨碑刻紀年之例如此明史稿昆陽州唐置河東等州没於南詔元置昆陽州其所領三泊縣北有河東故城今三泊縣亦省入州矣善寶出於蠻夷而書法渟古可愛當是華人游其幕者代爲之耳

利 明堂令于大猷碑 聖曆三年十一月

右明堂令于大猷碑唐制京縣令正五品上輦轂之地職務要劇大猷雖歷任德州司馬汾州長史隨州刺史而改

任京縣當時不以爲左降也唐書于志寧傳云京兆高陵人碑云東海郯人者葢舉其族望此碑乃大猷之兄兗州刺史辯機所立攷世系表本名知微字辯機碑于祖父皆稱名不應獨書兄字竊意辯機本知微之名明皇之世避嫌名改以字行如劉知幾之改爲子元耳碑云鳳儀礌落天胄昂藏礌節磊字昂節昂字唐人謹于家諱此爲大猷立碑乃不避猷字

利 王璿造石龕像記 長安三年七月

右王璿造石龕像記璿字希瑑武后長壽元年八月辛未自營縣大匠遷夏官尚書同鳳閣鸞臺平章事九月癸丑

流嶺南在相位廑卅三日耳史家不爲立傳不知其後事以此刻攷之知其後又入爲殿中監檢校奉宸令而封瑯邪縣子也予所藏易州刺史山亭記建中二年易州司士參軍王璿撰此別是一人葢唐有兩王璿矣王無惑書法在王知敬諸葛思禎之閒而評書者不及焉予爲表而出之

利 姚元之造像記 長安三年九月

右姚元之造像記末題長安三年九月十五日銀青光祿大夫行鳳閣侍郎兼檢校相王府長史姚元之造按唐書姚崇傳崇字元之始名元崇以與突厥叱剌同名武后時

以字行至開元世避帝號更以今名宰相表自長安四年八月以前皆稱元崇九月以後始改稱元之今據此記則元之以字行久矣元之時爲同鳳閣鸞臺平章事而不入銜葢當時猶未以平章爲正官也

利 共城縣百門陂碑 長安四年九月

右共城縣百門陂碑題云辛怡諫文張元琮記葢辛製銘而張撰序與宗聖觀尉遲迥蘇許公諸碑同例魏書地形志共縣有柏門山柏門水柏與伯通伯又與百通也碑爲縣令曹懷節禱雨有應而作㷉升即㷉斗漢隸斗作升行書蟬聯而上與升幾無別矣憶壬申歲在都下見此碑於

邵刑部閣谷所訪之三十年未得頃嚴公子子進購一本餉予爲之訢朕而閣谷已墓有宿艸矣

亨 中興三藏聖教序 神龍二年五月

右中興三藏聖教序在長清縣四禪寺碑亦斷裂文字可辨者不及二百名首行云大唐中興三藏聖教序中興二字鑿去餘七字及次行御製二字尚完好金石錄載此碑在濟南長清縣界西禪寺西禪當作四禪乃轉寫之譌碑爲唐奉一書結體在隸楷之閒益都李素伯云寺在靳家莊官道旁距靈巖寺甚近

元 滎陽縣令盧公清德文 神龍二年五月

右滎陽縣令盧正道清德文前中書舍人內供奉劉穆之篹題云大唐洛州滎陽縣頭陁逸僧識法師上頌聖主中興得賢令盧公清德之文碑爲識頭陁及鄉人劉虔獎王虔福等所立而以頭陁之名特標於題唐人之崇釋氏而不知大體如此適足取笑後世爾舊唐書中宗紀神龍三年二月改中興寺觀爲龍興內外不得言中興碑立于是年五月未嘗諱中興字蓋其時主昏於上而公議自在大書深刻近在畿甸三思崇訓之威力不能禁也碑有云鴻漸于磐鷖遷于木桉詩鳥鳴嚶嚶鄭氏訓兩鳥聲與鷖字義異然唐人以鶯出谷爲詩題此碑以鷖遷對鴻漸則固

皆以爲鳥鳴矣正道仕至鄂州刺史見唐書宰相世系表

亨 □部將軍功德記 景龍元年十月

右□部將軍功德記唐時幷州置天兵軍□部珣以右金吾衛將軍爲天兵中軍副使因造三世佛像於太原之天龍寺碑文八分書而首行郭謙光文及書六字則篆書金石文字記闕謙光之名今據石本補之珣妻黑齒氏燕國公常之之中女常之百濟西部人而此碑亦有本枝東海之語（金石文字記作京海誤）疑珣亦系出百濟與常之同降唐者爾碑末題景龍元年歲在鶉首鶉首於十二次屬未是年太歲在丁未也

亨 老子道德經 景龍二年正月

右老子道德經兩卷上卷曰道經下卷曰德經分兩面刻之其額云大唐景龍二年正月易州龍興觀爲國敬造道德經五千文碑末題觀主張奝行名案河上公注本道可道以下爲道經卷上上德不德以下爲德經卷下晁說之跋王弼注本謂其不析道德而上下之猶近於古不知陸德明所撰釋文正用輔嗣本題云道經卷上德經卷下與河上本不異晁氏所見者特宋時轉寫之本而翻以爲近古亦未之攷矣予家藏石刻道德經凡五本惟明皇御注本及此本皆分道經德經爲二蓋漢魏以來篇目如此而

此本爲初唐所刻字句與宅本多異如無作无愈作俞芸作云譬作豫荒作忙佐作作噏作翕之類皆從古字又如故能蔽不新成石本作能弊復成師之所處荆棘生下石本無大軍之後必有凶年二句上將軍居右下石本無言以喪禮處之句夫唯病病是以不病聖人不病以其病病是以不病石本但云是以聖人不病以其病病是以不病此類皆遠勝宅本聊舉一二以見古石刻之可貴也

元 法琬法師碑 景龍三年五月

右法琬法師碑法琬中宗之三從姑太祖景皇帝之玄孫女也父臨川公德懋嘗官宗正卿兵部尚書謚曰孝皆史

所不載史稱永徽二年襄邑王神符薨而碑云六年薨與史不合據碑法琬以襄邑王薨之歲奏請出家時年十有三垂拱四年卒春秋卌有九今以永徽六年年十有三推之祗四十六歲耳竊意神符薨于永徽二年史文未必誤其年德懋請捨所愛女爲亾父祈福奉勑聽許而法琬之出家則在其明年年始十三也碑以二年爲六年特書者之誤爾碑爲左衞胡壹府胡衞劉欽旦書胡一府者五府之一以壹代一唐時公牒已多用之矣

元 長安縣丞蕭思亮墓誌 景雲二年二月

右雍州長安縣丞蕭思亮墓誌文云景雲二年歲次丁亥

攷是年乃辛亥書者之誤也思亮曾祖魖梁貞毅將軍邳州刺史新興侯梁書南史俱不載其爲梁宗室與否不可攷矣顏惟貞者魯公之父嘗從舅氏殷仲容授筆法以艸隸擅名此誌楷法秀逸疑即惟貞所書文猶沿唐初駢偶之習有云孔門之鯉幼即聞詩楊氏之烏童而擬易屬對殊可喜也

利 司空蘇瓌碑 景雲二年三月

右司空蘇瓌碑首行漫漶篆額唐故司空文貞公蘇府君之碑十二字特完好其文云惟唐景雲元年歲在庚戌太子少傅許國蘇公薨于崇仁里之私第粤明年三月己酉葬我公于武功之先塋趙德甫金石錄題爲景雲元年十一月葢未校其全文也文苑英華曾載此文以石本校之頗多異同如曾祖隋尚書右僕射開府儀同三司雍州牧諱威石刻作邳國公不作雍州牧大父隋職方郎中石刻無中字攷隋文帝父諱忠故改中書爲内史諸曹郎皆去中字不當稱郎中蘇威亦未爲雍州牧皆石本之可信者又碑稱中書侍郎同中書門下平章事范陽張公石刻平章事之下又有昭文館學士兼修國史皇太子侍讀十四字攷唐史中宗朝張說以兵部侍郎兼修文館學士至是爲宰相仍領學士昭文館即修文改名也宰相世系表蘇

氏魏都亭剛侯則第三子遁入世孫綽此碑述其先世有魏侍中則晉尚書遯遯與遁古字通碑稱瓌有子七人銘詞亦有七子令德之語今攷世系表止有六人葢史之漏

亨 景龍觀鐘銘 景雲二年九月

右景龍觀鐘銘并序凡一十六行二百六十八字後題年月二行云辛亥金癸酉金丁亥土以納音言之也睿宗御製文旣典雅而字亦奇古金質堅久無刹蝕可稱三絕序云耶溪集寶麗璧收珍銘又云傾巖集寶竭府收珍未免重複之病

利 孝子郭思訓墓誌 景雲二年十二月

右孝子郭思訓墓誌無撰書人姓名思訓始應吏職清白
舉及第再應孝悌廉讓舉及第攷唐制諸州歲舉孝廉益
卽碑所云孝悌廉讓舉也吏職清白舉則馬端臨所述唐
制科名目未之及焉

亨 田義起石浮圖頌 太極元年四月

右碑題大唐易州石亭府左果毅都尉薊縣田義起石浮
圖頌太極元年四月八日建爲文者歷陽丞王利貞也攷
唐書地理志易州軍府有古亭無石亭蓋字相涉而誤爾
府兵之制唐中葉已廢地理志所載諸府名已不能詳雍
州置府百三十一志止得其十一餘皆逸之此碑末載義

起弟義冲雍州興國府右果毅都尉於是又知有興國府
之名故史家不可以不博聞也碑以薊爲蓟亦異文

利 亳州錄事參軍馮本紀孝碑 先天元年十一月

右亳州錄事參軍馮本紀孝碑在高陵縣碑已斷中央損
五十餘字撰文者名朝隱而闕其姓攷唐書文藝傳閻朝
隱先天中爲祕書少監此碑文云朝隱竹簡舊游蓬山遺
老題銜書少二字可辨祕字亦存其半知爲閻朝隱無疑
也馮君卒於咸亨四年以久視元年葬先天元年樹碑距
葬時已十三年矣碑爲嗣子銀青光祿大夫留直昭文館
敦直所書歐趙諸家俱未收錄顧氏記金石文字始錄之

又別出亳州錄事參軍一碑其實卽此碑之上半誤分爲
二耳碑書厖作尨敦作𡙇皆別體

亨 涼國公契苾明碑 先天元年十二月

右涼國公契苾明碑明卒於埜壂卽證聖字元年臘月以萬歲
通天元年八月葬肅政御史大夫婁師德爲製碑文文稱
長子左豹韜衛大將軍兼賀蘭州都督涼國公名已漫漶
然上半從字猶依稀可辨據唐書本傳云子嵩襲爵則是
聳字但此碑前云授長男嵸三品而次子嵩崇等名皆從
山又疑當爲𡽱字蓋卽嵸而移其山於下耳末題先天元
年十二月十六日孤子息特進上柱國涼國公嵩蓋立石

距製文之時已十有六年長子没而更以嵩襲公爵亦史
所失載也碑用武后新製字惟府君之君聖人貞觀之聖
仍書本字

利 周公祠碑 開元二年十二月

右周公祠碑朝議郎行偃師縣尉賈口義撰文多漫漶不
見書人姓名詳其文義蓋以河南尹龍西李行正少尹彭
城劉禎偃師令彭城劉體微等禱雨周公祠有應立石頌
之也攷舊唐書本紀開元二年正月關中自去秋至于是
月不雨人多饑乏遣使賑給名山大川並令祈祭以此碑
證之則東都亦苦旱也是時明皇親政姚元之當國民隱

不壅於下而守令亦能勤於民事祈禱之誠如響斯答良
足稱已

利 嶲州都督姚懿碑 開元三年十月

右嶲州都督姚懿碑碑云公後娶劉氏今紫微令崇故宗正少卿景之母也以唐表攷之則懿有三子曰元景曰元之曰元素元素官宗正少卿而元景乃潭州刺史且論其次第元景似元之之兄與碑皆不合碑立於元之為相時又奉勑撰必無有誤其單稱景則以避明皇尊號故耳懿葬于硤石而劉夫人别葬萬安山碑述夫人遺令云昔邴根矩沐德信並通儒達識咸以同窆爲非實獲我心當從

其議無改吾志爾惟孝乎按三國志邴原女早亾太祖愛子倉舒亦没太祖欲求合葬原辭以合葬非禮乃止竊意根矩此言特不欲蹈嫁殤之失非眞以同窆爲非禮與德信終制戒後亡者不得入藏固有别也德信事見裴松之魏志注碑立於開元三年十月金石録作七月誤

亨 淨域寺法藏禪師塔銘 開元四年五月

右淨域寺法藏禪師塔銘田休光撰文正書無姓名法藏姓諸葛氏蘇州吴縣人吴郡太守蘇州刺史詟之曾孫隨閬州刺史穎之孫唐少府監丞禮之第二子也武后時嘗奉勑於東都大福先寺及化度寺檢校無盡藏以開元二年十二月卒而建碑於四年五月其書萃堵波作墷睹波則它刻所未見也碑稱隨信行禪師撰三階集録數十卷隋經籍唐藝文志皆未載予又攷隋書文學傳有諸葛頴者丹陽建康人官著作郎終正議大夫未嘗爲閬州刺史其父名規梁義陽太守亦不名詟則與法藏之祖雖同時而非一人矣

利 光祿少卿姚彛碑 開元五年四月

右光祿少卿姚彛碑趙氏金石録云撰人姓名殘闕寶刻類編則以爲崔沔撰今檢石本姓名雖漫漶其上有朝議郎檢校祕書少卿博陵字甚完好博陵爲崔之望則沔所

撰審矣彛官終於光祿少卿而宰相世系表但云鄧海二州刺史亦攷之未審碑書葉作菓避太宗諱改世爲云也其書夭作𡘲唐人石刻多有之

利 宗聖觀主尹尊師碑 開元五年十月

右宗聖觀主尹尊師碑師名文操隴西天水人遠祖緯仕後秦因家於鄠漢書地理志右扶風鄠縣古國有扈谷亭夏啟所伐是扈鄠本一字故碑云扈人也高宗以晉府故宅爲昊天觀爲文皇祈福以文操爲觀主嘗授銀青光祿大夫行太常少卿固辭不得已乃授散官蓋其時緇黄之侶猶畏公議不敢輒玷清班至開元中葉法善授鴻臚卿

大歷中梵僧授鴻臚卿宴然居之不爲怪矣員半千傳稱封平原郡公碑作平涼縣開國公傳云入宏文館爲學士碑作崇文館學士皆當以碑爲正古書處宓二字恒相亂仲尼弟子宓不齊本當爲處後人誤讀如密今本史記遂誤作密字此碑處妃字亦誤爲密矣碑爲元人重摹有提點聶志眞跋今亦中斷

亨　幽棲寺尼正覺浮圖銘　開元六年七月

右幽棲寺尼正覺浮圖銘不著姓氏開元六年七月十五日建眞書時帶隸體其銘曰皎見顧高茸此臺塔妍巖疑語凝原擬業皆用雙聲而詞不工以東坡江行見月四言較之殆有仙凡之別矣碑云入仏法海仏卽佛字黃叔璥中州金石攷云碑在汜水縣之多寶院

貞　鬱林觀東巖壁記　開元七年正月

右鬱林觀東巖壁記海州司馬崔惟怦與東海縣令元暖丞閭朝賓主簿孫克友尉茍抱簡上官崇素司兵竇晏游賞斯巖而惟怦子逸爲文紀之八分書鑱諸巖閒甚雄偉不著書者姓名疑卽出逸手也碑惟見於趙錄近代金石家皆未寓目山陽吳山夫爲予言碑見在海州後廿年嘉善孫山尊令贛榆爲予搨致之其文云晚跲心事盡於巖閒跲卽齡字之省

元　兗州都督于知微碑　開元七年六月

右兗州都督于府君碑府君名知微字辯機燕國公志寧之孫也碑書志寧所歷官頗詳其云秦王友禮部尚書新舊史皆未載又云蒲岐華三州刺史新史則云出爲榮州刺史改華州以蒲爲榮又不云岐州是其缺誤也碑敘先世譜系及諸子俱與宰相世系表合碑稱知微高祖義周涇州刺史隨瓜潼兗邵四州刺史涇州總管而表云隋潼州總管碑稱曾祖宣道周儀同大將軍隨內史舍人左衛率上儀同皇朝贈涼州刺史表惟云隋上儀同舊書志寧傳惟云隋內史舍人而已是其異也碑云京兆萬年人而史云京兆高陵人當以碑爲正金石錄以碑文爲姚崇所撰今漫滅不能辨矣

利　贈太尉王仁皎碑　開元七年十月

右贈太尉王仁皎碑在同州府大荔縣之羌白鎭仁皎明皇廢后王氏之父也唐書后妃傳稱同州下邽人碑云大原祁人者舉其族望也碑文張燕公所撰而明皇親書之額題御書二大字不審出何人筆此碑向來金石家皆未著錄歐趙諸公生於汴都全盛之日茲刻近在左馮大書深勒曾未得寓目而予生六百年後乃獲藏弆而寶之金石之顯晦殆亦有數邪

雲麾將軍李思訓碑 開元

右雲麾將軍李思訓碑文稱姪吏部尚書兼中書令集賢院學士修國史晉國公林甫攷唐書宰相表開元二十二年五月林甫自黄門侍郎爲禮部尚書同中書門下三品二十四年七月爲兵部尚書十一月兼中書令然則北海製文當在廿四年以後而金石錄寶刻類編諸書皆題爲開元八年蓋因碑文有八年六月廿八日合祔之文而不知祔葬之與立碑非一時也顧文學言唐人日曰二字同一書法惟曰字左角稍缺此碑謚曰昭公字兩見皆作日左角亦不缺筆邕於思訓自稱從子然新舊史邕傳不言

出於宗室未知其審

華嶽精享昭應碑 開元八年

右華嶽精享昭應碑記開元八年遺舊相尚書許國公蘇頲禱雨西嶽感應之事華陰縣主簿平陽咸廙撰殿中侍御史彭城劉升八分書不署年月刻於後周華嶽頌碑之陰攷蘇頲以開元八年正月罷相爲禮部尚書本傳不載遣禱雨西岳事略之也㢸邇之邇作迩蓋走辵偏旁字古人多相通代用耳碑左方又有八分書蓮華巍巍竹箭喧豗浩浩今古幢幢往來十六字則銀青光祿大夫守兵部尚書博陵郡開國公崔漢衡所題而華陰縣令盧倣書其時興元元年十二月也又有銀青光祿大夫檢校華州刺史上柱國李休光題額二十字驗其字體亦出盧倣手蓋勒碑之後又六十餘年而始題其額耳碑前兩行下半空處有貞元元年二月檢校水部員外郎崔顥華州司功參軍鄭齊眪華陰縣令韋綬三人題名其下則宋元豐五年正月通直郎劉陶題名碑中空處又有政和壬辰二月顯謨閣直學士席旦及子奎益題名其餘明人題名不及載

潛研堂金石文跋尾卷六

錢大昕著

唐三

鎮軍大將軍吳文碑　萊州刺史唐貞休德政碑
奉先寺大盧舍那像龕記　娑羅樹碑　御史臺精
舍碑 碑陰碑額兩側題名　內侍高福墓誌　香積寺主淨業
法師塔銘　王無競墓誌　虢國公楊花臺銘　右
武衛將軍乙速孤行儼碑　嵩岳少林寺碑　興唐
寺主尼法澄塔銘　銀青光祿大夫口憲墓誌　麓
山寺碑　東林寺碑　代國長公主碑　李憕華嶽

題名　大智禪師義福碑 碑陰記　沁州刺史馮公
碑　齊州神寶寺碑 碑側　臨高寺碑　三藏無畏
不空法師塔記　濟度寺尼惠源和上神空誌　立
周大師尉遲迥廟碑　御注道德經　易州鐵象頌
易州刺史田公德政碑　萬公唐儉碑　石壁寺
鐵彌勒像頌　眞容應見記　金仙長公主碑　兖
公之頌　告泰華府君文　眞容靈應頌　明皇御
書勅　嵩陽觀紀聖德感應頌　薛艮佐塔銘

唐三

元 鎮軍大將軍吳文碑 開元九年十月

右鎮軍大將軍吳文碑失其上半有云長戟衆于司宮高門聯於寺伯又銘辭云詩徵孟子相舉王稽知其爲內侍也文之祖內給事父內常侍其子或官內常侍或官內僕局丞或官掖庭局丞身爲宦者何由有兒而子孫相承至于四世蓋權勢所在必由附麗以進內侍之養子愜爲內侍謬種流傳理之所宜有者降至末季遂有以士大夫而願爲中官養子者矣其云公夫人之顧命願不合於雙棺則文妻未嘗合葬也史載高力士娶呂元晤女李輔國娶元擢女而文亦有妻李氏然則唐之宦者固多有妻以官者而仰良家以爲牉合詎宜以同穴之禮責之也哉

萊州刺史唐貞休德政碑

右萊州刺史唐府君德政碑今在萊州府治文字殘缺撰書人姓名立碑年月皆不可攷貞休新舊史俱無傳以碑所載歷官攷之蓋嘗爲華州司倉參軍岐州扶風縣令雍州奉天縣令安國相王府諮議參軍比部郎中洛州洛陽縣令遷萊州刺史由刺史遷都督以去案唐書百官志景雲二年置都督二十四人察刺史以下善惡秩比侍御史貞休除都督蓋在其時碑文都督下似是潭字疑除潭州都督也宰相世系表稱貞休鄜州刺史不及萊州者據所終之官言之也趙氏金石錄有萊州刺史于府君碑沙門

重閏八分書開元十年七月立此碑亦八分書以年代攷之正相近疑德甫所收卽此後人轉寫誤以唐爲于爾德甫嘗知萊州碑見在州治不應獨遺之

元 奉先寺大盧舍那像龕記 開元十年十二月

右大盧舍那像龕記云佛身通光座高八十五尺二菩薩七十尺迦葉阿難金剛神王各高五十尺高宗天皇大帝所建皇后武氏助脂粉錢二萬貫始于咸亨三年四月以上元二年十二月畢功調露元年八月奉勑于大像南置大奉先寺二年正月大帝書額而記文之後附開元十年十二月牒云勑旨龍花寺宜合作奉先寺蓋調露賜額本云龍花寺記作于開元中追稱爲大奉先寺爾婁機漢隸字原云漢碑凡元亨字皆作享至子孫享之之類又皆作享攷之九經字樣凡元亨之亨享獻之享烹飪之烹說文作亯亦作亯只是一字經典相承隸省作享者音響作亨者音赫平又音魄平後人復別出烹字其實皆可通用也予初見張阿難碑書咸亨爲咸享疑其下筆之誤今此碑亦作享又唐書杜審言傳稱咸享初蓋唐時雖用楷書猶存篆隸遺法咸享卽咸亨正是從古朱錫鬯跋誤作咸淳不知高宗紀元有咸亨有永淳無咸淳也記末題進士都仲容記字體頗不類左旁又有政和六年題字以筆法驗之如出一手皆宋人所添入也

刻 娑羅樹碑 開元十一年十月

右娑羅樹碑娑羅本西域之木不知何時移植淮陰土人莫之識也武后證聖中僧義淨還自西域過而名之開元中李北海始爲之記碑石久亾明隆慶壬申洒陽陳文燭知淮安府得舊搨本重刻於郡齋陳所得者裴界之本卽用橫石刻之故行款皆失其舊唐人碑惟國子學九經橫刻取其便於諷誦此外無橫刻也余本有食遮切之音茶从余聲尒疋檟苦荼卽茶茗字也茶乃荼之省文流俗誤分荼茶爲二此碑荼毗字作茶可見唐人猶識古音也邕官海州刺史新舊史本傳俱失載碑云州牧宗子仲康者高平王道立之孫由主客郎中出爲楚州刺史其云司馬宗子景虛則宗室表所未載也實誠盈官至青州刺史見宰相世系表金石錄有張松質與李邕書碑所載邑宰清河張公松質卽其人也

元 御史臺精舍碑 開元十一年

右御史臺精舍碑中書令崔湜任殿中侍御史日所纂至開元十一年湜得罪貶死已久而梁昇卿追書之其文章爲世所重如此文云左臺精舍者諸御史冀羣愚之所作也長安初湜自左補闕拜殿中侍御史至止之日其搆適

就蓋自武氏稱制告密之法熾羅織之經行日殺無辜如封羊豕其後周興侯思止來俊臣之徒相繼伏誅用刑稍平而歲繫臺獄者猶以千計於是執法之吏於獄旁作精舍假佛法以讖之雖云導人作善遁宊亦痛逝者之含冤地下不得已而爲資其冥福也若崔隱甫爲御史大夫掘去臺獄乃在昇卿書碑之後距立精舍之時已遠朱錫鬯跋以爲去臺獄而列精舍攷證亦太疎矣

元碑陰碑額兩側題名

右碑陰題名侍御史殿中侍御史監察御史各爲一列惟侍御史盧懷愼殿中侍御史崔湜監察御史陸景初三人名亦昇卿分書餘皆正書昇卿題名凡再見亦正書也碑額空處監察御史常著崔宣皇甫衡等六人名亦八分書乃後人續題非昇卿筆其餘亦皆正書碑陰之額有天寶元載已後知雜侍御史題名碑左右側亦有題名俱正書而字體大小工拙不均先後亦無倫次

元內侍高福墓誌　開元十二年正月

右內侍高福墓誌麗正殿修撰學士校書郎孫翌字季良撰云府君諱福字延福渤海人由奚官丞秩滿遷本局令稍轉官闈令兼謁者監以子力士有功特拜朝議大夫守內侍員外置遷中大夫正除本官開元十一年十二月卒

大歛之日天子遣中使臨弔賵絹三百疋桉唐書力士傳力士本馮盎之曾孫中人高延福養爲子史不云名福者以字行也碑云頃國步多艱而守謀立順誚誅蕭岑等功也尹知章傳季良偃師人一名翌仕歷左拾遺集賢院直學士趙冬曦傳與校書郎孫季良入集賢院修撰碑稱麗正殿修撰學士者開元十三年始改麗正修書院爲集賢殿書院其時尚未改名也季良以字行故書名兼及其字

利香積寺主淨業法師塔銘　開元十二年六月

右香積寺主淨業法師塔銘淨業姓趙氏父迪爲天馬監唐書百官志太僕之屬有沙苑樓煩天馬監開元二十三年廢卽其職也字書無廸字蓋廸之別碑書葉作莱避文皇諱改世爲云也稟卽稟字凡卽凡字適本从啻隸省爲商碑譌从商

元王無競墓誌　開元十二年十月

右太子舍人王無競墓誌今在萊州府東關文云公生于齊長於魏不忘吾黨常操土風嗣子日新等奉成先志以開元十二年歲次甲子十月丁亥朔廿三日己酉徙殯于魏國葬于東萊之口口夫人范陽盧氏祔焉從周也康熙開萊人掊土得此石止存後半數行姓字官閥俱不可見畢湖目以文苑英華攷之知爲無競墓誌其文則孫逖所

撰也文苑英華本稱嗣子某不載其名又云以開元十六年某月某日徙殯于館陶此誌作十二年且具列其月日文亦閒有異同當以石本爲正

元 虢國公楊花臺銘 無年月

右虢國公楊花臺銘文稱輔國大將軍虢國公楊等皆天子貴臣忠義盡節虢國公楊者内侍楊思勗也書姓不書名葢碑之變例顧氏金石文字記以爲虢國公主則大誤矣文爲亳州臨渙縣尉申屠液撰唐志亳州無臨渙縣亦史之闕也文有序無銘而題云花臺銘并序末云乃爲銘曰豈別有銘詞刻于宅石而今失之乎

元 右武衞將軍乙速孤行儼碑 開元十三年二月

右右武衞將軍乙速孤行儼碑行儼神慶之子也金石錄所載又有乙速孤晟碑今已亾矣惟神慶父子兩碑巍然獨存乙速孤氏名不見于正史而家世譜系更千百年班班可考古人欲揚其親而刻石以託不朽詎無益哉行儼以神龍二年墨制授右武衞將軍員外置同正員墨制猶云墨敕不由中書門下而出自禁中者也中宗之世政出多門後宮貴戚墨敕斜封凡員外同正試攝檢校判知官大都以賄得之行儼殆亦以賄進歟普濟興國黃城三軍府之名唐書地理志皆無之予嘗得田義起石浮圖頌始知興國爲雍州百三十一府之一其二府則未知其在何州也

亨 嵩岳少林寺碑 開元十六年七月

右嵩岳少林寺碑裴漼撰并書新舊史皆爲漼立傳其封正平縣子則史所失載也或謂子男五等封爵之細於史傳可不書然嘗攷之唐史如魏徵嘗封鉅鹿縣男杜如晦嘗封建平縣男孔穎達封曲阜縣男又進爵爲子歐陽詢封渤海縣男歐陽通封渤海縣子韋虛心封南皮縣子吳兢封長垣縣男柳沖封河東縣男俱載於本傳未嘗從略則此之不書者難免疎漏之譏矣

元 興唐寺主尼法澄塔銘 開元十七年十一月

右興唐寺主尼法澄塔銘嗣彭王志暕撰并書志暕嘗爲宗正卿唐書宗室世系所未載也志暕女彌多羅出家爲法澄弟子而法澄祖父亦皆列官于朝葢唐時朱門世胄無不欽信佛法以帝女之貴且有出家學道者其宅固難悉數矣文云如意之歲濫刑肆逞誣及法師將扶汝南謀其義舉坐入宮掖中宗和帝知名放出葢武后時嘗没爲宮婢者古人命字或取三字如張天錫字公純嘏崔宏度字摩訶衍之類法澄字无所得亦三字也

貞 銀青光祿大夫口憲墓誌 開元十四年十一月

右銀青光祿大夫□憲墓誌石已損裂一角不得其姓首云公諱憲字令將平陽臨汾入其敘先世有云漢大將軍棘蒲侯武故偃師金石遺文記題爲陳憲按棘蒲剛侯陳武見於漢書功臣侯表而文帝紀以棘蒲侯柴武爲大將軍與表不同臣瓚以爲有二姓則武實以柴姓顯廣韻陳氏出潁川汝南下邳廣陵東海河南六望不聞有出平陽者此君宜是柴姓矣古書宅與擇通此碑宅乎中庸正用禮記擇乎中庸也撰書姓名俱損失不傳而分隸秀勁有梁昇卿史惟則法度

貞 麓山寺碑 開元十八年九月

右麓山寺碑在長沙府城外嶽麓山乃李北海書之極有名者文云元嶽中尙書令湘州刺史王公僧虔右軍之孫也以晉宋齊史攷之僧虔爲丞相導之玄孫於羲之爲族曾孫不當云孫也又云梁天監二年刺史夏侯公諱祥按梁書南史俱作詳古書祥詳二文恆通用

亨 東林寺碑 開元十九年七月

右東林寺碑李北海書後題開元十九年七月十五日建攷張又新記稱李公作東林寺碑手筆一軸俾模而刊石藏於寺者凡百一十三歲釋雲皐一旦覩碑卷歎曰莫石莫刊將焉用僧遂募緣成其事會河東裴公開府鍾陵聞皐志願亦垂信施因自染翰贊列爵秩名氏於卷末皐乃得摹而刊於碑是開元中此文初未刻石刻石乃在會昌之世正裴休刺洪州時也唐書裴休傳不云爲洪州刺史則史文之略也碑燬於元延祐七年及重紀至元之三年番陽丁信可再摹刻之

元 代國長公主碑 開元二十二年十二月

右代國長公主碑碑云公主字花婉而傳作華婉又云肇開湯沐冊號永昌後乃相攸下歸于鄭錫之美邑一千四百戶開元初加崇代國長公主傳不書封邑之數而開元初加號長公主亦略之未免失之簡矣攷唐書十一宗諸

子列傳云開元後天子敦睦兄弟故寗王戶至五千五百岐薛五千申王四千邠府千八百帝妹戶千而公主傳鄎國公主開元初封邑至千四百戶此碑所載代國公主食邑亦千四百戶則公主封邑未嘗以千戶爲限也金仙長公主碑亦云邑一千四百戶

利 李憕華嶽題名 開元廿四年六月

右李憕華嶽題名云鄭縣尉李憕以開廿四六月六日充勅簡募飛騎使判官向陝虢州點覆其月十四日事了回便充京畿採訪使勾覆判官此過赴京其文刻於華嶽頌之左側開下脫元字余嘗論明皇仿周官修六典省臺寺

監官各有司欲去冗濫之弊而因事置使名目猥多揚國忠以度支郎中兼領十五餘使及至宰相領四十餘使名之濫如此古人謂省官不如省事良有以也國忠所領有召募劍南健兒使此簡募飛騎亦其類蓋自府兵壞而召募之使四出然健兒身手終不能當漁陽之鼙鼓者文且而實不至爾採訪使之下有勾覆判官唐書百官志亦末載

完　大智禪師義福碑　開元廿四年九月

右大智禪師碑舊唐書方技傳義福以開元二十年卒有制賜號大智禪師葬于伊闕之北送葬者數萬人中書侍

郎嚴挺之爲製碑文即此碑也義福卒于開元廿四年夏五月而傳云二十年誤

字　碑陰記　開元二十九年五月

右大智禪師碑陰記河南少尹陽伯成撰亦史惟則書伯成嘗爲戶部郎中見唐書崔沔傳

刻　池州刺史馮公碑

右池州刺史馮公碑文多漫漶其篆額云大唐故朝散大夫守池州刺史馮公之碑凡四行十一字完好可讀此碑歐趙録皆無之始見於寶刻類編近世金石家題爲池州由未審篆文之故考唐書地理志池州武德四年以宣州之秋浦南陵二縣置貞觀元年州廢永泰元年復析宣州之秋浦青陽饒州之至德置碑立於開元中其時未有池州也據寶刻類編云碑以開元廿二年立今摩滅莫能辨矣

字　齊州神寶寺碑　開元二十四年十月

右齊州神寶寺碑李宣撰兼書李字其上半漫漶或有缺文則是其姓子也今在長清縣靈巖山寺本沙門明公駐錫之所唐時改今名以寺北有寶山東有神谷故也古人書丹於石遇石缺陷處則空而不書此碑及景龍道德經石刻皆然

字　碑側

右碑側刻佛說多心經一卷行書似懷仁聖教序末一行殘缺不得書人姓名

字　臨高寺碑　開元二十五年四月

右臨高寺碑宣義郎前懷州獲嘉縣主簿常允之撰帝文林郎吏部常選滔之書碑文完好可讀歐趙諸家俱未著錄蓋叔鹹二石今在閿鄉縣其書甚爲騰爲驪臺爲虎皆別體也閣本从舀而碑从臽蓋舀臽一文唐人已相爾矣

刻　三藏無畏不空法師塔記　開元廿五年八月

右三藏無畏不空法師塔記無畏者如來季父甘露飯王

之後十三嗣王位十九讓位入道開元初至京師文苑英華第八百六十一卷載李華所撰東都聖善寺無畏三藏碑卽其人也與嚴郢撰碑之三藏不空和倘各是一人但據李碑無畏初無不空之號據嚴碑不空亦無無畏之名此記乃合而爲一一可疑也據李碑無畏終于東都聖善寺葬于龍門西山而銘詞有伊水西山冥冥元室之語則是洛陽之龍門不當塔于咸陽二可疑也且檢此記前一段稱三藏無畏後一段稱三藏不空最後又稱金剛智無畏不空爲三大士則亦未溷而爲一旣係兩僧何緣同在一塔三可疑也記末題開元廿五年秋八月刊其時無畏已歿而不空乃卒于大曆中時代乖舛四可疑也此刻昔人未有著錄者書法亦俗其爲後人妄託無疑

元　濟度寺尼惠源和上神空誌　開元廿五年十一月

右濟度寺尼惠源和上神空誌京兆府倉曹參軍楊休烈撰姪定書惠源宋國公蕭瑀之孫女父鈛給事中利州刺史宰相世系表作鉞不云爲利州刺史者脫誤也文云曾門梁孝明皇帝稱曾祖爲曾門未詳其義定官至太常卿鈛之孫也姪者對姑之稱後世昆弟之子於世父叔父亦稱姪者乃相沿之失顏魯公於伯父元孫稱姪男未免蹈俗若定之稱姪爲合于古矣浮屠之法焚骨而瘞之于塔

此獨云神空者蓋墓而不塔也誌稱惠源將死謂其門人曰身没之後于少陵原爲空遷吾神也又稱以十一月旬有二日從事于空遵理命也理卽治字學釋氏者猶不忍焚如之慘而不用其法而民俗乃有惑于火葬者其亦無是非之心矣

亨　立周太師尉遲迥廟碑　開元二十六年正月

右立周太師尉遲迥廟碑歐陽棐集古錄目云前華州鄭縣尉閻伯璵撰序祕書省校書郎顏眞卿撰銘今驗石刻良然趙德甫但以爲顏公撰者攷之未詳爾李綽撰尚書故實稱張嘉祐開元中爲相州都督廨宇有災異郡守物故者連累政嘉祐至則於正寢整衣冠通夕而坐夜分屏閒聞歎息聲俄有人自西廡而出衣巾藍縷形器憔悴歷階而上直至於前嘉祐因厲聲問曰是何神祇來至於此答曰余後周將尉遲迥也死於此地遺骸尚存願托有心得畢葬祭前牧守者皆膽薄氣劣驚悸而終非余所害又指一十餘歲女子曰此余之女也同瘞廡下明日召吏發掘果得二骸備衣衾棺器禮而謝之越二夕復出感謝因曰余無他能報效願禆公政節宣水旱惟所命焉嘉祐遂以事上聞請置廟歲時血食上特降詔褒異勒碑敘述卽此碑也

御注道德經 開元二十六年十月

右明皇御注道德經開元廿三年令天下應修官齋諸州皆於一大觀立石臺刊勒歐陽公趙德甫所收者皆懷州本又不傳邢州本趙明誠甫嘗見之今未審尚存否予所收則易州本也石幢凡八面額題太上玄元皇帝道德經大唐開元神武皇帝注首載開元廿年十二月十四日勅末題開元廿六年歲次戊寅十月乙丑朔八日壬申奉勅建文字少一撇後列易州刺史田仁琬別駕周惠長史鄭景宣司馬杜欽賢諸人名懷州本經文御書注則諸王所書此幢經注皆出於一手驗其筆迹蓋蘇靈芝之書也石文間有廢缺亦有石本元缺者如其事好還既好還二字用之不可既既既字信者吾信之既信者二字知我者希則我者貴石本止有知我者貴四字以注證之皆當與今本同

易州鐵像頌 開元二十七年五月

右易州鐵像頌像爲刺史盧暉字子晃所造碑立之時暉已遷瀛州矣碑末云開北山通車道二所官坐鎮白楊谷戍院置縣二五廻樓亭拔城每驛旁造店一百間抱陽寺造長廊一百卅間移高陽軍營入城造廳及廊宇一百間造永濟四所已上并盧君造攷元和郡縣志五廻縣開元二十三年刺史盧暉奏置在五廻山東麓因名之二十四年刺史田琬以其險隘東遷于五公城在今易縣西五十里樓亭板城二縣元和志不載蓋天寶後縣已省也元和志又云高陽軍在州城內開元二十年置蓋亦盧暉所奏矣唐書地理志瀛州有長豐渠開元二十五年刺史盧暉自東城平舒引滹沱東入淇通漕溉田五百餘頃魏州有西渠開元二十八年刺史盧暉徙永濟渠自石灰窠引流至城西注魏橋以通江淮之貨然則盧君固當時之能吏所至皆以興建爲務者矣

易州刺史田公德政碑 開元廿八年十月

右易州刺史田公德政碑今在保定府之蓮池書院田琬

以開元廿四年治州有善政廿八年遷攝御史中丞安西都護以去州人立石頌之碑云公名琬字正勤而趙氏金石錄鄭氏金石略于氏天下金石志並題作田仁琬德政碑今易州龍興觀石刻道德經末亦題刺史田仁琬名元和郡縣志又書易州刺史田琬碑刻立於當時稱名必無差誤不知何以異同若此也唐會要凡授都督刺史階未及五品者並聽著緋佩魚離任則停之若在軍賞緋紫魚袋者在軍則服之不在軍不在服限琬階正議大夫正四品上其結銜稱賞紫金魚袋蓋以軍功得之與賜紫借紫者有別矣唐六典諸軍各置使一人其橫海高陽唐興恆

陽北平五軍皆本州刺史爲使又會要高陽軍本在瀛州開元二十年移在易州故琬以易州刺史兼高陽軍使也合黎軍府之名唐書地理志失載不知屬何州也琬嘗爲靈州刺史朔方軍節度副使押渾部落仍檢校豐安定遠及十將兵馬使攷之於史吐谷渾部落初自涼州徙鄯州不安其居復於靈州之故鳴沙縣置安樂州以居之又靈州黃河外有豐安安遠新昌諸軍安遠蓋定遠之譌故朔方節度得兼押渾部落使領豐安定遠二軍也十將兵馬使史無文以證之

莒公唐儉碑　開元二十九年

右莒公唐儉碑在醴泉縣殘缺金石錄云開元二十九年儉曾孫追立今可見者有皇唐開元廿數字耳其叙先世有云高祖岳後魏□州刺史又云邕齊□□□□□□僕射尚書令錄尚書事晉下闕又云散騎常侍隋□□□□□□□州刺史晉昌郡公桉本傳祖邕北齊尚書左僕射父鑒隋戎州刺史宰相世系表儉父義字君明隋應州刺史安富公與傳不同此碑儉父名已闕州刺史之上亦闕一字惟碑稱晉昌郡公而表云安富公則表誤矣據表儉之高祖曰令世又不載其官位此云高祖岳北魏爲州刺史亦當以碑爲正碑雖斷裂不能讀其可識者以文義求之與本傳事跡多合惟碑云封新城縣公尊改晉昌郡公史不載新成之封碑云加鴻臚卿史亦不載碑又云人多庸鄙惟尉遲敬德頗識事機公示之以安危告之以成敗大意述儉陷劉武周時密說敬德使降唐而新舊史俱不書者疑其非實錄也

石壁寺鐵彌勒像頌　開元二十九年六月

右石壁寺鐵彌勒像頌其文云石壁谷隨字卽隋隸西壽陽縣唐改壽陽爲文水先朝分置交城而立寺焉案隋書地理志文水舊曰受陽開皇十年改焉交城開皇十六年置是文水之改名交城之置縣皆在隋時碑以爲唐時改者

蓋誤而交城之由文水分則又史所未及載也又攷元和郡縣志壽陽縣本漢榆次縣地西晉於此置受陽縣卽今文水縣是也開皇十年改受陽爲文水縣又於受陽故城別置受陽縣卽今縣是也貞觀十一年改名壽陽唐志亦云壽陽貞觀十一年更名是壽陽之名寔唐初所改隋志書已改之受陽作受字別置之受陽作壽字似誤碑云隋隸西壽陽縣攷隋時兩受陽不竝置當因文水在今壽陽之西故土人稱西以別之不云受陽而云壽陽者據後所改而稱之也

元眞容應見記　開元二十九年六月

右眞容應見記東武趙氏題爲夢眞容碑武功蘇靈芝書

今傳於世者有二本一在盩厔縣一在易州予皆得之文字行款皆同惟勑內兵部尚書兼侍中牛仙客盩厔本作張九齡蓋後人惡仙客名輙磨去妄以九齡易之爾舊唐書禮樂志開元二十年閏四月玄宗夢京師城南山趾有天尊之像求得之於盩厔樓觀之側正指此事志稱二十年當作二十九年傳寫有脫文也當是時九齡去位已久諫諍之臣卷舌佞諛之言盈耳帝既夙好神仙妄念所感形於夢寐蓋求治之志荒矣卒之果有幸蜀之禍慶流乃葉亭祚無窮夢中之語詎有一驗哉李咸裕唐書無傳天寶十載以宗正少卿奉命祭北嶽安天王見舊史禮儀志

元 金仙長公主碑 開元中

右金仙長公主碑公主睿宗之女以丙午歲度爲女道士其時睿宗尚爲相王王女止稱縣主也通鑑景雲元年十二月上以二女西城隆昌公主爲女冠以資天皇太后之福仍欲于城西造觀諫議大夫甯原悌上言釋道二家皆以清淨爲本不當廣營寺觀勞人費財今二公主入道將爲之置觀不宜過爲崇麗取謗四方上覽而善之二年五月更以西城爲金仙公主隆昌爲玉眞公主各爲之造觀逼奪民居甚多用功數百萬唐書公主傳太極元年與玉眞公主皆爲道士築觀京師以此碑攷之則金仙入道已久惟築觀之舉當在景雲以後耳玉眞初號隆昌唐書作崇昌者史家避明皇諱追改之也胡三省云金仙玉眞二觀皆造於京城內輔興坊玉眞觀本竇誕舊宅與金仙觀相對今據此碑公主薨于東都開元觀是西京東都各有所住之觀矣唐書百官志皇姑爲大長公主姊爲長公主女爲公主獨不及皇妹予攷諸碑刻代國鄎國涼國金仙俱號長公主未必皆爲明皇之姊恐皇妹亦得稱之也

亭 兗公之頌 天寶元年四月

右兗公之頌開元廿七年制追謚孔子爲文宣王贈顏子淵兗公天寶初都督李庭誨命曲阜縣令張之宏爲頌其

序云宣王既已銘焉兗公豈宜闕爾似之宏尙有文宣王頌而今不傳矣碑末列名者丞隴西牛孝鱗主簿平陽霍廷玉尉廣平宋休囗天水趙再良尉員外置同正員高陽許瑾邪王文學文宣公孔璲之攷唐書宰相世系表璲之作璲之當從碑爲是唐六典上縣尉二人中下縣尉一人曲阜爲緊縣故得員外置尉也碑云公名回字子淵易淵爲泉避高祖諱顏氏家廟碑有若子泉宏都之德行亦是也顏之推云孔子弟子虙子賤虙羲之後俗字亦爲宓或復加山今兗州永昌郡城舊單父地也東門有子賤碑漢世所立乃云濟南伏生卽子賤之後是知虙之與伏古來

通字誤以爲宓較可知矣今本史記仲尼弟子列傳作宓
不齊此碑亦用密賤字正之推所譏爲俗字也碑書儒作
儒宴作宴亦異文

利 告泰華府君文 天寶元年四月

右告泰華府君文首稱惟廿七祀者開元二十七年也韓
賞事迹不見於史而擇木書駿駿入漢人之室宜爲少陵
數賞也擇木有鄰並以八分擅名今蔡書尚存尉遲迴麗
履溫二碑擇木獨此二百餘字爾

貞 眞容靈應頌 天寶元年七月

右眞容靈應頌碑末題開府儀同三司尚書右僕射曾孫

戴伋書攷唐戴胄與至德兩世宰相至德官至尚書右僕
射其卒也贈開府儀同三司則伋必至德之曾孫而唐書
世系表不見其名蓋史家失於採訪矣選舉志三品以上
蔭曾孫五品以上蔭孫孫降子一等曾孫降孫一等贈官
降正官一等僕射秩從二品開府儀同三司秩從一品伋
蓋承蔭而未得官者故以曾孫繫銜猶梁府君碑稱四品
孫五品孫也文云禎祥荐臻妖瀰不作瀰卽沴字隸楷偏
旁从仌者或變从尒遂與尔相涉又變尔爲爾也說文瀰
滿也从水爾聲沴水不利也从水㐱聲兩字聲義俱別似
無可通之理字書亦無讀瀰爲沴者然漢書五行志惟金

沴木說曰沴猶臨莅不和意也如淳注讀沴爲拂戾之戾
卽說文亦有水不利之訓以義求音許如當無異讀則與
瀰音仍不相遠或古篆沴戾字本从尒得聲尒爾元可通
用未可遽以此碑瀰字爲流俗妄作也

貞 明皇御書勅

右明皇御書勅一道刻於裴光庭碑之陰其文云贈太師
光庭嘗爲重任能徇忠節忽隨化往空存遺事其子屢陳
誠到請朕作碑機務之繁是則未暇朝廷詞伯故以口勅
彼之行能卿之述作宛其鴻裁因茲不朽耳凡十一行行
書甚壯偉而不署年月顧氏金石文字記題爲賜張說勅

攷說卒於開元十八年光庭之卒乃在其後則奉勅撰碑
者蓋別一人非張說矣或云當是張九齡今姑闕之

貞 嵩陽觀紀聖德感應頌 天寶三載三月

右嵩陽觀紀聖德感應頌唐宋碑刻多以撰人姓名列第
一行書人姓名次之題額者又次之此碑首題開府儀同
三司行尚書左僕射兼右相吏部尚書崇元館大學士集
賢院學士朔方節度等副大使上柱國晉國公臣林甫上
太中大夫守河南尹河南水陸運使上柱國賜紫金魚袋
兼東京畱守判畱司尚書省事臣裴迥題額碑末始題朝
散大夫檢校尚書金部員外郎上柱國臣徐浩書與它碑

式異季海官卑不敢與林甫迥竝列故也賜紫金魚袋賜緋魚袋例書於結銜之末此獨在兼官之上碑本八分書獨題年月處作小篆亦它碑所罕有也唐書宰相表天寶十載正月丁酉林甫遥領單于安北副大都護充朔方節度等使碑建於天寶三載林甫已領朔方節度副大使疑史有缺譌矣其兼崇元館大學士集賢院學士則本傳所未載徐浩傳亦不載檢校金部員外郎皆略之也明皇本紀天寶三載二月河南尹裴敦復討吳令光此碑題額者爲河南尹裴迥迥與敦復未審卽一人否

利 薛艮佐塔銘天寶三載閏二月

右薛艮佐塔銘予所得拓本損其一角姓名不可得見首稱龍集協洽者天寶二載癸未歲也云以來年閏二月十四日塔於終南山攷温公通鑑目錄天寶三載正閏二月金石文字記云閏四月轉寫之誤爾其云痛三武之喪偉節蓋用賈彪事三武者三虎也

潛研堂金石文跋尾卷七

錢大昕箸

唐四

貞廟碑 碑陰額上題字　舜廟碑　景教流行中國碑　易州刺史張公山亭再葺記

唐四

刊琵琶泓詩 天寶五載五月

右琵琶泓詩朝議大夫高平郡别駕權澈詞錢唐縣尉珉邪王紓書澈名不見於唐史文苑英華有獨孤及撰高平别駕權𢠵明碑即其人也澈字从水獨孤集本从彳乃偏旁之譌英華刊本作允則誤之甚矣獨孤碑云開元二十三年拜監察御史會監祭太廟先時同事者約相與偕赴及將赴祭約者有故不至遽不暇告公曰人約我矣豈可先已而後信乎遂不赴坐是降爲河南府法曹由新安令爲絳郡司馬高平郡别駕故其序有秉憲被讒來佐丹山之語也石刻在澤州鳳臺縣歐趙諸家皆未載計敏夫唐詩紀事亦無澈姓名

刊逸人竇居士神道碑 天寶六載二月

右逸人竇居士神道碑李邕撰段清雲書案唐書本紀天寶六載正月辛巳殺北海郡大守李邕此碑立於是年二月則在邕歿之後當時邕有重名而死又非其罪故身歿而文猶見刻古人之重文行不重勢利如此居士之季子元禮官梨園教坊使行内侍省内侍而碑文多述其戰功

蓋以宦官董軍如楊思勗之類碑文稱元禮正議大夫後題制新加銀青光祿大夫蓋由正四品上轉正三品下也柳子厚述唐時葬令云凡五品以上爲碑龜趺螭首降五品爲碣方趺圓首居士無位而立碑於法爲僭特以其子方爲内侍故當時不以爲非雖以李北海之强直且爲製文宅人固無論矣碑末一行云其碑傾覆承事郎奉元路涇陽縣尹兼管本縣諸軍奥魯勸農事姚達禮雅飭爲重立時元後至元六年歲次庚辰四月某日

元北岳恆山封安天王銘 天寶七載五月

右北岳恆山封安天王銘文載天寶三載上元庚寅加封中嶽三方詔書舊唐書本紀載此事在是年正月正合獨以庚寅爲乙亥則誤也明皇以垂拱元年八月生歲在乙酉納音屬水故碑云北嶽水正也乙酉水命也大君有命如彼北嶽鼎然不渝也碑稱安祿山銜曰驃騎大將軍員外置同正員兼范陽郡長史柳城郡太守平盧節度支度營田陸運兩蕃四府河北海運兼范陽節度經略支度營田副大使採訪處置使兼御史大夫上柱國柳城縣開國伯常樂安公攷唐六典武階二十有九驃騎大將軍從一品蓋武臣之最貴者文武散官不聞有定員此云員外置同正員者未正授之詞耳廣韻羌複姓有同蹄氏碑有司

功參軍汝南同瑜銑同瑜郎同蹄之異文蓋羌種而散處汝南者也

元碑陰 天寶七載三月

右安天王碑陰金石錄祗載碑陰而不及前碑止云八分書而不知撰書者姓名皆攷之未詳也碑末列郡僚以下姓名皆八分書惟岳令丁子琦獨正書者碑立於五月而子琦以七月一日到官别令宅人補書非千齡筆也唐書地理志博陵郡領十縣無鼓城此所題有鼓城縣介攷鼓城以大曆二年改隸鎮州明皇之時縣猶隸博陵也前供奉三洞道士劉從一列名岳令之次而以合鍊百花漿繁

銜誕妄已甚君子以是徵唐政之將亂矣

元千福寺多寶塔感應碑 天寶十一載四月

右千福寺多寶塔感應碑魯公之書楷百代獨此碑後人尤嗜之幾於家有一本矣康熙中碑石斷銘詞缺佛知見法爲五字空王可托本願同七字損歸我無空四字末行缺大夫行內侍趙思七字予所藏者尚是百餘年前搨本較之近時搨者鋒穎猶存眞可寶也

元內常侍□志廉墓誌銘 天寶十三載六月

右內侍省內常侍□府君墓誌銘朝議郎行陝郡平陸縣尉申堂構撰文林郎行文部常選上柱國南陽韓獻之書今在咸陽縣文字完好而府君之姓獨剥落誌文□□□之第六子亦闕三字蓋爲人椎去攷其文云吳稱帝業飛龍鬱起于江東漢碑賢臣易道超來于北海疑其族出孫氏也志廉官中常侍階止正五品下生平無他表見既沒之日詔贈粟帛申之弔祭喪事人力借供於是知明皇之崇寵宦者踰越常制以啓一代閹豎之禍所由來漸矣唐六典無文部常選之名舊唐書職官志天寶十一載改吏部爲文部新書亦同斯碑立于天寶十三載故曰文部所謂常選者不知何官攷宰相世系表有吏部常選又有兵部常選意其爲選人之稱爾銘詞云堂堂雅重蓋雅量之

訛與下玉巵有當協韻否則失韻矣堂構丹徒人有詩名殷遙選其詩入丹陽集史稱其爲武進尉不云平陸尉也

元東方朔畫像贊碑陰記 天寶十三載十二月

右東方朔畫像贊碑陰記其云河北采訪使東平王者安祿山也平洌李史魚二人名見唐書祿山傳碑建于天寶十三載季冬其明年祿山亂作矣

元張希古墓誌 天寶十五載四月

右左衞馬邑郡尚德府折衝都尉張希古墓誌唐之府兵皆隸於諸衞左右衞領六十府諸衞領五十至四十其餘隸東宮六率此尚德府則左衞所領也尚德府領于左衞

而又稱左龍武軍宿衛者蓋番上宿衛時別有配隸非必就本衛爾唐書地理志馬邑郡無倚德府蓋史之闕佚希古子二人俱武部常選天寶十一載改兵部曰武部故也

刻 雲門山投龍詩 天寶七載

右雲門山投龍詩北海太守趙居貞所作金石錄不詳書人姓名驗其文乃渤海吳口書也碑稱明皇尊號云天寶聖文神武口口皇帝而天寶之上尙有闕文攷唐書天寶七載五月上尊號曰開元天寶聖文神武應道皇帝則此碑上闕開元二字下闕應道二字矣居貞以是年病月至郡辛月己巳登雲門碑首紀年處雖殘闕以史推之當即

在天寶七載其明年尊號又增至十二字矣居貞五言詩嚴重不失盛唐風格而計敏夫唐詩紀事不載其姓名蓋唐人能詩者多或傳或不傳若有數存乎其間而古人伐石勒名以圖不朽非無裨也碑在青州城南五里雲門山歲丁酉李素伯拓以見贈

元 憫忠寺寶塔頌 至德二載十一月

右憫忠寺寶塔頌憫忠寺今改名法源寺予在京師公事之暇輒與二三同志往遊摩挲斯碑誦其文略能上口前後有數十字類磨去重刻朱錫鬯謂碑建于思明未降唐之先降附以後命靈芝改書其說精而核矣末題至德二載至德字載字皆磨去重刻而舊文尙隱隱可辨至似元是聖字載似元是年字攷祿山以天寶十五載僭號明年歲在丁酉故頌文云歲作噩其題年月必稱聖武二年矣頌爲范陽府功曹參軍兼節度掌書記張不矜撰不云范陽郡而云府者蓋祿山僭號之後改郡爲府爾蘇靈芝署銜云承奉郎守經略軍冑曹參軍按唐書地理志幽州城內有經略軍百官志諸軍各置使一人軍皆有倉兵冑三曹參軍事故經略軍得置冑曹也

貞 張惟一祈雨記 乾元二年二月

右張惟一祈雨記刻於述聖頌之左側据宰相世系表惟

一望出清河東武城宰相錫之孫官至華州刺史此記正在刺華時與唐表合新舊史皆不爲惟一立傳王定保摭言載蕭茂挺父爲莒丞得罪淸河張惟一時佐廉使按成之茂挺初登科自洛還莒道邀車發辭哀乞惟一涕下卽日舍之且曰蕭贊府生一賢方資天下風教吾由是得罪無憾也宋子京嘗采其事入潁士傳美其好賢之誠有足多者又嘗爲荊州長史見呂諲傳

元 縉雲縣城隍廟記 乾元二年八月

右縉雲縣城隍廟記城隍之神不見于古左傳祝宗用馬于四墉又云祈于四鄘杜預以爲墉城也城隍之有祀也

其濫觴于斯乎北史慕容儼鎮郢城城中先有神祠一所俗號城隍神隋書五行志梁武陵王紀祭城隍神將烹牛忽有赤蛇繞牛口祀城隍神始見于此至唐而益盛故張說有祭城隍之文杜子美詩有賽城隍之句然猶不列于祀典少温記文可證也歐陽公跋云今天下皆有而縣則少是宋之城隍祠又盛于唐而縣猶不皆有祠明洪武初從禮臣之請加以封爵京都城隍曰昇福明靈王府曰威靈公州曰靈佑侯縣曰顯佑伯未幾詔去封爵祇稱某處城隍之神京都歲遣太常寺堂上官行禮諸府州縣則守令主之而祀典通于天下矣碑在宋時已斷裂宣和五年十月縉雲縣令吳延年丞史良翰主簿費季文尉周明重勒石

貞石門山唐人詩

右石門山唐人詩其一題云游石門山勅採訪大使潤州刺史徐嶠作一題云題石門山瀑布入韻敬贈吳郡守兼江東採訪使張愿作皆刻于青田縣石門洞石壁乃數百年後爲宋人大書題名於上鑱損殆盡徐詩首二行尙可辨張竟無一字存者可歎也瀑布之瀑今人多从水旁此刻獨日旁攷說文瀑疾雨也一曰沫也一曰瀑賁也詩曰終風且瀑是瀑有三義山泉自上出曰瀑布不見於尔雅或取其疾如瀑雨其白如布則從水或取其下垂如瀑布之懸則从日於義得兩通也

貞乇據題名

右乇據題名凡六行其文云陳鄭澤潞等州節度行軍司馬殿中侍御史乇據再隋使主赴上都朝謁往來皆虔拜神祠時寶應二年六月八日記按寶應無二年據代宗紀廣德元年七月壬子大赦改元則六月以前猶稱寶應二年矣其云使主者節度使李抱玉也抱玉本陳鄭潁亳節度使代宗卽位兼澤潞節度使方鎮表寶應元年澤潞節度增領鄭州又增領陳邢洺趙四州正抱玉爲帥之日德宗以後陳鄭與澤潞各自爲鎮不復相統攝矣蓺文志有乇據相國涼公錄一卷紀李抱玉事此使主爲抱玉之證或以郭子儀當之非是

利顏魯公與郭僕射書　廣德二年

右顏魯公與郭僕射書稿世所謂爭坐位帖也舊唐書代宗紀廣德二年十一月丁未郭子儀自涇陽入覲詔宰臣百寮迎之於開遠門上御安福寺待之此帖所稱興道之會正在其時魯公年譜繫之廣德二年信矣此書前一段言魚朝恩階雖開府官止監門將軍以班列言之應序於十二衛大將軍之次卽欲別示尊崇只可於宰相師保座

南橫安一位如御史臺知雜御史之例不當列於僕射之上後一段言僕射是二品六曹尚書並三品非隔品致敬之類不當擠排尚書使在下座所云裴僕射者左僕射裴冕也尊者爲賤所偪賤誤作賊唐會要尚書左右僕射自武德至長安四年以前並是正宰相豆盧欽望拜左僕射不言同中書門下三品不敢參議省事數日始加知軍國重事至景雲二年韋安石除左僕射東都留守不帶同三品自後空除僕射不是宰相遂爲故事英乂除僕射時已非宰相然官品最高在侍中中書令之上過此則爲三公三師非等常人臣之職故稱百寮之師長也

金石文跋尾　七　十

元 贈太子賓客白道生碑 永泰元年三月

右左武衛大將軍贈太子賓客白公神道碑朝議郎行尚書禮部員外郎翰林學士賜緋魚袋于益奉勅撰正議大夫行將作少監翰林待詔上柱國賜紫金魚袋摯宗奉勅書道生系出突厥爲靈朔州刺史終于左衛大將軍以子元光貴贈太子賓客史但云靈朔州刺史而已碑題左武衛大將軍而文稱左衛大將軍殊不可解碑始著于京兆金石錄歐趙諸家俱未載予於京師琉璃廠市上購得之文尚完好無大漫漶而書法亦適整可喜乾隆三十年正月陪祀　祈年殿禮成還寓舍書

亭 怡亭銘 永泰元年五月

右怡亭銘序六行二十二字李陽冰篆銘五行四十字後題年月二行皆李莒八分在武昌縣江中洲嶼間夏秋江漲則没於水故拓本稍難得王象之輿地碑目亦遺之又江夏縣有陽冰篆鄂州二字世傳初篆時鬼神泣空中士大夫爭摹以致遠謂可禦魑魅今不知所在矣廣韻裴姓伯益之後封於䣣鄉因以爲氏後徙封解邑乃去邑從衣此碑裴一從衣一从邑兩字通用也末題永泰元乙巳歲不云元年者歲年同物省文互見也裴虯字深源大曆四年爲著作郎兼侍御史道州刺史杜子美集有次湘江宴

金石文跋尾　七　十一

儀裴二端公赴道州詩郎虬也

亭 李寶臣紀功載政頌 永泰二年七月

右成德軍節度使李公紀功載政頌王佑撰王士則書士則蓋武俊之子其署銜稱推勾官案史節度使之屬有推官有衙推此推勾官疑即推官矣寶臣之降唐封清河郡王唐書藩鎮傳不載却有進封隴西郡王事然宰相世系表止稱清河郡王疑傳之誤也

亭 峿臺銘 大曆二年六月

右峿臺銘後題大曆二年歲次丁未六月十五日刻次山尚有浯溪唐廎二銘皆瞿令問篆書以地僻蘚厚難搨惟

此銘世多有之雖不著書人姓名當亦令問筆也說文只有浯字峿廎則㳄山自出新意名之書家以其形聲相應即依偏旁而爲之篆所謂自我作古也李少溫名陽氷本取木華海賦陽氷不冶之義其兄澥字堅氷皆氷霜之氷也而少溫書名亦從俗作氷蓋由楷書借氷爲仌相承已久章奏告身既用氷字篆書不便更易故爾

亨 李氏遷先塋記 大曆二年

右李陽氷書遷先塋記宋大中祥符三年吴興姚宗蕚以年代寖遠字體不完率好古者數人出錢令武威安璪重開題名於首行空處今碑已中斷損二十許字矣說文攺

更字从戊已之已㪅改字从辰巳之巳徐鉉引陽氷說謂已有過攴之即改而此碑書改元字却从巳不从已秦詛楚文攺亦从巳蓋二文可假借也㐂字說文玉篇廣韻集韻俱不載惟家語執轡篇息土之人美秏土之人醜注秏耗字此少溫所本矣敘說文从攴此與三墳記俱从又泉即洎字水當在左旁變文居下

亨 三墳記

右三墳記與遷先塋記同時立皆李季卿文陽氷書棐光刻碑末無重開年月而字畫更明顯筆力似較弱蓋開鑿又在前碑之後也文云下土得㳂上朕成賦說文無㳂字蓋用楚辭后土何時而得㳂語又云僅逾強仕以講陰堂後漢書周磐夢見先師東里先生與講于陰堂之奧旣而長嘆其月無病忽終記葢用此事也昊當从夰而碑从天嵏當从叙而碑从谿疑翻刻之譌

元 光祿卿王訓墓誌 大曆二年

右光祿卿王訓墓誌前祕書監嗣澤王漶撰并書訓字訓光祿卿駙馬都尉同皎之孫駙馬都尉繇之子由尚輦奉御四轉至光祿卿娶嗣紀王鐵城女後尚博平郡主而唐書王同皎傳不載其名同皎贈太子少保繇官特進太子詹事贈太傅亦史所未及也史稱相州安陽人而碑云瑯

邪臨沂人者舉其族望爾宗室表嗣紀王澄初名鐵誠當從碑作城爲是

元 張禪師墓誌 大曆三年二月

右唐故張禪師墓誌文稱香山禪師諱義琬字思靖俗姓董氏賜謚大演禪師而題作張禪師殊不可解其稱司徒尚書左僕射朔方大使相國郭公者汾陽王子儀也唐以侍中中書令尚書令爲宰相而無相國之名此碑蓋沿流俗所稱以子儀嘗兼中書令故也

利 唐廎銘 大曆三年閏六月

右唐廎銘其文自左而右篆法與峿臺銘相似而字較小

說文高小堂也或作廎讀去潁切與亭字音義各別次山此銘本是廎字俗儒罕通六書誤讀爲唐亭失之遠矣碑書厭爲肙葢取省文但厭當从甘此郄从臼未合六書之旨

貞 潤州上元縣福興寺碑 大曆五年六月

右潤州上元縣福興寺碑首題尚書金部郎中潁川許□撰末行亦殘缺惟歲在庚戌六月字可辨葢代宗大曆五年也碑爲張從申書而歐趙諸家初未著錄明顧起元金陵古今金石攷始列于目其云尚書許某文則非也許君官金部郎中金部者戶部四曹之一而統於尚書省故繫衙有尚書字唐人稱郎官例稱郎中若員外郎則稱其官如金部屯田之類其稱尚書者必是六部尚書未有以郎中而輒稱尚書者明人不通官制故下筆多誤

亨 龔邱令庾公德政頌 大曆五年九月

右龔邱令庾公德政頌凡十三行題年月于碑文之前字特大宅碑所罕有也碑建於大曆五年至金貞元三年龔縣令宋佑之訪得之廳事後糞土中斷壞散亡僅存其半復訪於邑人彭鼐家得舊搨本重勒之石佑之自爲記鄉貢進士卜儒卿爲跋並刻於碑之左方龔邱漢寍陽縣地北齊置平原縣隋以縣東南二十里有龔邱城更名宋大

觀四年避宣聖諱祇稱龔縣金大定二十九年避顯宗諱復改爲寍陽縣元明以來因之碑書荀爲苟案說文無荀字徐鉉新附有荀字廣韻荀本姓郇後去邑爲荀則荀姓當書爲郇今書作荀所未詳也

亨 左金吾衞將軍臧希晏碑 大曆五年十月

右左金吾衞將軍臧希晏碑首云有唐廣德二年八月五日朔左金吾衞將軍臧公薨於□□安邑里之私第享年五十有三大曆五年十月十五日葬於三原縣長功鄉則碑立于大曆間明矣而金石文字記以爲廣德二年八月殆未諦審其全文乎撰碑者爲銀青光祿大夫兵部侍郎清河郡公張某其名不可辨

貞 麻姑仙壇記 大曆六年四月

右麻姑仙壇記小字本黃魯直謂是慶曆間學佛者所書趙德甫亦疑其僞宋人書多放縱不守唐法尢不喜作小楷故有意抑之未可爲定論也碑題撫州南城縣攷南城漢舊縣本屬豫章郡晉宋以後改隸臨川郡唐改臨川爲撫州縣仍隸焉宋始於南城置建昌軍自是乃別於撫州耳

元 廣平文貞公宋璟碑 大曆七年九月

右開府儀同三司行尚書右丞相上柱國贈太尉廣平文

貞公神道碑舊唐書本紀開元二十一年十一月尚書右丞相宋璟以年老請致仕許之碑稱開元廿一年抗疏告老正與舊紀合而新舊書本傳俱作二十年誤矣唐以黃門監（即侍中）紫微令（即中書令）及同三品平章事爲眞宰相開元元年改尚書左右僕射爲左右丞相雖名丞相而非宰相之職文貞以開元八年由侍中拜開府儀同三司始罷政事十七年拜尚書右丞相非再入政府也

元 碑側記

右碑側記別載逸事二條又云昭義軍節度觀察使尚書左僕射兼御史大夫平陽郡王薛公嵩慕公德業乃命屯

田郎中權邢州刺史封演購石俾工刻之舊唐書薛嵩傳不稱御史大夫平陽郡王者略之也封演天寶末進士所著有聞見記古今年號錄

貞 黃石公祠記 大暦八年七月

右黃石公祠記祠在東阿縣史記所謂濟北穀城山也唐天寶中郡守裵序禱雨有應布衣李卓爲文記之卓卽栖筠之初名也記成未刻至大暦八年馬炫爲郡守始勒諸石工未畢而謝病去後守郭岑實踵成之是時栖筠已爲御史大夫矣布衣之文俟貴顯而重與王播碧紗籠詩事正相類勢利之見豈獨緇流爲然哉

亨 文宣王廟新三門記 大暦八年十二月

右文宣王廟新三門記朝散大夫檢校祠部員外郎兼侍御史裴孝智撰前義王府倉曹參軍裴平下丹幷篆額下丹者書丹也孝智出自東眷官至都官郎中見唐書世系表明皇子有義王玼平殆其府之屬吏乎記文有閟宮霞敞句吾友吳訓導玉搢疑敞爲敝之譌予意當是蔽字而省其艸爾集韻蔽敝二字互相通

亨 干祿字書 大暦九年正月

右顏元孫干祿字書第十三姪男眞卿書魯公元刻在湖州今所傳者宋人翻刻本在四川之潼川府頊孟吏部超

然視學蜀中拓以贈予案唐書地理志濠州鍾離郡濠字初作豪元和三年改从濠韓退之有徐泗豪三州節度掌書記廳石記洪慶善攷退之作記在貞元十五年因據唐志以證俗本作濠之誤而吳曾能改齋漫錄駁之且引杜佑通典稱濠州北齊爲西楚州隋改曰濠州因濠水爲名而唐初因之佑上通典在貞元十年其書初不見豪字以此知韓文作濠者爲是今攷此碑元孫結銜稱滁沂豪三州刺史豪不从水有石刻分明可以徵信又廣韻豪字下注州名古鍾離國隋改爲州廣韻本於孫愐愐撰唐韻在天寶十載足徵其時州名不从水也李吉甫元和郡縣志

亦云武德五年杜伏威附改濠州濠字中閒誤去水元和三年又加水焉正與唐志相合杜氏通典偶漏不載而吳乃據以議歐志之失豈其然乎

【利】清源公王忠嗣碑 大曆十年四月

右清源公王忠嗣碑元載撰文駢儷中饒有風格多作韻語葢倣漢碑式載爲忠嗣女夫故用潘誄故事碑文伉勁精練可追蹤燕許乃以胡椒八百石亾其身古人所以戒婦言是用也載封許昌縣子見於唐書本傳其進封潁川郡公傳却失書王縉封齊國公新史亦未書也載以中書相領集賢殿崇文館大學士縉以門下相領弘文崇元館

大學士史所謂弘文集賢分隸中書門下省也崇文館置大學士則百官志所未詳吐蕃者南涼禿髮利鹿孤之後音轉爲吐蕃故碑稱吐蕃爲禿髮

【元】妬神頌 大曆十一年五月

右妬神頌元和郡縣志云妬女祠在廣陽縣東北九十里澤發水源又云澤發水亦名妬女泉源出縣東北董卓壘東其泉初出大如車輪水色青碧泉傍有祠土人祀之婦人袨服靚妝必興雨電故曰妬女卽此神也碑云妬祠之水澹爲黛色所謂水色青碧者也後題大曆十一年歲次丙辰五月丁亥朔十六日壬寅建朱錫鬯跋以爲十三年者因碑石微損而誤讀爾碑云河東節度副大使兼工部尚書太原尹北京留守薛公兼訓兼訓以大曆五年鎮太原十一年冬以病去飽防代之碑立於是年五月兼訓猶在鎮也碑在今平定州之娘子關唐時嘗置承天軍于此亦史所未及

【亨】同朔方節度副使王履清碑 大曆十二年二月

右碑題云唐故同朔方節度副使金紫光祿大夫試太常卿兼慈州刺史其下半已亾失矣其文有云府君諱履清字履清京兆萬年人也王惟聖後系出田宗而銘詞稱有嬀之後言育于姜陳宗不守命氏惟王知其人姓王氏也

葬在高陵之奉正原撰文者侯晁也歐趙諸家皆未著于錄

【利】內侍監高力士碑 大曆十二年五月

右內侍監高力士碑石已中斷失其下截每行止存二十餘字文稱馮盎子智戣爲高州刺史智戴爲恩州刺史智垈爲潘州刺史攷唐書盎傳惟有智戴及智彧無智戣智垈亦不云智戴爲恩州刺史皆其漏略也史稱寶應元年力士自巫州赦還見二帝遺詔北向哭歐血而卒不云卒於何所此碑云朗州龍興寺葢其卒之地也

【元】解慧寺三門樓讚 大曆十二年六月

右解慧寺三門樓讚朝請郎行稾城縣主簿李宥撰周嬴金書寺名解慧而金石錄作慧解蓋轉寫之訛漢書韋賢傳黄金滿籯如淳注籯竹器說文籯與笭互相訓而無籯字廣韻籯字注兼采說文笭義又云亦作嬴則籯籯嬴三字皆可通矣嬴金署名本不從竹近人刻金石錄者輒改爲籯字雖若于義無害然人名不宜用假借字田未見石刻而以臆決之爾碑書稽顙之稽爲啓㓞利天之㓞爲刀皆假借也

利 無憂王寺大聖眞身塔銘 大曆十三年四月

右無憂王寺大聖眞身塔銘文云貞觀五年至顯德五年

蓋三十霜矣顯德蓋顯慶之譌書碑者稱恒農楊播而不署官攷之史楊炎父播舉進士退居求志明皇召拜諫議大夫棄官歸養肅宗時卽家拜散騎常侍號元靖先生播蓋自託於逸民之流故不稱官也炎鳳翔天興人而播自題恒農者舉其族望如顏稱琅邪徐稱東海之類

利 容州都督元結表墓碑 大曆口年十一月

右容州都督元結表墓碑顏魯公書四面刻字與宋廣平李含光及家廟碑式相同後題大曆下闕一字據魯公行狀稱大曆七年除湖州此碑署湖州刺史必在七年以後矣唐書元結傳稱曾祖仁基蜜塞令而碑云褒信令又稱父延祖再調春陵丞而碑云歷魏成主簿延唐丞皆其異者

貞 贈工部尚書臧懷恪碑 大曆

右贈工部尚書臧懷恪碑不見立碑年月趙氏金石錄以爲大曆中立顧氏金石文字記據碑文載廣德元年十月贈官詔書因系之廣德元年予以魯公署銜證之而知德甫之可信也魯公麻姑仙壇記云大曆三年眞卿刺撫州其撰李含光碑云大曆六年眞卿罷刺臨川旋舟建鄴今此碑題金紫光祿大夫行撫州刺史上柱國魯郡開國公則必在大曆三年以後矣寶刻類編以爲開元十二年立

則但據其卒之年月并未讀其全文尤爲疏外

亨 杭州錢唐縣丞殷君夫人碑 大曆

右杭州錢唐縣丞殷君夫人顏氏碑第十三姪男金紫光祿大夫行湖州刺史上柱國魯郡公眞卿撰并書首云君號口定琅邪臨沂人北齊黄門侍郎之推府君之孫皇朝秦王記室思魯府君之曾著作郎集賢學士勤禮府君之孫文中又稱祕書監元孫府君太子少保惟貞府君自父祖以上皆稱府君而直書其名所謂臨文不諱也篇中不稱夫人而稱君亦變例也稱曾孫而去孫字與漢尹宙碑同唐書殷踐猷傳族子成己晉州長史初母顏叔父吏部

郎中敬仲爲酷吏所陷率二妹割耳訴寃敬仲得減死及成己生而左耳缺云讀此碑乃知郎魯公之姑其二妹者一爲宜芳令裴安期妻其一則殘缺不可辨矣殷君之名殘缺不見寶刻類編載顏魯公書有殷履直夫人顏氏碑開元二十六年立在洛陽疑郎此碑也夫人以開元二十五年卒明年正月祔葬此碑乃魯公爲湖州刺史時追立蓋在大曆閒

亨 謙卦碑

右李陽冰書易謙卦謙字凡二十見無一同者其以嗛謂謙代謙字世多疑之案漢書藝文志易之嗛嗛一謙而四

益顏氏注嗛字與謙同大學此之謂自謙鄭氏注謙讀爲慊荀子㚖之而無嗛于鼻楊倞注與慊同蓋謙嗛慊三字古皆通用也說文曆古文藍字集韻廉古作㢘廉與藍聲相近故可借用碧落碑飛廉之廉作㢘蓋省一屮此碑以言旁㢘爲謙則借廉爲兼也詠說文多語也唐韻汝閻切與謙字音雖相近而義各殊未知少温所據

亨 顏魯公像幷奉使蔡州書

右顏魯公像幷奉使蔡州書在同州府宋靖康元年七月祕閣修撰知同州唐重所刻題云重既摹公之像於蒲繪而祠之又訪得此石本狀貟老矣公以乾元元年自同從蒲至奉使時垂三十年氣節不衰而狀貟非昔也乃刻石而寘之祠室俾觀者有攷焉案魯公以貞元元年乙丑爲李希烈所害時年七十六則乾元元年戊戌年止四十九故二像鬢眉不無壯老之別重字聖任眉州彭山人建炎初以天章閣直學士知京兆府與金人戰城陷死之蓋忠義得之性成宜其有慕于魯公也

亨 贈太子少保顏惟貞廟碑　建中元年十月

右贈太子少保顏惟貞廟碑唐書稱眞卿爲師古五世從孫以此碑證之魯公乃崇賢學士勤禮之曾孫師古與勤禮爲親兄弟則魯公於師古爲從曾孫不得云五世從孫

也廣韻顏姓出琅邪本自魯伯禽支庶有食采顏邑者因而著族又邾武公名夷字曰顏故公羊傳稱顏公後遂爲氏然則琅邪顏氏出自姬姓與曹姓之顏源流各別碑稱邾武公名夷甫字顏子友別封郳爲小邾子遂以顏爲氏多仕魯爲卿大夫魏有青徐二州刺史盛始自魯居于琅邪臨沂孝悌里與廣韻異魯公自云官階勳爵竝至二品子以史證之太子少師官也光祿大夫階也皆從二品上柱國勳也魯郡開國公爵也皆正二品

利 碑陰額上題字

右顏氏家廟碑陰額上題字凡十行八十五字亦魯公所

書記改堂爲廟室神廚之事爾雅四達謂之衢謂交道四出者今俗所謂十字街也然北史李庶傳劉家在七帝坊十字街南此碑亦云殷夫人居十字街西北壁第一宅則十字街之名亦古矣號本从爭今从乎亦體之別者

〔利〕舜廟碑　建中元年

右舜廟碑韓雲卿撰韓秀實書李陽冰篆額歐趙陳三家皆未著錄王象之輿地碑目稱靜江府有虞帝廟碑唐李陽冰篆而不載撰書人姓名于奕正金石志以爲韓雲卿撰又不及書篆者皆攷之未審也明嘉靖中豐城楊銓題五言詩隸書鑱刻於石磨毀中央百餘字然雲卿秀實姓

名具在篆額上冰字亦未損琬琰雖缺猶當與赤刀大訓竝陳兩序也粵西石刻以此爲最佳而收藏家多不著錄李素伯由潮陽令遷靜江郡丞爲予搨致之

〔利〕景教流行中國碑　建中二年太簇月

右景教流行中國碑景教者西域大秦國人所立教也舒元輿重巖寺碑雜夷而來者有摩尼焉大秦焉秋字疑祆神焉合天下三夷寺不足當吾釋寺一小邑之數今摩尼祆神祠久廢不知所自獨此碑敘景教傳授頗詳蓋始於唐初大秦僧阿羅本攜經像至長安太宗詔所司於義寧坊造寺一所度僧廿一人高宗時崇阿羅本爲鎮國大法主

仍令諸州各置景寺其僧皆削頂留須七時禮讚七日一薦所奉之像則三一妙身无元眞主阿羅訶也今歐邏巴奉天主耶穌溯其生年當隋開皇之世或云即大秦遺教未審肰否後題太簇月七日大耀森文日建立所云大耀森文亦彼教中語火鯢布即火浣布也

〔元〕易州刺史張公山亭再葺記　建中二年

右碑題云光祿大夫試太子賓客使持節易州諸軍事兼易州刺史充高陽軍使兼御史中丞符陽郡王張公再葺池亭記而額云山亭所未詳也孝忠爲太子賓客符陽郡王與本傳合舊史以符陽爲范陽誤矣碑云戊午歲公之

來也又云公剖符于茲逮今三祀而未云歲在作噩月會鶉火則立碑在建中二年辛酉也

潛研堂金石文跋尾卷八

錢大昕著

唐五

魏文矦師段干木廟銘　贈太保張延賞碑　姜嫄公劉廟碑　聖母帖　李抱眞德政碑　上柱國梁思墓志　河東鹽池靈慶公神祠碑　彭王傅徐浩碑　貞元無垢淨光塔銘　追樹十八代祖晉司空河東太守猗氏矦王公碑　鄜州長史李廣業碑　楚金禪師碑　藏眞律公二帖　楊岐山禪師廣公碑　龍泉記　左拾遺竇叔向碑　蜀丞相諸葛武矦祠堂碑　內侍李輔光墓誌　使院新修石幢記　安定郡王李光進碑　南海廣利王神廟碑　智者大師修禪道塲碑　忠武軍監軍使朱孝誠碑　贈太保李良臣碑　邠國公功德銘　中書令張九齡碑　李紳題名　大悲心陁羅尼幢　李渤留别南溪詩　西平郡王李晟碑　狀嵩高靈勝詩　東都懷古詩　甄叔大師塔銘　龍泉記　義陽郡王苻璘碑　青蓮寺碑　寂照和上碑　阿育王寺常住田碑　修龍宮寺碑

唐五

【元】魏文侯師段干木廟銘貞元元年八月

右魏文侯師段干木廟銘前河南府伊陽縣主簿盧士牟撰陝州靈寶縣令趙彤書碑後題□州芮城縣令崔□等姓名唐時芮城隸陝州州上蓋缺陝字金元以來縣改隸解州矣士牟官至和州刺史見唐書宰相世系表

【貞】贈太保張延賞碑貞元三年十月

右贈太保張延賞碑首云貞元三年秋七月壬申丞相張公薨于位又云冬十月乙酉葢其葬之日趙氏金石錄題爲貞元三年七月似未諦審其文矣文云太師又云歎異申以姻好謂苗晉卿以女妻之太師者晉卿贈官也後云祁國夫人太師其下剝落不可識祁國葢延賞妻封號太師亦謂晉卿也前兩行㬎滅不見撰書人姓名趙德甫謂趙贊撰歸登書登善分隸有名於貞元元和間延賞子宏靖碑亦登所書見於寶刻類編今不可得矣

【元】姜嫄公劉廟碑貞元九年四月

右姜嫄公劉廟碑碑爲邠寧節度使張獻甫剏立新廟而作獻甫封朙寍郡王新舊史俱失載李氏自言出於伯陽而伯陽爲庭堅之裔故天寶初尊咎繇爲德明皇帝此碑敘三代承禹稷契之祚而咎繇積累在天天命乃歸於唐葢以此也都元敬金薤琳琅嘗載其文石今已損失三十

餘字前兩行空處攙入明人范文光題名

貞聖母帖 貞元九年巳月

右聖母帖不著撰書人姓名相傳以爲僧懷素書攷宣和書譜云懷素長沙人俗姓錢故自敘帖稱司勳員外郎吳興錢起爲從父此帖有從叔父淮南節度觀察使禮部尚書雖不書名以史證之則是杜岐公佑也錢與杜不同宗疑非藏眞所書如果出於藏眞則誤文必別自一人矣或以爲皇從叔父驗石刻無皇字

貞李抱眞德政碑 貞元九年

右李抱眞德政碑攷新舊唐書地理志五代職方攷磁州

字無从心者此碑磁字點畫分明又天祐十一年澤州開元寺神鐘記亦作此磁字州縣之名當從其時本稱史臣秉筆任意更易非得石刻何由決其然否此金石之有益於史學未可以玩物喪志妄加訶斥也

元上柱國梁思墓誌 貞元九年十月

右梁府君墓誌今在平遥縣府君諱思字恭蓋以一字字者敘述先世有云𩐁因才著巽以榮稱梁氏之可稱者多矣如巽之凶惡而猶亟稱之世俗之重富貴而輕道德殊可嗤也云屬荒郊有事大國用師公奮不顧身掃清邊鄙特蒙累功加上柱國錦衣綵服宗族爲榮殆以助邊餉賜秩者歟云卜鱗鳳福慶之穴得鷄犬鳴吠之辰蓋堪輿日者之說儒者所不道也

元河東鹽池靈慶公神祠碑 貞元十三年八月

右河東鹽池靈慶公神祠碑唐書叛臣傳大曆中淫雨壞河中鹽池味苦惡韓滉判度支慮減常賦妄言池生瑞鹽王德之美祥代宗疑不然命蔣鎮馳驛按視鎮內欲結滉故實其事表置祠房號池曰寶應靈慶云又地理志安邑縣有鹽池與解爲兩池大曆十二年生乳鹽賜名寶應慶靈池以傳及此碑證之則志作慶靈者誤也舊唐書德宗紀貞元十二年九月戶部尚書判度支裴延齡卒碑云十

一年秋九月薨未詳孰是碑爲鹽池官吏所建宜不誤矣

元彭王傅徐浩碑 貞元十五年十一月

右彭王傅會稽郡公徐浩碑亾其下截每行止存三十九字其文河南少尹張式撰書石者據金石錄爲浩之次子現字畫遒勁猶能步趨家法碑稱其歷官甚詳其爲太子校書集賢殿待詔改鞏縣尉拜右拾遺又授河南府司錄代宗時再兼集賢殿學士皆史所未載傳稱越州人碑云東海郯人者舉其族望也又桉肅宗子彭王僅薨於肅宗朝子鎮爲常山郡王無嗣王彭者憲宗子彭王惕受封在大中六年距浩卒已久唯高祖子彭王元則之曾孫嗣王

志暕或其時尚存而李海爲其傭乎

貞 貞元無垢淨光塔銘 貞元十五年

右貞元無垢淨光塔銘今在福州府梁克家三山志云石塔寺在州西南貞元十五年德宗誕節觀察使柳冕以石造塔賜名貞元無垢淨光庚承宣爲記即此碑也碑末題福建等州都團練觀察處置等使朝請大夫使持節福州諸軍事守福州刺史史以下皆闕以三山志證之知所闕者爲兼御史中丞及柳冕姓名也次一行題監軍使朝議郎行内侍省内府局丞員外置同正員上柱國賜緋魚袋魚獻獻字剝落止存右一筆今據三山志補之志所書魚

獻結銜字多譌脫又當據碑爲正耳碑中基阯字避諱作基與慈恩寺基公塔銘正同

貞 追樹十八代祖晉司空河東太守猗氏矦王公碑 貞元

右追樹十八代祖晉司空河東太守猗氏矦王公碑予曩見於金陵袁子才齋係裴藹之本文義多不聯屬標題顔魯公書予心知其非而無從正也項嚴子進拓得一紙貽予下截雖曼患書碑人姓名猶可髣髴蓋韋縱也予向藏縱書鹽池靈慶公碑結體正相似鄭樵金石錄載縱書不及此碑蓋宋人見此刻者尟矣後題貞元十七年歲在辛巳十月庚寅朔二十日己酉建較鹽池碑刻相去僅四年耳文爲虢州刺史王顏所作其述先世云四十一代祖周平王孫赤其父泄未立而卒平王崩赤當嗣爲叔父桓王廢而自立用赤爲大夫及莊王朝赤遂奔晉晉用爲幷州牧自赤至龜八代代牧幷州龜生喬至文釗十六代承前八代代襲封晉陽矦文釗生叔儁叔儁生伯□伯□生毛毛生卓即碑所稱晉司空也太原瑯邪二譜皆祖王子晉見於唐宰相世系表而顔皆非之今據史記周本紀平王崩太子洩父洩與泄同蚤死立其子林是爲桓王若赤爲平王孫則與桓昆弟行不當云叔父矣春秋之世安得幷州牧

之稱晉書亦未見有司空王卓其入者以矛刺盾亦未知孰得而孰失也碑稱右丞維左相縉爲叔又譏張說越認范陽封燕國公縉越認瑯邪封齊國公之失縉與顏相去不遠當得其實封氏聞見記載孔至撰百家類例品第海内族望以燕公張說近代新門不入百家之數則燕公非名族當時固有議之者越認即今人所謂通譜也

元 劍州長史李廣業碑 貞元二十年十一月

右唐劍州長史李廣業碑唐書宗室傳鄭孝王亮仕隋爲海州刺史宗室世系表則云趙與郡守此碑與傳合碑云神堯皇帝贈亮司空又稱神通爲海州牧皆新舊史所失

載也廣業父璲表稱左衛將軍而碑稱雲麾將軍亦當以碑爲正

元 楚金禪師碑 貞元二十一年七月

右楚金禪師碑楚金天寶初建多寶塔置法華道場乾元二年卒中使臨弔勑驃騎大將軍朱光暉監護貞元十三年以中官竇文瑒奏勑追謚大圓禪師文瑒官左街功德使開府邠國公新舊書本傳所未載也唐自貞元四年罷崇元館大學士後復置左右街功德使東都功德使修功德使總僧尼之籍及功役大率以中官爲之其見于史者吐突承璀仇士良田令孜楊復恭見於石刻者竇文瑒梁

守謙楊承和皆是也唯復恭稱左右街功德使後題貞元廿一年七月廿五日是歲爲順宗永貞元年以八月改元故碑猶稱貞元也云七歲諷花經十八講花義謂法華經也熠燿卽熠燿眞蹤卽眞蹟也

亭 藏眞律公二帖

右僧懷素艸書藏眞律公二帖宋時爲京兆安師孟家藏有周越馬宗誨劉摯韓忠彥趙瞻諸人題跋其云寬夫者文彥博也微仲者呂大防也穎叔者蔣之奇也沖元者許將也固者孫固也元祐八年游師雄以安氏藏本摹刻于長安漕臺之南齋元符三年孫軫龕置便廳壁閒俱有題

識

貞 楊岐山禪師廣公碑 元和二年五月

右楊岐山禪師廣公碑廣公者乘廣也古人稱僧曰某公皆以名下一字故支道林曰林公佛圖澄曰澄公竺道生曰生公慧遠曰遠公寶誌曰誌公齊己曰己公宋元人稱僧或名字兼舉若洪覺範妙高峯柏子庭噩夢堂訢笑隱泐季潭之類亦取名下一字今世知之者尠矣此文載於劉賓客集以石刻校之不同者卄餘字皆當以石本爲正乘廣弟子甄叔亦有塔銘今集本叔作升誤之甚矣碑文之末有時宜春得𠭇守齊□似是君字理行第一雅有護持之

功化被於邑之庶寮及里之右族咸能囘向如邦君之志故偕具爵里名氏列于其陰凡五十字集本無之當是夢得編定文集時刪去之耳碑云始生之辰歲在丁巳當元宗之中元終之夕歲直戊寅當德宗之後元攷明皇三改元先天開元天寶則開元爲中元也德宗亦三改元建中興元貞元則貞元爲後元也夢得自署銜云朗州司馬員外置同正員葢當時遷謫惡地不必待缺大率員外置之東坡詩云逐客不妨員外置正用唐故事

元 龍泉記 元和三年

右龍泉記鄉貢進士張鑄述河東裴少微書裴勛書額今

在芮城縣平定王孝廉執信爲其縣教諭以予好金石刻乃拓一通以遺予其文爲邑令于公疏泉而作後題時順宗傳位之明年涼風至旬有五日記元和戊子月在高蔡十八日書涼風至者孟秋之月也高蔡未詳其義或云爾雅五月爲皐釋文皐或作高疑是仲夏之月姑存之以俟知者記文雖未工而書特佳顧自來搜金石文字者皆未著于錄乃嘆物之顯晦有時而嗜古好事者之難得不獨今人爲然也

貞　左拾遺竇叔向碑　元和三年十月

右左拾遺竇叔向碑朝議郎侍御史內供奉上護軍太山羊士諤撰第十一姪朝議郎尚書右司員外郎易直書易直兩字雖磨泐以筆勢求之彷彿可見趙氏金石錄以爲竇公直書公直名不見於宰相世系表疑未可據唐書竇羣傳武元衡輔政薦羣代爲中丞羣引呂溫羊士諤爲御史李吉甫以二人躁險持不下羣忮很反怨吉甫今按吉甫以元和三年九月戊戌罷相碑立於是年十月癸丑士諤已爲侍御史計其授官必在吉甫未罷之日則吉甫亦未能終持不下也文雖殘闕其所敘世系頗可證唐表之漏據表叔向於善衡當爲曾祖而碑稱高祖善衡又云曾祖元口兗州任城令然則表脫任城一格矣其所述諸子

官階與史不盡合史所載者後來歷之職此據當時見任而言非有異同也

貞　蜀丞相諸葛武侯祠堂碑　元和四年二月

右蜀丞相諸葛武侯祠堂碑元和四年立是時武元衡以宰相出鎭西川裴度柳公綽皆爲幕僚唐書元衡傳所云開府極一時選者是也柳公綽傳稱武元衡節度劒南與裴度俱爲判官尤相引重今案裴公時爲節度掌書記公綽以營田副使兼成都少尹皆非判官特同在帥府耳碑不見于歐趙二錄王象之撰輿地碑目始載之明時碑已剝落蜀府承奉滕嵩訪得舊本鐫補其闕文巡撫四川監察御史藍田榮華跋于右方空處其左有康熙十一年巡撫羅森題字

元　內侍李輔光墓誌　元和十年四月

右內侍李輔光墓誌尚書刑部員外郎崔元略撰史稱元略爲京兆尹牧貸錢万七千緡爲御史劾奏詔三司雜治元略素事宦人崔潭峻頗左右之獄具削兼秩而已此誌云元略從事中都素飽內侍之德其暱于宦者可知誌稱太原帥李自良薨于鎭監軍使王定遠爲亂兵所害甲士十萬露刃相向公馳命安撫下車乃定便充監軍使前後三易節制軍府宴如十五年閒去猶始至李自良卒於貞

元十一年三易節制謂李說鄭儋嚴綬也通鑑河東節度使嚴綬在鎮九年軍政補署一出監軍李輔光綏拱手而已裴垍具奏其狀請以李鄘代之事在元和四年自貞元十一年至此正十五年矣然則輔光之去河東亦在元和四年而是年復除河中監軍也輔光以監軍兼絳州銅冶使絳州銅冶置使亦史所未載也云自元和四年至九年元戎四換以史考之蓋王鍔張茂昭張宏靖趙宗儒也

利使院新修石幢記 元和十二年九月

右使院新修石幢記武寧軍支虔副使高瑀撰節度判官譚藩書後列金紫光祿大夫檢校尚書左僕射使持節徐州諸軍事兼徐州刺史充武寧軍節度口口口度營田口口口口等州觀察處置等使上柱國襲岐國公食實封七百五十戶李愿元和六年十一月四日上舊唐書憲宗紀元和六年十月以前夏州節度使李愿檢校兵部尚書徐州刺史充武寧軍節度使史書除授之日碑紀到任之日故差一月其襲封岐國公新舊書俱失載其檢校尚書左僕射本傳載於除鳳翔節度之時不知在武寧時已自尚書遷僕射矣結銜有食實封而無食邑與苻璘碑同碑稱連帥大府今天下三十有九而元和二年李吉甫撰國計簿總計天下方鎮凡四十八相去不十年何以異同若此

不可解也記末有一行云大宋皇祐六年甲午歲二月二日申使乞差兵匠自金銅門外出取到舊使院碑幢二座於新使院內豎立則當時固以爲舊物而珍之今距皇祐又七百二十餘年其可寶更當何如石刻今在徐州此本爲江都汪容甫所贈攷歐趙諸公皆未著錄近代藏金石家亦罕及之一紙書勝於百朋之錫矣

元安定郡王李光進碑 元和十五年

右李光進碑門下侍郎中書門下平章事令狐楚撰光進以元和十年六月卒于鎮十一年二月還葬太原府東四十里孝敬原十三年春弟光顏平淮西入朝請於天子得立碑于墓朱錫鬯云光顏請于朝葬其兄者蓋攷之未詳耳碑無建立年月攷宰相表令狐楚以元和十四年七月守中書侍郎同中書門下平章事十五年閏月爲門下侍郎七月罷以楚署銜驗之當在十五年無疑潘次耕題作元和十一年亦誤也傳云年六十五而碑作五十七當以碑爲正光進字耀卿封安定郡王光顏封武威郡開國公皆傳所未載其稱李自艮爲朔寧王亦未見于史也文云蔡邕撰有道之碑自知無媿范文觀武子之墓可以與歸范文當爲趙文之誤又云贈工部尚書李奉國𦤎公之伯姊奉國者本傳所云舍利葛旃也

亨南海廣利王神廟碑 元和十五年十月

右南海廣利王神廟碑碑首行題字與全文大小疏密不類似經後人磨改昌黎集本題中無廣利王三字此碑有之蓋磨治添入者碑左側有明嘉靖丙戌施儒題名右側則萬曆癸巳王宏誨等題名予詣觀其行間及下空處隱隱有字跡蓋昔人所題爲儒與宏誨磨去可恨

利智者大師修禪道場碑 元和□年十一月

右智者大師修禪道場碑右補闕翰林學士梁肅撰台州刺史徐放書陳隋之際僧智顗說法於天台立止觀法門世所稱天台教宗也顗傳章安灌頂頂傳縉雲威威傳東

陽威以師弟同名故稱東陽爲小威小威傳左溪朗至湛然蓋五傳矣肅以文章重海內乃於湛然稱門人唐世士大夫佞佛如此昌黎原道之作豈得已哉唐史文藝傳稱肅世居陸渾而碑自稱安定梁肅者舉其族望也癸卯夏予登台山由高明取道佛隴入大慈寺見此碑倚壁閒屬黃太守見滄搨而藏之元和下缺一字據實刻類編乃元和六年也攷崔元翰撰肅墓志稱貞元九年十一月旬有六日寢疾終於萬年之永樂里碑立於元和閒肅已先卒矣唐史以肅附蘇源明傳云源明最稱者元結梁肅今據墓志肅卒於貞元九年年四十一溯其生年在天寶十二載癸巳杜子美八哀詩作於大曆初其時源明已沒大曆改元歲在丙午肅纔十有四齡耳元翰志但云年十八李遐叔獨孤至之見其文稱其美不言爲源明所知然則史云源明最稱獎肅者殆未足信因跋此碑而牽連書之

貞忠武軍監軍使朱孝誠碑 長慶元年二月

右朱孝誠碑題云唐故忠武軍監軍使寧遠將軍守內常侍員外置同正員賜紫金魚袋上柱國贈雲麾將軍左監門衞將軍朱公神道碑忠武軍節度副使朝議郎檢校尚書職方郎中兼御史中丞上柱國賜紫金魚袋蘇遇撰翰林待詔朝議郎行常州司法參軍上柱國曹郢書幷篆額

在三原縣乾隆戊子歲縣人掊土得之頃江寧嚴侍讀冬友遊秦中歸摹以遺予書法流麗可愛其文有云元和初張伯靖負固敘州嘯聚蠻落公銜命於俶擾之際撫諭於溪洞之中遂使投戈感恩歛衽向化掉三寸舌息數州兵案唐書憲宗紀載伯靖之降不言何人所招致嚴綬傳則云遣將齋檄開曉羣蠻悉降亦不言所遣者何人讀此碑乃知孝誠實銜命以行孝誠乃中人非綬部將亦足以裨史文之闕史稱伯靖激州蠻碑作敘當以碑爲正孝誠爲李光顏監軍平淮西破李師道皆預有功光顏自忠武徙鎭邠寧孝誠仍留監忠武軍碑云激蔡牢落陳許瘡痍二

年之中四更節將公撫新懷舊軍郡帖然蓋紀光顏徙鎮以後事忠武軍初領陳許二州元和十二年增領溵州十三年又增領蔡州故兼舉溵蔡也其云午參之機變繆子之薦賢此用春秋傳伍參戰國策繆賢事伍參古今人表作五參說文五从二陰陽在天地閒交午也是午與五通

元 贈太保李良臣碑 長慶二年

右李良臣碑雒田李氏墓在今榆次縣之趙村良臣及其子光進光顏三碑具在唐書宰相世系表載雒田李氏世系甚略今據是碑良臣祖賀之貞觀初率部落來歸授爲雒田州刺史充定襄軍使光進碑作雒田州都督充靈武豐州定塞兵馬使父延

豐嗣襲雒田州刺史以功加開府儀同三司良臣襲刺史安祿山反肅宗立靈武良臣率所部馳詣行在戰有功拜開府儀同三司雒田州刺史充朔方先鋒左肋兵馬使遷御史中丞寶應二年薨元和中追贈太保生三子長曰光玭朔方都將次曰光進次曰光顏又光進碑云嗣子李元河東衙前兵馬使檢校太子賓客兼監察御史次燧元陳許節度押衙檢校太子賓客兼監察御史次殺元次綬元太原府太原縣尉次宗元次吉元光顏碑云嗣子昌元鄜坊丹延節度使檢校戶部尚書兼御史大夫次扶元左龍武軍大將軍兼御史中丞次繼元行太常寺主簿次誠元

湖州司馬兼監察御史次建元河東節度右都押衙檢校國子祭酒兼殿中侍御史次興元衢王友兼監察御史次榮元右羽林軍統軍檢校左散騎常侍兼御史大夫次奉元太原府清源縣丞次播元河東節度押衙左門槍兵馬使兼監察御史次安元右軍先鋒兵馬使檢校右驍衛將軍李氏自賀之以下世襲刺史光進光顏諸子並有位于朝表已敘其世系不應闕如蓋歐公未見此三碑故也

元 邠國公功德銘 長慶二年十二月

右邠國公功德銘右神策軍護軍中尉梁守謙於大興唐寺花嚴院寫經律戒論五千三百廿七卷立經堂三間堂

內造轉輪經藏一所既成副使右監門衛將軍楊承和爲文而書之承和一閹人耳安能工於文辭且書法精妙乃爾殆當時文士游中官之門者爲之假手也守謙以元和十三年充右軍中尉至太和元年三月始致仕以王守澄代之蓋典禁軍者十年故穆宗文宗之立皆預定策功唐書宦官傳劉克明弒敬宗樞密使王守澄楊承和中尉梁守謙魏從簡與宰相裴度共迎江王發左右神策及六軍飛龍兵討之承和事見于史者惟此爾碑以尺晏爲尺鷃蓩叅爲務叅皆異文

利 中書令張九齡碑 長慶三月□月

右中書令張九齡碑大曆中文獻之猶子抗爲殿中侍御史請徐季海製文書之距文獻沒已卌餘年至長慶三年抗之從子仲舉始立石今所存者宋天聖八年知韶州刁湜重刻本也碑在文獻墓前乙未夏予按試曲江募工拓而裝之文多剝落以術推之癸丑朔乃長慶癸卯之七月也湜昇州人兵部郎中衎之子登進士第官屯田員外郎史不載知韶州事

亨李紳題名　寶曆元年二月

右李紳題名在肇慶府之七星巖其文云李紳長慶四年二月自戶部侍郎貶官至此寶曆元年二月十四日將家

累遊凡五行自左而右郭功父石室遊篇云攷二李之勁筆謂李北海石室記及此刻也唐書本傳敬宗立李逢吉乘閒言紳不利于陛下請逐之帝初卽位不能辨乃貶紳爲端州司馬攷敬宗以長慶四年正月卽位二月辛巳始聽政紳之貶官正在此時其明年改元寶曆矣

貞大悲心陁羅尼幢　寶曆二年二月

右大悲心陁羅尼幢在廣州府光孝寺末題同經略副使將仕郎前守辰州都督府豎博士盧江郡何宥則敬爲亾兄節度隨軍文林郎守康州司馬宥卿造法性寺住持大德兼蒲澗寺大德僧欽造書欽造自題閩川人宅刻所未有也予家藏唐時石幢甚多文皆右行此獨左行以今世所誦大悲咒核之無甚異同唯夜作邪蘇作素盧作路穆作目音有輕重耳其後又有陁羅尼一首石文剝落其名目不可攷矣

劉李渤留別南溪詩　大和二年十一月

右李渤留別南溪詩前題桂州刺史兼御史中丞成紀李渤後題大和二年十一月十三日攷唐書本傳渤以言宦人益橫帝謂其有黨出爲桂管觀察使踰年以病歸洛太和中召拜太子賓客渤官給諫在敬宗卽位之初其出爲觀察當在寶曆元年據此刻知渤在西粤不止踰年其引

病歸洛乃在大和二年傳所敘亦未得其實矣史稱觀察而石刻稱刺史者唐時節度觀察團練防禦諸使例兼本州刺史刺史爲正官觀察爲差遣也唐文宗紀年本云大和予所見石刻無有作太者今新舊史通鑑皆譌作太字當據石刻正之李西平神道碑作太和此後人重刻不足據

亨西平郡王李晟碑　太和三年四月

右西平郡王李晟碑晟薨於貞元九年卽以其年葬後三十五年爲太和元年子聽官義成節度使疏請立碑于墓乃勑宰相裴度撰文柳公權書之碑文簡略不及史傳敘

事之詳惟云乾元初客武都值酋豪以鈌守遭亂殺掠平人公與所從十數騎馳而射之殪其為魁者餘黨遂遁寇所虜獲積如邱山公一無所取惟椎牛釃酒享士而去邦人具狀以聞特拜左清道率則新舊史俱未之載也晟祖思恭洮州刺史父欽左金吾衛大將軍今南監本汲古閣本唐書世系表云思恭金吾刺史欽左洮州衛大將軍乃轉寫之譌爾碑經後人重開雖架尚存而神采頓減如裴晉公署銜當云特進守司空今譌守為爵俗生不通官制以應妄改甚可笑也

元 狀嵩靈勝詩 大和三年六月

右尉遲汾詩題云府尹王侍郎准制拜嶽因狀嵩靈勝寄呈三十韻王侍郎者王播以吏部侍郎為河南尹也汾有自注引白武通云云即白虎通避唐諱改之也韓文公與祠部陸員外書云有沈杞者張弘者尉遲汾者李紳者張後餘者李翊者或文或行皆出群之材也汾遂以貞元十八年登進士第其文章雖不多見此五言詩排奡頗近昌黎真書規撫虞永興尤精妙昌黎賞之不虛矣宋熙寧丁巳季春大梁王紳被詔禱雨嶽祠得是石于圯墻下移置祠壁間

元 東郡懷古詩 大和四年六月

右李德裕東郡懷古詩一篇德裕時為義成軍節度使治滑州故東郡也王京兆尊守東郡河決障禦有功賜給事贊為宋盧遣司馬守滑臺城陷不屈死皆宦東郡有名者故德裕各為詩懷之唐書本傳太和二年出為鄭滑節度使義成軍管鄭滑二州史或舉州名或稱軍號如鎮冀稱成德易定稱義武之類皆是也

貞 甄叔大師塔銘 大和六年四月

右甄叔大師塔銘甄叔者乘廣之弟子也卒於元和庚寅正月至大和壬子沙門至閑為製塔銘相距二十有三歲矣題稱塔銘而篆額作碑銘篆人為琅邪王周古書碑人

則僧元幽也此碑向無著錄者餘姚邵二雲侍讀為予言在萍鄉之楊岐山訪之廿年不得頃澤州胥燕亭訪予吳門燕亭嘗宰萍鄉檢篋中乘廣甄叔二碑相贈喜海內之有同好也因書數言識之

元 龍泉記 大和六年七月

右龍泉記芮城縣令賜緋魚袋鄭澤撰姚全書後列陝虢羣牧使登仕郎行內侍省掖庭局宮教博士袁孝和羣牧使判官張禮諸人階號之有羣牧使之下又有判官皆唐書百官志所未載也唐制三品以上紫五品以上緋賞緋紫必兼魚袋謂之章服上縣令秩從六品而有緋魚之

賜可謂殊數矣石刻在芮城縣

元 義陽郡王苻璘碑 金石錄云題中書侍郎同平章事李宗閔撰宗閔太和七年爲此官

右義陽郡王苻璘碑璘父令奇見唐書忠義傳碑所述與史多同璘兄弟三人同降弟琳檢校太子賓客瑯琊郡公瑤忻州別駕瑯琊縣男史皆失書其名令奇加贈左僕射璘加贈刑部尚書史亦失書璘子澈累官邠寧河東節度使檢校兵部尚書位甚顯而本傳不書何也

利 青蓮寺碑 大和七年十月

右青蓮寺碑龍興寺上座大德道振撰前試太常卿司徒暎書文與書法俱無足觀碑本無額姚半塘修鳳臺縣志題爲青蓮寺碑姑從之碑有素畫彌勒佛之語按說文無塑字唐宋碑刻或作塐亦俗不若作素之爲得也率之作䢦亦俗字

元 寂照和上碑 太和七年十二月

右寂照和上碑文云將化之夕異香滿風體可折支桉孟子爲長者折枝趙氏注云折枝案摩折手節解罷枝也碑以支爲枝用孟子語 寂照俗姓麗氏京兆興平人父銓灌鍾府折衝灌鍾府蓋亦雍州百三十一府之一而史之所佚也寂照卒于太和七年十二月其刻銘之年月不可攷

金石文字記題云開成六年正月攷文宗以開成五年正月崩武宗即位其明年改元會昌安得云開成六年乎蓋顧氏記憶之誤也

亨 阿育王寺常住田碑 太和七年十二月

右阿育王寺常住田碑前祕書省正字郎萬齊融撰順陽范的書的剡越閒隱士順陽其本望也唐時祕書省著作局集賢院司經局皆設正字或四人或二人階或正九品下或從九品上此碑結銜係以郎字不知何時所增也于季友撰後記及季友的贈答詩卽刻於碑之左方朱錫鬯以爲碑陰者誤

利 修龍宮寺碑 太和九年四月

右修龍宮寺碑前題浙江東道都團練觀察處置等使中散大夫檢校左散騎□□□□□□□□□□丞賜紫金魚袋李紳撰散騎下蓋闕常侍越州刺史兼御史中丞十字也攷唐書李紳傳紳以太子賓客分司東都太和中李德裕當國擢浙東觀察使碑云大和癸丑自分命洛陽承詔以檢校左騎省廉察于茲所謂分命洛陽者卽分司之命也高似孫剡錄旣載此碑又云紳自宣武節度歷左散騎越州刺史似未達碑文之旨矣紳之帥宣武乃在浙東召還再領分司之後唐史所載甚明疏寮於史學甚疏道聽

塗說故多舛誤

潛研堂金石文跋尾卷九

錢大昕箸

唐六

國子學石經　周易　尚書　毛詩　周禮　儀禮　禮記　春秋　公羊　穀梁　論語　孝經　爾雅　五經文字　九經字樣　東川節度使馮宿碑　大泉寺新三門記　楊漢公題名　大遍覺法師玄奘塔銘　太尉李光顔碑　大達法師玄祕塔碑　處士包公夫人墓誌　李玨題名　周公祠靈泉碑　勅內莊宅使牒　北嶽廟石柱題名　銅磬經咒文　岳林寺塔記　岳林寺塔銘　吏部尚書高元裕碑　盧鄯幼女姚婆墓誌　尊勝陁羅尼眞言并讚　圭峰定慧禪師傳法碑　襄州别駕韓昶墓誌　郎官題名石柱　窣堵波塔銘　後魏昌黎王馮熙新廟碑　修曲阜縣文宣王廟記　某君墓誌　左拾遺孔紓墓志　南翔寺尊勝陁羅尼經幢　瑯邪王夫人墓銘

唐六

剩國子學石經開成二年

右國子學石經舊唐書譏其字體乖師法近儒崑山顧氏

尤詆之子於癸巳歲取石本校勘再三乃知此經自開成初刻以後幾經後人之手乾符修改一也後梁補闕二也又有旁注字大約北宋人所作三也若明人補刊闕字則別爲一石不與本文相淆而世俗裝潢者欲經文完具乃取明刻翦割連綴之遂不復識別顧氏所舉石經之失大半出於明刻而援爲口實不知其爲裝潢本所誤也若旁注之字惟易書詩春秋論語有之其尤戾於古者如易觀卦彖添日月不過四字書封比干墓式商容閭墓上間上俱添之字詩從夏南南下添姫字上入執宮功執下添于字錫山土田錫下添之字山下添川字田下添附庸字歲

其有有下添年字詒孫子詒下添厥字春秋姜與子犯謀謀下添飲之酒三字旅弓矢千弓下添十旅二字奸絶我好我下添同字則是康公絶我好也公下添弃字我下添同字童子言焉子下添何字余狐裘而羔袖余下添猶字若不能猶有鬼神能下添掩字叔虎之母美而不使使下添視寢二字是將行而歸爲子祀行下添乎字其四國當之之下添六物之占四字今子少不颺少下添良字而告于知氏氏下添范氏二字二子之不欲戰也宜宜下添哉字多陵人者皆不在在下添矣字皆淺陋非唐刻之舊或謂鼂公武據孟蜀石經增入非也公武撰石經攷異在乾

道庚寅帥蜀之日其時長安已非宋地公武何從增改之且公武所舉經文不同者三百二科十二經皆有之而石刻旁注祇有易詩書春秋論語其非公武所作審矣惟春秋六物之古一條與武公所舉適合然孟蜀石本經文即用開成舊本公武作攷異乃以長興國學板本校勘得之而又自言石經固脫錯監本亦難盡從則公武亦非專信監本也予故謂旁添之字必是北宋人依監本增改然監本出於田敏敏經學疏淺又在唐元度之下固難深信矣太平御覽所引經文間與旁添之文相合亦即據當時監本非別有古本也朱梁所刊惟儀禮左氏穀梁三經閒有

數段葢經韓建築城委棄之後輦來城中偶有損失而任意補之非奉朝命故字法醜劣亦無師承所謂自鄶以下無譏者矣乾符修改與初刻本互有得失當分別觀之夫今人得宋槧本尙知寶而愛之此經刻于唐世同時儒者議其蕪累固所不免越今已及千年世間不復見有唐本而此石巋然獨存乃以繆戾譏之甚矣其惑也

刊 周易

周易十卷與今本異者君子以裒多益寡裒作褒力小而任重小作少雜卦姤遇也姤作遘攷說文無裒字鄭荀諸家易皆作捊云取也褒从衣从采采與孚同則褒亦與捊

通矣力少而任重章懷注後漢書亦引之今本改爲小則與知小句重出姤字說文亦不載古文易作遘而鄭氏從之王輔嗣改就俗體獨此一字未改此古文之僅存者石經勝于今本正在此等而顧氏皆以爲誤葢古學之不講久矣畧例云筌者所以在魚得魚而忘筌筌字初刻从草後改从竹按說文無筌字筌蹄之語出莊子外物篇崔譔注筌香艸可以餌魚則从艸者爲正後人不知而妄易之

刻尚書

尚書十三卷第三第四第五第十一字畫似經重刻泰誓予有亂十人亂下旁添臣字春秋襄廿八年武王有亂十

人昭廿四年余有亂十人論語予有亂十人俱有旁添臣字陸元朗論語釋文云本或作亂臣十人者非邢昺始據誤本增入臣字故劉原父有子無臣母之疑唐以前無此說也予謂石本增加字皆北宋人所作觀於此益信說文肰訓飽厭訓笮經典多借厭爲肰飽字此經萬年肰于乃德爾雅豫射肰也皆从正體此亦石經勝於今本之一證

刻毛詩

毛詩二十卷詩以十篇爲什惟二雅周頌爲然若魯頌止四篇商頌止五篇不能成什故但云駉詁訓傳那詁訓傳相臺岳氏本與石經同今本稱駉之什那之什者誤矣予

尾脩脩石刻作脩脩脩有蕭音故中谷有蓷篇與歗叶宋高宗御書石經亦作脩說文本無脩字也賈用不售初刻作讎不遐有害初刻作瑕如彼遡風初刻作愬按說文無售遐二字晉人賦云愬流風而獨寫正用詩語此則後來改本不如初刻之善矣涼曰不可涼作諒此用鄭義訓諒爲信無此疆爾界界作介此從陸氏釋文顧皆以爲誤亦未深攷爾

刻周禮

周禮十二卷牛人軍事共其犒牛石刻作槁攷說文無犒字小行人若國師徒則令槁禬之注引鄭司農說槁謂犒

師也春秋傳使展喜犒師服虔云以師枯槁故饋之飲食然則槁爲犒之古文也攷工記夗胡之笴注云故書笴爲笱杜子春云當爲笴笴讀爲稾按說文無笴字石刻上半雖殘闕下半从句不从可其爲笱無疑笱與笴字形相似讀笱爲稾聲尤相近也至如大司樂王大食三宥宥與侑通大宰邦甸之賦今本譌爲郊甸凡以神士者今本譌爲仕皆當依石刻正之顧氏轉以石本爲誤殊不可解若地官序官一篇遂師當承遂人之下鄙師酇長里宰鄰長當承遂大夫之下而各自跳行中川下士六人當承川衡之下中川非官名而亦跳行此則書石者之無學劉昫所譏

殆爲是歟

刋儀禮

儀禮十七卷士昏禮燕禮二篇皆後梁重刻而燕禮篇尚存元刻五六行鄉射禮重刻者三之一聘禮重刻者大半此外皆元刻也而書法較之宅經稍劣然監本毛本此經多脫丈賴有石刻後人得以校補厥功亦偉矣士冠禮啐醴建柶與士昏禮啐醴建柶與之文同今本建譌爲捷鄉飲酒禮遵者降席席東南面與鄉射禮大夫降席席東南面之文同大夫卽遵者也今本脫一席字鄉射禮閽人爲燭於門外與大射之文同今本燭上多大字少牢饋食

禮尸受同祭于豆祭與有司徹同祭于豆祭之文同今本受同譌爲同受此以前後篇參觀之而決其可信者也有司徹主婦洗於房中與少牢主婦洗于房中之文同今本洗下多爵字則與特牲文同予謂少牢有司二篇皆有主婦贊者授爵之文則洗爲洗爵可知特牲無贊者授爵一節故云洗爵此古人文字之密或疑此有脫文者失之矣喪服大夫之妾爲庶子適人者諦審石刻爲下本有君之二字按注云君之庶子女子子也則經文當有此二字大功章云大夫之妾爲君之庶子與此文正同可證君之二字不可省今本皆無之石刻亦已磨改乃知初刻之精審乾符修改幾於不知而妄作矣

刋禮記

禮記二十卷以御刪定月令弟一曲禮弟二曲禮下弟三檀弓弟四檀弓下弟五王制弟六文字與今本異者以相臺岳氏本校之多相合乃知倦翁正俗之功大也曾子問祭殤不舉今本舉下有肺字按注云舉肺脊以經文但言舉故以肺脊實之且肺脊兩物如經文言肺不言脊正義亦當申明之矣岳本及衞湜集說本皆無此字其爲後人妄增無疑也喪大記子大夫公子食粥今本公子下有衆士二字蓋因上有子大夫公子衆士皆三日不食之文相

涉而誤按下文士疏食飲水卽衆士也則衆士不在食粥之內矣學記燕辟廢其學大學人之其所親愛而辟焉之其所賤惡而辟焉之其所畏敬而辟焉之其所哀矜而辟焉之其所敖惰而辟馬石刻辟皆作譬蓋用鄭義岳本皆作辟而圈去聲亦依鄭讀也緇衣章義癉惡今本義作善蓋後人依尙書改之陸氏釋文引皇侃云義善也又云尙書作善可證古本不爲善矣君奭曰在昔上帝岳本在昔作昔在石刻亦作在上帝而在字之上有闕文必與岳本同閒傳杜楣萷屏今本杜作拄拄俗字岳本作柱而圈上聲用陸德明音得其正矣宅如豐耗之耗作秏廢疾之廢

作廄鏗鏘之鏘作鎗一个臣之个作介皆當以石刻爲正

利　春秋

春秋三十卷内宣公上下俱經後梁重刻上卷尙存元刻五六行下卷重刻者僅三之一若僖公篇亦有數段似出後人重刻如僖六年面縛穉縛之縛皆譌爲縛救譌爲殺與宅卷全別定公篇亦似重刻越句踐之句宅卷从口此从厶是其證也然較之後梁刻本則字迹遠勝之矣顧氏於此經所摘誤字甚多今攷之大率明人所補或係朱梁所刻非唐本之舊隱十年宋人蔡人衞人伐載此據陸氏釋文非誤也文元年王使毛伯衞來賜公命經書錫傳書

賜故注有謝賜命之語非誤也宣三年晉矦伐鄭及延今本作郔說文亦以郔爲鄭地然地名从邑多由經師增益㢇延字亦無邑旁也宣十八年凡自內虐其君曰弑今本少內字內與外相對成文似不可省成二年且辟左右石刻且作旦夢必在夜則旦義爲長昭三年少齊有寵而死今本齊作姜亦石本得之定元年榮駕鵞今本作駕鴐字說文無之依正文當用鴚假借同音則駕亦通也哀二十六年四方其順之正義云四方諸國皆順從之是古本作順也今本作訓乃後人依詩文妄改顧氏皆斷以爲誤果孰誤而孰否乎若石刻之勝於今本而顧所未舉者襄二十九年高子容與宋司徒見知伯今本高上有齊字子謂左氏義例至精一言不可增損此傳子太叔稱鄭以經不書游吉也華定書官不書族故稱宋以別之其餘諸卿已見子經知悼子不書晉太叔文子不書衞高子容何獨書齊乎此後人妄加而失其義者也昭元年趙孟曰天乎今本天作天天與亡相對故云鮮不五稔昭二十五年吾聞文成之世謂文公成公也史記魯世家漢書五行志皆作文成今本作文武誤矣哀元年宿有妃嬙嬪御今本嬙爲嬙說文無嬙字陸德明云嬙本又作廧或作牆漢隸爿旁字或變从广廧與牆實一字也哀二十六年越皋如舌庸

二十七年越子使舌庸今本舌作后以國語證之亦當爲舌又如皇戌向戌穿封戌沈尹戌皆从戊从一唯衞公叔戍从戈从人板本往往溷殽非得石本何由決其異同以是知石刻之可貴也

利　公羊

公羊十二卷與今本亦多異同如桓二年隱賢而桓賤也今本賤作賊據注云賤不爲諱則當爲賤也僖廿六年乞者卑辭也今本乞下有師字據疏云乞者至若辭則不當有師字也宣六年此非弑君如何古文如與而通當從古爲如也成二年郤克眣魯衞之使今本眣作眣說文有眣

無眣當以今本爲長然陸氏釋文音舜又丑乙達結二反从下二音當爲眣从舜音當爲眣石刻蓋據陸初音也襄廿七年攜其妻子而與之盟今本攜爲挈注云挈猶提也按上文已有挈其妻子何氏無注注于此句之下知當爲攜字注中挈字亦攜之譌提攜爲疊韻故轉相訓也襄廿九年爾弑吾君今本弑作殺按下文云爾殺爾兄兄言殺君言弑詞有輕重之别亦石刻爲長也定元年不衰城也今本衰爲蓑説文衰訓雨衣衰正字蓑俗字亦當從石刻也惟成十年經無冬十月注云去冬者惡成公今石刻依左穀增入非何義矣

利 穀梁

穀梁十二卷襄公篇爲朱梁重刻成公篇重刻者居其半僖公篇亦似後來重刻郑不避城字顧氏謂昭定哀三卷亦朱梁補刻則攷之殊未審矣隱元年貝玉曰含石本與監本同顧氏謂石經作珠玉欲以糾刻本之誤豈其然乎定元年此該郊之變而道之也今本脱郊字石刻止存郊之變而四字以字數計之郊上當有該字顧謂該誤爲郊又不然也

利 論語

論語十卷顔車馬衣裘衣下旁注輕字此宋人妄加攷北齊書唐邕傳顯祖嘗解所服青鼠皮裘賜邕云朕意在車馬衣裘與卿共敝蓋用子路故事是古本無輕字一證也陸氏釋文於赤之適齊節音衣爲於旣反而此衣字無音是陸本無輕字二證也邢疏云願以己之車馬衣裘與朋友共乘服是邢本亦無輕字三證也皇氏義疏云車馬衣裘共乘服而無所憾恨是皇本亦無輕字四證也今注疏與皇本正文有輕字則後人依通行本增入非其舊矣無求生以害人今注疏本人作仁而疏中仍有害人字蓋明人依朱本校改猶幸改之未盡以石刻證之益明白矣陽貨篇子曰巧言令色鮮矣仁九字皇本無之石刻亦無此

節宋人增注于旁非唐本之舊矣至如我三人行必得我師寢不尸居不容滌雕之爲彫皆據陸氏釋文而顧氏以爲誤何也

利 孝經

孝經一卷與今本無甚異同惟序文庶有補於將來石刻無於字

利 爾雅

爾雅三卷文字與今本異者多勝於今本如釋詁底底止也釋文底丁禮反底之視反後人疑其重出輒改底爲廢不知注中替廢連文乃訓替爲廢非本有廢字也釋言楷

桂也今本皆从手旁按說文楮桂柢古用木故从木非从手也華皇也今本皇在華上按釋文亦先華後皇釋天四氣和謂之玉燭今本氣作時李善注文選引此文正作氣也釋艸孟狼尾今本孟爲孟荷芙渠今本渠爲蕖澤烏薞今本薞爲蕵莩麻母今本字爲莩蒙王女今本王爲玉釋木味荎著今本味爲菋狄臧槔今本臧爲藏釋鳥鸞白鷺今本分楊鳥爲二字皆當依石刻正之

亨　五經文字

右五經文字三卷國子司業張參撰成於大曆十一年洎開成中始刻于石朱錫鬯謂參姓名僅一見于宰相世系

表一見于藝文志予攷唐書李勉傳嘗引李巡張參在幕府後二人卒至宴飲仍設虛位沃饋之又常袞傳袞始當國議增給百官俸時韓滉使度支與袞皆任情輕重滉惡國子司業張參袞惡太子少詹事趙甚皆少給之是則史于參事固不止一再見矣吾於勉傳見參之見重友朋又于袞傳見參之不阿貴近參雖無傳未爲不幸也石刻參字下从彡後人妄改從小

亨　九經字樣　開成二年八月

右九經字樣前載開成二年八月十二日中書門下牒牒尾列銜者六人曰工部侍郎平章事陳夷行曰中書侍郎平章事李石曰門下侍郎平章事李固言曰右僕射兼門下侍郎國子祭酒平章事覃並與唐書宰相表合鄭覃以僕射不書姓唐宋故事如此曰檢校司徒平章事劉下注使字而不名者劉從諫也攷本傳太和初拜司空六年入朝明年還藩進同中書門下平章事不云檢校司徒而宦官仇士良傳稱澤潞劉從諫上書請清君側士良沮恐進從諫檢校司徒欲弭其言則傳蓋漏此事矣傳云進司空而三公表無之當是檢校司空非眞拜也表于檢校官例不書曰司徒兼中書令下注使字姓名俱不書者裴度時爲山南東道節度使也

元　東川節度使馮宿碑　開成二年五月

右東川節度使馮宿碑唐制諸王拜節度大使者皆留京師以副大使知節度事者寔正節度也碑稱充劍南東川節度副大使知節度事而新舊史但稱節度使者蓋以此舊史本傳云韓愈論佛骨時宰疑宿草疏出爲歙州刺史新史疑其未必然而删之然碑云公爲比部郎中爲持權者所忌會韓文公愈上疏切諫佛骨忌公者誣公寔爲之出刺歙州則固有此事矣昌黎之文自後世論之固非宿所能及在當時則猶夫人爾況出于忌者之口亦何所不至哉史稱婺州東陽人而碑云冀州長樂人蓋舉其族望

然唐時冀州固無長樂縣劉知幾所識諒哉

利 大泉寺新三門記 開成三年十一月

右大泉寺新三門記姚䓨撰沙門齊操書在句容縣城内歐陽永叔趙明誠王象之陳思諸家皆未著錄寶刻類編載沙門能書者甚夥亦不及齊操近有郃陽褚峻撰金石經眼錄始一及之文字完好唐碑如此者亦罕矣碑稱句曲之東嵛峯之陽厥生大泉寺因泉而題焉劉宋開明二年邑令顔繼祖捨宅移寺南去泉五里而遥攷劉宋無開明之號蓋緇流無學傳聞多不足信而䓨乃承其誤而書之斯足嗤也泉篆文作象形此顙从白从水誤甚

貞 楊漢公題名 開成四年二月

右楊漢公題名在長興縣顧渚山之明月峽嘉慶辛酉春刑明府佺山招予游是山始訪得之其文云湖州刺史楊漢公前試太子通事舍人崔行章□事衙推馬柷州衙推唐從禮鄉貢進士鄭□鄉貢進士賈□開成四年二月十五日同游進士楊知本進士楊知範進士楊知□從行按唐書漢公傳但云除舒州刺史徙湖亳蘇三州刺史不言除授之年湖州府志題名云漢公開成三年三月自舒州移刺湖州充本道團練使此題云四年則莅任之次年也後列楊知本等三人從行當是漢公之子據本傳祇載子籌範二人宰相世系表漢公子有思愿輝籌範謨知章篆筠蘧篪管十一人未見有名知本者殆其子初名乎知範當卽範後去一字耳漢公兄虞卿之子有知退知權而漢公子亦有知章蓋楊氏羣從多以知聯名也

亨 大遍覺法師玄奘塔銘 開成四年五月

右大遍覺法師奘公塔銘稱曾祖爲曾父潘昻霄金石例所未聞也碑云麟德元年卒春秋六十九而舊唐書本傳稱顯慶六年卒時年五十六者蓋誤碑載永徽三年春三月造甎塔七級事其下卽云冬十月中宮方娠請法師加祐旣誕神光滿院則中宗孝和皇帝也請號爲佛光王受

三歸服袈裟度七人請法師爲王剃髮桉中宗以顯慶元年十一月生若永徽三年則其時武氏未爲后不得云中宮矣碑蓋失書其生之年爾

元 太尉李光顔碑 開成五年

右李光顔碑李程撰文甚簡略其序云相國晉公書公盛績永誌玄堂琬琰之詞傳于泉口故今之甄述得以略焉蓋有裴度之誌詳之則碑文可以從簡古人作文不相蹈襲雖它人之文亦必囘避如此碑云年六十五而傳作六十六蓋誤據碑文與本傳光顔未嘗帥横海軍而宰相表云長慶四年横海節度使李光顔守司徒亦誤

亨大達法師玄祕塔碑 會昌元年十二月

右大達法師玄祕塔碑裴休撰其署銜稱山南西道都團練觀察處置等使攷唐書方鎮表建中元年升山南西道觀察使爲節度使嗣後無降爲團練使事葢史文有脫漏爾休傳不載觀察山南西道一節亦略也

貞處士包公夫人墓誌 會昌三年十二月

右處士包公夫人墓誌海鹽陳仲魚所贈云頃歲杭人掊土得之文字尚可辨有云行年六十有六以會昌三年十月九日奄終錢唐縣方輿鄉之私第以其年癸亥十二月十二日丙申葬于履泰鄉之南原攷咸淳臨安志錢唐縣十三鄉有履泰南鄉履泰北鄉而未見方輿之名葢宋時諸縣鄉里之名多有更易不皆沿唐之舊也包君名字不見於誌今杭城南有包家山潛氏臨安志已載之是包亦杭之舊族矣其書銘作詺則宅碑所未有

利李玨題名 會昌五年五月

右李玨題名其文云郴州刺史李玨桂管都防禦巡官試祕書省校書郎元充會昌五年五月廿六日同遊時玨棠口移郡之任桂陽校書以京國之舊邀引奪勝男前京兆府參軍階進士潛口揩從凡九行自左而右刻於粵西之風洞甲辰歲袁簡齋游粵中搨以詒予攷新舊二史載玨

罷相後事多相抵牾舊傳云武宗卽位之年九月與楊嗣復俱罷相出爲桂州刺史桂管觀察使三年長流驩州大中二年徵入朝爲戶部尚書出爲河陽節度使新傳云武宗卽位爲山陵使罷爲太常卿貶江西觀察使再貶昭州刺史宣宗立內徙郴舒二州以太子賓客分司東都遷河陽節度使今據此刻玨移郴州刺史在武宗會昌五年則新史云宣宗立內徙郴者已不足信舊史幷脫漏移郴一節矣通鑑會昌六年八月以昭州刺史李玨爲郴州刺史宣宗以是年三月卽位與新史相應以石刻證之則新史與通鑑皆誤也據通鑑玨自桂管觀察貶昭州刺史舊武宗紀則云貶端州司馬初無長流之事舊傳云長流驩州尤誤新史云貶江西觀察使江西當爲桂管之譌因題此碑幷牽連書之

元周公祠靈泉碑 大中二年十一月

右周公祠靈泉碑蘇東坡云周公廟在岐山西北七八里廟後百許步有泉依山湧洌異常國史所謂潤德泉世亂則竭者也其名潤德者大中初因崔珙之奏而賜名也碑首題鳳翔府岐山縣鳳棲鄉周公祠靈泉口幷口奏狀及勑批答次列崔珙奏靈泉狀次中書門下奏賜名潤德泉勑次答崔珙手詔次珙謝表末題大中二年十一月廿日

鳳翔隴州節度觀察處置等使銀青光祿大夫檢校尚書右僕射兼鳳翔尹御史大夫安平郡開國公食邑二千戶臣崔珙狀奏珙爲鳳翔節度使而中書門下奏內但稱觀察使者節度之職雖視觀察爲重然非軍旅之事陳奏止稱觀察唐人章奏之式多如此也

元　勑內莊宅使牒　大中五年正月

右勑內莊宅使牒一通牒尾列銜者曰判官內僕局丞彭口曰副使內府局令賜緋口口口行宜日使兼鴻臚禮賓等使特進知口口口田紹宗攷唐書百官志內府局令正八品下內僕局丞正九品下皆屬內侍省而內莊宅使之

名則百官志無之蓋唐自中葉以後內侍用事所設曹局緐多史家不能悉載宋史職官志唐設內諸司使悉擬尚書省如京倉部也莊宅屯田也皇城司門也禮賓主客也雖名品可效而事任不同語王旦然宋以如京莊宅爲武臣敘遷之銜與唐制又異矣牒後述僧正言出錢叙造堂內綵畫兩壁修贖經藏諸事凡九行大中五年正月十五日記今石文字記以爲六年四月者誤也此文刻于大達法師塔碑之陰正言卽大達之弟子也碑銘柳誠懸書久行于世而碑陰椎拓者少予屬西安莊吉士少彭購得之

貞　北嶽廟石柱題名

右北嶽廟石柱題名凡八面皆唐時祭嶽三獻官姓名向來金石家皆未著錄庚戌九月予游曲陽於廟中搜得之亟命工摹拓周遭讀之得文四通其一大中二年二月十三日節度使韋損爲初獻其一大中二年十二月廿一日其一大中六年九月十六日皆節度使李公度初獻其一咸通六年二月廿九日則觀察使韋絢初獻也損公度結銜皆云義武軍節度易定等州觀察處置北平軍等使獨絢稱易定等州觀察處置等使無節度及北平軍使之稱未詳其故咸通終獻官節度掌書記試祕書省校書郎柳告字口益蓋子厚之孫咸通四年以第三人登科者也下

方有元祐戊辰吳輿劉燾無言題字云徧讀題刻唐人書類有楷法而二石柱尤佳是廟中石柱有二予惟見其一耳

貞　銅磬經咒文　大中五年九月

右銅磬經咒文前爲般若波羅蜜多心經十五行次佛頂尊勝總持經咒八十一行最後兩行刻皇圖鞏固帝道遐昌佛日增輝法輪常轉四句小楷端勁似魯公麻姑壇記磬口隸書皇唐大中五年九月九日造頃江甯張君復純拓其文見貽且云此磬向在天台國清寺桐鄉汪某以賕田卌畝從寺僧易得之今爲鎮洋畢尚書所有以今工部

尺废之崇尺有五寸十分寸之八口徑七寸十分寸之三經咒文於腹內周刻之

利岳林寺塔記 大中五年

右岳林寺塔記在奉化縣之岳林寺癸卯夏予爲浙東之游舟行過寺門外始一游焉寺有東西二小塔東塔嵌石一片乃大中五載僧君長所述記文稱女弟子傅氏二娘娩於朱室不幸所天早喪愛子又夭㦎然霜質而恪勤檀度後半殘缺不可讀矣其旁爲鐘禮縣銅鐘一元天曆三年鑄也

利岳林寺塔銘 大中七年

右岳林寺塔銘在寺西塔佛像下隴西李柔撰首云大中七年歲在口子口月乙巳朔廿日甲子亦爲施主傅二娘而作文字尤剝落末數行書馬六娘傅二娘僧理宗等捨錢之數唐石刻存於今者尠矣此二塔記不見於王象之輿地碑目故表而出之

亨吏部尚書高元裕碑 大中六年十一月

右吏部尚書高元裕碑元裕以大中六年六月廿日薨其年十一月十日歸葬河南府伊闕縣白沙之南原碑今在洛陽縣南三官凹蓋伊闕地後併入洛陽矣碑題渤海縣開國男而新舊書本傳稱封渤海郡公蓋史之誤北史高勤字敬德襲父爵清河王改封安樂侯（當作樂安）唐書世系表作樂安侯碑稱敬德改封樂安王未詳孰是或始封王而例降爲侯乎恭僖皇太后敬宗母王氏懿安皇太后憲宗后郭氏也

貞盧鄯幼女姚婆墓誌 大中七年七月

右盧鄯幼女姚婆墓誌禮十六至十九爲長殤十二至十五爲中殤八歲至十一爲下殤七歲已下爲無服之殤下殤女子於法可以無誌然韓退之爲女挐銘壙世莫以爲非者父之于子不忍其遽湮沒而欲有所托以永其傳亦人之恒情乎噫自唐以來達官貴人豐碑大書不久而湮

沒者何限而姚婆一弱女越千載後乃得傳姓名於士夫之口事之有幸有不幸若此者可勝道哉

貞尊勝陁羅尼眞言幷讚 大中甲戌秋幽月

右尊勝陁羅尼眞言幷讚在元和縣甫里保聖寺吾友嚴豹人訪得搨以詒予末題大唐大中甲戌歲秋幽月中元日建進士崔溴字顥枝書幷撰讚旁有正書三行則宋皇祐五年住持沙門惟吉等重立題記也此幢不見於志乘而崔君書法精勁可觀其名右旁稍泐豹人疑是璞字今諦審之當爲溴非璞矣譯音初無定字予見石刻南無字或作南牟或作曩謨或作那謨或作納謨此又作納慕音

皆相近

[利]圭峯定慧禪師傳法碑　大中九年十月

右圭峯定慧禪師傳法碑禪宗自神秀慧能分南北二支而曹溪之教但行於嶺外迨荷澤會公說法西京而南宗始盛荷澤傳磁州如如傳荆南張張傳遂州圓圓傳宗密密又得上都澄觀師華嚴疏而好之遂兼道禪教爲人天師所著禪源諸詮集起信論起信論鈔原人論圓覺經大小疏鈔具載唐書蓺文志即圭峯也碑敘六祖之傳惟荷澤江西二宗而不及青原蓋其時青原之學尚未大行厥後曹洞雲門法眼出乃尊青原與南嶽竝而祧荷澤爲旁

支緇流之盛衰亦有數焉其云万行未嘗非一心一心未嘗違万行與濂溪一實萬分是萬爲一之說頗相似

[元]襄州別駕韓昶墓誌　大中九年十二月

右襄州別駕韓昶自爲墓誌銘昶小字符昌黎文公之子公有符讀書城南詩注公集者意其爲昶而不敢質言由未見此誌爾云六七歲出言成文不同他人所爲張籍奇之及年十一二樊宗師大奇之宗師文體與常人不同昶讀慕之一旦爲文宗師大奇其文中字或出於經史之外樊讀不能通稍長愛進士及第見進士所爲之文與樊不同遂改體就之欲中其彙年至二十五及第昶之以文學自負如此而當時乃有金根之誚好惡之失其實自昔然矣昔陶元亮有自祭之文而舊唐書載嚴挺之自爲墓誌非昶所剏也其云大中九年六月三日寢疾八日卒于任其年十二月十五日葬孟州河陽縣疑是後人增入不然昶既自知其死之日又預卜其葬之日亦誕矣宰相世系表昶子惟綰亥二人誌稱有男五人曰緯綰緄綺紞孜字書緄與亥同音漢書多有書亥職爲緄職者則緄即亥也其三人表未及載當據此補之

[貞]郎官題名石柱　大中十一年

右郎官題名石柱八面如幢式自左司訖膳部皆先郎中

次員外郎姓名俱正書按唐宋之制六部皆隸尚書省吏戶禮居左兵刑工居右其敘遷則以吏兵爲前行戶刑爲中行禮工爲後行每部各領四司司名與部同者爲頭司餘爲子司二十四司之外別有左右司各置郎中員外郎皆稱郎官此柱所刻則左司及左十二曹也歐趙所載張長史書石柱記有文無題名蓋別是一碑久已不存此柱雖有殘闕亦僅十之一二合之御史臺題名一代清流姓名畧備未必非攷史之一助也

[貞]窣堵波塔銘　咸通五年八月

右窣堵波塔銘布衣高壖述并書案釋元應一切經音義

云寶塔諸經論中或作數斗波或作塔婆或云兜婆或言偷婆或言蘇偷婆或言脂帝浮都亦言支提浮圖皆譌畧也正言窣覩波此譯云廟或云方墳此義翻也案元應以窣覩波爲正此又作堵譯音元無定字也窣堵波與塔郎非二物此題云窣堵波塔重複無當葢唐人不知梵義者爲之耳予嘗謂古無塔字唯葛洪字苑有之云佛堂也音它合反見一切經音義據元應所述諸文斗也兜也帝也覩也皆與苔聲相近釋教初入中國塔婆字本當爲苔後人增加土旁而稚川承之其音爲他合切者又郎偷婆之轉聲也

【貞】後魏昌黎王馮熙新廟碑 咸通八年十一月

右後魏昌黎王馮熙新廟碑葢其十二代孫元德所述而弟元錫書之者大畧云廟爲洛北之望祀遠近里社鼓管趨赴及問王之名位爵邑皆失其傳碑板堙滅莫識何從退尋家牒攷於魏史知郎愚之十二代祖則是祠之名字本無可攷特出於元德輩之傳會耳熙以外戚貴盛本無才能其在洛取人子女爲奴婢有容色者幸之爲妾號爲貪縱營塔寺多在高山秀阜傷殺人牛有沙門勸止之熙曰成就後人惟見佛圖焉知殺人牛也此其爲政豈有功德及人而能廟食百世者馮君之名不傳後代要當疑而闕之若執此誣妄之詞以爲左證非勸善之義矣碑末題十一月壬子九日甲辰尤爲舛謬若壬子爲月朔日則九日是庚申非甲辰若甲辰是月之九日則朔日當是丙申且壬子在甲辰之後不應倒置若此攷温公通鑑目錄推是歲十一月果是丙申朔可據以正碑之誤

【元】修曲阜縣文宣王廟記 咸通十年九月 金石文字記云十一年三月

右修曲阜縣文宣王廟記孔温裕者戣之第四子於宣尼爲三十九代孫鎮鄆日差人賫私錢就兖州修廟温裕申奏於朝詔書褒獎而幕僚賈防爲文記之石又附中書門下牒于後牒尾當列省官名押此獨無之石刻不具也唐制節度觀察不並置故節度常兼觀察處置等使舊唐書

懿宗紀咸通六年正月制以河東節度使檢校刑部尚書孔温裕爲鄆州刺史天平軍節度鄆曹濮今刊本誤作棣觀察處置等使此表及牒止稱鄆曹濮等州觀察使不稱節度者奏請之事觀察所司故也本傳稱温裕仕爲天平節度使以節度爲重故也記云皇帝御寓之十年歲在己丑魯國公節鎮汶陽之三載則温裕之鎮鄆當在咸通八年而舊史云六年恐誤

【貞】某君墓誌 咸通十一年二月

右某君墓誌蕭山汪㬇曾所詒云縣人掘土新得文字尙可讀惜前數行斷裂無從得其姓名據銘詞云嗚呼公都

碩學鴻儒豈公都郎其字邪君以咸通十年四月殁十一年二月葬製文者名庠姓亦無可攷文云葬于昭元鄉昭元里社頭村之原而空處別有一行云續改地在廣孝鄉延壽里杜湖村之原此式宅碑未之有言金石例者所當知也

元　左拾遺孔紓墓誌　咸通十五年

右左拾遺孔紓墓誌殿中侍御史鄭仁表撰并書紓曾祖岑父贈司空祖戣贈司徒父溫裕檢校右僕射兼太常卿充翰林侍講學士贈司空皆史所未載紓字持卿而宰相世系表作特卿刻本之訛也紓嘗爲左拾遺有子小字鐵

婢表亦不載紓未沒前月餘書二十八字於東屋上若隱語者曰許下無言奪少年震而不雨月當弦風濤渭逆舩艎沒從此無舟濟大川及死人乃悟蓋許無言是午字震不雨是辰字紓病亟以辰日死以上弦日而歲則在甲午也唐人小說未有及此事者故聊出之僖宗以咸通十四年七月即位至明年十一月始改元乾符故咸通得有十五年也

亨　南翔寺尊勝陁羅尼經幢

右尊勝陁羅尼經石幢二在嘉定縣南翔寺大殿前東西相對一立于咸通八年十二月一立於乾符二年八月皆題建幢弟子莫少卿老宿僧行齊院主僧文脩名宋太平興國五年元元統二年皆嘗重脩鐫記歲月于幢上太與泰古文只是一字漢書食貨志三登曰泰平此幢題年號作泰平興國李陽氷先塋記書天寶作天珤古人於本朝年號或用古文別體書之無所嫌也寺在縣城南二十四里寺旁煙火萬家商賈所集爲吾邑大鎮予少時乘舟過此者三四皆未留泊丁亥歲南歸王鶴溪爲予言寺有唐石幢乃往訪之薄暮讀其文不及搨而還己丑夏予將北行鶴溪募工各搨一紙遺予吳中少唐以前石刻此幢雖經後人重脩尚是唐物顧志乘未有及之者予集錄金石

刻絕遠如隴蜀閩粵及西北塞外碑碣頗有入予錄者惟此得之獨後始知古蹟之蔽于耳目之前者不少而鶴溪之嗜古好事爲難得也

貞　瑯琊王夫人墓銘　乾符三年二月

右瑯琊王夫人墓銘在西安府崇仁寺題云墓銘實與佛頂尊勝陁羅尼同刻一幢非埋于壙中者瑯琊字古書多作琅邪此用唐人俗體夫人爲玉冊官內供奉強瓊之妻强氏見於史者唯宋强至及其子淵明瓊任玉冊官殆以鐫字供奉者歟文云忽染膏荒之疾借荒爲肓也

潛研堂金石文跋尾卷十

錢大昕著

唐七

貞尊勝陀羅尼經乾符五年

右尊勝陀羅尼經乾隆壬子十月張薆子恂訪于吳門寓館出此幢拓本見詒云在昭文縣梅李鎮之燕脂墩邑乘向未采錄頃始訪求得之葢唐乾符五年所鐫距今九百一十四年矣唐石幢多不列書人姓名此幢亦然玩其筆跡遒整有法度不在高岑儕亢可之下

元北嶽廟李克用題名中和五年三月

右河東節度使李克用題名在曲陽縣嶽廟沇存中筆談載其文云太原河東節度使李克用親領步騎五十萬問罪幽陵回師自飛狐路即歸雁門雖稟括其詞然以石刻校之殊未盡合蓋存中記憶偶誤爾唐書沙陀傳光啓元年即中和五年幽州李可舉鎮州王景崇言易定故燕趙境請取分之於是可舉攻易州下之景崇攻無極易定節度使王處存請救于克用克用自將救無極敗鎮人攻馬頭固新城鎮兵走處存復取易州此克用題名即自將救處存時也克用以二月廿一日與處存同禱嶽廟至三月十七日以幽州請和班師復謁廟賽謝然則克用之破鎮兵當在二月之末三月之初矣通鑑于是年三月書克用遣將康君立救處存又于五月書克用自將救無極敗成德兵

皆未得其眞沙陀傳稱進檢校太傅而此作檢校太保亦
當以石刻爲正

貞　撫州寶應寺鐘文 大順元年十月

右撫州寶應寺鐘文云維唐大順元年歲次庚戌拾月癸
未朔拾壹日癸巳撫州寶應寺募衆緣於洪州南冶鑄銅
鐘壹口重三阡斤上爲國王大臣當府司空郡主尚書次
及州縣官寮將士軍人什方信男信女師僧父母然願國
界安寧法輪常轉有識含靈同霑此福永充供養其云當
府司空者鎭南軍節度使鍾傳也郡主尚書者撫州刺史
危全諷也列名者百餘人首一行云金紫光祿大夫檢校

工部尚書使持節撫州諸軍事守撫州刺史兼御史大夫
上柱國危全諷攷全諷以中和二年壬寅歲據撫州至梁
開平三年己巳爲楊氏所併在州二十八年唐五代二史
僅附見鍾傳傳其檢校工部尚書亦可裨二史之闕

元　憫忠寺重藏舍利記 景福元年十二月

右重藏舍利記右街內講殿論兼應制大德沙門南叙述
僧知常書景福元年十二月十八日記碑云隴西令公大
王者朱錫鬯以爲李匡威以予攷之匡威之立在光啓二
年八月歲在丙午而碑稱中和二年歲在壬寅値火災延
憫忠寺樓臺俱燼又云不朞年隴西令公大王舍俸造觀
音閣則造閣之時匡威尚未建節所云令公者當是李可
舉耳唐書藩鎭傳載可舉所授官甚略其稱令公而封王
爵史未之及也可舉以光啓元年乙巳被殺李全忠代之
明年全忠卒子匡威爲留後距壬寅已四年餘矣不當云
未朞年也碑于大唐文宗及武皇及宣宗及上皆空二格
其云旌麾淸河公者張仲武也亦空二格書之獨于隴西
令公跳行書之當時河朔之俗知有節使不知有天子久
矣其云大燕者沿安史之僭稱也

刻　道德經 景福二年孟秋

右道德經石刻在易州之龍興觀正書分兩面刻之碑末

題唐景福二祀歲次癸丑孟秋月中元日又有易定節度
及銀青光祿大夫檢校右散騎常侍御史大夫上柱國王
等字龍興觀唐人刻道德經凡三本予皆得之此則王處
存爲節度日所刻也如春登臺今板本作如登春臺唐人
有登春臺賦或謂明皇本始誤予以所藏石臺注本校之
則明皇本亦未誤此本及元人樓觀石刻本春字亦在登
字之上然則元明以後刻本始誤爾詩蔌蔌方有穀蔡邕
釋誨作速速方轂轂穀古葢通用景龍本及此本孤寡不
穀之轂亦是一證

亭　吳承泌墓誌 乾寧二年十二月

右内樞密使特進左領軍衛上將軍知内侍省事上柱國濮陽郡開國侯食邑一千戶食實封一百戶吳承泌墓誌翰林學士裴庭裕撰翰林待詔閻湘書文云乾寧二年春正月二十日薨于滻水年四十五稟君命也冬十月一日上御札于中書門下許公昭雪十一月二十日葬于京兆府萬年縣滻川鄉北姚村禮也承泌以景福二年由宣徽北院使除樞密未及二載而誅誅之未久又得昭雪蓋其時朝廷爲方鎮所制生殺之權不能自主以史攷之景福二年鳳翔李茂貞稱兵而樞密使李周潼殺乾寧二年邠寧王行瑜等稱兵而樞密使康尙弼殺承泌除官在周潼

之後尙弼之前中朝多故其不免于死宜矣宣徽樞密唐時爲内侍之職五代始以士人爲之而樞密之權幾在宰相上宋以樞密爲執政官而宣徽南北院使恩數亦視執政與唐時名同而實異矣

貞升僊廟興功記　乾寧四年正月

右升僊廟興功記尙書禮部郎中賜緋魚袋李綽撰未行前進士鄭珏書其下有注云光化三年添前字顧氏日知錄云唐人未第稱進士已及第則稱前進士雍錄引唐人詩云曾題名處添前字今讀此碑足爲添字之證顧氏曾游嵩少惜其未睹此刻也李綽有秦中歲時記一卷陳直齋題爲唐膳部郎中其序云緬思庚子之歲洊周戊辰之年戊辰梁開平二年也按唐時六部各分四曹禮祠客膳雖云同署而禮部爲頭司祠部主客膳部爲子司資望不等綽於乾寧四年已官禮部郎中更閲十有餘歲何以轉題膳部恐直齋誤記抑或中遭罷斥而更敘復乎

利彭城郡王鐵券文　乾寧四年八月

右彭城郡王鐵券文廿五行行十四字券重百三十二兩廣尺有一寸脩尺有八寸三分厚一分其文以黃金塡之後九行漫漶者大半今藏臨海縣白石村民錢文川家蓋武肅廿九世孫也自忠懿納土其孫暄知台州有惠政子

孫因居於台世守此券宋元之際失而復得今距賜券幾及九百年而文字如新遺苗猶什襲而珍之斯亦異矣鎮海軍節度本治潤州周寶爲部下所逐奔杭州而潤遂無節帥景福二年武肅以杭州刺史除鎮海節度使至是又兼領鎮東軍節度仍兼潤越等州刺史以鎮海軍額在潤州也舊唐書昭宗紀乾寧四年九月癸酉朔制以鎮海軍節度使錢鏐爲鎮海軍節度浙江東西道觀察處置等使杭州越州刺史上柱國吳王攷其時鏐實兼鎮海鎮東兩鎮而紀祇書鎮海軍所領者潤州刺史而紀書杭州皆其脫誤且八月甫賜鐵券而九月旋有吳王之封除命頻仍

亦恐未然竊意吳王封號當在光化以後也

利金剛般若波羅蜜經幢 天復三年七月

右金剛般若波羅蜜經幢在澤州府廣福寺後題云弟子李宗伏爲累遭離亂骨肉團圓發願造寶林寺一所敬畫釋迦像一鋪西方淨土一鋪維摩居士功德一鋪十王功德一鋪伏願諸佛祐護家眷安寧百病不侵時大唐天復三年歲次癸亥七月十五日盍此寺舊名寶林廣福乃金時敕賜額也天復之際汴晉爭戈澤潞爲戰場暴骨如莽而李氏一門室家無恙宜其歸功於佛祐而不惜布金之施矣

元王審知德政碑 天祐三年閏十二月

右碑題云大唐威武軍節度福建管內觀察處置三司發運等使特進檢校太保同中書門下平章事使持節都督福州諸軍事兼福州刺史上柱國瑯琊郡王食邑四千戶食實封壹伯戶王審知德政碑銘末題天祐三年丙寅歲閏十二月一日准勅建立攷舊唐書哀帝紀天祐三年閏十二月己酉朔福建百姓僧道詣闕請爲節度使王審知立德政碑從之卽此碑也五代史閩世家乾寧四年潮卒審知代立而碑云乾寧三年僕射遘疾且付公以戎旅仍具表奏奪加刑部尚書威武軍留後俄授金紫光祿大夫右僕射本軍節度使則審知代立在乾寧三年矣而舊唐書昭帝紀乾寧四年四月就加福建節度使王潮檢校尚書右僕射蓋誤以審知爲潮也方鎮表乾寧四年升福建都團練觀察處置使爲威武節度使似乾寧以前尚無節度之名然碑稱福建節度使陳巖又稱巖在軍病甚不能視事潮以郡委于仲弟審邽而與公偕赴因詔授節度使則福建之置節度已久惟威武軍之號則於乾寧中始賜耳唐書稱威武軍而五代史職方考及閩世家俱作武威者誤也碑又有佛齊國雖同臨照靡襲冠裳公示以中孚致其內附云云桉舊唐書天祐元年六月三佛齊國入朝

使蒲訶栗可寧遠將軍以碑證之蓋由審知招撫之力矣

貞梁府君墓誌 天祐十年孟冬月

右梁府君墓誌文云以天祐十年癸酉歲孟冬月己巳朔二十三日辛卯於易州東北隅一里半易縣□山鄉梁村之右巷在唐亾之後七年易定節度使王處直猶用唐年號也攷後梁以天祐四年丁卯受唐禪處直奉其正朔至開平四年庚午與鎮州王鎔俱附於晉復用唐年號當稱天祐七年則癸酉歲正天祐之十年也誌載曾祖諱希幹皇祖諱甫平皇考諱重立字顯英述其事狀甚備其後云夫人武功蘇氏云云又云府君有嗣子三人而於府君之

名字行狀絶不及焉細繹之則皇考與府君竟是一人而誌文又非其子所作所謂名不正而言不順者矣

元 法門寺塔廟記天祐十九年二月

右碑題大唐秦王重修法門寺塔廟記天祐十九年二月守尚書禮部郎中薛昌序撰文云秦王者李茂貞也金石文字記據通鑑後唐同光二年封岐王李茂貞爲秦王此文在同光之前以爲必茂貞所自稱以予攷之殊不然舊唐書昭帝本紀景福二年十一月制以鳳翔節度使李茂貞守中書令進封秦王茲茂貞之稱秦王自此始茂貞自岐王封秦王故云進封其後天復三年除茂貞檢校太師守中書令史仍稱秦王不云岐王也通鑑同光二年進岐王爵爲秦王考異云茂貞改封秦王薛史無的確年月實錄同光元年已稱秦王茂貞遣使賀收復自後皆稱秦王至二年辛巳制秦王李茂貞可封秦王豈有秦王封秦王之理必是至是時始自岐王封秦王也据此則莊宗實錄本書秦王溫公以意改之耳茂貞唐之舊藩與河東均附屬籍稱兄弟行至是始稱臣於莊宗故因其舊封授之錫以冊命實錄所載本不誤通鑑改之失其實矣五代史茂貞傳書封岐王于昭宗幸華之後通鑑則書于天復元年不知茂貞封岐王乃在景福元年以前舊唐書景福元年以岐王李茂貞爲興元尹山南西道節度等使傳又稱梁祖卽位茂貞稱岐王開府置官屬又稱茂貞聞莊宗入洛乃上表稱臣遣其子入朝改封秦王詔書不名不知茂貞在昭宗之世稱秦王已久矣岐者一州之名秦者大國之號茂貞已受命建國曰秦必不舍秦而仍稱岐此夫人而能知者也通鑑稱唐之亾也惟河東鳳翔淮南稱天祐西川稱天復年號此碑敘述前事俱用天復紀年至二十年止碑末乃書天祐十九年與史不合五季土宇瓜分各帝其國紀元之令朝更暮改史家得于傳聞不若碑碣之可信當全忠刼昭宗遷洛改元天祐河東西川謂天祐非唐號不可稱仍稱天復岐介晉蜀之閒與梁爲深讎必仍以天復紀年及唐既亾河東改稱天祐西川仍稱天復茂貞與西川爲鄰亦必仍稱天復也久之晉日盛強滅梁之形已久茂貞乃改稱天祐以自同于晉此事之想當然者惜乎史文闕漏賴有此碑立于當日可證紀元之異同此金石文字之有功于史學也寺在鳳翔之岐山縣唐憲宗元和十三年功德使上言鳳翔法門寺有護國眞身塔塔內有釋迦牟尼佛指骨一節上遣中使帥僧衆迎之者卽此塔也

貞 張孝孫題名

右張孝孫題名在巳據題名之後其文自左而右云銀青

光祿大夫殿中 下闕 將軍左金吾衛大將軍 下闕 節度副
使元從鎭國 下闕 潼關節度都虞侯 下闕 張孝孫恭謁靈
祠凡五行不署年月攷唐自明皇幸蜀肅宗卽位德宗幸
奉天而從行將士始有元從之名方鎭表興元元年以華
州置潼關節度使貞元九年罷潼關節度使此後别無潼
關節度之稱又舊唐書李元諒傳遷華州刺史兼御史大
夫潼關防禦鎭國軍節度使是鎭國卽潼關節度之軍號
孝孫名雖不見於史以題銜證之當是興元貞元時人也
末行下有熙甯辛亥云云乃宋人續題字體大小迥殊或
疑孝孫卽熙甯間人第弗深攷尔

金石文跋尾十　十一

亨 趙琮墓誌

右趙琮墓誌前試左武衛兵曹參軍田口書文多漫滅其
略曰趙氏褢 卽裔字 天水别口易州來水縣頃因先父海隅
從軍地遠徙居青府君諱琮字光有男三人女一人乙未
歲季夏月五日遇疾青州之私弟 卽第字 丙申年七月三日
得吉夕殯益都縣南五里建口雲門山東崖 卽岡字 原其首
行題曰唐故居士天水趙府君墓誌銘文中世字缺筆知
其爲唐刻也此石今在益都李文藻南澗家

利 尒朱逵墓碣

右尒朱逵墓碣廣平程彥矩撰題云唐故銀青光祿大夫
檢校太子賓客兼監察御史柱國河南尒朱府君攷其歷
官則始爲懷州軍事押衙攺授山南東道節度散兵馬使
攺東都留守押衙而已洪容齋續筆云唐自肅代以後賞
人以官爵久而浸濫下至州郡胥吏軍班校伍一命便帶
銀青光祿大夫階殆與無官者等明宗長興二年詔不得
薦銀青階爲州縣官駮之至矣此尒朱逵正以軍校而帶
銀青階者也逵卒於江陵府無覽里私第 竸卽兢字 歸葬同州
澄城縣武安鄉碣已損一角有年月而不得其紀年大約
在中葉以後矣江甯嚴侍讀道甫游秦中搨以見貽云石
在郃陽縣西卅里朱家河自來收藏金石家所未見也

金石文跋尾十　十二

利 王夫人墓誌

右王夫人墓誌頃歲虎邱僧掘地得之殘闕僅存一片其
文有云西北七里武邱山又云長子珣好事者因附會爲
晉中書令王珣母墓錢唐袁簡齋以晉人不當預避唐諱
疑爲贋作然驗其字迹似非宋以後所能爲當是唐人誌
石王夫人未知適誰氏珣家世無可攷若以短簿實之則
妄矣

貞 賓鞏等題名

右賓鞏等題名七行在青州府城門壁間李南澗郡丞搨
以見贈其文左行上下俱殘闕每行僅存十數字曰州觀

察處置押新羅渤海兩蕃等使金紫曰事兼青州刺史御史大夫上柱國韓國曰部員外郎兼侍御史内供奉賜緋魚袋竇鞏曰裏行韋晉曰上柱國齊孝宏曰儀郎薛華士曰裏行源方回案唐制節度使例兼管内觀察處置等使及本州刺史淄青節度又例兼押新羅渤海兩蕃使此首兩行蓋淄青節度之銜韓國似其人封爵也舊唐書竇鞏傳云平盧薛平辟爲副使入朝拜侍御史平盧即淄青軍號此題蓋在鞏任節度副使之日則首兩行殆即薛平之銜乎舊唐書憲宗紀元和十四年三月以義成軍節度使薛平爲青州刺史充平盧軍節度淄青齊登萊等州觀察等使此題名必在元和末矣

後梁

元崇福侯廟記 開平二年

右碑題重修墻隍廟兼奏進封崇福侯記而額稱崇福侯廟之記顧峊人朱錫鬯但稱爲鎮東軍墻隍廟記者未見其額也記文吳越王鏐撰前十行後八行字大徑寸中列勅文六行字大徑二寸許此式他碑所未見麗玉嘗守越州既没州人祀以爲城隍神至是請于朝而得封號勅文云頃因剖竹之辰實有披榛之績𣵠修府署綏輯吏民此其行事之略也玉之名唐書附見四世孫堅傳云嘗爲越州都督非總管又云爲領軍武衞二大將軍召爲監門大將軍不云右衞皆與碑文小異未知孰是碑末武肅署銜云啓聖匡運同德功臣云守侍中亦五代史所未載也

貞昭義軍節度葛從周碑 貞明二年十月

右昭義軍節度澤潞等州觀察處置等使開府儀同三司檢校太師兼侍中守潞州大都督府長史葛從周神道碑貞明二年十月建從周歐史有傳其檢校太師兼侍中則史未之載昭義者潞州軍號也唐季潞爲河東所有不在朱梁管内從周以疾致仕遙授節度令食其俸于家非眞節度也宋世節鎮在家支俸之例實昉於此周德威小字陽五此碑作揚五文云歸葬于偃師縣亳邑鄉黃叔璥中州金石表所載偃師碑甚夥而獨遺此吾友武君虛谷始搨以遺予文雖殘損猶足爲攷史之助于思容齊乘謂茌平縣有五代葛從周墓土人名曰葛塊讀是碑始知土俗相傳之誤

元佛頂尊勝陁羅尼幢 貞明三年十一月

右佛頂尊勝陁羅尼及大悲心陁羅尼石幢幢八面其一面刻榮陽鄭義造幢記後題貞明三年歲次丁丑十一月壬子朔二十六日辛丑貞明後梁均王年號攷温公通鑑目錄是歲十一月丙子朔自辛丑逆數至丙子恰二十六

日乃知以丙子爲壬子書碑者之誤也其云武寧軍親王者福王友璋末帝時由忠武軍節度使徙鎮武寧故也義以親王元從官于許下建幢施龍興寺新羅漢堂永爲供養今幢已斷失其下半而書法秀逸可愛乾隆己卯錢塘周君西隳以戶部主事出知許州拓其文遺予西隳下世又將十年矣感良友之贈恆藏諸笥戊子冬十一月十有三日日南至題

後唐

[貞]澤州開元寺神鍾記 天祐十一年七月

右澤州開元寺神鍾記首云昭義軍節度使澤潞磁邢洺等州觀察處置等使開府儀同三司檢校太傅兼侍中潞州大都督府長史上柱國隴西郡開國公食邑一千五百戶李嗣昭新鑄澤州開元寺神鍾記末題天祐十一年七月十三日蓋唐莊宗繼鎮河東仍用天祐紀年於梁爲乾化四年也唐時昭義節鎮本領五州季年汴晉交兵澤潞屬晉邢洺磁屬梁此鍾晉人所刻邢洺磁三州久不在昭義管內而結銜猶仍唐舊史載五州次第皆列磁於邢洺下此獨移磁在邢上然則方鎮下支郡初無一定之次矣此銘鐫於鍾上字畫亦秀整不失唐人規矩宋以後鐘款多隱起作陽文非古製也歐史載嗣昭歷官甚略其檢校

太傅兼侍中隴西郡公皆例所應書而史失之唐制方鎮加中書令侍中平章事者謂之使相記文稱嗣昭爲府主侍中蓋舉其重者稱之三師三公秩雖正一品尚不如使相之榮也

[亭]振武節度使李存進碑 同光二年十一月

右振武節度使李存進碑前幽州節度判官呂夢奇撰夢奇蒙正之大父也五代史存進傳敘其歷官本末甚略且多舛誤傳云太祖攻破朔州得之賜以姓名養爲子從太祖入關破黃巢以爲義兒軍使今以碑攷之國昌帥振武時存進已在帳下及從克用立功爲節度押衙左廂衙隊威雄第一都副兵馬使奏授銀青光祿大夫檢校太子賓客兼監察御史大順元年遷殿中侍御史景福二年五月始賜姓名補充右廂義兒第一院軍使其時距入關破巢幾及十年攻破朔州又在其前安得即有賜姓名爲養子之事乎傳云歷慈沁二州刺史據碑則存進在太祖時已嘗權知汾石二州軍州事莊宗時真授石州刺史再知汾州軍州事又授慈州刺史又權知沁州軍州事蓋未嘗真授沁州刺史也通鑑載晉王在魏時以沁州刺史李存進爲天雄都巡按使攷異云莊宗實錄稱軍城使存進傳稱都部署莊宗列傳及薛史存進傳皆云天雄軍都巡按使今從

之子攷碑文本云天雄軍都部署巡檢使宅書作巡按者卽巡檢之譌或云都部署或云都巡檢各就省文似異而實同也碑又云劉鄩在莘縣與主上對壘經年公在都城每切嚴備有日私謂人曰此賊固險不戰必有多謀俾于南門多排弓弩以待之其夜果有鄩黨攻城南門弓弩齊發死傷者甚衆遂令輕騎潛報主上于東寨于是王師盡出及旦兩軍相遇于中途五萬兇口剿戮將盡惟鄩遁而獲免此事可補五代史及通鑑之闕存進字光嗣年六十有八皆史所應載而失之者也通鑑同光元年追尊祖國昌曰獻祖文皇帝五代史則云國昌諡文景此碑正作獻

祖文皇帝可正歐史之譌矣楊劉鎮碑作陽留

利 尊勝陁羅尼 天成三年四月

右尊勝陁羅尼石刻在澤州乾明寺後題大唐澤州晉城縣建興鄉砂城里柰擀管義興邑都維那劉紹等伏為一值戈鋋二十餘載仰賴冥靈覆護皆獲安康遂去天祐十四年丁丑歲開墾荒田重修此院功德裝塑已畢慶讚表歎週圓上願國祚遐昌四塞寧謐先亾眷屬承此聖因見存生靈普獲安泰按唐僖宗文德元年戊申李罕之自河陽奔澤州據澤者十載日以寇鈔為事及昭宗光化元年戊午罕之叛附于汴汴晉交兵日無寧晷戈鋋相尋者幾及三十年迨天祐丁丑晉王已并魏博駸駸有吞梁之勢而後澤民稍得息肩至後唐明宗天成三年距丁丑又十餘年矣唐時諸縣以鄉領里以里領管其稱義興邑者社會之名碑末所列都維那維那邑老人邑皆主此會者非郡邑之邑也冥卽冥字鄉卽那字檖卽撥字茍卽苟字

兒 重修定晉禪院千佛邑碑 天成四年九月

右磁州武安縣定晉山重修古定晉禪院千佛邑碑天成四年九月九日建沙門崇仁撰文有云金枝黃鉞掌鉅鏕之山河帝子親王秉邢臺之旌節攷五代史唐明宗家人

傳明宗有姪從温嘗爲安國軍節度使封兗王當卽其人也廣韻一屋部收鏕字注鉅鏕郡名漢尹宙碑分趙地爲鉅鏕亦作鏕此字由來古矣又云東魏黃初三年高歡帝所造黃初乃曹魏紀年而誤以爲東魏僧流不通古今而妄說故事往往如此千佛邑者合千人出錢布施之名亦曰千人邑此碑稱邑首都維那三人次維那十人共稱艮圖互相勉導逐處鄉邑次立維那舉其万法之門結會千人之數當時叛立邑會其制大略可見迨金之世諸寺各立千人邑見於碑刻者未易更僕數讀斯文乃知濫觴于五代也

元　賜冥福禪院地土牒　長興四年九月

右碑額云特賜冥福禪院地土之記首行云勅中書門下宣賜冥福禪院產業地土次十四行字較小敘地土四至分十段末行云右付冥福禪院准此此八行與首行大小相等下書長興四年九月二十三日牒月日之上鈐以中書門下印後兩行字又大于首行曰樞密使檢校太傅平章事駙馬都尉趙曰樞密使檢校太傅平章事范皆姓而不名以史攷之蓋趙延壽范延光也官職同而次行樞密字獨高二格者延光先入樞密故也兩人皆有押押上各用一印顧氏金石文字記謂此牒無押者視之未審爾又

後兩行曰樞密使檢校太傅平章事范封曰中書門下牒冥福禪院亦用印鈐于字縫凡五處此非牒文乃牒外之封識獨以班首一人列銜當時文書之式略可見矣方是時馮道李愚劉昫官同中書門下平章事乃眞宰相之職延光延壽特以樞密使加平章事耳此牒出于中書門下而押行者惟趙范二人道等皆不與蓋五代之際政由樞密其居相位者無過頑鈍伴食之流朝政不由己出雖簽常文書亦不復關白名爲宰輔寔同庶僚李愚所謂吾君延訪鮮及吾輩者是也上旣不以匡弼相期而下亦不以廉恥自立世徒譏馮道視喪君亡國未嘗以屑意詎知道

在相位固未嘗一日得行其志也哉五代史范延光傳遼史趙延壽傳俱不云爲檢校太傅平章事略之也牒署九月二十三日又明日延壽罷樞密至十月延光亦去二人方握政柄故思家難之作而乞出鎭以避之如馮道輩雖在政府絕不奉行文書何避之有然千載而下非見此牒烏能知當時情事石刻之有裨於知人論世如此碑之下方刻奉符縣公據一道後題阜昌三年二月某日給蓋僞齊劉豫年號也前云據崇法院主僧海巖狀云右給公據付崇法禪院收執照會准此蓋冥福院時已改名崇法矣後列知縣事劉主簿高尉張三人皆有押字而不名前後鈐奉符縣印凡三方書法視後唐牒文較劣而鐫勒如出一手蓋賜牒後又二百年而始勒之石也冥福寺今在泰安縣城內

後晉

貞　贈太傅羅周敬墓誌　天福二年十月

右贈太傅羅周敬墓誌近洛陽人掊土得之吾友偃師武虛谷始著於錄昨常熟張子悔游中州寄僕石刻四通此其一也周敬者梁天雄軍節度使中書令紹威第三子義成軍節度使周翰之弟歐史雖附見紹威傳而事迹不詳此誌文尙完好所述除授官職月日具備可裨史家之闕

其母泰國夫人劉氏故兗州節度使太師公之女當是劉鄩也周敬以世胄尚梁公主十歲卽鎮滑州十二移鎮許州入唐及晉歷掌環衞唯唐明宗時曾一出鎮同州年才卅三身歷三代殷鵬作誌唯書晉天福年號前代但紀干支頗爲有法而中有梁乾化初一語則又自亂其例矣誌文云葬于洛陽縣之原而銘詞後有洛陽縣淸封鄕積閏村九字宅碑未見此例也倜儻不羣羣當作群壁田來暮壁當作璧此下筆偶誤或偏旁同者可假借互用乎

補　聖字山崆峒巖記　天福五年七月

右聖字山崆峒巖記在澤州之鳳臺縣後晉天福初僧善

閑居此寂造重閣三間廚舍兩間并塑觀自在菩薩一尊爲文記之其云寶陁落山者卽補陁落迦也碑末列邑老人邑人都維那亦曰施主斗木施主地主石匠姓名其書與作与洞作峒那作那匠作近延作延皆俗體閒架之閒與寬閒之閒皆當从月此碑三間兩間人間字竝从日俗體相承匪一朝一夕矣

元　吳越文穆王神道碑　天福八年四月

右吳越文穆王神道碑前半剝裂幾無一字惟首行題大晉故天下兵馬都元帥守尚書十三字尚存字特大徑三寸餘較于正文幾大三倍宅碑無此式也後半文字可讀者十之七八而銘詞獨完好吳任臣嘗采其詞入十國春秋矣十國春秋載文穆王十四子碑文雖缺以次第推之大略多同弘佐爲文穆養子時已得罪故碑不及也最後一人其名不可辨而下云爲國披緇法號口悟蓋卽弘信十國春秋失載其法號耳碑文備列中朝奉使之臣以十國春秋校之頗多牴牾碑稱戸部侍郎張文寶吏部郎中張絢爲守中書令使十國春秋則以絢爲封吳王使文寶爲宣諭使碑稱甲午歲給事中張延兵部員外郎馬義爲冊封吳王使乙未歲右常侍孔昭序駕部員外郎張口爲冊封越王使十國春秋則以孔昭序等奉使在甲午正月

張延雍碑無雍字等奉使在甲午六月俱稱冊吳越王碑稱刑部尚書李懌膳部郎中薛鈞充天下兵馬元帥官告使十國春秋則誤以薛爲崔以膳部爲禮部皆當據碑爲正惟碑書冊使年月較十國春秋率後一年或數月蓋一書奉命之時一書至杭之日故有不同也碑稱忠獻王起復鎮軍大將軍十國春秋作鎮國大將軍亦誤撰文者中書門下平章事和凝立碑年月則天福八年四月也

元　冥福禪院新寫藏經碑　天福八年九月

右東嶽冥福禪院新寫藏經之碑朝議大夫行殿中侍御史周元休撰文駢儷可誦在五代時足稱作者其以覆簣

爲覆匱與虞伯施孔子廟堂碑同碑末列銜者十餘人首云與邦佐命忠亮功臣泰寧軍節度兗沂密等州觀察處置等使檢校太師同中書門下平章事使持節都督兗州諸軍事行兗州刺史武威郡開國公食邑口口食實封三百戶安審信審信者金全之從子也五代史不爲立傳又未附見于金全傳惟晉本紀天福八年泰寧軍節度使安審信捕蝗于中都即立碑之年也唐本紀清泰三年先鋒指揮使安審信叛降于石敬瑭通鑑亦云張敬達奏西北先鋒馬軍都指揮使安審信叛奔晉陽此興邦佐命功臣之號所由賜歟五代之際名爵冗濫藩鎭加公師宰相銜

者多矣史家不能悉載王溥會要載晉出帝朝使相二十八人審信居其一此碑署銜云同中書門下平章事正與會要合其稱檢校太師則他書所未見也

元 義成軍節度使駙馬都尉史匡翰碑 天福八年六月

右晉義成軍節度使檢校司徒駙馬都尉贈太保史匡翰碑文尚完好惟每行之首損去五字匡翰建瑭之長子也碑於建字下空文以避晉諱而建瑭父敬思獨不避蓋當時著令止避下一字也建瑭死贈太保其祖懷清任安慶九府都督皆五代史所不載而敬思爲九府都督亦當有安慶字史省文爾朱錫鬯云史稱歷鄭州刺史而碑不書

校五代史本云鄭州防禦使不云刺史此朱氏記憶之誤予讀碑文有云圖田待理漢殿掄才功臣旌佐國之名出守奉事城之寄又云齋壇峻而金鼓嚴麻案宣而油幢出控梁苑之西郊殷乎威望撫國僑之遺俗綽有政聲蓋匡翰由鄭州防禦使拜義成節度而鄭州元在義成軍管內碑固未嘗不書也陶穀之文排比鋪張頗爲親切而閻光遠書法圓美五季石刻如此者亦罕矣

元 開化瑤巖閣記 開運二年七月

右崇山開化瑤巖閣記觀察判官將仕郎檢校尚書戶部郎中兼侍御史賜紫金魚袋蘇禹珪撰觀察支使朝請郎

試大理司直兼殿中侍御史蘇曉書兼篆額開化寺者刱于北齊在隋爲淨明寺唐高祖始賜今額會昌中寺廢李克用鎭太原復而新之乃建斯閣凡五年而成未幾閣復隳至是河東節度使北平王劉知遠舍俸錢重修禹珪曉皆知遠幕僚故云奉命也碑末列知遠銜與五代史合史不云檢校太師者略也方是時唐之亡久矣碑猶稱唐朝爲皇朝於北齊唐後唐諸帝皆跳行超一格書之其書北平王亦跳行超一格蓋其時方鎭之權重而僚屬貢諛幾擬於帝制矣五代史漢本紀天福十二年觀察推官蘇禹珪爲中書侍郎同中書門下平章事不知禹珪前二年已

爲判官判官在推官之右也碑後書大元至正八年十月
轉華嚴大經僧福敬等重立石前參議樞密院事仍舊監
察御史郭彥字謄書蓋經元人重書故字體軟弱亦有譌
字如虞作虞之類

潛研堂金石文跋尾十一

錢大昕著

後漢

父母恩重經

後周

衛州刺史郭公屏盜碑　濟州刺史任公屏盜碑

陽城縣龍泉禪院記　中書侍郎平章事景範碑

祇園寺舍利塔題字　大佛頂陁羅尼幢　匡國軍

節度使贈太尉白延遇碑　尊勝陁羅尼幢

吳

大安寺鐵香鑪題字　尊勝陁羅尼直言

吳越

新建風山靈應王廟記　僧統大師塔銘　吳越國

王建塔記　崇化寺西塔基記　竹林寺石幢

蜀

崇妙保聖堅牢塔記

南漢

黃蓮山銅鐘題字　拓路記　龍興寺造鐵塔記

雲門山匡聖宏明大師碑　造千佛寶塔記

北漢

天龍寺千佛樓碑

南唐

祈澤寺殘碑　龍興寺鐘銘　本業寺記　元寂禪師塔碑

後蜀

石經左傳殘字

南詔

大禮國鐘題字

後漢

刻 父母恩重經 乾祐三年

右父母恩重經石刻前題大漢國兗州龔邱縣剛城村孤子孟知進造及妻李氏名上方有乾祐三年及孤子孟進字一人而或云進或云知進蓋名進而字知進爾唐人好刻尊勝經名山古刹所在多有不若此經足動人慈孝之心也五季惟漢祚最促石刻流傳者尠予家收藏金石幾二千卷獨以未得後漢刻爲慽癸卯歲曲阜孔戶部莊谷搨此刻見貽忻然如百朋之錫乃報書未達而莊谷奄爲古人展讀此卷不知涕之何從矣

後周

元 衞州刺史郭公屏盜碑 顯德二年五月

右衞州刺史郭公屏盜碑宋史郭進傳云周廣順二年遷登州刺史會羣盜攻劫居民進率鎮兵平之部內清肅民吏千餘人詣闕請立屏盜碑許之顯德初移衞州衞趙邢洺間多亾命者以汲郡依山帶河易爲出沒伺閒椎剽吏捕之輒逃去故累歲不能絶其黨類進備知其情狀因設計發擿之數月閒翦滅無餘郡民又請立碑記其事改洺州團練使有善政郡民復詣闕請立碑頌德詔左拾遺鄭起撰文賜之進先後莅三州三州之民皆請於朝立碑頌德其治行必有過人者此碑乃衞州所立右補闕杜韡奉勑撰文而待詔孫崇望書之者也進是時官止刺史而階

至金紫光祿大夫勳至上柱國檢校司徒兼御史大夫封太原縣開國男賜推誠翊戴功臣之號可見五季名爵之濫而史家所不詳者多也

貞 濟州刺史任公屏盜碑 顯德二年閏九月

右濟州刺史任公屏盜碑在鉅野縣久墮水中姚牛塘始募人舁出搨一紙貽予文甚完好金石家都未著錄也題云大周推誠奉義翊戴功臣特進檢校太保使持節濟州諸軍事行濟州刺史兼御史大夫上柱國西河郡開國公食邑二千三百戶任公屏盜碑銘幷序朝議郎行左拾遺充集賢殿修撰臣李昉奉勑撰翰林待詔朝議大夫行司

農丞臣張光振奉勑書碑末題軍事判官朝議郎行大理司直兼殿中侍御史張穆篆額以非奉勑篆故不稱臣而退居後也任公名漢權蜀國人以武略事累朝初牧於丹移治於趙後乃治濟以武夫而有政績艮未易得而新舊五代史不見其姓名經八百餘年此碑復顯於世斯亦能吏之報矣予初見郭進衞州屏盜碑證以史傳歎登洛二州之碑不可復得今視此碑乃知當時諸州立石頌德者不止進一人而光振書法遒媚亦不在孫崇望下也

刻 陽城縣龍泉禪院記 顯德三年九月

右陽城縣龍泉禪院記前記澤州司法參軍徐綸撰紀僧

願勲剏興此院及乾寧元年賜額之事後題云大周開基之二載歲直壬子葢廣運二年也後序鄉貢進士王獻可撰述顯德初毁廢佛寺此院以乾寧敕賜額得存之由按五代會要顯德二年諸州供到僧帳見存寺院二千六百九十四所廢寺院凡三萬三百三十六當時琳宮梵宇什不存一斯院之不見毁幸矣獻可書修整有唐人法度釋氏書以周莊王十年四月夜恒星不見爲釋迦降生之祥故記有周禎載驗之語本述前代而碑於周字輒跳行書之豈以郭氏自稱虢叔之後與姬周同出故邪眠卽眂字

元 中書侍郎平章事景範碑 顯德三年十二月

右中書侍郎同中書門下平章事贈侍中景公神道碑下半已磨滅顧甯人金石文字記謂剝落者十之一二今距顧氏又百年十去其五六矣碑本行書而顧以爲正書碑首題翰林待詔朝議郎守司農寺丞孫崇望奉勑書而顧亦失載其姓名以顧氏攷證之審且嘗親至碑下猶不免疎漏如此紀載可盡信哉五代史不爲範立傳惟周本紀書範拜相月日而不書其罷之月日亦缺漏也

貞 祇園寺舍利塔題字 顯德五年十一月

右祇園寺銅舍利塔題字海鹽張燕昌芑堂嘗爲予言在蕭山之祇園寺乾隆丙申殿前方浮圖爲水所圯寺僧拾

壞甎得小方塔一高七寸博五寸其製似錢忠懿王金塗塔芑堂嘗與邑人汪進士煇祖焕曾蔡秀才英雲白同往觀之癸卯歲予過蕭山入祇園寺訪僧雛詭言在縣令所悵然而返丙辰秋焕曾始搨其文貽予凡五十九字周圍刻之云弟子夏承厚并妻林一娘闔家眷屬捨淨財鑄眞身舍利塔兩所恐有多生罪障業障竝願消除承玆靈善願往西方淨土戊午顯德五年十一月三日記蓋吳越忠懿王嗣位之十一年奉中朝正朔也蔡君記作夏承原今審視之當是厚字

元 大佛頂陁羅尼幢 顯德五年

右佛説大佛頂陁羅尼石幢後題下元甲子顯德五載龍集戊午日躔南斗高陽許氏建在虎邱山之劒池五代之際蘇州在吳越錢氏管内吳越奉周正朔故以顯德紀年實吳越忠懿王嗣位之十一年也予二十年前寓居吳門徧游伽藍古刹訪唐以前石刻皆無有此幢建於吳越有國時楷書猶有唐人筆法雖無書人姓名亦堪寶愛𢾺王象之輿地碑目未載此幢近人修虎邱志亦遺之虎邱近在郭外游人日肩摩其側莫有過而問者椎拓著錄自予始其書邐爲[illegible]與王居士塔銘蕭思亮墓誌纏作纏同

貞匡國軍節度使贈太尉白延遇碑　顯德六年七月

右匡國軍節度使贈太尉白延遇碑瞿壻中溶於圓妙觀市買得之碑凡卅七行行七十五字首題大周故推誠奉義翊戴功臣匡國軍節度管内觀察處置等使光祿大夫檢校太傅使持節同州諸軍事行同州刺史兼御史大夫上柱國南陽郡開國公食邑二千戶贈太尉白公神道碑銘將仕郎守右拾遺臣楊徽之奉勅撰翰林待詔將仕郎試祕書省校書郎何光瀚書公諱延遇字希望太原人事晉祖補弓箭庫使歷控鶴都虞候與口都指揮使鄴都口步軍都指揮使以功超轉口口第六軍都指揮使領萬州刺史又轉第二軍都指揮使綿州刺史漢與以平鄴功授護聖左廂都指揮使檢校司徒領口州防禦使少主嗣位授汾州防禦使罷任授復州防禦使加檢校太保太祖討兗州充馬步軍先鋒兗州平授齊州防禦使加檢校太傅皇上臨御授兗州防禦使進封開國公南征之始以公充淮南道前軍先鋒都指揮使四年春奉詔歸任未幾授匡國軍節度使加食邑至二千戶是年秋復充淮南道前軍先鋒都指揮使兼招安巡檢使統兵濠州冬十月靈旗載舉公已寢疾以十一月四日薨于濠州師次享年四十三詔贈太尉賻賵有加門人故吏護喪歸東京至五年正月二十七日己酉葬于西京河南縣口口鄉張封村西張里

按延遇以軍功擢節鎭未到官而卒史不爲立傳故撮其歷官本末以裨史氏之闕皇甫暉之就擒史但歸功于宋太祖而此碑云皇甫暉口口滁州深謀堅壁獸猶困鬬狐但首巨率衆先登生擒以獻朝廷嘉賞功實居先碑爲徽之奉勅撰述當必不誤徽之仕周官右拾遺與宋史本傳合碑云葬于西京河南縣而畢氏中州金石記未著于錄不識碑石今無恙否也

貞尊勝陁羅尼幢

右尊勝陁羅尼幢在廣德州城北卅里鎭山寺甲寅歲瞿壻鏡濤游桐川手拓其文歸以眎予文稱將仕郎守尉金

崚將仕郎守尉孔擢將仕郎守尉殷湘文林郎守主簿周
拭攝丞文林郎守文學孔詒鎭遏使兼監察御下闕又稱
募衆緣造佛頂尊勝陁羅尼幢一隻於安國寺殿前竪立
奉爲國王帝主州縣宷寮及諸助緣弟子四恩三友法界
有情同霑下闕字畫有唐人法度而不見年月按鎭遏使
唐季五代往往有之此幢疑楊氏承制時所刻陸子靜跋
信州雄石鎭帖稱官名有鎭遏使唐龍紀元年刻

吴

亨大安寺香鑪題字大和五年七月

右大安寺香鑪題字在南昌府大安寺山陰徐壁堂知南
昌縣搨以遺予字皆陽文首云吴大和五年歲次癸巳七
月乙亥朔十五日己丑鑄此香爐重一万二千斤於大安
寺大殿永充供養上爲國王□□府尊令公州縣文武官
寮云云又一面云尚用工胡德蕭道昂丁從□寺造大殿
上用釘二万口與香爐上共緣化得鐵及錢收買共計用
鐵一千四伯斤打造上殿使用茲足永充供養秀水朱氏
跋略載此文頗以意更其次第於鑄此香爐下增入收買
鐵爪錢打造七字今驗前後别無鐵爪錢之文殆誤以及
爲爪爾此爐重一萬二千斤後云緣化得鐵及錢收買共
計用鐵一千四伯斤者乃指打造鐵釘所用之數牽合爲
一失其實矣朱氏所見拓本得之上元燈市故疑此寺當
在金陵不知其在南昌也

貞尊勝陁羅尼眞言天祚二年閏十一月

右尊勝陁羅尼眞言後題右街右南延贊賢坊市北界清
信男弟子周從今捨淨財建造佛頂尊勝陁羅尼碑子一
所捨於井畔永充供養意者爲亾妻丁氏二娘子於天祚
二年四月内染患時疾之時不知誤落井中爲伏字即復固
意投井致於身歿從緣此時亦在床枕昏迷不知端的自
從歿化已來未知生界伏彫字即願亾魂不昧承此功德早
生淨土見佛聞法莫似今生愛别離苦云云時天祚二年

歲次丙申閏十一月庚子朔一日□□建天祚者楊溥年
號其二年即晉天福元年也據温公通鑑目錄是歲十
月丙辰朔十二月乙酉朔閏在十月此碑云閏十一月
蓋當時南北分土司天置閏先後或差一月固無足怪但
依温公所推則閏十月當丙戌朔十一月當丙辰朔江南
置閏即在十一月後其朔亦當是乙卯丙辰兩日不應差
至半月餘石刻作庚子未可據也

吴越

貞新建風山靈德王廟記寶正六年

右新建風山靈德王廟記後題寶正六年重光單閼歲爲

相之月二十有三日記最後一行題天下都元帥吳越國王九字字較大而不署名讀其文自稱寡人知爲武肅王所撰字體與崇福侯廟碑相似殆出一手寶正兩字磨泐不甚可辨蓋忠懿納土後鏤去尔雅釋天云七月爲相此題爲相之月必七月矣吳氏十國春秋載寶正六年冬十一月重建防風山靈德王廟成王勅撰廟記卽謂此碑但記文明言丙戌年八月二十四日起首至其年十一月畢功丙戌者寶正元年以八月興工十一月告成洎辛卯歲立碑相距已五載吳氏誤以立碑之年爲廟成之年又誤以相月爲十一月皆考之未審爾史記汪罔氏之君守封

禺之山裴駰引韋昭曰封封山禺禺山在吳郡永安縣又云駰案晉太康元年改永安爲武康縣今屬吳興郡今風山在縣東二十里廟在山下風封同音殆卽韋君所謂封山也予收藏金石刻二千餘通吳越刻亦有十餘獨未得天寶寶大寶正之刻常以爲憾丙辰春錢唐何夢華購此寄贈令我手腳輕欲旋矣

貞 僧統大師塔銘 應順元年五月

右僧統大師塔銘在臨安縣功臣山淨度寺向來金石家皆未著錄頃錢唐何夢華訪得手拓一通見詒文二十四行行六十四字首題吳越國故僧統慧因普光大師塔銘而篆額但云吳越國故僧統大師塔銘葢以統攝爲貴不以美號爲榮緇流之尙勢利與仕途如一轍也文云大師俗姓錢氏法號令因卽今天下都元帥吳越國王第十九子孜十國春秋載武肅王三十八子不言有出家者是吳氏未見此碑矣師年始十三於梁乾化三年四月對佛披剃寶大元年八月十三日圓寂享年二十有四卽以其年十二月歸窆撰文者鎭東軍節度掌書記徐其名則不可辨矣書人名益剝泐似有沙門字末行云時唐應順元年歲次甲午五月庚子朔十九日戊午建應順者唐閔帝紀年也是歲四月潞王篡立改元清泰此碑建於五月猶書

應順者洛都與吳越隔遠又爲淮南所阻使命皆由海道得達潞王改元之詔吳越無由知之也碑文用梁乾化貞明龍德年號而特書寶大紀年不用唐同光之號此不可解

貞 吳越國王造塔記 乙卯歲

右吳越國王造塔記凡四行文云吳越國王錢弘俶敬造八万四千寶塔乙卯歲記卽周晉仙所謂金塗塔也晉仙詩云錢王納土歸京師流落多在西湖寺納土本忠懿王事惟詩中太師尙父尙書令一語偶誤葢忠懿未嘗有尙父之稱也竹垞檢討直以爲武肅王造由於未見拓本故

尒宋史吳越世家忠懿單名俶蓋避宋諱去上一字塔造於乙卯歲在宋受禪之前固無所避也

貞崇化寺西塔基記 戊午七月

右崇化寺西塔基記文云吳越王長舅鄭國公吳延福載興塼塔二所香泥木石爲此鎡基厚二丈餘其固若山他日製爲請無疑也按宋史吳越世家建隆元年俶舅寧國軍節度使吳延福有異圖左右勸俶誅之俶曰先夫人同氣安忍寘於法但黜延福於外終全母族史不言鄭國公之封畧之也後題唐下元戊午七月二十八日戊午爲周世宗顯德五年乃稱唐下元者遡甲三元衍以唐興元元

年甲子爲上元會昌四年甲子爲中元天祐元年甲子爲下元戊午乃下元甲子之第五十五年泝其始而言故云唐下元也虎邱石幢題下元甲子顯德五載龍集戊午雖以顯德繫年仍冠以下元甲子亦同此例且當時方鎮割據世守其土雖奉中朝正朔不肎加大周大宋之稱如祇園寺塔稱顯德而不稱大周南唐龍光寺碑稱開寶而不稱大宋皆其證矣

貞竹林寺石幢

右竹林寺雙石幢在臨安縣東西相向制極雄偉皆吳越錢武肅王所立東幢刻佛說守護國界主陀羅尼經西幢刻千手千眼大悲心陁羅尼經後有跋語數行皆儷語末題寶大元年歲次甲申五月一日天下都元帥吳越國王鏐建則兩幢皆同其云七帝酬恩者謂唐懿宗僖宗昭宗哀帝梁太祖末帝後唐莊宗也甲申者後唐同光二年王順伯復齋碑錄搜錄吳越紀元石幢甚多而此兩幢獨未之及王象之輿地碑目亦遺之頃歲何夢華始訪得椎拓其文頗完好可誦予因與寓目焉亦晚年一快也鳳山碑寶正字頗磨泐而此幢寶大字未經鑱損吳任臣十國春秋於建塔修廟皆大書於世家此幢獨不著錄今距吳氏著書又百餘年而予乃得見之斯亦足以儆前賢矣

閩

元崇妙保聖堅牢塔記 永隆□年

右崇妙保聖堅牢塔記林同穎撰僧无逸書碑文稱王曦尊號爲後人磨去然猶仿佛可辨蓋睿明文廣武聖光德隆道大孝皇帝十四字也通鑑載曦被弒之後謚曰睿文廣武明聖元德隆道大孝皇帝與碑所稱尊號略同推睿明文廣武聖六字先後互易及以光爲元小異皆當以碑爲正曦以永隆三年稱皇帝卽上此尊號旣没遂以尊號爲謚其時篡奪相仍諒無暇別議謚矣通鑑失載曦上尊號一事五代史幷謚亦略而不書毋乃太簡乎題首似有

大閩二字亦爲後人磨去塔建于永隆三年十一月至告成之年月上俱空一字末行題年月日亦空其文葢撰書之時塔尚未成故空其月日及立石鐫勒後遂不復補塡偏閏之世事多艸艸類如斯也

南漢

亨　黃蓮山銅鐘題字 大寶二年七月

右黃蓮山銅鐘題字凡四行文云粵惟大寶二年太歲己未七月甲辰十九日壬戌樂昌黃蓮山寶林禪院住持長老明嶽大師賜紫沙門義初已衆緣鑄造銅鐘壹口重肆伯斤勸首弟子給事郎守內侍省內府局令都監樂昌防

遏諸都并監樂昌縣事賜紫金魚袋鄭敬贇以七月廿八日設齋慶讚永充供養攷韶州府志樂昌縣有寶林寺宋嘉祐三年僧圓祐建無所謂寶林禪院者至黃蓮山則志乘失載訪之樂昌人亦尠能舉其名矣此鐘不知何時移至韶州府學乙未歲四月予按試至韶謁先聖祠見此鐘卧儀門旁問之校官荅以方撤蓋覺舍委置于此既手摸其文并屬校官仍懸之明倫堂云

貞　拓路記 大寶三年

右拓路記其文云以大寶三年庚申歲月在仲冬開拓此路爲留題記凡三行二十字行書頗縱逸在潮州府西湖旁大石上金石家未有著錄者益都李南澗知潮陽日訪郡游斯湖始見而拓之

利　龔澄樞造鐵塔記 大寶六年五月

右龔澄樞造鐵塔記塔在廣州光孝寺其文云玉清宮使德陵使龍德宮使開府儀同三司行內侍監上柱國龔澄樞同女弟子鄧氏三十二娘以大寶六年歲次癸亥五月壬子朔十七日戊辰鑄造永充供養凡七行世所傳者惟西一面文乾隆甲午夏益都李文藻素伯諦觀東南北三面鐵繡中隱現有字募人錐出搨之文皆與西面同而每行字數有多寡葢非一笵也素伯又爲文記塔之形製云

塔自石趺以上高丈有九尺六寸石趺四重刻獅獸鐵趺四重一作瓦檐形二作龍戲三珠縮其地廉外爲四人首戴第三重如贔屭狀三重亦刻花紋四重周作蓮花四面各闊四尺六寸爲瓣九中一瓣刻文於上自蓮花瓣以上凡七層以次而狹皆鑄佛像最上闊不過二尺又上爲蓮花頂每層大佛一衆小佛環之每面七層計二百五十佛四之則千佛矣下二層佛旁有字梯而視之第一層東曰釋迦佛西曰彌勒佛南曰彌陀佛北曰藥師佛藥師佛者釋家謂之功德佛其造塔者自況乎第二層東盧遮那佛南盧舍那佛西牟尼佛北毗[illegible]　七佛名皆刻佛左面

此獨刻佛右塔頂似有字勢甚危不可梯也

亨 雲門山匡聖宏明大師碑 大寶七年四月

右雲門山匡聖宏明大師碑西御院使集賢殿學士御前承旨太中大夫行左諫議大夫知太僕寺事上柱國賜紫金魚袋陳守中奉勅撰列聖宮使甘泉宮使秀華宮使翫華宮使開府儀同三司行內侍監上柱國李托玉淸宮使德陵使龍德宮使開府儀同三司行內侍監上柱國武昌縣開國男食邑三百戶龔澄樞承旨建右街大乾亨寺內殿供奉講論兼表白意法大師賜紫沙門行脩奉勅書今在乳源縣之雲門山文偃唱道雲門與臨濟潙仰曹洞法

眼竝稱五宗而此碑前人著錄無及之者偃初住雲門之光泰禪院劉龑賜號匡眞大師劉鋹大寶中追謚大慈雲匡聖宏明大師五燈會元述師謚稱大慈雲匡眞宏明盍誤合前後謚號爲一又以光泰爲光奉亦轉寫之譌也脊聖文武隆德高明宏道大光孝皇帝蓋鋹所上尊號當據以補十國春秋之闕守中文詞博贍行脩書亦不俗而十國春秋不錄其名氏蓋志伊亦未見此碑也

利 造千佛寶塔記 大寶十年四月

右造千佛寶塔記在光孝寺之東院寺僧以灰塡其文而塗金於外謂之金塔記在塔之西面凡八行文云大漢皇帝以大寶十年丁□歲敕有司用烏金鑄造千佛寶塔壹所七層幷相□蓮花座高二丈二尺保龍□有慶祈鳳歷無疆萬方咸使於淸平八表永承於交泰然後善資三有福被四恩以四月乾德節設齋慶讚謹記其北面西隅題名二行云內殿大僧錄教中大法師金紫光祿下缺檢校工部尙書賜眞大師法門臣道□東隅題名二行云教中大法師內供奉講經首座金紫下缺夫檢校工部尙書寶法大師沙門臣下缺南面東隅題名二行云教中大法師內下缺大夫檢校工部尙書□法大師沙□臣下缺西隅題名三行漫漶不能讀其可辨者造塔字軍營字賜宮使

字秀字宮使字指揮字宮門字點檢字將軍字開國伯食邑七百戶臣字東面南隅題名二行可辨者教中大法師字大夫檢校字西面兩隅及東面之北隅皆無刻文予所藏者李素伯手搨之本覗宅家特爲完善故紀其文以正向來紀載之譌寺之西院有龔澄樞所造鐵塔先於此塔四年亦非奉敕所造朱錫鬯謂劉鋹所鑄二塔竝立一屋中一作記一題名者誤也此塔題名六人惟所謂宦使者似是內侍之職餘皆沙門爾朱以爲皆宦者亦誤

北漢

亨 天龍寺千佛樓碑 廣運二年八月

右天龍寺千佛樓碑推誠佐命保祚功臣特進行尚書左僕射兼中書侍郎平章事上柱國隴西郡開國公食邑三千戶臣李惲奉勅撰翰林書令史劉守淸書翰林書令史王廷謩篆額惲以宰相奉勅撰文列名碑文之前守淸廷謩則列名于碑末年月一行之下不稱臣亦不云奉勅微之也吳任臣十國春秋載此碑頗多闕文今得石本校之可識者尙廿許字舛誤者又數字始歎博聞之家又以審核爲難爾

南唐

利　祈澤寺殘碑　保大四年十月

右祈澤寺殘碑寺在江寧通濟門外三十里地屬上元縣戊戌十月予以訪碑至此山高五十丈石骨森立詭異萬狀前望土山後接青龍山左招天印右引長干頗據登臨之勝且在官道旁而游屐罕到者碑已碎裂僅存中閒一段有云保大三年起首迄於四載興功又云昇元歲末保大惟新知其爲南唐碑也予初見碑中有宋代字疑爲宋初刻及讀元僧伯元所撰記云寺建于宋管陽王義符景平元年始悟碑云宋代乃追敘之詞謂劉宋非趙宋也觀碑文匡字並未回避其爲南唐石刻無疑碑載會首姓名有嚴二娘張十六娘夏八娘戴五娘張八娘嚴四娘吳四娘薛六娘等錯列于男子之中與大安寺鐵香爐題名正同使秀水朱氏見之又當譏爲丁口無別矣

利　龍興寺鐘銘　乾德五年二月

右龍興寺鐘銘在南昌府城內百花洲西鐘樓首題安邊忠武功臣宣猛將軍前守池州刺史池州團練使寧化軍節度副使在城馬步都軍使知揚州軍府事武信軍節度使鎭海軍節度使寧國軍節度使建武軍節度使守左示衞軍統軍本軍都軍使國城都城修開城濠都檢校使武昌軍節度使兼管口使靜江軍節度使知南都留守檢校太尉兼侍中南昌尹開國侯食邑一千戶林仁肇捨俸重

鑄龍興寺銅鐘一口永充供養蓋仁肇在南昌所鑄結銜幷敘前所歷官與宅刻異陸氏南唐書本傳但云爲潤州節度使徙鄂州又徙南都留守而已鎭海軍潤州也武昌軍鄂州也寧國軍宣州也建武軍揚州也皆在南唐管內若武信軍之爲遂州靜江軍之爲桂州則非江南所有意者遙借其名以寵勳臣乎或暫別置鎭於境內而史失載乎寧化軍則史傳別無可攷意亦李氏所置也

利　本業寺碑　乾德五年七月

右本業寺碑僧契撫撰東山任德筠書石已中斷而文義猶連屬可讀李氏三世好文學金陵又其都會之地石刻

見於陳思所錄者甚夥今惟存此衙寺在麟門外以僻
左人跡罕到殿公子進募工搨數本以其一遺予共昔
梁天監爲鑒軥湊爲疆蔣嶠爲篆也蔣山闕作開思作旦岧
宅碑所未有

元寂禪師塔碑 開寶二年五月

右上都右街龍光禪院故元寂禪師塔碑朝議大夫守中
書侍郎充光政殿學士承旨南陽縣開國男韓熙載撰朝
議郎守中書舍人充集賢殿學士知院事徐鉉題額將仕
郎試右千牛衛倉曹參軍直尚書禮部張藻書後題開寶
二年不稱大宋蓋其時雖用中朝正朔而未嘗以宋號冠

之文中稱楊吳順義太和唐保大紀年至壬辰歲號以後但
稱歲辛酉壬戌并不用建隆之號熙載豈甘心事小朝廷
者縱聲伎自汚辭相位而不居良有以也熙載官中書侍
郎光政殿學士承旨與宋史合其稱金陵爲上都則它書
所未載也禪師名隱微湏喜新淦人葬于吉州吉水縣仁
壽鄉太平里元帥鄭王時任保釐捨財俾營塔廟故之宋
史後主弟從善嘗封鄭王意即其人歟予家藏石刻千餘
通獨未得南唐碑頃益都朱進士廷基出宰吉水搨此本
見貽喜而跋之

後蜀

石經左傳殘字

子也韓夫起于君子有信其有以知之矣爲卜
年來齊奔欒施子張高本自齊聘於衞衞侯享之北
宮文子賦淇澳淇澳詩衞風美武公也言宣子有武公之德宣子
賦木瓜木瓜亦衞風義取於欲厚報以爲好夏四月韓須如
齊逆女韓須起之子逆少姜齊陳無宇送女致少姜少
姜有寵於晉侯晉侯謂之少齊爲少姜以齊所號別之謂陳無宇非卿欲使人禮送以少姜執諸中都
中都晉邑在河東界休縣西南少姜爲之請曰送從逆班
也班列畏大國也猶有所易是以亂作韓須

公族大夫陳無宇上大夫言齊晉改禮制使上大夫送致此卑辱之罪盡少姜謙以宗譏
叔弓聘於晉報宣子也此子來聘言二晉侯
使郊勞聘禮賓至近郊君使卿勞之辭曰寡君使弓
來繼舊好固曰女無敢爲賓徹命於
執事敝邑弘矣敝邑賓敢辱郊使請辭
勞辭郊致館辭曰寡君命下臣來繼舊
好好合使成臣之祿也得通君命則於己爲榮祿敢辱
大館敢辭不聞叔向曰子叔子知禮哉吾聞
中間闕一行脫正文十四字注二字
主也辭不忘國忠信也稱舊好謂先國後己卑

讓也始稱敝邑之弘先國也次稱臣之祿後己也詩曰敬慎威儀
以近有德夫子近德矣詩大雅秋鄭公孫
黑將作亂欲去游氏而代其位游氏大叔之族黑爲
游楚所傷故欲害其族傷疾作而不果前年游楚擊傷創駟
氏與諸大夫欲殺之駟氏黑之族子產在鄙
聞之懼弗及乘遽而至遽傳驛使吏數
之責數其罪曰伯有之亂在襄三十一年以大國之事
而未爾討也務共大國之命不暇治女罪爾有亂心無按伯有死在襄三十年注衍一字
厭國不女堪專伐伯有而罪一也昆
弟爭室而罪二也謂爭徐吾犯之妹薰隧之盟

金石文跋尾十一　二十三

女矯君位而罪三也謂使大史書七子有死罪
三何以堪之不速死大刑將至再拜
稽首辭曰死在朝夕無助天爲虐子
產曰人誰不死凶人不終命也作凶事
爲凶人不助天其助凶人乎請以印爲
褚師印子晳之子褚師市官子產曰印也若才君將
任之不才將朝夕從女女罪之不恤而

右春秋左傳殘本三百九十五字注二百六十七字吳門陳芳林所藏皆昭二年傳左氏之第二十卷也曾宏父石刻鋪敘云春秋左氏傳二十八冊三十卷序一千六百一十七字經傳十九萬七千二百六十五字注十四萬六千九百六十二字蜀鐫至十七卷止此殘字在十八卷以後或疑宋人續刻今攷成都志但云公穀田況所刻不及左傳此殘字中遇宋諱初不缺筆其出于孟蜀無可疑者宏父雖云春秋三傳則皇祐元年九月訖功而兼采成都志之言則固不以左氏傳爲況刻也詩書禮記周禮皆有書人姓名而無刊石年月儀禮則并無書人姓名與左傳同大約諸經書石本同一時而卷帙有多寡故鐫成有先後之殊工成或在宋代字畫實皆蜀刻左傳於諸經中文字最夥鐫成亦最在後非蜀亾之日尚有未經繕寫者留待

金石文跋尾十一　二十三

宋人續補也唯公穀二傳廣政中未有寫本旋遇國亾此事遂輟直至皇祐初田況作郡始續成之耳攷蜀之亾在乾德三年乙丑距皇祐元年己丑八十有四年使左傳果刻至十七卷止僅存後十三卷何至遷延八十餘載始告成事耶南宋時蜀石經完好無恙曾宏父趙希弁輩述之甚詳而元明儒者絕無一言及之殆亾於嘉熙淳祐以後近錢塘厲太鴻曾見毛詩左傳殘字作詩紀之予訪求四十年不可得葢流落人間者希矣

南詔

利大禮國鐘題字

右大禮國鐘題字文云維建極十二年歲次辛卯三月丁未朔廿四日庚午建鑄攷唐書南詔傳宣宗崩使者告哀是時豐祐亦死坦綽酋龍立恚朝廷不弔卹遂僭稱皇帝建元建極自號大禮國唐宣宗以大中十三年己卯歲崩明年庚辰懿宗改元咸通而酋龍之僭號亦在是年其稱建極十二年卽咸通十二年也據溫公長曆是年三月恰是丁未朔通鑑以酋龍僭號繫之大中十三年蓋失其實矣鐘之四周刻六天王五波羅蜜像曰天主帝釋曰大梵天王曰增長天王曰廣目天王曰多聞天王曰持國天王曰大輪波羅蜜曰勝業波羅蜜曰慧響波羅蜜曰金剛波羅蜜曰智寶波羅蜜刻畫古朴非後人所及今在大理府感通寺汾陽曹編修受之視學雲南拓以寄予滇中無古金石刻此猶唐時所鐫得之亦足以豪矣

潛研堂金石文跋尾卷十二

錢大昕著

宋一

等題名　澤州龍堂記　護國寺碑　長城葆光等
題名

宋一

亨篆書千字文 乾德三年十二月

右石刻千字文南岳講華嚴法界觀賜紫沙門夢瑛篆并古文題額前攝涇州節度巡官袁正已隸書推誠奉義翼戴功臣永興軍節度管內觀察處置等使特進檢校太尉同中書門下二品行京兆尹上柱國濮陽郡開國公食邑二千七百戶食實封八百戶吳廷祚建案宋敏求春明退朝錄云唐大帝時始有同中書門下三品其時中書令侍

中皆正三品大曆中竝升爲二品晉天福五年升中書門下平章事爲正二品國初樞密吳廷祚以父諱璋加同中書門下二品用升品也以此碑證之良然曾子固隆平集吳廷祚傳云宋興加中書門下三品宋史亦同皆傳寫之誤夢英字从玉旁亦惟見於此

貞三體書陰符經 乾德四年四月

右郭忠恕三體書陰符經三體者古文篆隸也大書篆體而古文與隸旁注於下雖兼三體實以篆爲主忠恕書法方駕陽冰實在同時二徐之上夢英已下遠不逮矣族子獻之云此經刻于唐實際寺懷惲禪師碑之背面

利嵩山會善寺重修佛殿碑 開寶五年閏二月

右嵩山會善寺重修佛殿碑翰林學士朝請大夫尚書兵部郎中知制誥柱國賜紫金魚袋王著撰前攝大理評事王正已書宋初有兩王著一爲單州單父人字成象官翰林學士一爲京兆渭南人字知微官翰林侍書宋史皆有傳此碑撰文之王著職居學士非太宗時模勒閣帖者也著傳云開寶二年卒而碑立於五年閏二月著已先卒矣正已書法亦孫崇望之流而不通文義碑文有隋開皇字誤於皇字上空二格

元新修周武王廟碑 開寶六年十月

右新修周武王廟碑翰林學士尚書兵部員外郎知制誥盧多遜撰翰林待詔太僕寺丞孫崇望書宋史禮志太祖命李昉盧多遜王祐扈蒙等分撰嶽瀆祠及歷代帝王碑遣翰林待詔孫崇望等分詣諸廟書于石此其一也文稱應天廣運聖文神武明道至德仁孝皇帝攷東都事略載開寶元年八月戊辰羣臣上尊號與此正同宋史本紀聖文作大聖誤史又移上尊號于十一月恐亦誤

元新修唐太宗廟碑 開寶六年十月

右新修唐太宗廟碑殿中侍御史分判度支公事李瑩撰亦孫崇望書宋史太祖紀開寶三年九月詔西京鳳翔雄

耀等州周文成康三王秦始皇漢高文景武元成哀七帝後魏孝文西魏文帝後周太祖唐高祖太宗中宗肅宗代宗德順文武宣懿僖昭諸帝凡二十七陵嘗被盜掘者有司備法服常服各一襲具棺槨重塟所在長吏致祭碑云啓舊塋所以極衣冠之飭正指此事也

元 新修嵩嶽中天王廟碑 開寶六年十二月

右新修嵩嶽中天王廟碑亦盧多遜撰孫崇望書結銜與周武王廟碑同宰輔編年錄開寶六年九月己巳盧多遜𠫭知政事多遜自翰林學士兵部員外郎遷中書舍人除此與周武王廟碑一立於十月一立於十二月猶稱翰林

學士尚書兵部員外郎者撰文時猶未執政也

元 新修商帝中宗廟碑 開寶七年四月

右新修商帝中宗廟碑右拾遺梁周翰撰翰林待詔太子率更寺主簿司徒儼書其文云案商本紀帝太戊契二十一代之孫帝雍己之弟攷史記契子昭明昭明子相土相土子昌若昌若子曹圉曹圉子冥冥子振振子微微子報丁報丁子報乙報乙子報丙報丙子主壬主壬子主癸主癸子湯湯子太丁外丙中壬太丁子太甲太甲子沃丁太庚小甲雍己太戊實契之十六世孫若兄弟各爲一世則爲二十二世太丁未立故稱二十一世也

利 龍興寺碑 開寶八年四月

右龍興寺碑在同州府字畫完好獨不署撰書人姓名讀其文知撰人名岵而已文稱府主連帥太師又云門下平章之命禁殿宣麻攷之宋史則馮繼業時爲定國軍節度使史不云檢校太師及加中書門下平章事也宋初沿五代之制藩鎮之權尚重繼業在周已歷節鎮名位久顯寵以三公使相之號不足爲異然本傳竟不一書未免失之太畧繼業在同州吏民嘗爲立遺愛碑今不復傳矣

利 福嚴院牒 太平興國三年五月

右福嚴院中書門下牒在澤州鳳臺縣之硤石山本青蓮

寺上院宋太平興國中賜額敕尾列銜者三人中書侍郎平章事盧者盧多遜也右僕射兼門下侍郎平章事者沈倫也左僕射兼門下侍郎平章事者薛居正也三人皆宰相薛沈官至僕射故不書姓凡中書門下牒宰臣皆署押年月上鈐以印此碑無印與押者刻石時但錄其全文未將錄黃鈎摹也鉅野姚半塘游澤州搨以遺予且言同時法輪院亦有賜額敕牒與此刻相同附記於此

貞 夢英書夫子廟堂記

右夢英書夫子廟堂記自跋云此記刊石元在湖州臨安縣案湖州有歸安縣無臨安縣臨安乃杭州屬縣自唐至

今未聞改隸英公何不攷乃尒其末題壬午歲六月廿五日蓋太平興國七年也碑末列銜者四人承奉郎守太子右贊善大夫陝府西南路諸州水陸計度同轉運賜緋魚袋祖吉通直郎行左補闕陝府西南路諸州水陸計度轉運副使賜緋魚袋趙載兩人爲一列朝散大夫行殿中侍御史通判永興軍府事師頏朝散大夫行尚書考功員外郎權知永興軍府事柱國李準兩人爲一列轉運爲監司官故列於郡官之上其序則以後爲尊也宋史職官志轉運司有使副使判官而不載同轉運之名今攷李氏長編太平興國七年有西川同轉運范祥東川同轉運卜倫荆

湖同轉運孫日新此碑亦有同轉運祖吉則是宋初曾置是官不知省於何年志所載特熙甯以後之制耳師頏宋史有傳刊本或譌作頎當據碑正之傳云太平興國初遷監察御史通判永興軍坐秦王廷美假公帑緡錢左授乾州團練副使尋復舊官六年改殿中侍御史通判邠州據此碑則以殿中侍御史通判永興軍乃在七年恐史有誤也

元 重修兖州文宣王廟碑　太平興國八年十月

右重修兖州文宣王廟碑起復翰林學士朝散大夫尚書都官郎中知制誥呂蒙正奉勅撰宋史孔宜傳太平興國八年詔修曲阜孔子廟宜貢方物爲謝詔褒之卽立碑之年也起復者未除喪而起視事所謂奪情是也父母之喪法當免官非有詔起之不得任職故有起復之名後世乃以服闋就官爲起復失其義矣宋史禮志凡奪情之制文臣諫舍以上牧伯刺史以上皆卒哭後恩制起復其在切要者不俟卒哭内職遭喪但給假而已願終喪者亦聽惟京朝幕職州縣官皆解官行服亦有特追出者而大中祥符九年殿中侍御史張廓言京朝官丁父母憂者多因陳乞與免持服望自後並依典禮三年服滿得赴朝請則京朝官并有乞免行服者矣居喪奪情古人所譏然唐時名

公卿已多行之宋則侍從以下亦有起復者當時風俗相沿不以爲怪蘇明允與歐陽内翰書云二子軾轍竟不免丁憂今已到家然則二蘇當日亦在可起復之例而不果行也五代史匡翰碑以起復入銜至宋世益多矣

宋 新譯三藏聖教序　端拱元年

右新譯三藏聖教序太宗御製蓋爲西域僧天息災等譯經而作攷宋史雍熙二年十月丙午以天竺僧天息災施護法天並爲朝請大夫試鴻臚少卿蓋奬其譯經之勞也碑爲沙門雲勝書後列涪州觀察使知永興軍府事柴禹錫等名則李邈所書然隸法如出一手宋史鄭文寶傳授

陜西轉運副使內侍方偁吉出使陜右頗恣横且言文寶與陳堯叟交游爲薦其弟堯佐驛召令辯對上書自明太宗察其事坐偁吉罪厚賜文寶而遣之此碑末有祗候高班郎班字內品提點酒稅方保言次文寶之後豈即其人乎吉言字形相近當是轉寫之譌禹錫官檢校太保史亦失書

貞 鐵佛寺塔柱文 淳化元年

右鐵佛寺塔柱文上鐫上生皈依發願文及往生內院眞言潭州管內觀察判官李思明發心鐫寫下鐫千臂千眼觀世音菩薩陁羅尼大身眞言末題進士董頀書開福禪

寺傳法沙門道崧鐫經宋淳化元年庚寅歲李昇鐫字在長沙府鐵佛寺金石家未有著錄者今春錢唐梁侍講山舟以家藏本見貽葢其弟沖泉侍郎爲湖南按察使日適有修塔之役拂拭得之幷賦詩紀其事五金唯鐵易壞鐫刻漢入匪易古鐵文之存於今者唯南漢二塔及此柱皆陰識漢刻點畫有法非近代鍋工所及若楊吳之大安寺香爐則陽文隱起字亦敧斜難以模楷後世矣

元 善才寺觀音院記 淳化元年五月

右善才寺觀音院記宣補鎮遏使陽晙撰梁文素書碑末列名自陽翟縣令主簿尉而外有內品監許州陽翟縣鹽麴商稅鄺延遇殿前承旨監許州陽翟縣鹽麴商稅董囗供奉官前監許州陽翟縣鹽麴商稅李繼囗三人攷宋史百官志內品乃內臣敘遷官而東西頭供奉官則武臣叙遷官也殿前承旨之名不見于史疑卽所謂內殿承制者視供奉官差貴爾然一縣之小而監當鹽稅者不一其員又以內侍武夫充之民其不堪命乎陽翟縣今爲禹州隷開封府

元 徐休復禱先聖文 淳化二年四月

右徐休復禱先聖記休復時爲給事中奉命禱嶽祠還過曲阜孔子廟設奠而作其文無可取者而彭叀分書殊有

唐人風度史稱休復假瑩親之名乞知青州到官但殖貨終不言塋事又以私憾誣人謀反陷之重辟其素行如此而禱於先聖願子子孫孫長遵乎聖教生生世世不離于儒門何其謬邪夫今生後代之說儒者固所不道而其所望于子孫習儒者乃出于利祿之私非眞有志于道德也則亦不得謂之義方矣

元 重修北嶽安天王廟碑 淳化二年八月

右重修北嶽安天王廟碑先時契丹入塞縱火焚嶽廟太宗出帑儲令有司重新之工成勑王禹偁撰文禹偁時以左司諫知制誥故也予家藏小畜集有此文以石刻校之

當改正者凡十餘字集本恆山作常山恆文作星文乃是避眞宗諱追改者非誤也碑末列名者忠果雄勇宣力功臣定武軍節度定州管內觀察處置北平軍等使金紫光祿大夫檢校太保使持節定州諸軍事定州刺史兼御史大夫上柱國兼駐泊馬步軍都部署清河郡開國公食邑四千二百戶食實封陸伯戶張訓按宋制諸州置知州軍事一人無刺史之稱節度使但爲加銜未有授本鎭者此以定武軍節度持節定州刺史猶沿唐五代之舊葢沿邊州郡設官與內地異且其時去開國未久或間有因仍而未革者歟

龍興寺鑄金銅像菩薩并葢大悲閣序

右龍興寺鑄金銅像菩薩并葢大悲閣序僧惠演所撰云開寶四年七月下手修鑄而不詳畢工之年月據其文稱太祖皇帝廟号則當在太宗改元太平興國以後矣而末題乾德元年歲次五月八日記攷乾德紀元在開寶之前書歲次而不書干支亦無此例碑當時所立不應如此紕繆當是翻刻時年号剝落而以意妄改耳

涇州回山重修王母宮記　咸平元年

右涇州回山重修王母宮記翰林學士承旨刑部尚書知制誥判吏部流內銓事陶穀撰推誠宣力翊戴功臣彰化軍節度涇渭等州觀察處置押蕃洛等使光祿大夫檢校太師兼御史大夫上柱國清河郡開國公食邑三千戶食實封八百戶張鐸建其文云太師清河公受脤建牙三臨安定歲戊辰春二月公介圭入覲天子設庭燎以延之奏肆夏以寵之臨軒絕席以綏懷大輅繁纓以錫命禮成三接詔還舊鎭攷宋史張鐸傳但云復鎭涇州其三任年月史無文以證之矣戊辰歲入覲詔還鎭及清河郡公之封皆本傳所未載戊辰則藝祖開寶元年也碑立于開寶二年以書有誤咸平元年請南岳宣義大師夢英重書碑末列知涇州軍州事柴禹錫等名距立碑之日蓋三十年矣

地理志涇州安定郡太平興國元年改彰化軍節度今鐸建碑在開寶之初已稱彰化軍節度則涇之建節鎭不始于太平興國矣

偏旁字源　咸平二年六月

右篆書目錄偏旁字源五百四十部其建首立爲一端畢終于亥南岳宣義大師夢英所書也以說文校之多一了部少一丶部又部序先後間有小異郭忠恕答英公書云見寄偏旁五百三十九字按說文字源唯有五百四十部了字合收在子部今攷說文了字卻在了部非在子部亦不可曉碑後題名有推忠宣力翊戴功臣建武軍節度觀

察留後知永興軍府事兼都提轄永興軍華耀乾商兵甲捉賊公事光祿大夫檢校太傅兼御史大夫上柱國彭城郡開國公劉知信推誠宣力翊戴功臣鎮寧軍節度澶州管內觀察處置河堤等使金紫光祿大夫檢校太傅使持節澶州諸軍事行澶州刺史兼御史大夫知涇州事兼管界都巡檢使上柱國平陽郡開國公柴禹錫二人宋史柴禹錫傳至道初制授鎮寧軍節度知涇州入謝日上謂曰由宣徽罷者不過防禦使爾今委卿旄節兼之重鎮可謂優異矣然則宋時節鎮雖秖空銜亦未嘗輕以予人也功臣之號惟中書樞密得賜推忠字知信以庶僚得之蓋殊

數也職官志稱京兆府兼安撫使馬步軍都總管此惟帶都提轄兵甲捉賊公事不兼安撫蓋官制沿革非一史家不能盡書也

元檢校太保廣平郡公程德玄碑　景德二年

右檢校太保廣平郡開國公程公碑御書院祇候王坦書撰文者磨滅失其姓名矣碑所載歷官先後與本傳略同其檢校官由司空司徒至太保封由廣平郡開國男至開國公史皆略而不書其卒在景德元年而以明年歸葬子繼宗右侍禁繼忠右侍禁寄班祇候繼勳繼英繼隆繼明皆右班殿直繼昇三班奉職史惟載繼宗繼忠二人爾史家之例貴乎謹嚴子孫名位不大顯而無言行可述者原可從略然有書有不書則轉難免疏漏之譏矣

元勅修文宣王廟牒　景德三年二月

右勅修文宣王廟牒其略曰中書門下牒京東轉運司資政殿大學士尚書兵部侍郎知通進銀臺司兼門下封駁事王欽若奏諸道州府軍監文宣王廟多是摧塌及其中修蓋完葺者被勾當事官員使臣指射作磨勘司推勘院欲乞特降勅命指揮令諸道州府軍監文宣王廟摧毀處量破倉庫頭子錢修葺仍令曉示今後不得占射充磨勘司推勘院及不得令使臣官員等在廟內居住候勅旨牒

奉勅宜令逐路轉運司遍指揮轄下州軍監依王欽若所奏施行□至准勅故牒景德三年二月十六日牒牒尾列刑部侍郎參知政事馮拯尚書左丞參知政事王旦二人名攷宰相表是歲二月戊戌寇萊公始罷政事是月之二十六日也判牒之日萊公尚在相位而牒無萊公名何邪欽若立朝不爲君子所許此奏不載于本傳然尊崇先聖之心亦有可取所當表而出之未可以人廢也

亨頒行莊子詔　景德三年八月

右頒行莊子詔文云中書門下牒奉勅莊叟玄言理歸于沖漠郭象爲注義造于精微既廣玄風實資至治朕仰崇

古道俯勸烝民言念此書盛行于世尙多踳駮已命校讐
將承煥于縑緗宜特滋于雕鏤牒至准勑故牒景德三年
八月五日右諫議大夫參知政事趙兵部侍郎參知政事
馮工部尙書平章事王皆不書名以史攷之葢王旦馮拯
趙安仁也

[亨]陳揔等題名　景德四年十一月

右陳揔等題名文云大宋景德四年仲冬月二十有二日
知軍州事陳揔前知軍州事劉起與新授知新州吳有鄰
洎司理參軍章堯臣高要縣主薄劉均同遊是室起凡四
至井題凡六行其文左行翁學士方綱錄七星巖宋人題

名多至卅餘通而此刻獨未之及劉起陳揔二人攷廣東
通志牧守題名亦遺之吳有鄰通志作有璘皆可據石刻
以證其闕譌也

[利]景德寺中書門下牒并澤州帖　景德四年十二月

右景德寺中書門下牒并澤州帖在澤州丹水山本名慈
善寺景德四年敕賜景德寺爲額牒尾書押者曰右諫議
大夫參知政事趙曰兵部侍郎參知政事馮曰工部尙書
平章事王以宋史宰輔表考之葢王旦馮拯趙安仁也拯
以景德二年自工部侍郎參知政事其由工部轉兵郎則
表畧之牒以十一月下而澤州帖以十二月下帖尾知軍
州事石判官葉推官趙錄事參軍王司戶參軍孫五人皆
有押其序自左而右知州列銜獨高判推僅及其半錄事
司戶又下之牒上有中書門下印一方帖上有澤州印三
方宋世公文之式葢如此碑末有金泰和八年十一月僧
善雲立石字

[亨]登泰山謝天書述二聖功德銘　大中祥符元年十月

右登泰山謝天書述二聖功德銘眞宗御製御書大中祥
符元年十月二十七日御書院奉勑模勒上石宋史禮志
載玉冊玉牒文而未及此銘畧之也碑在泰安府城南門
外五石合成高九尺廣二丈三尺一寸額高二尺八寸廣

五尺五寸碑北向明巡按吳從憲篆刻其陰曰泰陰碑俗
謂之陰字碑泰安人聶劍光爲予言此碑有二一勒山下
所謂陰字碑也一勒山上在唐磨厓碑之東字徑二寸明
嘉靖間俗吏鄞人汪坦大書題名又汝南人翟濤題名及
書德星巖三字竝鑱蓋于上每行毀三四十字不等尙有
字句可讀篆額登泰山謝天書述二聖功德之銘十三字
完好如初文獻通攷王欽若言唐高宗玄宗二碑之東石
壁南向平峭欲卽厓成碑以勒聖製上曰朕之功德固無
所紀若須撰述不過謝上天敷佑叙祖宗盛美爾命勒石
北向以荅天眷元好問東遊畧記云嶽頂封禪壇下有唐

宋磨厓據此則眞宗述功德銘先經磨勒岱巔後又立碑城南也乃後人第知有城南之碑不復知有岱頂之碑矣

宋禪社首壇頌 大中祥符元年

右禪社首壇頌王欽若撰其結銜稱天書儀衛副使封禪禮儀經度制置等使禮部尚書知樞密院事與宋史本傳合其封太原郡開國公傳所未載也碑文首云湑灘御歲應鍾旅月國家建號之四十九禩皇帝肇統之十有二載眞宗以至道三年丁酉即位至大中祥符元年戊申寔十二歲上距太祖建隆元年庚申葢四十九歲矣又云履端之月成魄之辰仰蒼龍之內闕覩黃素之竒文謂是年正月三日天書降左承天門也又云巍然岱嶽峉邇毖泉頌綠字之文述若元之意謂六月乙未天書再降于泰山醴泉北也又云升北辰魄寶之座創先蠶壽星之祭按本傳欽若嘗請置先蠶并壽星祠升天皇北極帝坐於郊壇第一龕故述其事於碑刻也

宋祀文宣王廟題名記 大中祥符元年十一月

右祀文宣王廟題名記首云皇宋膺天命之三葉大中祥符紀號之元年封于岱嶽慶成廻蹕錫宴兗州十有一月朔皇帝躬謁元聖文宣廟特以太牢致祭詔舊相吏部尚書張齊賢攝太尉行禮按眞宗紀十一月戊午幸曲阜縣謁文宣王朝韡袍再拜加謚孔子曰元聖文宣王遣官祭以太牢史書日不書朔闕文也張齊賢傳不載遣祭孔子亦闕文也陪祭者太常少卿陳象輿以下凡十五人以中貴監祀事毋乃瀆神而失禮乎

宋重刊旌儒廟碑 大中祥符三年五月

右重刊旌儒廟碑按唐書地理志昭應縣有旌儒鄉有廟故坑儒明皇更名碑本唐兵部侍郎賈至撰都官郎中徐珽書在昭應縣西南二里合公谷即秦坑儒之所也大中祥符初知昭應縣事張綽以碑年久剝落重書勒石移置城中至聖廟并記其顛末于碑左方宋史地理志臨潼縣唐昭德大中祥符改此碑立于大中祥符三年五月縣名尙未改史以昭應爲昭德傳寫之譌爾碑末知永興軍府張秉結銜云同管勾駐泊兵馬公事兼提轄乾耀商華坊丹同等州巡檢捉賊公事與咸平二年劉知信結銜又異此皆史家所未詳也

宋棣州防禦使檢校太保石保興碑 大中祥符四年十二月

右棣州防禦使檢校太保石公碑翰林學士楊億撰文待詔尹熙古書并篆額碑下截多剝落名字不可見以史攷之葢守信之子保興也所述歷官先後與史略同惟保興由銀夏綏麟府州都巡檢丁內艱起復澶州駐泊都監而

傳書除澶州都監于巡檢銀夏綏之前又失書母喪起復
事傳又云淳化五年爲永興軍（即京兆府）鈐轄改夏綏麟府州
鈐轄據碑保興自京兆府兵馬鈐轄徙延州路鈐轄無再
任夏綏事皆當以碑爲正碑云公初名貞太祖改錫今諱
傳云本名保正者史家避仁廟嫌名易貞爲正也守信追
封衛王累封秦王保興封西安郡公追贈貝州觀察使史
皆當書而不書可據碑以補之碑云歸葬河南洛陽縣平
樂鄉宣武村梓澤原之先塋近時黃觀察叔璥撰中州金
石攷按羅洛陽碑碣甚富獨不及此碑何也

貞 元聖文宣王贊并加號詔 大中祥符

右元聖文宣王贊并加號詔碑分上下層上刻御製贊下
刻詔書末三行云大中祥符元年十月十四日東封禮畢
十一月一日車駕幸曲阜縣謁奠先聖文宣王命刑部尚
書温仲舒等分奠七十二弟子先儒禮畢幸孔林是日詔
先聖加號元聖文宣王御製贊又詔吏部尚書張齊賢等
次日以太牢致祭詔兗公顏子進封兗國公十哲閔子已
下進封公曾子已下進封侯先儒左丘明已下進封伯五
年八月二十二日奉勅諸道州府軍監各於元聖文宣王
廟刻御製贊并詔十一月日奉勅改謚曰至聖文宣王碑
未見建立年月蓋在大中祥符六年以後也碑在南雄府

學明倫堂前當時各路州府依勅刊勒宜處處有之今皆
不存而五嶺以南留此片石以備文廟掌故居然魯靈光
矣翁氏粵東金石略未收此刻予爲表而出之

宋 中嶽中天崇聖帝碑 大中祥符七年九月

右中嶽中天崇聖帝碑文云皇帝登封岱宗之四年有事
于汾陰后土親奠黃玉對越柔祇乃並洪河抵太華經塗
温洛望秩維嵩言旋上都誕受丕祉無德不報靡闕不思
於是尊五嶽之祠備加等之禮分命近列祇薦嶽稱詔遣
册禮使攝太尉右諫議大夫龍圖閣直學士陳彭年副使
攝司徒光祿少卿沈繼宗奉玉書衮章加上中嶽中天崇
聖王曰中天崇聖帝申殊典也又云壹闈之式像設攸存
懿號未彰羣黎安仰思慕正名之典用昭作合之崇象服
有加褘衣允穆即以其年十二月遣使致告特尊爲貞明
后其稱封岱之四年謂大中祥符四年也五嶽自唐時已
加二字王號眞宗東封岱宗加仁聖二字親謁西嶽加順
聖二字中嶽南嶽北嶽史無加號之文然此碑云加上中
天崇聖王曰中天崇聖帝則崇聖二字固已先加此時特
易以帝號耳中嶽后稱貞明而文獻通考宋史禮志俱作
正明者蓋避仁宗嫌名也宋史陳彭年沈繼宗傳不云爲
中嶽册禮使亦史之略也

元北嶽安天元聖帝碑　大中祥符九年四月

右北嶽安天元聖帝碑文云粤以靈文申錫之四年鄈邱歆至之十月詔曰北嶽安天王可增號北嶽安天元聖帝校宋史眞宗紀大中祥符四年五月乙未加上五嶽帝號作奉神述十月戊申御朝元殿發五嶽冊碑稱十月者據奉冊之日也說文鄈河東臨汾地卽漢之所祭后土處此云鄈邱歆至謂汾陰祀后土禮成也冊禮之使爲攝太尉尚書工部侍郎馮起攝司徒太僕少卿裴莊通鑑長編紀事具載東嶽南嶽西嶽中嶽奉冊使副官職姓名獨遺北嶽當據此以補其闕宋史裴莊傳大中祥符祀汾陰遷太

金石文跋尾　十二　十九　又川上

僕少卿爲北嶽加號冊禮副使撰北行記三卷以獻卽其事也職官志定州兼安撫使馬步軍都總管碑後列知定州軍州事劉承宗結銜稱充鎮定等路駐泊兵馬鈐轄蓋其時定州尚未設安撫司也

元教興頌　天禧三年五月

右敎興頌題云盧儀先生撰而不著其名序云日者文表起戎保權告難北軍爰整南服乂口頌云洞庭漣漣巴陵遷遷億萬斯年蓋叙宋初平湖南事也宋史文苑傳有馬應者薄有文名多服道士衣自稱先生開寶初做元結中興頌作物興頌以述太祖下荆湖之功欲刊石于永州結頌之側縣令惡其夸誕不以聞此頌三句一轉韻與中興頌同格署先生而不名知其爲馬應所撰也碑後題年月云皇帝嗣明离之三葉歲在未月建午日丁卯山陽吳玉搢以爲開寶四年辛未予攷開寶四年五月乙未朔無丁卯日其時宋有天下十二年爾雖三改元不當云三葉且太祖開刱之主不得云嗣明离也碑末書攝太常寺太祝李夢徵傳本則勒石之時去開寶初已遠矣宋自太祖至眞宗有天下者三世葉者世也云三葉其在眞宗之世乎眞宗景德四年丁未五月丙申朔無丁卯日惟天禧三年己未五月丁巳朔丁卯乃月之十一日也故定以爲天禧

金石文跋尾　十二　二十　又川上二

三年云

亨靈祐觀中書門下牒　天禧五年十月

右靈祐觀中書門下牒今在吳縣之洞庭山林屋洞旁文稱蘇州重修林屋洞神景觀奉勑宜賜靈祐觀爲額案松陵集皮陸唱和有曉次神景宮及三宿神景宮詩是唐時本名神景宮而此牒稱神景觀豈宮觀之名可通稱歟抑宋初嘗改宮額爲觀而志吳郡者偶失載歟牒尾列銜者四人曰吏部侍郎參知政事王者王曾也曰工部尚書參知政事任者任中正也曰左僕射兼中書侍郎平章事者馮拯也曰守司空兼門下侍郎平章事者丁謂也謂拯二

人不書姓者周必大二老堂雜志云祖宗朝宰相官至僕射勑後乃不著姓他相階官自吏部尚書而下皆著姓此勑拯官左僕射謂守司空階又在僕射之上故皆不著姓也

元　增修中嶽中天崇聖帝廟碑　乾興元年六月

右增修中嶽中天崇聖帝廟碑後題乾興元年六月十六日建桉乾興元年二月眞宗崩仁宗卽位碑文稱崇文廣武感天尊道應眞佑德欽明上聖仁孝皇帝則眞宗天禧三年以前所上尊號也蓋修廟之役始事于祥符六年癸丑畢功于八年乙卯知微奉勑撰文亦在此時更數年而

後勒之石耳王曾中嶽廟碑陳彭年北嶽廟碑所書尊號欽明二字在上聖之下宋史東都事略並同獨此碑欽明在上聖上不可曉

貞　王濆題名　天聖元年九月

右王濆題名正書自左而右在虎邱劒池石壁文云大宋天聖元年癸亥九月十□日太常丞同判福州王濆與泉州同安尉林太易男緯侍行書于石紀年祀其云同判者通判也天聖初章獻太后臨朝避其父諱凡官名地名通字皆易之如通州爲崇州通利軍爲安利通判爲同判是也后崩後卽復其舊王濆應天府人參知政事堯臣之父見宋史隱逸傳天聖九年爲審刑院詳議官殿中丞坐弟冲事責監蔡州稅見續通鑑長編

利　涇州回山王母宮頌　天聖三年三月

右涇州回山王母宮頌凡兩本一爲南岳宣義大師夢英行書一爲度支員外郎知軍州事上官佖篆書予皆得之其文無一字異也長編紀事本末載乾興元年七月戶部判官度支員外郎上官佖坐丁謂黨知晉州此碑立於天聖三年蓋由晉州徙涇州矣

利　蕭山縣夢筆橋記　天聖四年三月

右蕭山縣昭慶寺夢筆橋記在縣城覺苑寺宋初寺名昭

慶後改爲覺苑也相傳寺爲江淹故宅橋在寺門外故有夢筆之名記文爲太常寺奉禮郎簽署蘇州觀察判官廳公事葉清臣撰宋史本傳云簽書蘇州觀察判官事蓋治平以後史臣避英宗嫌名改署爲書爾京兆小學規碑亦有大理寺丞簽署觀察判官廳公事李綖名碑不稱大宋而稱巨宋與它刻異

貞　王質等題名

右王質等題名八行在虎邱石壁其文云太原王質子野武都章佚進之姪岷伯鎭□陵馬宗誨□□天水趙士龍雲卿茂才大師長□已己九月廿日同識己已者仁宗天

聖七年其時質以集賢校理同判蘇州岷則節度推官也
吳郡圖經續記云平江節度推官廨舍昔甚隘陋天聖中
章岷伯鎮居幕府始廣而新之伯鎮之弟伯瞻及今太守
朝議公同侍親居此記所云太守者名岵字伯望伯瞻官
至太常少卿按漕廣東其名則不可攷矣岷名位亦顯治
平元年八月以刑部郎中奉使契丹見宋史英宗紀治平
二年八月以光祿卿直祕閣知越州四年五月移福州見
嘉泰會稽志

貞 朱巽等題名 天聖八年八月

右朱巽等題名行書自左而右凡七行文云給事中新知

揚州朱巽集賢校理同判蘇州王質集賢校理同判杭州
錢仙芝大理寺丞知長洲縣事郃飾廣州支使知吳縣事
馮允成節度推官試校書郎章岷天聖八年八月十二日
同遊朱巽者天長人子壽昌見宋史孝義傳姑蘇志稱明
道元年二月以給事中集賢院學士知揚州改任蘇州八
月以工部侍郎致仕據此刻則巽於未任揚州之前已到
蘇州但未知其居何職耳

利 澤州龍堂記 天聖九年七月

右澤州龍堂記記爲知州事王世昌亮采禱雨有應而作
文云高都郡西南二里有古潭其廣百尺唐刺史温璠因
歲旱詢於耆艾云此實龍泉遂命開鑿致禱而雨澍由是
建祠於側則龍泉之祠始於唐矣宋初巡檢爲在外典軍
要職故郭進以西山都巡檢使立功邊境此碑末列名有
西頭供奉官兵馬監押兼在城巡檢楊德政左班殿直澤
州管界并連太行山一路巡檢何懷德一州置兩巡檢官
冗而權輕武功之不振有自來矣

利 護國寺碑 天聖九年七月

右護國寺碑癸卯夏予游天台宿此寺遥望穹碑仡立野
田間亟往觀之惟碑額天台山護國寺碑銘八篆字尚完
好餘俱漫漶不能讀太息久之周視碑陰有熙寗九年晁

美叔題名意此碑必宋初物頃台郡守黃見滄拓其文見
貽諦審之有天聖九年歲次辛未七月字碑首列銜武勝
軍節度同中書門下平章事判河南字仿佛可辨以史考
之知爲錢文僖所撰無疑也文僖典懿集三十卷今已不
傳此碑雖巋然獨存亦幾於安沒字矣

利 長城葆光等題名 明道二年六月

右長城葆光等題名其文云長城葆光高平希文師古潁
川天經太原子融子野陳留商叟天水元甫子淵滎陽天
休清河子思昌黎稚圭廣平子京河東伯垂饒南陽道卿
出守嘉興於鉅鹿介之北軒明道二年六月十七日曼卿

書希文者范文正公也稚圭者韓忠獻公也子京者宋景文祁也天休者鄭文肅戩也子融者王曾之弟皥子思者張知白之嗣子道卿者葉清臣也曼卿者石延年也此刻當在汴都久已不傳慶元初新安朱晞顔轉運廣西重刻於龍隱洞之石

潛研堂金石文跋尾卷十三

錢大昕著

宋二

宋二

元孔道輔祖廟祭文　景祐二年六月

右孔道輔祖廟祭文首云維景祐二年歲次乙亥六月癸丑朔九日辛酉四十五代孫龍圖閣直學士朝請大夫右諫議大夫知兗州軍府事兼管內勸農使及管勾仙源縣景靈宮太極觀提舉兗鄆濮齊州清平軍兵馬衣甲巡檢公事上輕車都尉魯郡開國侯食邑一千五百戶食實封式伯戶賜紫金魚袋道輔謹以清酌庶羞之奠敢昭告于祖聖至聖文宣王兗州稱軍府者大中祥符元年升州為大都督府故也章邱縣景德中嘗升為清平軍見宋史地理志祭文首云道輔早持邦憲黜典淮城方數月間遷守徐城攷道輔以明道二年十二月爭廢后事出知泰州其

徙徐州蓋在景祐元年故云方數月也又云道輔位為大夫權任方面嚴父慈母不能歸養因西鄉拜章天從其欲詔守故魯攷本傳止云徙徐州又徙兗州未載道輔乞養事得此可裨史家之闕碑末列名者曰將仕郎前守徐州彭城縣主簿良輔曰將仕郎守將作監主簿彥輔曰將仕郎守國子監主簿襲封文宣公宗愿曰朝奉郎行太常寺太祝宗亮曰宣德郎行太常寺奉禮郎宗翰曰通奉大夫守祕書監分司南京主管祖廟事上柱國會稽縣開國伯食邑八百戶賜紫金魚袋勗宗翰者道輔之子見本傳良輔彥輔當是諸昆弟宗愿宗亮當是其子行也勗為道輔之父故又別為一行書字特大尊之不與子姓伍也宗愿襲封文宣公宋史儒林傳失載以東都事略証之疑是孔佑之子矣

刪 延慶禪院舍利塔記 景祐三年六月

右延慶禪院舍利塔記前題應賢良方正能直言極諫科奉直郎守殿中丞騎都尉賜緋魚袋馬元穎撰碑末又列奉直郎守殿中丞知河陽濟源縣事兼兵馬都監騎都尉賜緋魚袋馬元穎名前以撰文故標制科後以立石故書縣職所謂言各有當也宋人由制科入等得官者甚多以應科繫銜獨元穎一人爾書石者為江陵楊虛己自云習

晉右將軍王羲之書與汧陽縣普濟禪院碑同

刪 陳述古題名 寶元二年九月

右陳述古題名左行十六行文云太平興國六年先祖太師中令秦國公宰邑茲土時孟父中令大人太尉相公季父太尉康肅公並肄業精舍祥符九年孟父中令公引龍樞府相國出判三城天聖六年述古倅白波漕此下似是發字與仲弟殿省丞求古師之同遊今忝運局使領之任率前淮安從事尹宗濟載之前三堂盧川令韓襄紹先專謁靈祠復此憇止稚子祝史知雄知方知白守芸枝知十己下六人待行時寶元己卯登高前五日尚書金部員外郎陳述

古行之題其下有小字二行云後治平丙午歲重五日男將仕郎守孟州濟源縣尉知棗立石泰國公者陳省華也中令者堯叟也太尉相公者堯佐也太尉康肅公者堯咨也宋史於堯叟書贈侍中不云中書令堯佐書贈司空兼侍中不云贈太尉中令班侍中之上太尉班司空之上蓋後來加贈而史失之爾歐公撰堯佐神道碑以述古求古爲堯佐子與石刻合而史於堯咨傳末乃云子述古太子賓客致仕博古館閣校勘似述古博古爲堯咨子則誤之甚矣祕史謂太常寺太祝芸校謂祕書省校書郎皆以蔭敘入官者

利　重刻棲霞寺碑　康定元年三月

右重刻棲霞寺碑本江總持文韋霈書唐會昌中碑毀今所存者宋康定元年沙門懷則重書也按總持自序稱年二十餘入鍾山就靈曜寺則禪師受菩薩戒暮齒官陳與攝山布上人遊款深悟苦空更復練戒故題銜有菩薩戒弟子之稱霈官翊前會稽王行參軍世未解翊前爲何語予考陳書後主之第八子莊封會稽王禎明二年除翊前將軍楊州刺史則霈即莊之屬吏當時皇子封王者必除都督刺史加將軍號乃得開府置官屬故加翊前於會稽王之上也梁時置翊左翊右翊前翊後四將軍在第二十班今人知其名者尠矣

利　石氏世表　康定二年八月

右石氏世表石介撰士建中書歐陽公撰介墓表稱父丙官至太常博士而此表云仕至太子中舍與歐表異歐表介有子師訥此云介生彭哥川哥徠哥蓋各舉其小字未審誰爲師訥也孫明復寄范天章書云今有大名府魏縣校書郎士建中南京留守推官石介二人者其能知舜禹文武周公孔子之道者也非止知之又能揭而行之者也執事若上言於天子次言於執政必能恢張舜禹文武周公孔子之道以左右執事教育國子丕變於今之世矣蓬

中學行與介齊名當亦奇士而學於明復者仕至兵部員外郎史不爲立傳後世無述焉驗其書法亦自不俗

利　周湛等題名　慶曆二年三月

右周湛等題名在肇慶府七星巖其文云提點刑獄周湛同提點刑獄錢聿知郡事包拯同至慶曆二年三月初九日題按宋史周湛傳提點廣南東路刑獄初江湖民略良人鬻嶺外爲奴婢湛至設方畧捜捕又聽其自陳得男女二千六百人給飲食還其家則湛固有德於嶺海者今人但知包孝肅之治跡而罕識　湛姓名故表而出之

孝　朱顯之題名　慶曆二年十二月　三年二月附

右朱顯之題名其一云慶曆壬午歲臘月郡守將朱顯之同監軍麥仲珣獄掾楊仲卿攝宦梁揆鄉秀崔宗周合浦貢士梁立本游玆勝境顯之謹題男諷捧硯詢詠侍立凡四行其文左行其一云轉運使尙書郎馬尋子正慶曆三年癸未歲二月二十二日游斯勝槩春宮吏知端州朱顯之從晦新賀州幕杜偉士遜新建昌邑佐許奇彥伯參陪顯之謹題凡八行並在七星巖洞其書臘作腊參作叅皆俗體也

貞 葉清臣題名

右葉清臣題名在華陰縣嶽廟文云翰林侍讀學士尙書

戶部郎中知永興軍府事本路安撫使兵馬都部署吳興郡矦葉清臣慶曆丁亥秋赴官便道恭款神祠明年四月蒙恩召還再經宇下時通判永興軍府劉紀駐泊都監王仲平管勾機宜韓鐸知涇陽縣施邈同州觀察推官李孚佑從行丁亥者慶曆七年也攷清臣傳云入翰林爲學士丁父憂服除即除翰林侍讀學士知邠州道由京師因請對改澶州進尙書戶部郎中知青州徙知永興軍會河決商湖北道艱食復以爲翰林學士權三司使此題乃由永興軍內召尙未授職時宋初遣大將出征則稱兵馬都部署仁宗朝置諸路安撫使兼本路馬步軍都部署以守臣領之故安撫有帥臣之稱其後避英宗嫌名改部署曰總管而職任如舊其云駐泊都監則武臣管軍者隸於都部署司所謂路分都監也安撫例兼都部署故史家略而不書南渡以後列傳閒有書兼馬步軍都總管者則史臣失於撿勘故也列傳又有但書知某州而不言兼安撫者此史之省文非委任有輕重之殊元明以後士大夫讀史能知其義例者罕矣

利 重修北嶽廟記 皇祐二年正月

右重修北嶽廟記推誠保德功臣資政殿大學士光祿大夫行給事中充定州路都部署兼安撫使兼知定州軍州

事及管內制置營田勸農使上柱國南陽郡開國公食邑三千戶食實封肆伯戶韓琦撰弁書朝奉郎太常博士通判定州軍州兼制置營田及管內勸農事上騎都尉借緋錢貽範篆額按文獻通考慶曆八年詔置河北四路安撫以韓琦王拱辰賈昌朝等充諸路使四路謂魏瀛鎭定四州也定州置安撫蓋昉於此宋初節度使領馬步軍都部署其後守臣帶一路安撫使者皆帶馬步軍都部署故有帥臣之稱英宗以後避御名改爲都總管宋史職官志定州兼安撫使馬步軍都總管據後改名書之也此碑結銜內已有制置之名而馬端臨謂安撫帶制置自建炎三年

滸西康允之始考之似未審矣

亨 同遊沕溪石室記 皇祐二年三月

右余靖游沕溪石室記後題今天子親享明堂之歲以史攷之蓋皇祐二年也沕溪在樂昌縣西北五里江夏黃昌齡子京知縣時靖以光祿少卿分司南京居韶暇日同遊因作斯記而昌齡書之宋史靖傳但云改將作少監分司南京居曲江不言轉光祿少卿亦漏也

利 祖無擇題名 皇祐二年孟秋

右祖無擇題名在南海廟韓碑之陰其文云皇祐二年孟秋庚寅偕陸仲息子強丁寶臣元珍李徽之倈甫王逢會

之劉竦子上謁廣利王夕宿廟下祖無擇擇之記彈琴道士何可從鐫字僧宗淨同行考宋史祖無擇嘗爲提點廣東刑獄廣南轉運使故嶺南多擇之題名而此刻尤爲完好廟中又有皇祐三年十月無擇與李樞李徽之田𦘖柳淇等題字在元延祐祀海碑之側翁學士嘗疑之以爲宋人不應題於元碑之側予謂此必唐宋舊碑爲元人磨去惟兩側偶未毀爾丁寶臣晉陵人皇祐初以太常博士知端州見王介甫所撰墓志王逢當塗人嘗爲南雄州軍事判官見宋史文苑傳

利 崇教寺辟支佛塔記 皇祐二年八月

右崇教寺辟支佛塔記在江寧之牛首山記刻於皇祐二年長干圓照大師普莊爲文都元敬遊牛首山記謂不著撰人者考之未審爾山有辟支洞相傳辟支迦佛宴坐之所辟支迦唐云緣覺也碑書插爲揷濬爲濬无爲旡皆宋時俗體

亨 永通監記 皇祐二年十月

右永通監記宋史食貨志慶曆末韶州天興銅大發歲采銅二十五万斤詔卽其州置永通監今以此碑攷之韶州置監之議始于三司使葉清臣宋祁而轉運使傳惟口知韶州欒温故成之宋史清臣祁本傳略不及此事未免失

之闕漏記又云初郡之銅山五歲共市七萬前大守潘君一歲市百萬及欒君繼之乃市三百萬明年又差倍之歲運羨銅三百萬以贍嶺北諸冶則歲采之數亦不止二十五萬斤矣王象之輿地碑目載余襄公所撰碑在韶州者凡五今惟沕溪石室記猶存而此記則象之所未著録也

貞 旌賢崇梵院牒 皇祐二年九月

右旌賢崇梵院牒首一行云中書門下牒旌賢崇梵院牒尾列銜三人曰工部侍郎叅知政事高曰兵部侍郎平章事宋曰吏部侍郎平章事文蓋文彥博宋庠高若訥也中載右諫議大夫天章閣待制勾當三班院王子融奏臣亡

兄曾於鄭州新鄭縣安塋墳側修到僧院已奉勅賜号崇梵院欲乞依吕夷簡等墳所僧院例每年撥放剃度行者幷臣亡兄神道碑昨蒙御篆賜名旌賢其崇梵院欲乞賜号旌賢崇梵院俟勅旨奉勅宜特賜旌賢崇梵院爲額每年乾元節與剃度行者壹名按春明退朝錄皇祐中王侍郎子融守河中還以唐明皇所題裴耀卿碑額上之仁宗遂御篆賜沂公碑曰旌賢其後踵之者吕許公懷忠李燾長編亦云王曾家請御篆墓碑帝因惻然思夷簡書懷忠之碑四字以賜之蓋御篆碑額本是夷簡依曾例而僧院歲剃度行者一人則又曾家援夷簡爲例也子融本名皡寶元中嘗奉勅撰唐餘錄六十卷其時尚未更名厥後以與元昊同音請改以字行

陶翼嵩臺石室文 皇祐五年仲夏

右陶翼書端州嵩臺石室文後題炎宋皇祐五年者宋以火德王仁宗康定初復因集賢校理胡宿之請於商邱爲壇祀大火以閼伯配故有炎宋之稱矣文稱與前郡守丁寶臣元珍今郡守江東之唐公乘公之休縱游爲樂元珍歐陽文忠公之友也唐公之名蓋取唐相張東之翁氏釋作東之蓋沿廣東通志之譌

京兆府小學規 至和元年四月

右京兆府小學規後題忠武軍節度使特進檢校太尉知軍府事文而不名者潞公彥博也潞公以前宰相知府事故題銜較通判以下特大而不署名凡節度使必帶檢校官宋史彥博傳不云檢校太尉者畧之也宋史職官志慶曆四年始置敎授委運司及長吏於幕職州縣內薦或本處舉人有德藝者充蓋其時諸州敎授皆由本路薦辟不奉朝旨故胡瑗敎授蘇州不見於本傳據此碑蒲宗孟嘗爲京兆府敎授本傳亦未之及也宋時有崇政殿說書及王府說書據此刻則府學亦有說書矣裴袗書學顔清臣而得其形似其書於作扵則它碑無之

狄武襄公神道碑 嘉祐七年十一月

右狄武襄公神道碑翰林學士王珪奉勅撰文三司度支判官宋敏求奉勅書其額則仁宗御書賜之碑文之上方別題御篆賜額四大字它碑所未有也碑文首云至和三年八月上以樞密使護國軍節度檢校太尉河中尹天水狄公拜同中書門下平章事出判陳州明年三月感疾于州未幾以薨聞攷宋史本傳嘉祐中罷青爲同中書門下平章事出判陳州明年二月疽發髭卒仁宗以至和三年九月辛卯改元嘉祐青之罷樞密在是年八月故碑猶稱至和也傳當云嘉祐初而云嘉祐中其卒在二年三月而

誤云二月皆史家之失也碑叙所歴官與傳小異者傳稱爲秦州刺史碑作秦州傳稱爲保大安遠二軍節度觀察留後碑止書保大軍碑稱青年五十而傳不書亦鈌漏也儂知高他書多作智高古字通用

利　李師中詩　嘉祐七年十一月

右李師中詩石刻在粤西龍隱下巖其序云師中嘉祐三年九月受命來嶺外七年十一月得請知濟州感恩顧巳喜不自勝留詩四章以志歲月以史考之蓋自提點廣西刑獄攝帥事除知濟州時作也第三章云乞得衰身出瘴煙一麾仍許視于藩注云蒙恩理作轉運使考宋制提刑資序在轉運之下知州又在提刑之下若大州輔郡則侍從以上亦得差遣以爲優賢佚老之地非尋常知州可比濟州地近京邑名爲知州恩數實視轉運使故云許視于藩也

貞　韓愷墓志　嘉祐七年十一月

右韓愷墓志愷字和仲殿中丞公彦之次子年二十而卒忠獻公琦銘其墓前列銜云叔祖開府儀同三司行刑部尚書同中書門下平章事昭文館大學士監修國史上柱國儀國公孜宋史宰輔表嘉祐三年六月韓琦自樞密使工部尚書依前官同平章事六年閏八月自工部尚書同

平章事加昭文館大學士監修國史其轉刑部尚書封儀國公則表闕之續通鑑長編嘉祐七年九月以明堂赦書加恩宰相韓琦封儀國公八年四月加門下侍郎兼兵部尚書進封衛國公此皆可補表之闕而自工部轉刑部究未詳何年月也

貞　福津縣廣嚴院牒　嘉祐七年十二月

右福津縣廣嚴院牒首行題中書門下牒階州福津縣廣嚴院十三大字次行細書階州福津鎮弥陁院八字蓋本名弥陁院至是賜額廣嚴也而上云福津縣下云福津鎮名目不同初疑由鎮升縣及檢太平寰宇記則福津縣唐末已有之初非嘉祐所改此疑終不能釋又攷元豐九域志階州治福津縣縣有安化利亭石門角弓河口故城六鎮然後豁然省悟蓋碑所稱福津鎮者即九域志之故城鎮耳寰宇記魏大統五年於今縣東北置覆津縣屬武階郡隋廢武階郡縣屬武都郡自唐景福元年再置縣却爲福宇然則故城者西魏及唐初之縣若宋階州附郭之福津縣則景福所置蓋在故城西南縣與鎮判然兩地矣寰宇記于階州下又云唐武德元年置武州領將利建威復津盤堤四縣覆津即復津當有一誤牒尾署銜者四人禮部侍郎叅知政事趙者趙槩也禮部侍郎叅知政事歐陽

者歐陽修也吏部侍郎平章事曾者曾公亮也刑部尙書
平章事韓者韓琦也

【貞】石林亭詩 嘉祐七年十二月

右石林亭詩翰林侍讀學士尙書禮部郎中永興軍路安
撫使兼知軍府事劉敞作次其韻者將仕郎守大理評事
簽書鳳翔府節度判官廳公事蘇軾也額題京兆唱和四
篆字嘉祐七年十二月十五日將仕郎守縣尉兼主簿事
李邻書登仕郎試秘書省校書郎守鳳翔府麟遊縣令郭
九齡建按簽署改爲簽書本是避英宗嫌名嘉祐七年之
冬英宗尙未即位無緣先爲改易殆刻於次年三月以後

也宋時文臣出莅節鎭例書知某州某府不書軍額獨京
兆稱知永興軍不云知京兆府大名或稱知天雄軍

【貞】山陰縣新建廣陵斗門記 嘉祐八年

右山陰縣新建廣陵斗門記將仕郎守許州許田縣尉張
燾譔并書將仕郎守越州山陰縣尉李公度篆額糅末列
文林郎守主簿王沖朝奉郎守太子右贊善大夫知縣事
兼提舉鑑湖武騎尉吳安朝奉郎尙書屯田員外郎通判
越州軍州兼管內堤堰橋道勸農同提點銀場公事騎都
尉賜緋魚袋張詵立石宋史列傳有兩張燾其一字子公
仕南渡孝宗朝相距年代已遠其一字景元仕英宗神宗
朝當即其人傳不言爲許田尉者略也燾楷書極似唐人
其書患作恴庸作㢏堰作堰則宅碑所未見公度篆亦有
法廣陵斗門乃後漢會稽太守馬臻所立三大斗門之一
曾子固序越州鑑湖圖亦載此名與漢之廣陵國初不相
涉秀水朱氏因元時江浙行省鄕試賦有以錢唐江當枚
乘七發之曲江者遂援此以證廣陵去錢唐不遠然枚乘
生于文景之世不可以後證前

【貞】二體石經周禮殘字 嘉祐

右二體石經周禮殘字凡六列每行十字一行篆書一行
正書大宗伯八十八字小宗伯六十字肆師一百五十字

司尊彝六十六字司几筵八十字典瑞廿三字典命一百
廿字典祀十八字守祧五十三字世婦七十字職喪九字
大司樂一百字并標題十四字共八百五十一字其中文
字曼滅者篆百有六眞百廿五餘皆完好可讀以今本校
之無一字不合篆文沚爲隷佐爲左續爲繪皆合正體果
爲祼昨爲酢依爲扆褻爲褻則依正體不依經文通用字
此其去取之得當者蹕當从歪藏當去艸說文無祧字當
從故書作濯而書碑者皆不能知也至於禖禳之禳眞从
示而篆从禾攷鄭注小祝云禳卻凶咎則从示不從禾灼
肰無疑楊南仲輩号精於小學何竟紕繆乃爾玉海引書

目石經七十五卷揭南仲書周易十書十三詩二十春秋十二禮記二十獨不及周禮或是章友直張次立輩所篆不出南仲手耶據標題職衔以上爲卷五大司樂以下爲卷六知周禮當十二卷與唐石經同也黄叔璥中州金石攷言此碑今在陳留縣文廟凡二面每面六排各三十行上下不相屬一天官惟王建國至宮正徒四十人止凌人至掌舍府二人止九嬪至縫人女御八人止五日保庸至八日山澤之賦止凡邦之小治至小宰三日以叙作其事止六日廉辨至不用灋者止一春官大宗伯若王不與祭祀至小宗伯辨吉凶止牲繫于牢至類造止享祼用虎彝至加莞席紛純止共其玉器至典命凡諸侯之適子止司隸而役之至世婦有攍事于婦人止大司樂掌成均之灋至大合止予所收壓其一面耳

亨 文彥博宿少林寺詩 當在嘉祐間

右宿少林寺詩保平軍節度使同中書門下平章事判大名府兼北京留守司事潞國公文彥博所作保平陝州軍額太平興國中賜名也潞公嘉祐三年罷政以河陽三城節度使平章事判河南府後改保平軍節度判大名府詩有西來未悟禪師意北去還馳使者車之句自注予方受命移守北都蓋移守之命已下而未離河南也宋之盛時

大臣進退以禮潞公以故相在外而恩遇不替無憂讒畏譏之心又州郡守臣更代之際登臨山水觴咏如平日蓋上之察吏不苛以簿書期會之細而事亦未嘗叢脞而不治眞可謂太平之象矣

利 余藻題名 治平元年仲冬

右余藻題名凡九行刻於龍隱下巖文云大宋治平元年仲冬廿七日同轉運判官孔延之長源前安撫司勾當公事姚原道彥聖新知襲州丁錞希聲自壽寧院抵慶林觀少休風洞上登栖霞洞却下漾檝泊龍隱巖肴觴嘯詠日薄西渡提點刑獄余藻質夫因書遊覽之勝刻於崖右考東坡集有孔長源挽詩施元之注以爲長源名延世查氏據曾子固所撰墓志以爲名延之今以此刻證之知施氏考之未審矣

利 孫宣公神道碑 治平二年三月

右孫宣公神道碑撰書人姓名已殘闕而結銜尚可辨其云推誠保德崇仁守正忠亮佐運翊動功臣鳳翔節度管內觀察處置等使開府儀同三司檢校太師行尚書左僕射兼侍中鳳翔尹判大名府兼北京留守司事畿內河堤勸農同羣牧使充大名府路安撫使駐泊馬步軍都總管上柱國魏國公者賈昌朝也文中亦有昌朝兩字其爲賈

所撰無疑其云門生翰林侍講學士朝散大夫右諫議大夫上輕車都尉南陽郡開國侯楊者以史考之當是楊安國安國以宣公薦爲國子監直講故有門生之稱其云翰林學士朝散大夫守尚書吏部郎中知制誥兼侍講充史館修撰判國子監同提點集禧觀事上騎都尉祁縣開國男王洙則篆額者也宣公卒年七十二封樂安郡公贈太尉皆史所應載而失載者

宋 晝錦堂記 治平二年三月

右晝錦堂記文稱大丞相衛國公按韓忠獻於皇祐中封南陽郡開國公嘉祐中入相進封儀國公英宗嗣位改衛

國公後又改魏國公碑立于治平二年三月猶稱衛國則魏國之封當在其後宰相表于治平元年閏五月已書魏國公者誤也此記俗本亦誤作魏蓋後人不知忠獻嘗封衛公而以意改之耳

貞 周茂叔題名 治平四年

右周茂叔題名在永州澹山巖其文云比部員外郎通判永州軍州事周敦頤治平四年二月一日沿牒歸春陵鄉里展墓三月十三日廻至澹山巖將家人輩游姪立男壽燾姪孫蕃侍凡七行五十四字宋史道學傳叙元公歷官頗詳獨不及通判永州得此可以補史之闕史容注山谷外集云濂溪二子壽字季老後改元翁於熙寧五年黃裳榜登第終司封員外郎燾字通老後改次元於元祐三年李常寧榜登第終徽猷閣待制本傳但云燾終寶文閣待制而不及壽官位亦爲漏略兹因題名而牽連及之

亨 重修南海廟記 治平四年十月

右重修南海廟記章望之撰記府帥尚書左丞集賢院學士某修廟事望之以古文名宋史入之文苑傳蘇子瞻正統論稱章子者即其人也第史稱望之建州浦城人而此碑題武寧章望之未知其審宋時諸州守臣帶安撫使者謂之帥廣州守例兼經略安撫使品卑者則稱主管經略

安撫司公事故云府帥宋史職官志廣州帶安撫使兵馬鈐轄又云建炎初分置帥府以諸路帥臣兼其後廣州牧以都鈐轄爲稱今攷之石刻廣州諸守臣結銜如治平之呂居簡熙寧之程師孟已稱兵馬都鈐轄而南渡以後若乾道之陳輝咸淳之陳宗禮則又稱馬步軍都摠管此類皆史之所不及載也

利 蕭山大悲閣記 熙寧元年十一月

右蕭山大悲閣記題云錢唐沈遼撰不言何人所書叡達以書名家此碑筆力整勁必叡達自書矣碑末題云朝散大夫守光祿卿直昭文館知福州軍州事兼管內勸農使

兼福建路屯駐駐泊兵馬鈐轄護軍永安縣開國男食邑三百戶賜紫金魚袋程師孟立考宋史師孟傳但書直昭文館而不書光祿卿蓋其時以館職爲重寄祿官爲輕故有寍登瀛不爲卿寍抱槧不爲監之諺然諫議給事亦皆寄祿官也師孟知廣州日轉諫議大夫見於石刻傳亦不書及召還判都水監時爲給事中則又仍舊文而不刪此則義例之踳也

宋 周茂叔題名 熙寍二年正月

右周茂叔題名在肇慶府之七星巖文云二年正月七日其上四字漫滅以朱文公所撰事實攷之蓋熙寍已酉任

廣南東路轉運判官時也後有淳祐壬子呂中續題距濂溪題名已百有八十四歲矣上方橫刻濂溪周元公筆蹟七字當亦呂中所題也宋史藝文志有呂中國朝治迹要略十四卷未知卽此人否元公不以書法名而心畫端勁頗似顏平原聞德慶之三洲巖陽春之銅石巖連州之巾山竝有元公題字予所見者獨此爾廣韻鄺姓出廬江讀古晃切今此姓盛於楚粵間讀若曠此刻有鄺夢得一人必粵士也

宋 東衞再經舊遊詩并陳懌和詩 熙寍二年三月

右東衞再經舊遊詩并陳懌和作刻於七星巖洞洞中有兩刻行款無纖毫異其一爲元豐末劉靜叔等大書題名所壓毀去什之六存者亦多漫漶其一尙完好而字迹較遜殆後來翻刻之本也別有題名十行云提點刑獄尙書郎康衞寶臣同提點刑獄文思副使王咸服叔平熙寍二年已酉歲三月初六日同遊郊祀齋郞康聿侍郡牧守殿中丞陳懌題勒上石康陳二人行事它書罕見以詩意推之衞又嘗知康州它不可知矣

元 瀧岡阡表 熙寍三年四月

右瀧岡阡表歐陽修撰公自署銜曰推誠保德崇仁翊戴功臣按文獻通考及宋史職官志文武臣僚功臣號無推

誠而有推忠然史又稱中書樞密則推忠協謀親王則崇仁佐運餘官則推誠保德翊戴則推忠之號惟兩府專之其餘文武諸臣但當爲推誠耳通考及史文作推忠者誤也歐公嘗任執政此所賜功臣號止稱推誠保德者宋制中書樞密所賜若罷免或出鎭則改之予又記狄武襄公故所賜功臣號亦用餘官之例也表作于熙寍三年四月時公以觀文殿學士知青州按宰輔編年錄是年四月除宣徽南院使判太原府方作表之時除命尙未下也

宋 張琬題名 熙寍四年十月

右張琬題名十二行行七字左行其文云熙寧辛亥冬十月十日琬以受代寄邇蒙致政祕監劉公几伯壽侍禁陳天錫伯祥藍山令董清臣眞甫登封縣尉曾君弼鄰右進士王襃口損之會飲天封觀和眞庵劇談雅懽步月引退大理評事知登封縣事張琬公玉燭下題按東坡集有次韻張琬詩施元之注云是時有兩張琬一韓城人父昇樞密使歸老嵩少元祐初琬自齊州倅求便養親兩易衛尉丞以才擢知秀州崇寧間爲廣東轉運副使移京東西路又一鄱陽人治平二年登第詩中有臨淮自古多名士之句臨淮乃泗邑疑自有一張琬而二人者皆非也愚謂治

平登第之張琬據趙堯卿云字德父而此刻自署公玉其爲韓城之張琬無疑矣但施氏述兩人歷官亦恐有誤攷韶州碧落洞有題名云權發遣轉運副使番陽張琬德甫游後題崇寧三年二月則崇寧任廣東轉運者實鄱陽人非韓城人也

宋　劉莘老題名　熙寧五年

右劉莘老題名在衡州府石鼓山之西溪云劉摯莘老來遊跋蹈侍凡九字其右方小字題云後百八十三年六世孫震孫蒙恩來持庾節拂拭舊題不任感愴寶祐二年秋九月旦凡三十三字按寶祐二年歲在甲寅上溯熙寧五年壬子實百八十三年莘老以論新法謫監衡州倉嘗在是時矣袁桷述其父師友淵源錄云劉震孫東平人忠肅公元孫文淸公之子魏文靖公之壻晚歲爲宗正少卿兼中書舍人丁大全之貶新州也震孫以太常少卿權直舍人院繳奏乞移徙海島可謂剛鯁有祖風惜乎宋史不爲立傳未得詳其立朝顛末也跋蹈皆元豐元年進士跋字斯立宣德郎自號學易老人蹈婺源丞

宋　程師孟等題名　熙寧

右程師孟等題名正書八行行三字文云程師孟金君卿李宗儀許彥先同遊藥洲熙寧甲寅上元日題在廣東學

署之九曜石又一石亦題此四人姓名而不署年月皆予視學時晨夕摩挲而手拓其文者也以它碑參攷之師孟時以右諫議大夫知廣州充經略安撫使君卿以度支郎中爲轉運使宗儀以司封郎中提點刑獄兼提舉常平彥先以太子中舍爲轉運判官四人者唯師孟名列宋史循吏傳又吾吳人也當熙寧之世新法紛更流毒海內師孟列任方面不失循良之譽可謂難矣宋史旣入之循吏而列傳第九十　卷復有專傳讀之終篇竟無異同當時刊修校對諸臣其失職如此柯維騏撰新編亦不能改正豈不貽笑千古也哉宗儀南康人檢泐溪石室題名知之

貞 勅祠南海廟記 熙寧甲寅

右勅祠南海廟記首稱熙寧皇帝而末題甲寅正月二十三日蓋熙寧七年也程師孟以守臣主祭記文極其贊揚故碑末叙銜不言初獻若亞獻終獻官姓名記文旣未叙人故特書於綷銜之上此亦一例也陳之方文拖沓無法而字畫端重頗似顏平原未知出何人之手碑在南海廟大門外翁氏記粤東金石獨遺之潮陽令李南澗訪得喜甚搨兩本寄京師一以遺予一以遺翁學士云

亨 許彥先藥洲詩 熙寧七年

右許彥先藥洲詩後題彥先再遊移稵穏穦穙侍彥先字

覺之元祐丁卯知隨州得漢碑于州之舜子巷徙置後圃刻詩一篇於碑額蓋嗜古而好事者也王荆公集有送許覺之奉使東川詩

利 吳中復題名 熙寧七年

右吳中復題名在西安慈恩塔八分書甚有法其文云資政殿大學士知越州趙抃度支郎中轉運使皮公弼太常少卿知同州毋沆太常博士提點常平倉章楶同登慈恩塔過杜祁公家廟遂會於興慶池館熙寧七年仲冬二十有二日龍圖閣直學士知軍府事吳中復題按趙閱道以熙寧三年四月自政府乞罷改資政殿學士知杭州後改青州召見以大學士再知成都乞歸知越州此題乃由成都移越道經京兆時也中復知永興軍楶提舉陝西常平俱見宋史本傳公弼任陝西轉運使亦見食貨志杜祁公衍家越之山陰晚年退居南都卽今之歸德府也似不當立家廟於長安且北宋大臣罕有立家廟者或別是一人非衍也

利 會眞宮詩題跋 熙寧十年丙午月

右會眞宮詩題跋詩爲种明逸所作題於後者二十餘人或眞或行或篆或隸或飛白胡宗回李宗諤宋綬韓退李孝昌邵餗唐異蘇子美魏閑范仲淹王洙歐陽修蔡襄程

戡梅堯臣韓琦沈遘張伯玉楊傑皇甫遘皆當時鉅公其云越者周越也曼卿者石延年也祕演則曼卿之友而僧者也才翁者蘇舜元也不疑者邵必也廣淵者王廣淵也熙寧丁巳譚述叙而刊諸石今种書巳亡惟題跋二石尙存李南澗云石舊在秦安之會眞宮今移東嶽廟環咏亭壁間

利 蘇子瞻題名 熙寧

右蘇子瞻題名在諸城縣學其文云禹功傳道明叔子瞻游不署年月攷蘇公年譜熙寧七年甲寅秋自杭州通判除知密州九年丙辰十二月移知徐州諸城在宋爲密州

此刻在甲寅以後丙辰以前無疑矣禹功者喬太傅叙儁
道者黃教授傳明叔者趙教授杲東坡集中並有唱酬之
作此刻不言何人所書而予決其爲東坡書者是時喬寓
公黃趙爲校官以班資言之皆宜在郡守之下惟出於公
自書故可謙退居後它人則嫌於僭矣東坡分隸世所罕
見此九字可謂文豹之一斑也

闕米黻五言絕句　熙寧八年十月

右米黻五言絕句在祁陽縣之浯溪後題米黻南宮五年
求便養得長沙掾熙寧八年十月望經浯溪凡廿八字攷
元章生於皇祐辛卯至是纔二十五歲筆力縱勁已有顏
平原風格故知小技亦由天授也

潛研堂金石文跋尾卷十四

錢大昕　著

宋三

宋三

附曾布等題名　元豐元年正月

右曾布等題名在廣東學院公廨後圃九曜石上予以甲午冬奉使到此每公事小暇即徙倚其間摩挲題字徘徊徃復不知日之移晷因歎曾子宣爲子固之弟風流儒雅熸映一時不幸附和紹述致位宰相史家遂入之姦臣之列所得幾何乃蒙千載詬病然子宣雖不爲公論所與而能與章惇蔡京立異亦張天覺之流也天覺既可列傳曾獨不可列傳乎若史彌遠之姦邪甚於侂胄而轉不在姦臣之數史家於此未免上下其手讀史論世者所以不可無識也宋史曾布傳元豐初以龍圖閣待制知桂州據此則知廣州日已遷待制矣題稱廣東經略安撫使而不稱

知廣州者以使職爲重起居舍人其寄祿官也轉運副使二員其寄祿官一爲都官外郎一爲屯田外郎稱外郎而去員字它刻所罕見也

表忠觀碑 元豐元年

右表忠觀碑碑凡八片今存四片又失其下截每行止十一字然筆法方整佚偉比之蔡君謨有過之無不及坡公最用意之作也石在杭州府學乾隆辛酉歲掘地得之湖上錢王祠有明人重刻本文雖完好特優孟之衣冠耳

曾布題名 元豐二年

右曾布題名文云南豐曾布已未上巳盡室泛舟歷覽東觀吕穴之勝遂遊雉山凡四行篆書刻於龍隱下巖己未者元豐二年其時子宣由廣州移知桂州矣

勅封順應侯牒 元豐二年七月

右勅封順應侯牒元豐初知齊州韓鐸訴雪龍洞山有應奏請加賜封爵因有此勅前列太常禮院奏十一行後列勅文五行皆正書而首行中書門下牒五字牒文內兩勅字行書勅字特大而縱蓋宋時勅牒之式如此末行押勅三人曰右諫議大夫參知政事蔡曰禮部侍郎平章事王曰工部侍郎平章事吳以史攷之蓋吳充王珪蔡確也碑在濟南府龍洞山之壽聖院又有元人重刻本亦在院中

韓忠獻公祠堂記 元豐三年正月

右魏國韓忠獻公祠堂記題州團練推官將仕郎試祕書省校書郎知太平州繁昌縣事充定州州學教授郭時亮撰將仕郎守將作監主簿新充監瀛州倉草場滕中書幷篆額案文獻通攷謂元豐未改官制之先大率以職爲階官以差執言之如吏部尚書同中書門下平章事尚書禮部侍郎參知政事之類是也然所謂吏部尚書禮部侍郎者未嘗專有所係屬治其事則以爲職不治其事則以爲階官猶云可也獨選人七階則皆以幕職令錄之屬爲階官而幕職令錄則各有所繫屬之監司州縣遂至有以京

西路某縣令爲階官而爲河北路轉運司勾當公事者有以陝西路某軍節度判官爲階官而爲河東路某州州學教授者有以無爲軍判官而試祕書省校書郎者其叢雜可笑尤甚今時亮任定州州學教授而帶潁州團練推官又帶知太平州繁昌縣事正馬氏所譏爲叢雜可笑者也初韓魏公守中山五年遺愛在民元豐元年十月潁川韓絳以建雄軍節度自河東移知定州民以其與魏公同姓也乃請於絳立廟圖像春秋祀焉碑在定州儒學

利陳倩等題名　元豐三年十二月

右陳倩等題名文云元豐三年十二月初五日權本路轉

運使朝散大夫直集賢院陳倩君美權荆湖南路轉運使朝奉郎直集賢院朱初平仲隱權發遣提舉本路常平等事光祿寺丞劉誼宜父同游會公巖陪仲隱誼父瓊莞體量安撫同歸任會此凡十一行刻於粵西之曾公巖其云本路者廣南西路也宋史職官志言官人受授之別有官有職有差遣官以寓祿秩叙位著職以待文學之選而別爲差遣以治內外之事此刻所云轉運者差遣也朝散朝奉者寄祿官也直集賢院者帖職也宋初省臺寺監之官但以寄祿而無職守元豐三年九月改定寄祿格以階易官由是六曹九寺各還其職此刻陳朱二人題銜已遵新格獨劉誼不稱宣義郎而稱光祿寺丞豈帶職事官而出使邪宋史食貨志元豐三年中書言廣州市舶已修定條約宜選官推行詔廣東以轉運使孫迥廣西以陳倩倩乃倩字之譌當據石刻正之朱初平之名見於宋史蠻夷傳又食貨志熙寧中有湖南提點刑獄朱初平蓋由提刑遷轉運也

貞眞身瑞像歷年記　元豐四年五月

右東京啓聖禪院眞身瑞像歷年記不詳何人所撰元豐四年長洲寶臨模刻其上爲栴檀佛像今在蘇州府婁門內小關帝廟胡生鼎衡爲予搨得之隋書經籍志釋迦當

周莊王之九年四月八日自母右脇而生王簡栖頭陀寺碑文云周魯二莊親昭夜景之鑒李善注魯莊公七年夜明佛生之日也又引史記周桓王崩子莊王佗立左氏傳莊公三年葬桓王然則周莊王魯莊公爲同時予攷春秋桓十五年天王崩即桓王也莊王嗣位當於次年改元則魯莊公之七年實周莊王之十年隋志云九年者或傳寫偶誤爾此記云佛誕於周昭王二十四年甲寅則校春秋恆星不見之歲又先三百四十年與隋志及王碑皆相矛盾據萬斯同紀元彙攷甲寅是昭王二十六年此云二十四亦未合元程鉅夫栴檀佛像記稱像居西土一千二百

八十五年龜茲六十八年涼州一十四年長安一十七年江南一百七十三年淮南三百六十七年復至江南一十一年汴京一百七十六年此記則云佛涅槃一千三百零五年龜茲國住七十八年西涼　十四年長安十七年江南一百九十一年廣陵三百五十七年從開寶乙亥歲到東京至嘉祐二年丁酉八十三年年數多寡互異又無復至江南之事

刻 時仲等題名 元祐丙寅季春

右時仲等題名在九曜石米書之左三人皆稱字而無姓名予見九曜池中又有一石石上有李之紀仲明吳荀異

道張升卿公謝蔣之奇穎叔四人名乃元祐二年三月所題則此刻稱公謝者升卿也又攷中吳紀聞稱孫載字積中神宗時除廣東路常平哲宗即位諸路常平官廢赴京師授運判陝州遷廣東轉運判官此刻稱積中者載也惟時仲無可攷孫公吾鄉先正登治平進士第好汲引士類晚歲以嘗薦元祐黨人乞祠歸而宋史不為立傳茲得其題名因表而出之

亭 蔣之奇武溪深詩 元祐二年十一月

右蔣之奇武溪深一篇篇首用馬援辭而續其後凡一百九十言蓋知廣州日所作書法亦疎幾可喜又題其後云

李君以神漢周府君功勳紀銘見示歐陽永叔集古目錄跋云碑石缺亡其名李君嘗往韶碑辨之乃是煜字永叔但得墨本故莫能攷也案歐公集古錄有兩跋後一跋云有國子監直講劉仲章為余言前為樂昌令因道府君事云名憬問何以知之云碑刻雖缺尚可識也趙洪諸家皆據歐公後跋定為憬字穎叔未見此跋故以為莫能攷爾李既親詣碑所似得其實然隸書憬煜兩字本相近究難定其然否也後有元祐三年真陽貢士李修跋稱穎題實子文蔣公武溪深詩八字亦修所書修自稱門生蔣所稱李君者蓋即修矣碑左旁一行云右朝散郎知韶州軍州事

譚粹元祐季秋六日自延祥禪院移立武溪亭今在韶州之九成臺

刻 游師雄題名 元祐三年五月

右游師雄題名二通俱在同州府蒼頡聖教序碑陰其一題元祐三年五月而不著官職以宋史本傳推之當是任陝西轉運判官時也其一題元祐甲戌中和節後一日稱權發遣轉運副使公事甲戌者元祐九年也阿房宮賦石刻有師雄跋立於元祐八年亦稱權發遣轉運副使公事本傳云為陝西轉運使蓋脫副字宋時外任差遣資淺者加權字尤淺者則稱權發遣某官公事史家皆略而不書

惟石刻一一書之章楶時以直龍圖閣知同州故有章龍圖之目白時中官同州學教授亦史傳所未及

貞 王定民題名 元祐三年

右王定民題名其文云元祐三年戊辰秋八月十有六日提點刑獄朝散郎張公綬拜宣聖孔子于石鼓之學遂登文會閣燕太守大口口公仲孫宣德郎衡陽令王定民檢法判官王詢新息主簿陳知元知元以是年自學徒登科羅公欲以榮激諸生招口席末定民嘗兼教職口口焉既飲與賓客下合江亭謁韓伯留題按元祐三年禮部試蘇子瞻實知舉是科省元章援狀元李常寧知元蓋亦蘇公

門下士矣新息主簿蓋其階官乃選人七資之最卑者熙豐間大興學校然諸路設教授者僅五十三員荊湖南路僅潭州一員元祐初諸州相繼增教授而衡猶未預故定民得以縣令兼教職也文獻通攷載崇寧詔諸州生員不及八十人罷置教授官以在州有科名官兼莅學事則定民必有出身者

利 王詵題名 元祐三年八月

右王詵題名在西安府慈恩塔文云承議郎新通守清江郡事瑯琊王詵漢卿奉使岐雍展先塋回登慈恩塔元祐三年秋八月上澣題按漢制公卿以下皆五日一休沐唐會要永徽三年上以天下無虞百司務簡每至旬假許不視事以便百僚休沐則唐時十日一休沐矣休沐亦謂之休澣唐書劉晏傳質明視事至夜分止雖休澣不廢是也宋時百官旬假循唐故事故有上澣中澣下澣周益公撰光堯丁亥本命道場滿散朱表有日踰中澣之句攷其日乃十月二十一日又撰四月十八日丁亥本命道場朱表亦云日近中休然則每月之二十日爲中澣日上澣必月之十日矣一旬之中止一澣日今人以上澣中澣下澣當上旬中旬下旬既失其旨又休澣惟有官人乃可用之不當通之士庶也漢卿當是駙馬都尉詵之昆弟

亨 郭祥正石室遊 元祐四年二月

右郭祥正石室遊後題云宋元祐戊辰二月廿有八日當塗郭祥正子功來治州事卽明年以其日上書乞骸骨作石室遊一首刻之崖間記其姓名與山俱盡按宋史本傳云知瑞州蓋卽端州之譌南渡後避穆陵嫌名始改筠州爲瑞州此時不得有瑞州也祥正字功父此碑自題子功猶劉原父亦稱仲原也

元 鄆州州學新田記 元祐五年九月

右鄆州州學新田記宋史滕甫傳哲宗登位除龍圖閣直學士復知鄆州學生食不給民有爭公田二十年不決者

甫日學無食而以良田飽頑民乎乃請以爲學田遂絕其訟碑云先是汶水之陽東山之下有美田畝一金宜桑柘麻麥官與大豪而薄其賦口根深牢旁小民歲歲訟不解公曰吾學適貧不若盡以與之卽爲奏請得田二千五百畝有奇與民耕之歲輸錢百万是爲新田正與史合記爲尹遷所撰簡質有法度而李伉分書方整古雅甚得漢人筆法宋世言分隸者未能或之先也

亨 韓魏公祠堂繪畫遺事記 元祐五年九月

右韓魏公祠堂繪畫遺事記左朝奉郎充龍圖閣待制權知開封府兼畿內勸農使王巖叟撰左通直郎充集賢殿

修撰提舉西京嵩山崇福宮劉安世書左朝散郎試中書舍人韓川篆額三人皆元祐黨籍中人也記略云慶曆中朝廷有北顧憂始詔魏瀛鎮定並用儒帥而公以資政殿學士帥定武天子倚公以安六年乃得去去後三十年民相與立祠于郡庠之西自康國韓公申國呂公爲帥既釋奠夫子常率寮佐及諸生以一獻之禮祀焉元豐末巖叟爲邑于安喜州之耆舊請繪公遺事于祠堂之兩廡未暇成而被召以去越明年公之子忠彥由禮部尚書以樞密直學士出帥定人喜曰吾家資政之子也因相與成之所云韓呂兩公謂韓絳呂公著也

利 宸奎閣記 元祐六年正月

右宸奎閣記東坡知杭州日所書其結銜云龍圖閣學士左朝奉郎知杭州軍州事兼管內勸農使充兩浙西路兵馬鈐轄兼提舉本路兵馬巡檢公事武功縣開國子食邑六百戸輕車都尉賜紫金魚袋臣蘇軾撰宸奎爲藏仁宗御書之所此記雖非奉敕經進而言必稱臣昔賢之謹慎如此鈐轄與巡檢皆掌兵之職而各爲一司宋史職官志云臨安府舊爲杭州領浙西兵馬鈐轄不云兼本路兵馬巡檢則失之太略矣唐宋人結銜勳官在封爵之上此獨在爵邑之下與它碑異碑久失傳明萬曆乙酉温陵蔡學

易知寧波府訪范侍郎欽得舊榻本雙鉤重刻然范所藏亦是元時翻本予登天一閣曾寓目焉

利 黃履金陵雜詠 元祐

右黃履金陵雜詠凡一十九首題銜稱左朝請郎充天章閣待制知江寧軍府事而不署年月其首一篇題云閏八月十日同運使正仲大夫提刑若愚司封運判仝玉朝奉遊雨花亭考景定建康志履以元祐六年八月到官是年恰閏八月與詩題合又有和運判張德父燈夕不赴詩則次年春所作也予向意上澣爲月之十日而未有據今讀履詩云閏月稍豐暇清晨適逢休則十日爲休澣之期信

矣永慶寺觀陳井詩有龍沈景陽井欄刻惟存戒之句此
辱井所在之證今城西北有永慶寺未審卽其故址否王
象之輿地碑目謂陳景陽宮井欄石刻唐人書今在行宮
南渡之行宮卽舊江寧府治也或者元祐以後守臣之好
事者移永慶之石欄置之郡治歟惠烈廟祀蔣子文本在
孫陵岡故有山北迢迢十里餘之句明初改立廟於鷄鳴
山而故廟遂廢紫極宮今之朝天宮也中有鍾阜軒則郡
志所未載華藏此君亭未詳所在周沔字潮宗蘇州人元
祐三年李常寧榜進士

利 曾布雲門山題名 元祐六年閏八月

右曾布題名在雲門山南壁佛龕上其文云龍圖閣學士
知青州魯郡侯曾布右朝奉大夫通判青州事胡之邵崇
儀使管勾南京鴻慶宮董佶左承議郎東路提刑司檢法
官陳兟左承議郎簽書節度判官高昌庸左奉議郎知益
都縣李植觀察推官賀大成州學教授劉章元祐辛未閏
八月望遊此遂至石子澗是日魯侯六子繰紆絢紱綍
孫悆盡室奉益昌君從行凡十一行趙秋谷謂是紆所書
特以意度之爾予在粵東見布九曜石題名筆意與此相
似紆字公袞號空青居士布封魯郡侯宋史本傳失書

貞 劉棠等題名 元祐七年九月

右劉棠等題名六行在永州朝陽巖其文云臨川劉棠資
明原武邢恕和叔河東安惇處厚元祐七年九月二十一
日泛舟渡江同游朝陽巖此三人者惟棠不見於宋史恕
惇皆在姦臣之列恕本程門弟子爲溫公所知而險怓反
覆遂與章蔡爲黨惇西蜀名士東坡送詩有舊書不厭
百回讀熟讀深思子自知之句當亦矯矯自好者其後章
惇興同文獄兩人甘心爲之鷹犬欲追廢宣仁誣元祐諸
賢以悖逆可謂喪心病狂者矣惇一入樞府恕僅終侍從
生前所得幾何乃令後人見其姓名詬駡不置小人之無
忌憚可惡亦可悲也恕坐蔡確事責監永州酒史有明文

惇傳但云哲宗初政罷爲利州路轉運判官歷夔州湖北
江東三路不知何由至永當攷惇廣安軍人而自署河東
蓋舉郡望而言恕自題原武而史作陽武恐是史誤

貞 顏魯公新廟記 元祐七年

右顏魯公新廟記今在沂州府費縣顏公祠左承議郎尚
書職方員外郎雲騎尉賜緋魚袋曹輔撰明州定海主簿
祕書省校對黃本書籍秦觀書輔字子方華州人元祐中
與蘇黃秦諸公游而宋史無傳攷山谷年譜引實錄元祐
三年九月太僕寺丞曹輔權發遣福建路轉運判官此碑
稱尚書職方員外郎蓋由運判召入郎署而秦淮海集有

送曹虢州詩序云譙國曹子方自尚書郎出守又送子方之言云待罪司勳初無裨補是子方由職方又改司勳兩出知虢州也予又見粵西會公巖有提點刑獄曹輔子方題名後題紹聖乙亥季秋是又由知州遷廣西提刑其後事則不可攷矣秦少游結銜稱定海主簿者選人階官非正授之職據續通鑑長編元祐六年六月以秦觀爲祕書省正字八月罷正字依舊校對黃本書籍故此碑仍稱主簿雖在館職猶未脫選籍也近秦氏輯淮海年譜以除正字繫之元祐四年證之石刻可決其誤揮麈錄元祐中重寫御前書籍又置校對黃本以館職資淺者爲之又置重

修晉書局不久皆罷去此職之罷大約在紹聖以後也

貞 左中散大夫徐師閔墓誌 元祐八年十一月

右左中散大夫徐師閔墓誌宋世士大夫宦成之後多不歸故鄉閩人如南北章氏皆居吳中師閔建州建安人而居於蘇列吳中十老之一其壟在吳縣蒸山龍窩塢當時風俗皆然不以爲異也師閔父奭大中祥符五年進士第一官翰林學士師閔官亦不卑而史皆無傳有歌詩二十卷雜文十卷藝文志亦未載入蔣堂字希魯與師閔父同年故有同年丈人行之稱予初得此碑疑元祐四年寄祿官初分左右此碑署銜黃履稱左朝散大夫章衡稱左朝議大夫當奚師閔非進士出身何以得稱左蔣之奇官太中大夫何以不帶左右沈思積日夜臥不寐忽若有悟起檢琴川志引哲宗舊實錄云元祐四年十一月三省言承務郎以上至朝請大夫欲分左右進士加左字餘官加右字從之中散大夫班在朝請之上固不在分左右之例矣王明清揮麈前錄言官制後惟光祿大夫及中散朝議三大夫分左右增磨勘而已初非以科第也今攷元豐改官制時光祿中散朝議三階元不分左右哲宗朝始分之俾云上卽位改中散大夫其時尚未分左右也後以子貴進左中散大夫蓋自右轉左不係有出身與否也太中大夫

本無左右之分於是兩疑頓釋而章衡之左朝議亦由磨勘敘進與師閔同

利 王詵題名 元祐癸酉

右王詵題名在西安府慈恩塔其一云駙馬都尉王詵再遊元祐癸酉凡十二字筆勢縱逸似黃山谷其一云[redacted]題晉卿凡八字晉卿宋初功臣全斌之裔全斌子審鈞爲永興軍駐泊都監因家京兆晉卿於審鈞爲曾孫則京兆乃其故鄉又攷王詵題名有展先塋之語則晉卿之展游慈恩殆亦以展禮先塋之便歟

貞 唐太宗昭陵圖 紹聖元年

右唐太宗昭陵圖宋紹聖元年端午日武功游師雄景叔所刻肅宗建陵附見左方元和郡縣志昭陵在醴泉縣東北二十五里此圖云縣北至昭陵五十里蓋宋之醴泉非唐故城矣碑云諸蕃君長貞觀中擒伏歸和者琢石肖形狀而刻其官名凡十四人今依其所列數之曰突厥頡利可汗左衛大將軍阿史那咄苾曰突厥利可汗左衛大將軍阿史那什鉢苾曰突厥乙滲泥孰俟利苾可汗右武衛大將軍阿史那祢尓曰薛延陁眞珠毗伽可汗吐蕃贊普曰新羅樂浪郡王金眞德曰吐谷渾河源郡王烏地拔勒豆可汗慕容諾曷鉢曰龜茲王訶黎布失布失畢于闐

信曰焉耆王龍突騎支曰高昌王右武衛將軍麴智勇曰林邑王范頭利曰婆羅門帝那伏帝國王阿那順止十二人耳予以新舊唐書及文獻通攷再三推校乃知吐蕃與薛延陁本非一部而于闐信當爲于闐王伏闍信亦不當承龜茲之下析此二國恰合十四之數此又當據史以糾石刻之誤者也

貞 祠山鐵像題字

右祠山鐵像題字甲寅歲瞿堉鏡濤游廣德州謁祠山廟拓其文見貽且言兩像甚鉅東西相對署間左右若蔽膝者各二皆有文字一爲紹聖二年乙亥正月廟祝陳遂明題一爲紹聖丁丑三月胡庶題皆有緣化急脚子李文安名丁丑者紹聖之四年蓋閱兩年有餘始蕆事也字畫端整極有唐人法度但陽文隱起不如陰識之易拓耳周秉秀祠山事要載胡庶靈濟王碑云元豐元年春有詔取士庶將赴試國學而進止未決夜夢王語庶曰汝來年登第矣二年春果如其夢庶廣德人嘗爲南陵縣主簿碑立於元豐三年鐵像題字又在立碑後十八年也秉秀誤據湯景仁記以爲當在崇寧因譏編年之謬又謂不當添胡庶姓名然此像字畫分明秉秀何竟不一寓目而輒以肊斷耶

利 胡宗回等題名　紹聖乙亥季秋

右胡宗回等題名其文云朝請大夫直龍圖閣知桂州兼經畧安撫胡宗回醇夫朝奉大夫轉運副使程節信叔朝奉郎提點刑獄曹輔子方朝請郎轉運判官程遵彥之邵承議郎提舉常平徐常彥和紹聖乙亥季秋甲辰同游凡十行刻於曾公巖洞左壁宋時轉運提刑常平皆爲監司之官據此刻知轉運副使班在提刑之上運判在提刑之下常平又在運判之下也知州本在監司之下若大州兼安撫使者多以侍從貴臣充之資望又在監司之上故列名在前乙亥紹聖二年也攷哲宗紀紹聖二年四月詔職

事官罷帶職朝請大夫以下勿分左右此刻朝請朝奉上不加左右字蓋用新制宗回以知州得帶直龍圖閣者外任差遣與在京職事官不同也曹子方海陵人元祐中嘗任福建轉運判官與蘇子瞻唱和宋史列傳有曹輔字載德南劍州人此别是一人同姓名爾宋史又有程之邵字懿叔仕哲徽兩朝史不言其曾官廣西此程遵彦亦字之邵一字一名偶爾相同猶陳襄字述古而同時别有陳述古也東坡集中有送簽判程朝奉新茶及送程之邵簽判赴闕詩施元之注程朝奉名遵彦舉進士簽書杭州節度判官在東坡幕府二年公再入翰林薦之於朝擢宗正丞

後使廣西入爲祠部郎提點兩浙刑獄

仇公著墓誌　紹聖三年十月

右仇公著墓誌公著字晦之其先滄州人曾祖華以尚書駕部員外郎爲青州牧終而家焉後贈工部侍郎祖永尚書屯田員外郎父諒國子監丞王文安公公著姑之子也文安公由進士第一參預大政封其妣爲徐國太夫人而報其外族者甚渥嘉祐三年文安薨於位遺奏補公著太廟齋郎從宦四十許年終於定州觀察判官葬在青州永固鄉雲門里王文安者堯臣也誌銘柳子文撰晁端禮篆其蓋而王同老書之同老卽堯臣之子字體似東坡其書

參爲衆器爲褻則俗體之甚者李南澗語予碑近出益都城西閘口村南南陽水中今在村人楊士良家

關山月關山雪詩　紹聖丙子

右關山月關山雪詩在隴州大佛寺題云成都宋構承之紹聖丙子歲按部過隴山偶題按宋史不立構傳而東坡集有送宋構朝散知彭州迎侍二親詩施元之注宋彭州名構紹聖間爲金部員外郎是時都大提舉川茶事陸師閔移漕陝西謀代之者曾子宣李邦直僉曰宋某可遂使權都大管勾攷熙寍中設成都茶司其後改名都大提舉茶馬司凡市馬於蕃夷以茶易之此刻於紹聖間構雖管

勾川茶而市易常於秦隴故有按部隴山之語

章聖皇帝御製詩記　紹聖四年十月

右章聖皇帝御製詩記碑分三層上刻眞宗賜賀蘭栖眞詩中刻栖眞像下刻張閭記宋史方技傳栖眞始居嵩山紫虛觀後徙濟源奉仙觀景德二年遣入內內品李懷贇召赴闕既至眞宗作二韻詩賜之號宗元大師卽此詩也記稱章聖皇帝卽位之七載聞栖眞道術甚高發使者詔至京師則當爲景德元年相校差一年史稱號宗元大師而記作宗眞蓋後來避聖祖諱追改也眞宗嘗問栖眞人言先生能點化黃金信乎對曰陛下聖德睿明富有四海

可謂眞天子矣臣願以堯舜之道點化天下方士僞術不足爲陛下道也此語當載入本傳其壽百一十三歲亦史所未及

宋游師雄墓誌　紹聖四年十月

右游師雄墓誌題云宋故朝奉郎直龍圖閣權知陝州軍府兼管內勸農事兼提舉商虢等州兵馬巡檢公事飛騎尉賜緋魚袋借紫游公墓誌銘朝請郎直秘閣知潭州軍州兼管內勸農事兼判湖南路安撫充本路兵馬鈐轄驍騎尉賜紫金魚袋張舜民撰朝散大夫直龍圖閣權知秦州軍州兼管內勸農事兼權發遣秦鳳路經略安撫使兼

馬步軍都總管公事騎都尉賜紫金魚袋邵龥書端明殿學士中散大夫充涇原路經略安撫使馬步軍都總管兼知渭州軍州事管內勸農使上柱國賜紫金魚袋章楶篆蓋陝州稱軍府不云軍州者陝爲大都督府故也文獻通攷大中祥符六年詔龍圖閣學士直學士結銜在本官之上此碑惟章楶以學士結銜在散官上師雄舜民龥皆直閣故結銜在下宋史職官志安撫總一路兵政以知州兼充太中大夫以上或曾歷侍從乃得之品卑者止稱主管某路安撫司公事楶以侍從故得充經略安撫使龥但稱權發遣安撫使公事亦不正授之稱也潭秦渭三州守臣並帶安撫使舜民龥以知州而兼安撫楶以安撫使而兼知州結銜前後互異亦正授不正授之分也

宋仁壽縣君蘇氏墓誌　紹聖四年十月

右仁壽縣君蘇氏墓誌湖北轉運使祕閣校理趙揚（揚字不全）之妻廣西轉運使贈禮部侍郞蘇安世之女也慶曆中歐陽永叔以孤甥事爲言者所訐安世爲三司戶部判官直其寃以是知名而史不爲立傳王荆公爲安世墓誌云女子五人其適單州魚臺縣尉江山趙揚者卽仁壽君也劉次莊元祐中御史嘗模刻閣帖於臨江軍又爲釋文十卷行世顧其書世不多見此誌幷完好文與書法皆可觀在

江寧城外祈澤寺壁間

宋施縝墓誌　紹聖四年十一月

右施縝墓誌在宣城縣左朝議大夫充寶文閣待制知杭州軍州充兩浙西路兵馬鈐轄兼提舉本路兵馬巡檢公事上柱國隴西縣開國子食邑六百戶賜紫金魚袋李琮撰朝奉大夫知洪州軍出兼管內勸農事充江南西路兵馬鈐轄上護軍借紫張綬書朝散大夫管句洪州玉隆觀護軍文安縣開國子食邑六百戶賜紫金魚袋顧臨篆蓋縝以父蔭補太廟齋郞嘗知鄆州壽張縣改簽書鎮南軍節度判官加奉議郞賜緋魚葬仁義鄉響山之原琮字獻

甫臨孚子敦宋史皆有傳臨為管勾玉隆觀則史所不載也誌文完好如新書法亦佳宣城孫生元珝以予嗜金石文手搨一本見貽攷陳魯南南畿志不載緼墓故表而出之

程閎中等題名 元符己卯

右程閎中等題名凡七行文云程閎中點青田常役廖君憲漕臺校試還攝永嘉管勾邂逅遊己卯閏月二十三日去年何夢華自青田石門山拓以見貽并貽書詢己卯係何年号予攷漕司校試起于宋時若今之鄉試此題當是宋刻南渡後避高宗嫌名易管勾為幹辦而此刻稱管勾

則必北宋刻矣熙寧新法以後始重役法閎中差點常役其在元符二年乎是歲歲在己卯又閏九月與石刻正合

重修鳩摩羅什塔亭記 元符三年六月

右重修鳩摩羅什塔亭記滁州上黨縣令甯祖武撰表白僧宗議書後列奉議郎知京兆府鄠縣事兼兵馬都監武騎尉李援名崇寧初編類元符臣僚章疏以附和紹述者為正持正論者為邪各分三等祖武名在邪中等援在邪下等蓋亦當時有志之士矣其云內翰蔡公者謂蔡京元祐中嘗知永興軍也

三十六峯賦 建中靖國元年九月

右三十六峯賦知登封縣四明樓异試可所作僧曇潛書曇潛一名道潛與東坡倡和所謂參寥子者也朱昂續骫骳說參寥住西湖智果院能文章尤喜為詩坡南遷素不快者摭詩語謂有譏刺得罪反初服建中靖國元年曾子開為翰林學士言其非辜詔復祝髮紫方袍師號如故碑書于建中靖國元年九月正參寥初復師號時也

劉晦叔等題名 崇寧元年季春

右劉晦叔等題名行書五行文云崇寧元年季春十七日汝口劉晦叔東平畢公叔三封宋仙民莆陽蔡元長同來元長者京之字也攷宋史姦臣傳徽宗即位出知江寧頗

怏怏不之官御史交論其惡奪職提舉洞霄宮居杭州童貫以供奉官留杭州累月京與游不舍晝夜附語言論奏至帝所由是帝屬意京起知定州崇寧元年徙大名府韓忠彥與曾布交惡謀引京自助復用為學士承旨此題名在盱眙縣之玻瓈泉蓋由杭赴闕所經之地雖兩除大郡皆未到官而其月即有承旨之命又兩月遂登政府矣姦回之進退乃宋祚存亡所關故攷而論之

鄭敦義題名 崇寧元年

右鄭敦義題名云上自端王即位升潛藩為節鎮開府之初叨奉明命辛巳夏末到官壬午暮春暇日攜家來遊員

陽鄭敦義凡七行行六字其文左行宋史徽宗紀元符三年十月乙卯升端州爲興慶軍宋時州有四等曰節度曰防禦曰團練曰軍事即刺史端州本軍事以徽廟潛邸升節鎭賜興慶爲軍額辛巳爲建中靖國元年壬午則崇寧元年也敦義蓋元符三年冬被命次年夏到官又明年而題名於石宜爾

利 蕪湖縣學記 崇寧

右蕪湖縣學記米元章書自署無爲守而不列官與它碑式異宋史元章傳稱年四十九卒而蔡肇撰墓誌云年五十七卒於淮陽郡齋其說互異予按元章跋晉謝安眞蹟帖云余生年辛卯又有辛卯米芾四字小印則以仁宗皇祐三年生至哲宗元符二年已卯已四十九年矣如史所云卽不及徽宗朝而元章刼在徽廟時始以工書顯其知無爲軍當在崇寧三年明年始擢禮部員外郎再出知淮陽而歿於官則墓誌云五十七者爲不誤葢其卒以大觀元年歲在丁亥也爰書此以糾史之謬

利 崇寧癸未奬諭敕書 崇寧二年五月

右崇寧癸未奬諭敕書其文云敕程節省廣西經畧司奏安化三州一鎭蠻賊結集八千餘人於地名㕁甲嶺吳村黨家寨等處作過黃忱等部領兵丁等二千九百九十餘人與賊鬬敵斫到五百四十八級陣亾一十八人賊兵大敗奪到䇭畜器械三萬餘數得功人乞推恩俟敕旨事具悉蠻蜑跳梁爲郡邑害維子信臣克奮威畧選用材武提兵格鬬斬首捕虜厥功著焉除惡靖民嘉乃之舉故茲奬諭想宜知悉春暄卿比平安好遣書指不多及凡十一行行十五字行書按宋史徽宗紀崇寧二年二月辛亥安化蠻入寇廣西經畧使程節敗之又蠻夷傳撫水州在宜州南大中祥符九年詔以撫水州爲安化州崇寧二年其酋蒙光有者復嘯聚爲寇經畧司遣將官黃忱等擊卻之卽其事也宋時守臣監司有治績輒降敕奬諭其勅於石者不多見故錄之以存當日之式程節史不爲立傳殆亦生事邀功之流歟

亘 耀州靜應廟牒及妙應眞人告詞 崇寧三年十月

右耀州靜應廟牒及妙應眞人告詞同刻一石上層首行題尙書省牒耀州靜應廟後題崇寧二年八月二十一日其云右正議大夫守右丞吳者居厚也云左銀青光祿大夫守左僕射而無姓者蔡京也下層首行云勅耀州華原縣孫眞人勅後列銜者中書令闕中書侍郎臣趙挺之宣奉曰中書舍人臣慕容彥逢行奉勑如右牒到奉行曰侍中闕曰尙書左僕射兼門下侍郎京曰門下侍郎將曰給

事中時彥崇寧三年二月二十九日戊時曰都事康繼隆受曰左司員外郎方會付吏部曰尚書令闕曰尚書左僕射京曰尚書右僕射闕曰尚書左丞闕曰尚書右丞居厚曰吏部尚書執中曰吏部侍郎洵仁告妙應眞人奉敕如右符到奉行曰主事李孝恭郎中矜令史李邁書令史張應三月五日下蓋三省例由中書取旨門下錄黃而後尚書奉行其次弟如此中書省承旨之地故省官稱臣具姓名門下尚書兩省官有名無姓亦不稱臣都事主事令史等以卑故具姓名此當時案牘之式非睹石刻不能知也許將何執中鄧洵仁史皆有傳玫宋時寄祿官分左右始

於元祐四年而其中又有兩等自承務郎以上至朝請大夫皆進士爲左任子爲右此以流品分者也若朝議若中散若正議若光祿若銀青光祿亦分左右則以元豐官制遷轉太易故增其階級以便磨勘不係乎有出身與否也紹聖二年罷朝請大夫以下分左右而中散以上五階猶仍左右之名此碑左銀青光祿大夫蔡京右正議大夫吳居厚是也洎大觀二年始以奉直易右朝議中奉易左中散通奉易左正議正奉易右光祿宣奉易左光祿而右銀青光祿正爲光祿而盡去左右字終宋之世因之矣宰輔編年錄崇寧二年正月蔡京自右僕射授右光祿大夫尚

書左僕射七月克復湟州除左銀青光祿大夫與碑正合吳居厚以是年四月自戶部尚書除中大夫尚書右丞不知何時轉右正議大夫想亦以湟州之功例轉三官乎王齒書秀逸可喜而世罕知之者

眞　太原府帖　崇寧二年九月

右太原府帖後列銜者八人權河東節度推官石樺太原府觀察判官鄭宣義郎監在府稅務權節推張承事郎簽書河東節度判官廳事王朝散郎通判太原軍府事蔡朝奉大夫通判太原軍府事陳龍圖閣學士朝奉大夫知太原軍府事范皆書押而不名最後一行云皇兄河東山

南西道節度使守太師開府儀同三司太原牧兼興原牧陳王蓋徽宗之兄佖封申王者也宋時諸王外戚領節度使者皆不之鎮而府帖猶存其銜旁注在京字此一代典故見于石刻攷官制者所宜知也帖首一行云太原府帖壽陽縣方山昭化禪院帖中載是年八月三省同奉聖旨摩騰賜号啓道圓通大法師法蘭賜号闡教揔持大法師傳大士賜号等空紹覺大士李長者賜号顯教妙嚴長者定應大師賜号定光圓應大師其婺州雙林寺并太原府壽陽縣方山昭化禪院西京白馬寺汀州武平縣南安巖均慶禪院今後每遇聖節各許進奉功德疏內雙林寺回

賜度牒貳道餘叁處各壹道今唯方山尚存此帖餘麓有間矣山南西道節度例兼與元尹皇子或稱牧此帖作與原牧未審其由

【跋】黃庭堅題名

右黃庭堅題名在浯溪東厓文云余與陶介石游浯溪尋元次山遺跡如中興頌𢈔臺銘右堂銘皆衆所共知也與介石裴回其下想慕其人實深千載尙友之心最後於𢈔亭東厓披翦榛穢得次山銘刻數百字皆江華令瞿令問玉筯篆筆畫口口優于𢈔臺銘也故書遺長老新公俾刻之口壁以遺後人山谷老人書凡十有六行不題年月以

山谷年譜攷之當在崇寧三年三月蓋自鄂州赴宜州謫所道所經也介石名豫長老名伯新黃罃撰年譜唯載磨厓碑後題名而不及此題故具錄之予鄰跋𢈔廎銘據說文謂廎與高同訓小堂不當仍作亭字今山谷題已作亭又陳衎題浯溪圖云元氏始命之意因水以爲浯溪因山以爲𢈔臺作屋以爲𢈔亭三吾之稱我所自也歐陽公集古錄亦作𢈔亭頌於何君元錫齋見所拓磨厓大字有云𢈔亭磴道者有云𢈔亭銘者驗其筆蹤似唐人所題則讀廎爲亭沿譌已久六書之不講豈獨近代爲然哉

潛研堂金石文跋尾卷十五

錢大昕箸

宋四

元祐黨籍碑　王祖道等題名　米元章書藥洲二字　富口榮題名　運使中奉詩　張莊題名　朝奉郎孫覿墓誌　政和御製五禮記　范致明題名　韓城縣河瀆靈源王廟碑　先之等題名　御製入行八刑條　穆氏先塋石表　神應王扁鵲廟記　勅賜升元觀牒　御筆付李邦彥詔二　古革題名　錢伯言題名　長者龕記　劉豫題蘇門山泉

詩　高逸上人詩　李季及梵仙詩　少蘊等題名　權邦彥遊百門泉詩　蘇過題名　武侑廟尙書省牒　越州城隍廟牒　嘉惠廟牒　似槼等題名　董令升題名　汪藻題名　向子諲題名　吳郡重修大成殿記　連南夫等題名　張浚登列秀亭題名　紹興十八年進士題名記　高宗御書石經宣聖及七十二弟子贊　妙喜泉銘

宋四

【跋】元祐黨籍碑　崇寧三年

右元祐黨籍碑徽宗朝元有兩本崇寧元年九月已亥蔡

京籍文臣執政官文彦博等二十二人待制以上官蘇軾等三十五人餘官秦觀等四十八人內臣張士良等八人武臣王獻可等四人謂之姦黨請御書刻石于端禮門二年九月臣僚乞以御書刊石端禮門姓名下外路州軍於監司長吏廳立石刊記從之此刻本也崇寧三年六月戊午詔重定元祐元符黨人及上書邪等者合爲一籍通三百九人刻石朝堂文臣曾任宰臣執政官司馬光等二十七人待制以上官蘇軾等四十九人餘官秦觀等一百七十七人武臣張巽等二十五人內臣梁惟簡等二十九人爲臣不忠曾任宰臣王珪章惇二人御書刊石置文德殿

門東壁又詔蔡京書頒之州縣令皆刻石此再刻本也崇寧五年正月以星變除毀朝堂石刻如外處有姦黨石刻亦令除毀而元刻無有存者今世所傳乃南宋人所翻三百九人之本一在静江府有慶元戊午饒祖堯跋一在融州有嘉定辛未沈暐跋饒本字畫較大於諸臣身故者名下注一故字與沈本異沈本末一行爲臣不忠曾任宰臣王珪章惇兩人饒本有惇無珪饒本內臣有王化臣一人沈本無之衮公適饒本誤衮爲兖馮百藥沈本誤馮爲洪龔夫饒本誤作史饒本額元祐黨籍四字八分書沈本額元祐黨籍碑五字正書按崇寧詔書云三百九人以兩碑所列姓名數之皆闕其一當於饒本增入王珪一人沈本增王化臣一人乃得其實餘官內湯馘以下四十八人當移於衛鈞之前則兩本皆誤當依宋史新編正之嗟乎是非之心人皆有之也而姦臣欲以紹述之說奪之紹述爲孝則更改爲姦人主聽之亦若近理雖然忠孝者一家之私也是非者萬世之公也文武之子孫以紹述爲孝幽厲之子孫亦可以紹述爲孝乎神宗所用之人所叛之法海內皆以爲非獨其臣子是之又以議論之不能勝而假威力以勝之而人心終不服也人主之權能行於一時不能行於萬世讀黨籍之碑崇寧君臣幾大快於心矣豈知人

心所不服卽天心所不祐向以入此籍爲辱者後且以不得與此籍爲恥矣若夫曾布張商英楊畏之翻覆無特操者蔡京雖抑之而後世終不能揚之此又由乎其人之能自立而非可僥倖以取名也予嘗讀新定續志知淳安縣學亦有元祐黨籍碑縣尉司馬逨所刊不審今尙存否

刻王祖道等題名　崇寧五年八月

右王祖道等題名大字正書在龍隱下巖其文云顯謨閣待制經畧安撫使王祖道若愚權發遣轉運副使公事張莊正民提舉常平等事索述宗理權發遣轉運判官公事陳遘亨伯崇寧五年八月十有九日游此祖道莊遘三人

宋史俱有傳莊字正民則史失之史稱莊由荆湖北路提點刑獄進龍圖閣直學士廣南西路轉運副使據此刻則除轉運副使時尚未加學士也

亨米元章書藥洲二字

右米元章書藥洲二字在廣東布政司後堂東石上卽九曜石之一也其旁有元祐丙寅時仲公詡積中三人題名或疑亦元章所書予攷元章少時官含光尉往來粤東西藥洲之題當在此時至元豐乙丑米年三十五官于杭明年歲在丙寅改元元祐不聞更入粤也九曜石在仙湖中卽所謂藥洲今學使公廨後池上諸石林立多有宋人題

字皆九曜之遺迹也此石不知何時移入藩廨項翁學使曾鉤摹米書欲石西齋壁間幾欲亂眞然延平神劍終須會合璮苞移致不煩百夫力也

貞富口榮題名　大觀二年六月

右富口榮題名文云大觀二年戊子六月十二日朝奉郎富口榮緣宗室財司事至青社因過石子澗來雲門山讀伯父文忠公慶曆八年題石今已六十一年感念徘徊向晚之昌樂凡五行正書在青州雲門山字畫完好唯名上一字曼患不可辨按富鄭公諸子第一字皆用紹字此君之名疑是紹榮也

元運使中奉詩　大觀三年十二月

右運使中奉遊七星巖詩額題運使中奉詩五字其詩云三四奇峯傍短亭一巖淸絕紀圖經四時吞吐西江水萬古森羅北斗星日月餘輝通碧落煙霞微徑上青冥嶺南惟此與王地好與邦人作畫屏後題予口歲口自龍江舍舟入端道由七星巖留此詩于石大觀已丑十二月初六日江陵宋逑口攷廣東通志大觀間有轉運使宋逑蓋卽其人中奉大夫則其寄祿官也翁氏粤東金石略稱詩詞不可辨予到斯巖命工洗苔蘚精搨而諦視之猶歷歷可識也

利張莊題名　大觀四年六月

右張莊題名文云轉運判官周元吉寵遷近部副使唐夢傳餞別游此提舉學事戴質夫提舉常平陳芝道預焉大觀四年六月十六日權知州事張莊正民題時自妙樂來從風峒轉魁龍隱以歸凡十行刻於曾公巖洞口左壁宋史職官志提舉學事司掌一路州縣學政崇寧二年置宣和三年罷据此刻知提舉學事班在常平官之上也兵志大觀二年詔熙寧圖集左右江洞丁十餘萬衆自廣以西賴以防守今又二十萬衆來歸已令張莊依左右江例相度聞奏志不言莊爲何官据此知其時權知桂州也

貞 朝奉郎孫覿墓誌 政和六年十月

右朝奉郎孫覿墓誌朝奉郎行祕書省校書郎兼國史編脩編脩六典檢閱文字賜緋魚袋許翰撰并書承議郎祕書省著作郎編修六典檢閱文字李敦義篆蓋覿字明之兗州泗水人其長孫傳字聖求以辭學兼茂高選爲祕書省正字攷宋史列傳有孫傳字伯野海州人登進士第中詞學兼茂科兩人籍貫既異字亦不同而同時中詞學兼茂科兗海亦相接壤未審其爲一人與否也宋時宮觀名目略見於職官志皆熙寧所定之制至崇寧三年添宮觀十政和三年添宮觀三十雖見文獻通攷而未詳其名今

據此碑有提點南康軍逍遙觀元祐黨籍碑跋有提點杭州集眞觀而游酢嘗提點成都府長生觀楊時嘗提點成都府國寧觀又提點均州明道觀此殆崇寧政和所添置者其銜稱提點殆下于提舉一等矣頃讀吳虎臣能改齋漫錄載政和八年五月戸部幹當公事李寬奏欲望凡以聖爲名字者並行禁止奉聖旨依乃知孫傳改字出於當時避忌實非兩人覿墓今在泰安則傳爲兗州人無疑也

亨 政和御製五禮記

右政和御製五禮記今在大名府城西八里舊府城內宋金元之故治也碑甚大而字亦雄偉惜石已斷裂題署年月不復可攷矣按玉海政和元年三月一日議禮局請以御書政和新修五禮序摹勒于太常寺從之蓋五禮始刻石于東京開封府久已失傳陸務觀老學庵筆記云北都有魏博節度使田緒遺愛碑張宏靖書何進滔德政碑柳公權書皆石刻之傑也政和中梁左丞子美爲尹皆毀之以其石刻新頒五禮新儀趙德甫跋何進滔碑亦云政和中大名尹建言磨去舊文刋新制好古者爲之嘆惜今大名之五禮碑當卽梁子美所刻也緒進滔之事固無足道然唐賢書法之工後人所當寶愛祐陵改修五禮意在粉飾太平而牧守建言輒爲毀人自成之舉上亦不以爲

非也君修而臣諂識者知宋祚之不長矣

利 范致明題名 政和元年

右范致明題名宋史禮志天禧初詔以大中祥符元年四月一日天書再降內中功德閣爲天禎節尋以仁宗嫌名改爲天祺節此題云天祺節後一日蓋四月二日也

利 韓城縣河瀆靈源王廟碑 政和二年正月

右韓城縣河瀆靈源王廟碑宋史禮志祀河瀆于河中府今蒲州之永濟縣也大觀初韓城河水清詔遣尙書郎張勛徃祭卽舊廟而修之廟在今韓城縣之東王村非河瀆之常祀也碑稱洪河自大觀以來變濁爲清者畧有三焉

乾寍保平率以累日維二年冬見於同州之韓城郃陽其
袤百里其久彌月今攷五行志祇載乾寍軍及同州二事
不及保平蓋大觀政和之閒郡國言瑞者多志不能盡書
然未久遂有五國城之禍粉飾太平何益於國是哉碑末
列名者直龍圖閣陝府西路轉運使陳遘直龍圖閣轉運
副使趙口轉運判官郭倫凡三人陳降授朝散郎趙降授
朝議大夫郭降授奉議郎皆列於銜此它碑所未有宋史
遘傳但云爲河北轉運使加直龍圖閣徙陝西不知其降
官之由也

亨先之等題名 政和壬辰季秋

右先之等題名二通一在龍隱巖一在曾公巖洞口皆李
南澗官廣西日所贈先之李朴字也史稱其嘗爲肇慶府
四會令又爲廣東安撫司主管機宜文字不知何時入粤
西也二刻皆題政和壬辰季秋實政和改元之二年

亨御製八行八刑條 政和三年七月

右御製八行八刑條宋史徽宗大觀元年三月甲辰立八
行取士科所謂八行者蓋取周禮大司徒之六行而益以
忠和謂知君臣之義爲忠達義利之分爲和也八行之中
以孝悌忠和爲上睦婣爲中任恤爲下是歲六月庚午令
諸州學以御製八行八刑刻石從江東轉運副使家彬奏
請也八月庚午資政殿學士中太一宮使兼侍讀鄭居中
乞以所賜御書八行八刑模刻于石立之學宮從之予所
收者崑山縣學刻本政和中奉議郎知縣事蓋璵立石府
學生陳克庭所書也史載崇寍三年詔諸路知州通判增
入主管學事四字此碑末知縣丞尉結銜亦帶管句學事
未審昉于何年按文獻通攷載紹興九年知建昌軍李長
民奏宣和以前淮知通令佐階銜並帶主管學事所云知
通者知州通判也令佐者知縣丞尉也疑令佐帶銜與知
通同時增入而史未之及耳碑稱管句而文獻通攷稱主
管者南渡後避思陵嫌名追改之也丞簿尉皆縣佐此碑
主簿一人獨不帶管句未審其故

元穆氏先塋石表 政和三年九月

右穆氏先塋石表其一云有宋君子河南穆君庭秀諱賓
熙寍元年二月五日卒穆氏世爲河南人君挈其孥占籍
于齊州之章邱縣殯葬女郎山之陽後四十有五年當政
和癸巳九月既望刻石表墓以著不朽其一云章邱有隱
居篤行長者河南穆君卒于熙寍丙辰後三十七年孫㑺
始錄其先人宣德手跡君遺善委洛陽王壽卿以爲墓表
君諱端字伯初宣德君諱翬蓋君冢嗣云二表皆王壽卿
撰并篆書伯初庭秀之子也後有黃山谷跋稱杜元凱左

氏之忠臣王魯翁李監之上嗣蓋其傾倒如此穆氏四世皆無他表見徒以王魯翁篆法之妙得藉以不朽世之欲表揚其先而壽之金石者可不擇所托哉

[利]神應王扁鵲廟記　政和四年

右神應王扁鵲廟記董作文康修立書攷宋史文苑傳醫許希以鍼愈仁宗疾拜賜已西向拜扁鵲曰不敢忘師也帝爲封扁鵲神應侯立祠城西其進封爲王則史所不載

[元]勅賜升元觀牒　政和八年六月

右泰山升元觀牒題政和八年六月十四日攷徽宗以是年十一月改元重和故猶稱政和也後列尚書省長官曰

起復太中大夫守左丞王者王黼也曰特進少宰者余深也曰起復少保太宰者鄭居中也皆有押字曰太師魯國公而不押者蔡京也碑前載泰寧軍狀稱兗州奉符縣其右旁書政和八年閏九月二十一日襲慶府權措置升元知觀事賜紫道士李冲　立石按徽宗紀是年八月乙亥升兗州爲襲慶府故先稱兗州後稱襲慶府矣陸游老學庵筆記云自唐至本朝中書門下出勅其勅字皆平正渾厚元豐後勅出尚書省亦然崇寧間蔡京臨平寺額作險勁體來長而力短省吏始效之相誇尚謂之司空勅亦曰蔡家勅蓋妖言也京敗言者數其朝京退送及公主改帝姬之類偶不及蔡家勅故至今勅字蔡體尚在此碑勅字正所謂蔡體也

[亮]御筆付李邦彥詔　政和八年六月　御筆記李邦彥撰在是年十月

右徽宗御筆付李邦彥詔其略云朕崇經術設學校興賢能以待天下之士宜有豪傑特立之材忠信志義之士比肩相望焜燿一時而比年以來懷僭亂之異謀干殊死之極憲者如趙諗儲倅王宋劉昺之徒或賢科異等動閥世胄或出入禁闥侍從之領袖爲搢紳士大夫之大辱其故何也豈利心勝而義不足以動之歟抑勸導率厲之方有所未至歟卿當師儒之任以學行致大官其思所以勸厲

興起俾知尊君親上之美無復暴戾邪僻之行以居德而善俗以化天下與後世稱朕意焉保和殿直學士蔡脩題其額而李邦彥述記刻於下方書法俱可觀碑今在濟南府學度當時刻石必不止一處未審它州尚有存者否宋史本紀及李邦彥傳俱不及此詔邦彥官大司成傳亦失載詔曰其身正不令而行其身不正雖令不從觀徽宗之詔可謂有志于化民成俗矣而人才日衰國遂以亾何哉蓋徽宗之所好者道教也其臣如蔡京王黼輩皆姦邪諛佞重以元祐黨籍之禁上書邪等之分士氣沮抑已甚所立學校三舍法不過習介甫諸經說便于空疎徼倖之流

而豪傑特立者固未嘗出其中也邦彥輕薄浪子領袖師儒乃亟稱其學行此豈眞能知人育才者區區十行手詔欲使天下風移俗易僨矣是故有國家者務寔而不尙文

利 又

右御筆付李邦彥詔予初得濟南本意當時刻石必不止一處乙未夏按試韶州復得此本行款與濟南本不異又攷景定建康志知江寧府學亦嘗刻石今久亾失矣詔所稱趙諗儲侔王寀劉昺皆崇寧大觀間以惡逆坐誅者儲侔謂吳儲吳侔也宋史徽宗紀大觀元年五月朝散郎吳儲承議郎吳侔坐與妖人張懷素謀反伏誅李壁注王荊

公詩引國史云舒州人張懷素以幻術游公卿間於元祐六年說朝散郎吳儲云公福似姚興可爲關中一國王儲云儲福弱豈能及姚興懷素云但說有志不說福紹聖四年懷素入京又與儲結約儲以語侔崇寧四年事敗獄成懷素吳儲吳侔並凌遲處斬即其事也詔中但稱名而不稱姓與趙諗諸人並列不知者必疑其人姓儲名侔矣此亦代言者之失也

亨 古革題名　政和八年八月

右古革題名十行行十字正書云政和丁酉暮春程江古革逢時初自新昌移守興慶是年仲夏眞陽馮齊莆祖道起於祥除來貳府政相與咨詢有請於朝次年春乃被旨陞作大藩按宋史地理志肇慶府本端州軍事元符三年升興慶軍節度重和元年賜肇慶府名仍改軍額徽宗以端王入承大統踐祚之始升端州爲節鎭而州名猶仍舊至是因守臣之請改州爲府故云陞作大藩是年仲冬改元重和故石刻猶以政和紀年也徽宗紀政和三年十一月升端州爲興慶府重和元年十月改興慶軍爲肇慶府似政和三年巳有府名與志自相抵牾以石刻證之知本紀爲誤矣周必大梅州貢院記太宗皇帝端拱元年放進士二十八人有古成之者與焉雖家廣之增城後徙于梅

其四世孫革遂登紹聖進士第此刻題程江古革其爲梅人無疑而廣東志以爲河源人亦誤

元 錢伯言題名　宣和元年十月

右知襲慶軍府事錢伯言題名在泰安縣東嶽廟伯言宋史無傳此題有云過青帝觀觀文僖丞相遺刻當亦吳越王之後矣文僖嘗語人曰吾平生不足者惟不得于黃紙上押字耳言未入中書也此稱丞相者宋制節度使加中書門下平章事謂之使相侍中尙書令中書令雖不恆除亦眞宰相也文僖生爲使相沒贈侍中亦得通稱丞相矣

亨 長者龕記　政和八年十月

右長者龕記在壽陽縣之方山相傳李長者故居也何㶊春渚紀聞言張無盡丞相爲河東大漕日于上黨訪得李長者古墳爲加修治且發土以驗之掘地數尺得一大磐石石面平瑩無它銘款獨鐫天覺二字故人傳無盡爲長者後身今按此碑即張天覺所撰文稱予元祐戊辰奉使河東行太原壽陽縣詣方山瞻李長者像於破竹經架中得長者修行決疑論四卷十元六相論一卷十二緣生論一卷梵夾如新從此遂頓悟華嚴宗旨予去彼三十年有住持僧宗悟來言於長者造論處發見龕基以磚石甃砌云云 蓋李長者龕在壽陽不在上黨而天覺亦無掘地得

石之事傳聞之多失實如此

利劉豫題蘇門山泉詩 宣和四年正月

右劉豫題蘇門山泉詩後有楷書題字六行漫漶不能讀其可辨者有知府殿院劉公字葢由殿中侍御史出知衞州也宋金二史豫傳皆云景州阜城人而石刻自題濟南劉豫其詩有云我居東秦濟水南無限泉池日親炙是豫雖生景州實居濟南矣豫僭僞不足道然元遺山采其詩入中州集今覩其筆札政自不惡其知衞州亦史所未及載

利高逸上人詩 宣和四年四月

右高逸上人二詩其一題云同雲叟道人季西弟宿祈澤寺晨起示以此詩其二云雲叟道人自夫子林驟款叚先我而歸口占一詩戲之詩後不署名後有雲叟題稱自三茅還來觀高逸上人二詩乃知詩僧之號後又有趙孟逵題稱壁間得仲藏詩筆仲藏蓋高逸之字也孟逵名响郎仁壽縣君之子以展墓到此後又有五言絕句一首亦不署名未審何人所作石刻在祈澤寺所云夫子林者訪之山僧莫能言其所在矣

利季季及梵仙詩 同上

右季季及梵仙詩前二首後題大觀戊子暮春季季下著二點似是其人之字其詩云官南官北添身累年去年來換鬢青何日歸來閑歲月掃山廬墓過餘齡則亦仕於

朝者矣詩又有廬墓之語或即趙孟逵之昆弟乎又一詩題云政和癸巳四月廿四日將去此趨闕自署梵仙亦不知其姓名也此與高逸上人詩碣書法皆俊爽並宣和中祈澤寺沙門道昇所刻葛寅亮金陵梵剎志所失載也

貞少蘊等題名 宣和癸卯四月

右少蘊等題名在長興縣丁氏邢佺山明府拓其文寄予字畫甚完好文云少蘊無言慧覺道人宣和癸卯四月辛亥同來凡三行十八字少蘊葉夢得也無言劉燾也高璉

下山志云子見異石于丁氏曰孔耳石高可四尺形如人耳色黑而水紋理細膩日致虛無言夢得道人宣和癸卯渡江同來蓋葉石林故物也今此石尚無恙而題名與志異者六字乃知前人紀述之疏石林題名石上未必卽為石林故物亦想當然耳

刻　權邦彥遊百門泉詩　宣和五年七月

右權邦彥遊百門泉詩二篇其一和彥由毆陂韻彥由者劉豫也宋金二史皆云豫字彥游此作彥由蓋取易由豫大有得之義石刻當不誤矣邦彥以宣和二年使遼故詩有塞垣奔馳厭長道之句其落句云暮歸穿邑驚市人應笑新邊一千石蓋其時已除知易州尚未赴任也黃氏中州金石攷失載劉權倡和詩黃所錄多訪諸僚屬未能親至其地故疏漏者不少

貞　蘇過題名　癸卯九月

右蘇過題名在定州天寧寺大殿壁間正書六行行九字文云大師延康陳公邀廉訪梁公飯素天寧仍率其屬游金盛俞蘇過王執中趙奇韓揖同來孫仲舉王昭明劉用之皆官真癸卯九月七日過題其文左行宋時定州守臣例帶本路安撫使兼馬步軍都總管故有大帥之稱陳公蓋以延康殿學士知定州者其名則不可攷矣癸卯蓋徽宗

宣和五年也叔黨書勁挺有家法而流傳絕少乾隆庚戌秋予以祝釐入都還過定州聞天寧有叔黨石刻親往訪得之

貞　武佑廟尚書省牒　宣和二年六月

右武佑廟尚書省牒今在蕭山縣牒尾列銜者三人其云少保太宰不書姓者王黼也通議大夫守左丞張者張邦昌也中大夫守右丞王者王安中也最後小字一行云建炎二年正月朝奉郎知越州蕭山縣事賜緋魚袋曾志立石留君南豐人文定公鞏之孫見宋史忠義傳建炎三年金人陷越為其帥所執不屈全家被害史但稱通判溫州須次于越而失書知蕭山縣今以碑文參攷蓋由蕭山推升通判未及到官猶在越耳

元　越州城隍廟牒　紹興元年五月

右越州城隍廟敕牒首行尚書省牒越州顯寧廟昭祐公十二大字次三行小字乃太常寺奉聖旨擬定封號申尚書省狀也次六行大字乃尚書省牒文具載敕詞文皆正書惟三牒字一敕字皆草書而敕字獨大後題紹興元年五月日牒給以尚書省印後押敕者二人曰參知政事張而不名曰尚書右僕射同中書門下平章事姓名俱不書以史攷之蓋張守范宗尹也自元豐官制行而平章參知

之名久廢南渡初詔尚書左右僕射並帶同中書門下平章事改門下中書侍郎爲叅知政事而宰輔之名又一變矣碑末一行題少傳鎮潼軍節度使判紹興軍府事兼提舉學事兼管內勸農使充兩浙東路安撫使馬步軍都總管信安郡王食邑口千三百戶食實封三千四百戶孟忠厚立石忠厚隆祐太后兄子見宋史外戚傳史作鎮海軍節度蓋鎮潼之譌又攷高宗本紀紹興元年十月己丑升越州爲紹興府碑前云越州後云紹興軍府蓋立石在升府之後矣

利　嘉惠廟牒　紹興二年十一月

右嘉惠廟牒紹興二年江東轉運司奏建康府靈澤夫人祠祈禱有應勅賜額嘉惠廟牒後宰執押字者四人自左而右曰尚書左僕射同中書門下平章事者呂頤浩也曰尚書右僕射同中書門下平章事者朱勝非也曰叅知政事孟者孟庾也曰簽書樞密院事兼權叅知政事權者權邦彥也後九十四年寶慶改元知上元縣趙時僑始以所賜敕黃刻於石記其事於下方

貞　似椝等題名　紹興五年閏二月

右似椝等題名在廣西省城之疊綵山益都李南澗官郡丞日搨以遺予似椝者李彌大字也攷宋史本傳彌大嘗知靜江府此刻蓋在守郡日也椝古矩字傳作似矩蓋从俗體此刻乃篆書故佀椝兩文悉合於正可見無礙居士之精於小學矣

貞　董令升題名　紹興乙卯

右董令升題名篆書十二行首云靑社董令升罷官廣西還過零陵來遊淡山令升名弅徽猷閣待制逌之子兩世皆有文學令升以不肎禁程氏學被黜亦南渡人士之卓卓可稱者而史不爲立傳不知其在廣西居何職也末題紹興乙丣歲春三月戊寅依篆體丣卽酉字而紹興紀號卅二年間不值乙酉歲當是紹興五年乙卯卯丣篆形相

似摹刻時容有差譌爾攷李心傳繫年要錄紹興六年弅自起居舍人遷中書舍人兼權禮部侍郎七年正月以集英殿修撰知衢州五月改提舉江州太平觀閏十月轉徽猷閣待制九年知嚴州以殿中侍御史周葵論劾落職與宮觀廿二年復以徽猷閣待制提舉台州崇道觀尋落職廿六年以左中大夫知婺州卅二年提舉洪州玉隆觀引年告老詔復敷文閣待制復爲言者所論降集英殿修撰然則孝宗隆興乙酉在令升告老後三年無緣遠官嶺外此題名爲紹興五年可無疑也據繫年錄紹興五年閏二月有廣西提點刑獄事董弅名與碑稱罷官廣西相合故

定以爲鐫刻之譌

貞 汪藻題名 紹興戊午中春

右汪藻題名亦在顧渚山明月峽其文云龍圖閣直學士前知湖州口口汪藻新知無爲軍括蒼口口祖知長興縣安肅張琮前歙縣丞汝陰孟處義前監南嶽廟吳興劉唐稽紹興戊午中春來游右承務郎汪悟汪恪從行戊午者紹興八年也湖州府志題名汪藻紹興元年十一月到任四年九月移撫州宋史本傳於湖州貶秩停官之後亦有起知撫州語而後述紹興六年奉詔修書八年書成事似戊午歲不當在湖州又不云前知撫州而云湖州亦似可

疑今按藻本以湖州未經寇亂公私文書完備故欲就州置局後雖有移撫州之命卽爲御史論罷仍留湖州及六年仍命復卒前業賜史館修撰餐錢聽辟僚屬其在湖州不問可知撫州既未到任則宜稱前知湖州矣鮑延祖孟處義二人卽藻所辟屬官此刻括蒼下所泐必鮑延兩字也劉唐稽字林宗樞密珏之子藻在翰林日嘗薦諸朝故並在同游之列汪悟汪恪卽藻之二子浮溪集有悟硯恪硯兩銘可證宋史本傳子六人有恬無悟恪轉刻之譌當據石刻正之

貞 向子諲題名 紹興八年十二月

右向子諲題名在虎邱石觀音殿壁間其文云子諲秋八月壬申到郡冬十月庚午乞還印綬章上屢却十二月癸丑詔許歸薌林乘泛宅艤虎邱而去紹興八年河內向子諲伯恭父題攷宋史本傳子諲以徽猷閣直學士知平江府金使議和將入境子諲不肯拜金詔乃上章言自古人主屈已和戎未聞甚於此時宜卻勿受忤秦檜意遂致仕正其時也樓大防薌林居士文集序云建炎初元罷六路漕明年歸臨江紹興八年起知平江力辭不克次年三月復歸自是不出優游十五年以壽終據石刻是年十二月已去郡其歸薌林當在次年矣序又云公卜居臨江多植

巖桂又素慕香山自號曰薌林有船曰泛宅高宗親書四大字及企疏堂以寵其歸此紹興壬子歲事故述懷詩云我與淵明同甲子歸休已恨七年遲其時薌林年四十有八至是再歸行年五十有四矣子諲敏中之元孫史子敏中傳稱開封人子諲傳稱臨江人此題河內者舉族望言之猶蘇子瞻世居眉州而自署趙郡也

亨 吳郡重修大成殿記 紹興十一年四月

右吳郡重修大成殿記右宣教郎瞿耆年篆額右朝散郎提舉兩浙西路茶鹽公事米友仁書左廸功郎新差充太平州州學教授鄭仲熊撰碑版之例撰人題銜在前書丹

者次之篆額者又次之此碑正與相反蓋它碑題銜在前以右爲上此題銜在末以左爲上也吳郡志友仁以紹興十一年五月初四日到提舉任此碑以四月已巳朔建蓋友仁未到官之前所書爾梁汝嘉以寶文閣直學士再知平江府而宋史本傳不載亦其闕漏也

[貞] 連南夫等題名 紹興九年二月

右連南夫等題名凡七行刻於九曜石文云紹興九年歲在已未二月初吉藥洲春水新漲小舟初成連南夫鵬舉口正明甫周利見公遇王勳上達黿公邁伯咎載酒同游以廣東通志攷之南夫嘗官廣東轉運使後知廣州利見

官轉運判官公邁官提舉常平餘二人不可知矣直齋書錄解題有連寶學奏議二卷寶文閣學士安陸連南夫鵬舉撰紹興初知饒州扞禦有功及和議成南夫知泉州上表曰不信亦信其然豈然又曰雖虞舜之十二州昔皆吾有然商於之六百里當念爾欺由是得罪則南夫乃鯁直之士也公邁詠之之子所著歷代紀年十卷今猶有傳本又號傳密居士見直齋書錄利見官左朝請郎贈金紫光祿大夫即益公必大之世父見渭南文集

[貞] 張浚列秀亭題名 紹興十七年

右張浚列秀亭題名文云張浚紹興丙寅秋被命謫居陽山姪杆男栻侍行重陽口口抵郡境授館濯纓堂因晴夕必登列秀亭周覽風物少釋懷親之思眉山史堯弼自星沙偕來表弟臨邛計孝侔以秦國意繼至省問丁卯寒食日題秦國者魏公之母計氏封號也魏公謫居連州甚久唯此刻與紹興已巳清明前一日游燕喜亭題名尙無恙耳張杆字介仲嘗知廣德軍刻史記于郡齋

[家] 紹興十八年進士題名記

右紹興十八年進士題名記第一甲王佐等十人第二甲甘焯等十九人第三甲索楊等三十七人第四甲孟致誠等一百廿二人第五甲戴幾先等一百四十四人案文獻

通攷是榜進士三百三十人省元徐履狀元王佐四川進士二十三人今以石刻證之寔三百三十二人宋初南省第一人殿試唱過三名不及則越衆抗聲自陳必得升等范蜀公避不肎言後遂以爲故事此榜徐履以省元而殿五甲未詳其故後讀張荃翁貴耳錄稱淳熙間省元徐履因功名之念太重遂有心恙之疾殿試卷子寫一枝竹題曰畫竹一竿送上試官朝廷亦優容之以省元身後一官與其子乃知履之殿甲蓋因心疾所致然履乃紹興進士而荃翁以爲淳熙間則記憶之誤爾又攷新安志是榜徽人登進士者鄭之純汪端彥俞舜凱與朱子凡四人端彥

體較大而勢稍縱逸結體在眞行之閒其中避諱缺筆如
樞密使秦檜題記思陵小楷結體整秀有晉人法論孟字
興癸亥歲九月甲子尚書左僕射同中書門下平章事兼
凡七十有七石每石分四層刻之毛詩論語卷末皆有紹
僅存易一書六詩十春秋四十中庸一論語七孟子十一
之廟今杭州府學即宋太學之舊石刻諸經散佚不完
論語孟子皆刊石立于太學首善閣及大成殿後三禮堂
又出御書春秋左傳皆宣示館職畢進詩上又書
十四年正月出御書尚書十月出御書毛詩十六年五月
內出御書周易九月四日御書尚書終篇刊石頒諸州學

書左氏春秋及史記列傳於祕書省宣示館職是年六月
右高宗御書石經王應麟玉海紹興十三年二月內出御

宋高宗御書石經　紹興十三年九月

之歐梅亭明人張明道跋

宋登科錄今已不傳此榜以朱文公故特存石刻在撫州
人此錄第五甲亦有郎黄貴建州甌寧縣蓋別是一人也
在第五甲之末宋史郎崇江陰軍人隆興元年進士第三
非而功令亦無帶籍之嫌也舜凱係特奏名第一人今附
饒州德興縣蓋宋世士大夫仕宦而去其鄉當時不以爲
與朱子皆籍婺源今檢此錄朱子貫建州建陽縣端蒙貫

宋宣聖及七十二子贊　紹興二十六年十二月

右宣聖及七十二子像贊高宗御製并書其像則李公麐
所畫也史記載孔子之言曰受業身通者七十有七人其
姓名具于列傳家語所載亦七十七人無公伯僚秦冉鄡
單而有琴牢陳亢縣亶惟文翁禮殿圖作七十二人而圖
亦罕傳林放遽瑗二人史記家語不載而禮殿圖有之其
它不可知矣攷舊唐書禮儀志載開元二十七年制贈公
者一人侯九人伯六十七人與史記七十七人之數合然
杜氏通典載諸賢封號則贈伯者實七十二人文獻通攷亦通典所
六人按琴牢琴張本一人通典於琴張一云顏甬外自計七十三人係碍人蘧瑗林放陳亢申棖

赤較今本爲善
它本孟子無唐以前石刻此碑文王事混夷有小民之事
取之少齊有寵而死武王有亂十人皆與闕成刻同勝於
我知者謂我士也罔極左傳焉用亾鄭以陪鄰不闕秦焉
脩脩竹竿遠兄弟父母圖有桃不我知者謂我士也驕不
隱筆所作無義例也經文大率與今本同唯詩鴞鴞予尾
字矣然而言不篤敬事君之心拾克在位則有不盡改蓋一時
者孟子無辭事而信溫良恭儉遜尙因於夏禮得見有常
毀字論語敏事而信恒爲貞爲占敬爲祐爲仕之類皆不
般爲般恒爲恒又爲恒貞爲占敬爲祐爲仕之類皆不

陵伯於琴牢旧云贈伯而無地名蓋輒出也　蓋十哲之外別有七十二賢兼史記家語禮殿圖所互見者而數之也宋大中祥符二年追封閔子以下九人爲公曾子而下六十二人爲侯并兗國公爲七十二弟子大觀二年追封公夏守等十人侯爵預祀典則仍別七十二賢于十哲之外矣思陵撰七十二子贊較之祥符所追封多廉潔秦商后處欒欸少公良孺句井疆顏何公西輿如不知又何所據諸賢在宋時已經加封而所書仍唐之爵號朱文公嘗言之矣夫治國固有緩急思陵偏安兩浙稱臣于仇讐正復崇儒重道亦何足掩不孝之名則數典而忘祖又在所不足責而如秦檜之姦

邪無學亦豈能援引典故以證人主之誤哉碑立于紹興二十六年十二月明宣德二年巡按浙江監察御史吳訥磨去檜跋自爲文識其本末

利　妙喜泉銘　紹興丁丑三月

右妙喜泉銘張無垢撰後有宗杲說偈一首皆無垢書也宗杲說法徑山無垢數與往來嘗論大學格物杲曰公祗知有格物不知有物格無垢言下有悟因題不動軒壁曰子韶格物妙喜物格欲識一貫兩箇五百杲深許可秦檜恐其議已令司諫詹大方論劾竄杲衡陽安置張於南安軍檜死乃復杲師號住四明育王寺而張亦起知溫州此

泉正宗杲在育王所鑿也杲少爲無盡居士張天覺所知名其庵曰妙喜遂以妙喜自號孝宗嘗書妙喜庵三字賜之故茲泉亦有妙喜之目碑刻於唐范的書常住田碑之陰

潛研堂金石文跋尾卷十六

錢大昕箸

宋五

宋五

四十二章經　紹興二十九年十一月

右四十二章經石刻在杭州之六和塔特進尚書左僕射同中書門下平章事吳興郡開國公沈該左正奉大夫守尚書右僕射同中書門下平章事縉雲郡開國公湯思退左中大夫知樞密院事陳誠之左中大夫參知政事陳康伯左太中大夫同知樞密院事王綸左太中大夫權吏部尚書賀允中左朝請郎試尚書吏部侍郎兼史館修撰兼侍講葉義問左朝請大夫試尚書兵部侍郎兼侍講兼直學士院楊椿左朝散郎試給事中兼直學士院兼同修國

史周麟之左朝散郎試中書舍人兼權樞密都承旨洪遵左朝散大夫充敷文閣待制提舉佑神觀楊偰左朝奉大夫權尚書吏部侍郎沈介左中奉大夫權尚書戶部侍郎趙令訨左朝奉大夫權尚書禮部侍郎兼侍講孫道夫左朝請郎權尚書工部侍郎王晞亮左朝請郎權尚書刑部侍郎兼權詳定一司勑令黃祖舜左宣教郎試起居舍人兼權中書舍人張孝祥左朝請大夫太常少卿兼權中書門下省檢正諸房公事宋棐左朝奉大夫守宗正少卿金安節右朝請郎守大理少卿李洪右朝議大夫司農少卿董苹右中大夫行太府少卿錢端禮左朝奉大夫將作監

張宗元左朝請大夫軍器監張運左朝請大夫尚書吏部郎中楊朴右朝奉郎守尚書戶部郎中兼權金部郎中莫濛右奉直大夫尚書刑部郎中路彬左朝散郎守尚書工部郎中張庭實左奉議郎守尚書吏部員外郎兼權尚書右司郎官周操左朝奉郎尚書吏部員外郎兼國史院編修官兼權樞密院檢詳諸房文字葉謙亨左朝奉郎尚書吏部員外郎兼國史院編修官胡沂左朝散郎尚書司勳員外郎陳俊卿左宣教郎守尚書司封員外郎鮑彪左朝請郎尚書考功員外郎陳棠左朝散郎尚書禮部員外郎楊邦弼左朝奉郎尚書祠部員外郎兼權國子司業張洙

右承議郎尚書刑部員外郎黃子淳左朝請郎尚書都官員外郎兼玉牒所檢討官兼權戶部員外郎楊倓左奉議郎守尚書比部員外郎沈樞左朝請大夫行尚書屯田員外郎韓彥直左承議郎祕書丞兼國史院編修官兼權兵部員外郎虞允文左奉議郎祕書省校書郎兼國史院編修官兼權尚書駕部員外郎洪邁凡四十二人人各寫一章字體大小疎密不等唯允中端禮朴操四人行書餘皆眞書後有西蜀布衣武翊跋題紹興己卯十一月以史攷之是歲六月沈該罷左相陳誠之亦罷樞密其七月賀允中自吏部尚書參知政事矣此經蓋書於五月以前至仲冬始勒之石也自紹興己卯至今六百餘年字跡完好如新惟思退名爲後人磨去南渡石刻工妙若此者亦不易得矣

崑山縣校官碑　乾道二年正月

右崑山縣校官碑左朝奉郎提舉荆湖南路常平茶鹽公事吳郡范成象撰左朝請郎新知興化軍主管學事江夏黃萬頃書碑末列右朝散大夫直祕閣知平江軍府主管學事東陽沈度右宣教郎知崑山縣主管學事河陽李結左宣教郎丞主管學事開封趙善待左從政郎充平江府府學教授三山陳騤右脩職郎主簿主管學事清河張道

之右廸功郎尉主管學事太原王齊輿諸人名成象乾道五年爲工部郎時從弟成大除禮部員外郎援故事乞班兄下一時榮之萬頃隸書有法度碑額及題欵略仿漢人之式

行在尚書戶部帖　乾道二年七月

右行在尚書戶部帖後題乾道二年七月十一日日上有印文云尚書戶部右曹之印其後列銜者五人曰秘書省祕書郎兼權沈曰員外郎韓曰侍郎曾曰侍郎方曰尚書方曾沈三人俱有押字韓下注差字尚書下注闕字攷宋史職官志戶部郎分左右曹此帖當是左曹所行細審篆

文却是右轄字或摹刻者之譌乎宋自南渡後諸轄尚書不常置此帖尚書亦闕員惟有侍郎二人又有員外郎無郎中則有他官兼權者一人攷食貨志是年曾懷爲戸部侍郎餘三人未能攷其名矣先是隆興元年詔江浙寺院宮觀除天慶報恩寺觀係崇奉祖宗外其餘物力與民間一例科敷至是台州崇道觀道士蔣允崇狀言本觀建造徽宗本命寶殿朝拜崇奉並依天寧萬壽寺觀體例今天寧萬壽改賜報恩光孝爲額已降指揮免非時科配乞依宣政萬例蠲免科敷故有此帖石刻在天台之桐柏宮卽宋崇道觀道址也

利 白雲昌壽觀牒 乾道四年五月

右白雲昌壽觀牒牒尾押字者二人曰尚書右僕射同中書門下平章事者蔣芾也曰參知政事陳者陳俊卿也本崇道觀西之白雲庵以道士曹葆逵領眾崇奉皇帝本命香火特賜今額王應麟玉海台州白雲庵乾道四年五月二十六日賜名白雲昌壽觀其後建本命殿賜名洪慶殿卽此觀也碑之下方刻尚書省劄付二道一爲乾道四年撥賜江州廬山田產事一爲乾道六年本觀道士石葆璋奏前撥賜江州田產三千餘畝往來收租費耗極大所得無幾欲望聖慈行下台州於沒官田產內兌撥一千五百畝奉聖旨依年月之下俱有花押前一行大書右劄付台州白雲昌壽觀十字與今時劄式大畧相似

利 皇子節度使魏王詔書 乾道七年二月

右皇子節度使魏王詔書石刻在金華府魏王愷者孝宗之次子初封慶王莊文太子薨愷以次當立上以恭王惇英武越次立之而進愷封魏王判寧國府加施武保寧軍節度使保寧者婺州軍號也宋時節度使雖不之鎮當除拜日例有敕書諭本鎮官吏軍民僧道耆壽等其式見於平園制稿當時刻於石者必不止一處予所收獨此爾

貞 王光祖題名 乾道八年十月

右王光祖題名文云乾道八年冬十月二十有五日知衡陽縣事睢陽王光祖仲顯適攝郡事燕新進士王居仁鄧友龍友口于石鼓州學是年三人皆自郡庠登科用以榮激諸生敎授建安虞口討戸廬陵口景先學正劉渥學錄董正之預焉酒半下合江亭游西谿觀石門元祐三年王公定民留題適與今日相符云云按范至能合江亭詩序云合江亭卽石鼓書院今爲衡州學宮韓文公所謂淥淨不可唾者卽此處故碑有石鼓州學之稱也范集中與王仲顯唱和之作甚多其題仲顯讀書樓詩云使君靑箱家文史裝懷抱平生名教樂雙旌不滿笑忽乘雪溪興來櫟秦

淮棹邱亭客漂泊夜夜短檠照人云大癡絶我自斲輪妙今朝檣竿起昨夢繞閤阜云有百尺樓歸寄北窗傲滴露紬朱黄拂塵靜緗縹意仲顯家於江西者歟此與元祐王定民兩刻皆在衡陽縣石鼓山之西谿儀徵江于九介清泉爲予拓致之

亨 寂通證誓大師碑 淳熙三年八月

右寂通證誓大師碑唐時僧道廣居韶州之仁壽臺有道行南漢追謚輔聖大師又加謚證眞寂照名其寺曰光運宋元豐五年賜今謚寺故有余襄公靖所撰塔銘今不存此碑乃淳熙初贑州免解進士孫時敏所撰并書文林郎知梅州程鄉縣事王管學事張槩題額

亨 趙靡七星巖詩并題名 淳熙四年十月

右趙靡七星巖詩五言二十五韻疎宕有奇氣刻於巖洞中每句爲一行凡五十行其後題名三十二行字疎密不等云浚儀趙靡和仲以淳熙二年乙未來守肇慶適當殫乏之後以拙直理郡事日不暇給逮丁酉孟秋秩滿府僚倅給不積軍士廩餉如期九幸聖澤逮被雨暘時若歲事豐穰訟平盜弭後使君過戌月未至始得與郡官同遊茲巖因賦詩命刻諸崖以紀時教授邱徽之夢錫節度推官權倅許通亨之錄參傅濤次山高要令范念祖德脩司法邵穆幹臣四會簿尉權司理林奉先紹德高要簿李木師悦尉黄輔季全兵馬都監李濟巨川監押趙口沖大和同巡檢許浚少淸前巡檢宮良弼孝輔寄寓前東莞邑宰孟恬口臣同來實十月惟前教官林致覺之𢦤官趙彦瀞口口以數十日前離任不與此行先是郡守之子瀟曰伯清湜曰伯正泌曰伯淵浹曰伯廣洽曰伯潤汲曰伯升女曰淑口淑儀淑懿曾奉其母劉來游劉氏光烈之子光世之姪宋人題名稱攜家同遊者多矣此刻敘子女及妻詳而有法字跡亦佳翁氏金石略所錄與予釋文小異翁所得拓本脫去後二行揭手亦不精故也

利 韶音洞記 淳熙四年十月

右韶音洞記張敬夫知靜江府日所作宋史本傳未詳到官年月攷朱文公所撰虞帝廟碑知敬夫以淳熙二年二月到官也敬夫貴公子篤志道學不欲以文藝見長然書法端方蘊藉望而知爲有道之士

貞 蘄忠武王韓世忠碑 淳熙

右蘄忠武王韓世忠碑在吳縣靈巖山之麓予少時偕王琴德吳企晉曹來殷輩爲上沙之游屢摩挲焉歸田後從吏有力者拓其文輒以架木懸梯爲難頃陽城張古餘撫守吳郡與予同嗜募工搨十餘紙分其一見貽懸置壁間

數十年訪求之勤藉一慰亦晚年快事也其額云中興佐命定國元勳之碑下題選德殿書蓋孝宗御筆碑文首尾萬餘言則禮部尚書趙雄奉勑撰石刻頗有曼患以杜大圭名臣碑傳所錄全文細校無甚異同碑云娶白氏秦國夫人梁氏揚國夫人茆氏秦國夫人其下空六字以名臣碑傳校之則周氏蘄國夫人也朱錫鬯詩蘄王墓近古梧宮暨六夫人祔葬同與碑不合未識何據潘次耕詩碑高三丈字如掌帝製鴻文盛褒奬則誤以碑文爲御製失之甚矣碑云紹興二十一年八月四日薨享年六十有三與宋史同而元大一統志延安人物傳云紹興十七年卒年六十二蓋修志之時宋史未出志家得諸傳聞故多誤耳碑末未見建立年月而碑首云上續祚之十五年攷孝宗受禪在紹興壬午次年癸未改元隆興至淳熙四年丁酉恰十有五年此碑必立於丁酉歲也

【貞】范至能題名　淳熙戊午孟冬

右范至能題名在包山暘谷洞石壁予以丁酉秋游林屋訪得之未及推搨嘉慶丁巳十一月再游始命工搨其文凡五行行七字云范至先至能張元直同游林屋洞天至先之子葳及現壽二長老俱淳熙戊戌孟冬朔攷宋史宰輔表淳熙五年戊戌四月丙寅范成大自禮部尚書兼直

學士院遷中大夫除參知政事六月甲戌范成大罷參政以資政殿學士知婺州本傳但云拜參知政事兩月爲言者所論奉祠不及知婺州事蓋婺州之命雖下未到任而卽奉祠也此刻題孟冬朔正石湖奉祠里居時以水月洞銘較之筆蹤相似其爲石湖書無疑至先名成象紹興五年汪應辰榜進士官工部郎中石湖之從兄也玉峯志以爲石湖弟殊誤石湖詩集卷廿六有再贈壽老詩云澹齋寂寞澹庵空玉柱金庭一夢中我病君衰猶見在莫嫌俱作白頭翁自注頃與澹齋兄游洞庭林屋并澹庵現老眉庵壽老偕今十年矣壽老見過話舊事二澹已爲古人正紀戊戌題名事澹齋卽至先也

【貞】史彌大等題名　淳熙辛丑季秋

右史彌大等題名文云四明史彌大方叔山陰賀錫叔況淳熙辛丑季秋廿有六日以迓客同來凡四行八分書在盱眙縣之第一山蓋自乾道與金通和以後兩國交聘必取道盱眙凡宋臣使北及接伴北使而至者皆題名厓石間此其一也孝宗以十月廿二日生號會慶節此所迓者蓋賀生辰使以金史交聘表攷之則宗室胡什賚鄧儼也彌大浩之長子乾道五年進士官至禮部侍郎

【亨】趙善擇等題名　淳熙十五年正月

右趙善擇等題名正書十二行行十二字題於七星巖洞首云淳熙十五年上元前五日玉牒善擇智老伯枌景茂趙庾□□徐世亮正顯黃執矩才用羅□龜仲葛嶠景高徐盈謙夫□□臣夏卿陳飛英子聲陸□□□鄭公表若儀巽□□□□□□國瑞聯轡來遊宋時宗室署名往往稱玉牒而不繫姓趙庾書姓者非宗室故殊之也攷宗室世系表漢王房有善擇商王房又有兩善擇皆太宗七世孫未審題名者何人也伯枌太祖七世孫系出燕王左朝請大夫子伋之子

亨 太平州瑞麻贊 淳熙十六年八月

右太平州瑞麻贊鄱陽洪邁知州日近郊民於縣國得異麻以獻合數幹爲一若靈芝若如意若鳳垂頭邁以爲瑞圖其狀而贊之今在太平府學文云太歲在酉者淳熙十六年己酉歲也宋史本傳敘邁歷官極疎舛其知太平州傳亦失載予攷中興學士院題名邁以淳熙十五年四月由翰林學士差知鎮江府此贊作於己酉八月云予假守十閱月是移知太平郎在十五年之冬也其明年改元紹熙乃以煥章閣學士知紹興府除授次第班班可攷史於拜翰林學士之後卽書進煥章閣學士知紹興府似未嘗有外補事又誤書紹熙爲淳熙皆失之甚者

利 平江府學御書閣碑 淳熙十六年

右平江府學御書閣碑淳熙末平江守臣趙彥操建閣以藏光堯御書詩書易春秋論語孝經孟子石刻而鄱陽洪文敏邁爲文記之其結銜云敷文閣直學士宣奉大夫知太平州軍州事兼管內勸農營田使焞煌郡開國公食邑二千二百戶食實封貳伯戶宋史洪邁傳失書知太平州一節其封焞煌郡公史亦遺之易敦爲焞者避光宗嫌名其時光宗已受內禪矣文敏以博洽爲當時所稱而書法端整亦不減蔡忠惠此碑尤其得意之作石刻完好如新殊可喜也

元 朱文公書

右朱文公書易有太極一段蔡元定刻在常德府學明正德乙亥吉水鄧璞爲嘉定縣儒學教諭復摹勒于吾邑之尊經閣下今移置明倫堂西南向刻手不精遜原本遠甚海隅士大夫罕見文公書得重刻本猶珍而祕之予在都門琉璃厰書市得此本蓋猶常德元刻筆法險勁精采四射殊可喜也

亨 張安國書

右張安國書廬坦對杜黃裳語石刻在衢州府學昔蔡行夫問朱子云張于湖字何故人皆重之答云也是好但是

不把詩愛放縱此帖却以不放縱而益工也此帖亦刻于蘇州學但蘇刻橫行此則直行耳

同年醻唱詩 紹熙元年二月

右同年醻唱詩紹熙改元正月五日提點浙西刑獄建安袁說友起巖提舉浙西常平茶鹽浦城張體仁元善會同年之在吳下者於姑蘇臺與集者胥臺成欽亮仲鄰胥臺唐子壽致遠胥臺胡元功國敏浚儀趙彥𢖍景安浚儀趙彥瓊中玉浚儀趙彥眞從簡期而不至者浦城章澥仲濟胥臺王藝文卿三山陳德明光宗桐川周承勛晞稷凡十二人人各賦七言律詩一篇皆隆興元年木待問榜進士也於是石湖范成大爲之序郡人龔頤正書而刻之石范公以資政殿學士奉祠家居集中多與起巖唱和之作起巖以淳熙十六年七月到任是年三月除直祕閣知平江府故范公集中始稱提刑後稱知府也宋史詹體仁字元善建寧浦城人登隆興元年進士第光宗卽位提舉浙西常平除戶部員外郎湖廣總領卽此碑之張體仁也史作詹而吳郡志及此碑俱作張未知其審據吳郡志章澥爲吳人而此碑稱浦城蓋浦城之章居于吳者本有南北二族衆稱北章惇稱南章但末知澥出何房耳碑載宋時進士登第與朝謝揆日集貢院奉賜第錄黃於香案列拜庭

下禮畢更以齒班立四十以上東序西鄉末四十西序東鄉推年最長若最少者各一人升堂長者中立南鄉少者北鄉春官吏贊拜少者拜又贊答拜長者洎兩序皆再拜謂之拜黃甲敘同年宋史雖有拜黃甲之名而語焉不詳故表而出之

龍圖梅公瘴說 紹熙元年

右龍圖梅公瘴說梅摯於景祐中知昭州作此說紹熙初新安朱晞顏刻於粵西龍隱巖併跋於後晞顏宋史無傳新安志但云休寧人隆興元年進士亦無事迹惟談鑰撰行狀敘其歷官甚詳蓋淳熙中由知吉州轉朝奉大夫除廣西轉運判官改直祕閣京西轉運判官紹熙四年進直煥章閣知靜江府慶元初召赴行在除軍器監尋除太府少卿淮東總領三年升太府卿四年遷權工部侍郎五年兼知臨安府轉大中大夫六年三月辭免四月卒此碑刻於任廣西轉運時其跋云予將漕來南行矣二年然則以淳熙十五年被轉運之命也

黃由等題名 紹熙辛亥

右黃由等題名四行文云黃由張宗益以使事同來憑高望遠爲之慨然紹熙辛亥冬至前一日按宋史光宗紀紹熙二年九月遣黃由等使金賀正旦金史交聘表明昌三

年正月乙巳朔宋煥章閣學士黃由明州觀察使張宗益賀正旦卽是此事但宋史紀差遣之日金史紀入賀之日故年月各殊耳黃由字子由蘇州人淳熙八年進士第一人及第官至寶謨閣學士刑部尚書直學士院兩史皆誤由爲申當據石刻正之

貞勑靈濟五龍侯封爵告詞　紹熙四年五月

右勑靈濟五龍侯封爵告詞凡五篇分五層刻之五侯之號曰東靈侯西誠侯中應侯南平侯北寧侯其告詞則一字不易也五龍皆封侯爵而告詞首稱第壹位龍王等蓋龍王者土俗相尊之稱當以出於朝命爲尊以王封侯義

無所嫌宋時禮官猶知大體如此

利張釜游山七詠　慶元丙辰正月

右張釜游山七詠七詠者曾公洞棲霞洞龍隱洞訾家洲水月洞慈氏閣千山觀每題各一絕句丹賜張釜君量任廣西轉運日所作慶元初張改帥廣州其門下士雒陽滑懋和仲以其手書鑱諸龍隱巖石隨齋者釜自號也攷宋史宰輔表嘉泰元年七月甲子張釜自禮部尚書除端明殿學士簽書樞密院事八月甲申罷在政府僅兩旬無事跡可見史但附其名於大父綱傳而歷官本末未之詳焉寧宗紀載慶元四年右諫議大夫張釜請下詔禁僞學五

年劾劉光祖附和僞學及請竄治趙汝愚事今證以石刻乃知釜以紹熙四年任廣西漕司慶元元年知廣州未幾召入爲諫議也予視學嶺南見九曜石上亦有釜題名字跡殊不惡然在諫垣興僞學之禁事與正人爲仇雖風流好事奚足取乎釜爲量名故以君量表字宰輔編年錄作君亮誤

亨蘇唐卿竹鶴二篆字　慶元丙辰孟夏

右蘇唐卿竹鶴二篆字字徑二尺許修倍之慶元二年臨川何异同叔以朝請郎提點浙西刑獄刻石立于憲治今在蘇州府學凡二石其陰皆張安國書亦同叔所刻一爲

疏廣傳中語一爲盧坦對杜黃裳語

貞張釜等題名　慶元丙辰季冬

右張釜等題名在盱眙縣第一山其文云丹賜張釜開封耿與義被命肅客未題慶元丙辰冬季四日蓋以接伴金國賀正旦使而至也釜以慶元元年乙卯知廣州次年春猶在粵而其冬已有接伴使臣之命則被名卽在是年但未審此時任何職耳慶元丙辰卽金承安元年所肅客爲完顏崇道其副使則無可攷矣

貞御書通神庵三字　慶元三年九月

右通神庵三字孝宗御書後題賜通神先生鈐以御書之

實而不署年月其下方有通神先生蓑衣何真人事實一篇承直郎胡褒撰以宋史方技傳校之無甚異同而史較詳史文蓑作莎莎蓑同音而義別莎衶不聞可製衣也碑云慶元三年五月二十二日夜端坐解化史云慶元六年卒者誤碑云是歲九月十一日瘞於長洲縣金鵝鄉里燕塘之原今俗傳庵中像爲眞身亦妄也甲寅六月與段若膺袁又愷戈小蓮瞿鏡濤及羽士袁月渚閔道藏於圓妙觀月渚導予往觀此石搨其文見詒因題識而弆之

利　江西諸公題名　慶元戊午正月

右江西諸公題名十行行十五字其文云江西諸公仕於

廣會桂林者十有八人慶元戊午正月八日集松關之脩然亭既而挐扁舟延綠過龍隱爲水石更酌及暮登新橋以歸董山儀子羽王琨德貢熊思遜謙甫呂大信不約曾三畏無過武居仁榮叔王琳子林饒祖述古揚村魏翁劉酈習季占楊汝明仲藻魏璋廷圭劉正之子正余棣叔華高正臣治表趙善欽欽之趙師撫聖從范行閔景騫喜而來與者趙彥綝仲止字畫縱逸似黃山谷未識何人筆也諸人姓名多不甚著祖堯郎重刊元祐黨籍者三趙皆宋宗室也

貞　萬壽山修觀音祠記　慶元五年六月

右萬壽山修觀音祠記末題承議郎宜差通判階州軍州兼管內勸農營田事賜緋魚袋劉震書并篆蓋古者墓有兩石一書誌銘一書某官某府君墓覆於誌石之上故有篆蓋之稱若宋游師雄墓誌全用碑式其篆卽刻于額而尙沿篆蓋之名巳失其義此祠記當稱篆額而亦云篆蓋此古聖所譏觚不觚者也宜差者帥臣便宜差遣未奉朝命之稱予向讀景定建康志卷首題承直郎宜差充江南東路安撫使司幹辦公事周應合修纂或疑爲宜差之譌予細檢志中或稱宜差或稱宜特改差者不一而足則當時必有是銜今讀此碑亦有宜差之稱字畫分明可證其

非誤矣碑在階州金石家未有著錄者今長興宰邢君佺山搨以貽予甘肅少南宋刻而震書法頗似唐人尤難得也

貞　修長洲縣主簿廳記　慶元六年三月

右修長洲縣主簿廳記長樂黃士特文山陰孫應時書浚儀盧瑢隸額攷宋史藝文志孫應時有燭湖集十卷今集巳不傳王厚齋困學紀聞載其讀通鑑詩二絶云爲朱文公所稱不知其行楷整逸尤可喜也記文云主簿廳在縣治少西宋時縣治在州治東北今州縣治皆遷徙此碑不知何時移置長洲縣學瞿壻鏡濤搨一本眎予文尙完好

陛黃君名上一字漫漶據府志補之士特字仲誼見嘉泰元年靜江府隱山題名宋時福州人每自稱三山或稱長樂故彼云三山此云長樂也

[亨]龔大雅義井題記 慶元六年十二月

右龔大雅義井題記吾邑南翔寺九品觀後廢圃中有八角井周遭皆刻字大小不等驗其文乃宋慶元庚申歲沙堤里人龔大雅甃井題記此井在龔氏祖墳之旁具列高曾祖翁婆及伯翁叔翁伯婆叔婆亡男亡弟媳婦外翁外婆丈人丈母諸名氏以資冥福其墳今不知所在

[利]靈應廟牒 嘉泰二年二月

右靈應廟牒本嚴州分水縣嵓山土地之神相傳姓方氏里俗呼通天太保慶元六年臣寮奏請乞行下諸路閼雨州縣於靈應神祠守令親行精禱果有驗效即具奏聞禮寺議封詔從之由是嵓山土神亦得賜廟額矣牒尾署押者三人其云右丞相不書姓者謝深甫也參知政事陳者陳自强也參知政事張者張巖也

[貞]虞泉銘 嘉定庚午七月

右虞泉銘莆田方信孺撰劉後村爲信孺行狀稱公爲文未嘗起草初若不入思細視皆平夷妥帖無斧鑿痕今觀此銘良然眞孺當是信孺昆弟八分書亦有法而書史不載其名

[貞]詩境二字 嘉定辛未九月

右詩境二大字陸放翁爲方信孺作也書於開禧丁卯三月翁年巳八十有三而腕力遒健不減少壯時又四年爲嘉定辛未信孺守韶州乃摸而刻之翁巳不及見矣宋史陸游傳云嘉定二年卒年八十五陳氏書錄解題則云嘉定庚午年八十六而終今攷劒南續藁最後一篇云嘉定三年正月後不知更醉幾春風則是庚午正月放翁尚无恙伯玉所言蓋得其實信孺字孚若莆田人朝請大夫京西轉運判官崧卿之子崧卿撰韓文舉正朱文公攷異實取之宋史不見其名於信孺傳亦闕漏也

[利]忠烈廟碑 嘉定五年二月

右忠烈廟碑廟在江寧之冶城祀晉卞忠貞公碑文胡邦衡所撰詞義正大凜然有生氣文成於紹興卅二年至嘉定四年樓大防始書而刻之元石巳亾此爲明人重書筆法亦不惡周禮大宗伯以實柴祀日月星辰注故書實柴或爲賓柴此碑正作賓字從古文也忠簡子澥爲江東轉運判官本傳失載其名

[利]古相思曲 嘉定八年二月

右古相思曲後題嘉定八年二月朔莆田方信孺書刻於

韶音洞攷宋史本傳信孺自知韶州累遷淮東轉運判官兼提刑知眞州不著除授之年予以韶州虞泉詩境二石刻證之知信孺以嘉定三年四年在韶州任又連州有信孺觀張魏公遺墨題記刻於五年十月其時尚在廣南又曾公巖有信孺餞別鍾大鳴題記刻於六年六月其時已到粵西此刻題嘉定八年蓋在知韶州以後淮東轉運以前不知信孺當時居何職也

亨　南翔院觀堂記　嘉定九年季冬

右南翔院觀堂記僧居簡撰攷北澗集中爲南翔寺作者有讖院記僧堂記大殿碑陰記與此凡四今惟此記石刻

猶存而文多漫滅可辨者才十之三與集本亦閒有異同如集本稱昭文錢公象祖石本作昭文錢相國之類訖末題嘉定九年季冬旣望而碑首題平江府嘉定縣縣建於嘉定紀元之十年蓋撰文之次年始書而刻之石爾予嘗見台州錢氏譜及常熟譜俱載端平二年理宗御製序序首云致仕大師左丞相錢象祖上疏今據此碑象祖卒於嘉定四年至理宗卽位已隔十餘年矣又歷寶慶紹定而至端平年代更遠遡不相涉故知錢氏譜序亦後人僞託

利　鄒應龍等題名　嘉定丁丑孟秋

右鄒應龍等題名文云嘉定丁丑立秋後五日昭武鄒應龍景初南海吳純臣德粹温陵曾煥文卿同游凡七行刻於龍隱下巖應龍官至執政宋史爲立傳而失其里居據此可補本傳之闕但未審此時任何職爾

亨　徐龜年題名　嘉定十一年二月

右徐龜年題名云嘉定戊寅春二月望郡守嘉禾徐龜年率權高要令錄參趙汝襲勸耕於星巖凡五行行六字正書徑二寸五分後有題名四行云後二日汴人趙汝襲挈家來遊弟汝附子崇（崇下一字左从火右从華）侍温陵謝廷玉莆陽阮時孺偕行字大徑一寸五分汝襲太宗八世孫系出商王房汝附其從父昆弟也

利　胡槻等題名　嘉定十四年季冬

右胡槻等題名文云右文殿修撰經畧安撫廬陵胡槻伯圖提點刑獄吳興芮及言子及轉運判官括蒼沈寶茂揚嘉定十四年季冬十有四日同遊龍隱時茂揚已有星郎之命凡七行在龍隱下巖伯圖忠簡公之冢孫史附名忠簡傳末而不著其字其知靜江府亦史所未及宋制安撫使皆以守臣充廣南東西路又加經畧字此題名不書知軍府事者以使職爲重也稱經畧安撫而不言使者宋時安撫使雖例以守臣兼領其資淺者但稱主管安撫司公事而不加使名胡殆主管經畧安撫公事而未正授者爾

利建康府教授西廳記 嘉定癸未十六年上元日

右重建建康府教授西廳記景定建康志天聖建學置教授一員紹興九年因左丞葉公奏照西京例增置一員分東西廳東廳在學之左西廳在學之右宋史職官志但載列郡各置教官而京學教授有二員畧不之及亦其疎也篆額者為宣義郎江南東路轉運司幹辦公事趙與懃攷宗室世系表未見與懃名惟秦王德芳九世孫有與勤或即其人乎

亨處州重刊孔子廟碑 嘉定十七年閏八月

右處州重刊孔子廟碑唐元和十三年刺史李繁修廟成

韓退之為文記之越十有二年為太和三年始勒石蓋任廼所書趙明誠金石錄嘗列其目矣南渡以後唐碑已亡於是朝議大夫直龍圖閣提舉建康府崇禧觀賜紫金魚袋陳孔碩重書朝奉郎權發遣處州軍州兼管內勸農事借緋王夢龍立石廼本行書孔碩易以小篆頗有法度惜經明人鑿補少生動之致耳宋時在外宮觀之名略見於徐氏却埽編馬氏文獻通攷而建康之崇禧獨不及焉攷乾道臨安志紹聖元年八月丁丑除知杭州王存提舉江寗府崇禧觀則此觀之設官久矣觀在句容縣茅山

利鄭起沃題名 寶慶元年正月

右鄭起沃題名凡二道皆在高要縣之七星巖其一題莆陽鄭起沃汝説以寶慶改元正月五日同來其一題寶慶丁亥二月既望古端守鄭起沃勸農於郊因訪星巖攷劉後村集有送鄭端州起沃詩云海有沈珠戶巖無斲硯工他年循吏傳要雜古人中今觀丁亥留題勸農愛民之意溢於行間後村推許為不虛矣

貞提舉常平司公據 寶慶元年八月

右提舉常平司公據在蘇州府雙塔寺前提舉常平司五字後右今出給公據付雙塔寺仰收執照寶慶元年六月日給廿二字字皆大最後一行使字更大下有押而不署

姓蓋當時公牘之式如此宋時平江府為兩浙西路提舉治所則此為浙西提舉司之公據也寺在宋為壽寧萬歲禪院提舉司建祝聖道場于此向例每日納官醋錢壹伯肆拾文是歲知事僧德齊狀乞照萬壽承天開元永定四處體例蠲免而提舉司給與公據俾為異日左驗給據在是年六月又兩閱月而刻于石最下一層則住山僧師哲跋也酒醋民間日用所需而宋元禁百姓私造官取其息即一寺計之每歲合輸數萬錢則人戶之抑配可知今郡城有醋坊橋有醋庫巷猶沿宋名知醋之累民甚矣宋時唯御史稱臺而寺僧狀稱提舉為使臺蓋里俗相沿之詞

如轉運曰漕臺提刑曰憲臺提舉名倉臺此類見于牋啟
者不能悉數也

嘉定縣學記　紹定二年八月

右嘉定縣學記宣教郎知平江府嘉定縣主管勸農公事兼鹽場兵馬監押弓手寨兵軍正沈璞記并書先是嘉定十二年知縣高衍孫𠛬立學宮落成十餘年璞始爲文記之其文有云異時來學之士將有躡魁躔躋顯仕以光耀其里閭者豈若鄭鄉校徒議其執政而已哉予嘗誦其言而疑之夫縣之有學將使人士通經學古致力于聖賢之道以淑其身也立德立功立言皆吾儒分內之事舍此而以魏科膴仕誇耀里閈有志者羞稱之先正黃蘊生先生成進士與其弟書謂傳臚第一人觀者莫不稱羡士不爲千百年中一人而爲三年中一人識趣卑陋已甚蘊生之識勝于璞遠矣禮居是邑不非其大夫士君子忠厚之道固然身爲長吏正當釆輿誦以鑑己得失若之何惡之政而無失何恤乎人言若其有失安能禁人之議羌設謗木而聖周任衞巫而亡人主尙不可監謗區區令長而惡人之多言可乎一言以爲不知此之謂夫

梅隱庵記　紹定二年十二月

右梅隱庵記紹定初道人陳一如所建四明樓治書梅隱二字榜之新慶元府鄞縣主簿范元衡爲記新知江州德化縣趙緐書宗學諭方萬里篆其額却自稱題蓋攷唐人誌墓用兩石相覆一書誌文一大書某官某君墓誌故不云額而云蓋其云題額題蓋則別于篆而言之此記與額無二石又作小篆體而襲題蓋之名兩失之矣昔黃山谷言庵字當从艸以从广爲俗體此篆額菴从艸蓋依山谷說予謂庵菴兩字說文皆無之菴閭雖見相如賦本是奄字後人增加艸旁已非相如之舊釋名云艸圓屋爲蒲又謂之庵廣雅云庵舍也是庵字漢人已有之吾未見菴古而庵俗也如依說文正當作奄或取屋舍義則當爲闇或通作陰耳影亦葛洪字苑所收俗字萬里淺人固未可與言六書之正矣蘇州府志不載梅影菴未知遺址所在獨此碑嵌瑞光寺大殿壁間前人亦無著錄者趙緐嘉泰二年進士方萬里嘉定二年進士並見吳郡志

袁肅簡華老詩　紹定五年二月

右袁肅簡華老二詩華老者雙塔住持僧普華也石刻今在寺中篆額兩行文云提舉祕丞郎中袁公詞翰碑分三層上兩層分刻兩詩下一層則普華跋也前詩在華老未至之時佛慧當是華老師故兼簡之欲促其行耳後詩則華已到雙塔矣吳郡志提舉題名止于寶慶故不及肅名

宋史亦無肅傳攷中興館閣續錄知爲鄞縣人也

宋 南雄州新建四先生祠記 端平元年三月

右南雄州新建四先生祠記四先生者周元公程純公正公朱文公也寶慶三年祠成州教授三山陳應龍請眞西山爲文應龍以故去未及入石端平初毗陵張友知州事始命法掾田圭書之而教授盧自明篆其額焉頊處翁學士方綱提學廣東搜羅石刻甚夥而南雄儒學宋元碑各一獨未之及予始訪得而搨之

宋 趙崇垓曾純唱和詩 端平二年十二月

右趙崇垓曾純遊七星巖唱和詩七言律各一首左方題名十一行行八字云端平乙未嘉平朔後二日權郡貳羊石趙崇垓德暢侍母偕權理曹新興甯介清源曾純景亮法掾三山趙彥皤源叔權糾高要簿清源趙鉀夫君玉寓公提屬清源莊世雄仲傑攜家同遊源叔子澥夫德暢子必鋅侍聊紀歲月云以宋史表攷之崇垓太宗九世孫系出漢王房彥皤則魏王廷美七世孫系出廣陵郡王房皆宗室也澥夫史作㴶夫字之譌彥皤於崇垓爲大父行以班秩退居於後其子侍行當論行輩故彥皤子列崇垓子之前也廣東通志崇垓南海人嘉定十六年蔣重珍牓進士蓋以宗子寓居於粤者此刻前題後儀擧東都舊居後題羊石以南海有五羊石也景亮稱趙爲同年當是同榜進士

潛研堂金石文跋尾卷十七

錢大昕著

宋六

理宗賜杜範勅　徐清叟等題名　直龍圖閣曾三聘神道碑　黃朴題名　理宗道統十三贊　經筵薦士章藁　白雲山慈聖院圓通殿記　桂林撤戍記　天文圖地理圖帝王紹運圖　邕州重建學記　御書放生池勅　李艮等題名　蔡杭題名　四明程振父等題名　帶御器械張塤壙刻　太白脱鞾圖　太學土地封勅告　山谷返擢圖　吳郡鄉舉題名　逸老堂記　賀知章像贊　賜忠顯廟牒　廣州光孝寺大鑒禪師殿記　金剛般若經　卞忠貞墓碣文　衆樂亭詩　陳塏采石磯詩　建康府輒　閣門寄班祗候洪公墓碣　姑孰帖　留忠宣帖

僞齊

華夷國

遼

白川州佛頂尊勝陀羅尼石幢記　憫忠寺觀音菩薩地宮舍利函記　易州興國寺太子誕聖邑碑　玉石觀音像唱和詩碑　釋迦佛舍利鐵塔記　安德州郝建靈巖寺碑　釋迦定光二佛的身舍利塔記

宋六

貞 理宗賜杜範勅　嘉熙三年七月

右理宗賜杜範勅凡七行首行勅字上鈐書詔之寶後題二十六日不署年月末行一勅字極大又有勅杜範三字亦鈐書詔之寶外周有長方界似是封皮也下方有杜範跋後題嘉熙三年七月日朝奉郎右文殿修其下皆闕唯存拜手稽首謹書六字以本傳攷之云嘉熙二年差知寧國府明年至郡四年還朝則嘉熙三年正範在郡日也宋時差遣以帶職爲榮故史於寄祿官多不書範官朝奉郎固可不載其除右文殿修撰亦不書則史之闕漏矣勅文云肆命相臣肇開督府聯合吳蜀表裏江淮謂史嵩之以右丞相督視兩淮四川京湖軍馬兼督江西湖南軍馬也碑在寧國府署前宣城張惺齋搨以遺予

利 徐清叟等題名　嘉熙己亥

右徐清叟等題名文云嘉熙己亥重九日帥守建安徐清叟直翁繡使稽山黃自明明仲同游凡七行刻於留公巖攷宋史清叟嘗爲集英殿修撰知靜江府廣西經畧安撫

使宋時稱安撫使爲帥知府知州爲守故有帥守之稱清叟應龍之子宋史有傳而失其里居讀此刻乃知爲建安人史稱清叟字直翁據石刻乃是直字石刻之有裨於史學如此綉乃繡之俗體綉使未知何官俟攷

利　贈直龍圖閣曾三聘神道碑　嘉熙四年

右贈直龍圖閣曾文節公碑在粤西龍隱上巖題云有宋特贈正奉大夫直龍圖閣謚忠節曾公神道碑中大夫參知政事同提舉編修經武要畧同提舉編修勑令南充郡開國侯食邑一千六百戸食實封四百戸賜紫金魚袋游佀撰攷宋史宰輔表嘉熙三年八月戊戌游佀自簽書樞

密院事除參知政事四年閏十二月丙寅除知樞密院事則游公製文當在三年八月以後碑末題明年孟夏必是四年事矣曾三聘以嘉定三年十月卒越二年而葬墓本在江西嘉熙中其子宏正任廣西漕運判官以三聘嘗破廣西提刑之命因鑱是碑於巖石碑載三聘兼考功郎爲右正言黄艾論罷旋起知郢州中丞何澹論丞相汝愚不遵壽皇成法經論罷者未得祠乃徑與郡改主管武夷山沖祐觀秩滿再知郢州將奏事諫官陳自强等論三聘爲汝愚腹心詔追兩官嘉泰元年皇子生復元秩久之予祠又久之差知郴州改廣西提刑未赴改湖北力辭又主管

沖祐觀卒年六十有七較之本傳爲詳游佀傳但云封南充縣伯進爵郡公中間嘗進封縣侯史亦未之及佀稱其父爲太師忠公而游仲鴻傳亦不載贈太師事

貞　黄朴題名　嘉熙庚子孟秋

右黄朴題名正書七行在廣東提學署後圃九曜石上其文云嘉熙庚子孟秋長樂黄朴成甫約同郡唐璘伯玉蕭田劉克莊潛夫泛舟仙湖予嘗讀後村集譜其歷任歲月蓋嘉熙元年丁酉由侍右郎官免歸主管成都玉局觀二年戊戌除知袁州三年巳亥改主管華州雲臺觀其九月除提舉江西常平以從弟嫌辭十月改除廣東提舉四年

庚子春到廣東任又權郡事其秋遷廣東漕明年辛丑改元淳祐其秋以言者論列改提舉建康府崇禧觀此刻題庚子孟秋蓋在提舉任尚未得遷運判之命黄唐兩君當是同官於粤者惜乎志乘未之載也是歲後村年五十有四

利　理宗道統十三贊　淳祐元年孟春

右理宗道統十三贊紹定三年製淳祐改元孟春謁先聖就賜國子監宣示諸生前有庚寅御書印後有辛丑御書之寶印今在杭州府學郎南宋之國子監十三贊者伏羲堯舜禹湯文王武王周公孔子顏子曾子子思孟子玉海

所謂淳祐聖賢十三贊也

貞 經筵薦士章藁 淳祐元年七月刻

右經筵薦士章藁熙甯中樞密直學士尚書右司郎中兼侍讀陳襄上進所薦者端明殿學士右諫議大夫集賢院修撰提舉西京嵩山崇福宮司馬光端明殿學士翰林侍讀學士尚書吏部郎中知許州韓維翰林侍讀學士寶文閣學士尚書戶部侍郎提舉西京嵩山崇福宮呂公著祕書監集賢院學士知杭州蘇頌右諫直集賢院孫覺尚書祠部員外郎祕閣校理知齊州李常尚書兵部員外郎直集賢院知和州范純仁尚書祠部員外郎直史館權知

河中府蘇軾尚書祠部員外郎集賢校理權知洪州曾鞏尚書祠部員外郎集賢校理同修起居注孫洙祕書丞集賢校理史館檢討王存太子中允館閣校勘判武學顧臨祕書省著作佐郎集賢校理知太常禮院林希太子中允館閣校勘簽書應天府判官廳公事劉摯太常博士崇文院校書句當宗正丞公事虞太熙太子中允監西京洛河抽稅竹木務程顥太子中允權發遣淮南西路轉運判官公事劉載殿中丞新差充秦鳳熙河路措置邊事司句當公事兼催督軍須薛昌朝祕書省著作佐郎前崇文院校書張載權興國軍節度掌書記見磨勘蘇轍前台州司戶參軍召試館閣孔文仲新差歙州軍事推官吳賁前泗州延陵縣令吳恕尚書屯田郎中知開封府太康縣事林英尚書都官員外郎監泗州河南轉般倉孫奕祕書省著作佐郎監揚州糧料院林旦太常博士新差監衡州在城鹽倉鄒何尚書右司郎中分司南京李師中尚書兵部員外郎傅堯俞太常博士新差河東路提點刑獄公事胡宗愈前祕書省著作佐郎王安國太子中允降授大理評事唐坰前光州司法參軍監安上門英州安置勒停鄭俠凡三十有三人李心傳繫年要錄紹興元年十一月壬子手詔內外侍從各舉所知三人限五日以聞舉得其人當受上

賞毋以先得罪於朝廷及蔡京王黼門人爲嫌先是上得陳襄薦司馬光等三十三人奏章大善之故有是詔宋史藝文志所載紹興求賢手詔一卷卽此也此碑上層有紹興手詔中二層爲襄薦藁末一層則襄五世從孫塏跋也塏在淳祐元年以直龍圖閣提點浙西刑獄因刻石於平江憲治不知何時移置府學予嘗讀牟獻之集言古靈薦章皆親筆塗改勾注其旁蓋此藁眞迹獻之猶親見之今久不存卽此碑近在吳中亦無過而問者甚矣好古之難得也

利 白雲山慈聖院圓通殿記 淳祐四年仲冬

右白雲山慈聖院圓通殿記承議郎新權知邵武軍兼管內勸農事借緋樓扶撰併書少保觀文殿大學士醴泉觀使兼侍讀衛國公鄭淸之篆額扶从木旁宣獻公鑰之孫延祐四明志載扶所撰鮑君廟碑周公謹絶妙好詞載扶水龍吟菩薩蠻二詞皆从手旁傳寫之譌也

利 桂州撤戍記 淳祐六年三月

右桂州撤戍記刻於龍隱下巖大畧言淳祐乙巳天子以蒙古侵大理預戒不虞詔京湖大制閫調兵戍廣以十月二十六日抵桂林邊境肅淸警報不至次年春得旨撤戍以三月初十全師言旋并列出師主兵官姓名文尚完好

惟姓名多刓落攷其時孟珙爲京湖制置使宋史珙傳樞密調兵五千赴廣西珙移書執政言大理至邕數千里部落隔絶闖風謂遣空費錢糧無補於事不聽卽其事也神勇軍勇信軍獅子崖義士軍湖南飛虎軍皆南渡後置不在禁廂兵之數宋史兵志畧不及之

利 天文圖地理圖帝王紹運圖 淳祐丁未仲冬

右天文地理帝王紹運三圖皆在蘇州府學其地理圖旁有東嘉王致遠跋語四行云右四圖兼山黃公爲嘉邸翊善日所進也致遠舊得此本於蜀司臬右浙因摹刻以永其傳攷宋史黃裳傳遷嘉王府翊善作八圖以獻曰太極曰三才本性曰皇帝王霸學術曰九流學術曰天文曰地理曰帝王紹運以百官終焉裳字文叔兼山蓋其自號致遠所刻四圖其一久失不知爲何圖矣文叔劍州人故其圖流傳於蜀致遠爲浙西提刑治吳中因刊石郡學也

利 邕州重建學記 淳祐辛亥春季

右邕州重建學記賓州軍事推官權邕州通判鄧容撰爲教授梁應龍重建州學而作容與應龍蓋同年進士唐宋人重同年而年弟之稱見於石刻者惟此爾篆額出察推宋謜之手邕字當从巛此从水紕繆之甚

亨 御書放生池勅 淳祐十年正月

右御書放生池勅初仁宗景祐三年有詔乾元節諸州軍設宴毋得多殺物命至是理宗申明故事御書勅旨令於所在放生池刻石今崑山縣之淸眞觀故宋放生池也石刻尚存下方有知縣項公澤跋惜經明人翻刻神采已失宋時知縣結銜例兼弓手寨兵軍正石刻訛弓手爲巴王明人之不學如此理宗又嘗製訓廉謹刑二銘戒飭中外計江以南必尙有摹勒上石之本惜予未之見也

貞 李艮等題名 淳祐丁未

右李艮等題名在杭州之天竺山其文云淳祐丁未立秋二日天台李艮夏紹基武夷翁孟寅金華何子舉嘉禾葉

隆禮宛陵矣　來遊喜雨凡十行隆禮郎撰契丹國志者而宋史不見其名爵里遂無攷讀此刻知爲嘉興人檢嘉興志隆禮淳祐七年進士則丁未正隆禮登第之歲也是歲六月癸巳賜進士張淵微等五百二十七人及第出身淵微等以闕雨請免瓊林賜宴故此題有喜雨之語李㫬諸人殆皆新進士與隆禮爲同年生歟

貞蔡杭題名 淳祐辛亥仲春

右蔡杭題名十一行文云蔡杭自江左移憲浙東便道過家泛舟九曲積雨新霽山川呈秀哦咏而歸同游者謝元龍藍簡子蔡勳吳載詹復子公亮侍時淳祐辛亥仲春誌

按宋史列傳有兩蔡杭此則西山先生之孫官參政謚文肅者也予細審此刻抗字从木旁與東都蔡抗从手旁者不同攷癸辛雜識兩載杭事一从木旁一作杭郎杭之譌與石刻正合又其兄模名亦從木旁則宋史作抗者爲誤本傳云官江東提點刑獄加直祕閣特授尙書司封員外郎進直寶章閣尋加寶謨閣移浙東此刻亦云自江左移憲浙東似相符合但南宋時諸曹郎皆爲職事官外任未有兼帶者杭何以特授司封之職殊不可曉仲節家於建陽非自江赴浙經由之路而云便道者宋制外任差除有云塡見闕者例當疾速之任有云替某人成資闕者前任資歷未滿交代之期尙遠不妨便道過家也浙東提刑淳祐十一年五月到任郎辛亥歲也仲春過家仲夏到任先後正合

貞四明程振父等題名 淳祐辛亥春分

右四明程振父等題名在虎邱試劍石之右其文云淳祐辛亥春分四明程振父天台趙必巽方甫眉山蘇囦同以東餉檄委在吳直暇載酒來游此山甫弟來侍子弱冠時郎摩挲此石未審東餉之語頃乃知東餉郎淮東總領司總領專司屯駐御前軍錢糧故有餉名淮東淮西各置總

司故稱東餉但不識其時淮東總領爲何人耳

貞帶御器械張塤壙刻

右帶御器械張塤壙刻塤字伯和世居會稽之蕭山其妻長興縣主爲榮文恭王之妹郎理宗姑也初授承信郎紹定六年從銓曹注盜國府監稅端平六年召除閤門看班祇候轉承節郎嘉熙三年二月丐外特添差揚州兵馬鈐轄仍釐務帶行閤門祇候淳祐元年九月差兩浙東路兵馬鈐轄衢州駐劄帶閤職如故二年轉保義郎六年四月差兩浙西路馬步軍副總管臨安府駐劄待次十一月詔入爲帶御器械兼幹辦皇城司七年十二月轉成忠八年

二月轉忠翊十二月御帶因任十年十月轉忠訓十一年十二月以皇城親從陞諸班直汾賞起轉修武十二年八月屬疾乞掛衣冠上不允轉訓武主管佑神觀疏再上轉武翼郎致仕終于寢得年六十有九以癸丑歲十一月甲申合葬於邑之夏孝鄉越王山之原碑末題孤哀子萊孫稱孫識從事郎資善堂檢閱劉仰祖填諱南宋墓誌存于今者罕矣此刻獨完好悲其爲穆陵至戚而名不登于史冊又可藉以考見武臣遷轉之法故具錄之

利 太白脫韡圖

右太白脫韡圖知太平州牟子才刻石有贊宋史子才在

太平建李白祠自爲記又寫力士脫韡之狀爲之贊而刻諸石屬有拓本遺董宋臣宋臣大怒持二碑泣愬於帝此碑卽其一而祠記久不存矣碑在學宮牆傍明成化六年提學御史張敭移置集賢門內作亭覆之知府施奇記其事於左方其下又有康熙癸丑寇明允題字

貞 太學土地封勑告 寶祐四年九月

右太學土地封勑告二通一淳祐六年五月封正顯昭德文忠侯其云右丞相侶者游侶也知樞密院事兼參知政事葵者趙葵也同簽書樞密院事兼權參知政事韡者陳韡也一寶祐四年八月封正顯昭德文忠英濟侯其云右丞相元鳳者程元鳳也參知政事似道者賈似道也參知政事抗者蔡抗也前載勑詞次列宰執及給事中中書舍人銜次書某月某日某時都事某受左司某付吏部次再列宰執及吏部尚書侍郎銜不著姓名次大書告某封號奉勑如右符到奉行鈐以尚書吏部之印次列主事令史書令史姓名次書某年某月某日下蓋當時文書之式如此宋自元豐以後臣僚除官勑出於尚書省付舍人院撰詞經門下錄黃付吏部乃書告行下觀此刻知諸神加封亦然矣南渡太學土地相傳以爲岳忠武飛葢紹興時以忠武故宅改建

利 山谷返櫂圖

右山谷返櫂圖亦牟子才所刻子才之孫應復元時爲歸安縣尹承行省命督海漕至太平路題字左方子才以資政殿大學士致仕史但稱學士其謚清忠亦史所未載也應復以重紀至元戊寅歲留題云於今八十三年則二圖以寶祐四年刻石矣

利 吳郡鄉舉題名

右吳郡鄉舉題名自紹興十年庚申至寶祐六年戊午凡四十科吳郡志但有進士題名而鄉薦姓氏不及焉此碑文字完好南渡百餘年文獻賴以攷證而後來修志者畧

不載入當時采訪諸君未免失其職矣龔明之中吳紀聞云姑蘇自祥符間定制科舉以四人爲額慶曆中就舉者止二百人范貫之作送錢正叔赴舉序已言四人之額視它藩爲最寡熙寧元豐間應舉者漸多增爲六人三舍既行罷去科舉法歲貢四人舍法罷乃合三年之數爲十二人紹興丙子又增流寓一名今終場者幾二千人其額又不勝其窄矣今據題名紹興庚申甲子二科皆十二名丙子以後每科十三名正與龔所記合唯紹興丁卯止四名後有空行當是年久遺落而庚午癸酉兩科各十六名不知又何說也郡所統五縣後又增嘉定一縣而嘉定竟無

一人登鄉薦者葢建邑伊始未漸詩書之澤故也碑在府學儀門外其陰爲元人刻廟學記易置向外而正面倚壁故見之者尠

利 逸老堂記 開慶元年七月

右逸老堂記在寧波城內月湖中央紹興十四年郡守莫將刱建以祀唐祕監賀公季眞取李太白四明逸老賀知章之句爲堂名也開慶初郡守吳潛重建爲文記之碑末題觀文殿大學士銀青光祿大夫沿海制置大使判慶元軍府事兼管內勸農使金陵郡開國公食邑五千九百戶食實封一千七百戶吳潛記中散大夫直祕閣致仕歷陽縣開國男食邑三百戶賜紫金魚袋張卽之書降朝散大夫直寶章閣祥符縣開國男食邑三百戶賜紫金魚袋趙汝棣篆額樗寮書法爲當時推重此記乃晚年之筆神采秀勁無一弛懈眞老斲輪手也

利 賀知章像贊

右賀知章像刻於逸老堂記之陰爲之贊者亦吳潛也其詞云粤惟二疏輔導漢元作其卽位旋以飄然粤惟先生師傅唐肅太陽未升去之已速前疏後賀夫豈異情葢以兩疏比賀公又以疏之去在漢元卽位之日與賀異趣曾不思疏廣乞骸骨在宣帝時非元帝也潛以進士第一人

登科竟未寓目班史耶

貞 賜忠顯廟牒 景定元年八月

右勑賜忠顯廟牒牒尾署少師右丞相衞國公者賈似道也知樞密院事兼參知政事朱者朱熠也簽書樞密院事兼權參知政事皮者皮龍榮也咸淳臨安志稱紹興十二年詔禮部討論太學養士法仍令臨安府權於府學措置增廣十三年六月臨安守臣王㬇卽岳飛宅建學成詔禮部侍郎直學士院王嚳爲記此碑引國史紹興三十二年以岳飛宅爲太學與臨安志紀年互異未審誰得其實志又云太學后土神廟在學之東南隅端平二年爵通侯賜

廟額淳祐六年再加封贊書有云相傳中興名將英靈未泯肸蠁甚著蓋其故居自是遂明指神爲岳忠武王景定二年從監學之請超封王爵卽其舊謚易武爲文仍改廟額曰忠顯神之父母妻子下逮將佐皆有命秩今以此碑攷之知當時封神父和顯慶侯母姚氏元闕兩字夫人妻李氏德正夫人子雲繼忠侯雷紹忠侯霖續忠侯震緝忠侯霆纘忠侯子婦五人相德介德助德翊德贊德夫人將佐張憲烈文侯徐慶昌文侯黃先煥文侯牛皐顯文侯李寶崇文侯王貴尙文侯而神號由八字侯超封二字王也

廣州光孝寺大鑒禪師殿記　咸淳五年十一月

右廣州光孝寺大鑒禪師殿記咸淳五年十一月初七日華文閣直學士通奉大夫廣南東路經略安撫使馬步軍都總管兼知廣州軍州事兼管內勸農使陳宗禮記朝散大夫提舉廣南東路常平義倉茶鹽公事兼權運判介應激題蓋宣教郎知廣州南海縣主管勸農公事兼弓手寨兵軍正王應麟書令在寺之六祖殿前楷書頗有法嶺南人以爲王伯厚筆也予攷伯厚以淳祐元年登進士寶祐四年中博學宏辭科至度宗時名位已高無緣出爲縣令宋史本傳亦不云知南海縣疑别是一人與厚齋同姓名者爾宗禮字立之應激字公定宋史皆有傳予後讀宋潛溪集有封承事郎給事中王公穀墓版文其祖應麟知南海縣事乃悟碑卽此人所書乃泉州晉江人非浚儀王氏也

金剛般若經

右金剛般若經石幢八面在歷城縣南關正覺寺經文則鳩摩羅什譯本也後題齊州啟聖禪院金剛般若波羅蜜經幢頌并序序文漫漶惟比邱處客俗姓韓數字可辨不著撰人姓名亦無年月驗其字畫當是宋刻攷政和六年以英宗由齊州防禦使入繼升齊州爲濟南府碑稱齊州當在政和以前又恒字眞宗御名此碑竝未缺筆疑是宋初所立矣

卞忠貞墓碣文

右卞忠貞墓碣文云晉尙書令假節領軍將軍贈侍中驃騎將軍成陽卞公墓凡兩行二十二字字徑五寸餘結體方嚴似顏平原周吉甫金陵瑣事以爲宋龍圖閣直學士葉清臣書攷之曾肇碑記良然或云魯公書者非也蘇峻之平也朝議贈卞公左光祿大夫加散騎常侍尙書郎恒訥議宜加鼎司之號乃進贈驃騎將軍加侍中訥復固爭始改贈侍中驃騎將軍開府儀同三司晉制驃騎已下諸大將軍不開府者品秩第二開府位從公者品秩第一所

謂位從公者儀同三司也此碑書贈官不及開府儀同三司是舍其大者而舉其輕者矣

眾樂亭詩

右眾樂亭詩石刻在寧波府賀監祠下截剝落失其刊刻歲月詩爲錢公輔首唱而王安石司馬光鄭獬邵必吳中復吳充馮浩和之最下有孟家一字可辨當是王益柔也君倚作詩在知明州日其後被召同知起居注乃邀諸公同作故鄭毅夫詩有使君今作螭頭臣之句介甫嘗知鄞縣然不與君倚同時此亦同在起居注局所作也吳中復興國州人而自署渤海蓋舉其舊貫也諸作大率鋪敘燕游之盛不如溫公使君如獨樂眾庶必深嚬一聯得風人之致

陳塏采石磯詩

右陳塏采石磯詩後題門生儒林郎改差監提領江東淮東路茶鹽所都鹽倉兼檢視洪韋立石今在采石之峨眉亭竹君學士疑爲元碑予按宋史塏字子爽嘉興人嘗爲提領江淮茶鹽所兼知平府韋蓋其所辟故有門生之稱碑雖無年月以塏歷官攷之當在淳祐間矣職官志有提舉茶鹽司別無提領之名監當官兼檢視亦史所未載也

建康府甎

右建康府甎嘉慶庚申瞿生鏡濤於鄉試號舍壁間得之古甎文多隱起此獨深刻書法遒美頗似思陵御筆非尋常摶埴工所及也此甎不題年月又無匠役姓名攷景定建康志建炎三年四月上如建康詔改江寧爲建康府則爲南宋刻無疑

閤門寄班祗候洪公墓碣

右閤門寄班祗候洪公墓碣在嘉定縣西北鄉朱魏土地廟文已磨滅不可識唯額題宋故閤門寄班祗候洪公之墓十二字正書尚完好攷宋史職官志東西上閤門篇有祗候十有二人又增置看班祗候六人無所謂寄班者而入內內侍省篇有云嘉定初詔內侍省陳乞恩例觀屬充寄班祗候以十年爲限似南渡後乃有寄班之名後讀續通鑑長編天禧四年四月丁酉詔寄班祗候自今準三班使臣所定年限考課又檢宋史石普傳十歲給事邸中以謹信見親補寄班祗候劉文質傳以左班殿直遷西頭供奉官寄班祗候張昭遠傳擢左班殿直寄班祗候乃知真仁兩朝已有寄班祗候職官志漏而不書耳

姑孰帖

右姑孰帖宋人所刻石已散亾今存太平府學者僅第三第八第九數石而已第三爲東坡先生書洪容齋所刻

其跋云東坡先生所書詩文十篇邁得之刻於當塗郡齋今合計詩偈表詞止六篇則已失其四矣第八第九皆放翁書而第八卷首題云放翁先生帖三第九卷首題云放翁先生帖四可知放翁之帖散佚更多即其存者亦多不全竟未審何人所刻又有一石乃蘇子美書淳熙戊戌知州楊倓刻前半亦闕不知其卷第也倓和王沂中之子紹興二十七年王十朋榜進士見咸淳臨安志

利 留忠宣帖

右留忠宣公三帖皆與曾無玷者第一帖云昨聞有臺屬之命玫咸淳毗陵志曾三復紹熙二年正月以朝散大夫

金石文跋尾　十七　十九

知常州在任轉朝請大夫十一月改差御史臺檢法官帖所云十一月即紹熙二年之十一月也第二帖題七月亦紹熙二年之七月其時三復正在常州此帖本在前帖之前宏父刻石失其次矣第三帖當在慶元元年其云比蒙恩渥復畀職名謂是年六月復留正觀文殿學士充醴泉觀使也三帖皆稱無玷爲年兄曾宏父亦云梁文靖乾道壬辰入相先君少師是年擢第與留忠宣俱爲同年然則留正與曾三復俱乾道八年壬辰歲進士而宋史曾三復傳云乾道六年進士留正傳云紹興十三年第進士皆誤宋時進士三歲一舉紹興十三年癸亥乾道六年庚寅非貢舉之歲也

偽齊

利 華夷圖 阜昌七年十月

右華夷圖不著刻人名氏題云阜昌七年十月朔岐學上石蓋劉豫時所刻其年十一月豫爲金人所廢阜昌之號終於此矣唐貞元中宰相賈耽圖海內華夷廣三丈從三丈三尺以寸爲百里斯圖蓋仿其製而方幅縮其什之九京府州軍之名皆用宋制開封爲東京歸德爲南京大名爲北京惟河南不稱西京未詳其故也碑云四方蕃夷之地賈魏公圖所載凡數百國今取其著聞者載之又參考

金石文跋尾　十七　二十

傳記以敘其盛衰本末至如西有沙海諸國西北有奄蔡北有骨利幹東北有流鬼以其不通名貢而無事於中國故略而不載此亦見其去取之不苟矣

遼

利 白川州佛頂尊勝陁羅尼石幢記 開泰中

興中故城東北六十七里有古城址周不及三里遼白川州地也城中有遼石幢記首云奉爲神贊天輔皇帝齊天彰德皇后萬歲親王公主千秋文武百僚恒居祿位風調雨順海晏河淸一切有情同霑利口按聖宗加上尊號凡六曰昭聖者乾亨四年也曰天輔者統和元年也曰至德

廣孝昭聖天輔者五年及二十四年也曰宏文宣武尊道至德崇仁廣孝聰睿昭聖神贊天輔者開泰元年也曰睿文英武遵道至德崇仁廣孝功成治定昭聖神贊天輔者太平元年也此云神贊天輔皇帝則石幢之立當在開泰以後矣遼史仁德皇后傳稱統和十九年册爲齊天皇后本紀亦同自後別無加上尊號之事史文闕略當據此以補之但不知在何年耳其云親王者大丞相晉國王耶律隆運也記文爲長寧軍節度掌書記儒林郎試大理評事武騎尉王桂撰後有長寧軍節度管內觀察處置等使金紫崇祿大夫檢校大傅使持節白川州諸軍事白川州刺

史兼御史大夫上柱國丁己下俱闕疑書石人名也遼史地理志川州明王安端置會同三年詔爲白川州安端子察割以大逆誅沒入省曰川州不云省于何年金史則云天祿五年去白字今此幢立于聖宗時猶稱白川州可見金史考之未審也左方列銜可辨識者有銀青崇祿大夫兼監察御史武騎尉商稅麴務都監王元泰銀青崇祿大夫兼監察御史武騎尉同監麴務張翼三司押衙麴務判官兼知商稅事翟可行銀青崇祿大夫檢校工部尚書兼御史大夫上柱國崔辰儒林郎試大理評事守白川州咸康縣令武騎尉王□銀青崇祿大夫檢校左散騎常侍兼

殿中侍御史驍騎尉江濤觀察判官儒林郎試大理司直雲騎尉賜緋魚袋田能成管內觀察處置等使金紫崇祿大夫檢校大傅使持節白川州諸軍事白川州刺史兼御史大夫上柱國鉅鹿縣開國子食邑五百戶耿延□諸人於史無所表見惟聖宗紀有昭德軍節度使耿延毅其爲一人與否惜石文斷裂無從知之矣遼史志百官於南面尤略此所載結銜有散官有檢校官有憲官有試秩有勳有爵有賜有食邑皆史所未詳至商稅麴務都監同監麴務及麴務判官之設百官食貨兩志俱遺之所宜特書以補正史之缺漏也

元憫忠寺觀音菩薩地宫舍利函記 大安十年閏四月

右大憫忠寺觀音菩薩地宫舍利函記劉氏帝京景物略朱氏日下舊聞俱會載之予在京師數遊斯寺問寺僧記所在俱云無有今春同家詹事載朱學士筠紀太僕復亨曹給事學閔到寺觀海棠偶見旁院牆腳支瓮方石形製有異撤而視之則斯記也文甚完好後題大安十年歲次甲戌閏四月辛未朔二十二日壬辰甲時改遼道宗金東海侯俱以大安紀年東海侯享國纔三年耳此云大安十年蓋遼之大安而劉氏以爲金刻亦攷之未詳矣予頃遊馬鞍山戒壇寺見遼學士王鼎撰法均禪師碑後題乾時

又石幢二皆遼時刻一題庚時一題坤時潭柘山有了公禪師塔銘金大定中刻亦題庚時今此記稱甲時蓋遼金石刻之文多作斯語以甲乙丙丁庚辛壬癸乾坤艮巽代十二支也庚寅三月二十二日書

元易州興國寺太子誕聖邑碑　壽昌四年七月

右易州興國寺太子誕聖邑碑沙門方偁撰文范陽逸士張雲書太子誕聖邑者千人邑之名以四月八日誦經禮佛而名之也遼史禮志二月八日爲悉達太子生辰京府及諸州雕木爲像儀仗百戲導從循城爲樂葉隆禮契丹國志本作四月八日此碑亦以四月八日爲誕聖之辰則

禮志所稱誤矣然金史海陵紀有禁二月八日迎佛之文知當時固有以二月爲佛生辰者非後人轉寫之誤也碑末列銜者都維那右監門衛大將軍知易州軍州事兼淤邊巡檢安撫屯田勸農等使耶律遷朝散大夫尚書左司郎中通判軍州事賜紫金魚袋武騎尉楊舉直朝散大夫尚書比部郎中知易縣事飛騎尉借紫劉琚妻李氏儒林郎試大理司直守司戶叅軍借緋靳佑臣承務郎試太子校書郎守司候叅軍雲騎尉李師仲承務郎試太子校書郎守易縣主簿兼知縣尉宋公絢將仕郎守國子直講官學黃溫仁儒林郎守太子校書郎雲騎尉知律劉詠軍事判官文林郎試太子校書郎魯去華都孔目官文林郎試太子校書郎武騎尉周師安左都押衙李照右都押衙王文信知客石恩副知張存知衙韓安安撫押司官楊師言印官韓仁詮前行曹拱溫後行劉世宣州司呈押田滌書表馮詮印官何閏前行孫世卿前行石惠司候司典曹福本典王恩皆州之官吏也遼史百官志南面方州官州有刺史縣有令而碑所載知軍州事通判軍州事知縣事之名史皆失書蓋遼之官制多雜采唐宋之名志以爲大略采用唐制者猶未甚核故予特標而出之俾後之言官制者有所攷焉

元玉石觀音像唱和詩碑　壽昌五年九月

右玉石觀音像詩碑首唱者崇祿大夫檢校太師行鴻臚卿英辨大師賜紫沙門智化和之者兵部尚書兼門下侍郎平章事鄭若愚左僕射兼中書侍郎平章事韓資讓兵部尚書興中尹趙庭睦諸行宮都部署尚書左僕射梁援特進禮部尚書叅知政事趙長敬觀書殿學士翰林學士行尚書禮部侍郎知制誥馬元俊中大夫昭文館直學士知御史中丞開國侯劉環度支使金紫崇祿大夫行尚書禮部郎中史仲愛乾文閣待制史館修撰曲正夫朝請大夫守祕書監開國伯賜紫金魚袋王執中南面統行宮都部

署口口口尙書吏部員外郎于復先前樞密院吏房承旨行殿中少監王仲華朝議大夫知制誥開國子孟初朝散大夫司農少卿知大定少尹賜紫金魚袋張識司農少卿知度支副使楊滌瑕守殿中少監知析津縣事李師範口口口口口行御史中丞賜紫金魚袋李口口提點弘法寺將作監張口口內藏副都監朝散大夫尙書虞部郎中借紫寇口口殿中丞直史館張埼左承制閤門祗候韓汝礪崇祿大夫檢校司徒辨慧詮正大師賜紫沙門善　凡二十二人書石并篆額者門人講華嚴經苾蒭性煦也立碑年月則壽昌五年九月也遼史韓延徽傳資讓壽隆初拜

中書侍郎平章事道宗紀壽隆三年四月南府宰相趙廷睦出知興中府事九月以梁援爲漢人行宮都部署碑載三人結銜皆與史合碑有平章事鄭若愚叅知政事趙長敬而遼史無之惟本紀壽隆元年見叅知政事趙孝嚴六年見宰相鄭顓官同姓同而名則互異不可解也碑後又有講經法姪性連資講僧性鑒二詩字體疏密與前不相應又侵末行題款字蓋立石以後補刊者

元 釋迦佛舍利鐵塔記 重熙十六年四月

右釋迦佛舍利塔記與中故城之址有浮圖三焉土人名其地曰三座塔其南塔之前嘗有掘土得地宮一崇八尺廣六尺五寸八面相等周遭嵌碑文其一片云維大契丹國興中府重熙十五年丙戌歲十一月丁丑朔十六日壬辰起手鑄次年四月乙巳朔八日壬子午時瘞釋迦佛舍利記凡五十字字大徑二寸餘末載辦塔主僧則覺花島海雲寺業律沙門志全也塔徙于天慶二年以釋慧材所撰記攷之塔蓋十三簷藏釋迦佛舍利一千三百餘顆定光佛舍利六百餘顆此惟云釋迦文不備也遼自太宗建國號大遼以後聖宗統和元年復國號曰大契丹道宗咸雍二年復稱大遼遼史俱沒而不書國號之更易事莫大于是而不盡書其餘之闕漏可勝言哉讀此碑益慨然于

文獻之無徵也

元 安德州剏建靈巖寺碑

右安德州剏建靈巖寺碑朝請大夫守殿中少監知安德州軍州事耶律劭撰文沙門恆劬正書碑陰記則恆劬撰文而劭篆書今在興中故城東南七十里柏山之顚字畫完好小篆尤工不減夢瑛党懷英也文云壽昌初元歲次乙亥按洪遵泉志有壽昌元寶錢引李季興東北諸蕃樞要云契丹主天祚年號壽昌又引北遼通書云天祚即位壽昌七年改爲乾統今遼史作壽隆不云壽昌或疑泉志之誤予見遼時石刻稱壽昌者多矣無有云壽隆者東都

寡略文獻通考皆宋人之書也亦稱壽昌其以爲壽隆者遼史之誤也遼人謹于避諱光祿卿之改崇祿避太宗諱也改女眞爲女直避興宗諱也追稱重熙爲重和避天祚嫌名也凡石刻遇光字皆缺畫或作充此碑亦然道宗者聖宗之孫而以壽隆紀元犯聖宗之諱此理之必無者矣

元 釋迦定光二佛的身舍利塔記 天慶二年

右釋迦定光二佛的身舍利塔記在重熙鐵塔記之旁天慶二年釋慧材撰文作駢體亦瑣瑣可誦敘重熙十五年鑄鐵塔事以重熙爲重和初疑其誤後讀老學庵筆記有云政和末議改元王黼擬用重和既下詔矣范致虛間白上曰此契丹號也故未幾復改宣和然契丹年名實曰重熙後避天祚嫌名追謂重熙曰重和耳不必避可也乃知改熙爲和實以避諱之故碑文刻于當時果無誤也然此事遼史亦未及之世謂稗官小說無益于史豈其然哉

潛研堂金石文跋尾卷十八

錢大昕著

金

都統經略郎君行記　靈峯院千佛洞碑　沂州普照寺碑　宜州懸峪道院復建藏經千人邑碑　廣福院尚書禮部牒　臨潼縣九陽鐘銘　博州廟學記碑陰記　蓮峯眞逸二絕句　馬丹陽滿庭芳及歸山操·威顯廟祈雨感應記　党懷英四絕句　重修至聖文宣王廟碑　完顏璹孔廟祭文　重修蜀先主廟碑　許古題名　利州精嚴寺蓋公和尚行狀銘　遊百家巖詩　硤石山福嚴禪院記　貞祐寶券文　重修府學教養碑　濟瀆靈應記　重修濟瀆廟記

元一

湛然居士功德疏　中書省公據　令旨重修草堂寺碑　雲峯眞人康泰眞碑　祭濟瀆記　重立孟州三城記　濟南孟公神道碑　御香投龍簡感應碑　何瑋祭張飛卿文　寶積寺鐘銘　王惲漢柏詩　樓觀宗聖宮說經臺記　嶽陽重修朝元觀記　焚燬諸路僞道藏經碑　孟州學記　大輪禪師

碑　應宜兒赤獵虎記　澤州長官段直墓碑　增
修扁鵲廟記　平江府報恩萬歲賢首教寺碑　慶
元路重建學記　平江路儒學祭器碑　居竹記
蕭山縣學重建大成殿記　重建至聖文宣王廟碑
義州重修大奉國寺碑　觀世音菩薩傳略　松江
寶雲寺記　萬安寺茶牓　江東宣慰使珊竹公神
道碑

金

貞都統經畧郎君行記　天會十二年仲冬月

右都統經畧郎君行記前爲女直字而後以漢字釋之文

稱皇弟都統經畧郎君而不署名金石家或以宗輔當之然宗輔乃太祖之子太宗之姪碑刻於太宗時不當稱皇弟也或以撻懶當之攷金史紀傳其時撻懶又不在陝西予謂此郎君蓋撒离喝也撒离喝本金之宗室又爲世祖養子則與太宗爲昆弟行宜有皇弟之稱李心傳建炎以來繫年要錄云紹興元年（金天會九年）十月宗弼爲吳玠所敗自河東還燕山左副元帥宗維（郎粘罕也金史作宗翰）留宗弼在軍中更以副統撒离曷（與喝同）爲陝西經畧使此云都統經畧正與繫年錄合蓋由副統遷都統也繫年錄又云婁宿引兵來犯吳玠擊敗之撒离曷懼而泣金人因目爲啼哭郎君是撒离喝本有郎君之稱矣金史本傳不載除都統經畧使殊爲闕漏當依繫年錄及石刻補之撒离喝今譯改爲薩里千云

貞靈峯院千佛洞碑　皇統三年七月

右靈峯院千佛洞碑洞在八溝北三百八十里其山曰遼蓋入山十里許有洞土人名爲大碾子洞高丈有二尺廣丈有八尺中刻如來像旁侍阿難迦葉二尊者循洞入少折而西路漸窄高廣不盈丈又折而東亦如之洞內兩旁石厓俱鑿成佛像碑立於洞門外其文云遼乾統三年西山院天台法師鑿山穿石前以成殿後以環洞名曰靈峯

院後遭兵火寺如懸磬皇統辛酉歲僧惠學等請中京資聖院遵悅嗣興之遠近居民各發一念願心匠成千佛石像蓋石像遼天台法師所開洞中千佛則金皇統中僧遵悅成之也遼金以中京爲都會其俗又好佞佛故石像在在有之此碑長興縣鄉貢進士杜彥臣所作文云兹縣之東南有山曰遼蓋知其地於金時屬長興也元中統二年省長興入大定縣

元沂州普照寺碑　皇統四年十月

右沂州普照寺碑文云子城之西南有臺歸然出城隅臺之西復有廢池者舊相傳臺曰曬書池曰澤筆其地蓋晉

右將軍王羲之逸少故宅予攷東觀餘論稱逸少以晉穆帝升平五年卒而昔人又稱右軍三十三書蘭亭序右軍年五十有九以永和九年年三十三推之當卒于孝武太元四年二說不同按晉書謝安傳嘗與王羲之登城悠然遐想有高世之志羲之謂曰夏禹勤王手足胼胝文王旰食日不暇給今四郊多壘宜思自效而虛談廢務浮文妨要恐非當今所宜安之得政在寧康太元之際則太元初逸少尚存以爲卒于升平五年者誤矣永嘉之亂琅邪陷于劉石其時逸少尚未生也安得有故宅在琅邪且有澤筆之池乎碑文集柳誠懸書駸駸欲亂眞與懷仁聖教序

可謂異曲同工檀字右旁缺筆避金熙宗御諱也

貞宜州驪峪道院復建藏經千人邑碑　皇統八年七月

右宜州驪峪道院復建藏經千人邑碑宜州即今錦州府之義州也金史地理志義州崇義軍遼宜州天德三年改州名碑立於皇統八年皇統在天德之前故尚沿遼舊名也道院久廢唯石佛大小數軀尚存其地名臺頭溝在三座塔東北百九十里蓋昔爲義州西境今改屬直隸承德府之朝陽縣也碑云驪峪者耶律詳穩之墳所詳穩遼之官稱不著其名今其墳亦莫知所在矣

剡廣福院尚書禮部牒　大定七年八月

右廣福院尚書禮部牒其畧云澤州陽城縣海會院僧宗暉狀告晉城縣周村社次西有舊下院佛堂一所自來別無名額已納錢壹百貫乞立廣福院勘會是實奉敕可特賜廣福院准敕故牒大定三年十一月初六日月日之下有令史主事二人押牒後列銜五行曰奉議大夫行太常博士權員外郎劉曰中散大夫行員外郎李曰宣威將軍郎中耶律曰侍郎曰中奉大夫禮部尚書兼翰林學士承旨知制誥修國史王其署押者惟員外郎劉一人攷其時任尚書者彰德王競無競郎中以下名字不可攷矣侍郎不書姓者闕員也凡寺院賜額宋初由中書門下給牒元

豐改官制以後由尚書省給牒皆宰執親押字金則僅委之禮部而尚書侍郎並不書押惟郎官一人押行而已但宋時寺院皆由守臣陳請方得賜額金則納錢百貫便可得之蓋朝廷視之益輕而禮數亦替矣

貞臨潼縣九陽鐘銘　大定二十一年四月

右臨潼縣九陽鐘銘縣令柴震所作淺陋無足觀周遭刻官吏及助緣人姓名殆徧其最貴者曰宣差朝散大夫尚書戶部郎中規措銅冶鑄錢所張曰宣差中大夫尚書吏部員外郎規措銅冶鑄錢所麻曰龍虎衞上將軍陝西路統軍使兼京兆尹本路兵馬都總管夾谷清臣曰陝西路

統軍都監曰定遠大將軍同知府尹兵馬都總管李口曰昭毅大將軍府少尹兵馬副都總管段成功曰昭毅大將軍統軍判官耶律一里哥其餘不能悉數矣攷金史食貨志大定十二年正月以銅少命尚書省遣使諸路規措銅貨能指坑冶得實者賞十八年代州立監鑄錢命震武軍節度使李天吉知保德軍事高季孫往監之而所鑄斑駁黑澁不可用詔削天吉季孫官落職更命工部郎中張大節吏部員外郎麻珪監鑄卽此鍾所列張麻二人也史稱大節工部郎中此刻云吏部者蓋由工部轉吏部耳

元博州廟學記　大定二十一年

右博州廟學記東昌人謂之三絕碑三絕者王去非文王庭筠書党懷英篆額也三人金史俱有傳庭筠之父遵古時爲博州倅以興學自任庭筠此書結束殊有力眞可與米顚蕪湖縣學記抗衡而去非作記時年已八十有一耄而能文亦可稱也遵古字元仲好學守道當時稱遼東夫子官至翰林直學士而庭筠傳中祇一見其名未免失之略矣

元碑陰記　大定二十一年六月

右廟學碑陰記遵古撰亦庭筠書而筆勢尤縱逸以古文篆題其額者遵古之門人李穀亦不減党承旨筆法也記末自題熊岳王遵古熊岳縣屬東京路之蓋州故有遼東夫子之稱金史庭筠傳以爲河東人誤中州集庭筠熊岳人

利蓮峯眞逸二絕句　大定戊申正月

右蓮峯眞逸與慶池李氏園二絕句喬君名扆字君章洪洞人元裕之中州集稱其詩樂府俱有名耿所錄詩止一篇又不著其歷官本末據此刻知喬君官至大理丞正隆之亂丞蒲邑保全一城可補中州集之闕矣喬德容嘗爲京兆戶曹中州集亦未載戊申蓋大定紀元之二十八年上休猶言上澣也申天祿時爲長安令

貞馬丹陽滿庭芳及歸山操　大定戊申孟冬

右馬丹陽滿庭芳詞及歸山操詞前題唐括夫人索滿庭芳下云鈺稽首上蓋丹陽自書以遺靈源者歸山操則曰長春所書公主得其本亦以寄靈源兩篇各爲一碑皆有東平吳似之跋年月結銜相同後題皇女宿國公主昭勇大將軍尙衣局使兼近侍局使上輕車都尉彭城郡開國伯食邑七百戶駙馬都尉唐括元義立石亦兩碑相同前跋云靈源姑唐括氏申國太夫人之女大丞相文正公之妹後跋云駙馬唐括昭勇相國文正公之的嗣靈源姑之兄子按金史唐括安禮傳本名斡魯古大定初遷益都尹二十一年拜右丞相進封申國公是歲薨碑所謂大丞相

者蓋卽安禮而傳不云謚文正又不載其子尚公主則史之漏也輟耕錄丘處機号長春子登州棲霞縣濱都里人金皇統戊辰正月十九日生大定丙戌年十九辭親居崑崙山依道者修眞丁亥謁重陽王眞君于寧海請爲弟子戊申召見闕下隨還終南山碑立于大定戊申時長春年四十一正當召見闕下之時故公主亦重其書耳碑在濰縣玉淸宮錢塘朱朗齋摹其文寄示因爲攷正如右

元威顯廟祈雨感應記　明昌三年二月

右威顯廟祈雨感應記廟在河南之新安縣祀隋涼州總管韓擒虎擒虎蓋其縣人也隋書北史本傳俱未載其謚

此記稱韓莊公不知何據

元党懷英四絶句　明昌六年四月

右党懷英書王荊公四絶句今在濟寧州儒學㦸大成門東西壁間懷英以篆隸擅名一代此詩用古文篆尤精妙可愛其云黃菊分香骫路塵蓋借骫爲委字漢書淮南王傳皇帝骫天下正法揚雄長楊賦骫屬而還師古曰骫古委字張表碑旌命骫任亦以骫爲委也云臥看蜘蛛紒網絲借紒爲結儀禮士冠禮將冠者采衣紒注紒結髮古文紒爲結詩毛氏傳象弭所以解紒疏云紒與結義同碑後題濟州普照禪寺住持傳法嗣祖沙門智照立石照卒於明昌六年八月其塔銘亦懷英八分書

元重修至聖文宣王廟碑　明昌六年

右重修至聖文宣王廟碑金史章宗紀明昌元年三月辛巳詔修曲阜孔子廟學三年十月壬子有司奏增修曲阜宣聖廟碑勑党懷英撰碑文卽此碑也文云經始于明昌二年之春踰年而土木基構成越明年而髹漆采繢成先是塑弟子及先儒像畫于兩廡旣又以揑素易之又明年而衆工皆畢蓋其成之難如此又云方役之興也有芝生于林域及尼山廟與孔氏家園凡九本典役者采圖以聞夫芝之生也以不恆見爲瑞明昌之際勑尙書省獻靈芝

嘉禾者有賞此芝與嘉禾之所以日多歟孔林之芝不載于五行志蓋當時獻芝者多不能悉書也史稱承安二年正月特命襲封衍聖公孔元措世襲兼曲阜令碑載于明昌六年賜祭服祭器之前當是明昌五年事此可以證史之誤

貞完顏亶孔廟祭文　承安四年三月

右完顏亶孔廟祭文孔元措跋云相國完顏公自尚書右丞出鎭沈郡攷金史宣宗紀承安二年八月丙戌左宣徽使亶爲尚書右丞三年十二月丙戌尚書右丞亶罷凡史不書姓者皆完顏氏則亶與亶卽一人矣金史始祖以下

諸子傳晉本名阿里剌以皇家近親收充東宮護衛承安二年拜尚書右丞出爲泰定軍節度使晉與膏字形相似傳稱皇家近親其世系則不可攷矣膏膏皆不見於字書葢轉寫之譌當從石刻爲正說文膏用也从亯从自讀若庸此作膏者隸體小變耳唐末兖州節度賜号泰寧軍五代宋皆因之此云泰定者大定十九年改名也史家紀日之例自一日二日以至十日未有加初字者此文云三月癸巳朔初二日甲午蓋流俗之稱然顧寧人記泰山白龍池宋人題名有元祐丁卯孟春初四日奉符合林會題崇寧壬午孟春初七日奉符令李珪題又在此刻之前矣宇文懋昭大金國志其紀日自初二以至初十皆有初字可證金源史家相沿皆如此也

亨 重修蜀先主廟碑 承安四年四月

右涿州重修蜀先主廟碑王庭筠撰字體遒勁郝陵川所云書法二王作眞行得意頗勝如時花者也朱錫鬯日下舊聞載此碑全文但改題中蜀先主爲漢昭烈帝又脫落三十餘字舛誤者亦數字皆當據石本正之張桓侯字益德見於蜀志本傳惟世俗所傳三國演義譌益爲翼錢遵王謂內府板演義猶未譌此碑本作益德而日下舊聞亦譌爲翼葢錫鬯得之傳抄未嘗親至碑所也

利 許古題名 承安五年閏月

右許古題名四行行書文云承安五年閏月廿五日同張君玉吳壽夫來游遂與寂公無二登鳳皇山周覽青蓮之勝鈞幕河間許古道眞題在澤州青蓮寺石柱之側青蓮爲硤石古刹石柱周遭宋金人題刻殆徧予惟得其一爾鈞幕者鈞州幕職古登第後嘗爲之而金史本傳失書姚平塘云古父安仁於明昌中嘗守澤州張君玉吳壽夫疑即進士張天祐吳芝之字皆其父所與遊者寂公謂僧寶寂也

貞 利州精嚴寺蓋公和尚行狀銘 承安五年

右利州精嚴寺蓋公和尚行狀銘今在直隸塔子溝通判治東北七十里俗名大城子卽遼金元之利州也興中故城土人稱爲三座塔此城外亦有石塔大小三所因名小三座塔而利州之名遂隱予以此碑及至元廿四年長壽山玉京觀碑證之知爲利州故城葢金石文字往往有功於地理而塞外荒僻文獻无徵可與言者唯石丈人恨土人不知珍惜耳碑爲北京路轉運支度判官趙秉文撰并書閑閑詞翰金源人最所推重而埋沒于風沙瓦礫之場尤可歎也蓋公本名圓蓋利州阜俗人從北京微公付法大定六年開堂于精嚴寺繼主松林靈感時人稱爲蓋堂

頭

【元】遊百家巖詩　泰和四年三月

右遊百家巖詩題凡六曰嵇康淬劍池曰劉伶醒酒臺曰孫登長嘯臺曰稠禪師庵曰王烈泉曰明月池各賦一絕句泰和甲子三月二十有八日承德郎沁南軍節度副使王宏巨卿題修武校尉守縣令王師韓立石此全金詩所未收也

【利】硤石山福嚴禪院記　泰和六年正月

右硤石山福嚴禪院記奉政大夫中都西京等路按察副使郭俁篆額奉政大夫澤州刺史兼軍州事楊庭秀撰并書凡碑刻篆額人例在撰書者之次俁官階與庭秀相埒且係部民乃列於庭秀前者記爲庭秀自書謙不欲先人也記云近年澤守許安仁子靜李仲畧簡之皆一時文士許李二人金史皆有傳而庭秀亦有詩名書法方整規橅顏魯公足徵金時澤守之得人也記又云承光二年周武帝集沙門於殿庭宣廢佛教按承光齊幼主年號紀元甫一年而爲周所滅承光無二年也齊滅而地入於周當以周建德紀年不當更稱承光矣史載周武帝建德三年初斷佛道二教沙門道士並令還俗其時寺在齊境無由禁斷及滅齊之後甫踰年而武帝即世此禁遂弛故僧寺佛像之在齊境者皆得不毀而緇流好事者以爲遠公之力殊未足信

金石文跋尾　十八

【貞】貞祐寶券文

右貞祐寶券文四周有闌上橫書貞祐寶券四字下一格直書五貫八十足陌六字左旁文云字号右旁文云字料次下一格直書凡九行首列省准印造諸路通行寶券云云次書僞造者斬賞寶券三百貫仍給犯人家產次列貞祐年月日次列尙書戶部勾當官印造庫使副判官寶券庫使副判官等押闌外上方又橫書五貫二字左闌外又有兩合同記斜出其右角侵入闌界文頗曼患予壻瞿生中溶辨其文一云平涼府合同一云京兆府合同按金史食貨志金海陵遷都置交鈔與錢並用宣宗貞祐二年五月權西安軍節度使烏林達與言關陝軍多供億不足所仰交鈔則取於京師徒成煩費乞降板就造便七月改交鈔名曰貞祐寶券又百官志貞祐二年設交鈔庫於上京西京北京東平大名益都咸平眞定河間平陽太原京兆平涼廣寧等府瑞蔚平濤通順薊等州三年罷之此券有不限年月許於京兆平涼府庫倒換語知爲京兆平涼所刻板也

金石文跋尾　十八

【利】重修府學教養碑　正大二年十二月

右重修府學敎養碑在西安府學其云行省參政金源完顏郡公者完顏合達也金史哀宗紀正大元年三月以延安帥臣完顏合達戰禦有功授金虎符權參知政事行尚書省事於京兆合達傳則云元光元年正月遷元帥左監軍權參知政事行省事於京兆未幾眞拜年月互異要當以本紀爲正傳不云封金源郡公蓋史文之漏也書石者爲奉天楊煥卽元史之楊奐說文無煥字徐氏新附有之煥乃奐之俗體非異文

元 濟瀆靈應記 正大五年二月

右濟瀆靈應記文云歲在戊子天子以去冬不雨宵旰憂

民粵春王正月遣資政大夫中常侍兼上林署提點宮籍監使內侍局令尙藥局直長高佑銜命降香于濟瀆顯祐清源王天語一發不浹辰而雨者三使車在路雪復盈尺二月抵祠下謹默致聖意及所賜香酒拜祝于淵德殿尊奠紙于海紙直下如掣俄頃風行波動勢復洶湧有神物出其間狀大數圍俗所謂二將軍者延頸被紙顒首東南且進且退如舞如蹈凡數四有聖闕謝聖恩意中使高佑敬懼灑酒神廼前飲及數卮悠然而去觀者如堵以爲聖主之德至誠感神也按金史禮志明昌間封濟爲清源王此稱顯祐清源王或史有脫文或初封號止二字而後又加二字俱不可知矣哀宗紀正大五年二月乙巳朔大寒雷雨雪木之華者盡死卽此記所云使車在路雪復盈尺也當是時金之國事日棘久旱之後繼以祈寒雨雪民其不堪命矣而中官奉使者且夸以爲至誠所感帝又有賜銀修廟之役豈非上下相蒙國將亾聽于神之驗乎末題宣差從宜經略使奉國上將軍知孟州防禦使護軍金源郡開國侯食邑一千戶食實封一伯戶僕散桓端建孟州金時置防禦宣宗時又置經略司故守臣帶從宜經略使入銜也

元 重修濟瀆廟記 正大五年六月

右重修濟瀆廟記中使高祐祀瀆還奏上靈異特賜銀二萬五千重修祠廟令孟州防禦使僕散桓端同知納蘭和尙司其事廟成爲文記之者種竹老人也

元

亨 湛然居士功德疏 太宗辛卯年九月

右湛然居士功德疏其文云湛然爲萬卦山天寧萬壽禪寺命僕爲功德主者惟萬卦之古刹實萬松之舊遊有虛己飛書請湛然作主勉爲提領良慰殷勤山色水聲永作道人活計漁歌樵唱偸傳衲子家風謹疏辛卯年九月二十九日中書省都功德主湛然居士九八行年月間鈐中

書省印湛然居士下有押湛然居士者中書令耶律楚材也金元之間有僧行秀者號萬松野老楚材從受記莂法名從源號湛然居士自稱萬松嗣法弟子辛卯蓋元太宗之三年是時蒙古未有年號也篆額朝省功德疏五字謬妄已甚而守道一人書頗似黃山谷

亨中書省公據　辛卯年十月

右中書省公據付交城縣萬卦山天寧禪寺准此年月間亦鈐省印後列朝省使省都事書記諸人及太原府西三縣宣差都總管謝未歡交城縣長官覃資榮名覃資榮元史有傳資榮于澄又見良吏傳皆書作譚此碑乃作覃子

又得濟源縣濟瀆廟中統元年五年兩石刻並列總管覃澄名又王惲中堂事紀載懷孟總管覃澄元史世祖紀至元十一年副元帥覃澄亦皆作覃因據以正史文之誤

貞令旨重修岍堂寺碑　丁未年十月

右令旨重修岍堂寺碑碑分四段上兩段稱闊端太子令旨一題癸卯年五月一題乙未年十一月下一段稱皇太子令旨題丁未年四月最下一段稱鐵哥火魯赤都元帥鈞旨題丁未年十月今在鄠縣岍堂寺乙未者元太宗之七年癸卯者太宗之十五年此碑癸卯令旨轉刻於乙未令旨之上蓋摹勒上石時失其次耳丁未者定宗之二年

碑云谷與皇帝史稱定宗名貴由與谷與聲相近太宗紀以中原諸州民戶分賜諸王其云古與者亦謂定宗谷古聲亦相近也元史耶律禿花傳拜太傅總領也可那延統萬戶札剌兒劉黑馬史天澤伐金卒於西河州子朱哥嗣仍統劉黑馬等七萬戶碑兩稱猪哥胡秀才一稱朱哥那衍一稱也可那衍皆謂耶律朱哥也朱哥既襲父職故亦有也可那衍之稱胡秀才當是朱哥賜号非別有一人也劉黑馬傳太宗始立三萬戶以黑馬為首辛丑改授都總管萬戶統西京河東陝西諸軍萬戶夾谷忙古歹田雄等並聽節制碑或稱劉黑馬或稱劉萬戶實一人也田雄傳

癸巳授鎮撫陝西總管京兆等路事碑或稱田拔覩兒或稱田八都魯皆謂田雄也史不云賜名八都魯此可以補史之闕碑有鐵哥丞相又有怙哥都元帥兩人同時同名然皆非元史列傳之鐵哥元人同名者甚多當依年代斷之不可牽混為一也上二道鈐以東宮皇太子寶最下一道鈐副元帥印鐵哥署銜都元帥而印文稱副元帥蓋由副元帥進擢尚未換印耳第一第四段印文旁有畏吾字似是批押之類碑云窩魯朶即斡耳朶荅剌花赤即達魯花赤以至猪哥之即朱哥鐵哥之即怙哥拔覩兒之即八都魯即一碑中亦前後互異蓋譯音初無定字當時文移

往復亦不能畫一也鐵哥丞相不見於史且在闊端太子位下則是遥授非眞相矣

【貞】雲峯眞人康泰眞碑 丙辰年

右雲峯眞人康泰眞碑在塔子溝東北六十里長壽山泰眞利州花務村人元初特賜含眞體道至德眞人自号雲峯子堥此山中撰碑者白霄進士李姓其名不可辨碑末題丙辰年癸巳月丁酉日建葢元憲宗之六年也碑末有宣差利州達魯花赤口 正允名大盌本奚王地奚霫同族故郡人多稱白霄

【亨】祭濟瀆記 中統元年八月

右祭濟瀆記文云皇帝嗣登大寶建元之初特遣提點太醫院事許國楨馳驛徧告后土嶽瀆降香祟祀元史世祖紀及國楨傳俱失載此事楨字史从示碑从木當以碑爲正碑爲權懷孟州教授李忠國撰而後列從行降香官有宣授懷孟州達魯花赤蜜里及宣授懷孟州總管覃澄提領懷孟州課稅所官石伯濟葢其時雖立總管猶未稱路元史地理志懷慶路唐懷州金改南懷州元初復爲懷州太宗四年行懷孟州事憲宗六年世祖在潛邸以懷孟二州爲湯沐邑七年改懷孟路總管府攷元太宗時立十路課稅使世祖中統元年立十路宣撫司每路所轄郡縣甚廣向沿宋金之舊志以爲憲宗時改懷孟路者誤矣王惲中堂事紀載中統二年奉聖旨道與眞定路宣撫司據懷孟達魯花赤蜜里吉總管覃澄奏告管下地分多有屯住蒙古頭目遇有關涉詞訟公事不肯前來對證往往不服勾追以致遲滯公事准奏仰徧諭諸路宣撫司今後各州城管民官遇有關涉蒙古軍人公事理問時分管軍官一員一同聽斷施行無得偏向准此是懷孟隸眞定路宣撫司不得自稱路也蜜里及者曷思麥里之次子元史作密里吉中堂事紀作蜜里吉此作蜜里及葢譯音之轉

【亨】重立孟州三城記 中統五年八月

右重立孟州三城記元史曷思麥里傳壬辰授懷孟州達魯花赤癸巳遣蒲察寒奴乞失烈札魯招諭金總帥范眞率其麾下軍民萬餘人來降碑稱壬辰天兵南渡有京西總帥范公率諸部衆齎所帶虎符并次下金銀牌印歸附大朝更賜金符治所屬之民兼領於孟卽其事也碑又稱河南甫定孟猶邊鄙版籍仍希爲懷所併攷元史地理志懷州太宗四年行懷孟州事而曷思麥里父子三人世襲懷孟州達魯花赤此元初併孟於懷之證葢中統紀元以前孟未嘗自爲州也碑又稱中統二年欽奉聖旨宣授孟州長官并降到立城民戶至中統四年二月宣差孟州達

魯花赤阿里理任新附之民而併治之是孟州之設在中統間而地理志於懷慶路下云世祖在潛邸以懷孟二州爲湯沐邑於孟州下云故城謂之下孟州新城謂之上孟州元初治下孟州憲宗八年復立上孟州略不及併省孟州事可謂疎而舛矣然史稱憲宗八年復立上孟州者其誤亦有因據是碑稱丁巳年欽奉恩命復立新孟丁巳卽是憲宗七年與志復立上孟州之文頗合而其下文有荒殘廢邑復見儀刑云云又有儻一旦功成改除他邑云云曰邑不曰郡則縣而非州也其所謂復立者移縣治於新孟州城非卽立爲州也而史遂以爲州所治不亦謬乎中

統五年卽至元之元年以八月改元建碑之時改元之詔猶未下也

貞 濟南孟公神道碑 至元二年三月

右濟南孟公神道碑在齊東縣東南二十里碑首題宣授濟南路行軍萬戶孟公而篆額但云濟南孟公蘇簡不同唐人石刻多如此孟德元史有傳而不書其卒之年碑云以中統四年三月二十八日薨于軍春秋六十八可補史家之闕傳載丁巳從伯顏攻襄樊丁巳者憲宗七年也其時伯顏尚未仕于朝攻襄樊乃世祖至元間事大將爲阿朮非伯顏予於攷異嘗斥其誤今據此碑則攻襄樊之時德死已久矣傳載宋安撫呂文德以兵擾邊德敗之俘其太尉劉海碑云公至海州城堞未完賊軍大至公于城中募得愿敢必死之士申以再三號令之嚴一鼓而進大潰斬彼渠魁之首懸諸壘柵之間似與傳相應宋史無文德傳其事無可攷矣碑立于至元二年姑洗月譔文者前進士長白張翔男元方書丹并篆額者長白逸人孫瑜元方未有名位而系其父名它碑所罕見也傳云甲辰定宗母六皇后稱制大王按只台以德爲萬戶攻濠蘄黃等州積有戰功憲宗卽位之三年命德守睢州五年移守海州据碑則守睢州在前宣授萬戶在後又海州立功之後嘗移

鎭邳州而傳失書皆當以碑爲正元史列傳多差謬安得徧求石刻而攷正之

貞 御香投龍簡感應碑 至元七年三月

右御香投龍簡感應碑在濟源縣濟瀆廟碑稱宣授統轄諸路眞大道教大宗師通元眞人孫又稱孫通元而不書其名以元史釋老傳證之蓋酈希誠之徒孫德福也碑末列名有云懷孟路同知總管府事中都雙樓子大哥阿合馬者此別是一人非姦臣傳之阿合馬而所謂雙樓子大哥竟不知何語

利 何瑋祭張飛卿文 至元十四年三月

右何瑋祭張飛卿文其序云至元甲戌歲王師濟江由金陵越餘杭千戸計議中書省事泰中張公羽字飛卿者志士也憐無辜之人困於鋒鏑將先見其國君爲陳禍福慨肰請行道經平江遇害丁丑三月與西京李才卿南宮張孝先來登蛾眉亭撫江山之絶景懷張公之高節乃封羊釃酒相與招魂而祭之碑末題昭勇大將軍戸部尚書行淮東淮西都轉運使司事何而不名予攷元史何瑋傳至元十一年伯顏受命伐宋辟瑋爲帳前都鎮撫授武德將軍管軍總管宋旣平進懷遠大將軍太平路軍民達魯花赤俄陞昭勇大將軍行戸部尚書兩淮都轉運使與此碑

結銜正合則祭文爲瑋所撰無疑碑立於采石之蛾眉亭其時已遷轉運尚在太平也張孝先者當塗縣尹碑亦不書其名李才卿則未知其任何職耳飛卿使宋遇害史不爲立傳僅於世祖紀伯顏傳兩見其名讀此碑乃知爲秦中人又知其字石刻之有益於史學如此

利 寶積寺鐘銘 戊寅五月

右寶積寺鐘銘首云翠山寶積移忠資福禪寺以戊寅夏五朔旦修治洪鐘菩薩戒弟子曹說爲之銘其後列名者有沿海制置司兼知慶元府趙孟傳朝散大夫張倬恭人史氏百九八娘將仕郎張杓倩安人鄭氏再三十娘安人張氏重十一娘安人周氏淨堅及耆舊頭首知事住持僧各若干人戊寅者至元十五年宋已亾矣而孟傳猶書故官蓋其時浙東初入版圖仍以元官授之至洪模王剛中莅任乃有總管之稱也翠山寺在鄞縣東七十里初名寶積禪院宋嘉泰四年張參政孝伯請爲功德寺乃賜移忠資福寺額此鐘本翠山物不知何時移於延慶寺明季延慶僧傳燈修寺志亦不載予在四明游斯寺見其形製有異募工搨而藏之

亨 王惲漢柏詩 至元二十一年五月

右王惲漢柏詩在泰安府嶽廟碑後題銜兩行云至元二

十一年五月己酉朔中議大夫山東東西道提刑按察副大使汲郡王惲題按惲所歷官詳見其子公孺所撰神道碑其轉中議大夫則碑亦未之載也次行之下又有數字云還一作潛字秀一作照字此後人據秋澗大全集本校其同異而附注之者

亨 樓觀宗聖宮說經臺記 至元二十一年陽復日

右樓觀大宗聖宮重修說經臺記宣授陝西五路西蜀四川道教提點古汲李道謙撰文案王秋澗集有贈道者李雲叟詩序云道人諱道謙出東齊世家年十六棄家入道禮丹陽馬公高弟劉爲師旣冠遊諸方洞天參求元契又

嘗圖居於陝多積靜功今王東雍之神霄宮曰雲叟者蓋其別號云此碑自署夷山天樂道人又題古汴汳卽汴字蓋先世自齊而徙於汴者歟文稱掌教清河大宗師者長春眞人之弟子尹志平也論語竊比於我老彭包咸以老彭爲殷賢大夫鄭康成王輔嗣則以老爲老聃彭爲彭祖陸德明莊子音義又引一說謂彭祖卽老子碑引孔子竊比老彭及猶龍之語是亦以老爲老聃矣

元嶽陽重修朝元觀記　至元二十二年三月

右嶽陽重修朝元觀記翰林集賢學士知制誥同修國史徐世隆撰記後綴以七言律詩一篇劉惟一書名不甚著

而小篆殊有法度元刻之佳者也文稱東平嚴公者嚴實之子忠濟也南征凱旋謂己未歲出師鄂漢也史稱忠濟以至元三十年卒碑立于至元二十二年稱公薨逝嗣相踵行其事則忠濟巳先卒矣碑末題魯國武惠公嗣孫沂州知州兼諸軍奥魯嚴度立石度蓋忠範之子仕至甘肅等處行中書省左丞諡貞憲

元焚毀諸路僞道藏經碑　至元二十二年五月

右聖旨焚毀諸路僞道藏經之碑翰林院臣唐方楊文郁王構趙與票李謙閻復李濤李槃王磐等奉勑撰武德將軍泰安州知州兼諸軍奥魯粘合瑋書丹元史世祖紀至元十八年十月己酉張易等言參校道經惟道德經係老子親著餘皆後人僞撰宜悉焚毀從之仍詔諭天下卽其事也佛老之行于中國久矣道經固多僞托佛書亦華人所譯往往竊取老莊之旨而其徒常互相訾謷人主又因一時之好尙而左右焉魏太武信寇謙之而焚佛經元世祖崇帝師而焚道藏皆非卓然不惑于異端者也釋祥邁撰至元辨僞錄侈陳其事意在排擯全眞適足供士君子之嗢噱爾詞臣奉勑撰文一篇祇一人任之此碑列名者九人它碑未有其比云揔制院使兼領都功德使司事相哥者卽桒哥也

亨孟州學記　至元二十三年十月

右孟州學記應奉翰林文字傳夢弼撰迹達魯花赤抄海知州郝采鱗同知弋惟敬興建學校之事云同簽樞密院事趙公願以勑賜溫縣駝埚村地千二百畝贍學案元史趙良弼傳至元十九年得告居懷孟良弼別業在溫縣故有地三千畝乃析爲二六與懷四與孟州皆永隸廟學以贍生徒與碑所書合三千之千二百正所謂十分之四也郝采鱗史附見其父經傳不云爲孟州知州略之也楷法似蔡忠惠惜不題書者姓名

貞大輪禪師碑　至元二十四年九月

右大輪禪師碑在承德府東南四十里其額云興州宜興縣五指山大靈峯禪師大輪禪師碑銘大都大奉福禪寺傳法住持嗣祖沙門居實撰文稱大輪爲鳩巢法師弟子至元七年以中書右丞相疏請住持大靈峯寺開堂于都之永泰十二年示疾而化收舍利本山祖塋塔葬之此碑予分修熱河志時所得書法不甚工然因是知古北口外地於金元屬宜興縣紀方輿者得之如獲指南鍼矣

亨 應宜兒赤獵虎記 至元二十六年九月

右應宜兒赤獵虎記文與書法俱劣至元二十六年鍾離定遠二縣民所立以頌淮東淮西鷹房屯田打捕總管府

達魯花赤應宜兒赤爲民除害之功後題江淮等處行尙書省劄付鍾離縣遺碑市巡檢王侃郭直立石濠州時稱臨濠府屬江淮行省至元二十八年改江淮行省爲江浙行省別立河南江北行省畫江爲界凡江北州縣皆改屬焉而臨濠亦降爲濠州矣碑今在鳳陽縣西南劉府集東嶽廟知縣宛平孫君維龍以予嗜石刻乃募工搨一本見寄予攷王象之輿地碑目唐杜亭碑在鍾離縣西七十里遺碑拭元和中太常寺協律郎杜牧作象之宋南渡時人稱此碑尚存市名遺碑蓋以此今小杜碑久亡明初勳臣東勝伯劉謙居此土人因呼劉府集而遺碑之名縣人無知其故者孫君方撰鳳陽新志因書所聞以遺之

利 澤州長官段直墓碑 至元廿七年二月

右澤州長官段直墓碑元史良吏有段直傳所書事蹟與碑畧同靜修一代名儒其文非苟作故史臣采入正史乃本傳所敘年代與碑大相刺謬碑云甲戌之秋南北分裂河北河東山東郡縣盡廢甲戌者元太祖之九年金貞祐二年也是歲元兵圍中都宣宗遷汴故有南北分裂之語而史改云至元十一年河北河東山東盜賊充斥以其歲亦在甲戌也曾不思至元之初境內寧謐河北諸路安有盜賊充斥之患乎碑又云天子命太師以王爵領諸將來

畧地公遂以衆歸之謂太師國王木華黎承制時也而史乃云世祖命大將畧地晉城曾不思世祖時晉城久入版圖又安有命將畧地之事乎碑作于世祖朝其文云今上在潛邸命提舉本州學校未拜而卒然則段長官蓋卒於憲宗朝未嘗事世祖矣蓋由史臣不學誤以甲戌爲至元之甲戌相差一甲子而不悟也直年六十有五子紹隆嗣官至臺州知州皆本傳所失書碑云國初凡守親王分地者一子當備宿衞此亦元之典故而史畧不及之

亨 增修扁鵲廟記 至元二十八年四月

右增修扁鵲廟記今在彰德府湯陰縣其云皇太孫梁王

者晉王甘麻剌世祖之孫裕宗之長子時以梁王出鎮雲南故云開府西南海夷也元初諸王之子通稱太子然不得稱皇太子以示別也甘麻剌以嫡長孫稱皇太孫是當時固有儲貳之望其後讓國成宗退守藩服有吳泰伯風故至治之末中外推戴晉王之子無異言及天曆干位乃昌言晉邸不宜立誣罔之詞難以取信於天下後世矣

【貞】平江府報恩萬歲賢首教寺碑 至元二十九年八月

右平江府報恩萬歲賢首教寺碑今在蘇州本寺土人稱北寺者是也碑爲高唐閻子静撰書東平徐子方篆額二公皆嘗廉訪浙西各負重名此刻亦完好無恙而府志畧不及之何歟

【利】慶元路重建學記 至元二十九年十月

右慶元路重建學記王伯厚撰自署前進士而不書官距德祐丙子宋亡已十有七年矣碑尙在寗波府學浙東宣慰副使李思衍書遒美似徐季海鄞縣學亦有厚齋碑其文見於延祐四明志而石刻久不存

【貞】平江路儒學祭器碑 元貞元年十月

右平江路儒學祭器碑在蘇州府學儀門壁間盱江李淦撰嚴陵方文豹書兩人皆儒學教授李以至元廿九年十二月到任明年以祭器非度攷朱文公釋奠釋菜禮文攽爲之其年十一月方亦到同任斯事元貞元年十月始成首尾凡三年今文廟庫所存至元癸巳象尊及銅豆俱刻李姓名元貞元年銅爵銅簠銅豆俱刻兩人姓名與碑合淦以揚州路學正上書請斬葉李驛召詣京師授江陰路教授以旌直言見元史葉李傳當在至元廿九年據此碑淦爲平江路教授非江陰也淦字性學

【亨】居竹記 大德二年二月

右居竹記華亭縣修竹鄉曹氏武惠王之後自汴南徙所居據九峯三泖之勝元初有名和甫字仲達者扁其書室曰居竹前建德路總管方回爲文以記而太原路汾州知

州趙孟頫書之今在華亭縣學後題雲間繆奎同男文正摹刻

【亨】蕭山縣學重建大成殿記 大德三年十月

右蕭山縣學重建大成殿記碑所載至元壬辰廉訪副使王侯大德戊戌副使拜降僉事王煥皆浙東廉訪司也浙江通志失載侯煥二人名侯官終大名路總管謚憲肅拜降北庭人仕至資國院使贈江浙行中書省右丞謚貞惠

【元】重建至聖文宣王廟碑 大德五年

右重建至聖文宣王廟碑大德五年濟寧路總管按檀不華修先聖廟既成衍聖公孔治遺其子思誠奉表以聞勑

中書賜田五千畝供祭祀復戸二千八供灑掃之役而翰林學士承旨閻復承命爲文記之有云元貞改元先聖五十三代孫密州尹治入朝璽書錫命中議大夫襲封衍聖公月俸百千秩視四品孔氏世爵弗傳者久至是乃復按元史世祖至元十三年六月以孔子五十三世孫曲阜縣尹孔治兼權主祀事而元貞初襲封衍聖公史獨遺之何也史又載至元四年勑修曲阜宣聖廟以碑攷之至元丁卯所修僅奎文閣杏壇齋廳學舍而禮殿未及焉至是前殿後寢規制始備且有賜祭田復灑掃戸之勑豐碑大書迄今無恙視丁卯之役大小攸别矣乃作史者載彼而遺

此則又何也

元 義州重修大奉國寺碑 大德七年九月

右大寧路義州重修大奉國寺碑盧摯撰王遂書其云金紫光祿大夫兵馬都元帥王公者王珣也遂字子温即珣之孫元史王珣傳作璲者字之誤也傳不云爲遼陽路揔管略之也公主表普顏可里美思公主適唆都哥子寧昌郡王不憐吉歹不詳公主所自出以此碑攷之知爲成宗之堂妹亦未審何人女也諸王表稱不尔吉歹駙馬公主表作不憐吉歹音之訛也

利 觀世音菩薩傳略 大德丙午三月

右觀世音菩薩傳略後題吴興弟子管氏齋沐焚香拜書疑即趙松雪夫人管道昇也下方爲觀世音像石刻在江寧城内石橋左所巷地藏庵内嚴生子進搨以遺予予少讀北史王劭傳云文獻皇后崩劭上言大行皇后聖德仁慈福善禎符備諸祕記皆云是妙善菩薩不解所謂讀此傳乃知妙善即觀音之名耳

亨 松江寳雲寺記 至大元年五月

右松江寳雲寺記前朝奉大夫大理少卿牟巘撰集賢直學士朝列大夫趙孟頫書資德大夫江浙等處行中書省右丞廉密知兒海牙篆額牟巘入元不仕所題者宋官故

稱前以别之廉密知兒海牙者廉希憲之子恂也元史英宗紀延祐七年七月以廉恂爲中書平章政事至治二年十二月廉恂罷宰相表延祐七年至治元年二年平章政事無廉恂而有廉米只兒海牙蓋廉米只兒海牙即廉恂猶梁暗都剌即梁德珪段那海即段貞洪雙叔即洪君祥皆一人而二名也紀傳據誌狀之文多用漢名表所據者案牘之文故多從國語此碑所題亦當時本稱米只之爲密知則譯音之轉爾廉氏系出畏吾雖讀儒書取嘉名仍循國俗以畏吾語小字行見於史者惟希賢一名中都海牙至如希憲一名忻都恂一名米只兒海牙以予博考二

十年始能知之蓋元史之難讀視它史爲尤甚也

亭 萬安寺茶牓 至大二年正月

右萬安寺茶牓雪庵頭陀溥光撰并書上座德嚴刻石於嵩山戒壇寺葉井叔云今移在城西峻極下院雪庵俗姓李氏賜號圓通元悟大禪師元時集賢院學士往往以釋道參之雪庵以頭陀而官昭文館大學士亦其比也自大德至至治三十年間趙魏公書爲朝野推重一日中官李邦寧傳太后懿旨命魏公書興聖宮額魏公曰禁扁皆李雪庵書公宜奏聞既有旨命李當時稱魏公謙讓爲不可及昔王子敬不肯題太極殿牓魏公之讓意或出此然亦見雪庵大字之可貴矣

亭 江東宣慰使珊竹公神道碑 至大

右江東宣慰使珊竹公神道碑集賢大學士榮祿大夫姚燧撰文中順大夫揚州路泰州尹兼勸農事趙孟頫書并篆額珊竹公者北京兵馬都元帥吾也而之孫名拔不忽其師周正方更名之曰介而以仲淸字之初任同知北京轉運司事累遷濮州尹平灤路總管江南浙西道提刑按察使江北淮東道提刑按察使召爲刑部尚書復除江東宣慰使以病日去家眞揚間延名儒張翌吳澄教其子至大元年十月卒元史吾也而傳失載其名故具錄之史作吾也而碑作烏也而姚燧撰制詞作烏野而其子雪禮碑作撒里譯音無定字也趙子昂以至大二年七月除楊州路泰州尹明年十月拜翰林侍讀學士此碑之立當在至大二三年間

金石文跋尾 十八 三三

潛研堂金石文跋尾卷十九

錢大昕著

元二

集仙宮重建東嶽行祠記　集仙宮瑞竹記　大都路總治碑　長興州東嶽行宮記碑陰　少林開山裕公禪師碑　徽州路儒學旨揮　贈清河郡伯張成墓碑　崑山州重建海寧禪寺記　四川道廉訪使梁天翔碑　敕賜伊川書院碑　懿旨重修濟瀆清源善濟王廟碑　勅賜龍興寺大覺普慈廣照無上帝師碑　保定路孔子廟講堂記　廣州路銅漏

壺題字　海寧寺鐘銘　敕修殷比干廟碑　梁國文正公何瑋碑　祝延聖主本命長生碑　勑建永壽禪寺記　大報國圜通寺記　乾明廣福禪寺重建觀音殿記　長明燈記　處州萬象山崇福寺記　金仙寺裕公和尚道行碑　東平忠憲王安童碑　涇縣尹承務蘇公政績記　伯家奴造聖相記　太上感應篇附注　周天大醮投龍簡記　浙東道宣慰使答里麻世禮墓志　東嶽廟聖旨碑　嘉定州儒學教授題名記　重建文殊寺碑　天妃廟迎送神曲　歸安縣建學記　寧海州知州王慶墓表

皇太后懿旨碑碑陰　加封孔子父母及夫人幷官氏詔　贈河南行省參知政事張斯和碑碑陰記　龍興路儒學銅鼎題字　太師太平王德勝廟碑　加封顏子父母制詞　孝烈將軍祠像辨正記　齊國武敏公樂實碑　孫德彧道行碑　江東建康道廉訪司題名記

元二

集仙宮重建東嶽行祠記皇慶元年三月

右集仙宮重建東嶽行祠記嘉定設縣之始東嶽祠本在縣西紹定戊子乃遷於集仙宮之東廡所謂令尹陳公者

以縣志題名攷之蓋永嘉陳邁也集仙宮勅額本在安吉縣道士葉子琬始請移揭於此此皆談邑故者所宜知也張與材署銜太素凝神廣道明德大眞人元史釋老傳亦未及載碑書靈作灵此俗字亦有所本案廣韻十五青有灵字注引字類云小熱貌說文灰从又从火則灵即灰之異體灰者火之餘夷故又有小熱之訓不知何緣轉為靈音世俗遂以同紐借用集韻青部却不收灵字殆以其俗體而芟之歟

集仙宮瑞竹記皇慶元年三月

右集仙宮瑞竹記與東嶽行祠記同時立驗其筆跡亦張

與紹書也碑陰畫枯竹一株節間細書倒揷竹三字旁畫新竹六七竿有兩處題字曰三年竹曰四年竹又間以嫩枝數叢筆法不減吳仲圭其下方題七言古詩一篇自署元眞子不著姓名元時集仙宮道士孫應元嘗於齋前倒揷竹一枝已而得活三四年後竹遂成林因以瑞竹名其軒而第三十代天師張與材記之文雖未工亦見當時羽流之好事也予又憶吳禮部集有嘉定黃氏瑞竹詩其一云練川誇瑞竹黃氏見高門富麗應如此時來豈有根蓋同時有兩瑞竹事邑志惟載集仙宮瑞竹而黃氏竹鄉人鮮有知之者矣

【元】大都路總治碑　皇慶二年十月

右大都路總治碑翰林學士承旨王構撰文立言有體集賢大學士劉賡書亦謹嚴不失唐人法度蓋元刻之佳者碑在今順天府公廨大堂前完好可搨而朱錫鬯日下舊聞略不及焉文稱至元丁卯春既城大都卽以路總京畿自乙酉廨爲宗正據有而徙之冬官者踰二十寒暑至大初元勑中書還北省而六卿所舍悉如其舊至假屋於民以庇事再徙迄無定所詳其文義蓋自大都路公廨爲宗正所據移治工部者閱二十餘年及中書還北省六部各歸其署由是大都路總管無所容而假屋於民耳孫氏春明夢餘錄謂官署爲宗正所據官吏辦事佛寺中者乃臆說也武宗之世遙授之官衆莫吉以平章政事行大都路達魯花赤王泰亨以平章政事商議中書省事行太子詹事皆非正授故宰相表不列其名碑文撰於至大二年三月至皇慶二年十月建相距僅四年餘而碑末列達魯花赤總管兼府尹副達魯花赤同知諸人名無一與前同者官吏之輕於更代如此欲其盡心職守難矣泰亨字子通一字仲通晉寧人嘗從許文正公學晚歲自號康莊老人謚淸憲

【元】長興州東嶽行宮記　延祐元年四月

右長興州修建東嶽行宮記略云自唐封禪而郡縣始咸有東嶽祠其在長興者剏建於宋紹興戊午久壞不治知州呂澍同知馬鎔捐祿廪爲衆倡葺而新之殿東建太室以奉聖母卽今所謂碧霞元君矣先君中憲少習趙書收藏趙帖甚夥率爲友人借失今所著錄惟寶雲寺圓通寺及此三碑猶是先人手澤也

【貞】碑陰

右長興東嶽行宮碑陰上層額云重修建東嶽行宮施主題名下層額云東嶽行宮常住田土皆篆書橫列字迹頗不惡而以㞢爲土則昧於六書之旨矣予向讀南邨輟耕

錄載連枝秀珠簾秀順時秀天生秀等疑爲妓女之稱今讀此刻施捨戶有程二秀因千十二秀張千十一秀周季一秀趙口二秀始知元時女子皆以秀爲稱若宋人稱第幾娘也因氏見于左氏傳自後此姓絕少此刻因姓凡數人

亨　少林開山裕公禪師碑　延祐元年十一月

右少林開山裕公禪師碑福裕字好問號雪庭太原文水張氏子授具於休林古佛又事萬松老人憲宗時詔總領釋教世祖賜號光宗正法禪師皇慶元年以集賢大學士陳顥請追贈大司徒開府儀同三司封晉國公翰林學士

承旨程鉅夫受詔爲之碑文

利　徽州路儒學旨揮　至大三年四月

右徽州路儒學旨揮二道刻於加封孔子詔書之下方其一云承奉江浙等處行尚書省劄付該准尚書省咨至大二年十二月十九日太保三寶奴丞相奏在先孔夫子漢兒帝王雖是封贈了不曾起立碑石來如今各處行與文字封贈了於贍學地土子粒內交立碑石呵今後學本事的人肯用心也者奏呵奉聖旨是有那般者欽此照得先據御史臺呈亦爲此事已經遍行去訖咨請欽依施行云云按元史武宗紀大德十一年七月辛巳加封至聖文宣王爲大成至聖文宣王其立碑則紀所未載三寶奴元史無傳其拜太保年月紀亦失之三公表書於至大三年以此　攷之則二年之冬已爲太保矣碑在績溪縣學加封詔書石刻所在多有而尚書省咨獨見於此

亨　贈清河郡伯張成墓碑　延祐二年三月

右贈清河郡伯張成墓碑趙松雪書東昌茌山石匠作頭周世英等刋刋手不精故少生動之趣碑云世爲濟寧之虞城人按虞城縣唐屬宋州宋改州爲應天府金又改歸德府而縣之屬如故元初併省入單父縣其後復立遂隸濟州自明以來仍屬歸德不知其嘗隸濟寧矣元之濟寧

治鉅野與虞城本不相遠

貞　崑山州重建海寧禪寺記　延祐二年四月

右崑山州重建海寧禪寺記趙子昂文并書寺在今太倉州城內於元爲崑山州地元史仁宗紀皇慶二年十月徙崑山州治于太倉此碑云延祐改元徙州治史書下詔之日碑載移治之始似異而實同也此碑不知何年重刻頗多譌字碑末題年号爲元祐尤其甚謬者子昂結銜當云集賢直學士碑作集賢閣學士亦誤元時無此閣名

利　四川道肅政廉訪使梁天翔碑　延祐二年七月

右四川道肅政廉訪使梁天翔碑趙文敏書在平遥縣梁

官村梁氏仕元多顯者天翔父瑛以戊寅歲率衆詣太師國王降授元帥左監軍以功陞征行都元帥已丑改官制授金符御前千戸乙未從元帥塔海甘不入蜀權征行萬戸鎮典元戊戌從塔海圍資州踰月始下塔海欲坑之瑛曰今始得一城而坑之它城未易下也乃止壬寅宋人陷城都瑛與先鋒禿薛擒其制置陳隆之成都平丁未詔充西京平陽太原京兆延安五路萬戸治太原稽其勳伐亦史天倪劉黑馬之亞也而元史不爲瑛立傳故略敘所聞以諗讀史者夫丈夫冒白刃立功名生膺高爵蔭及子孫又能以一言止主帥之殺其所成就亦卓卓矣而史家失

於釆訪名且湮沒不彰然則予之敝精勞神於金石文而不悔者古人可作或亦有樂乎此也

亨 勅賜伊川書院碑 延祐三年四月

右勅賜伊川書院碑始伊川鳴皋鎮砲手軍總管昜實戴以家財剏立書院經營十年始就其子慕顔鐵木復建稽古閣貯書萬卷延祐間詣京師因集賢大學士陳顥以聞奉勅賜名伊川書院令翰林直學士薛友諒撰文集賢學士趙孟頫書之士希昜實戴之字也元史百官志回回砲手軍匠上萬戸府至元十一年置砲手總管府十八年始立爲都元帥府二十二年改爲萬戸府此昜實戴殆回回人而屯戍河南者歟

亨 懿旨重修濟瀆清源善濟王廟碑 延祐三年九月

右懿旨重修濟瀆清源善濟王廟碑前應奉翰林文字奉議大夫潁州知州王公璹撰奉訓大夫懷孟路總管府判官王符書榮祿大夫大司徒中都留守蕭珍題額符公璹之子也元史武宗紀大德十一年六月建行宮於旺兀察都之地立宮闕爲中都至大元年七月立中都留守司八月以中都行宮成賞官吏有勞者賜同知留守蕭珍金銀仁宗紀至大四年正月罷城中都二月司徒蕭珍以城中都徼功毒民命追奪其符印此碑立於延祐初珍題銜仍

稱大司徒中都留守蓋罷斥未久而復官也文云維皇慶二年仲春之月儀天興聖慈仁昭懿壽元全德泰寧福慶皇太后遣使奉御奩香有事於濟瀆靈祠攷皇慶間皇太后尊號祗有儀天興聖慈仁昭懿壽元十字全德泰寧福慶六字乃延祐二年所加此撰文之日據加上尊號追書之非與史有牴牾也

亨 勅賜龍興寺大覺普慈廣照無上帝師碑 延祐三年十月

右勅賜龍興寺大覺普慈廣照無上帝師碑帝師者膽巴也元史釋老傳載皇慶間加號與此同惟普慈作普惠乃傳之誤碑稱師出家事聖師綽理哲哇爲弟子又稱武宗

皇帝皇伯晉王及今皇帝皇太后皆從受戒法又稱元貞九年爲梵書奏徽仁裕聖皇太后奉今皇帝爲大功德主主龍興寺皆史所未及攷仁宗初元贈膽巴謚松雪嘗奉勑撰文并書刻石大都至是僧选瓦八乞刻石本寺復命松雪別撰文書之今眞定原石久失此本乃後人翻刻入法帖者帝師八思巴元史有傳文宗紀轝耕錄及此碑皆作巴思八焚毀僞道藏經碑作八合思巴至元法寶勘同總錄序作拔合思八世祖紀作八合思八譯音無定字實則一人也

亨保定路孔子廟講堂記　延祐三年十一月

右保定路孔子廟講堂記元明善撰張珪書虞伯生稱張蔡公書腕力尢健端重嚴勁無衞筆諫之臣今觀是碑信然而書史會要不列其名豈非以功名掩歟元人不以同名爲嫌如監郡曰敎化的總管曰敎化一蒙古人一河西人同官同時後人失於稽考往往混而爲一矣

貞廣州路銅漏壺題字　延祐三年十二月

右廣州路銅漏壺題字予視學廣東所搨戊午歲八月檢故笥得之距初拓時已隔二紀目眊不能見細字瞿埍鏡濤爲審其文蓋列名者二十八人曰作頭洗運行曰作頭杜子盛曰南海縣該吏陳　程曰廣東道宣慰使司都元帥府□陽提領□□曰承務郎廣州路南海縣尹□勸農事周勝□曰廣州路總管府知事宋居敬曰承直郎廣州路總管府推官王□曰承德郎廣州路總管府推官王思聰曰廣州路總管府判官扎忽曰廣東道宣慰使司都元帥府令史常文廣曰□□郎廣東道宣慰使司都元帥府都事王巨威曰承□郎廣東道宣慰使司都元帥府都事楊復曰承直郎廣東道宣慰使司都元帥府經歷穆齊英曰承直郎廣東道宣慰使司都元帥府經歷揑古伯曰中順大夫廣東道宣慰副使僉都元帥府事王從□曰奉□大夫廣東道宣慰副使僉都元帥府事拜降曰□□大夫廣東道宣慰使司副都元帥阿剌不丁曰□□大夫廣東道宣慰使都元帥□忽里曰□□大夫廣東道宣慰使都元帥烏馬丁其序以左爲上與宋金勑牒符帖之式同明以來文牒始以在後者爲卑矣

利海鹽寺鐘銘　延祐四年十月

右海鹽寺鐘銘延祐四年崑山州知州王安貞屬翰林國史院編修官章嘉爲之銘攷元史仁宗皇慶二年十月徙崑山州治於太倉故銘有新城之目寺有鐵鐘久矣至安貞始范銅易之周遭列出錢人姓名其首行云造寺故大

檀越資德大夫大司農河南江北等處行中書省左丞相公朱君夫人邳氏胡氏所云左丞朱君者謂朱清也左丞宰相之貳故得相公之稱此外又有稱相公者數人則海道運糧萬戸及都水監也下此有稱總管者有稱承務者則相公之稱雖濫尚不槩及下僚矣明孝宗時析太倉別置州移寺鐘於州治之鐘樓

亨　勅修殷比干廟碑　延祐四年十一月

右勅修太師忠烈公殷比干廟碑元史仁宗紀延祐三年四月壬午勅衛輝昌平守臣修殷比干墓唐狄仁傑祠歲時致祭碑所書者卽其事也紀稱四月壬午碑作季春壬

子當以碑爲正司其役者衛輝路總管寗邇阿散而潁州知州王公孺爲文記之翰林學士承旨劉敏中書丹御史中丞姚煒篆額敏中元史有傳公孺文定之子煒文獻之子竝以文學書法稱亦見家風之不墜也

元　梁國文正公何瑋碑　延祐四年

右河南江北等處行中書省平章政事贈太傅開府儀同三司梁國文正公何瑋神道碑瑋字仲韞卒以至大三年年六十有六祖淵官易州太守贈大司徒易國公謚武宣子德嚴順德路揔管德溫保定翼副萬戸皆史之所闕瑋父伯祥謚忠毅而史作武昌者誤也碑文云延祐三年三月十五日大保曲出丞相叔固者遙授丞相李邦寧之字顯則陳顥也曲出李邦寧皆領集賢院大學士而不書舉其官尊者稱之也遙授者非正授而以虛名寵之故宰相表不列邦寧之名其字而不名者殆以先朝舊臣故優異之歟碑載瑋爲中丞時地震上疏咎在大臣明日政府洪劄舒木八剌沙阿老瓦丁皆罷此事當在大德八年紀傳俱失載洪劄舒卽洪雙叔聲之轉也

亨　祝延聖主本命長生碑　或云延祐四年

右碑額云聖主本命長生祝延碑題云勅賜大龍興寺祝

延聖主本命長生之碑古人書額文取簡要先後不必相應也予昔奉使過眞定再宿茲寺訪得元碑凡四其一長明燈記延祐五年僧永恩書其一勝公和尚道行碑至正十三年荅失蠻撰趙儼書其一秦王夫人施長生錢記至正十四年王訪撰并書其一則此碑也松雪書法世人所重故間有椎拓者其它購之未得姑記其目於此執禮和台姓乃蠻氏官至河南江北行省平章政事元史附見其父囊加歹傳其官燕南河北道廉訪使史所未載也松雪在翰林日嘗撰中奉大夫殊祥院使執禮和台封贈三代制此碑稱資善大夫資善階在中奉之上蓋由殊祥院使

而遷廉訪矣

亨 刱建永壽禪寺記 延祐五年正月

右刱建永壽禪寺記在嘉定縣婁塘鎭無篆額亦無標題文云延祐三年師說謹施平江路嘉定州管下田庄刱建永壽禪寺上報國恩祝延聖壽次爲先考太師齍武保康軍節度使武忠和義郡王建立祠宇安塑神像四年十二月祠成其稱先考太師者呂文德也文德宋季大將其弟文煥守襄陽以城降元子姓皆至大官師說任江淮等處財賦副總管其事迹無攷龔尙書撰縣志謂何莊寺今日永壽寺呂蒙正寓此又云何氏宋初延呂蒙正爲塾師案

蒙正以太平興國二年登第其時吳越尙未納土蒙正微時安得至此此委巷不根之語必因此寺刱自呂氏遂譌爲蒙正爾永壽與何莊本非一地併而爲一當在明初近志謂宋時士民何氏建庵元祐中呂師說改建爲寺不知永壽之建乃在元之延祐非宋之元祐且係師說刱建非因何氏之庵爲之也此碑昔人未有著錄者頃過婁塘妹夫陳君菊耘導予往觀并拓其文見貽遂書以正縣志之譌

元 大報國圓通寺記 延祐六年十月

右大報國圓通寺記寺在嘉定縣治東北不數十步元時沙門明了所建大德己亥春賜額圓通丁未冬武宗加賜今額明了號了堂俗姓高氏武宗賜號妙明圓悟佛心禪師仁宗加賜妙明圓悟普濟佛心大禪師城北大吉祥皇慶寺城東南大資福壽寧尼寺亦其所建也予少讀書城東數遊斯寺摩挲趙松雪碑輒移時不去元仁宗稱松雪旁通佛老之旨造詣元微讀記文信然書法圓勁則松雪本色也篆額者爲高麗國王王璋其署銜云推忠揆義協謀佐運功臣開府儀同三司太尉上柱國駙馬都尉瀋王攷璋以至大三年封瀋王延祐二年請傳位于世子暠詔授暠開府儀同三司瀋王碑立于延祐六年璋猶稱瀋王

者暠雖受瀋王之封而王印猶在璋所至泰定二年璋卒暠乃襲爵受印元史諸王表云瀋王王暠泰定三年以駙馬襲封可見延祐之世璋爲瀋王如故矣元史高麗傳失書璋封瀋王事又誤作章皆疎舛之甚也

亨 乾明廣福禪寺重建觀音殿記 延祐七年二月

右乾明廣福禪寺重建觀音殿記胡應青撰趙孟頫書幷篆額李光暎以爲松雪撰者誤應青自題前進士又云予吳之鄙人宋季筮仕於此蓋宋臣而不仕於元者也暨陽今江陰縣

亨 長明燈記 延祐七年二月

右長明燈記翰林學士承旨開府儀同三司特授河南行省左丞相埜僊帖穆而割田千五百畝入汴梁延津上乘寺爲長明燈資屬應奉揭徯斯爲記而承旨趙孟頫書之埜僊帖穆而者博羅歡之子埜先帖木兒也元史附見其父傳其由河南行省參知政事遷江西歲餘進河南右丞未行拜平章政事入知樞密院事皆史所未載碑載其子尼摩性吉福安等傳所載有尼摩星吉亦思剌瓦性吉二人尼摩星吉卽尼摩性吉亦思剌瓦性吉豈卽福安乎抑別有名福安者而傳失載乎碑又云公娶完澤氏河南王之女玫延祐元年封河南行省左丞相卜憐吉帶爲河南王卜憐吉帶阿朮之子姓兀良合氏此完澤蓋名而非氏也元史泰定帝紀泰定元年冊八八罕字爲皇后八八罕實爲吉剌氏亦以名爲氏元人文集中似此稱謂者頗多

亨 處州萬象山崇福寺記 延祐七年三月

右處州萬象山崇福寺記延祐五年西天目山幻住沙門明本撰文後二年正月翰林學士承旨趙孟頫書并篆額其三月始立石鐫字者東嘉孫宗年也松雪翁以延祐六年夏謁告歸吳輿遂不復出據此碑所題歲月則南歸之後一年也明本號中峯所居號幻住庵仁宗時賜號廣慧禪師石刻明字漫滅故表而出之

亨 金仙寺裕公和尙道行碑 延祐七年小春日

右金仙寺住持裕公和尙道行碑松雪翁書法妙絕一時豐碑修碣流傳至今世所共珍其書裕公道行碑有二一爲少林寺僧福裕在河南之登封縣一爲金仙寺僧廣裕在山西之翼城縣予皆得之福裕碑程鉅夫撰此碑卽松雪所撰文而本集却不載首云佛以大慈悲隨機說法所以付囑其徒者攝爲五分曰素怛纜則阿難受持曰毗奈耶則鄔波羅受持曰阿毗達磨則迦多演那受持卽所謂經律論也曰般若曰陀羅尼則付之文殊普賢二大士近世學佛家能舉其名者尠矣

元 東平忠憲王安童碑 至治元年十一月

右中書右丞相東平忠憲王安童碑元史英宗紀至治元年十一月丙申勑立故丞相安童碑于保定新城卽此碑也蘇天爵嘗鈔其文入文類以石本校之異者百餘字石本刪去數十言文義更完碑卽元復初所書故後定之本勝於初稿文章之貴乎改削如此板本云碑建大都艮鄉之通逵石刻作新城者初擬立石艮鄉後乃定于新城也其地曰高碑店蓋以此碑得名距涿州三十里實新城縣之西北境也碑久仆沒土人莫知其處獨碑趺存高可隱人馬頃十餘年前直隸總督某欲立碑刻己文有州判張

某者白新城多舊石刻可取爲碑材卽遣訪之無所得乃募人於碑趺旁掊土徧求之得斯碑于一里外其陽乃蒙古書衆莫識復役丁夫覆而視之額云大元敕賜開國元勳命世大臣之碑碑文漫滅者僅十之一新城令單君功擢拓數本上督府言狀意不欲毀之也督府不識安童何人命工磨去其文得碑材者四識者咸惋惜焉予友毛檢討式玉時在單令所得拓本屬予題而藏之

亨　涇縣尹承務蘇公政績記　至治二年二月

右涇縣尹承務蘇公政績記首列翰林學士承旨榮祿大夫知制誥兼修國史趙孟頫書國子博士承事郎

篆額亞中大夫宣國路總管府達魯花赤兼管內勸農事某立石達魯花赤署名作篆古書而立石與書篆人竝列於前皆碑之刱例也碑爲松雪晩年書結體圓勁而不放縱蘇尹名濟字汝舟益都沂人在官三載民歌之曰四民蓺業通縣官有蘇公三載民無憂賴有蘇汝舟元史良吏傳不載特表而出之

貞　伯家奴造聖相記　至治二年

右伯家奴造聖相記在杭州府城內吳山寶成寺翟孝廉均廉所貽文云朝廷差來官驛騎衛上將軍左衛親軍都指揮使伯家奴發心喜捨淨財莊嚴麻曷葛刺聖相一堂祈福保祐它門光顯祿位增高一切時中吉祥如意者按元置左右衛親軍都指揮使司本在京師伯家奴奉使在杭故有朝廷差來官之稱亦不知何公事也麻曷葛刺番僧所奉之神輟耕錄今上初入戒壇見馬哈剌佛前供羊心卽此佛也柳貫護國寺碑云摩訶葛剌神漢言大黑神也亦卽此譯音無定字

利　太上感應篇附注　泰定甲子

右太上感應篇附注錢唐陳堅君實所編仇遠爲跋泰定甲子上元繡梓而嗣子從仁復刊石於湖山堂蓋在至正中惜石刻漫漶不能辨其何年月也吾友惠徵士定宇言

此篇卽抱朴子所述漢世道戒如三台北斗司命竈神之屬證諸經傳無不契合非後人所能假託然隋經籍唐蓺文志皆無之宋蓺文志始有李昌齡感應篇一卷此書之傳蓋自李始矣據仇山村跋則宋時有李善齋先生注其後鄭相安晩湯侯北村徐公博雅輯而爲贊衍而爲解韻而爲詩今惟鄭清之書載於道藏餘無聞焉陳氏附注詞雖淺近而無俚鄙不經之談懸諸座右可爲日省之助

貞　周天大醮投龍簡記　泰定元年正月

右周天大醮投龍簡記首云泰定改元甲子之春正月詔元教大宗師元德眞人吳全節太一崇元體素演道眞人

嗣教七祖蔡天祐五福太一眞人呂志彝正一大道眞人劉尙平元教嗣師眞人夏文泳率法師道士幾千人修建金籙周天大醮于大都崇眞萬壽宮爲位二千四百晝夜凡七受釐之日天顏甚愉重封香幣遣大一七祖眞人蔡天祐承德郎郊祀署令馬懷吉捧刻玉寶符元璧龍紐馳詣濟瀆清源投奠按元史釋老傳吳全節至治二年制授特進上卿元教大宗師崇文宏道元德眞人此碑立于泰定初在至治之後僅稱元教大宗師元德眞人未有特進上卿及崇文宏道之號然則此號後來增加史誤併爲一事耳夏文泳全節之徒亦見釋老傳蔡天祐稱太一嗣教七祖當是李居壽之徒而史不載

利 浙東道宣慰使答里麻世禮墓誌 泰定元年二月

右浙東道宣慰使答里麻世禮墓誌其先畏吾人家於關中父忽倫察官宣慰使答里麻世禮少侍成宗至大元年僉河北道廉訪司事三年調浙西道四年召爲刑部郎中皇慶改元升本部侍郎延祐七年升本部尙書至治改元出爲浙東道宣慰司都元帥行次揚州卒四明續志不列其名以其未到任也錢唐趙晉齋游泰中搨其文貽予攷前人未有著錄者因摭其大畧書之

亨 東嶽廟聖旨碑 附泰定元年十月 至正四年九月

右東嶽廟聖旨碑文稱成吉思皇帝月古台皇帝薛禪皇帝完澤篤皇帝曲律皇帝普顏都皇帝怯堅皇帝後題泰定元年鼠兒年十月二十三日又一碑文稱成吉思皇帝月古台皇帝薛禪皇帝完者都皇帝曲律皇帝普顏都皇帝格堅皇帝忽都禿皇帝亦憐眞班皇帝後題至正四年猴兒年九月二十九日按成吉思太祖尊號也薛禪完澤篤曲律普顏篤格堅忽都禿則世祖成宗武宗仁宗英宗明宗之謚身後所追上也太宗盍宗未有國語謚號故稱其名元史泰定卽位詔書稱英宗曰碩德八剌皇帝其時尙未有國語謚也文宗國言曰札牙篤皇帝至正碑不及

者以其與於弑逆黜之也定宗憲宗泰定帝皆繼世之君當時敘諸帝略不及焉太廟七室之制則太宗亦不預重本生而輕正統禮臣亦未有援古義以爭之者明嘉靖之議大禮實濫觴於此矣月古台元史作窩濶台普顏都史作普顏篤忽都禿史作忽都篤亦作護都篤亦憐眞班史作懿璘質班又如完澤篤之爲完者都格堅之爲怯堅兩碑亦互異蓋譯音本無定字當時播諸王言亦未盡畫一也碑向在泰安府嶽廟西偏延禧殿前近歲修廟者磨去其文爲他用泰安人聶鈫云

元 嘉定州儒學教授題名記 一泰定二年七月 一至正十四年四月

右嘉定州儒學教授題名記一爲金華劉德載撰題名自楊巽申至吳靜觀凡二十八人一爲贛州朱孔昭撰題名自朱孔昭至蔣堂凡四人以韓浚嘉定縣志官師表校之徵有異同如楊巽申元貞二年七月任而表以爲大德元年賁松至大元年任而表以爲四年王枋至大四年任而表以爲元年桑登龍亦至大四年任而表以爲皇慶元年林疇至治元年權學事而表失其年分護祿賜不花至元三年任而表以爲至順三年楊伋至元六年任而表以爲元年朱孔昭至正十一年任而表以爲十四年石渥至正十四年任而表以爲十五年蔣堂至正二十一年任而表失其年分表又誤列王枋子賁松前林疇子陶元容前俱當據碑改正若學道書院山長王子昭卒于前至元二十五年直學潘剛中乃宋紹定間人表俱列之大德初則謬之甚也

貞重建文殊寺碑　泰定三年八月

右重建文殊寺碑其文鄙俚無足觀而敘述宗王世系可資史家攷證其言眞吉思皇帝卽位之年降生乂合歹卽史所稱察合台也其下曰拜口里大王曰阿口口大王曰口口大王曰喃忽里大王曰喃失里太子皆嗣乂合歹位者以宗室世系表攷之察合台曾孫有南荅失里王名似相近而其父不名喃忽里諸王表有幽王喃忽里則又屑宗子旭烈兀之後非察合台之裔與史全不合且碑立於泰定中喃忽里已先卒亦無幽王之稱而順帝紀至元二年以甘肅行省白城子地賜南忽里則順帝時尙存必非一人矣此碑海寗周松靄同年所貽云在肅州

貞天妃廟迎送神曲　泰定四年　月

右天妃廟迎送神曲幷序在蘇州府城內天后宮句章黃向撰文濟陽董浚書丹天妃者興化軍莆田縣湄州林氏女宋熙寗以來久著靈異元時江浙置海道都漕運萬戶府海船往返事神尤謹元史祭祀志云天妃神號積至十字碑云護國庇民廣濟明著天妃祗有八字較元志少福惠兩字以諸帝紀攷之至元二十五年六月詔加封南海明著天妃爲廣祐明著天妃大德三年二月加封護國庇民明著天妃天曆二年十月加封護國庇民廣濟福惠明著天妃至正十四年十月加號輔國護聖庇民廣濟福惠明著天妃蓋自至元以後封號由二字積至十二字志所載封號十字特天曆所封之號未可以槩一代而美號遞加不過兩字則大德加封六字之後天曆加封十字之前必有加封八字一節本紀漏落賴有此碑可以校補而加封在何年月則不可攷矣碑有參知政事張毅張友諒二

人史表不見其姓名或江浙行省之參政耶碑又云舊章
氏家廟攷宋時建安人寄居於吳者有南北二章子厚爲
南章質夫爲北章此碑在城北必質夫家廟也

亨　歸安縣建學記　泰定五年正月

右歸安縣建學記歸安湖州倚郭縣故未有學附於郡學
東偏南陽完澤溥化以進士丞茲邑始建縣學而鄧文原
爲文記之後題泰定五年龍集戊辰人日記攷元史泰定
帝紀是年二月庚申詔天下改元致和故二月以前猶稱
泰定也其秋帝崩於上都文宗卽位改元天曆元史三公
宰相兩表於泰定四年之後卽繼以文宗天曆元年不書

致和雖用溫公通鑑之例然七月以前拜罷略不載未免
絓漏而無法矣

元　贈寧海州知州王慶墓表　泰定五年十一月

右贈寧海州知州王慶墓表文云父生於擴慶庚申沒于
至元癸酉壽七十四妣生于擴慶丙辰沒于至元庚寅壽
九十五按丙辰宋慶元二年也庚申慶元六年也更慶元
爲擴慶未詳其故元時江浙行省有慶元路未嘗更其名
何獨於宋之年號而更之且又直呼宋寧宗之諱乎

亨　皇太后懿旨碑　至順二年六月

右皇太后懿旨碑凡元時聖旨碑首題長生天氣力裏大
福廕護助裏皇帝聖旨此稱長生天氣力裏皇帝福廕裏
皇太后懿旨當時寫聖旨懿旨之式如此後題雞兒年十
一月初十日大都有時分寫來又一行題至順二年歲次
辛未六月吉日建案元代惟成宗武宗仁宗順帝四朝尊
奉皇太后此碑建於文宗時所稱皇太后必在成武仁三
朝矣成宗大德元年歲在丁酉武宗至大二年歲在己酉
碑但稱雞兒年有支無干不知當在何年也或難予曰元
史后妃傳仁宗莊懿慈聖皇后英宗卽位上尊號皇太后
至治二年崩至治元年歲亦在酉安知其不在英宗朝乎
按本紀英宗卽位之歲八月祔莊懿慈聖皇后于太廟是

后巳先沒故傳載冊文有爲天下母而養弗逮之句本紀
有上太皇太后尊號事無尊皇太后事也紀書至治二年
八月太皇太后崩亦不云皇太后故知后妃傳所載皆子
虛烏有之詞耳

亨　碑陰

右碑陰蒙古書自左而右元時凡制誥由詞臣潤色者國
書但對音書之若加封大成至聖文宣王詔加封顏子父
母制之類是也此係當時直言直語故別以國語譯之不
依本文蓋亦當時令式如此而傳記未有言之者予以集
錄之富攷證之勤粗能識其大略爾碑陰有額乃蒙古篆

文篆古字剙於帝師八思巴其篆文未審何人所製

利 加封孔子父母及夫人幷官氏詔 至順二年六月

右加封詔二道其一加封齊國公叔梁紇爲啓聖王魯國太夫人顔氏爲啓聖王夫人詔其一特封大成至聖文宣王妻幷官氏爲大成至聖文宣王夫人詔也元史文宗紀及祭祀志祇載加封啓聖王及夫人而不及幷官氏之封史文之闕也加封事在至順元年二月戊申碑書至順二年六月蓋立石之年月也家語孔子年十九娶於宋亓官氏之女今攷漢韓勑禮器碑本作幷官宋祥符追封及此詔亦皆作幷官文字明白可證家語傳寫之譌廣韻引魯

先賢傳孔子妻幷官氏今本亦譌爲亓蓋流俗相傳失其本眞惟石刻出於千載以前者信而有徵也

亨 贈河南行省參知政事張斯和碑 至順二年十月

右贈河南行省參知政事張斯和碑斯和者中書參知政事斯立之兄以子友諒貴贈中奉大夫河南江北等處行中書省參知政事濟南郡公其先冀州棗强人六世祖汝礪金季避河決徙居章邱碑文翰林學士張養浩撰湖南廉訪使鄧文原書今在章邱縣東南相公莊南

亨 碑陰記

右碑陰記載友諒歷官本末頗詳元史不爲友諒立傳以此碑攷之蓋由江浙行省左右司都事入爲吏部員外郎遷左司都事拜監察御史尋改左司員外郎以選爲浙省正郎以左司郎中召遂參議中書事拜戶部尚書臺奏爲浙西廉訪使改都水庸田使移湖北廉使復庸田使超拜中奉大夫江浙行省參知政事除憲淮東再憲江浙皆以浙省事重奏留天曆九年冬徵拜中書參知政事二年除江南行臺侍御史三年春徵內臺尋復參政冬十月陞中書左丞實至順元年也元史文宗紀天曆元年八月戊午江浙行省參知政事張友諒爲中書參知政事此碑云冬者紀據除官之日碑據到官之日也宰相表於友諒下注

云十月至十二月可徵其以十月到官與碑文合凡紀表年月小異者皆可以此例斷之矣碑文撰於致和改元之春逮至順二年立石則養浩文原已相繼沒於是禮部尚書張起巖記其碑陰而戶部尚書魏誼書之鄧巴西書當時與漁陽吳興齊名誼妙處不減巴西而陶南村書史會要獨遺之何也

貞 龍興路儒學銅鼎題字 至順四年

右龍興路儒學銅鼎題字王鶴谿搨以遺予幷致書言元文宗崩於至順三年八月則至順不得有四年以是可疑予攷文宗殂於上都在至順三年八月其十月立兄子鄜

王是爲寍宗甫踰月而殂未及改元其明年春迎順帝至都久未得立及燕帖木兒死乃以六月卽位十月戊辰詔改至順四年爲元統元年是元統改元以前猶稱至順四年今蘇州府學有干文傳撰修學記後題至順四年九月是其證也

元 太師太平王德勝廟碑

右太師太平王德勝廟碑元文宗朝宜興州官吏建以頌中書右丞相燕鐵木兒之功乾隆二十一年秋予奉　命至熱河訪求事蹟聞小興州有是碑亟移書兵備道使吏人搨之吏不知椎拓之法乃施墨于石以紙背就摹之遂

糢糊不可讀審諦亙久始得其大略書之云右丞斡羅思太卿也忒逃失與北將乃馬歹等對敵之地大丞太卿將其軍以衝於前縣官等召募義兵以繼其後于是捕擄斬首者不啻數千級克奔來降者奚啻數萬人若然者非倚其地利恃其人力倘其高詐而勝也以德而勝哉非奉天時致天討不能也初右丞太卿俱在上都知正統之有在不爲倒剌沙計謀之所詸南北攜兵太卿有獲北使之勞有告內變之忠及會右丞與北軍戰于是而德勝也上嘉之進其高爵被其金帛御衣楮幣海青之重賜馬逮天下旣定奉陛縣爲州縣官吏爲州官吏上遣使賜酒十罇以

賁美馬攷元史文宗紀致和元年八月壬子阿速衞指揮使脫脫木兒帥其軍自上都來歸卽命守古北口乙卯脫脫木兒及上都諸王失剌平章政事乃馬台詹事欽察戰于宜興斬欽察于陣禽乃馬台送京師戮之絕不及斡羅思也忒逃失二人之力惟阿答赤傳稱斡羅思以天曆元年諭降上都軍陞隆鎭衞都指揮使然亦不載其戰功其官右丞亦傳所失書也嗚呼天曆之君臣乘國有大喪大都空虛挾其權謀詐力以奪人主之嫡嗣慮天下議其後因誣晉邸以惡名而當時傾危阿附之徒作爲文詞大書深刻謂奉天時以致天討然萬世公論具在其可欺乎元

史於泰定天曆之間多狥曲筆未明春秋之義也

亨 加封顏子父母制詞　元統二年五月

右加封顏子父母制詞元史文宗紀至順三年五月追封顏子父無繇爲杞國公諡文裕母齊姜氏杞國夫人諡端獻妻宋戴氏兖國夫人諡貞素祭祀志則書此事於元統二年此碑後題元統二年五月日與祭祀志合制詞不及兖國夫人蓋別爲一制碑分二層上層蒙古書下層正書不著書人名氏

亨 孝烈將軍祠像辨正記　元統二年六月

右孝烈將軍祠像辨正記孝烈將軍謂木蘭也姓魏氏亳

之譙人記爲侯有造撰井書文與書法俱無足觀其以木蘭辭爲木蘭自作亦迂儒之見爾

(元)齊國武敏公樂實碑 元統三年五月

右齊國武敏公樂實碑翰林侍講學士虞集撰文元史武宗紀至大二年八月立尚書省以樂實爲平章政事三年二月樂實爲尚書左丞相駙馬都尉封齊國公碑以八月爲十月二月爲三月史所書者除授之日碑所紀者到官之日皆非誤也碑云加開府儀同三司尚書左丞相行平章政事武宗之世名爵濫而遙授之官衆此左丞相亦遙授非眞拜故宰相表祗列于平章政事是其證也本紀不

書行平章政事又不云遙授殆誤以爲眞相矣元制諸王之女皆稱公主其倩卽稱駙馬樂實尚宗女者四曰唆台公主曰著思蠻公主曰完者台公主皆楚仙帖木兒王之女曰朮赤罕公主忽都帖木兒王之女故有駙馬都尉之授也楚仙帖木兒據碑爲移相哥王之子而元史宗室世系表不列其名以是知表之所失載者多矣此文道園學古錄與類稿俱無之然立言有體其出伯生之手無疑學古錄出于門人編輯故李本有泰山一毫芒之歎若此碑者洵可補文集之闕也

(元)孫德彧道行碑 元統三年九月

右孫公道行碑鄧文原撰文趙孟頫書德彧沒于至治元年文稱今上者謂英宗也松雪子至治二年六月卒碑末云元統三年歲舍乙亥九月吉日建蓋二公撰書之後又十餘年而始勒之石碑末所題年月及完顏德明題名皆後人續書非松雪筆也篆額者爲趙世延其署銜云前中書平章政事翰林學士承旨知制誥兼修國史奎章閣大學士魯國公此天曆以後世延所歷之官松雪未及見也亦後人追書

(元)江東建康道廉訪司題名記

右江東建康道廉訪司題名記王士熈撰文卜顏帖睦兒

書不著立碑年月以題名證之當在元統間又有至元至正續題者則字畫不甚整齊矣元時置江南諸道行御史臺於建康領廉訪司十道江東建康其一也廉訪司正官有使有副使有僉事題名各爲二列乾隆甲寅六月宣城張惺齋拓一本遺予云碑現在寧國府署前蓋此司雖以建康繫銜而治所實在寧國路也

潛研堂金石文跋卷二十

錢大昕著

元三

辟邪鐘題字　四明祖庭世統題名記　重修從祀記　濟瀆重建靈異碑記　重修曲阜宣聖廟碑　佛慧禪師義公塔銘　句容縣學大樂禮器碑　中順大夫竹溫台碑　重修清源廟碑　重新粧鑾聖像記　重建達奚將軍廟碑 碑陰　覺苑寺興造記　濟陽縣曲堤鎮大成廟碑　松江府重建廟學記　慶玄路揔管王玄恭去思碑　敕賜玄教宗傳碑　重修南鎮廟碑　周伯溫游白牛巖詩并序　瑞州雲谿洞碑　中書平章政事高公勳德碑　東祁王先生歸田興學記　道山亭聯句　山東鄉試題名碑記　廬江縣禁鐘題字　長興州重修學官記　餘姚州儒學覈田記　關王廟碑　李世安題名　濟南郡宣懿公張宓碑　杭州路重建廟學碑　重建李晉王影堂碑　安慶城隍顯忠靈祐王碑　董仲珪弭寇紀功碑　太尉丞相祀濟瀆神應記　續蘭亭詩并序　嘉定州重建儒學記　祭旱帖木爾祀先聖文　慶元路儒學興修記　擴廓鐵穆邇祀瀆記　溫州路揔管陳所學壙誌　山東鄉試題名碑記　崑山州重修三皇廟記　隆安選公傳戒碑 碑陰　開平縣界石　上虞縣受水壺銘　王用文題名　大通法寺常住上下院地產碑

安南

昭光寺鐘銘

元二

利 辟邪鐘題字 至元二年十二月

右辟邪鐘題字在鍾山靈谷寺元順帝重紀至元之二年能仁寺僧所鑄鈗于鉦甬之式皆仿古製鐘孔三十六枚與鄭康成說合其款題周辟邪鐘四篆字世人未解辟邪之義予按攷工記鍾縣謂之旋旋蟲謂之幹旋蟲者旋以蟲爲飾也康成謂今時旋有蹲熊盤龍辟邪辟邪獸名此鐘蓋依周攷工之製而旋蟲作辟邪形因以爲名僧雛妄稱爲景陽鐘殊可笑也能仁寺本在城內卽昇元故址洪武中始移建聚寶門外鐘之移於靈谷其在此時乎

利 四明祖庭世統題名記 至元四年

右四明祖庭世統題名記在寧波城內南湖延慶寺記文天台鄉貢進士胡世佐撰并篆書題名第一列中爲大師釋迦牟尼世尊左列摩訶迦葉至龍樹尊者凡十二世右

列龍樹至義通稱十六祖第二列右爲始祖法智尊者知禮大師左爲翼祖延慶異聞法師第三列以下皆法智之後嗣也題名皆正書白文惟法智異聞二人及後來嗣主祖庭者五十餘人壁文碑爲法智第九世孫本無所立以嗣席之次數之則爲四十九代矣我庵其自號也龍樹之教流於中土北齊慧元以宿悟已證立爲觀法以授南岳慧思思授天台智顗是爲天台宗顗授章安灌頂頂授法華智威威授天宮慧威慧威授左溪元朗朗授荆谿湛然自龍樹至荆谿教宗所謂九祖也荆谿傳興道道邃邃傳至行廣脩脩傳正定物外外傳妙說元琇琇傳高論清竦

竦傳螺溪義寂寂傳寶雲義通通傳四明法智而其教復盛故四明之學者欲以興道至四明八世續九祖爲十七祖此亦門戶之私見爾黃魯直謂庵字非古當用菴字予謂菴庵皆說文所無未見菴古而庵俗也世佐書庵作盦取覆蓋之義較爲近之

重修從祀記 後至元四年九月

右重修從祀記今在南雄府學元至順三年襄邑張搏霄爲南雄路總管命工繡刻七十二賢及道學先儒像於宣聖廟之兩廡而前進士易景升爲文記之攷元史王都中以天曆初任廣東道宣慰使都元帥元統初改兩浙都轉運鹽使自後未見再任廣東事此碑立于重紀至元四年而都中題銜稱中奉大夫廣東道宣慰使都元帥不可解也楊益字友直洛陽人陶九成稱其古隸學盧江太守碑今觀此碑分隸殊有漢人法度

濟瀆重建靈異碑記 後至元五年九月

右濟瀆重建靈異碑記爲孟州達魯花赤也列失追述其叔祖忽辛祀濟瀆靈異事所載世系云始祖賽天知苦魯馬丁追封世王子一人賽天知贍思丁雲南等處行中書省平章政事追封咸陽王謚忠惠子三人長賽天知納速兒丁雲南等處行中書省平章政事追封延安王謚宣靖

次忽辛江西等處行中書省平章政事猶子賽天知烏馬兒江浙行中書省平章政事也列失則烏馬兒之子也賽天知元史作賽典赤中堂事紀作賽典只兒蓋回回貴族之稱子孫世以爲號贍思丁父曰苦魯馬丁元史本傳不載納速兒丁本傳作訥速剌丁其謚宣靖亦史所失載也史稱賽典赤别庵伯爾之裔攷劉郁西征記報達之西馬行二十日有天房內有天使神胡之祖葬所也師名癖顏八兒房中懸鐵組以手捫之心誠可及不誠者竟不得捫經文甚多皆癖顏八兒所作癖顏八兒卽别庵伯爾彼國中聖人也

【元】重修曲阜宣聖廟碑　至元五年十一月

右重修曲阜宣聖廟碑歐陽原功撰文巎巎書元史順帝紀至元五年勅曲阜宣聖廟碑卽此文以集本校之微有異同集本云御史大夫臣別里怯不花臣脫脫御史中丞臣達識鐵穆兒臣約治書侍御史臣鏞等奏監察御史言石本但云御史大夫臣別里怯不花臣脫脫等言集本文宗皇帝在御奎章閣學士院臣奏石本則書院臣沙臘班召集本勅翰林學士院學士臣原功爲文石本作翰林侍講學士奉訓臣屬纂進御後答有更定而原功自署銜當以石本爲正也文云凡有國百餘年以來繕修宣聖廟

金石文跋尾　二十　五

再丁酉之初以開同文之運天曆之際以彰承平之風校閻復文宣王廟碑云闕里祠宇燬于金季之亂右轄嚴公忠濟保營假祠宣額歷錢佐營繕之費歲戊申始復鄆國復寢以寓先聖顏孟十哲像彼云戊申而此云丁酉者蓋經始于丁酉落成于戊申也元史禮志及嚴實傳俱不載未免失之徧矣

【貞】佛慧禪師義公塔銘　後至元六年正月

右佛慧圓明正覺普度禪師斷厓義公塔銘道園學古錄載此文以石本校之殊多異同集本述問答機鋒及辭世語頗詳而石本轉略不可解也了義塔於天目山師子巖後雲深庵而碑乃在蘇州之南禪寺殆其徒別刻本於吳中峯今寺稍移而西規制亦縮惟斯碑與明楊循吉所撰碑尚對立於菜畦瓜蔓間爾

【卯】句容縣學大樂禮器碑　至元六年五月

右句容縣學大樂禮器碑賜同進士出身儒林郎江南諸道行御史臺監察御史趙承禧撰文紀達魯花赤丑驢教諭劉德秀造先師廟禮樂器之事書丹者江南行御史臺管勾曹復亨篆額者江南行御史臺都事姚紱也承禧字宗古其登科年分未詳

【貞】中順大夫竹溫台碑　後至元元年

金石文跋尾　二十　六

右中順大夫竹溫台碑翰林待制奉議大夫兼國史院編修官揭傒斯撰文奎章閣大學士資善大夫知經筵事巎巎書丹奎章閣侍書學士中奉大夫同知經筵事尚師簡篆額竹溫台者蒙古人爲國大長公主媵臣冒姓蒙古剌氏事魯王爲管領隨路打捕鷹房諸色人匠等戶錢糧都總管府副達魯花赤遷達魯花赤兼諸藝喜領之麗有子曰撒而吉思監事文宗爲宣相總管府副總管人宿衞順帝尤愛之詔爲其父立碑在烏丹城南七里地名烏蘭板上文字尚可讀闕烏丹城中有廢塔塔前斷碑亦有魯國大長公主字則此地在元爲魯國農土所謂烏丹城

者豈卽本藩駐冬之全寧城乎

利重修清源廟碑　至正二年三月

右重修清源廟碑清源廟祀蜀灌口神俗所稱二郎神也梓潼灌口射洪三神祠皆盛於宋時晁氏讀書志有蜀三神祠碑文五卷井度任四川漕日裒集成書當時崇奉之盛如此碑稱神始祠於灌口由漢迄唐宋初侯終王增號於延祐改封於天曆聖天子嗣位又詔加護國於舊號之上攷元史天曆二年正月加封秦蜀郡太守李冰爲聖德廣裕英惠王其子二郎神爲英烈昭惠靈顯仁祐王若延祐增號及順帝時加護國字則史所未載蓋元史諸帝紀

不出於一人之手或詳或略無一定之例也碑在江寧城外雨花臺之左其地名二郎岡蓋以廟得名今廟改祀三茅君而清源之祠移入城內矣

貞重新粧鑾聖像記　後至元六年十月

右重新粧鑾聖像記在蘇州雙塔寺予昔游所未見頃瞿堉鏡濤搨得之其文釋普琳撰記東禪僧澤庵爲壽寧寺大殿裝佛事其時住持壽寧者則佛心普智雄辨大師行喆也行書頗似趙承旨而不見書人姓名惟有大中大夫平江路總管府達魯花赤兼管內勸農事也兒吉你普篆額名攷府志元達魯花赤有也里吉里卜蓋卽其人譯音無定字也粧鑾蓋當時土俗之語額改題壽寧萬歲教寺裝佛之記斯爲得之不嫌兩題互異也

利重建達奚將軍廟碑　至正二年五月

右重建達奚將軍廟碑在句容縣城南將軍名字事迹無可攷碑稱殿東楹貼幅楮數字可辨云梁承聖初洪遜爲國子祭酒似洪遜卽將軍之名予攷南史周弘讓傳承聖初爲國子祭酒三年爲仁威將軍城句容以居之命曰仁威壘今達奚廟正在仁威故壘宋人避諱往往改弘爲洪讓爲遜殿楹帖必宋人所題洪遜卽弘讓耳於達奚何與哉碑又稱世傳將軍南來時與沈襄王戰死於縣西之華

墓岡環廟之地卽將軍甲城所云沈襄王者不知何人疑是沈法興也

利碑陰

右碑陰建廟施財題名有瓦瓷廟字宇瓷當與甆同義字書所未載也

利覺苑寺興造記　至正三年三月

右覺苑寺興造記蘄州路總管趙賁翁撰紹興路總管泰不華題額松江府推官趙宜浩書兼篆題額列於宜浩之前蓋以官資之崇卑爲序碑皆正書獨兼篆結銜一行入分書介於撰書者之間它碑所罕有也此記本刻於熙寧

大悲閣碑之陰不知何時嵌入牆壁轉易向外而沈碑乃在幽闇之處矣

貞濟陽縣曲堤鎮大成廟碑　至正三年七月

右濟陽縣曲堤鎮大成廟碑正奉大夫山東東西道肅政廉訪使王士熙譔翰林學士承旨榮祿大夫知制誥兼修國史知經筵事張起巖篆中順大夫西蜀四川道肅政廉訪使楊傳書元時廉訪使秩正三品正奉大夫從二品中順大夫正四品士熙傳同爲廉使而階各不同由於資歷有深淺也碑刻篆額人例在書者之後此碑起巖在傳前當以起巖先達不欲多上之耳傳分隸秀勁不減唐人而

世鮮知者當表而出之凡屯戍之所稱鎮史家志地理多不載獨金志具書之濟陽縣有鎮四曲堤實居其一今刊本或作提葢失之矣元時諸鎮往往有建學立先聖廟者以予所見石刻如河內之淸化鎮掖縣之西由場幷此而三矣

亨松江府重建廟學記　至正三年八月

右松江府重建廟學記前江浙等處儒學提舉黃溍撰平江路總管兼管內勸農事知渠堰事和立平書紹興路總管兼管內勸農事知渠堰事泰普華篆額泰普華即泰不華也元史本傳謂初名達普化文宗賜以今名此碑立於至正初仍書普字而當時士大夫亦多以達兼善稱之或稱爲達祕書則非定用所賜之名也葢譯音初無定字達與泰不過音之轉而普化與不華北音亦無異兼善登第時榜書達普化後來受制命又作泰不華或偶出於文宗御筆而史遂以爲賜名耳碑稱皇朝奄有南土凡五萬戶之縣悉置爲州惟華亭戶數增多至二十三萬特置散府號曰松江而仍以華亭爲縣隸焉案史載至順錢糧數松江府戶一十六萬三千九百三十一距立府之始五十餘年休養生息戶口當益蘇而民數之減於舊者幾及三分之一殊不可解恐史有誤文也

利慶元路總管王元恭去思碑　至正三年十一月

右慶元路總管王元恭去思碑在寧波府學趙轉運書俊爽似鷗波承旨朱教授文亦質實無溢美元恭在任修四明續志簡而有法與袁學士四明志並傳而碑不及之何耶碑末列名有訓導王厚孫齋長王寧孫皆深寧居士諸孫

亨敕賜玄教宗傳碑　至正四年八月

右勅賜玄教宗傳之碑延祐六年四月以開府儀同三司上卿輔成贊化保運玄教大宗師知集賢院事領諸路道教事張留孫之請詔集賢修撰虞集述其傳授宗派於碑

趙松雪時爲承旨奉勑書之洎至正四年嗣師吳全節立石去松雪之没已廿餘年矣道園學古錄及類稿俱不載此文

亨　重修南鎮廟碑　至正四年

右重修南鎮廟碑紹興路總管府推官貢師泰撰祕書卿泰不華書并篆額南鎮唐封永興公宋政和三年封永濟王金改永興王元大德二年加封昭德順應王此碑云唐天寶十年詔封永興公歷代遂著常祀國朝加號王爵似未攷宋金加封故事矣碑爲縣尹夏日孜修廟而作日孜字仲善吉水人至順元年進士史稱泰不華善篆隸温潤

遒勁今得此碑亦略見一斑矣

亨　周伯温遊白牛巖詩并序　至正六年

右廣東廉訪僉事周伯温遊白牛巖詩潮陽縣達魯花赤偰列箎刻之巖壁竝序其略以八分書之偰列箎者高昌人元時所稱畏吾兒也其先世爲畏吾國相從其主居偰輦河因以偰爲氏偰列箎之祖合剌普華嘗官江西宣慰使子孫因居江西習進士業登第者六人偰列箎由江西龍興籍鄉試登至順庚午進士見歐陽圭齋所述偰氏家傳而江西通志以爲至正戊子進士今觀此刻在至正丙戌先戊子兩年列箎已任監縣則江西志之誤顯然矣翁學士正三撰粵東金石略載此刻後半多缺文頃李潮陽素伯親到巖下始知爲寺僧草庵所掩撤其庵讀之纔缺一二字爾因椎拓其文貽予并以語翁學士云

貞　瑞州雲谿洞碑　至正七年五月

右瑞州雲谿洞碑題云大寧路瑞州海濱鄉周家莊雲谿觀碑海濱本遼舊縣置隰州治此仍隸來州節度金皇統三年廢隰州以縣隸來州其後改來州爲宗州又改瑞州而所隸縣如故元廢海濱縣入州故碑有瑞州海濱鄉之稱今在塔子溝東南三百七十里瑞雲山

貞　中書平章政事高公勳德碑　至正七年

右中書平章政事河隴高公勳德碑千文傳撰碑不書其

名以史攷之益納麟也其敘歷官與史頗合此碑因卧佛寺僧廣宣之請而作故於行宣政使事言之特詳然失立言之體矣碑稱其大父智耀爲忠簡公而史云謚文忠當以碑爲正或初謚忠簡而後改文忠乎其曾大父爲西夏駙馬亦史所未及

亨　東祁王先生歸田興學記　至正九年

右東祁王先生歸田興學記在嘉定縣學嘉定自宋始剏學宮舊有田租歲入養士不繼邑士王子昭懼鄉校廢弛捐己田二十七頃有奇歲收租米一千一百一十餘碩擬

紉義塾以教鄉閭子弟志未遂而疾作臨終囑其弟以田歸於學時至元二十五年也又六十餘年而邑之士大夫請州教授薛元德爲文記之州判官馬遂良書之石攷唐宋碑刻之式立石人當列名碑末此碑知州孫伯元立石刻於撰書人之後篆蓋人之前乃他碑所罕見者每行遞高一格則又以官秩之崇卑差之皆非古法也

亨道山亭聯句　至正九年八月

右道山亭宴集聯句七言律詩一篇福建廉訪使僧家奴元卿僉事奥魯赤文卿申居駉子迺赫德爾本初四人人各二句跋其後者經歷趙譚以八分書之者知事任允也

後有廉訪副使朶兒只班善卿續題亦允所書詩與書法皆可觀予頃倣計敏夫之例撰元詩紀事得之石刻者凡數十家此刻前人未有著錄者亟鈔而存之惜元卿文卿本初諸人未能攷其氏族也

亨山東鄉試題名碑記　至正十年十月

右山東鄉試題名碑記元時鄉試之所凡十有七兩都十一行省眞定東平二路山東河南二宣慰司也山東宣慰司治濟南是科考試官三人禮部尚書梁宜彥中國子助教黃昭觀瀾翰林國史院典籍毛元慶文在監試官僉山東東西道肅政廉訪司事拜住知貢舉官山東東西道宣慰使司同知副都元帥別速堅合所部三路十有三州四十有六縣之士試之得合格者蒙古四人色目五人漢人七人分左右牓右牓阿禮柏杭兄弟同舉左牓第一人李國鳳次年會試省元皆盛事也記稱鄉校未有題名題名自是科始今見存濟南府學者唯此及至正二十二年兩碑耳拜住字明善遜都思氏右牓狀元此記述其革陋扶偏禮士有法可見科目得人之效矣記文刻於碑之上方其下題名三列上層列考試監試知貢舉收掌試卷受卷彌封謄錄對讀各官中列左右牓進士姓名下列提調試院監門巡綽搜檢懷挾供給各官今時進呈鄉試錄之式蓋出於此

利盧江縣禁鐘題字　至正十年十月

右盧江縣禁鐘題字其書盧爲庐今時俚俗簿帳小說往往見此字此鐘爲縣尹張居敬所鑄達魯花赤普顏不花以下及進士列名者十餘人而用俚鄙無稽之字足供一噱肰亦可見俗字之有本也

貞長興州重修學宮記　至正十一年二月

右長興州重修學宮記賜進士出身承事郎前台州路天台縣尹兼勸農事會稽楊維禎撰賜同進士出身將仕郎前處州路錄事永嘉高明書賜進士及第承務郎內臺監

察御史大名張士堅篆額維禎字廉夫泰定丁卯二甲進士明字則誠至正乙酉三甲進士士堅與則誠同梓郎是梓狀元也廉夫以詩文重東南學者稱鐵厓先生則誠長於詞曲琵琶傳奇至今膾炙人口士堅事迹無可攷據此碑知其曾任中臺御史篆書亦有法度記爲州長火魯忽達修廟而作記中又稱魯侯者從邦俗之稱或舉首一字或舉中一字無一定之式也侯字得之世家北庭平章政事保八之適子嘗游成均兩膺鄉薦碑立於至正十一年魯侯抂長與已六年矣

餘姚州儒學覈田記　至正十一年十一月

右餘姚州儒學覈田記至正九年大梁郭文煜知餘姚州到官謁孔子廟耆老言縣故有田贍學歲久獘滋廩入不足乃擇儒士之公廉者分歷諸鄉按籍復舊又開元孝義二鄉有海漲塗田亭民久專其利文煜遣吏疆理之得二百四十一畝悉歸之學又有史華甫首捐田五十二畝由是養士有資甬東孫元蒙爲文記之州判官傅常書諸石常自署賜同進士出身未詳登科年分

闕王廟碑　至正十二年五月

右闕王廟碑無撰書人姓名後題將仕郎汴梁路許州判官普顏立石普顏姓李氏陜西平涼人文稱王甍於章鄉今當陽縣玉泉山也今號大王塚每歲清明鄉人相率上塚如祭埽之禮宋荆門守臣王銖始建祭亭環垣樹松柏紹聖三年五月賜廟額曰顯烈東廟曰昭貺卽侯子平也俗呼爲三郎荆楚之人相傳顯烈六月二十二日生昭貺五月十三日生是日朝拜祭賽者遠近輻輳焉案王之生日不見於傳紀碑所據者荆楚相傳之說今祀典遂以五月十三日爲王生辰矣文又云大元分樞密院知院總兵官南征至許昌南安營於至正十一年十一月十九日遣本院經歷文林郎和尙詣廟致禱施財增修廟宇攷元史順帝紀至正十一年五月壬申命同知樞密院事秃赤以

兵討劉福通按以分樞密院印九月壬子命御史大夫也先帖木兒知樞密院事及衞王寬徹哥總率大軍出征河南妖寇十月癸未命知樞密院事老章以兵同也先帖木兒討河南妖寇此稱知院總兵官當是也先帖木兒也

李世安題名　至正十三年艮月

右海道都漕運萬戶燕山李世安題名在福州府之鼓山文云至正壬辰冬余以柏府之命如廣海經三山止神光寺明年正月朔寇逼郡城是日與廉使許希文共守南門董督備禦越二十六日建邵分憲僉事郭繼先率援兵南下賊遂敗潰宵遁至正之世盜賊蠭起侵犯郡縣吏不能

悉書未知其時寇福州者爲何賊也世安大都人父廷淮東宣慰使贈江西等處行中書省叅知政事追封潞陽郡公謚忠靖世安由國子生入官歷監察御史分憲淮東擢鎮江路總管有治聲元史不爲立傳惟順帝紀載至正十二年五月海道萬戶李世安建言權停夏運從之卽壬辰歲也予昔遊鎮江甘露寺見大殿銅鐘款有世安名驗其年月則至正九年也擬拓其文未果今得此題名乃摭其歷官本末書之

圓濟南郡宣懿公張宓碑　至正十四年三月

右濟南郡宣懿公張宓碑翰林國史院編修官李國鳳撰

金石文跋尾　二十　十七　又卅一

文翰林學士承旨張起巖篆額皆列名於前而書丹者爲宓之從子景德則退居碑末此亦金石之一例也宓字淵仲山東行尚書省兼兵馬都元帥濟南公榮之孫淮安路總管邦憲之子幼以質子侍武宗潛邸賜名蒙古歹仁宗卽位詔授以二品官辭選滕州知州入爲度支監丞出知南陽府未行改兵馬司都指揮使預討帖失赤斤鐵木兒逆黨遷彰德路總管擢山北廉訪副使改保定路總管天曆初紫荆關潰軍入保定界剽掠居民相率持挺斃其尤無良者時知樞密院也先尼（史作也先捏）駐軍城外召府同知縣尉與居民百餘人至軍責以擅殺盡戮之復下令屠城宓時以病在告卽舁疾至帳下也先尼怒詬之曰汝欲反乎宓從容曰孰敢反耶夫軍士不戢而潰逞虐良民法所不赦小民不辨誰何倉卒格之至死樞密已殺百餘人償其死又欲屠城城中戶不下萬餘萬一激變咎將誰任我寧以身代民死耳也先尼默然猶殺張珪五子解圍去命宓諭民以不殺故皆額手相慶調眞定移平江請罷平江財賦司之隷徽政院者詔罷平江杭州集慶提舉司衆賴少蘇召爲吏部尚書拜嶺北行省參知政事以病歸復起爲山東東西道宣慰使尋致仕歸濟南至正四年卒贈江浙行省參知政事追封濟南郡公謚宣懿攷明初修元史

金石文跋尾　二十　十八　又幺上

告成以闕順帝三十六年事遣國子典膳呂復乘驛往北平及山東開局采訪頗及碑碣北平得四百通山東二百通印識上進此碑近在濟南宓名位亦不卑且於保定有全城之功宜附見於榮傳而史無隻字及之豈采訪有垩漏歟抑留上史局而史官漫不省歟益都李南澗好捜羅三齊掌故手搨是碑見寄喜其有裨史學爰摭其大略以諗後之讀史者榮贈太師追封濟南王謚忠襄又有張霸都兒之稱邦憲贈河南行省參知政事追封濟南郡公謚貞毅皆史所應書而失書者也蘇州府志職官表有張忙古歹至正三年以正議大夫任總管後改河南省參政者

荅郎此人惟至正當是至順之誤忙古郎蒙古譯音無定字也

利杭州路重建廟學碑　至正十五年

右杭州路重建廟學碑江浙儒學提舉王大本撰文爲杭州路總管帖木列思重建先聖廟學而作帖木列思姓康里氏字周賢故平章軍國事追封東平王之孫陝西行中書省平章政事忠定公之子東平王者不忽木也忠定公者回回也回回謚忠定不見於元史宋濂撰神道碑亦未之及康里慶童元史有傳不言其能書此碑秀整殊有巎巎承旨之風碑末題月日上俱有空文

元重建李晉王影堂碑　至正十五年

右代州柏林寺李晉王影堂碑元至正十五年立文稱王之遠孫阿剌忽思剔吉忽里攷閻譜牒知王爲遠祖然則趙國之先出自沙陀李氏矣元史列傳述趙國世系自朮安以後俱闕如讀之輒生文獻無徵之憾據諸王表趙王馬札罕以泰定元年封此碑云至元乙亥趙王馬札罕鈞旨則重紀至元之際馬札罕尚無恙而文宗紀又有趙王不魯納意者馬札罕與不魯納卽一人歟抑或馬札罕已廢而復立歟皆無明文以知之也碑又云今趙王八都帖木兒則至正中嗣立者諸王表及本紀俱不載

亨安慶城隍顯忠靈祐王碑　至正十六年四月

右安慶城隍顯忠靈祐王碑淮南行省參知政事余闕撰分隸遒整而閑逸廷心以篆隸名家此其自書無疑余公大節彪炳古今獨其贈謚諸書所載互異元史本傳稱追封豳國公謚忠宣程國儒序青陽集則云謚文忠追封夏國公張紳以爲初贈夏國公謚忠愍改贈豳國公謚忠宣丁鶴年又稱爲余文貞公宋景濂手定元史而集中余左丞傳亦作文忠未審孰得其眞因錄此碑附及之

亨董仲珪弭寇紀功碑　至正十七年正月

右董仲珪弭寇紀功碑在潮陽東山雙忠廟雙忠者士人所祀唐張巡許遠二公也碑篆額止存寇字文凡二十六行首行殘泐尤甚可見者惟仲珪弭寇凱旋潮陽士民欲紀厥功數字文又稱其爲廣西憲掾作鬬利民民號爲董公鬬知其姓董也此碑向來未有著錄者予得之潮陽令李南澗云

貞太尉丞相祀濟瀆神應記　至正丁酉十月

右太尉丞相祀濟瀆神應記湖廣等處行中書省分省照磨趙恒撰記丞相太不花駐兵洛汭遣譯史汪家奴祀濟瀆靈應之事首云至正丙申冬皇帝念南服未靖思用貴戚大臣申命太尉丞相太不花秉齊斧以廓淸之按元史

本傳但云復拜湖廣行省左丞相不言移鎭河南而順帝紀云是歲河南行省左丞相太不花駐軍于南陽碑但稱丞相不署何省當闕以俟攷太不花瓮吉剌氏世爲外戚故有貴戚大臣之稱是時三公有太師汪家奴而行省之譯史乃與同名初不以爲嫌然後世讀史者每有㑩甲爲乙之病矣

亭 續蘭亭詩幷序 至正二十年三月

右續蘭亭詩幷序今在餘姚縣學邵吉士晉涵搨以遺予碑分四段最上一層爲圖水石竹樹極秀潤中有方池引以爲曲水者也池之上爲雩詠亭其左爲高風閣旁皆有

題字次二層則劉仁本所爲序三四層則諸人詩也序稱修禊來會四十二人今所存者惟仁本以下十二人詩各二篇意當時本刻二碑而亡其一乎元帥方永名見序中而詩失傳疑是谷珍之羣從也明詩綜載諸人姓名惟蕭山教諭朱炯誤作諸絅當從石刻正之

亭 嘉定州重建儒學記 至正二十一年二月

右嘉定州重建儒學記元人以國語命名不繫以姓故奏狀吏牘與漢人連名漢人惟舉其姓國人必全舉其名如元史河渠志載耿參政阿里尚書元典章載章閭平章張平章兀伯都剌平章之類至於公私稱謂亦然元人文集稱完澤公阿朮公徹理公皆繫公於名之下未有目爲完公阿公徹公者以其不成語也或有稱其氏族者若姚牧庵稱博羅歡爲忙兀公趙松雪稱不忽木爲康里公施於碑版神道固宜而流俗則鮮能知之矣虞集正心堂記云忙侯名忙哥帖木耳稱忙侯省文從邦人之稱也蓋元自中葉以後里巷之民稱謂漸失其舊此碑稱鐵侯亦沿流俗之稱後云鐵侯名鐵穆爾普華與道園文同例蒙古色目各有氏族不得截取首一字爲姓而以下爲名元人尙知此法今世號稱古文者幷此亦失之矣古人名字小印或用以鑒別書畫未有施於石刻者此碑末天台盧奐名

下有二圖章石刻之有私印蓋濫觴於此奐本摹刻之工未諳古法若撰文之楊鐵崖書石之褚奐篆額之周伯琦初未有印也

亭 察罕帖木爾祀先聖文 至正二十一年九月

右察罕帖木爾祀先聖及四配文察罕帖木爾卽齊國忠襄王也碑書帖爲怗兒爲爾與元史小異攷順帝紀至正二十一年十月以察罕帖木兒爲中書平章政事兼知河南山東等處行樞密院事陝西行御史臺中丞此祀先聖在九月九日署銜已稱銀靑榮祿大夫中書平章政事知河南山東等處行樞密院事兼陝西諸道行御史臺御史

中丞則本紀所書月日未得其實矣是時察罕帖木爾自河南進兵山東羣盜略平遣本省都事尹師彥詣曲阜致祭孔子以兗郕沂鄒四公配享鐫文於石後題襲封衍聖公希學曲阜縣尹克嘗名碑書節鉞爲節越蓋以同音借用

刻慶元路儒學興修記　至正二十一年十二月

右慶元路儒學興修記溫州路總管劉仁本撰并書江浙行省叅知政事周伯琦篆額方國珍倡亂海上屢降輒叛其據慶元在何年元史無明文碑云公以至正十八年領節鉞來鎮四明可補史文之闕至正二十一年加國珍司

徒亦元明二史所未載也迺賢本葛邏祿氏從其兄宦游江浙卜居於鄞碑遂寘諸耆儒之列

亨擴廓鐵穆邇祀瀆記　至正二十二年八月

右擴廓鐵穆邇祀瀆記首云至正壬寅秋詔命擴廓鐵穆邇爲總兵授光祿大夫中書平章政事兼河南山東等處行樞密院事皇太子同知詹事元史順帝紀載擴廓帖木兒初授官位與此正合察罕帖木兒以六月戊子遇害朝廷命其子代總兵必在秋初史繫於察罕帖木兒殺之下蓋取便文不若此碑之得其實也察罕帖木兒傳稱起復擴廓帖木兒拜銀青榮祿大夫太尉中書平章政事知樞密院事皇太子詹事此則山東既平進加之職紀書於是年十二月本傳併而一之誤矣元初諸路萬戶兼理軍民世祖以後萬戶惟治軍不治民碑載濟源軍民萬戶野仙帖木耳陳貴二人蓋至正軍興之後所置百官志至正二十年以鞏縣爲招討軍民萬戶府二十六年置嵩州軍民招討萬戶府與此同時志有載有不載者有司未訪或不備也蒙古語鐵曰帖木兒元人以爲名者極多其字或作鐵木兒或作鐵穆邇或作鐵穆而或作鐵穆耳或作鐵木而或作帖木而或作帖木耳或作帖木爾或作帖穆爾或作帖穆而或作帖睦邇或作貼木爾文殊而音義則一

也今譯爲特穆爾

亨溫州路總管陳所學壙誌　至正二十二年八月

右溫州路總管陳所學壙誌蓋其子姓所述故題云先考陳公而未題孤哀子逢祥等泣血謹誌庚友丁卯科進士奉訓大夫前江西等處儒學提舉楊維禎填諱按顏氏家廟碑敘述先世皆直書其名而加諱字顧監人博引張說不諱今人自述先人行狀而使他人填諱非古也予攷周益公跋初寮王左丞與曾祖詩末題通直郎田橡填諱則宋人已有之鐵厓自稱庚友未審何義也所學以納粟授

杭州路於潛縣稅務大使考滿陞福州鹽場牛田司丞又入粟數萬斛除同知韶州路總管府事未任再授温州路總管卒於官函骨航海歸葬墓在崑山縣馬鞍山之西南字甚工楷而不著書者姓名

亨山東鄉試題名碑記　至正二十二年

右山東鄉試題名碑記在濟南府學明倫堂與至正十年碑東西相向而磨滅特甚碑式與前碑同其小異者總行提調官總兵官中書平章政事口知河南山東等處行樞密院事皇太子同知詹事擴廓鉠穆邇別爲一行在上方記文之後不與餘官竝列又提調官列名考試官之右正榜之後別有副榜爾是科考試官爲刑部侍郎孫翥河南江北等處行中書省儒學提舉吳顒兵部員外郎龍于鱗正榜十有一人副榜五人姓名可辨者三四人而已

貞崑山州重修三皇廟記　至正二十三年六月

右崑山州重修三皇廟記陳秀民撰文饒介書余詮篆額皆當時知名士刻字者州人朱珪珪精於篆刻撰名蹟錄六卷亦名手也文前稱太尉承制以傑烈石同知州事後但稱石君元時蒙古色目人名有單稱下一字者石君籍隸鞏昌葢亦河西之族矣

亨隆安選公傳戒碑　至正二十四年九月

右大崇國寺壇主空明圓證大法師隆安選公特賜澄慧國師傳戒碑資政大夫中書參知政事同知經筵事提調四方獻言詳定使司事危素奉勅撰文并書丹集賢大學士光祿大夫滕國公張瑧奉勅篆額碑述戒本授受源流最詳善選卒於憲宗壬子歲至正二十三年以宣政使帖古思不華請追賜國師之號立碑崇國寺寺今名大隆善護國寺每月之七日八日十七日十八日二十七日二十八日陳設百貨都人雜沓謂之西廟市予在都門久從未一至所謂市者寺有元碑四通此其一也予好訪碑又惡市之闐公事之假不值市期則往觀焉歲或一至或間歲一至寺僧皆黃帽所謂喇嘛班第者客至了不迎送不交一言獨來獨往而已攷四方獻言詳定使司至正十七年置有使副使掌書記而中書官提調之元之末季中外多故正宜納諫以通上下之情而設官以別擇之又命省臣提調之讜言之得聞者寡矣宜乎不旋踵而亡也碑稱丞相厦里者葢在太宗時於史無所見姑記之以俟攷

亨碑陰

右宣政院劄付二道刻於碑陰之上方其一云皇帝聖旨裏宣政院至正廿三年十月廿三日哈喇章怯薛第一日明仁殿有時分云云後題右劄付大崇國寺准此益紀帖

古思不花院使陳奏及勅命危素撰文等事其一云皇帝聖旨裏宣政院至正廿六年正月口口日完者帖木兒怯薛第一日云云後半漫漶不能讀劉氏帝京景物略孫氏春明夢餘錄載此碑而不及碑陰故略書之

貞開平縣界石 至正二十六年正月

右開平縣界石在直隸豐寧縣西北百三十里高四尺廣尺有二寸正面刻北開平縣界五字側面刻東宜興州界五字其地名上黃旗蓋元時開平縣之南界也元史地理志興州有興安宜興二縣別無宜興州之名唯文宗紀載致和元年八月陞宜興縣爲州以此碣證之正合乃知元

志之疏漏多矣明代口外不立州縣故于前朝沿革稽攷尤難乾隆初始設四旗通判駐土城子今改爲縣屬承德府

貞上虞縣受水壺銘 至正乙巳五月

右上虞縣受水壺銘至正乙巳五月江浙儒學副提舉楊彝撰幷書後有同僉樞密院事張子元樞密院副張啓康方承知樞密院事方國珉諸人名乙巳者至正二十五年其時方國珍據浙東自置江浙行樞密院分治上虞新城因鑄刻漏爲晨昏之節而楊彝爲之銘彝篆書有法度其書姓從手旁蓋取漢書楊雄傳也上虞立行樞密院不見于元史殆明初史臣惡其僭越畧而不言歟

亨王用文題名 至正二十七年九月

右王用文題名在潮陽縣之白牛巖文云予偕陳中實遂時中周德源趙世延徐志仁趙東泉林汝文來遊期黃處敬戴希文不至時至正丁未秋九日靈武王用文誌凡十一行八分書大徑五寸巖之絕壁又有然の二篆字亦用文所書大徑三尺甚奇偉竟不知然爲何字也用文者潮州路總管王那木罕之字元時號河西人爲唐兀氏故亦稱唐兀其實王氏也北人語罕翰相近故亦以翰爲名用文生將家子元亡恥事二姓屏跡爲黃冠者十年聞明太

祖辟書至從容引決益司空表聖謝疊山之流世知其能詩不知其又工篆隸頃潮陽縣知縣李素伯拓其文見貽予爲表而出之

貞大通法寺常住上下院地產碑

右大通法寺常住上下院地產碑今在興中故城三座塔旁文多剝落不見立碑年月而額題大元國懿州路興中州數字獨完好攷元史地理志遼陽路懿州元初嘗爲懿州路至元六年爲東京支郡自後未見升路事而興中州向屬大寧路亦無改隸懿州之文積疑久之後讀順帝紀載至正二年以大寧路所轄興中義州屬懿州乃知志於

順帝事多鈌而不書而碑之立必在至正間也

安南

貞　昭光寺鐘銘

右安南昭光寺鐘銘康熙十三年合浦海濵浮出銅鐘一鏤刻工緻文字完好末題皇越昌符九年乙丑二月好事者移置廉州府學乾隆甲午冬予奉命視學粵東得此拓本安南在宋元時嘗僭號大越未審昌符爲何人紀年頃讀

欽定四庫全書總目載越史畧三卷其書稱今上昌符元年丁巳所云今上者陳煒也自丁巳至乙丑恰九年然則昌符乃陳煒私署之年乙丑歲當明洪武之十八年矣予家所藏金石自三代迄宋元而止此銘不當入錄但以藏弆有年不忍委棄且南交金石尟有流入中國者姑援趙氏錄日本國誥之例附之末簡

跋

嘉定錢竹汀先生搜羅金石二千餘種經跋尾者八百六十穨當日每得跋尾二百餘通門弟子輒爲刊布續成四集追題爲元亨利貞四編凡二十五卷（二集七卷餘均六卷）竊病其檢閱不便擬重爲編次適龍內翰硯仙重刊潛研堂全書以廣流傳元常遂獲案年編正成二十卷倣孫氏星衍重編古刻叢鈔之例各篇標題增元亨利貞字白文於上以存其舊而以瞿中溶所編金石文目錄校之則有有跋尾而目錄失載者三十四種今錄于左

北齊一　保定四年九月造像記

唐四　開元十四年十一月銀青光祿大夫□憲墓誌　貞元十五年貞元無垢淨光塔銘　乾寗四年正月升僊廟興功記　王夫人墓誌

後周二　顯德六年七月匡國軍節度使贈太尉白延遇碑　尊勝陀羅尼幢

吳越一　竹林寺石幢

後蜀一　石經殘字

宋十三　龍興寺鑄金銅像菩薩弁蓋大悲閣序　熙寗四年十月張琬題名　熙寗八年十月米黻五言絕句　元祐七年顏魯公新廟記　元符己卯程閎中等題名　浯溪黃庭堅題名　紹興九年二月連南夫等題名　淳熙開蘄忠武王韓世忠碑　淳熙戊午孟冬范至能題名　淳祐丁未李艮等題名　淳祐辛亥仲春蔡杭題名　姑熟帖　留忠宣帖

遼三　重熙十六年四月釋迦佛舍利鐵塔記　安德州郴建靈巖寺碑　天慶二年釋迦定光二佛的身舍利塔記

金一　大定戊申孟冬馬丹陽滿庭芳及歸山操

元八　至元二年三月濟南孟公神道碑　至大三年四月徽州路儒學旨揮　延祐二年四月崑山州重建海寗禪寺記　延祐三年十二月廣州路銅漏壺題字　後至元元年中順大夫竹溫台碑　後至元六年十月重新粧鑾聖像記　至正十四年三月濟南郡宣懿公張宓碑　至正二十六年正月開平縣界石　其餘

標題偶異年月倒誤猶不勝指屈不復詳焉刻既成覆
校一過用識數語于卷末甲申三月三日長沙胡元常
子彝記

曝書亭金石文字跋尾

張之洞題

光緒九年秋月吳縣
朱氏槐廬家塾校刊

曝書亭金石文字跋尾序

四庫全書史部目錄區爲二類一曰書目一曰金石金石簿錄之存於今者葢自趙洪以來與書目相倫仲矣秀水朱竹垞檢討箸經義攷三百卷（原缺三卷）萃漢隋唐宋明之志參以私家簿錄攷經義之存亡擇精語詳爲志六藝者創見之作而誌金石則未有成書嗜古之士憾焉嘗讀曝書亭集其金石文字題跋編集者彙爲六卷此卽檢討記錄金石之作也檢討生平精於攷證是時精究金石如顧亭林張力臣諸先

生皆與檢討爲執友討論精博遠邁前人當日嗜古之儒得一古金石刻拓而就其品題卷中諸跋皆是也昔歐陽兗公作集古錄傳本甚鮮而存其跋尾於文集中讀文集者如讀集古錄則謂跋尾無異於全書可也檢討於金石箸錄雖無成書而題跋則具存集中摘錄成帙豈不可媲集古錄而與經義攷竝垂不朽耶往者沈碻士宗伯刊竹雲題跋摘自王虛舟集中例出先民非我作古諒不爲博雅者姍笑云爾

光緒歲在屠維單閼嘉平月吳縣朱記榮槐廬甫識

於惟書素好齋

金石家之見重於世也豈僅足以見古蹟之存亡攷字學之源流已哉彼前喆之究心於此實與經學諸儒之剖析微文攷證遂簡相等者將藉以徵文攷獻舉凡氏族所繫功績所存以及官職之異同爵秩之遷轉於諸史志傳所載有可攷證其得失訂正其繆訛正不特其文之引用經傳為說經家所取資也吾郡竹垞先生肆經攷古為當世推重其於金石之品題祇緒餘耳然而鑒賞之精攷訂之確亦足以見其淵博為獨絕矣念自亭林顧先生肆究於此其所著

金石文字記採輯至廣至先生而視亭林為尤精當其時吾郡收藏之富甲於東南若項氏天籟閣李氏六硯齋以及曹氏倦圃諸英所聚稍稍流散先生或得而藏之或觀而識之其聞見之廣尤足以供審核爭辨者以故先生所著嘗有吉金貞石志一書逮編定全集并入諸題跋於其中不復別為成書厥後繼先生而起者嘉定錢先生研精於是其所以取證乎經史者益精覈蓋踵於後者固不易而發於前者為尤難耳今朱君懋之於亭林著述已重為刊行至竹汀諸書亦有重刻惟竹垞先生所著未有取金石題跋畢行之者因就其集中摘取之為書六卷世之攷訂金石文字者獲據為辨證之資夫豈徒小補之哉刻既成屬序於余辭不獲已乃竊陳其管見如是

光緒乙酉歲小春月鄉後學陳其榮謹序

曝書亭金石文字跋尾目録

第一卷

第二卷

第三卷

第五卷

第六卷

光緒甲申小春
月白堤八字橋
孫谿槐廬家塾

曝書亭金石文字跋尾目錄終

曝書亭金石文字跋尾卷一

秀水朱彝尊著　吳縣後學朱記榮校刊

商祖丁爵銘跋

右爵一銘二字曰祖丁在右柱外薛紹彭曰祖丁者商十四君祖辛之子也內有文作弓形中包六字不可辨識山陽張弨曰此商之酒器葢射者必繼以飲詩言發彼有的以祈爾爵是也爵今存弨家弨字力臣精六書貧而嗜古賓至繞席皆尊彝敦卣之屬昔歐陽子撰集古錄藉劉仲原父楊南仲諸子釋文自

力臣歿後雖有奇字爲余釋其文者寡矣

商父己敦銘跋

父己敦一上圜下方崇一尺五寸脣廣四尺㡳二尺八寸腹受五升舟五尺四寸其文雲靁其耳饕餮銘二字在腹葢商器也商人尚質作祭器以薦祖考猶以父稱故鼎有父甲父乙父丁父己父辛父癸尊有父乙父丁父己父癸彝有父甲父乙父丙父丁父己父辛父癸卣有父乙父丙父丁父己父辛父癸爵有父乙父丁父戊父己父庚父壬父癸觚有父乙父庚

觶有父己父辛斝有父丁甗有父乙父己鬲有父己盉有父丁父癸舉有父己父辛盤有父辛匜有父癸然則敦以父己名固其宜已不惟是也有以祖名者尊之祖丁祖戊卣之祖乙祖丁祖庚祖辛爵之祖丙祖丁觚之祖丁甗之祖己匜之祖戊是也有以母名者卣與鬲之母乙是也他如世母辛兄丁兄癸婦庚子乙女乙孫已名得通于下銘辭不若周人之煩取足以紀行次而已歲在上章執徐春覲于王公子士駿書齋椎拓而還裝界于册

宋拓鐘鼎款識跋

宋紹興中秦相當國其子熺伯陽居賜第十九年日治書畫碑刻是册殆其所集如楚公鐘師旦鼎皆一德格天閣中物也餘或得之畢少董或得之朱希眞或得之曾大中荅希眞晚爲伯陽客而少董時視盱眙榷場因摹款識十五種標以青箋末書艮史拜呈以納伯陽至今裝池册內秦氏旣敗册歸王厚之每款鈐以復齋珍玩厚之私印且爲釋文疏其藏弆之所後轉入趙子昂家子昂復用大雅印鈐兼書薛氏攷證于後于時錢德平柯敬仲王叔明陳惟寅均有賞鑒私印隆慶六年項子京獲之尋歸倦圃曹先生康熙戊申先生出示予予愛玩不忍釋手先生屬予跋之未果也辛酉冬予留吳下先生寓書及册復命予跋予仍不果改歲乃封完寄焉先生旣逝所收書畫多散失久之是册竟歸于予藏篋中十載宗人寒中嗜古見而愛玩之猶予之曩日也因以畀之每歎書畫金石文銘心絕品恒納諸炙手可熱之人若秦會之賈師憲嚴惟中物之尤者悉歸焉然千人所指其亡也可立而待曾不若山林寂寞之鄉儲藏可久則予託之寒中庶其守而勿失也夫册中所拓鐘七鼎二十有一飲二爵六鬲四卣九敦四簠一甗二壺二刀一槃二鐙一尺一漢器一中有滎次新手跋及書林羲叟公輔諸圖記

周鼎銘跋

右周鼎銘一新城王吏部子底見之焦山佛寺中俾程處士穆倩讀之其文可辨識者七十有八字存其疑者八字不可識者七字吏部爲長歌述之其弟禮

部貽上和焉而摹其文授予三君者可謂好古之士矣昔歐陽永叔得古器銘必屬楊南仲釋其字南仲之言曰古文自漢世知者已希賈逵許慎輩多無其說而蔡君謨亦曰古之篆字或多或省或移之左右上下惟其意之所欲甚哉辨識之難也鼎銘詞曰惠敢對揚天子丕顯敷休其人莫考曰王格于周曰司徒南仲殆周初器也其曰立中庭按毛伯敦銘文亦有之薛尚功釋爲立而楊氏謂古立位同字古文春秋書公卽位爲公卽立則是銘曰立亦當作位穆倩

定爲立從薛氏讀也古之勳在王室者旣受之冊歸必銘其器論撰其祖父之德善功烈以明示後世如申伯召虎韓侯文侯錫予之盛詩書所載僅千百之一二而銘諸器者無窮蓋不特鼎盉匜医敦卣爲然舉凡鋒矛刀劒莫不有銘自秦銷金咸陽厲禁所至爲段冶改煎殆不可勝數世徒懲秦燔詩書之禍不知銷金爲禍之益烈也嗚呼三代之文自九經而外其得見于今者希矣顧神物顯晦或有時復出惜乎又委之荒山梵宇中莫之寶惜徒令好古君子摩挲歎息之不已也鼎崇尺有三寸腹深八寸脣廣一尺四寸其耳三寸禮部語予云

周司成頌寶尊壺銘跋

右周司成頌寶尊壺注以酒容一斛項腹均有銘按其文一百五十字可辨識者維三年五月旣死魄甲戌王在周康邵宮旦王格太室卽位宰弘右頌入門立中庭尹氏受王命書王呼史虢口冊命頌王曰頌命汝官司成賜汝玄衣㡀帶赤芾朱黃鑾旂鋚勒用事頌拜稽首敢對揚天子丕顯口休用作朕皇考龔

叔寶尊壺用追孝蘄吉康頌其萬年眉壽口臣天子令終子子孫孫寶用此其大略也攷周轍未東王宮名著于載紀者不聞有康邵宮惟邦敦載呂大臨考古圖有王在周邵宮之文薛尚功釋邵作昭蓋惑于竹書紀年穆天子傳西王母來賓昭宮之故呂氏定作邵今斯銘文甚顯其爲邵無疑椒舉曰康有酆宮之朝冠以康者或康王所築未可定爾太室者明堂中央之室書言王入太室祼是已司成分職不載于周官戴記文王世子篇大司成論說在東序侍坐者

遠近間三席北海鄭氏以爲即周官司徒之屬師氏而新安王氏駁其非謂世子國子之德業大司樂教之使成故名蓋大司樂也二說均可通要之周官有是名矣銘稱皇考龔叔郝敦稱皇考龔伯二器疑出于同時尊壺今藏錢唐王太僕益朋家識者比于郘之大鼎燕之重器

周延陵季子劒銘跋

康熙九年冬十有二月偕嘉興李良年吳江潘耒上海蔡湘過退谷孫先生蟄室出延陵季子佩劒相示

以周尺度之長三尺臘廣二寸有半重九鋝上士之制也臘有銘篆文字不可辨合之章續五十六體書無一似其曰季子劒者先生審定之辭云爾先生命四人聯句詠之詩成摹銘文于前俾書聯句于後裝界爲冊藏之硯山書屋

南海廟二銅鼓圖跋

廣州波羅江上南海神廟銅鼓二大者唐嶺南節度使鄭絪出鎭時高州守林靄得之峒戶以獻絪納諸廟面闊五尺臍隱起羅布海魚蝦蟇等紋旁設兩耳通體色微青雜以丹砂瘢其光可鑑小者殺大者五之一從潯州灘水湧出色純綠雜以鷓鴣斑審視之隱隱若八卦晝每歲二月上壬土人擊以樂神民間有疾禱于廟亦擊之考周官六鼓四金鼓人辨其聲用籥章以土韗人以木革以冒之不聞范金也迨伏波將軍平交阯諸葛丞相渡瀘始鑄銅爲鼓流傳三川百粵頗多嶺南一道廉州有塘欽州有村博白有潭萬州靈山文昌有嶺取以名其地傳聞鼓初成懸于廣庭宰牲置酒子女緐會出金銀釵叩之納諸主

者目曰都老有讎怨相攻則鳴鼓集衆俄頃烏合蜀則凡鼓悉稱孔明所遺其直易牛千頭苗民得此雄視一方要其制無若南海廟中之大者至于金錞和鼓亦名錞于掌之鼓人見于春秋內外傳先銅鼓有之鄭康成謂圜如碓頭大上小下乃宋聶崇義繪三禮圖誤懸以龍牀狀若杯盂而宣和博古圖一十九器不繪繩索以龍馬虎蜼龜魚栖鳳山花鎮之仰若井口是皆以下爲上矣南齊始興王鑑鎭益州什邡人段祖獲錞于以獻史稱高三尺六寸六分圍三尺

四寸圓如角色黑如漆甚薄上有銅馬以繩懸馬令去地尺餘灌之以水又以器盛水于下以芒莖當心跪注錞于以手振芒則聲如雷其釋器差詳竊思作錞本以和鼓度其形亦略似第鼓穹其腰而錞削其下鼓蒙兩面而錞去其底銅鼓初鑄必取二器折衷之蜀人所以名錞于鼓云爾鼓無銘乃俾畫手縮為圖書其後

漢尚方鑑銘跋

處士鍾巘立獲古鏡于新塍市之西以百錢購之田父土蝕其半命工刮摩之晶光澄澈處士出以相示挂諸壁若弦月之燭霄漢也驗其背銘辭曰尚方作鏡眞大好上有仙人不知老渴飲玉泉飢食棗鏡省文作竟蓋漢尚方鑑也漢宮闕有尚方掖門官制設尚方令丞待詔職屬少府主作禁器物掌上手工作以宦者為之蔡倫之造紙及祕劒是已自武帝好神仙宣帝亦信方士所製隋侯劒寶玉寶璧寶鼎皆尚方為之既而劉更生獻淮南枕中洪寶苑祕之方令尚方鑄作事不驗張敞上言請斥遠方士尚方待詔

皆罷然則鏡銘殆出方士作也宣和博古圖載漢鑑一百有三尚方鑑居其四銘辭損益各殊古人制器不屑雷同若此處士曰有是哉既摹其銘遂裝于冊

書漢鏡銘

金有時而爍惟鏡亘室小家均有之故自漢以來制器間有存者衎齋所藏是鏡蓋漢時物也其銘作韻語曰樂無事日有喜宜酒食豈非知止不殆之君子為之乎

跋新莽錢范文

易龜貝為泉布師尚父立其法退而行之齊周官則泉府掌之景王分小大二品權其子母為利溥矣然仲尼之徒無道其事者利固孔子所罕言也新莽闓位特重錢法錢凡六品刀凡二品布凡十品既而以剛卯金刀合劉氏文乃禁佩剛卯除刀錢以大錢小錢二品並行防民盜鑄挾銅炭者入鐘官其時鼓鑄多故至今猶有存者若夫錢范竊疑排纂譜錄圖志諸家或未之見也歲在丁亥夏觀于衎齋上舍小葫蘆山書屋范形正方中央輪廓四其二有文曰大泉

五十偏體青綠詩家所云活碧庶幾近之上舍得之石門呂編修葆中案頭古銅器雖多當以此居第一矣

跋甘羅城小錢文

右錢薄而且小文止一字不可辨識下穿一小孔相傳淮口有土阜土人目爲甘羅城淮流變遷遺跡莫考有掘得此錢者名之曰甘羅錢殆鵝眼綖環榆莢荇葉之類此之謂幺錢幼錢也

景雲觀鐘銘跋

景雲觀在修業坊見宋次道長安志鐘銘睿宗景雲二年所撰并書字體與順陵碑文略似猶有八分遺意間雜篆法姿態横出妙品也由唐以來歷年既久當時古蹟高臺已傾曲池已平殘碑斷碣僅存千百之一而睿宗之書獨留至今無恙鐘虡不移亦事之希有者也

咸甯縣唐冶金五佛像銘贊跋

唐自太宗崇奉釋教凡索戰之地軫念國殤破劉武周于汾州立弘濟寺破宋先生于呂州立普濟寺破

宋金剛于晉州立慈雲寺破王世充于邙山立昭覺寺破竇建德于氾水立等慈寺破劉黑闥于洺州立昭福寺征高麗還于幽州立憫忠寺猶曰悼兵士死戰而爲之薦福不失發政施仁之一端迨武后竊位横征苛索增建佛寺匪一當是時勅春官尚書王攸甯充檢校大像使于白司馬坂冶金爲像都下嚻風煉金銅成佛身者益多矣今咸甯縣尚存五軀皆長安中所鑄軀必有銘有贊作銘者三人韋均李承嗣姚元景作贊者二人高延貴蕭元昚吾鄉曹侍郎潔躬遣人椎拓合裝界成一冊惜未經跋尾像設本末不得其詳惟姚元景銘乃爲光宅坊光宅寺造像而作攷唐會要儀鳳二年望氣者言此坊有異采掘石得舍利萬粒因立爲寺元景元之之弟也仕至潭州刺史見宰相世系表

吳大安寺鐵香鑪題名跋

曹生曰瑚好集金石文字從上元燈市購得鐵香鑪識十紙以示余文稱吳太和五年歲次癸巳七月巳丑鑄此香鑪收買鐵爪錢打造計重一萬二千斤安

大安寺大殿上爲國王吳王府尊令公十方萬姓永充供養證因僧智玄鑄鑪匠巳師立所云國王吳王者唐亡十二年吳猶不改天祐年號至楊行密次子隆演乃始建元第四子溥雖御文明殿卽帝位國人猶稱曰王而以王代帝也府尊令公者太和三年以中書令徐知誥爲金陵尹也十國之王率多佞佛楊氏所有二十九州往往鑄金刊石若昇之興化院江之開福院安國寺均有鐘鐘有銘見于王象之碑目若大安有寺金陵梵刹志不載然銘既有拓本則茲器尚存無疑題名百人中有金一娘段二娘雷三娘魏四娘張五娘孫六娘金七娘戴十三娘巳六十娘雜之都勾當工人姓名中晝字天斜丁口無別夫爲國以禮務使男女各正其位故授受不親不雜坐不交爵不同巾櫛椸枷言不出梱所以坊民閑其可踰乎竊國之主教民無術失禮制之防混冠衣于巾幗而民不知恥君子以爲國非其國矣

書錢武肅王造金塗塔事

寺塔之建吳越武肅王倍于九國按咸淳臨安志九廟四壁諸縣境中一王所建巳盈八十八所合一十四州悉數之且不能舉其目矣當日嘗于宮中治烏金爲瓦繪梵夾故事塗之以金合以成塔鄱陽姜堯章得其一版乃如來舍身相陽穀周晉仙賦長歌紀其事有云錢王本是英雄人白蓮花見國王身蛇鄉虎落狗脚朕何如錦袍玉帶稱功臣攻羅平僭號王遺董昌書曰與其閉門作天子九族塗炭不若開門作節度使終身富貴無憂晉仙卽演其辭使聞者足戒此詩人之善于取材者巳鄉人蔣爾齡亦得一版作放下屠刀立地成佛相以施城東白蓮寺僧吾友周青士所目擊會以語于及予歸田則爾齡青士皆逝詢之寺僧堅不肯承眞跡不復可覩遂書其事附錄晉仙之詩冀此瓦未鑠好古之君子或一遇焉附錄

周文璞方泉集詩白石招我入書齋使我速禮金塗塔我疑此塔非世有白石云是錢王禁中物上作如來舍身相飢鷹餓虎紛相向拈起靈山受記時龍天帝釋應惆悵形模遠自流沙至鑄出今回更精緻錢王納土歸京師流落都在西湖寺錢王本是英雄人白蓮花見國王身蛇鄉虎落狗脚朕何如錦袍玉帶稱功臣天封坼開郎退聽兩浙不聞笳鼓競歸來佛子作護持太師尚父尚書令一枚傳到白石生生今但有能詩聲同袍方外銛師兄哦詩禮塔作佛事同喫地爐山芋羹何曾薰陸綺牀供但見相輪銅緣明

哦詩禮塔猶未畢
蘆葉低飛山雨濕

溪州銅柱記跋

右銅柱記楚王馬希範與溪州刺史彭士愁立誓范金為柱命掌書記天策府學士李弘皋作記柱高一丈二尺入地六尺重五千斤環以石蓮花臺在今辰州溪蠻境上去府治百餘里以是罕有摹拓本流傳于世即好古如翟趙曾洪諸家亦未之著錄也予年三十讀歐陽子五代史愛其文辭及覽觀司馬公通鑑編年敘事反詳于國史之紀傳心竊未安因與鍾

秀才淵映約分注歐陽子書既而予從雲中轉客太原訪沙陀北漢故蹟殘碑斷碣靡不摩挲抄撮淵映亦多所攷證不幸客死于燕遺槀盡失從此予無相助者興轉闌散矣康熙戊午崑山葉徵士奕苞相聚京師語及金石文自言家有銅柱記拓本乃託其鄉致其錄記文審定楚世家之誤弘皋止名曰皋彭士愁易以士然其子師杲易以師暠劉勍本靜江軍指揮使不書其官未免太略亦且失實斯當以記為正也

續題溪州銅柱記後

溪州銅柱記卷還葉氏求之三十年不得歲在己丑七月忽獲之西吳書估舟中文字完好出于意表檢視曩時跋尾于弘皋本末未之詳乃命裝潢手作冊綴舊題于前續書其末馬希範之喪天策府都尉希廣其同母弟武陵帥希萼其庶兄弘皋主立希廣而大校張少敵憂之謂曰希萼次長負氣必不為都尉下且與九溪蠻通好若不得立勢將引蠻軍為亂幸熟思之弘皋不從少敵遂辭去希廣立未幾希萼果

以武陵反合九洞溪蠻分路齊進遂至長沙縊希廣于郊外而支解弘皋此事歐陽子亦略而不書溪州靜邊都向化立誓狀具于天福五年正月記撰于是年五月柱鑄于七月字鐫于八月立于十二月宋天禧元年十一月移竪今所

廣州光孝寺鐵塔記跋

嗚呼僭竊之主未有愚于劉鋹者也謂羣臣有家室顧子孫惟宦者可信不知其植黨納賄更甚焉鐵塔建自大寶十年凡七層合相輪蓮花座崇二丈有二

尺觀其列名皆宦者也當其時鋹又範銅爲己像并肖諸子列于天慶觀而今已亡之蓋金石刻之傳于世金之用博故其鑠也易以予所見自唐以來惟景雲觀法性寺二鐘銘及是塔記而已若晉祠鐵人鑄自宋建中靖國年則其文在胸突出難以摹搨蓋款識不同變前人之舊矣

續書光孝寺鐵塔銘後

歲在壬申重游嶺表改歲正月南海陳元孝飯予光孝寺南漢之興王寺也寺僧導主客詣劉鋹所鑄鐵塔所在見二塔並立一屋中修短不齊一作記一題名始悟曩時拓本合二爲一記之不詳元孝語予南漢主劉龑葬番禺縣治東二十里北亭明崇禎丙子秋九月穴中有雞鳴土人發其墓隧道崇五尺深三尺有金像十二二晁而坐一笄而坐殆馬后也夾侍十八疑是諸子又學士十八以白金鎔鑄其他珍異物甚夥有碑一具書翰林學士知制誥正議大夫尚書右丞上紫金俗臣盧應奉勑撰文曰維大有十五年歲次壬寅四月甲寅朔廿四日丁丑高祖天皇大

帝崩于正寢越光天元年五月癸未朔十四日丙申遷神于康陵禮也云云予方注五代史衰年健忘遂牽連書于前冊亡友仁和吳志伊撰十國春秋盧應更作膺謂事龑爲工部侍郎大有中加太尉中宗時拜中書侍郎同平章事銜名不合惜其已逝未得此異聞也

跋晉祠鐵人胷前字

太原縣唐叔虞祠西南隅聖母廟階下鐵人四長九尺分兩行侍立胷前有字紀鎔鑄歲月是政和年造文既牽率字亦粗醜無足取者倦圃鉏菜翁以金石之文石多金少款多識少遂摹搨而裝潢之此無異燕人之市馬骨也

太醫院銅人腧穴圖拓本跋

京師太醫院三皇廟腧穴圖傳是宋天聖年鑄舊有石刻針灸經仁宗御書其額靖康之亂自汴輦入金或謂安撫使王檝使宋以進于元者世祖命阿尼哥新之至元二年銅人象成周身腧穴脈絡悉具注以水關竅畢達明裕陵命工重修製序載實錄萬曆初

先少保官太醫院使復時加洗濯焉言明堂鍼灸自黃帝始其後膏肓孔穴側偃流注三部五藏十二經失之毫釐悔且無及學醫者試搨是圖挂于壁晨夕省視之亦仁術之一端也

曝書亭金石文字跋尾卷一終

光緒甲申小春
月白堤八字橋
孫谿槐廬家塾

曝書亭金石文字跋尾卷二

秀水朱彝尊著　吳縣後學朱記榮校刊

書岣嶁山銘後

古今雜體書勢韋續述之凡五十六種祗云夏禹作鐘鼎書不言有岣嶁銘然見于吳越春秋南嶽記湘中記南岳總勝集劉夢得寄呂衡州詩有云嘗聞祝融峰上有神禹銘古石琅玕姿祕文螭虎形昌黎韓子謁南嶽廟兼賦岣嶁山詩上言岣嶁山尖神禹碑字青石赤形模奇科斗拳身薤倒披鸞飄鳳泊拏虎螭下言事嚴蹤跡鬼莫窺道人獨上偶見之千搜萬索何所有森森綠樹猨猱悲是韓子僅得之道人之口而銘文仍未之見也地志稱宋嘉定中有何賢良致于祝融峰下樵子導之至碑所手摸其文以歸奉曹轉運彥約時人未信致遂刊之嶽麓書院鄱陽張世南作記事或有之是銘考古家率以為僞祗因釜釋者太支離故疑信相半蒙著于錄下配壇山之石不亦可乎

石鼓文跋

石鼓籀文雖與大篆小異然離鐘鼎款識未遠其爲
三代之物信矣而諸家或疑之馬子卿至謂宇文周
所刻誠傖父之言也十鼓向闕其一皇祐間始得之
歐陽永叔見之最早文存四百六十五字爾薛尚功
則云歲月深遠缺蝕殆盡今款識所載乃得之前人
刻石者方之永叔僅多二字胡世將資古紹志錄云
所見者先世藏本在集古之前僅益九字至潘迪山
作音訓時止存三百八十有六字而已楊用修謂從
李賓之所得唐人拓本多至七百有二字又言及見

東坡之本人多惑焉愚攷第三鼓潘氏音訓有避罘
旣簡句古文苑脫避字有罘字用修不取易以六師
二字第四鼓潘本有四馬其寫六轡口騖句騖上脫
一字古文苑本騖作重文用修亦不取更以六轡沃
若第五鼓霝雨上古文苑有𦼮𦼮二字薛氏施氏本
則有天字用修亦不取增我來自東四字夫車攻狩
于東故云駕言徂東東有甫草若岐陽在鎬京之西
豈得云我來自東乎至于第六鼓因民間舂以爲臼
其上漫漶以諸鼓驗之每行多者七字少者六字此

鼓行僅四字上皆缺二三字用修每行增一字强之
成文又如第七鼓用修增益徒御嘽嘽會同有繹或
羣或友悉率左右以燕天子咸與小雅同文不知鼓
文每行字有定數難以增益尤有異者鼓有𠀤文郭
氏云恐是臭字古老反大白澤也用修遂以惡獸白
澤入正文中其亦欺人甚矣攷賓之石鼓歌中云家
藏舊本出棃棗楮墨輕虛不盈握拾殘補缺能幾何
以一涓埃裨海嶽夫以歐陽薛胡諸家所見止四百
餘字若賓之本有七百餘字拾殘補闕亦已多矣賓

之不應爲是言也子瞻之詩曰韓公好古生已遲我
今況又百年後强尋偏旁推點畫時得一二遺八九
模糊半已似瘢胝詰曲猶能辨跟肘子由和之有云
形骸偃蹇任苔蘚文字皴剝因風雨字形漫汗隨石
缺蒼蛇生角龍折股夫用修之本旣得自賓之傳自
子瞻是子瞻克見其全子由亦得縱觀子瞻子由又
不應爲是言也杜子美詩有曰陳倉石鼓久已訛韋
蘇州詩有曰風雨缺訛苔蘚滋而韓吏部歌曰公從
何處得紙本毫髮盡備無差訛又曰年深豈免有缺

畫則石鼓在唐時已無全文故吏部見張生之紙本以爲難得也吳立夫詩亦云岐右石鼓天下觀駱駝載歸石盡爛夫以唐宋元人未見其全者用修獨得見之此陸文裕亦不敢信由石鼓而推之用修他所攷證吾亦不能已于疑無惑乎陳晦伯有正楊一編矣

跋漢五鳳二年甎字

右漢五鳳二年甎一凸嵌曲阜孔子廟庭前殿東壁書以篆文一行志塼埴之歲月後有金高德裔題跋

西京陶旊之式存于今者惟此爾東京則有建武二十八年北宮衛令邯君千秋之宅甎亦作篆書其餘載于洪氏所紀者有永平八年甎一建初三年汝伯甯甎一七年曹叔文甎一元和三年謝君墓甎一永初元年景師甎一其文皆隸書也或云萬歲舍大利善或云千萬歲署舍子孫貴昌未央大吉或云大吉陽宜侯王巷東京人尚讖緯民間造宅塋爭作吉祥之語與西京不侔矣

會稽山禹廟窆石題字跋

黃岡張編修視學兩浙按部於越拓會稽山禹穴窆石題字見寄請予審定其文予考窆石之制不載于聶崇義三禮圖惟周官冢人之職及喪共喪之窆器及窆執斧以涖鄭康成以爲下棺豐碑之屬圖經禹葬于會稽取石爲窆石本無字迨漢永建元年五月始有題字刻于石此王厚之復齋碑錄定以爲漢刻殆不誣矣石崇五尺在今禹廟東南小阜覆之以亭相傳千夫不能撼及歲在乙酉有力士拔之石中斷部下健兒迭相助乃拔陷地纔扶寸爾土人塗之以

漆仍立故處載考古之葬者下棺用窆蓋在用碑之前碑有銘而窆無銘驗其文乃東漢遺字趙氏金石錄目曰窆石銘誤也噫穀林之陽蒼梧之野已無陳迹可求而岣嶁有碑啟母廟有闕會稽有窆石足以徵神禹明德之遠也夫康熙己卯夏日書

漢開母廟石闕銘跋

右開母廟石闕銘存書三十二行漢避景帝諱改啟爲開史記啟禹子其母塗山氏之女也尚書娶于塗山屈原天問焉得彼塗山女而通之于台桑呂覽禹

見塗山氏女未之遇而巡省南土女乃歌曰候人兮猗實始作爲南音列女傳美其彊于教誨然則母也賢矣若夫禹化爲熊塗山氏化爲石石破生啟荒誕不經本于墨翟之徒隨巢子至漢流傳斯嵩山母廟南有石闕存焉也闕立于安帝延光二年地志云是潁川守朱寵造其制累石而成兩觀雙植中不爲門亦有石方數尺上琢樓屋覆蓋如佛寺經幢然武綏宗爲兒造闕用錢十五萬比立碑費十倍之洪氏隸續具圖闕狀顧啟母廟暨少室神道未之及者洪氏主于釋隸而二闕銘皆篆文故爾予友葉井叔窐登封拓以見遺因疏本末于冊尾

漢戚伯著碑跋

右漢戚伯著碑宋嘉祐中宿州浚汴獲之泥沙中是本紙墨皆古色爲退谷孫侍郎收藏殆即初獲碑時所拓也鄱陽洪氏謂其字畫古怪偏旁增減有不可辨者審視之良然同觀者曲周王顯祚湛求永年申涵光和孟嘉輿譚吉璁舟石

漢魯相乙瑛請置孔廟百石卒史碑跋

魯相乙瑛以孔子廟在闕里褒成侯四時來祠事已即去廟有禮器無常人掌領請置百石卒史一人典主守廟元嘉三年司徒吳雄司空趙戒聞于朝詔如瑛言選年四十以上經通一藝者乃舉文學掾孔龢任之按漢書儒林傳郡國置五經百石卒史臣瓚以爲卒史秩百石者劉昭注續漢書百官志引應劭漢官儀河南尹百石卒史二百五十人黃霸傳補左馮翊二百石卒史蓋秩有不同故舉石之多寡別之今本杜佑通典乃譌百石卒史爲百戶吏卒我聞在昔有釋戰國策音義者更雞口作雞尸貽笑藝苑以百石爲百戶是雞尸之類也

漢武梁祠碑跋

右漢從事武梁祠堂畫象傳是唐人拓本舊藏武進唐氏前有提督江河淮海兵馬章後有襄文公順之暨其子鶴徵私印漢自趙岐營壽藏圖晏平仲羊舌叔譽東里子產延州來季子四象紀之史冊此外如朱浮魯恭李剛魯峻董蒲范皮諸祠墓畫象刻石者匪一惟梁祠人物最多洪适隸續具摹其形古帝王

忠臣義士孝子賢婦凡一百六十有二人今是冊存者僅帝王十八孝子四人而已由黃帝至舜圖皆服冕禹手操掘地之器冠頂鋭而下卑殆士冠禮郊特牲所云毋追者是覩此可悟聶崇義三禮圖之非槩以人為車故象坐二人肩背隸續所摹失其眞矣每幅上下四旁有小字分書題識姓名或閒作韻語趙明誠稱其字畫遒勁史繩祖謂其筆法精穩可為楷式觀者但覺墨光可鑑元氣渾淪謂為唐本當不虛也

漢桐柏廟碑跋

右漢桐柏廟碑購之江都市上水經淮水出南陽平氏縣胎簪山東北過桐柏山酈道元謂山南有淮源廟廟前有碑是南陽郭苞立又二碑並是漢延熹中守令所造斯蓋其一矣考歐陽氏集古錄所載碑文中山盧奴君奴下闕一字斯碑云盧奴張君特未詳其名爾其曰春秋宗禜碑作宗奉災異告變作告愬而靈祇下碑闕報祐二字中云從郭君以來廿餘年不復身至集古錄闕其文郭君殆即苞也獨怪歐陽氏謂其文字斷續而是碑甚完好疑為後人重摹然流傳于世罕矣

漢婁壽碑跋

右漢南陽處士婁壽碑歐陽氏趙氏洪氏均著于錄其曰立儒先生者國人之私謚也易名之典禮官主之太常博士議之廷臣得以駁正之其後但請于朝不考德行惟爵得謚失制謚之本矣至于私謚多出鄉人門弟子之私極辭肆意未有限量然稽之于古若展禽之謚惠黔婁之謚康降而東漢見諸碑闕者故友易名不盡加以上謚玄儒先生其一也是冊為中吳齊女門顧氏所藏雖非足本而古意淋漓于楮墨之表予先後見漢碑約三十種老年復覩此幸矣

衡方碑跋

右漢步兵校尉衡方碑在今汶上縣文述其先伊尹在殷號稱阿衡因而氏焉按趙氏金石錄載浚儀令衡立碑亦云出自伊尹合之應劭風俗通無異或云魯公子衡子孫因以為氏則各有所本也碑以椎拓者少故文從字順可讀康熙乙巳秋九月檇李曹溶

潔躬太原傅山青主長水朱彝尊錫鬯同觀

漢湻于長夏承碑跋

右漢湻于長夏承仲兗碑在今廣平府宋元祐間因治河隄得于土壤中崇禎癸未予年十五隨第六叔父子蕃觀同里卜氏所藏猶是宋時拓本今爲土人重摹失其眞矣

漢博陵太守孔彪碑跋

右漢博陵太守孔彪碑曲阜石闕多置孔子廟廷獨此碑在林中歐陽子集古錄第云孔君碑惜其名字皆亡趙明誠以爲碑雖殘闕名字可識諱彪字元上證以韓勑史晨二碑卒錢人姓名是本曩見之于宛平孫侍郎宅文愈斷爛諱及字形模尙存乃弘治中修闕里志改彪爲震都少卿穆遂謂撰志者遺之不知震卽彪字之誤也孫氏所藏漢隸約三十餘種尙有張表衡方夏承王純侯成戚伯著諸碑皆宋時拓本今盡散佚覩此如覿故人又絕類郃陽令曹全筆法此正丞叔所云碑石不完者則其字尤佳旨哉言也

漢析里橋郙閣頌跋

右漢武都太守李翕析里橋郙閣頌碑立于建甯五年同時有黽池五瑞碑五瑞者黃龍白鹿連理木嘉禾甘露及承露人各圖其象摹厓刻之今無存矣洪氏隸釋稱從史字漢德作頌故吏字子長書之書法太醜疑爲後人改刊

漢冀州從事張君碑跋

右漢冀州從事張表碑石今不存予所見者宛平孫氏家藏宋搨本也嘗怪六朝文士爲人作碑表志狀每于官閥之下輒爲對偶聲律引他人事比擬令讀者莫曉其生平而斯碑序述全用韻語不意自漢已有作俑者然其書法特在今世所存諸漢碑上

跋蔡中郎鴻都石經殘字

中郎石經初非三體書法而楊衒之劉芳賓蒙蘇望方匋歐陽棐董逌等皆誤讀范史儒林傳惟張縯謂以三體參校其文而書丹于碑則定爲隸其說獨得之今觀宛平孫氏所藏尙書論語殘字平生積疑爲之頓釋論語書云孝乎惟孝包咸注云孝乎惟孝美

大孝之辭今石本乎乃作于然則孝于惟孝友于兄弟施于有政句法正相同也

跋漢華山碑

漢隸凡三種一種方整鴻都石經尹宙魯峻武榮鄭固衡方劉熊白石神君諸碑是已一種流麗韓勅曹全史晨乙瑛張表張遷孔彪孔伷諸碑是已一種奇古夏承戚伯著諸碑是已惟延熹華山碑正變乖合靡所不有兼三者之長當爲漢隸第一品予生平僅見一本漫漶已甚今覩西陂先生所藏文特完好并額具存披覽再三不自禁其驚心動魄也郭香察書字義諸家論說紛紛關中趙孝廉子函以郭香察書配杜遷市石其說近是載考司馬彪續漢書律歷志靈帝熹平四年有太史治歷郎中郭香姓名殆即察書之人與

溧陽長潘校官碑跋

紹興十三年溧水尉喻仲遠得漢碑于固城湖中驗之則靈帝光和四年溧陽丞尉吏掾爲其長潘校官乾元卓立其出也晚故猶未漫漶辭稱惠我黎蒸黎

黎通蒸黎字乃顛倒用之其曰尙旦在昔我君存今蓋以周公太公喻乾擬人非其倫矣

漢白石神君碑跋

右漢白石神君碑在無極縣立石者常山相南陽馮巡元氏令京兆王翊與歐陽氏集古錄所載無極山神廟碑略同文稱神君能致雲雨法施于民則祀之宜也然所云蓋高者合之無極廟碑特常山一妄男子爾先是光和四年巡詣三公神山請雨神使高傳言即與封龍無極共興雲雨賽以白羊高等遂詣太嘗索法食越二年具載神君始末上尙書求依無極山爲比即見聽許蓋斯時巫風方熾爲民牧者宜潛禁于將萌乃巡翊輕信巫言輒代爲之請何與非所云國將亡而聽之神者與碑陰有務城神君李女神甄石神君壁神君名號殆因白石而充類名之者碑建于光和六年是歲妖人張角起矣

漢郃陽令曹全碑跋

萬歷中郃陽縣民掘地得漢曹全碑以其最後出字畫完好漢碑之存于今者莫或過焉按碑文全爲喻

麋侯相鳳之孫鳳嘗上書言燒當事得拜金城西部都尉屯龍耆而全以戊部司馬討疏勒又定郭家之亂信不媿其祖矣時人語曰重親致歡曹景完蓋其孝友之性尤人所難能也嗚呼今之爲吏者雖遭父母之喪必問其親生與否投牒再三始聽其去而全以同產弟憂得棄官歸以此見漢代風俗之厚其敦孝友若是宜士君子顧惜淸議而自好者不乏也全以禁網隱家巷者七年可以補後漢史黨錮諸人之闕史載疏勒王臣磐爲季父和得所射殺而碑云和德弑父篡位德與得文亦不同史稱討疏勒有戊已司馬曹寬而不曰全又云其後疏勒王連相殺害朝廷亦不能禁而碑云和德面縛歸死司寇蓋范蔚宗去漢二百餘年傳聞失眞要當以碑爲正也

續題曹全碑後

右予庚戌冬跋尾越二年再至京師從慈仁寺市上買此碑石已中斷完好者且漶漫矣更歷數十年必又歎此碑爲難得

漢北海相景君碑并陰跋

濟甯州儒學孔子廟門列漢碑五其制各殊北海相景君碑其一也地志不載何年所立以予考之元天歷間幽州粱有字九思奮奉勅歷河南北錄金石刻三萬餘通上進類其副本爲二百卷曰文海英瀾于濟得漢刻九于泗水中葛邏祿迺賢寄以詩云泗水中流尋漢刻泰山絕頂得秦碑閱歐陽趙氏著錄斯碑本在任城其移置于學者必天歷間矣碑辭漫漶其陰旁右壁工以不能椎拓辭予留南池三宿强令拓之題名有督郵督盜賊議史書佐騎吏吏行義修行午小史豎其云午者不載于續漢書百官志卽趙氏亦不知也廣韻詮巨字稱漢複姓凡四十有四引何承天姓苑漢有司隸校尉水巨岑而斯碑有修行水巨部營陵人又有修行都昌台巨遷故午都昌台巨遷則在四十四姓之外亦足資異聞也已

漢蕩陰令張遷碑跋

右漢蕩陰令張遷碑不著于歐陽氏趙氏洪氏之錄殆後時而出者碑額字體在篆隸之間極其飛動銘書蔽芾棠樹爲蔽沛按堯母祝睦魏元丕三碑其書

蔽字略同而芾作沛則此碑所獨也碑陰卒錢從事二人守令三人督郵一人故吏三十二人昔賢謂東漢鮮二名者是碑范巨范成韋宣而外自韋叔珍下皆二名或書其字然邪南濠都氏金薤琳琅少碑陰不若此本之完好

漢酸棗令劉熊碑跋

右漢酸棗令廣陵劉熊孟陽碑上元鄭簠汝器所藏碑文全泐存字不及百名筆法奇古汝器以爲絕品碑在唐時王建已云風雨消磨絕妙辭至于今宜其不可辨識矣碑後摭謠言作詩三章其二曰有父子然後有君臣理財正辭束帛戔戔以三言五言繼以四言足以見文律之古乃洪氏隸釋誚其難以謂之絕妙辭斯亦拘方之見矣

漢泰山都尉孔宙碑跋

漢泰山都尉孔宙碑在曲阜縣孔子廟庭大中大夫融之父也裴松之注魏志引司馬彪續漢書亦作宙又韓勑碑陰出私錢數列郎中魯孔宙季將千當以碑爲據而後漢書融列傳作伷考宙卒于靈帝熹平四年而伷于獻帝初平元年拜豫州刺史籍本陳留字公緒别是一人竊疑范史不應紕繆若是或後雕時爲妄人所更後學遂信而不疑也

書韓勑孔廟前後二碑并陰足本

闕里孔子廟庭漢魯相韓勑叔節建碑二前碑紀造禮器後碑以志修廟謁墓碑陰兩側均有題名金陵鄭簠汝器相其陷文深淺手搨以歸勝工人椎拓者百倍汝器以予於金石之文有同好也遠遺書寄予乃取題名之參錯不齊者齊之裝界成册思夫孔子既沒褒崇之典歷代有之世本王侯大夫莫不有宗譜族牒聖人之後獨無聞焉厥後仙源宗子珍扆宋南渡金源立别子爲祖嘉熙雖仍錫文遠以爵而授之田里俾居三衢宋之亡也忽焉元人思復立大宗而宗子辭不受能以禮讓是人之所難也以予所見明嘉靖中孔門僉載一書先聖六十一代孫承德郎魯府審理正弘幹所撰有世表有宗系圖其於三衢一支棄而不錄奠繫世辨昭穆者宜如是乎可爲長太息也矣勑前後碑陰載孔氏苗裔有褒成侯損建

壽御史劉元世東海郎中訢定伯豫州從事方廣平故從事樹君德朝升高守廟百石卒史愀聖文文學百石芝德英故督郵承伯序賴元夏進幼蓮相史誧仲助術子佑贊元賓曜仲稚遵公孫旭連壽番安世太尉掾凱仲悌處士徵子舉巡百男憲仲則汎漢光凡二十三人而後碑稱碑係孔從事所立殆方也伏念聖人之後有賢子孫改修闕里志孔門僉載則宗子支子之流派及書名史冊碑碣者具書之惟非其族必去非聖人之言必削之庶乎其可已

郎中鄭固碑跋

已酉之春泊舟任城南池之南步入州學見儀門旁列漢碑五左二右三郎中鄭君固碑其一也碑文全漫漶不可辨識舍之去明年冬同崑山顧甯人嘉定陸翼王觀北平孫侍郎藏本文有逡遁字甯人謂是逡巡之異文退而引三禮注以證之且博稽晏子春秋作逡遁漢書作逡循莊子作蹲循靈樞經亢倉子作遵循又謂逡遁之異文筆之金石文字記以予考之集韻逡遁後三字韋連書之均七倫切音義則一說文釋辵字云乍行乍止也遁字雖音徒困切而配之以辵當讀如足縮縮如有循之循以爲假借則可不得謂之異文矣甯人作音論惜集韻不存未知是書尙存天地閒故于諸書疑義未盡晰爾

書王純碑後

冀州刺史王純碑婁彥發漢隸字源謂在鄆州中都縣立于延熹四年冬十二月而酈善長以純爲紛以延熹爲中平葢未嘗親至其所而傳聞之誤也歲在丁未同譚七舍人兄舟石觀于北平孫侍郎硯山書

屋宋拓本也碑陰門生百九十三人姓字不具者六數略如之按漢人書名必具名字此碑自馮定伯而下悉字而不名與太尉楊震高陽令楊著玄儒先生婁壽三碑相同亦門生之變例也

跋竹邑侯相張壽殘碑

竹邑侯相張壽殘碑在兗州城武縣立于漢建甯元年五月土人截作後人碑趺所存約二百字竹邑侯者彭城靖王恭之子阿奴明帝永初六年封見熊方後漢書同姓諸王年表

金鄉守長侯君碑跋

金鄉守長侯君諱成字伯盛山陽防東人文稱侯公之後以平國君更安國君又則鄉哀侯霸其子昱徙封阿陵而謂霸封於陵歐陽氏趙氏已正其譌矣碑末書夫人以延熹七年疾終蓋祔葬者竊思東京碑版之文莫多于蔡邕今集中碑銘頌贊誄辭靈表神誥男女各異其篇目疑東京之俗夫婦同穴者寡故廣漢屬國侯李翊暨夫人臧其墓並在渠州各自并桲樹碑可以槩其餘矣終漢之世侯君而外夫婦合

葬僅有郎中馬江并書夫人冢句曹氏祔焉此潘昂霄金石例王行墓銘舉例未發其凡者也

漢丹水丞陳宣碑跋

明成化中內鄉縣高岸崩土人得古碑一乃漢丹水丞陳宣紀功碑文稱宣字彥成汝南新陽人丞相曲逆侯裔宙去戶牖遷淮漢間傳歐陽尚書仕郡歷主簿督郵除項都鄉補臨縣永壽三年七月洪水盛多田畝荒蕪民失水利鄉單騎經營復修古跡旬月而成長流投注溉田二十餘頃於是畯民胡訪等欲報靡由登山伐石建立全碑甄記鴻惠後附銘二章建于建甯四年五月是碑儲藏家鮮有著錄者惟邑人李蓘曾載于丹浦款言康熙庚戌冬觀于宛平孫氏蓋耳伯先生曾知祥符縣事得之

跋漢司隸校尉魯君碑

右魯君碑熹平二年四月立隸書額穿其中文一十七行本在金鄉山墓側趙德甫撰金石錄時已輦置任城縣學至今存焉相傳是蔡中郎書惜其文不入集中石久崩剝僅識其百一而已

執金吾丞武君碑跋

武君榮碑在濟甯州學儀門漢制執金吾一人丞一人月三繞行宮外戒司非常水火之事秩六百石緹騎二百人輿服導從光滿道路光武嘗歎曰仕宦當作執金吾而樂府古歌辭稱陛下三萬歲臣至執金吾蓋中興以後官不常置榮之本末惜碑文已漫滅年月無考僅存其廓落焉爾

書尹宙碑後

尹宙碑土中晚出文字尚完結體遒勁猶存篆籀之

遺是本烟楮悉舊對之如百年前物尤爲盡善太原傳山青主藏檇李曹溶潔躬審定朱彝尊錫鬯書康熙乙巳秋八月

滕縣秦君碑跋

兗州滕縣東四十里馬山古城址有滕君碑出自土中無歲月可考滕君亦無名字銘辭四言音韻參雜其云系出畢畢與嶧通知爲滕人云爲政崇博三年有成蓋出而仕者末云丹書刻石垂示後昆以此知刊石書丹實始于漢其來古矣

曝書亭金石文字跋尾卷二

光緒甲申小春月白堤八字橋孫谿槐廬家塾

曝書亭金石文字跋尾卷三

秀水朱彝尊著　吳縣後學朱記榮校刊

魏封孔羡宗聖侯碑跋

右魏封孔羡碑在今闕里孔子廟庭相傳其文爲陳思王植所作而梁鵠書之著于圖經假有好事者采之入思王集其誰曰不宜鄱陽洪氏以是碑文稱黃初元年而魏志作二年正月詔以議郎孔羡爲宗聖侯奉孔子祀謂誤在史考魏王受禪在漢延康元年十一月既升壇即阼事訖改延康爲黃初而碑辭敘

黃初元年大魏受命應歷數以改物秩羣祀于無文既乃緝熙聖緒昭顯上世追在三代三恪之禮兼紹宣尼褒成之後以魯縣百戶命孔子廿一世孫羡爲宗聖侯則詔三公云云原受禪之始歲且將終碑有既乃之文則下詔在明年二月史未必誤若章懷太子注孔僖傳以宗聖爲崇聖斯則誤矣

尙書宣示帖跋

古文造自倉頡篆創自史籀破自李斯隸始程邈八分肇王次仲章草原于史游行書起劉德昇飛白擅

蔡邕草變于張伯英唐張懷瓘言之詳矣獨于眞書不舉作者姓氏蓋以隸爲眞也然洪适以八分稱隸學者未嘗議其非不得舉隸而遂遺眞書也鍾太傅八分有受禪碑餘多眞書王丞相導愛之以尙書宣示帖衣帶過江今之傳本出于王内史所臨而奏捷墓田薦季直諸帖均爲世重王僧虔賞其婉媚盡妙陶弘景許以絕倫庾肩吾品其天然第一顧魏志本傳無片言及其善書何與竊疑漢代無眞書工之自太傅始當時楷法雖精章奏之外未大行于世迨晉

帝王方用正書見于竇臮注述書賦而衛夫人圖筆陣有眞書去筆頭二寸一分之語然則眞書當別標一目未可牽混入隸之一門也書以示兒子昆田時康熙癸酉夏六月

跋吳寶鼎甎字

康熙四年吳之村民于小雁嶺掘地得甎二識云大吳寶鼎二年歲在丁亥作一十有一字蓋孫晧時紀元通鑑晉泰始三年也面有螭文知非民間物考是年六月晧起昭明宮方五百丈二千石以下皆自入山督攝伐木一時塼埴之工陶旅交作或分命吳郡助其役理有然者甎之爲用古人取材必精故羽陽銅雀香姜之瓦皆可製硯而是甎相之理蜗質暴若似乎火氣不交坊不孰者殆爲坊者所棄流轉民間未可知也二甎爲顧秀才肇敏所得分其一贈予予既搨孔廟五鳳二年甎又從候官林氏摹甘泉瓦合此裝池作冊因濡筆識之歲在壬午又六月寓慧慶寺書

吳天璽紀功碑跋

吳天璽元年紀功碑亦名天發神讖舊在巖山段石岡山謙之丹陽記巖山東有大碣石長一丈折爲三段今其石移置學舍中累之高止數尺謙之蓋神其說爾碑文倒置錯誤不可讀今依祥符周在浚雪客考定裝潢之相傳文出華覈予爲雪客撰碑考序已辨其非矣觀其字在篆隸之間雖古而近拙亦未必定出于皇象手蹟也金陵瑣事謂是蘇建書不知何據

晉汲縣齊太公二碑跋

汲縣古朝歌地相傳師尚父舊居也遺碑一表一表在縣治西南隅晉武帝太康十年三月尚父裔孫范陽盧无忌來爲汲令刻石碑在縣西北三十里廟中北魏孝靜帝武定八年四月立石司農卿穆子容正書按李白詩云朝歌屠叟辭棘津八十西來釣渭濱而韓嬰詩外傳稱文王舉太公時公年七十二與李詩不合无忌表曰康王六年齊太公望卒按尚書顧命有齊侯呂伋文則伋已嗣公爲侯非卒于康王時也然則金石之文亦有不足信者

晉平西將軍周孝侯碑跋

宜興縣周孝侯碑相傳平原內史陸士衡撰文會稽內史王逸少書孝侯戰沒而碑辭云元康九年舊疾增加奄捐館舍乖謬已甚然書法亦不惡但假逸少之名是爲不知量矣末題元和六年歲辛卯十一月承奉郎守義興縣令陳從諫重樹疑文字皆此君僞託爾

宋搨黃庭經跋

褚登善于西堂錄右軍書目正書止樂毅論黃庭經東方朔贊三種而已此外太史箴大雅吟不傳遺教經謁闕過半樂毅論亦亡其一角惟黃庭獨完宋人謂其不類疑後世依仿爲之然登善著錄其爲右軍書信矣予嘗論周公孔子之文屈原之楚辭篇各異體不成一家之言右軍於書亦若是也曇壤換鵝之後傳刻者衆漸失其眞佳本難得斯於謹東中審視之佤離横逸生面畢露殆汴京名手所鋟亦名手所拓洵銘心絕品也已

開皇蘭亭本跋

王逸少書惟禊帖摹本最多南渡內府所藏凡一百一十七本賈師憲竄逐朝廷命王孟孫簿錄其家石刻蘭亭八千匣今陶九成所載目錄唐以前本無閒焉茲冊爲爛谿潘氏家藏序後具書開皇十三年歲次壬子十月摹勒上石高頰監刻一十九字觀者或疑之按桑澤卿博議載有智永臨本蓋永師本逸少七世孫傳其家法學書永欣寺閣梯桃不下者四十年其勤苦若是且于陳天嘉中繭紙眞蹟曾歸之宜其筆精墨妙過于趙韓馮葛數子也明胡祭酒若思

亦云永嘉本是智永臨寫宋紹興間太守程邁刻置郡齋末有孫興公後序是唐乾封三年僧懷仁集書斯言先後符合竊疑是冊即永師所臨至煬帝時又有大業石本見周公謹雲烟過眼錄然則禊帖流傳隋代已有二本考古之君子可以釋其疑已

跋蘭亭殘石拓本

蘭亭殘石不知勒自何方後半多闕蓋肥本也禊帖肥瘦攸殊褚廷晦本肥張景元本瘦歐陽行本本瘦石熙明本肥釋懷仁本前瘦後肥王順伯主肥尤延

之主瘦黄魯直取肥不剩肉瘦不露骨斯執中之論與大都書家率以瘦本爲貴相傳宣和中拓定武本疊置金三紙加氊椎拓之故下肥上瘦若是則在下者力不失眞安見肥者之不如瘦乎魯直又云東坡道人少日學蘭亭故其書姿媚知言哉今觀殘石東坡書法絶與相類殆原出于肥本者也帖今亦藏燗谿潘氏竹垞老人書

跋蘭亭定武本

蘭亭繭紙既入昭陵書家之論以定武本爲第一熙甯間納諸禁中或云此石亦殉裕陵則是人間不合有是本矣按歐陽永叔集古錄謂定武二民家各有一石較之纖毫無異然則定武原有二本也相傳趙子固覆舟于嘉興疾呼蘭亭在否舟人負以出子固大書云性命可輕此寶難得好事者目爲佳話又子昂仕元子固不仕其弟過之行後拂塵于坐以子觀袁伯長跋禊帖稱子固死帖入賈相家賈敗籍于官有官印然則子固卒于宋未亡之前伯長所云蓋不誣矣茲來栢湖覯定武本則未知孫次公所納石與

抑薛向所藏石與要之肥瘦適中努啄生動勝于他本因以所聞述之

國子監石本蘭亭跋

書至右軍入聖右軍書至蘭亭而變化無方後人評品以定武本爲最歐陽率更所臨也流傳有玉有石有棠棃版字有闕行有斷損有肥有瘦有始肥終瘦各本不同相傳石晉廣運中契丹輦歸棄之中道而榮次新言宋定國使金云在中京中京遼之南京金海陵改爲中都即燕京也吾鄉沈先輩虎臣撰野獲

編云萬歷乙酉丙戌間北雍治地得禊帖行款肥瘦與定武本略同識者疑是廣運所棄石時長洲韓公存良官國子祭酒拓數百本遺友朋合之次新所述或即薛氏摹勒未可定爾

姜氏蘭亭二本跋

右禊帖二石藏姜編修西溟家皆瘦本也世之論禊帖者必準于定武審其譜系等差之洪景盧有云碑刻不必問所從來但以書之工拙爲斷予嘗歎爲知言二本側掠努趯不爲成規所拘極其飛動宜西溟

心慕手追愛翫而不釋也西溟拓以贈予前後鈐以私印蓋不輕以予人云

蘭亭神龍本跋

評禊帖者十九多推定武獨陳長方謂唐人摹本非定武石刻所能及是本有神龍半印正唐人摹本也墨蹟存項子京天籟閣分授其子德弘鋟諸石康熙壬子夏予購得之經熙甯元豐諸賢審定元人賞識略同比于瘦本差肥然抑揚得所骨力相稱假令孫莘老見之定移入墨妙亭子

晉王大令保母甎志宋搨本跋

崑山徐尚書原一初得王子敬保母甎志予往觀焉驗是宋嘉泰間拓本經羣賢鑒定鄱陽姜堯章尤賞之連書十一跋于後尚書以晉石墨難得出白金十鎰易之是日同觀者慈谿姜宸英西溟晉江黃虞稷俞邰秀水沈廷文元衡也志出于嘉泰壬戌錢清王畿獲之會稽山樵樵人獲之黃閍與甯中保母葬地也按保母之名見禮內則鄭司農謂安其居處者儀禮喪服緦麻三月爲乳母子夏傳曰何以緦也以名

服也鄭注以爲養子者有它故賤者代之慈已蓋慈母必父之妾保母乳母以賤者代母或自有所從之夫子敬云歸王氏匪主右軍而言可知已黃閍不見于施宿張淏二志爾雅閍謂之門閍祊同廟門亦巷門也甎出土時已斷爲四歸于畿又斷爲五合而搨之宜有裂紋而仍若不斷者信夫搨手之良非今工匠所能及也歸德安世鳳撰墨林快事詆其字不佳誦不倫然堯章精于書法其于禊帖絳帖評騭不爽謂是本有七美與蘭亭序不少異且言必大令自刻

傾倒至矣又云有人刻別本以亂眞然則安君所見
毋乃別本拙惡者乎予惟堯章之言是信語尙書寶
藏之毋爲豪者所奪可爾

梁始興安成二王墓碑跋

康熙辛酉江南試士既畢爲攝山之游出郭道經黃
城村梁侍中司徒驃騎將軍始興忠武王憺墓在焉
王太祖第十一子都督荆湘等六州軍事有惠政州
民歌之所云始興王民之爹是已薨于普通三年碑
辭侍中徐勉撰貝義淵書又東北甘家巷梁贈侍中

司空安成康王秀墓在焉王太祖第七子以中衛將
軍領宗正卿尋都督郢司霍三州軍事遷雍梁等四
州軍事亦多惠政天監十七年薨于竟陵歸喪京師
故吏譙郡夏侯亶表請立碑詔許之於是名士游王
門者東海王僧孺吳郡陸倕彭城劉孝綽河東裴子
野各製其文今存碑二其一全泐惟孝綽一碑結銜
石上可辨書之者亦貝義淵也二王同母俱以孝悌
聞于時又皆好文安成招劉孝標撰類苑始興降意
接士嘗與賓客連榻而坐史臣合傳比于漢之河間

東平其葬也兆基匪遠雖宰木已盡而麟辟邪贔屓
猶存第穹碑將仆勢不能支椎拓之工莫敢措手觀
者亦憚于久立也昔歐陽子著集古錄于蕭梁止收
智藏法師一碑而此三碑在建康都會之區汴京承
平日度石尙堅立顧反遺之何與義淵爵里未詳廣
韻注貝氏不載姓源鄭樵姓氏略于貝氏則引宋登
科記有常州貝寶明永嘉方日升補注黃公紹韻會
引千家姓韻譜云貝氏望淸河古有貝獨坐晉有衛
士貝靈該不及義淵羅泌國名紀謂貝氏吳越多此

姓本諸左傳郥氏按春秋傳昭公十九年楚子之在
蔡也郥陽封人之女奔之生太子建杜預注郥陽蔡
邑二十三年傳稱楚太子之母在郥召吳人而啟之
冬十月吳太子諸樊入郥杜預注郥郥陽也定公十
三年傳稱齊侯衛侯次于垂葭實郥氏杜預注垂葭
改名郥氏高平鉅野縣西南有郥亭然說文玉篇類
篇俱無郥字第有郹字今南北國子監本悉更郹爲
郥不典孰甚焉惟唐長安所鐫石經仍作郹字足以
正其誤矣予念六代刊石之文南朝更爲難得爰取

孝緒文字并于鎮始與碑殘字書之冊而識其末

茅山許長史舊館壇碑跋

陶隱居書許長史舊館壇碑拓本觀于爛溪潘氏隱居以工書著隸聞見于史傳與梁武帝論書連章累牘載諸法書要錄袁昂書評謂如吳興小兒形容雖未成長而骨體甚駿快竇賦則云高爽緊密自然拼闕今觀是碑筆與會信昔賢之言不誣碑立于梁普通三年至唐大歷十二年中山劉明素以文字將湮重加洗刻使原碑而在駿快高爽當更倍此矣

魏魯郡太守張猛龍碑跋

右魏魯郡太守張猛龍碑建自正光三年其辭列孔林者以嘗日有興起學校之功也吾于是乎有感孔子之道若日月然萬物宜無不向照乃或拔而之佛老何與蓋誅賞者治世之權聖人者是非所從出也春秋之作所以誅亂臣賊子者至矣天下之人非者嘗多是者嘗少懼無逃于聖人之誅獨佛老以無所可否之言暢其清淨寂滅之旨爲惰情所樂聞而聖人者亂世之所忌也元魏之俗事佛尤甚斷山以爲

寢範金以爲像九層之臺萬金之貲竭民力事之及其既成靡不刊石勒銘以紀功德斯時也又安知有聖人之道哉猛龍爲西平武公軌八世孫方晉之朝士崇尚莊老獨武公在涼州徵曹子五百人立學校春秋行鄉射禮而猛龍克循祖父之教修聖人之學于舉世不爲之時使講習之音再聞于闕里噫可傳也予留大同間拓拔氏故都觀所鑿佛宮窣堵巨碣已無存者而斯碑在孔氏之庭歷千年不壞雖更歷千年卯貞有從而去之者此予所爲感也嗚呼爲政之君子可以知所務矣

魏李仲璇修孔子廟碑跋

右曲阜縣修孔子廟碑魏兗州刺史李仲璇撰文并書孝靜帝興和三年十二月立石杏壇之下碑尚完好雜大小篆分隸于正書中蓋自太武始光間初造新字千餘頒之遠邇以爲楷式一時風尚乖剌此江書作式所云世易風移文字改變篆形謬錯隸體失時者也曩觀太原風峪高齊時鐫石柱佛經亦多類是斯亦字鑿失偏旁仲璇魏書有傳自兗州還除將

作大匠卒贈驃騎大將軍儀同三司青州刺史

北齊少林寺碑跋

右碑北齊後主武平元年正月立于嵩山少林寺文本正書雜用大小篆八分法北朝碑多類此書家嫌其乖劣然以拙筆見古與後代專逞姿媚者不同也碑後列勸化主邑師邑子都維那忠正北面像主龕主多人中有張黃頭馬黃頭按北史游雅小字黃頭則黃頭命名亦當時習俗然爾龕主揆之以義當屬齋字但說文玉篇汗簡等書皆無之吾不敢知也曹

上舍仲經好古金石文特裝界爲冊跋其尾焉

宇文周華嶽頌跋

後周華嶽頌立于武帝天和二年在今華陰縣西金天王廟中碑于題後結銜曰使持節驃騎大將軍開府儀同三司大都督司宗治內史臨淄縣開國公万紐于瑾造此文車騎大將軍儀同三司縣伯大夫趙興郡守白石縣開國男南陽趙文淵字德本奉勅書万紐于瑾者唐瑾也爲燕公于謹器重白文帝言瑾學行兼修願與之同姓結爲兄弟文帝乃賜姓万紐于氏庭羅子孫行弟姪之敬時瑾已位開府矣進爵臨淄縣伯周制封郡縣五等爵者皆加開國授大將軍開府儀同者並加使持節大都督其曰司宗者武帝保定四年更禮部稱司宗也複姓古有之三字姓始于代北魏書官氏志載有勿忸于氏紐作忸勿疑万字之譌賜此姓者洛陽則于謹猗氏則樊深匪特唐瑾也文淵于大統十年追論立義功封白石縣男邑二百戶遷縣伯下大夫加儀同三司天和元年露寢成以題牓功增邑二百戶北史更淵曰深避唐高祖諱也史稱其楷隸雅有鍾王之則今觀是碑殆非虛譽云

後周幽州刺史贈少保豆盧恩碑跋

右周少保豆盧恩碑康熙歲戊子觀于稼堂潘氏書屋恩本前燕支庶姓慕容氏與兄同州刺史後周書公贈太保甯先後立功碑云恩字永恩北史後周書俱闕其名止書其字永恩附見甯傳惜也後幅漫漶不能卒讀矣宇文建國用蘇綽盧辯輩議禮謚法不輕假人皇宗子維藩弗隱惡德如晉公護曰蕩齊王

憲曰煬衛王直畢王賢曰剌趙王招曰僭陳王純曰惑越王盛曰野代王達曰𤸃紀王康曰厲而豆盧兄弟或易名以昭或易名以敬誠厚幸矣稼堂曰昭乎哉子之言也曷書之於是乎書

眞定府龍藏寺隋碑跋

眞定府治東龍興寺隋龍藏寺故址也寺剏于開皇六年恆州刺史鄂國公金城王孝僊立石齊開府長兼行參軍九門張公禮撰文恆州齊亡後入于周周又亡入于隋而公禮仍書齊官君子不忘其故國于稱名見之矣流傳宋太祖曾幸其地寺重建于乾德元年龍興之額所由更也然歐陽子著集古錄稱龍藏寺已廢遺碑在常山府署之門則嘉祐間碑猶在寺外也今入門有殿殿北閣五層廣九楹崇十有三丈中奉觀世音像高七丈三尺臂四十有二𡈽八目爲大佛寺碑亦具存而終南山釋道宣撰神州寺塔錄鋪敘佛像顧不及焉何哉若夫隋之碑存于今者寡矣裝界而藏諸也可

題僞刻李衛公告西嶽文

王侯將相時至則居之雖豪傑之士不能預信于平日也劉季起沛上眾推擇可爲沛令者蕭曹等皆文吏自愛恐事不就盡讓季當其時安能必後之相季封酇平陽哉劉伯温羈管紹興感憤至欲自殺又嘗爲石抹宜孫所用初未有佐命之思而或謂其在西湖望見雲物曰後十年有帝者出吾當佐之殆妄也世傳李衛公未遇爲文告西嶽神意在取天下次則擇主而仕若微時預以帝王自許者然考之史衛公初仕隋爲殿內直長尋爲馬邑丞唐高祖擊突厥衛公察其有非常志乃自鎖上急變新舊唐書所載略同可謂不知天命之尤者亦安得于未遇時逆知爲唐佐命出入將相乎其事雖見李肇國史補而告文不知何人所作其云斬大王之頭焚其廟宇此豈衛公之言昧者從而刻之石按歐陽趙氏所錄皆無之蓋近代作僞者爲之眞妄男子也

潘氏家藏晉唐小楷冊跋

右晉唐小楷一十六種共一冊舊藏新安畢侍郎懋康家吾友潘次耕得之出以見示次耕博訪金石文

一一裝界得此遂爲翠墨之冠審視再三字比近時摹勒者差小又紙墨一色竊疑渲化帖外如大觀淳熙潭絳鼎汝等帖足本已亡侍郎偶得其一弖爾然楷法已略備試用張懷瓘法估之不啻直千縉也

曝書亭金石文字跋尾卷三

光緒甲申小春月白堤八字橋孫谿槐廬家塾

曝書亭金石文字跋尾卷四

秀水朱彝尊著　吳縣後學朱記榮校刊

唐太宗晉祠碑銘跋

唐太宗自晉祠興師定天下貞觀二十一年七月御製碑文及銘勒石于叔虞祠東隅碑陰列長孫无忌蕭瑀李勣張亮李道宗楊師道馬周銜名後人覆之以亭而庸工以字畫上石稍淺遂刻而深之帝嘗自述作書之法惟求骨力骨力既得形勢自生不意爲庸工皷鑿而骨力形勢俱失矣予嘗五至祠下輒摩挲是碑覽古興懷集少陵野老詩句文章千古事社稷一戎衣書于亭柱富平李因篤子德見而賞其工因遺書與予定交于其歸也拓銘一本贈之而書其後

聖教序跋

鍾山紀檗子客于燕壬子八月過其寓齋觀宋搨聖教序舊爲吾里項子京家藏上有張徵跋尾徵字如瑩建炎中官尚書右丞周益公稱其馳聲翰墨位望既崇人欲其尺牘不可得今觀其書法果入格且歎

此冊紙墨絕妙當知爲南渡以前物矣予京蓄書畫甲天下卷尾必估其價析產時按所書以遺諸子見者以爲不爽銖兩焉甲寅春槃子俶裘南還相對潞河酒闌索予題識復以他本較其鈎畫要未若此本之善

唐騎都尉李君碑跋

同里曹生仲經嗜金石文手拓同州李君碑示予紙墨精善對之眼明碑未詳書者姓氏觀其峻利秀逸非王知敬殷仲容不能造詣及此李君諱文字緯東

漢以後字必以兩字稱一字者罕矣載于唐書房玄齡字喬顏師古字籀李衆字師李琇字琇張巡字巡郭曜字曜宇文審字審李愜字祚李條字堅竇思仁字恕張義方字儀此外不多見也

唐郭君碑跋

右郭君碑在汾陽縣北七十里予于丙午秋經郭社村行溝中仰見土岡之上碑額微露環岡數里乃登讀其文皆駢儷語首二行剝裂君之名字門世與撰文者皆闕焉其知爲郭君者藉有額存也碑立于乾封二年中有云揮霜鉞而斬老生蓋從太宗攻霍邑者按舊唐書宋老生棄馬投塹甲士斬之新唐書則稱爲劉弘基所殺溫大雅創業起居注又云老生攀緪上城軍頭盧君諤所部人跳躍及而斬之世咸不知揮刃者之爲郭君而君之名以石裂終不傳可惜也

跋唐明徵君碑

上元縣攝山佛寺明徵君碑其文唐高宗御製書之者高正臣也碑立于上元三年徵君者蕭梁處士山

賓寺其故宅高宗以山賓來孫崇儼入閣供奉特爲撰文勒之于石石至今猶完好歲在辛酉十月予與金陵鄭簠嘗熟王翬嘉興周篔平湖曹彥樞暨予弟彝玠同游是山留信宿各搨一通以歸

唐龍門奉先寺盧舍那像龕記跋

水經伊水出南陽縣西東北過陸渾縣南又東北過伊闕酈道元注昔大禹疏以通水兩山相對望之若闕春秋之闕塞是也韋應物詩鑿山導伊流中斷若天闕而司馬君實之言曰龍門伊闕天所爲非山橫

其前水壅其流禹始鑿之然後通也斯言其信矣夫山有八寺其一曰奉先像建自咸淯三年而以調露二年賜額蓋闕去洛陽二十五里而近兩岸洞龕佛像累千合夾侍坐立者幾盈萬此杜少陵詩所云氣色皇居近金銀佛寺開也碑闕書者姓名或云袁元哲誒考正續書之康熙戊子竹垞八十翁彝尊識

跋石淙碑

右唐武后夏日游石淙詩并序羣臣和者一十六人河東薛曜正書久視元年五月刊于平樂澗之北崖

斯游也新舊唐書本紀均未之書計敏夫唐書紀事亦不載僅見之趙明誠金石錄及樓大防集而已予友葉封井叔知登封縣事撰嵩陽石刻志始著于錄顧刪去九首覽者不無憾其闕漏康熙己卯九日獲披全文碑尚完好漫漶僅三字惟張易之昌宗姓名爲人鑿去然猶可辨識也井叔曩語予澗壁面水必穴崖棧木乃可摹拓故儲藏家罕有之予性嗜金石文以其可證國史之謬而昔賢題咏往往出于載紀之外若賈竦華岳詩李夐恒岳詩任要韋洪岱岳觀白蝙蝠詩三衢石橋寺李譚古風臨朐馮氏詩紀海鹽胡氏唐音統籤泰興季氏全唐詩集皆略而不收斯碑亦棄不錄世遂莫知睿宗及狄梁公之有詩傳于今予因爲跋其尾

跋唐博城令祭岳詩

右唐博城令詩在岱岳觀碑之東側面其名剝蝕題曰敕使麻先生者按今觀中有雙碑其西一碑北面第二層有久視二年記文稱神都青元觀主麻慈力親承聖旨齋龍璧御詞繒帛香等物詣此齋醮卽

其人也神都卽東都故詩中有伊水嵩巖之句展蓋金輪十三字之一音義未詳亡友顧炎武甯人吳任臣志伊均疑爲應字想當然矣

唐張長史郎官石記跋

張長史以草聖名正書傳者絕少而墨藪九品書八列之上上良以其正書不易得也郎官石記舊本存王太傅濟之家後王元美敬美迭相藏弆三公各有題識董尚書思白摹而勒之戲鴻堂帖謂海內止有一本蓋以絕品目之矣相傳是冊乃唐人所拓疑未

必然龔明之中吳紀聞云唐郎官題名碑承平時在學舍中堂之後兵火後不復存長吏蘇人故立碑于此按郎官題名宜在長安其刻石存蘇州學舍者吳人鄉曲之情爾此必湻熙以前所搨無疑康熙乙酉六月觀于商邱宋公節使之廨

開元太山銘跋

莊周稱易姓而王封太山者七十二家勒石千八百餘處歷千萬禩而石碱玉牒後人莫得見其形兆果明神爲之守護邪祖龍肇始立碑久已埽迹兩漢迄

唐間世一修時邁之典開元天子允文武百寮之請於十三年冬十一月式遵故實有事于太山詔中書令張說右散騎常侍徐堅太常少卿韋縚祕書少監康子元國子博士侯行果於集賢書院撰儀注已丑日南至法駕詣山下御馬以登行升中之禮天子製紀太山銘親札勒于山頂之石以十四年九月景戌告成於是中書令張說撰封祀壇頌侍中源乾曜撰社首壇頌禮部尚書蘇頲撰朝覲壇頌趙明誠金石録目載太山銘側有題名三列今已亡之而頲頌授

梁昇卿書刊御製銘右明有俗吏以忠孝廉節四大字鑱其上頌文毀去者半可憾也碑銘典雅或是燕許手筆而御書遒勁若怒猊渴驥羈束安閑不比孝經之多肉少骨若唐隸盡如此何慙漢碑碣乎山高四千九百丈二尺行旅出于塗者車前馬首仰視略可覩歲在已酉五宿茲山之麓未克叩天闕陟環道手摸其文詢之野老必架木緣緪而上然後椎拓可施又山高多風兼慮日曝紙幅易裂若是其難也曩者先後裝界三本悉爲好事者所奪已丑夏同里沈

秀才襄能分書獲此本于白下雖有闕文乃百年以前舊搨爰審定而書其本末于冊尾銘書隋作隨書繹繹作弈弈有曰自今而後儆乃在位將多于前功而悲彼後患豈意天寶之亂近在目前也乎是歲六月丁未舟發江都阻風瓜洲渡口書

唐封北岳神碑跋

唐天寶七載封北岳神爲安天王是時祿山近在肘腋安天王之名得毋爲之兆乎碑辭李荃撰其陰則康傑文書以八分者戴千齡也筆法湻古遠在韓擇

木蔡有鄰粱昇卿張庭珪史惟則諸家之上乃盛熙明放書法獨遺之何與

唐崇仁寺陀羅尼石幢記跋

西安府崇仁寺陀羅尼石幢唐天寶七載五月建張少悌書所題職名有駕出長上扶車長上按唐制兵部尚書選驍勇材藝可爲統領者拔其尤令宿衛目曰諸色長上有一日上兩日下者有五日上十日下者若長入長上取形軀六尺六寸以上者充之則每日隨仗下隸左右監門衛者也又有直長長上長孫

溫充尚儀直長李嗣福充監門直長李善充尚輦直長上周先孝充左羽林軍長上見于新書宰相世系表外河渠署有長上漁師此云駕出扶車殆皆宿衛士矣少悌筆法娟秀稼堂是本尤佳因摭六典新舊書識其末康熙四十有七年二月壬寅朱彝尊題時年八十

書唐蘇祕監小洞庭二碑後

天寶十三載七月扶風蘇源明守東平時濟陽有河隄之役太守李倰虞夫役不均於是濮陽守崔季重魯郡守李蘭濟南守田琦胥會于東平源明議廢濟陽以盧東阿歸東平平陰長清歸濟南陽穀歸濮陽旣而縣乃不割郡亦仍舊見源明所作詩序而劉昫地理志稱天寶十三載廢濟州將毋國史傳聞或失其實與迨明年祿山作逆則源明已徵入爲國子司業此杜甫八哀詩有一麾出守還黃屋朔風卷之句也當五太守讌集源明特字涸泊曰小洞庭亭曰洄源至太和中天平節度使令狐楚以二詩立石題云自源明迄楚爲時僅八十年洄源亭涸泊已迷其處

矣聞是碑尚存惜儲藏金石文字者多不著于錄也

唐憫忠寺寶塔頌跋

右憫忠寺寶塔其文張不矜撰蘇靈芝之書建自唐至德二載碑稱御史大夫史思明奉爲大唐光天大聖文武孝感皇帝敬无垢淨光寶塔頌宛平孫侍郎耳伯著春明夢餘錄謂碑建于思明初歸附之時而崑山顧處士甯人撰金石文字記稱嘗偕鄞人萬貞一觀是碑其文陷處類磨治再刻以爲思明復叛之後磨去及思明誅此地歸唐後人所重刻者今年冬遇

貞一于諸城李渭清所遂同往觀焉碑首范陽郡三字史思明三字次行大唐等十二字文中維唐紹統及彼命啟與禪虞又東宅四水西都八川暨唐祚字至德二載字其文深陷然書法實出一人始悟侍郎處士所云猶未爲定論也考思明之降在至德二載十二月至明年正月肅宗始加尊號二月乃赦天下改元碑既建于二載十一月不應預書尊號又思明初附肅宗授以歸義王范陽節度使若碑建于降後宜大書王爵不當祗稱御史大夫則是碑之建蓋在

思明未降唐之先范陽郡三字其初本二字祿山僭稱范陽爲東都必東都也大唐一行其初必祿山父子僞號文中唐字其初必燕字而至德二載其初必祿山父子僭號之年無疑載攷安慶緒襲位賜思明姓安名榮國迨既降附復更舊名因命靈芝改書者爾碑文以左爲前甯人謂書丹于石之故疑從祿山俗尚未可定也不矜與判官耿仁智同僚思明之將復叛也表請誅李光弼不矜實爲起草辭曰陛下不爲臣誅光弼臣當自引兵就太原誅之及將入函爲仁智削去思明知之遂執二人仁智死不矜度難獨免可知已當日思明降而復叛既誅之後唐人見其碑踣之惟恐不力安有反勒其名于石者乎此又事之所必無也貞一聞予言作而曰有是哉子是入摹一本予爲攷其始末書于後

蘇靈芝易州鐵像頌跋

蘇靈芝之書予所見者幽州憫忠寺寶塔頌及是碑而已今其石漸泐飛動之致已失遂不堪與李北海對壘此宋人搨本精采具存董尚書稱其遒密宜矣冊舊藏曹氏古林康熙壬午春忽見于花南水北之亭

正如久別故人相對古林金石表儲藏秦漢已來至五代十國凡七百本近已散失斯碑獨爲識者所得幸矣

唐御史臺精舍記并碑陰題名跋

唐自貞觀中李乾祐爲御史大夫別置臺獄囚當訊就近拘繫之其漸也侍御史東西推監察御史糾視刑獄各禁其囚迨武后時來俊臣侯思正皆爲御史制獄之外臺獄圜扉恆滿崔隱甫總臺務言于朝掘

去於是旁列精舍以釋典懺之崔湜爲文梁昇卿書以八分開元十一年勒諸石碑陰列侍御史殿中侍御史監察御史并內供奉銜題名僅盧懷愼崔湜陸景初三人亦昇卿分書自懷愼以下正書百二十二人侍御史也自湜以下正書百八十四人殿中侍御史也自景初以下正書三百四十七八監察御史也碑額又有天寶元載以後侍御史知雜侍御史監察御史共五十八人而碑之左右椎拓不及焉中有薛倨倨者二名重文碑凡三見此唐一代所僅有也昇卿自監察御史歷殿中侍御史遷侍御史再遷太子右庶子

唐儲潭廟裴諝喜雨詩碑跋

贛州儲潭廟唐碑二載陳思寶刻叢編予屬友人訪求諸廟下者輒云無有康熙壬申十有一月泊舟于潭獲諸儀門之右其陽裴諝詩其陰裴氏族子題名記事後十年吳江張吉士尚瑗出知興國縣事乃拓諝詩見貽惜其陰面壁工人不知響搨然胡氏統籤季氏全唐詩諝作皆無之叢編所載諸道石刻其中唐人詩尙多惜無好事若張君爲予博訪而摹拓之也諝字士明洛陽人尙書寬子仕至兵部侍郎舊史有傳

五經文字跋

唐大歷十年有司上言經典不正取舍莫準乃詔儒官校定經本送尙書省并國子司業張參辨齊魯之音考古今之字詳定五經書于論堂東西廂之壁論堂者太學孔子廟西之夏屋也見舒元輿問國學記其初塗之以土而已太和間祭酒齊皞司業韋公肅易之以堅木擇國子通書法者繕寫而懸諸堂禮部郎劉禹錫爲作記當時場屋至發題以試士文苑英華載有王履貞賦其略曰置六經于屋壁作羣儒之龜鏡又云一人作則京國儀型光我廊廟異彼丹青其推詡若此是書自土塗而木版自木版而刊石字已三易恐非參所書矣以予論之唐人多專攻詩賦留心經義者寡參獨奉詔與孝廉生顔傳經取疑文互體鉤考而斷決之爲士子楷式爲功匪淺矣故禹錫記稱爲名儒作史者宜以之入儒林傳而舊史新

書俱不及焉按孟浩然集有送張參明經舉覲省詩錢起集有送張參及第還家作而郎官石柱題名參曾入司封員外郎之列蓋參在開元天寶間舉明經至大曆初佐司封郎尋授國子司業者也今其姓名僅一見于宰相世系表一見于藝文志小學類他不詳焉闕事一也參謂讀書不如寫書然其書法必工故當時壁經羣儒奉爲龜鏡縱不得與儒林之列書家姓氏亦宜載之而書苑書譜書史均未之及闕事一也壁經雖無存然參所定五經文字與唐玄度九

經字樣同刻石附九經之後歐陽永叔最嗜金石文字其序集古錄云上自周穆王下更秦漢隋唐五代外至四海九州名山大澤窮崖絕谷荒林破冢神仙鬼物詭怪所傳莫不皆有乃獨唐所刻石經錄中跋尾三百九十六篇此獨無有是唐刻石經永叔嘗曰反失于摹搨未免類于昌黎韓子所云掎摭星宿遺羲娥矣闕事三也今諸書皆有雕本獨五經文字九經字樣止有拓本無雕本闕事四也子思漢魏石經既已湮沒唯唐開成本尚存參書幸附刊于石顧學者束諸高閣罕有游目者故具書之

平定州唐李諲妒神頌跋

異哉妒神之有頌也神之號不在祀典見于史傳者唐高宗將幸汾陽宮幷州刺史李沖玄以道出妒女祠俗云盛服過者必致風雷之災乃發萬人別開御道知頓使狄仁傑謂天子行風伯雨師清塵灑道何妒女之害邪遂令罷役然則妒女有祠其來久矣相傳神介之推妹也頌之者誰遊擊將軍上柱國李諲也碑于何所今平定州娘子關也州東有井陘東北

有盤石臺澤而斯關以娘子稱殆因神而名之也立碑之歲大曆十三年也神之行事不見于春秋內外傳其妒也就傳道之自唐以來所爲而祝史陳辭焉而腰纖祭此謂有其舉之莫或廢也且夫妒惡德也宜爲衆所共惡而神乃以是致頌此不虞之譽也并陘西南太原東北妒神之水澹黛色靚粧致雨作造化力頌之辭也吾思古人嗜金石文字者多矣考斯碑未著于錄推而拓之裝界而藏之古林曹侍郎溶也以八分書其後者布衣秀水朱彝尊也歲在彊

圉協洽秋八月朔

跋唐衢州刺史嗣江王禕石橋寺詩

石橋寺在衢州府西安縣南三十里道書第八青霞洞天也康熙壬申冬知縣事鹿君祐邀予往游從寺登山尋仙人對弈所前後洞豁有碑峙其右則唐嗣江王禕所題五言詩以貞元三年正月上石末書朝散大夫使持節衢州諸軍事守衢州刺史賜紫金魚袋韋光輔建文稱刺史韋公于石橋寺橋下以外祖信安郡王詩刻石按新唐書表太宗第三子吳王恪恪第三子琨琨子禕舊唐書傳禕少繼江王囂後封爲嗣江王改封信安郡王景雲開元中兩爲衢州刺史詩題嗣江王當是景雲間初爲刺史作也成都楊用修不知薄烟冪遠郊遥峰沒歸翼二語係王詩疑爲仙人遺句誤矣

唐郎官石柱題名跋

唐尚書省郎官石柱題名吳郡張長史旭撰記京兆許左丞孟容撰後序記出旭正書後序劉補闕寬夫隸書也二篇刖勒于碑而題名鋟于柱自貞元後則

令史續書故工拙大小不齊焉唐制尚書省都堂居中東有吏部戶部禮部三行行四司左司統之西有兵部刑部工部三行行四司右司統之各掌十二司事舉正稽違省署符目定其程限吏分設司封司勳考功戶分設度支金部倉部禮分設祠部膳部主客兵分設職方駕部庫部刑分設都官比部司門工分設屯田虞部水部諸司均有壁記詳其改充遷轉之歲月而石柱第注姓名而已康熙戊子予始購得郎官題名三紙字已漫漶眼昏莫辨會桐城方生來自京師訪予梅會里坐曝書亭鐙以界尺審視之姓名可識察者三千一百餘人別錄諸格紙而同里曹生復以所搨本贈予因言柱在西安府儒學孔子廟庭之右上有古柏覆之竊思六部既分左右則當時立石必東西各一今右司暨兵刑工三部所屬郎官題名無一人者是左存而右已失也若禮部四司闕郎中考功膳部闕員外郎殆由椎拓者遺失爾方生名世舉字扶南曹生名曰瑚字仲經俱受業予之門

跋唐岱岳觀四詩

右唐張嘉貞任要宣洪公孫杲四詩俱刻于岱岳觀碑側而編岱史者不錄任章公孫三人新舊唐書無攷任又題名云貞元十四年正月十一日立春祭岳遂登太平頂宿其年十二月廿一日立春再來致祭茶宴于兹蓋唐時祭畢猶不用酒故宴以茶也

唐濮陽卞氏墓誌銘跋

康熙二十年秋禁垣西偏中官劉進成宅掘地誤發古墓中有瓦罏一瓦罌一墓石二方廣各一尺二寸一刻卞氏墓誌四字環列十二辰相皆獸首人身一

刻誌銘而書誌作銘又無撰文人姓名第云歸于我彭城劉公而已文稱貞元十五年歲次己卯七月朔夫人寢疾卒于幽州薊縣以其年權窆于幽州幽都東北五里禮賢鄉之平原按憫忠寺有唐人舍利記二一云寺在城東門一云大燕城內地東南隅有憫忠寺門臨康衢則唐之幽州在今都城之西南隅合之是碑益信

唐游石橋記跋

游石橋記元和元年三月衢州刺史陸庶文庶吳人季相元方之曾孫象先之從孫希聲之從祖也先世日玩仕至司空侍中贈太尉其子姓號太尉支元方象先希聲三世相唐新書世系表庶歷官福建觀察使嘗日以貴公孫領郡碑後列親賓接武男子從行是亦好事者親賓二人子婿試大理評事元益前縉州太平縣尉崔瓚男子五人右內率府錄事參軍綜前弘文館明經綸左監門衛率府兵曹參軍紹前崇陵挽郎徵按世系表書縱鄭令綜河南府戶曹參軍繪信州刺史紹潁州刺史維繪無之崇陵者德宗陵

也繪以大臣子弟充挽郎唐制然矣

跋石橋寺六唐人詩

右劉迴李幼卿李深謝勮羊滔薛戎詩各四首刊成一碑留石橋寺嘉靖中尚存都御史江山趙鏜修府志具錄之中間闕文僅六字耳迴字陽卿知幾子大歷初吉州刺史終諫議大夫給事中有集五卷載新唐書藝文志幼卿字長夫隴西人大歷中以右庶子領滁州有庶子泉因幼卿得名深字士達兵部郎中衢州刺史滔泰山人大歷中左司郎及第戎字元大

元和七年以刑部郎遷河南令歷衢湖常三州刺史終浙東觀察使劇未詳一碑不知何年失去其後官三衢者改修府志乃盡刪唐人之詩深可恨也宋陳耆卿撰赤城志明謝方石續之各爲一集合之以行後之君子改修地志者當取以爲法

唐濟瀆廟北海壇置祭器銘跋

山川望秩濟瀆神清源公建廟于濟源縣西北而祭北海壇于廟後號廣澤王掌之祠官歲立冬日奉祀其來久矣舊俗廟不設祭器先期令請于上官購諸

洛下酬以稅緡所用沉幣之物則以車遠運沁河渡口貞元十二年濟源令張洗字濯纓覩廟中楸槐數本爲大風所拔用其材製祭器凡百二十有二銘以造雙舫云按爾雅祭川曰浮沉郭景純注以爲投祭水中或浮或沉語焉未之詳也碑文謂沉幣雙舫蓋舫以浮之幣以沉之比于郭氏之注義較明晰今山祇川后祠宇恆有車船置殿左右殆本古祭川遺製爾洗于事神有禮度治人必有方惜乎其銘不載圖經而洗之政事亦無表見碑今藏吳江潘氏稼堂其書藏諸

書唐賈竦華岳廟詩石刻後

元和元年十月著作郎河南賈竦謁華岳廟賦五言詩題名太和六年四月其姪男宣義郎行華州參軍事璆修之修之者殆鋟之也詩題北周天和二年趙文淵書乃紐于謹所撰華岳頌之左方頌之陰則開元八年劉升書咸廙所撰精享昭應碑也其右勅顏眞卿乾元元年題名工每椎拓二面而遺竦詩以是流傳者寡然其詩特醇雅顧圖經未之采焉爰裝界

書其後

白樂天草書春游詩拓本跋

右白傅草書一十九行錢穆父在越勒石眞蓬萊閣下今長慶集不載或以是詩補入元微之集中誤也散字廣韻未收而毛晃增注禮部韻略有之引白詩爲證且注云重增然則今之廣韻亦非唐韻之舊矣從雕本譌爲愛雕本譌怯皆所當勘正者

曝書亭金石文字跋尾卷四終

曝書亭金石文字跋尾卷五

秀水朱彝尊著　吳縣後學朱記榮校刊

唐國子學石經跋

右唐國子學石刻九經易九卷二萬四千四百三十七字書十三卷二萬七千一百三十四字詩二十卷四萬八百四十八字周官禮十卷四萬九千五百十六字儀禮十七卷五萬七千一百十一字禮小戴記二十卷九萬八千九百九十四字春秋左氏傳三十卷十九萬八千九百四十五字公羊氏傳十卷四萬

四千七百四十八字穀梁氏傳十卷四萬二千八十九字孝經一卷二千　百　十三字論語十卷一萬六千五百九字爾雅二卷一萬七百九十一字開成二年都檢校官銀青光祿大夫右僕射兼門下侍郎判國子祭酒同中書門下平章事太清宮使兼修國史上柱國滎陽郡開國公食邑二千戶鄭覃勘定勒石本也新舊唐書載覃奏起居郎集賢殿學士周墀水部員外郎集賢殿直學士崔球監察御史張次宗禮部員外郎孔溫業四人校定又冊府元龜載文宗命率更令韓泉充詳定官而題名于石者有四門館明經艾居晦陳玠又文學館明經不知名一人將仕郎守潤州句容縣尉段絳將仕郎守祕書省正字柏暠將仕郎守四門助敎陳莊士朝議郎知沔王友上柱國賜緋魚袋唐元度朝議郎守國子毛詩博士上柱國章師道朝散大夫守國子司業騎都尉賜緋魚袋楊敬之并覃共十人顧國史所記者題名不書題名書者國史亦不紀不可解也石經文劉昫譏其字乖師法然終勝今監本坊本儲藏家不可不以此插架焉

榆次縣三唐碑跋

去榆次縣三十里趙村有穹碑三中央一通仆地折為二段贈太保李良臣碑也其辭李宗閔撰楊正書立于長慶二年右一通安定郡王李光進碑也其辭令狐楚撰子季元書立于元和平蔡之後左一通太尉李光顏碑也其辭李程撰郭虔書立于開成五年良臣本河曲部落稽阿跌之族襲雞田州刺史隸朔方軍其稱太保者以子貴贈官光進光顏皆以功蓋

天下時人以大小大夫別之兄弟孝睦載于舊史而碑稱光顏平吳元濟師旋請于朝葬其兄則史傳所未及又碑書光進爲安定郡王史沒其文吾意碑辭定不誣矣

九經字樣跋

張司業五經文字始塗于土繼雕于版歲久傳寫點畫參差於是開成中沔王友朝議郎翰林待詔唐玄度依司業舊本參詳改正撰新加九經字樣一卷請附五經文字之末兼請于國學𠛬立石經今長安所

存石經雖鄭覃輩成之其議實發于玄度也王伯厚稱其辯正書文頗有依據蓋自後周廣順中田敏進印版二部後石本之外鏤版更無人矣

書張處士瘞鶴銘辨後

石墨之傳于今有難以驟讀者天發神讖石斷而爲三瘞鶴銘裂而爲四又失其腹由是釋文不符覽古者闕其疑可也移易增益其辭不可也曩在白下得祥符周雪客神讖碑考既序而傳之矣淮陰張力臣乘江水歸壑入焦山之麓藉落葉而仰讀瘞鶴銘辭

聚四石繪作圖聯以宋人補刻字倫序不紊且證爲顧道翁書蓋道翁故宅雖在海鹽之橫山而學道句曲遂移居于此集中有謝王郎中見贈琴鶴詩鶴殆出于性所好斯瘞之作銘理有然者自處士之圖出足以息衆說之紛綸矣力臣名弨精書法嘗爲顧處士炎武寫廣韻及音學五書手摹家藏鼎彝款識遺予惜不營生產沒後盡散失幷傳刻棗木悉歸之閩人可歎也

湖州天甯寺尊勝陀羅尼石幢跋

湖州天甯寺建自陳永定三年武宣章皇后故宅也

曰龍興曰孝義曰萬壽曰報恩光孝寺額屢更其曰天甯者仍吳越武肅王所更額也相傳寺有尊勝陀羅尼石幢一十四座今其八尚存文可辨識者一建于大中元年十一月後題刺史令狐綯姓名一建于大中二年八月後題刺史蘇特姓名書者曹巨川也一建于大中十二年四月書者凌渭也一建于會昌元年十一月書者胡季良也一建于咸通十一年三月又斷石一平望芮文琛立後題乾符六年四月蓋

平望驛時屬烏程澄源鄉宜陽里故張承吉詩云一派吳興水西來此驛分斯其證矣巨川渭莫考季良見宣和書譜載其行草書各五種考諸家記錄金石文字太和八年湖州德本寺碑陰係季良正書寶歷二年杭州大覺禪師碑元和二年平李錡紀功碑均係季良八分書元和四年國子司業辛璿碑九年永興寺僧伽和尚碑均係季良篆額是季良于書法諸體精熟不獨行草見長矣惜也幢第稱曰處士而不著其里貫疑卽州人至繪畫人魚簡則畫譜未詳僅見于此予友鄭元慶芷畦撰湖州府志手拓諸幢文見示予嘉其見聞之周洽也書冊尾歸之

唐阿育王寺常住田碑跋

右唐阿育王寺常住田碑祕書監正字郎萬齊融撰其初趙州刺史徐嶠之書既隳于寇明州刺史于季友於僧惠印所覩舊文邀處士范的重書太和七年冬事也寺建于晉太康二年田賜于宋元嘉二年額更于梁普通三年釋道宣錄神州塔寺以是塔居第一焉碑題越州都督府鄮縣者齊融神龍中與賀知

章賀朝張若虛邢巨包融等俱以吳越之士知名見劉昫唐書文苑傳國秀搜玉二集曾載其詩唐書以賀朝萬爲一人齊融爲一人誤矣唐自武德四年諸州置總管未久更都督府至乾元元年始號越州而鄮縣卽故鄮州開元二十六年始割縣置明州齊融撰碑時寺猶屬越州也碑引詩倬彼甫田歲取十千以甫作碩不知何所本其陰有記則于季友辭附贈范的詩的亦有和韻之作胡氏統籤季氏全唐詩均未之載季友太保頔次子也尙憲宗女惠康公主拜駙馬都尉授羽林將軍制係元稹所草史不言其爲明州刺史宰相世系表第書絳宋等州刺史云

憫忠寺重藏舍利記跋

右采師倫書重藏舍利記在京師憫忠寺碑建自唐會昌六年文稱舍利舊藏智泉寺寺經始于元魏幽州刺史尉萇命故又號尉使君寺按北史萇命太安狄那人萇作長參預齊神武起兵破爾朱兆者其曰節制司空清河張公則仲武也當武宗詔毀佛寺地分三等幽州等居上許留僧二十人尋又詔諸道留

二十八人者滅其半故碑云勅于封管八州內寺留一所僧限十八人至是年宣宗卽位遂弛其禁先是智泉寺已燬遂以舍利歸憫忠寺焉仲武在幽州屢破回鶻鄭畋謂會昌時功第一方毀寺之歲五臺僧多奔幽州仲武封二刀付居庸關曰有游僧入境則斬之及宣宗增置僧寺碑稱司空固護釋門殷誠修敬若是乎前後不相侔者蓋仲武功名之士宜其好惡與時移也師倫無善書名然猶存王知敬薛稷遺意亦能拔乎俗者

唐漳州陀羅尼石幢跋

右唐咸通四年八月漳州押衙兼南界游弈將王剬所造陀羅尼石幢宣義郎前建州司戶參軍事劉鏞序并書經後題朝議郎使持節漳州諸軍事守漳州刺史柱國崔衮名又分書建立歲月及鐫字人于後按游弈將五代十國多有之獨不見于唐會要新舊書惟六典載騎曹掌外府兵馬簿帳牧畜之事凡諸衛馬承直配于金吾巡檢游弈者季請其料給之殆職巡邏者已是帖今藏吳江潘檢討稼堂家審定爲宋拓本

唐北嶽廟李克用題名碑跋

曲陽縣北嶽廟有唐李克用題名一百二十八字文稱中和五年二月者卽光啟元年攷僖宗以是年二月至鳳翔三月還京改元之詔猶未下也克用與義成節度使王處存同破黃巢以功封隴西郡王而盧龍節度使李可舉成德節度使王鎔惡處存約共滅之分其地通鑑載克用遣將康君立救之而碑文則云領蕃漢步騎五十萬衆親來救援與通鑑異又云

至三月幽州請就和斷遂班師取飛狐路却歸河東則又史所不及載者當唐之季藩鎮連兵境上各事爭鬬職方不錄其地朝廷號令所及僅河西山南嶺南劍南十數州上下不交以至于無邦生斯世者其聞見已不能悉眞況百世之下寗免傳聞異詞哉惟金石之文久而未泐往往出風霜兵火之餘可以補舊史之闕此好古之士窮搜于荒厓破冢之間而不憚也克用本武人未嘗以知書名而碑文楷畫端勁詞亦簡質可誦英雄之不可量如是夫嗚呼盍以見

金石之文爲可寶也

憫忠寺葬舍利記跋

右唐景福元年僧復嚴葬舍利于憫忠寺觀音像前于是南敘述記知常書之碑云隴西令公大王者李匡威也是歲李克用王處存合兵攻王鎔匡威救之有詔和解河東及鎮定幽四鎮碑稱欲遷舍利于閣内陳辭請發封壤上許之蓋匡威方恃燕薊勁旅有雄天下意宜有請無不許者碑文侈陳發緘時舍利光芒異香郁烈外石函封内金函閟其崇奉象教至

矣迨明年匡威復出師救鎔其弟匡儔據軍府自稱留後匡威進退無所之鎔迎館于鎮登城西大悲浮圖顧望流涕未幾以圖鎔見殺然則事佛果得福乎舍利之塔一燔于太和八年一燼于中和二年今匡威所建之閣遺跡已不可問其碑僅存焉爾已踣佛脚俾工拽而出之搨以藏諸笥

唐濟安侯廟二碑跋

乙巳秋客自華州來者貽予唐李巨川所爲濟安侯廟碑濟安侯者華之城隍神也巨川爲韓建掌書記撰許國公勤王錄以媚建方昭宗幸華建請散殿後軍誅李筠圍諸王十六宅皆巨川教之唐史附諸叛臣之列觀其碑文盛歸功于建此猶猘犬狂吠無足怪者繼得金張建所撰廟碑謂諸王既見殺是夜建袖劔詣行宮將及御幄神厲聲叱曰汝陳許間一卒耳蒙天子恩至此輒敢爲弒逆事乎建倉皇而退昭宗德之徙神于行宮既還京封神濟安侯而歐陽子五代史則謂建父叔豐所誡殆儒者不語怪之意歟金源之文傳世者寡碑辭特剴切可誦其稱神縛草

傳泥假以成像猶能奮叱不祥而當時藩鎮重臣幸時之亂曾不遣偏裨老弱之師爲衛社稷勤王計殆土木之不若蓋有激其言之矣彼巨川者罔有忌憚謂土木可欺已之文足以飾非于後不知直道在人自唐迄金二百年華之父老猶能道之而張建者復刊石而記其實也然則小人之變亂是非欲以惑天下後世者復何爲哉復何爲哉

晉王墓二碑跋

代州柏林寺東晉王李克用墓斷碑二其一曰唐故

左龍武軍統軍檢校司徒贈太保隴西李公神道之碑文曰公諱國昌字德興世爲隴西沙陀人偉姿容善騎射蓋克用之父朱耶赤心所謂赤馬將軍火生頭上者也其一曰唐故使持節代州諸軍事代州刺史李公神道之碑文曰公卽太保之次子也其名克字僅存餘可識者有公前躍馬彎弓及徐方等數字按史克用弟四人次曰克讓爲振武軍校從討王仙芝以功拜金吾衛將軍宿衛京師親仁里第自克用稱兵雲中殺守將段文楚詔捕克讓讓與僕十數騎

彎弧躍馬突圍出奔鴈門與碑文合則爲克讓無疑但史載克讓守潼關與黄巢兵戰敗匿南山佛寺中爲寺僧所殺不言其爲代州刺史又得歸葬于代皆不可曉者土人相傳王墓上舊有碑十三今十一已亡其二存者又散埋土中蓋金石之文自歐陽永叔趙明誠後世無篤好之者宜其漫漶不可辨識如是也當永叔時去五代甚近沙陀世次已不得詳其爲唐家人傳謂太祖四弟皆不知其父母名號至國昌字德興紀亦遺之是十三碑者永叔亦未之見更六百年而予乃得覩其二非幸歟惜乎十一碑者不及見也同里曹先生博采金石有歐陽趙氏之好出二碑于土摹之搨本俾予審定其字若干遂書其後歸之

千峰禪院碑敕跋

右澤州盤亭山千峰禪院後唐明宗賜僧洪密敕蓋明宗踐位日洪密具表稱賀以此荅之文曰退避無所愧恧良多嗚呼五代之季安得聞此長者之言哉歐陽子謂明宗武君不通文字觀署尾數大字出自

親判上有璽曰書詔新鑄之印可異也

晉義成節度使駙馬都尉史匡翰碑跋

史駙馬匡翰墓在太原縣東北三十里黄陵村墓碑深陷于地村民語予土不可搰搰之尺則更深尺予强令搰之以畚去土至一尋龜趺始露驗之則陶學士穀所撰文也辭多駢儷乃抄撮其大略云天祐中授代州副使以勞加銀青光祿大夫檢校太子賓客兼監察御史改遼州副使兼領九府都督同光初充嵐憲朔等州都游奕使解職授天雄軍牢城都指揮

使遷檢校刑部尚書兼御史大夫上柱國轉檢校戶部尚書潯州刺史未幾改天雄軍步軍都指揮使遷侍御彰聖馬軍都指揮使兼九府都督進檢校司空懷州刺史轉控鶴指揮使加金紫階兼和州刺史駙馬都尉食邑五百戶俄遭內艱起復授冠軍大將軍右金吾衛大將軍員外置同正員依前充義成軍節度使以天福七年三月薨于鎮詔贈太保其先後歷官詳矣然史稱其歷鄭州刺史而碑不書何歟又傳美其好讀書尤喜春秋三傳與學者講論不倦碑辭

亦云懷鼓篋之心行有餘力蘊飛箝之辨似不能言不積財而但富藏書不憂家而惟思報國求諸時彥罕有倫焉則與史傳合矣

建雄節度使相里金碑跋

汾陽縣有大相里小相里相里氏子孫聚族居焉按相里氏東周時卽有之莊子稱相里勤之弟子是已漢有御史武十六國前趙有偏將軍覽大都皆晉人也金墓在小相里之北繹碑辭與五代史傳略同惟史稱字奉金而碑云字國寶史稱贈太師而碑云贈太子太師則碑爲可信已

鎮東軍牆隍廟記跋

鎮東軍牆隍廟碑施宿撰會稽志張淏續之均不載其文予友顧徵士甯人獲諸臥龍山西岡上采入金石文字記中碑文錢武肅王鏐撰王以乾甯二年伐董昌明年五月平之冬十月勅改越州威勝軍爲鎮東軍授王領鎮海鎮東等軍節度使至開平二年升爲大都督府亦謂之東府題曰牆隍廟者朱全忠之父名誠王既稱臣于梁不得不爲之諱矣獨怪全忠

未篡弑時唐帝在位乃勅改武成王廟曰武明成德軍曰武順義成軍曰宣義并嫌名皆避之迨梁既僭號司天監以帝曾祖諱茂琳請改歲月陽日辰凡戊字更作武尤可發笑也

北漢千佛樓碑跋

丙午二月登天龍之山得北漢李惲所爲千佛樓碑異焉俾工搨歸裝潢之書其後曰北漢之爲國不足當一大郡而王朴以爲必死之寇亡最後自周之世宗宋之太祖百戰不能克宜其君臣有過人之才而

劉繼元處裹瘡吮血之餘輕役其民命嬖臣范超治
金爲佛治不急之務惲身爲相臣不能匡正惟事圍
棊飲酒反撰碑文侈大其事何歟碑稱承鈞爲睿宗
皇帝繼元爲英武皇帝皆史記所未及劉旻之語張
元徽也顧我是何天子爾亦是何節度使然則惲之
夸大其辭適足以形其陋而已攷繼元之立在宋開
寶元年戊辰史稱其卽位時改元廣運而碑建于乙
亥故其文曰上御宇之八年後書廣運二年歲次乙
亥按楊夢申撰劉繼顒神道碑亦稱廣運元年歲次

甲戌與是碑合則卽位改元之說史未得其詳矣繼
元殘忍好殺具書于史然當時諸臣率弃之降宋范
超者亦降惟惲至國亡乃降葢其誅戮亦所必行無
足深罪者嗚呼以蕞爾之地抗百萬之師民爭爲之
效死其君臣豈眞無過人之才者哉若其文格之卑
書法之陋攷古之士無譏焉可也

曝書亭金石文字跋尾卷五終

曝書亭金石文字跋尾卷六

秀水朱彝尊著　吳縣後學朱記榮校刊

宋太宗書庫碑跋

右宋太宗皇帝書庫碑大中祥符四年眞宗御書勒
石在太原府壽寧敎寺碑爲風雨崩剝其半沒土中
歲久盡蝕文凡二千餘言僅存數百字其陰石尤泐
所可識者有太宗御製文集四十卷又集一十卷怡
懷詩一卷迴文詩一卷逍遙詠一卷至理勤懷篇一
卷宋志載御製集一百二十卷蓋統言之也棊勢圖

琴譜各二卷蓮花心漏迴文圖若干卷雜書扇子一
百三十六柄雜書簇子七百五十三軸按史帝旣削
平諸國收其圖下詔購遺書于左昇龍門北建崇文
院徙三館書實之此崇文書目所自始也又分三館
書萬餘卷別爲書庫所謂祕閣是也王明淸有言太
平興國中諸降王死其舊臣或宣怨言太宗盡收用
之寘之館閣使修羣書廣其卷帙厚其廩祿贍給以
役其心俾卒老于文字則帝之留意翰墨特出于權
謀祕計而非性所好也雖然亡國之臣世主往往輕

視之如士芥而重繩之以刀鋸帝獨容之禁侍之列給筆札事纂述謂非世主所難能歟嗚呼是可記也

宋京兆府學石經碑跋

京兆府學新移石經碑記宋元祐中京兆黎持撰文河南安宜之書録之者長安石工安民也其曰汲郡呂公者宣公大防之兄以工部郎中陝西轉運副使知陝州以直龍圖閣知秦州大忠也自唐鄭覃等勒石壁九經一百六十卷天祐中築新城石爲韓建所弃劉鄩守長安幕吏尹玉羽請輦入城鄩謂非急務玉羽紿曰一旦敵兵臨城碎爲矢石亦足以助戰鄩然之移置尚書省至大忠領漕日始克盡列于學載持記甚詳方是時宣公在朝二三執政罔非正人監司長吏咸以興起學校裒集經史爲務至紹聖元符之際小人柄政諸君子咸被重罪以去宣公竄死虔州未幾大忠亦降官崇甯初籍黨人立石端禮門側蔡京復自書碑頒郡縣彼張商英周秩楊畏之徒反覆附和恬不知恥民以一石工獨能嚴邪正之辨不肯鐫名姓于碑惟恐得罪後世匹夫之志不可奪如是夫持爲京兆學官其文辭條達類南豐曾氏而宜之之書亦稱入格迄今博聞之士或不能舉其姓氏民則後生末學皆能道之以此見立身行已不可不爲後世慮苟是非得其正雖百工技能之人反有榮于當時之士大夫者嗚呼可感也已玉羽者京兆長安人以孝行聞杜門隱居鄩辟爲保大軍節度推官仕後唐至光祿少卿晉高祖召之辭以老退歸秦中嘗著自然經五卷武庫集五十卷其書散見于册府元龜惜歐陽子不爲立傳而其書亦不傳于世也予既感碑文之出于民所鐫而題其後予友鍾淵映將注五代史記并書玉羽之事告之俾附注于鄩之傳焉

太原縣惠明寺碑跋

呂惠卿憸人也當時君子視若鬼蜮而王安石獨任之不疑且曰惠卿之賢雖前世儒者未易比也今觀惠明寺舍利塔碑雖能文善書之士無以過之世徒知爲頭會箕斂之才不知兩人當日以經術定交而取合于文字也嗚呼此其所以爲姦也歟

桂林府石刻元祐黨籍跋

元祐黨籍徽宗書之立石端禮門其初九十八人爾既而蔡京復大書頒郡縣以上書人及已所不喜者作附麗人添入凡三百九人碑稱皇帝嗣位之五年蓋崇甯四年也是時籍中曾任宰臣執政者十無一存曾任待制及餘官亦已零落過半亡者毀其繪像及所著書奪其墳寺存者定爲邪等降責編管荒徼禁不得同州住其子弟亦不得詣闕下小人之快意未有甚于斯時者矣豈復有所忌憚乎其後張綱看

詳謂王珪一名不合在籍自九十七人外益以上官均岑象求江公望范柔中鄧考甫孫諤六人共一百三人皆係名德之臣許子孫陳乞恩例次數而龔頤正遂采三百九人之事跡成元祐黨籍列傳譜述一書凡一百卷蓋惟恐其闕然則小人之厄君子適以榮之士之自立宜審所擇矣京所書刊石滿天下惟桂林勒之崖壁故至今獨存碑後王珪章惇姓名漫漶者爲瀑泉所泐也康熙乙丑二月望日

大同府普恩寺碑跋

右大同普恩寺碑記宋修武郎借吉州團練使充通問副使婺源朱公弁所作也公以建炎元年十一月奉使爲金人所留迫之事劉豫不可欲易其官不可探策使之歸復不可其語耶律紹文曰上國之威命朝以至則使臣夕以死夕以至則朝以死觀其懷印卧起悲歌慷慨與漢之蘇武何異非孔子所稱不辱君命者歟記成于金皇統三年二月實高宗紹興之十三年也于是公之去國蓋十七年矣題曰江東朱弁而不書官又其上系以皇統年號論者疑公自貶

其詞合乎古君子危行言孫之義而未得其本也攷公之歸宋在是秋七月記之作當在和議初成而公臨發之時也彼寺僧者見公既去不能原公大節所在惟知奉國人之法輒删去其官爵增易其紀年無足怪者史載公被留時嘗具酒食告僚友曰吾已得近郊某寺地一旦畢命諸公幸瘞我其處表曰宋通問副使朱公之墓于我幸矣而公碑文亦曰予築館之三年歲在庚戌冬十月乃遷于茲寺然則所謂近郊某寺者殆即普恩寺非邪史又載公以文字敎金

之貴人子弟使之就學因得以和好之説進蓋公之文有不得已而爲之者當其時宋諸臣留于金若宇文虛中吳激蔡松年之徒多以文學自命顧寺僧獨以公之言爲足重于世亦以見恭敬之不可弃而忠信所行者遠也嗚呼士君子不幸生喪亂之際又不幸以文章爲世所重得其文者或不原其志意所在輒更易以就時人之耳目至使大節皎然若朱公者幾無以自白于後世讀普恩寺之碑其亦可慼也夫

杭州府學宋石經跋

宋高宗皇帝御書石經紹興十三年知臨安府事張澂摹勒上石淳熙四年詔知府趙磻老建閣于太學題曰光堯石經之閣置石其下洪邁曾惇楊冠卿葉紹翁李心傳陳騤王應麟潛説友紀之詳矣宋亡學廢爲肅政廉訪司治所西僧楊璉眞伽造白塔于行宮故址取其石壘塔杭州路廉訪經歷申屠致遠力持不可然已損其什一元至正間即治所西偏建西湖書院以祀先師設有山長掌書庫其後明常熟吳訥乾州宋廷佐先後巡按浙江或覆之廊或甃以瓴甋崇禎末廊圯乃嵌諸壁中左易二書六詩十有二禮記向有學記經解中庸儒行大學五篇今惟中庸片石存爾其南則理宗大書御製序四碑在焉右則春秋左氏傳四十八碑闕其首卷通計八十七碑諸經雖非足本然書法甚工學古者所當藏弆若夫秦檜一跋已爲訥椎碎其詞見于學士院中興紀事本末君子無取也

書拓本玉帶生銘後

玉帶生宋文丞相硯名也石產自端州未爲絶品其

修扶寸廣半之厚又微殺焉帶腰玉而身衣紫丞相寶惜旁刻以銘書用小篆凡四十有四字歲甲申觀于商丘宋節使坐上因請以硬黄紙摹之不敢響搨也生之本末略見王筠生詩其銘辭亦附注于詩編按金華胡翰作謝翱傳稱天祥轉戰閩廣至潮陽被執翱匿民間流離久之間行抵句越是信公軍敗後硯即歸翱可知其寓浦陽永康閩祐思諸陵登釣壇度必攜生偕往懷古之君子可以深長思矣

遼釋志愿葬舍利石匣記跋

京師仙露寺金人俘宋室子女置其中見蔡絛北狩行錄趙子砥燕雲錄顧地志失載遺蹤遂不可稽康熙二十六年五月宣武門西南居民掘地得石匣匣旁有記自稱講經律論大德志愿錄并書乃遼世宗天祿三年瘞舍利佛牙于此記後有千人邑三字蓋社名也施主姓名首列帝后諸王大臣下及童男小女考遼史世宗妃甄氏後唐宮人帝從太宗南征得之寵遇甚厚及卽位立爲皇后至天祿四年方册立皇后蕭氏二后同死察割之亂並葬于醫巫閭山記

刻于三年所云皇后蓋指甄氏也東明王者疑是明王安端卽察割之父以功王東丹國故曰東明王也燕主大王者中臺省右相牒蠟爲南京留守封燕王故曰燕主大王也國舅相公者靖安蕭太后族只撒古魯以天祿元年爲國舅帳詳穩故曰國舅相公也獨趙思温子延照史作延昭而通鑑亦作照嘗爲石晉祁州刺史後仍歸遼餘子本末不得其詳矣又記有建窣堵波之文疑當時石匣置于塔下塔久廢而石匣僅存土中匣已無蓋其舍利佛牙又不知何時散佚也

遼雲居寺二碑跋

右王正智光雲居寺二記共勒一碑碑額篆書重修雲居寺一千人邑會之碑一稱結一千人之社一千人之心一稱完葺一寺結邑千人近年京城發地得仙露寺石函記後有千人邑三字尼曰邑頭尼覽者疑是地名合此碑觀之則知千人邑者社會之名爾天順皇帝者遼穆宗尊號丞相秦王者重元爲南京留守也遼史聖宗初卽位羣臣上尊號曰昭聖皇帝

統和元年六月上尊號曰天輔皇帝五年四月上尊號曰至德廣孝昭聖天輔皇帝二十四年十月上尊號曰至德廣孝昭聖天輔皇帝今碑建于二十三年尊號無天輔字是則二十四年十月以前聖宗尊號但云至德廣孝昭聖皇帝如碑所記至二十四年乃合元年尊號天輔字以稱之否則二十四年所上之號與五年無異何用羣臣復上乎竊疑史有誤也

金京兆劉處士墓碣銘跋

金京兆劉處士墓碣銘奉天楊英撰文武功張徽書

洛陽李微題額立石者同知京兆總管府事高貴也文稱處士初諱章更名九隴又名渭又名於菟其字希文不易也下筆有骨肋西州碑版多出其手一榻之外皆法書名畫望而判其眞贋嘗鬻書于市一達官持之去處士直詣廳事取書辭色不少遜挾書掉臂而出性不喜浮屠法而處開元墖三十年無家無妻子正大八年詔民東徙至陝既而事且變投所蓄古印章鼎彝于河避地平陽入太原尋還故里以疾卒按金史哀宗紀元兵既取鳳翔兩行省棄京兆遷居民于河南所云事變者此矣英之銘曰士之遇也爲龍爲虎其不遇也如魚如鼠既魚其龍又鼠其虎生必違其所好死則從其所惡將矯世以自戕抑直行而不顧苟會于心千載其猶旦暮著所以信于人者以銘先生之墓吁辭特崛奇而徵正書多涉篆隸體亦不猶人金源遺集傳至今者惟趙秉文王若虛段克已誠已李俊民元好問數家而已斯銘不見于載記乃摭其大略書之册尾兼錄其副示長洲孫生附著于書法考焉

趙吳興千字文跋

周興嗣千文便于小學善書者恆寫一本獨智永眞書八百本散在江南而吳興趙王孫亦屢書之延祐三年四月有旨趙子昂寫來千文一十七卷發祕書監裝背收拾此或一十七卷之一也吾鄉項子京家刻石今歸于予

元豐閏縣令碑記跋

豐潤縣本玉田之永濟務金史稱太和閒置明寰宇通志一統志因之今觀至元七年縣令孫慶瑜碑記則改務爲縣乃章宗大定年事且云承安中以懷遠大將軍夾谷公習捏來宰是縣足徵置縣在泰和之先也碑又云大安初避東海郡侯諱更名曰豐閏東海郡侯者卽衛紹王然則縣始置時仍名永濟可見又云大朝開創以來庚辰之歲改縣爲閏州考元史竟未之載宋王諸公未免失于討論矣清類天文分野之書云洪武元年改閏爲潤而今國子監金元史雕本閏旁均著水亦非也碑書法雖不工然辭足以達其迹先後政頗詳顧修地志者曾不引證何哉

霍山廟建文元年碑跋

右霍山廟碑建文元年正月壬午祇祭上帝于南郊二月癸亥鴻臚寺序班周敖國子監生袁綱奉命以香幣牲醴祭告中鎮勒其文于碑嵌廟西壁上蓋自燕師靖難之後四年之政事悉行革除舊典遺文去之惟恐不盡乃普天之下尙留此一片石存人間世之君子有志于補修惠宗實錄者辭雖不多所宜大書特書布在方策者也

跋首善書院碑

萬歷丁酉先太傅文恪公偕福清葉文忠典應天鄉試得華亭呂公原先生卷先文恪欲置第一文忠謂是卷文雖高恐不得第欲以所擬第二人領解先文恪曰此時文爾雖第與不第等耳若不第者之文其人必以學行聞于時遂定先生卷第一後先生試禮部輒擯落謁選入官工部司務是時鄒忠介馮恭定講學京師于宣武門內大時雍坊建首善書院先生與周忠毅董其役而先大父時爲都察院照磨實經營之及書院成文忠作記董文敏書之則先大父已遷官故未得書于石也繼而羣小交攻毁書院而碎其碑傳聞碑初立時祇搨一十三紙而先生藏其二至崇禎壬申文敏起自田間桐城孫舍人國敉請重書是碑文敏謂曩曾書二碑一置書院一爲王評事應遴摹勒藏壁間爲御史某徙置中城察院官舍訪之果存其後西洋人借書院以爲歷局久之遂踞其中甲申春李自成入寇中城所藏之碑亦不可問矣康熙辛酉予復主江南鄉試先生之孫嘉先持搨本見示又六年嘉先子天右持至都將重勒上石請予

跋其尾予毋華亭唐文恪公孫也先君安度先生侍先太傅于京邸兩家結婚呂先生實爲行媒今兩家子姓仳離坎壈先代賜書俱已零落而先生後人猶能于兵火之餘裝潢是碑守以勿失摹而刻之俾覽觀者仰先儒之典型可以識君子小人存亡進退之故是碑傳書院雖毁安知無有復之者則嘉先父子之功不可泯已

北京國子監進士題名碑跋

唐人及第書名雁塔未必鋟諸石也明自永樂二年

命工部建進士題名碑于南京國子監撰記者翰林侍讀學士王達也十三年會試天下貢士于北京登科考謂是歲郎命立石國子監然今無有有之自宣德五年林震榜始也由宣德訖崇禎十三年碑凡七十一通思陵厭薄進士故將下第舉人與廷試貢士史惇等百六十三人又吳康侯等百八人盡留特用於是惇等請援進士例謁孔廟行釋菜禮并立石題名帝如所請大學士周延儒奉勑撰文太僕寺少卿翰林院侍書朱國詔奉勑書石篆額工部營繕司郎中

王灝監工立于進士題名之次而十六年楊廷鑑榜遂無隙地可樹碑矣予輯日下舊聞旣撮其大略筆之于卷康熙辛未秋八月上丁　天子命大學士代祀孔子彝尊充十哲分獻官禮畢偕祭酒汪霦鼉宋司業吳涵容大徧覽諸碑其初釋褐郎撰記立石後乃有遲一二十年始立又或有題名無記兼踣于地者多有之嗚呼明之祖宗待進士可謂隆矣苟不由是出身選人輒投之僻左荒遠之地士大夫論資格日嚴而萬歷以後題名之石不師舊典作記登第者罕有拓而傳示子孫徒僵立于風雨冰雪之中信其剝蝕不亦可歎也夫爰屬一公扶其踣者并搨之

曝書亭金石文字跋尾卷六

光緒甲申小春月白堤八字橋孫谿槐廬家塾

皇清勅授徵仕郎　日講官　起居注翰林院檢討
竹垞朱公墓誌銘
經筵講官文淵閣大學士兼吏部尚書加三級澤州
陳廷敬撰
康熙初北平孫公北海老而家居以經學詔後進予
亦往遊焉孫公盛稱秀水朱君錫鬯之賢一時東南
文學士游　京師者共推謂爲老師宿學予心嚮往
焉而莫之能識也後舉博學鴻詞授官翰林已而長
直

内廷予朝夕與君相聚甚驩也甫及一年以謫去予
亦以他事引嫌求罷仍留書局兩人者時復得以閒
居相過從爲文字之娛游觀之樂數年至今過槐市
虎坊之間未嘗不黯然以悲也君既南歸後又數年
予扈從河上至吳門得見君于南園至武林又見君
于湖上文采風流不殊曩昔而予則頹然且老矣又
三年君歿君外孫周子象益以君狀來偕查子悔餘
謁銘于予云非夫子孰可志其墓者予弗敢辭雖然
予既不能爲信今傳後之文亦姑識其平生出處交

游之節槩几吾意之所不能盡者世之君子庶幾有
得吾兩人之心于語言文字之外則君有銘而予亦
可以無憾矣君諱彝尊錫鬯其字號竹垞先世居吳
中自吳江遷秀水高祖諱儒以醫顯官至奉政大夫
太醫院院使以子貴贈光祿大夫柱國少保武英殿
大學士曾祖諱國祚以醫院籍由順天府學中萬曆
壬午鄉試癸未進士第一人除翰林院修撰歷官吏
部右侍郎引疾歸光宗初起南京禮部尚書入東閣
加太子太保進文淵閣以戸部尚書兼武英殿大

學士加少傅歸卒贈太傅謚文恪文恪公六子長諱
大競仕至雲南楚雄府知府子五人長茂暉以廕授
中書科中書舍人好學問樂取友爲復社宗盟輯禹
貢補注君嗣父也本生父諱茂曙楚雄公第二子也
天啟初補秀水學生甲申後棄去卒私謚安度先生
撰兩京求舊錄有春草堂遺稿安度先生子三人君
其長也舍人無子以序立君爲後君少而聰慧絕人
生數歲嘗見諸神物異怪狀不類人世及他人視之
輒無所見書過眼覆誦不遺一字塾師舉王瓜使屬

對君應聲曰后稷師怒笞之爲舉業文千言立就已能工詩崇禎十三年浙東西大旱餓人相食自文恪公以宰輔歸里家無儲粟楚雄公清廉安度先生貧至絕食君守書冊自若也旣而曰河北盜賊中朝黨朋亂旣成矣何以時文爲不如舍之學古乃肆力于周官禮春秋左氏傳楚辭文選丹元子步天歌人皆笑以爲狂迂未幾亂果作君年十七贅婚嘉興練浦之陽馮村馮公有客王鹿柴華亭名士也見君大奇之曰此必以詩名世後君名益高四方以幣聘者爭

集其門所至皆以師賓之禮遇焉客游南北必橐載十三經二十一史以自隨已而遊　京師訪孫公于退谷公過君寓見插架書謂人曰吾見客長安者務攀援馳逐車塵蓬勃問不廢著述者惟秀水朱十一人而已君旣以博學徵試之　殿廷相國馮公得其文歎曰奇才

詔以檢討充

起居注

日講官在

內直間語予曰公直似益都淸如曲沃予謝不敢當以君之賢至今思其言因以自策勵其亦不得不謂之知言也歟君雖以被劾鐫一級罷尋復原官歸里後數年

駕巡河上至江浙

賜御書四字曰研經博物禮遇之隆固無替于昔時也君旣退而著書有日下舊聞四十二卷經義考三百卷明詩綜一百卷瀛洲道古錄若干卷五代史注若干卷金石文字跋尾若干卷禾錄若干卷鹺志若

干卷鹺志者通政使曹公寅與君合撰者也曹公爲君刊曝書亭集八十卷未卒業而君歿君之自立如此回視京華儕輩奔走塵埃中所辛勤而僅有者猶泰華之于邱垤衰遲蹇鈍之人倀倀然莫適從也得失之林亦可考而知已君閒居謂其孫稻孫曰凡學詩文須根本經史方能深入古人窔奧未有空疎淺陋勦襲陳言而可以稱作者記云時過然後學則勤苦而難成獨學而無友則孤陋而寡聞予舉此以爲敎子弟之法焉君在翰林預修一統志主考江南

覃恩授徵仕郎貤贈生父家居十有九年康熙四十
八年十月卒年八十一配馮孺人歸安儒學教諭馮
君鎮鼎女前十六年卒子一人昆田國子監生賢而
有文前卒女二人一適吳江周能察一適桐鄉貢生
錢琰孫二人桂孫國子監生稻孫府學生曾孫男二
人振祖賜書孫女二人銘曰
或史而野或經而葩物亦有然爲蓬爲麻嗚呼竹垞
天邪人邪得于天者旣碩孔多人其謂何

光緒甲申小春
月白堤八字橋
孫谿槐廬家塾

聯興堂馮烘記刊

兩漢金石記

乾隆五十四年己酉秋八月録于
南昌使院凡廿三歲北平翁方綱

兩漢金石記卷第一

日講起居注官文淵閣直閣事詹事府詹事兼翰林院侍讀學士大興翁方綱

年月表

柳子厚論文之言曰近古而尤壯麗莫若漢之西京惟書亦然夫東漢之文音情澹采過於西漢而柳子獨以壯麗推西漢何哉有虞氏之泰尊夏后氏之山罍殷之著周之犧象灌尊夏后氏以雞彝殷以斝周以黃目由質而文固其勢也故曰公侯之有冠禮也夏之末造也黃山谷亦云以古人爲師以質厚爲本盡許祢重爲說文解字涉六書沿八體而秦篆漢篆區以別矣逮洪文惠伦滂喜篇迺標舉漢隸以為準的何其額也漢刻存者希矣然歐陽子以不見圖漢字為恨而今所存金石刻已廿餘種又竊自幸也夫徵文考事以時為紀茲所編錄或以地或以事類惟以目所親見為据不復能依年次矣故貫系季月爲條敘於書首

乾隆五十一年歲在丙午穐七月朔大興翁方綱

紀年	時事	金石文目
乙未　漢高帝元年	冬十月沛公至霸上入咸陽蕭何先入秦丞相府收圖籍藏之	
丙申　二年		
丁酉　三年		
戊戌　四年		
己亥　五年	三月甲午漢王即皇帝位于氾水之陽 以齊人婁敬說遷都長安	
庚子　六年		五月丙午張師帶鉤 按此或在景帝六年今姑系於此
辛丑　七年		
壬寅　八年		
癸卯　九年		
甲辰　十年		
乙巳　十一年		
丙午　十二年		
丁未　惠帝元年		
戊申　二年		
己酉　三年		
庚戌　四年		
辛亥　五年		

干支	年	記事
壬子	六年	
癸丑	七年	
甲寅	高后呂氏元年	
乙卯	二年	七月半兩泉字
丙辰	三年	
丁巳	四年	
戊午	五年	
己未	六年	
庚申	七年	
辛酉	八年	

干支	年	記事
壬戌	文帝元年	
癸亥	二年	九月初與郡守為銅虎符竹使符
甲子	三年	
乙丑	四年	
丙寅	五年	二月半兩泉字
丁卯	六年	
戊辰	七年	
己巳	八年	
庚午	九年	

干支	年	記事
辛未	十年	
壬申	十一年	
癸酉	十二年	
甲戌	十三年	
乙亥	十四年	
丙子	十五年	
丁丑	十六年	
戊寅	後元年	
己卯	二年	
庚辰	三年	

干支	年	記事
辛巳	四年	
壬午	五年	
癸未	六年	
甲申	七年	
乙酉	景帝元年	
丙戌	二年	
丁亥	三年	
戊子	四年	
己丑	五年	
庚寅	六年	

辛卯　七年
壬辰　中元年
癸巳　二年
甲午　三年
乙未　四年
丙申　五年
丁酉　六年
戊戌　後元年
己亥　二年
庚子　三年

兩漢金石記卷一　五

辛丑　武帝建元元年
壬寅　二年
癸卯　三年
甲辰　四年
乙巳　五年　春置五經博士　半兩泉字
丙午　六年
丁未　元光元年
戊申　二年
己酉　三年
庚戌　四年

辛亥　五年
壬子　六年
癸丑　元朔元年
甲寅　二年
乙卯　三年
丙辰　四年
丁巳　五年
戊午　六年
己未　元狩元年
庚申　二年

兩漢金石記卷一　六

辛酉　三年
壬戌　四年
癸亥　五年　五銖泉字
甲子　六年
乙丑　元鼎元年
丙寅　二年
丁卯　三年
戊辰　四年
己巳　五年
庚午　六年

辛未　元封元年
壬申　二年
癸酉　三年
甲戌　四年
乙亥　五年
丙子　六年
丁丑　太初元年

夏五月造太初歷以正月為歲首色上黃數用五官更印章以五字張晏曰漢據土德土數五故用五謂印文也若丞相曰丞相之印章諸卿及守相印文不足者以之字足之

戊寅　二年
己卯　三年
庚辰　四年
辛巳　天漢元年
壬午　二年
癸未　三年
甲申　四年
乙酉　太始元年

丙戌　二年
丁亥　三年
戊子　四年
己丑　征和元年
庚寅　二年
辛卯　三年
壬辰　四年
癸巳　後元元年
甲午　二年

藝文志武帝末魯共王壞孔子宅欲以廣其宮而得古文尚書及禮記論語孝經凡數十篇皆古字孔安國者孔子後也悉得其書以考二十九篇得多十六篇獻之遭巫蠱事未列於學官

揚雄傳注應劭曰秦離宮三百武帝復往往脩治之

乙未　昭帝始元元年
丙申　二年
丁酉　三年
戊戌　四年

己亥	五年	
庚子	六年	
辛丑	元鳳元年	
壬寅	二年	
癸卯	三年	
甲辰	四年	
乙巳	五年	
丙午	六年	
丁未	元平元年	
戊申	宣帝本始元年	

兩漢金石記卷一　九

己酉	二年	
庚戌	三年	
辛亥	四年	
壬子	地節元年	
癸丑	二年	
甲寅	三年	
乙卯	四年	
丙辰	元康元年	鐫十欵
丁巳	二年	
戊午	三年	
己未	四年	
庚申	神爵元年	
辛酉	二年	
壬戌	三年	
癸亥	四年	
甲子	五鳳元年	
乙丑	二年	魯卅四年六月四日石刻字
丙寅	三年	
丁卯	四年	
戊辰	甘露元年	

兩漢金石記卷一　十

己巳	二年	
庚午	三年	春三月詔諸儒講五經同異于石渠閣太子太傅蕭望之等平奏其議帝親稱制臨決焉迺立梁邱易大小夏侯尚書穀梁春秋博士
辛未	四年	
壬申	黃龍元年	
癸酉	元帝初元元年	
甲戌	二年	

解散隸體麤書之

己丑　成帝建始元年
庚寅　二年
辛卯　三年
壬辰　四年
癸巳　河平元年
甲午　二年
乙未　三年

秋八月使謁者陳農求遺書於天下詔光祿大夫劉向校經傳諸子詩賦步兵校尉任宏校兵書太史令尹咸校數術侍醫李柱國校方技每一書已向輒條其篇目撮其指意錄而奏之至哀帝時向子侍中奉車都尉歆卒父業總羣書為七略有輯略六藝略諸子略詩賦略兵書略術數略方技略師古曰其每略所條家及篇數無以詳知

兩漢金石記卷一　十二

丙申　四年
丁酉　陽朔元年

賜陽平家鐙款

己亥　三年
丙子　四年
丁丑　五年
戊寅　永光元年
己卯　二年
庚辰　三年
辛巳　四年
壬午　五年
癸未　建昭元年

鴈足鐙款

甲申　二年

兩漢金石記卷一　十一

乙酉　三年
丙戌　四年
丁亥　五年
戊子　竟寧元年

張懷瓘書斷云漢元帝時史游

鴈足鐙款

已作艸許慎說文序云漢興有艸書徐鍇曰據說文則張芝之前已有矣張懷瓘謂衛恒韋誕並云漢初有艸法不知其誰史游則章艸之祖也王愔文字志元帝時黃門令史游作急就章

戊戌 二年
己亥 三年
庚子 四年
辛丑 鴻嘉元年
壬寅 二年
癸卯 三年
甲辰 四年
乙巳 永始元年
丙午 二年
丁未 三年

戊申 四年
己酉 元延元年　十月長安共厨銅銷欵
庚戌 二年
辛亥 三年
壬子 四年
癸丑 綏和元年
甲寅 二年
乙卯 哀帝建平元年
丙辰 二年
丁巳 三年

戊午 四年
己未 元壽元年　五月丙午廣漢造尚方鐙銘
庚申 二年
辛酉 平帝元始元年
壬戌 二年
癸亥 三年
甲子 四年
乙丑 五年　徵天下通知逸經古記天文歷
筭鍾律小學史篇方術本艸及
以五經論語孝經爾雅教授者

數千人
藝文志漢興蕭何艸律著其法
曰太史試學童能諷書九千字
以上乃得為史又以六體試之
課最者以為尚書御史史書令
史吏民上書字或不正輒舉劾
六體者古文奇字篆書隸書繆
篆蟲書皆所以通知古今文字
摹印章書幡信也古制書必
同文不知則闕問諸故老至於

表世是非無正人用其私故孔子曰吾猶及史之闕文也今亡矣夫蓋傷其寖不正史籀篇者周時史官教學童書也與孔氏壁中古文異體蒼頡七章者秦丞相李斯所作也爰歷六章者車府令趙高所作也博學七章者太史令胡毋敬所作也文字多取史籀篇而篆體復頗異所謂秦篆者也是時始造隸書矣起於官獄多事苟趨省易施之於徒隸也漢興閭里書師合蒼頡爰歷博學三篇斷六十字以為一章凡五十五章并為蒼頡篇武帝時司馬相如作凡將篇無復字元帝時黃門令史游作急就篇成帝時將作大匠李長作元尚篇皆蒼頡中正字也凡將則頗有出矣至元始中徵天下通小學者以百數各令記字於

庭中揚雄取其有用者以作訓纂篇順續蒼頡又易蒼頡中重復之字凡八十九章臣復續揚雄作十三章凡一百二章無復字

按此志云史籀十五篇周宣王太史作大篆十五篇建武時亡六篇矣王莽傳注孟康曰史籀所作十五篇古文書也師古曰周宣王太史史籀所作大篆書也攷漢書曰元帝多材蓺善史書又曰孝成許皇后善史書此皆謂十五篇之書也後漢書曰安帝善史書又曰和熹鄧皇后能史書又曰順烈梁皇后好史書此則皆謂亡六篇後之書也唐元度云秦焚詩書唯易與大篆十五篇得全逮王莽之亂此篇亡失建武中曾獲九篇章

丙寅　孺子嬰居攝元年
帝時王育說作解說所不通
者十有三暨晉世都
廢今略傳字體而已
大泉五十　契刀　錯刀　小泉
小布　幺布　幼布　差布
中布　壯布　大布　貨布
貨泉
祝其卿墳壇字
上谷府卿墳壇字

丁卯　二年

戊辰　初始元年

己巳　新室始建國元年
新莽量銘

庚午　二年

辛未　三年

壬申　四年

癸酉　五年

甲戌　天鳳元年

乙亥　二年

丙子　三年

丁丑　四年

戊寅　五年

兩漢金石記卷一　十七

己卯　六年

庚辰　地皇元年

辛巳　二年

壬午　三年

癸未　漢淮陽王更始元年

甲申　二年

乙酉　漢光武皇帝建武元年
六月己未蕭王即皇帝位于
鄗南
都雒陽
後漢書儒林傳光武中興立五
經博士各以家法教授易有施
孟梁丘京氏尚書歐陽大小夏
侯詩齊魯韓毛禮大小戴春秋
嚴顏凡十四博士

丙戌　二年
二月三日貨泉笵字

丁亥　三年

戊子　四年

己丑　五年
冬十月初起太學陸機洛陽記
太學在洛陽城故開陽門外去宮
八里講堂長十丈廣二丈

兩漢金石記卷一　十八

庚寅　六年
辛卯　七年
壬辰　八年
癸巳　九年
甲午　十年
乙未　十一年
丙申　十二年
丁酉　十三年
戊戌　十四年
己亥　十五年

庚子　十六年
辛丑　十七年
馬援爲伏波將軍上言臣所假伏波將軍印書伏字犬外嚮成皋令印皋字爲白下羊丞印四下羊尉印白下人人下羊縣長吏印文字同恐天下不正者多符印所以爲信也所宜齊同薦曉古文字者事下大司空正郡國印章奏可
壬寅　十八年

癸卯　十九年
甲辰　二十年
乙巳　二十一年
丙午　二十二年
丁未　二十三年
戊申　二十四年
己酉　二十五年
庚戌　二十六年
辛亥　二十七年
壬子　二十八年

癸丑　二十九年
甲寅　三十年
乙卯　三十一年
丙辰　建武中元元年
丁巳　二年
戊午　明帝永平元年
冬十月壬子幸辟雍先是中元元年初建三雍明帝即位親行其禮帝正坐自講諸儒執經問難於前冠帶縉紳之人圜橋門而觀聽者億萬計

己巳 二年

庚午 三年

辛未 四年

壬申 五年　汝南滇陽矦印叚刻遂誤以水爲心作慎陽是前書地理志注滇音眞

癸酉 六年　漢太守鄐君開石門刻字

甲戌 七年

乙亥 八年

丙子 九年

丁丑 十年

戊寅 十一年

己卯 十二年

庚辰 十三年

辛巳 十四年

壬午 十五年

癸未 十六年

甲申 十七年

乙酉 十八年

丙戌 章帝建初元年　詔賈逵入講北宮白虎觀南宮雲臺

丁亥 二年　臺帝善逵說使出左氏傳大義長於二傳者逵於是具條奏之摘出左氏三十事尤著明者書奏帝嘉之令逵自選公羊嚴顏諸生高才者二十人教以左氏與簡紙經傳各一通注竹簡及紙也

戊子 三年

己丑 四年　章帝紀冬十一月詔下太常將大夫博士議郎郎官及諸生諸儒會白虎觀講議五經同異使五官中郎將魏應承制問侍中淳于恭奏帝親稱制臨決如孝宣甘露石渠故事作白虎議奏注曰今白虎通也

按儒林傳建初中大會諸儒於白虎觀考詳同異連月廼罷肅宗親臨稱制如石渠故事顧命史臣著爲通義注曰即白虎通義是也又班固傳

天子會諸儒講論五經作白虎通德論令固撰集其事注曰章帝建初四年詔諸儒會白虎觀講議五經同異也此事紀傳互見注亦互相證明則白虎通義白虎通德論白虎議奏皆即今所傳白虎通無疑或據蔡中郎集巴郡太守謝版詔書前後賜禮經素字尚書章句白虎議奏合成二百十二卷謂禮古經五十六卷今禮十七卷當章句歐陽大小夏侯三家多者不過三十卷二書卷不盈百則奏議無慮百餘篇非今之通義明矣此說似有所見然或議奏即此書而傳於今者有詳略之不同未可定耳至於白虎通德論或疑班固傳章懷未明釋即此書而併疑其別是一書則亦過矣

兩漢金石記卷一　二十三

庚辰	五年	
辛巳	六年	八月十五日造慮俿銅尺字
壬午	七年	
癸未	八年	
甲申	元和元年	
乙酉	二年	孔子廟犧象山雷罍尊字
丙戌	三年	
丁亥	章和元年	
戊子	二年	
己丑	和帝永元元年	
庚寅	二年	
辛卯	三年	
壬辰	四年	
癸巳	五年	
甲午	六年	
乙未	七年	
丙申	八年	
丁酉	九年	
戊戌	十年	
己亥	十一年	

兩漢金石記卷一　二十四

庚子　十二年

孟陬之月朔日甲申大尉南閣祭酒許慎作說文解字凡十五卷十萬三千四百四十一字叙篆文合以古籀其偁易孟氏書孔氏詩毛氏禮周官春秋左氏論語孝經皆古文

按朔日甲申徐鍇說文繫傳作甲子攷通鑑目錄是年正月甲申朔二月癸未朔此必後人見二月是癸未朔因疑正月當是甲子朔也然前歲永元十一年之十二月乙酉朔是年五月壬午朔則癸未朔當在三月是通鑑目錄二月字乃三月之訛也此孟陬之月仍依說文本作甲申朔為是

辛丑　十三年

壬寅　十四年

癸卯　十五年

甲辰　十六年

兩漢金石記卷一　三十五

乙巳　元興元年

自古書契多編以竹簡其用縑帛者謂之為紙（說文曰紙絮一苫也）縑貴而簡重並不便於人蔡倫為尚方令迺造意用樹膚麻頭及敝布魚網以為紙是年奏上之帝善其能自是莫不從用焉天下稱蔡侯紙

王稚子闕

年

據趙氏金石錄當在是年

丙午　殤帝延平元年

丁未　安帝永初元年

戊申　二年

己酉　三年

庚戌　四年

春二月詔謁者劉珍及五經博士校定東觀五經諸子傳記百家藝術整齊脫誤是正文字

辛亥　五年

壬子　六年

癸丑　七年

甲寅　元初元年

乙卯　二年

丙辰　三年

兩漢金石記卷一　三十六

干支	年	記事
丁巳	四年	三公山碑
戊午	五年	三月李君碑 按是碑或云偽造[illegible]　四月嵩山太室神道石闕銘
己未	六年	
庚申	永寧元年	
辛酉	建光元年	九月二十日召陵萬歲里公乘汝南許沖上書父故太尉南閣祭酒慎說文解字十五卷前以文字未定未奏上今慎已病遣臣齎詣闕慎又學孝經孔氏古文說古文孝經者孝昭帝時魯國三老所獻建武時給事中議郎衛宏所校皆口傳官無其說謹撰具一篇并上十月十九日中黃門饒喜以詔書賜召陵公乘許沖布四十匹即日受詔朱雀掖門
壬戌	延光元年	三月嵩山少室神道石闕銘
癸亥	二年	嵩山開母廟石闕銘

兩漢金石記卷一　二十七

干支	年	記事
甲子	三年	三月嵩山太室潁川太守銘
乙丑	四年	八月廿一日諸城縣殘碑
丙寅	順帝永建元年	
丁卯	二年	
戊辰	三年	
己巳	四年	四月廿四日平原濕陰邵君石室題字
庚午	五年	
辛未	六年	
壬申	陽嘉元年	
癸酉	二年	
甲戌	三年	
乙亥	四年	
丙子	永和元年	
丁丑	二年	八月敦煌太守裴岑紀功碑
戊寅	三年	
己卯	四年	
庚辰	五年	

兩漢金石記卷一　二十八

干支	紀年		碑目
辛巳	六年		
壬午	漢安元年		四月十八日簡州逍遥山會仙友題字
癸未	二年		六月朔潁陽井券
			八月故繁令趙相景君碑
			并陰
甲申	建康元年		
乙酉	冲帝永嘉元年		
丙戌	質帝本初元年		
丁亥	桓帝建和元年		二月敦煌長史武斑碑
		兩漢金石記卷一　十九	
			三月武氏石闕銘
戊子	二年		仲冬司隸校尉楊孟文石門頌
己丑	三年		
庚寅	和平元年		
辛卯	元嘉元年		武梁祠堂畫象
			按畫象之刻未知在何年今姑因趙氏金石錄武梁碑元嘉元年而附著於此

干支	紀年		碑目
壬辰	二年		
癸巳	永興元年		孔廟置守廟百石卒史碑
甲午	二年		六月故苑令益州刺史李孟初碑
			七月孔謙碑
乙未	永壽元年		
丙申	二年		魯相韓勑造孔廟禮器碑
			并陰并左右兩側
			刜州輔碑（今見摹本殘字）
丁酉	三年		
		兩漢金石記卷一　二十	
戊戌	延熹元年		四月郎中鄭固碑
己亥	二年		
庚子	三年		
辛丑	四年		正月蒼頡廟碑
壬寅	五年		并陰并左右兩側
癸卯	六年		七月泰山都尉孔宙碑
甲辰	七年		并陰
乙巳	八年		四月西嶽華山廟碑

丙午 九年

丁未 永康元年

正月黃氏鏡銘

戊申 靈帝建寧元年

四月魯相史晨饗孔廟後碑

四月竹邑侯相張壽碑

九月衛尉卿衡方碑

沛相楊統碑 不存今所著僞本

魯相史晨奏祀孔子廟碑

己酉 二年

正月郭林宗碑 不存今所見重刻本

庚戌 三年

六月北海淳于長夏承碑

辛亥 四年

六月十三日武都太守李翕西狹頌

并丞呂國等題名

并黽池五瑞碑

七月博陵太守孔彪碑

三月陳德碑 或云是僞造

并陰

建寧五年二月析里橋郙閣頌

建寧五年五月成陽靈臺碑 今所見摹本

壬子 熹平元年

五月己巳赦天下改元

按是年五月己巳改元熹平己巳是五月十六日故碑尚稱建寧也

癸丑 二年

二月廿二日司隸校尉楊淮表紀

四月司隸校尉忠惠父魯峻碑

并陰

甲寅 三年

四月廿日武都太守耿勳碑

禮器碑項伯脩題字

婁壽碑 今所見摹本

繁陽令楊君碑 不存今所著僞本

乙卯 四年

春三月詔諸儒正五經文字刻石立于太學門外先是順帝更脩黌宇太初日後遊學增盛然章句漸疏多以浮華相尚後遂忿爭諸博士試甲乙科爭第高下更相言告至有私行金貨定蘭臺桼書經字以合其私文者至是蔡邕校書東觀遷議郎邕以經籍去聖久遠文學多謬俗儒穿鑿疑誤後學乃與五

太學石經 今所見摹本殘字

十一月聞憙長韓仁銘

堂谿典嵩高山石闕銘 即季度銘

官中郎将堂谿典光禄大夫楊
賜諫議大夫馬日磾議郎張馴
韓説太史令单颺等奏求正定
六經文字帝許之邕乃自書丹
於碑使工鐫刻立于太學門外
於是後儒晚學咸取正焉洛陽
記曰太學在洛城南開陽門外
講堂長十丈廣二丈堂有石經四
部本碑凡四十六枚西行尚書周
易公羊傳十六碑存十二碑毀南
行禮記十五碑悉崩壞東行論語
三碑二碑毀禮記碑上有諫議大
夫馬日磾議郎蔡邕名（天當依前條作二丈）
按儒林傳順帝更脩黌宇
太初元年梁太后下詔曰大
将軍下至六百石悉遣子就
學自是遊學增盛至三萬餘
生考是時無太初年號當是
質帝本初元年耳本字訛作
太也萬季野石經考亦因之

且注曰太初質帝年號誤矣
時九江太守盧植上書曰今之
禮記特多回穴臣前以周禮諸
經發起粃謬為之解詁而家乏
無力供繕寫上願得將能書生
二人共詣東觀就官財糧專心
研精合尚書章句考禮記失得
庶裁定聖典刊正碑文古文科
斗近於為實而猒抑流俗降在
小學中興以來通儒達士班固
賈逵鄭興父子並敦悦之今毛
詩左氏周禮各有傳記其與春
秋共相表裏宜置博士為立學
官以助後来以廣聖意歲餘
復徵拜議郎與諫議大夫馬
日磾議郎蔡邕楊彪韓説等並
在東觀校中書五經記傳補續
漢記帝以非急務轉為侍中遷
尚書

丁巳 六年

四月豫州從事尹宙碑

五月倉頡廟碑平陵[illegible]顯

字

戊午 光和元年

春二月始置鴻都門學生初帝
好學自造皇羲篇五十章因引
諸生能爲文賦者本頗以經學
相招後諸爲尺牘及工書鳥篆
者皆加引召遂至數十人侍中
祭酒樂松賈護多引無行趣勢
之徒並待制鴻都門下憙陳方

俗閭里小事帝甚悅之又市賈
小民爲宣陵孝子者復數十人
悉除爲郎中太子舍人至是遂
置鴻都門學尚書令陽球奏罷
鴻都文學曰今太學東觀足以
宣明聖化願罷鴻都之選書奏
不省
按師宜官梁鵠皆在鴻都門
下以善八分知名
杭董逌石經考異曰張懷瓘
書斷黃伯思東觀餘論晁公
武石經考異皆稱鴻都石經
非也全謝山曰北魏書江式表
謂蔡邕刻石太學後開鴻都
諸方獻篆無出邕者則鴻都
固非太學而又可見師宜官
諸人之書並遜於邕也以劾
鴻都學生被譏而謂石經出
於鴻都真大幸也

己未 二年

庚申 三年

辛酉 四年

十月廿日溧陽長潘乾校官碑

壬戌 五年

涼州刺史魏元丕碑

癸亥 六年

白石神君碑

并陰

甲子 中平元年

乙丑 二年

富世造銅洗字

四月尉氏令鄭季宣碑

干支	年	事	碑
丙寅	三年		十月郃陽令曹全碑 并陰 幽州刺史朱龜碑（今所見摹本） 王君殘碑 五銖泉字 蕩陰令張遷表頌 并陰
丁卯	四年		七月十八日小黃門譙敏碑（今所見摹本）
戊辰	五年		
己巳	六年		
庚午	獻帝初平元年	春二月丁亥遷都長安初光武遷還洛陽其經牒秘書載之二千餘兩自此已後參倍於前及董卓移都之際吏民擾亂自辟雍東觀蘭臺石室宣明鴻都諸藏典策文章競共剖散其縑帛圖書大則連為帷蓋小乃制為縢囊及王允	

兩漢金石記卷一　三十七

干支	年	事	碑
		所收而西者裁七十餘乘道路艱遠復棄其半矣	
辛未	二年		
壬申	三年		
癸酉	四年		
甲戌	興平元年		
乙亥	二年		
丙子	建安元年		
丁丑	二年	時禰衡與黃祖長子章陵太守射俱遊共讀蔡邕所作碑文射愛其辭還恨不繕寫衡曰吾雖一覽猶能識之唯其中石缺二字為不明耳因書出之射馳使寫碑還校如衡所書莫不歎伏	
戊寅	三年		
己卯	四年		
庚辰	五年		
辛巳	六年		
壬午	七年		

兩漢金石記卷一　三十八

八年　癸未
九年　甲申
十年　乙酉
十一年　丙戌
十二年　丁亥
十三年　戊子
十四年　己丑
十五年　庚寅
十六年　辛卯
十七年　壬辰

十八年　癸巳
十九年　甲午
蜀漢直百五銖泉字
傳形五銖泉字
二十年　乙未
二十一年　丙申
二十二年　丁酉
四月十三日銅弩機款
二十三年　戊戌
二十四年　己亥

右漢東西京四百二十五年金石文有年月可表者
九十有八

附
魏黃初元年封孔羨碑
魏黃初元年公卿上尊號碑
附
魏黃初元年受禪表
魏黃初元年三月孫二娘等殘字此種或云是偽造
魏黃初五年滄州殘石字
膠東令王君廟門碑碑已殘泐有黃初五口字
附

甲

邯鄲淳潁川人善蒼雅蟲篆許氏字指黃初中為博士給事中嘗書三字石經於漢碑之西按之說文篆隸大同而古字小異
鍾繇卒於魏明帝太和四年年逮八十嘗與子會書曰吾精思學書三十年
韋誕太和中為武都太守以能書留補侍中當時臺觀

楊慎寶器之名悉是誕書

魏青龍三年故廬江太守范式碑

魏景初元年五月十日帳構銅字

吴赤烏元年當千大泉字

魏景元四年十二月十日湯盜寇將軍誰國李苞褒斜閣道刻字

吴寶鼎二年甎文

晉泰始六年五月十日潘宗伯韓仲元褒斜閣道刻字

吴鳳皇元年九眞太守谷朗碑

吴天璽元年禪國山碑

吴天璽紀功三段碑

右附表金石文一十有五

㝡凡兩漢金石文著録者二百八十有六其有年月可表者一百有十四

兩漢金石記卷弟二

日講起居注官文淵閣直閣事詹事府詹事兼翰林院侍讀學士大興翁方綱

目錄

故豫州從事孔君碑
孔德讓碑
孔宏碑
五鳳二年石刻
居攝墳壇刻字 二種
魯王墓石人刻字
竹葉碑
卷第八
故司隸校尉忠惠父魯君碑　并陰
故益州太守北海相景君銘　并陰

尉氏令鄭季宣碑　并陰
故執金吾丞武君碑
故郎中鄭君碑
縣東令王君廟門斷碑
故盧江太守范府君碑
卷第九
嵩山太室神道石闕銘 二種
嵩山少室神道石闕銘
少室東闕題名
開母廟石闕銘

堂谿典嵩高山石闕銘
卷第十
西嶽華山廟碑
北海淳于長夏君碑
附夏承碑攷五首
卷第十一
蒼頡廟碑　并陰　并左右兩側　平陵衡君題字
郃陽令曹全碑　并陰
校官碑
白石神君碑　并陰

三公山碑
卷第十二
故穀城長蕩陰令張君表頌　并陰
故衛尉卿衡府君碑
尹宙碑
故聞憙長韓仁銘
張壽碑
唐公房碑　并陰
故宛令益州刺史李孟初神祠碑
卷第十三

武都太守李翕西狹頌
丞呂國等題名
黽池五瑞碑
析里橋郙閣頌
武都太守耿勳碑
鄐君開石門刻字
故司隸校尉楗爲楊君頌
司隸校尉楊淮表紀
附魏晉通褒斜閣道題刻二種
卷弟十四

般比干墓字
敦煌太守裴岑紀功碑
王稚子闕
郭巨墓石室畫象題字
朱鮪墓石室題字
寶應石刻畫象題字
延光殘碑
漢安仙集字
蜀楊公闕
中平二年王君碑

附李君碑
灋碑殘字
卷弟十五
武梁祠堂畫象
敦煌長史武斑碑
武氏石闕銘
卷弟十六
故涼州刺史魏君碑
幽州刺史朱君碑重刻本
成陽靈臺碑重刻本

故小黃門譙君碑重刻本
酸棗令劉熊碑雙鉤本
婁壽碑摹本
附陳德碑
州輔碑殘字摹本
天禄辟邪字摹本
卷弟十七備攷五種
故沛相楊君碑
故繁陽令楊君碑
故高陽令楊君碑

故太尉楊公碑
郭林宗碑
卷弟十八
附魏封孔羨碑
附魏公卿上尊號碑
附魏受禪碑
附黃初殘石字 二種
附吳寶鼎甎文
附吳九眞太守谷朗碑
附吳禪國山碑
附吳天璽紀功碑
卷弟十九
隸續補
洪氏急就章注
卷弟二十
隸八分攷
卷弟二十一
補遺之一 范式碑殘石字 劉熊碑雙鉤本
補遺之二 古剡叢鈔二種 年月表內 此二種未入首卷金石
補遺之三 公乘伯喬殘字 貞女羅鳳闕

卷弟二十二 永初官甓文 此一種未入年月表內
班馬字類附記

歐陽文忠公集古録目次考

今所行歐陽文忠公集卷第一百三十四之第一百四十三凡十卷為集古録跋尾第一至第十集古碑凡千卷公嘗自云四百餘篇有跋者也今之集本是周益公所編定每卷之末猶存其原編之次如沛相楊君碑云元弟十一者是也洪文惠隸釋載集古録之說漢隸者凡上下兩卷其目次皆依歐陽子原本未經益公重編者也惟曹魏二碑乃退其弟於後耳又洪氏所載歐陽棐弼集古録目一卷則漢魏不分矣是亦歐陽子之舊次也王象之輿地碑目所引集古録者蓋多取棐弼之書惟平江府條下寶花寺碑云集古録一百四十五春申廟記云集古録三百二十八此二碑者今所傳集古録跋皆無之然以象之所引具有其說則非有目無跋者也今所傳集古録跋財三百八十四種耳豈所謂四百餘篇之跋又有軼去者耶曾宏父石刻鋪敘曰公之元孫江陵支使雋莫居鄉邦悉棄帖而留跋四失其三可考者二百六十有八而已据此云四失其三則可知原跋之數溢出四百之外明矣而今所傳者止此則其跋有軼去無疑也愚嘗欲合王象之碑目暨陳思寶刻叢編

二書以尋繹歐陽氏父子之手澤今即象之所述二碑次弟知為歐陽公原本之目次又無疑也昔歐陽公自序謂因其石本軸而藏之有卷帙次弟而無時世先後蓋取其多而未已故隨其所得而録之今觀益公所編定若以本碑時世為次則熹平之碑有在延熹前者元嘉永壽之碑有在和平前者此非以時世為先後也如或以跋之先後為次則如同一治平元年跋而六月在三月之前五月又在四月之前又非以跋時為先後也賴有洪氏之書得以粗見歐陽子原書之序度其原本必亦如趙氏金石録於本碑之上系以一二以至百千耳此則歐陽趙氏婁氏之所同者也

洪文惠公隸釋隸續目次考

隸釋隸續目次即漢隸字原目次也婁氏字原曰碑之先後當按年月而碑無年月者什五六歐陽文忠公集古録歐陽棐弼集古録目趙德夫金石録雖雜他碑皆以所得先後為之次洪文惠公獨釋隸古亦隨得隨載而卷弟所紀固已整然今悉循之而以續得者附於其後愚按趙氏金石録目與跋皆按年月敘置故東武自敘云次其先後為二千卷婁氏乃以

趙爲隨所得先後者未之深考也若夫洪氏之書則婁氏一依之自弟一孟郁修堯廟碑至弟一百八十三張平子碑皆隸釋自弟一百八十四郎中王政碑至弟三百三尉府壺辟甎文皆隸續惟中間弟二百卅二劉寬故吏名在隸續弟十二卷者曰劉寬碑陰門生名曰劉寬碑陰故吏名分爲二碑之陰其前一陰跋云劉公兩碑俱有陰此則門生所列之陰也隸釋目錄曰隸釋成書十年矣再因考古始知王曜非劉寬故吏以此語推之必洪氏先得劉寬故吏一碑陰而王曜諸人名或誤裝褾其中耳及後得二陰拓

本然後知王曜是門生非故吏因自改正先列門生之陰於前而以先所得故吏之陰列于後所以兩碑俱有陰之語不在後跋而在前跋是其徵也婁氏之書凡遇洪所列碑陰者皆特起一條而於此門生之陰故吏之陰止列爲弟二百卅二之一條者蓋洪氏卷内雖改正分列兩陰而本卷前之目則尚未及改正止云劉寬故吏名而巳婁氏準此立目故求之改也至若弟一百九十八公乘伯喬殘題名婁氏作永元十六字獨此條與洪氏不相關涉此十六字摹本陶氏古刻叢抄有之今以驗婁氏字原所錄之字則

悉無之攷婁氏字原自弟三百二延年椁字以下諸碑皆未採其字此永元十六字亦然是則或出於書成之後別經改補續增致斯揩拄未可以臆斷矣自餘諸碑次序則未有不與洪氏合者若隸續弟四卷末鄭烈碑爲弟二百十九即至弟十一卷司空孔扶碑爲弟二百二十益以明隸續帙中之間入隸圜數卷者非淳熙隸釋之舊也洪文惠此書初成於乾道二年丙戌重訂於淳熙三年丙申又自跋於七年庚子又自跋於八年辛丑然且有欲合數刻爲一而未能之歎今其次弟具在大約於隨時所得之中略區

事類於事類之中又略寓年月以爲先後而已隸釋有總目續則無之隸釋目無闕續則有之此亦未綜合爲一之一證也

兩漢金石記卷第三

日講起居注官文淵閣直閣事詹事府詹事兼翰林院侍讀學士大興翁方綱

漢石經殘字

方綱所得見者一十二段

其或廸自怨
之勞爾先予丕
能迪古我先后
興降不永於戲今
建乃家　股 予 丮
□惪□□

右尚書盤庚篇五行半二十六字又半字五

伊鴻水曰陳其五行帝
建用皇極次亠曰艾用三德
潤下作鹹戸上作苦曲直
艮二曰傎三曰祀四曰司空
極凡厥庶民無有淫朋人亡
朙人之有能有爲使羞其行
路毋偏毋黨王道蕩蕩
爲天下王三德一曰
家而凶亠而國人
乃心

右尚書洪範篇十行七十七字又半字十一

道出于不祥於戲君□曰時我
表月惪

右尚書君奭篇二行十一字又半字三

尚書三段弟一段盤庚中至盤庚下二篇之間空一格以洪氏隷釋驗之則每行失去下半矣弟二段洪範較洪釋每行少數字耳弟三段君奭則弟二行多出洪氏三字也弟一段盤庚篇從黃秋盦藏本末行凶德綏績四字則秋盦本無之予從松

江王氏抄得孫退谷藏本有此凶字及三半字又見如皋姜氏重刻本則僅有惪字之右半耳是以分別錄之如此洪範君奭二段皆金匱錢氏藏本也

尚書三段凡十八行以今世所行板本合此存字計當日石經全碑每行字數則盤庚六行弟一行七十一字弟二行七十四字弟三行七十九字弟四行七十六字弟五行七十四字弟六行不可知也洪範十行行皆七十三字惟弟二行弟六行皆七十四字君奭一行亦七十四字此其大較也其

字數參差不同者必其未露之字後有較今板本
增損者不可以臆斷也就此三篇驗之則是盤庚
之文與今本異者尤多耳盖隸釋廣川書跋皆言
碑高一丈廣四尺今以漢尺度之每字高廣一寸
以諸書所記碑石之數核之則所謂表裏隸書者
當得其實尔

惟是褊心是以為刺　葛屨
沕一曲言采其藚ㄅ其之子美
誰知之盖亦勿思　園有棘其
父兮父曰嗟予子行役尸
弗猶来　陟岵三章章
兮不稼不啬胡取禾三百廛
特兮ㄅ君子兮不素食兮　欿
食我黍三歲宦女
右詩魏風八行七十一字又半字九
蟋蟀在堂歲聿其逝今我不樂
句　山有蓲隰有榆子有衣
酒食胡不日　㚔樂
既見君子　易
右詩唐風四行三十二字又半字二

魯詩二段凡隔章皆空格及篇末揔計章句之文
亦如之與洪氏所載大約不甚相遠惟父曰嗟予
子行役句曰上洪云闕一字毛無今驗此拓本曰
上直接父字並無闕也且此魏唐風二段以今板
本合此殘字計之皆每行七十二字惟園有棘章
一行七十三字其為某字有異未可臆知至於岵
屺三章凡二行皆每行七十二字無疑若果此曰
字上闕一格則毋曰兒曰亦應如是必無每行仍
皆七十二字之理想洪氏所見乃装褾之本誤将
空紙作闕耳且以知今所見是本非出於洪氏摹
刻者也

婁氏字原列宦字於貫字條下注云石經魯詩殘
碑宦女莫我肯勞魏國風作貫頤南原隸辨糾之
云魯詩毛詩互有不同宦與貫未可即為一字字
原以為借宦為貫非是此說是也宦蓲二字雖見
於說文蓲云艸也宦云仕也則許自師毛氏不盡
與魯詩相應矣猗之為兮則正義云猗辭也自是
正解而陸氏釋文云本亦作猗者當為考異之文
不當作同義耳
此二段中間以原石位置計之當相去二行

東面
卒爵坐奠爵拜執
人皿洗升媵觚于賓
上拜受爵于筵前
首公荅拜媵爵者亣
媵爵者執觶待
公厶

右儀禮大射儀七行三十五字又半字五

郊請反命
曰以君命聘于

兩漢金石記卷三　五

善乎受上介幣
賜使者幣使者
上介至亦如之
練冠以

右儀禮聘禮六行三十一字

儀禮二段以今板本驗之凡隔段處皆空一格此以字數計之如此耳前一段在隸釋後一段在隸續洪云石摩滅字畫比它經不明白然以今所見殘本聘禮六行其弟一行命字弟二行曰字洪皆不著是本非洪氏越州蓬萊閣之刻本明矣又此二段共十三行行皆七十四字惟前一段之弟四行乃七十三字洪氏錄熹平石經於它經未嘗計其每行字數也惟于儀禮云在諸經中最為難辨而云以板本尋繹知此碑每行七十三字豈洪氏因它經文熟未嘗深繹板本故獨記此字數耶不然則它經每行字數視今板本揩拄者頗非一條借使一二字間相去不遠恐亦未可執一以定之矣愚第於諸經所見殘本下各記其每字行數而不敢執某經某行以斷定之尔

早　女者何

兩漢金石記卷三　六

隱公曰百姓安子諸侯
之辭也　譖者何公

右春秋公羊隱四年傳三行十八字又半字二

公羊殘碑洪氏所錄自隱四年傳起而無此文則予所見此殘本數段者皆非洪氏刻本可知矣洪所錄之文即在此文上下而彼此所得不同耳若以板本計全石之每行字數則就此三行內之可計者弟一行八十七字弟二行八十五字較它經每行多出十許字而字之大小卻無異不知何也其前一行尚有𣃔字之勢隱隱可辨

謄者何以下是衛人立晉之傳也此上空一格則
其前是衛人殺州吁于濮之傳也洪氏隸釋曰石
經公羊殘碑三百七十五字自隱公四年至威公
元年及哀公十四年之文也所書者皆是公羊氏
傳辭而無春秋正經此其證也据此石本則知古
本經自為經傳自爲傳非若今所行板本之附傳
文於經内者也此條於經之原本最爲明白矣又
据洪氏所錄石經於公羊傳内載有嚴顔異同之
說則其列春秋正經於傳之前亦可無疑者矣

耳道之以徳亠

兩漢金石記卷三　七

亣我我對曰毋違樊須丨
子夏問孝子曰色𡭗　有
人爲廋　子曰温故
𡿨斯害也已　子曰□□女
爲則民服孔子□曰
書云孝于惟孝友于兄
㕣殷禮所損益可知

右論語為政篇八行五十三字又半字十一

枉道而事人何□去父母之國□□景公待孔子曰若季氏
子曰鳳兮鳳兮何徳之衰也往□□可諫也來者猶可追也

執車者為誰子路曰為孔丘曰是魯孔丘與曰是是知津矣
若從避世之士哉耰而不輟子路以告子憮然曰鳥獸不可與同
勤四體不分孰為夫子置其杖而耘子路拱而　止子路宿殺雞
如之何其廢之也欲絜其身而亂大倫君子之仕也行其義
志辱身矣言中倫行中慮其斯以乎謂虞仲夷逸隱居
陽擊磬襄入于海　周公謂魯公曰君子不施其親

右論語微子篇八行一百七十二字又半字四

不蔽簡在帝心朕躬有罪毋以萬方萬方有罪在朕躬
曰心焉所重民食喪□寬則得衆敏則有功公則說
不驕威而不猛子□曰何謂惠而不費子曰□民之

兩漢金石記卷三　八

其尊其瞻視儼ㄥ　而畏之斯不亦威而不猛乎

右論語堯曰篇四行凡上下二段上段二十七字又半字四下段四十字又半字五

長廿

今蕭墻之内盍毛包周無亠

此間空一行無字

右論語篇末識語殘字三行十八字又半字四

詔書與博士臣左立郎

論語四段為政篇暨堯曰篇之上半段皆黄本餘
皆錢本也並洪釋所有者洪云榎板本作耰異氏
則云說文摩田器論語榎而不輟或从耒此條乃

以隸洪釋也或从朿三字今說文板本遺失當是
徐氏刪之此又足以補說文也敍雞殺字今驗此
殘本正與婁氏相合亦可證近日所行隸釋刻本
作敍之訛也拱立之拱則此本右半已泐婁氏作
拱今驗此本或當是拱婁說亦可存以相證又蕭
字婁云石經論語碑諸宮蕭其在蕭蕭之內皆作
蕭按論語此句無其字隸釋所載石經論語惟篇
末識語內有此句亦無其字此條蓋婁氏偶多出
一字之誤耳又洪氏云魯詩又有一段二十餘字
零落不成文其閒有齊韓字蓋敘二家異同之說

猶公羊所云顏氏論語碑所云盍毛包周之比也
又曰論語每篇必計其章終篇又揔其字又載盍
毛包周有無不同之說在篇數字數一行之後官
名刻工名之前今以此所得殘石摹本合之洪氏
所述而熹平石經全碑之式儼如在目矣
秀水朱竹垞跋石經殘字云論語書云孝乎惟孝
包咸注云孝乎惟孝美大孝之辭古文尚書脫孝
乎字以惟孝二字屬下句讀而施于作克施說經
者每以滋疑今覩石本乎作于然則孝于惟孝友
于兄弟施于有政三語句法正相同也方綱按竹
垞跋唐太極元年易州石浮圖頌云包咸論語注
孝乎惟孝美大孝之辭碑同此讀攷陸氏釋文云
包咸周氏並為章句列于學官然陸氏尚不能舉
包氏章句之卷數惟云以何晏集解為主而已何
氏集解則固明據包氏美大孝之辭云矣雖至邢
疏云書言小異而論語孝于惟孝之讀如故也其
稱注者乃後來刊本注疏對舉之詞包氏固未嘗
有注之目也而其以惟孝屬下句讀者則唐人尚
未嘗如此也
乾隆丁酉秋八月錢唐黃秋盦易購得漢石經殘

字尚書盤庚篇五行論語為政篇八行堯曰篇四
行方綱手摹屬海鹽張芑堂燕昌勒之一石昔宋乾
道中鄱陽洪文惠以所得尚書魯詩儀禮公羊論
語千九百餘字鐫之會稽蓬萊閣凡八石愚今獲
見此殘字三段敬摹重勒亦名其齋曰小蓬萊閣
而秋盦以其先世貞父先生讀書南屏山有小蓬
萊之題自號小蓬萊閣不謀而合洵一奇也愚因
以蓬萊宿約四字題其藏冊之首并為跋與詩系
於後按黃長睿東觀餘論記漢石經云張壽龍學
家有十版最多張氏壻家有五六版王晉玉家有

小塊洛中所有者止此予皆得其拓本而黃氏所著諸句字間有一二較洪氏或多或少者至頋亭林金石文字記云熹平石經一見於鄒平張氏一見於京師孫氏尚書盤庚論語爲政堯曰篇字以視洪氏隸釋所存不過什之一而已吾鄉孫退谷硯山齋所藏本載於庚子銷夏記者退谷謂是宋嘉祐時所搨而何義門云退翁所藏乃越州石氏摹本今在華亭王司農家然即以亭林所見於張氏孫氏兩家者皆同是此二經三段則焉有東漢元本至千數百年後恰在兩家同一文者乎是其

爲後人摹本可知矣今秋龕所得之三段又與此同其紙墨亦舊册内有元人蒙古篆字印一而無北海孫氏之印既與張孫諸家所藏文同自必非漢石元本矣至如尚書盤庚篇庚字論語堯曰篇冠字尚皆微露一二筆爲政篇女字具全而洪皆云闕則又知其非洪氏蓬萊閣重刻之本也愚既摹黃氏藏本于齋中其後三年門人吳榷堂孝顯於華亭王氏摹寫孫退谷硯山齋本來相參校盤庚篇多出半行凶德綏績四字册後有戊戌八月退谷手記秀水朱竹垞二跋僕官林佶一跋按徐

壇長圭美堂集載此本云宋越州石氏刻帖首末不載年月姓名曾見華亭司農以三十金質之孫北海此帖内有石經一段朱錫鬯不察認爲蔡中郎原本石氏名熙明見施武子會稽志其碑目則見於寶刻叢編愚按洪氏隸續云稽山石邦哲熙明聚碑頗富今亡矣假之其子祖禮故帋成書於越據此則石氏所刻石經與洪氏蓬萊閣本其時當不相遠也但吳生摹寫王氏所藏退谷本而未見其搨蹟又後四年見如皋姜氏重摹退谷研山齋本盤庚弟六行僅存一德字盖摹勒偶有詳略

之不同也又後三年始得見金匱錢氏所藏石經殘字凡十段以合於前摹之三段而論語堯曰篇一段正與前段上下接筍珠聯辟合於是摹爲一十二段時方綱校士江西乃勒石於南昌學宮凡爲方石四塊共得六百七十五字雖未及洪氏所藏之半亦足以追步張龍圖王晉玉之後塵耳洪文惠云靈帝紀詔諸儒正五經文字刻石立于太學蔡邕傳則云奏求正定六經紀傳既已不同陸機洛陽記所載但有書易公羊禮記論語耳惟隋志云後漢刻七經於石碑皆蔡邕所書其目有

一字石經儀禮九卷乃漢史陸記之疎略也萬季野石經攷曰按東漢時五經立學官者易則施孟梁丘京四家書則歐陽大小夏侯三家詩則齊魯韓三家三禮但用儀禮有大小戴二家春秋但用公羊有嚴顏二家他若古文尚書毛氏詩左氏春秋小戴氏禮記後世須之學官者皆不立學官此石碑所刻書用伏生今文孔穎達正義云蔡邕所刻石經尚書止經文三十四篇春秋用公羊傳宜也禮記不立學官何以得與諸經並刻及考洪氏石經殘碑有儀禮而無禮記乃知洛陽記之誤且記不言詩經而洪氏隸釋

及隋經籍志有魯詩六卷則是此記所遺也且五經外更有論語楊衒之洛陽伽藍記言諸碑表裏皆書始得其實方綱按靈帝紀所云詔諸儒正五經者乃渾舉之詞蔡邕傳所云奏求正定六經者則核實之文也是熹平石經為周易尚書魯詩儀禮公羊論語六經也若全謝山以漢刻止有五經魯詩為黃初所補杭堇浦以隋志言七經者蓋見一字石經有周易有尚書有魯詩有儀禮有春秋有公羊傳有論語卻合七經之數遂斷以為漢刻七經此特揣測之論耳當日如何綜計互有措拄蓋不必鑿求矣然洪氏隸釋惟有書詩儀禮公羊論語而無周易以今所得殘字驗之則論語與公羊詩書儀禮字勢殊不相遠且洪氏又以公羊詩書儀禮筆法在論語上與黃初孔廟碑相近是又豈可泥乎

歐趙洪婁諸家以後凡著錄金石之書攷論石經詳矣茲不具述惟近日杭堇浦論鴻都非太學一條云張懷瓘書斷黃伯思東觀餘論晁公武石經考異皆稱鴻都一字石經非也按後漢靈帝紀光和元年始置鴻都門學生蔡邕傳初帝好學自造

皇羲篇五十章因引諸生能為文賦者本頗以經學相招後諸為尺牘及工書鳥篆者皆加引召遂至數十人侍中祭酒樂松賈護多引無行趣勢之徒並待制鴻都門下陽球傳拜尚書令奏罷鴻都文學曰伏承有詔勅中尚方為鴻都文學樂松江覽等三十二人圖象立贊以勸學者又曰今太學東觀足以宣明聖化願罷鴻都之選以消天下之謗按水經注穀水又東逕開陽門南又東逕國子太學則太學在開陽門與鴻都遠矣獨怪當時待詔鴻都門下者若師宜官梁鵠八分皆極一時

之選何以光和六年立石不令寫經乃知二人特
工蟲篆小技五經所以正天下謬誤偏傍增損之
間度非一二俗生可了故曰邕自書丹使工鐫刻
誠慎之也全祖望鮚埼亭集偶記云北魏書江式
表謂蔡邕刻石太學後開鴻都諸方獻篆無出邕
者則鴻都固非太學而又可見師宜官諸人之盡
遜於邕也邕以劾鴻都學生被譴而謂石經出於
鴻都真大紕也歸安丁小疋杰曰以漢太學石經
稱鴻都石經者誤始於唐張懷瓘書斷而宋黃長
睿東觀餘論晁公武石經攷異等書因之今泰攷

靈帝紀蔡邕傳陽球傳及雒陽伽藍記水經穀水
注魏書北史江式傳漢之待制鴻都與刻石太學
判然兩事亦判然兩地且蔡邕以劾鴻都學生被
譴尤不容以邕正字書丹之碑歸之鴻都也昌黎
石鼓歌洪景盧漢隸字原序皆誤未經覈正爾方綱
按光和二年二月始置鴻都門學而蔡邕諸人書
石經在鴻都未立學之前三年後人以熹平石經
目曰鴻都者當以丁君此論正之也詳見首卷年
月表內
按朱竹垞經義考以蔡邕所書為一字石經其論
允矣近日厲樊榭為杭堇浦作石經考異序內一
條甚精公羊昭二十五年齊侯唁公于野井既哭
以人為菑何休注云菑周埒垣也今太學辟雍作
側字儒林傳休精研六經世儒無及者太尉陳蕃
辟之與參政事蕃敗乃作公羊解詁覃思不闚門
十有七年按蕃誅於靈帝建寧元年又七年為熹
平四年始立石經爾時休詁公羊未卒業則辟雍
所作側字其為石經隸字無疑趙氏金石錄亦云
世所傳經書與漢石經不同者數百言此蔡邕石
經一字之佐證也

又按竹垞經義考引婁機漢隸字原條下有尚書
存若干字云云乃字原之書所編列諸碑次目此
所謂尚書一百三十九至下論語一百四十三者
皆碑目之次數非碑之所存字數也此竹垞屬小
史抄撮之誤附識於此
方綱謹錄漢碑之字惟据拓本錄之其必不得已
或有据摹本者更有必不得已而据著錄者則亦
十無一二耳然亦必明言据某本而後錄之未有
使著錄本之字雜厠於摹本拓本間漫不可別者
也茲於石經卷內粗發其凡如此至若顧氏隸辨

近年所纂雖所列石經之文百有三字然予嘗逐一核之皆是就洪氏著錄於板本者抄寫而已不特非見漢碑且於宋槧漢隸字源亦未之見也是以不得不析言之

漢石經殘字歌 丁酉

熹平初作皇羲篇石渠故事追孝宣通經釋義事優大文武之道非丹鉛雕蟲篆鳥邪比數鴻都未立前三年議郎悳不在工畫蓋以正誤代傳箋蘭臺漆書敢私易煌煌日月當中天四十六石堂十丈聚觀車兩爭駢闐楊家略著洛陽記宋初尚有

斷石傳東觀論出御史府論語跋記董廣川成都會晉各搜篋洪相八石精摹鐫因依破鈌非貌古太璞粹氣逾于金吾鄉孫氏硯山笈南原摹本殊不然隸原隸辨槩與篇乇槧黃槧烏非焉鄒平復聞張氏本硯山又落史淞舩義門每用讒退谷弆藏鑒別相後先盍毛包周證魯義歐陽夏隻訂孔編越州閣圯海水綠柯亭桐爨朱絲絃玉邱半圭虹貫斗龍頷百寶珠藤渕昆山林傾亭四明萬季野各有敓我欲彙續無由緣復當摹勒自此始涓濡溜且尺硯穿乇名蓬萊扁小閣賀梁語鸞来翩翩

南昌學宮摹刻漢石經殘字歌 戊申九月一日

石經未及洪家半尚抵吳萊籀書換龍圖晉玉雖舊聞魏公資州餘幾段鴻都學開後三年皇羲篇章未㸃竄正始邪誤邯鄲𡨋隸兮先佑張懷瓘黃晁援据正宜審蔡馬姓名原可按六經七經孰淆訛一字三字精剖判邇求鄒平與北平商書魯論珎瀴漶如到講堂筵几度我昔豐碑丈尺算表裏隸書果徵實章句異同無綜貫洪釋篇行記聘禮今我諸經儼陳燦春穮嚴顏詩盍毛只少義爻彖與彖書云孝于徬友于鼠食桑苗三歲官近人板

本据婁機追想饒州簡初汗鄱陽石泐五百年中郎聽遠焦桐爨豈惟西江補典故龍光紫氣鄉雲縵方今

聖人崇實學六籍中天森炳煥羣言壹稟醇乎醇如日方升旦復旦諸生切磋函雅故不獨琱琢工文翰宮牆齋廡探星宿清廟明堂列圭瓚鳳皇一羽麟一角琪樹芝蕤非近翫研經奚必古本執樸學幸勿承師畔何海方将測原委質厚先須植根榦越州石氏證蓬萊餘論何人續東觀摩挲小閣一紀餘甫得南州䀌芹泮偏傍或裨箋傳詁叅檢

置到周秦漢踋蹹凝立語學官桂露秋香手勤盟

兩漢金石記卷弟四

日講起居注官 文淵閣直閣事詹事府詹事兼翰林院侍讀學士大興翁方綱編

器物文上

漢建初尺款

慮俿銅尺建初六年八月十五日造

右漢建初銅尺今藏闕里孔東塘有記載王文簡居易録記云漢章帝時泠道舜祠下得玉律以為尺與周尺同因鑄為銅尺頒郡國謂之漢尺此或其遺歟又引郎瑛云劉歆銅斛尺後漢建武銅尺與周同自注云建初間得周玉律以為尺謂之後漢官尺疑其非漢武也按隋志列十五尺一周尺即劉歆之銅尺建武之銅尺祖冲之之銅尺荀勖令劉恭所造之尺謂之晉前尺者是也二晉田父玉尺則世說所稱田父於野中得周時玉尺者也此比晉前尺為一尺七氂矣四漢官尺即以文學奚景所得舜祠下玉律而度之與始平尺同此則比晉前尺為一尺三分七豪未嘗明言得周玉律以為尺謂之漢官尺也玉海所云相傳謂之漢官尺是後人謂之非漢人自謂也然建武銅尺即晉前尺漢官尺即晉始平尺今所見建初此尺則固

可据以證建武及周尺者耳

後漢書郡國志慮虒縣并州太原郡前漢地理志注師古曰音廬夷建初六年為章帝即位之六年辛巳上距建武五十餘年矣然予嘗準此尺以度王莽時貨布及漢時諸器無不脗合者以此知建初尺與劉歆尺建武尺皆不相遠而周尺之制亦可因以類推明矣

曲阜桂未谷馥云許祭酒鄭司農尚不能定周尺沈冠雲乃居然据以分田制祿殊為武斷江寧周暢亭槃云曲阜孔氏所弆銅尺重今廣法平十八

兩面廣準此尺一寸側厚準此尺五分與沈冠雲周官祿田考尺同沈即以此為周尺且云沿傳十五等尺較之當以此為真周尺一切周官分田制祿悉以此推用矣愚按二君於沈氏之說疑信不同蓋稽古以闕疑致慎為主桂君之言自不可廢然沈冠雲著周官祿田攷所繪古尺圖實與此建初尺無二冠雲云右圖摹宋秦熺鐘鼎款識冊所載冊又載尺底篆文銘云一　周尺漢志鎦歆銅尺後漢建武銅尺晉前尺並同按高若訥依隋志定十五等尺弟一為周尺即此也蓋此於後人所定周尺中為近古且最著云愚按冠雲所摹初非此建初尺而今驗其圜正相合則建初尺之即建武尺尤為足信矣

尺上陰款凡十四字字在篆隸之間尺字下一筆微作側勢今曲阜有摹本則作正筆矣

漢元和二年尊字

漢元咊貳季鐎孔子廟祭器

漢元咊貳季鐎

右曲阜聖廟犧象山雷四尊陽識篆書前十一字橫書四尊皆同而大小微別凡四尊為篆四十有

四約每字得漢尺一寸許也後六字分二行行三字未見其器不知鑄於某器某處但就拓本錄此耳元和二年是東漢章帝即位之十年改元元和之乙酉歲是為諸儒會白虎觀議五經同異之後六年而侍中曹褒定漢禮之前一年也

漢帶鉤字

六年五月丙午日

張師信印

右銅帶鉤以建初尺度之長九寸中鏤雲文此字在其上下字僅一分許篆書陽識漢自武帝始有

年號此器但云六年故知是西漢器也考惠帝六年壬子呂后六年己未文帝六年丁夘此三年之五月皆無丙午惟高帝六年庚子景帝六年庚寅此二年之五月皆有丙午此器當屬何時則弗能深攷矣㠯即作字古器欵識皆如此

又見帶鉤一以建初尺度之長一寸四分其下隱起圓處徑五分文曰宜子二字古文篆陰欵

又見帶鉤一建初尺長五寸三分其背之上下各有銀鏤三字曰丙午釰君宜官篆書又帶鉤一建初尺長五寸四分陰欵篆書景初元年五月丙午

造凡九字攷魏明帝景初元年五月丁酉朔丙午是其十日也又江秋史有帶鉤二一曰建初口年五月丙午造一曰永平口年五月丙午造合前二鉤皆云丙午蓋漢魏鑄鉤用五月丙午日也此可作帶鉤故實

漢建昭鴈足鐙欵

建昭三季考工〻〻輔為內者造銅鴈足鐙重三斤八兩護建佐博嗇夫福掾光主右丞宮令相省

中宮內者弟五　故家

後大厨

令陽平家畫一至三陽朔元季賜

乙巳秋陝西按察使王述庵昶札來以所得漢銅鴈足鐙欵文拓本見寄或云此鐙即揚州馬氏家所藏厲樊榭詩所詠也予按其文與樊榭所詠馬半槎藏竟寧元年之鐙迥不相同其非一器無疑且以證予曩辨樊榭釋文之誤所益為不少矣薛尚功鐘鼎欵識載漢銅鴈足鐙二行鐙二內者鐙一鹿盧鐙一耿氏鐙一其欵文皆止年月一條未有更起年月為二文者獨是鐙造於建昭三季賜於陽朔元年一器之中有西漢文二焉尤重可

寶也

後大厨三字著其庋置之地故家二字著其所賜之家此二文蓋皆陽朔元年所補鐫也詳驗故家二字筆如鐵絲亦與前文微有不同

漢竟寧鴈足鐙欵

竟寧（此間二字蝕据厲樊榭釋云元年）護為內者造銅鴈足鐙重三（此確是三字樊榭作四誤）斤十二兩護武嗇夫廟掾廣漢主右丞賞守（此間二字蝕据樊榭釋云令麋）護工卒（此確是卒字樊榭釋作衣誤）史不禁省（此省字樊榭誤連下釋作首字）口（此似中字樊榭誤連前文讀作山）宮內者弟廿五　受內者

憂見厲徵君樊榭集漢銅鴈足鐙歌為半槎賦自注槃下銘云云其詩蒲阪首山青透迆黃帝鼎成龍胡垂云云丁酉秋於錢唐黃小松篋中得見半槎所藏是鐙欵文拓本蝕漫已甚然就其可辨者則弟一行末一字實是省字弟二行弟一字則蝕去其半矣樊榭乃以此字誤連前行末一字讀為首山二字遂以蒲阪首山為故實而作詩蓋因薛尚功鍾鼎欵識載有首山宮鐙其文云蒲反首山宮銅鴈足八寸云云此薛氏所録自別是一鐙且其首山二字本相聯成文也今此鐙則前一行末自是省字並非首字其弟二行亦非山字何得以首山二字傅會強就薛氏之書且逕以蒲反首山之器硬為裝題有是理乎

即以薛氏之書驗之其考成鼎云建平三季造守令史永省又大官壺云建武二十年造主太僕監掾蒼省又綏和壺云綏和元年造主守右丞同守令寶省證之博古考古二圖皆合蓋省乃省察之義猶漢碑察書察字也安得誤為首字乎

是器文已極蝕難辨竟寧元年下為內者之上當是人名亦恐未必是護字今姑依樊榭集録之

予今得王述庵所寄建昭三季一鐙拓文以半槎所藏鐙拓本形模尺寸比較規圜相去不遠而建昭一鐙其槃樣徑圍視竟寧者稍弱耳固知竟寧之鐙三斤十二兩建昭之鐙三斤八兩無可疑也若依樊榭所釋作四斤十二兩則二器不應如此懸絕致使後人必有疑漢世權量不符者矣又漢世官名有卒史而無衣史且此字拓本尚極分明是卒字也此器之文凡五十一字而樊榭所釋乃誤其四可不慎乎且鐙槃下刻字記年與工名者弟可謂之欵識亦不得謂之銘也

戊申冬述庵調江西布政使予適以試事在南昌借此器來諦翫古光瑩澤槃仰底覆中承以脛下卓三趾其字建昭至故家四十五字旋於槃之下今陽平十三字六行在槃之側後大廚三字在底之跟以漢建初尺度之其槃凡為圜二重外一重圍逕五寸內圍逕二寸其周輪高八分厚一分底椭而微長前近趾處微寬後近跟處微殺橫度之則前寬三寸一分後二寸六分也通計高六寸云以今營造尺度之通高四寸四分耳然此款文云重三斤八兩而以今權權之重一斤八兩則漢權

之較今權殺不及半而漢度之視今度殺不及十
之八此予親見其器而得其權度之槩如此者○
今日攷古度量其可信者惟建初尺耳建初尺當
今營造尺七寸四分强蒯其他揣拄者特是當時
朝野遠近所用偶有參差耳稽古者可以無多致
疑矣

漢鐎斗字

元康元年考工工賢友繕作府嗇夫建護萬年縣長
當時主令長平右丞義省重一斤十四兩

右鐎斗字隸書二行三十六字在柄之下面工字

重文作二考漢宣帝晉惠帝皆有元康之號審此
器文字古質必漢器也其字體雖極小然與五鳳
二年字正相埒是篆初變隸時也鐘鼎欵識云凡
漢器必謹其歲月與夫造器之官記所謂物勒工
名以考其誠是也是器藏海鹽張芑堂燕昌家芑
堂自為記云顏師古急就篇注鐎斗溫器也似銚
而無緣王應麟曰鐎刁斗也溫器三足而有柄趙
希古洞天清錄云刁斗無足鐎斗有足是斗下有
三足其銘云云賢友乃繕作人之名府嗇以下或
署官署名皆不署姓氏也

萬年下一字芑堂釋作般予按當是縣字漢書地
理志曰左馮翊萬年縣高帝置師古曰三輔黃圖
云起萬年陵是也百官表曰縣令長皆秦官掌治
其縣萬戶以上爲令秩千石至六百石減萬戶爲
長秩五百石至三百石皆有丞尉秩四百石至二
百石是爲長吏又云嗇夫職聽訟收賦稅此器自
府嗇夫以下凡四人建當時平義皆名也上一人
云繕作者工之職下四人總言省者官所司也般
雖似股字股亦縣名然股屬勃海郡不應遠與三
輔之邑連書故知是縣字也其曰右丞者百官表

止言縣有丞不言左右是又可以補史家所未及
矣

漢鐎斗柄字

八升

右八升二字陽文篆書在鐎斗之柄桂未谷拓以
相寄者未見其器

元延鋗

鬲肉蓺廚銅三斗鋗丗枚第廿重十五斤八兩元延
元年十月造

右藏嘉興黃氏未見其器就拓本量之口徑一尺

四分漢建初尺之尺有五寸也腹深則未之審也
銘在其脣之右曰長安共厨銅三斗銷卅枚弟廿
重十五斤八兩元延元年十月造篆書廿五字作
一行直下與博古圖所載梁山銷橫書之式不同
而口徑大過之
說文銷小盆也从金肙聲肙从肉口聲口音韋而
薛尚功鍾鼎欵識書作卩此器又作㔾皆漢人篆
勢之變也延内𢓊字上畫内垂尚存六書之意第
字从艸則非矣
嘉興姚上舍巽齋江春以此拓本見遺并示其鄉

兩漢金石記卷四　十

人曹君仲棟秉鈞所爲跋云辛丑夏同王石農觀
於黃思堂家文云十五斤八兩以今權權之衹得
八斤文云三斗以今量量之衹七升七合楓窗小
牘載宣和三年二月新鄭門官夫淘溝從助產朱
婆婆廬外溝底得一銅器如壺兩旁有環腹上有
線其色翡翠間之以綠其文曰綏和元年供工𠯑
爲湯官造卅鍊銅黃塗壺容二斗重十二斤八兩
塗工乳護級掾臨王守右丞同守令寶省弟壹六
斤漢權雖減不應如許是古人已有此疑今此銷
亦得諸新鄭土中色純綠權之輕重略相等而量

之相懸比權尤甚惜袁公小牘於二斗之數略而
不書不知又何如也又宋陳後山談叢載畔邑家
令周陽家金鍾容十斗重三十八斤以今衡量校
容水三斗四升重十九斤則是漢之衡與宋約輕
其半量不及十之四而今之量衡與宋相等也頤
衡量起於累黍本於黃鍾不應互異如是秉鈞記
方綱按曹君以古今權量不同爲疑予嘗以漢建
初尺驗之建初尺與劉歆銅斛尺同當今衣工尺
七寸耳曲阜顏氏所藏木尺亦云周尺止當今尺
六寸當宋三司布帛尺七寸五分耳郎仁寶又列

兩漢金石記卷四　十一

夏商以來之尺無一合者度既如此權量可知又
豈能盡比而同之耶但曹君跋内尚憾楓窗小牘
於二斗之數略而不書然攷小牘所載此器出土
在宣和三年其時權知開封府事王革上之卽已
入當時秘府矣其時秘府準量乃曰容六升二合
重五斤有半是同在一時所量而官私之文已不
相符何況古今紀載更多脩訛何可勝原然漢時
權衡度量大較與今制參驗之數則已略具於前
條厲足鐙欵下矣又小牘及后山談叢所載二器
皆收入薛氏鐘鼎欵識而綏和壺内和字薛氏摹

誤周陽鍾容十斗斗字薛亦誤作外至於重卅八
斤下有第卅字第亦从艸知漢時佐史之篆不盡
衷於六書則安見其時權量必盡衷於六律耶而
或者又併此銷疑之則亦過矣○妣上舍少年嗜
古僑居京師日與予次兒樹培往復攷核金石文
字乃甫歸里而疾卒傷其有志未就因附書於此
俾其姓名託茲編以弗湮也

漢中平二年洗字

中平二年富世造

右漢洗文一行七字篆書曰中平二年富世造其
旁右魚左鳥曲且桂禾谷見此器于洛陽以拓本
見貽富世二字蓋造器者之名漢洗多以吉語爲
文若此著其年與人名者蓋罕見云

漢禺氏洗

禺氏富貴昌宜侯王樂未央王

右富貴昌宜侯王樂未央王十字上有禺氏二字
合十二字字在篆隸之間其兩旁左羊右鶴鶴取
其壽則羊亦取其祥也漢洗著氏者亦所罕見

漢吉羊洗字

吉羊

右吉羊二字陽文畫一羊於其左張芑堂曰吳門
陸貫夫超曾藏此漢銅洗有紋作羊形銘曰吉羊
按說文羊祥也漢元嘉刀銘宜侯王大吉羊洪氏
隸釋云漢代器物多以羊爲祥又吉作吉諸家篆
書所無存之可備一種篆法愚謂羊字篆法此亦
篆書所無不獨吉字也蓋漢人器用之字多以意
屈曲自成章法尒

漢宜子孫洗字

宜子孫

右宜子孫三字陽文兩旁作雙魚而其首相連蓋
亦比目類也此三字在篆隸之間即古隸也

漢大吉羊洗字

大吉羊

右大吉羊三字陽文其兩旁上作雙鳫下作雙魚
羊字作羊又一體勢是隸非篆也

漢大吉洗字

大吉

右大吉二字獨大於他洗海寧陳匏尊以拓本見
示其字勢欹斜之中縱横特甚隸之奇者止拓此
二字不知其四邊繪文若何

漢宜侯王洗字三種

富貴昌宜侯王

右富貴昌宜侯王六字篆書旁有雙魚

富貴昌宜侯王

右富貴昌宜侯王六字篆書旁有雙魚外有兩獸

張芑堂云爾今止見摹本六字未見其魚獸

富貴昌宜侯王

右富貴昌宜侯王六字篆書旁無繪文

漢雙魚洗字

富昌其宜王

右富昌其宜王五字篆書旁有雙魚

漢雙魚洗字

富貴昌口

右富貴昌三字篆書昌下一字殘缺旁有雙魚張芑堂金石契載此洗字云按隸續富貴昌乃蜀昭烈帝鑄器之銘

新莽量銘

凡六段悉依其原摹行次書之

黄帝初祖

德市于虞

虞帝始祖

德市于新

歲在大梁

龍集戊辰

戊辰直定

天命有民

據土德受

正號即真

改正建丑

長壽隆崇

同律度量衡

稽當前人

龍在己巳

歲次實沈

初班天下

萬國永遵

子子孫孫

亨傳億年

右篆二十行行四字惟弟十三行五字以建初尺度之每字將及一寸許

律嘉量斛
方尺而圜其外
庣旁九氂五豪
冥百六十二寸
深尺
積千六百廿寸
容十斗 斗字
右篆七行
律嘉量斗 斗字
方尺而圜其外

庣旁九氂五豪
冥百六十二寸
深寸
積百六十二寸
容十升 升字
右篆七行
以上二段每字五分許
律嘉量升 升字
方寸而圜其外
庣旁一氂九豪

冥六百卌八分
深二寸五分
積萬六千二百分
容十合
右篆七字
律嘉量合
方寸而圜其外
庣旁九豪
冥百六十二分
深寸

積千六百廿分
容二龠
右篆七行
律嘉量龠
方寸而圜其外
庣旁九豪
冥百六十二分
深五分
積八百一十分
容如黃鍾

右篆七行

以上三段每字或二分許或三分許

右新莽時量銘五段前一段其銘文也後則分鐫於斛斗升合龠者也漢書律歷志量者龠合升斗斛也本起於黃鍾之龠合龠為合十合為升十升為斗十斗為斛而五量嘉矣其法用銅方尺而圜其外旁有庣焉其上為斛其下為斗左耳為升右耳為合龠注鄭氏曰算方一尺所受一斛過九氂五豪然後成斛今尚方有王莽時銅斛制盡與此同也愚按王莽銅量未知存否今所見摹本篆文

五段如此依而錄之

按王莽初始元年即居攝三年戊辰也其年十一月戊辰是年十二月癸酉朔則此戊辰是十一月廿五六日莽至高廟拜受金匱還坐未央宮前殿下書曰以戊辰直定御王冠即真天子位定有天下之號曰新其改正朔易服色變犧牲殊徽幟異器制以十二月朔癸酉為始建國元年正月之朔以雞鳴為時服色配德上黃犧牲應正用白使節之旄幡皆純黃注以戊辰直定者以建除之次其日當定也以雞鳴為時者以十二月為正以丑時為十二時之始也以土繼火故尚黃萬物紐牙於丑其色白故應正用白也此銘云龍集戊辰此句謂戊辰年也又曰戊辰直定此句謂戊辰日也又曰龍在己巳則謂以此銅量班行郡國在始建國元年己巳也

檷即稽字亭即享字㝮即寬字㴱即深字巿字則摹本之旁舊有釋云市字以愚意非市字也說文巿艸木盛巿巿然象形八聲讀若輩普活切當即此字也此巿字隸作巿而與巿不同巿讀若黹分枲莖皮也顧南原隸辨云从巿之字沭變作沛譌从市或譌巿相混無別也蓋沛肺旆皆从巿索姊

之類亦皆从巿而隸辨又云說文巿字从中从八隸變作巿亦作冇南索孛皆从之姊从朩从一或作姉則與从市之字無別矣按隸辨此二條所詁皆是然姊則从屰而屰从巿也此銘云黃帝初祖德巿于虞虞帝始祖德巿于新則即浡發茂盛之意漢書王莽傳遣五威將王奇等十二人班符命於天下曰新室之興也德祥發於漢三七九世之後肇命於新都受瑞於黃支此文云德巿于虞德巿于新即此類文法無疑也當新莽之世巿市不分矛禹相混以至龠上加卄稽旁加邑寬深變體

形聲難以恙準所以許𠦑重不能已於說文解字之作矣

漢建安弩機字

建安廿二秊四月十三日所市八千五百師檜福

右漢銅弩機一以建初尺度之高九寸五分長七寸濶寸七分重今等四十七兩七錢機間立度以銀約之為分寸則正當建初尺之三寸五分而每五分約為四格在上半之末所謂機有度以準望者也銘在中層之陽面云建安廿二年四月十三日所市八千五百師檜福凡隸書二行十九字字細止一分許攷宣和博古圖所載書言府弩機不言其銘在何處近日李鐵君於涿州市中得銅弩長四寸強高四寸弱濶二寸重一斤有奇色黝碧而澤以為攷之宣和圖譜即延光書言府之器也然鐵君不言其有銘而宣和圖中之弩機凡有七器則未知鐵君所見果是延光者否又宣和圖與鐵君集皆以所見今尺為度不若以建初尺度之也建安廿二年為漢獻帝丁酉歲八千五百者其次弟之數也檜福盖工師姓名

漢帳構銅字

廣六尺長一丈澤涞高八尺五寸銅平帳構𨕖長構

右帳構銅字陰文隸書凡二十字海寧沈䖍尊所見拓本摹以相贈其字極細而精勁淳古在厲樊榭所詠魏景初帳構銅字之上當是漢代之物無疑漢器無年月者甚多不必異也

附魏景初帳構銅字

景初元年五月十日中尚方造長一丈廣六尺澤涞平坐帳上廣構銅重二斤十兩

右魏景初帳構銅字陰文隸書凡三十二字海鹽張芑堂以拓本見示其字微有出彼厲樊榭詩自注云帳構銅狀圜如筩徑一寸長四寸許中空而底方旁出岐枝有孔上有字云云邦上方西疇所藏愚按帳構銅之名樊榭謂僅見於南史崔祖思傳然宋書江夏王義恭傳及西京雜記已皆有之不獨南史也至於景初之字本不可臆斷為何人樊榭詩中以為韋仲將筆者特詠歎之詞未可以為据也而丁敬身復作詩駁之謂當是邯鄲淳所書則亦同無所据耳

尚方故治字

尚方　故治　八千万

右銅器四方中空以濂建初尺度之長五寸二分五釐前一孔長二寸三分寬二分背三孔長各一寸一分寬二分四面寬各七分前有陽識字凡作三層上層横書尚方二字中畫一獸中層直書故治二字下有隆起處當孔之首其底亦如之下層三字分書於孔之兩旁左曰万右曰八千凡七字故治以下五字皆作杈筆尚方二字則不杈也中空之内上有四銳皆斜向内下則無之按漢書百官公卿表尚方令丞屬少府注曰主作禁器物也後漢書百官志尚方令一人六百石本注曰掌上

手工作御刀劍諸好器物丞一人員吏十二人吏從官六人皆屬少府章和日下加尚方考工別作監皆六百石宦官為之轉為監副職省据此則尚方之職雖前後司隸少府而當東漢時所治屢有兼增矣此言故治者是明此器為尚方所舊辦非新增之器物也準此言之當是東漢時器曰萬曰八千其次弟之數也其器之用則不可曉矣又按洪氏隸續晉銅澡槃款識云泰始元年□月七日右尚方治御府故二斗五升銅澡槃重九斤八兩第二字甚小而遒勁東都工於隸者未能遠過据此條則此器或亦晉初時作未可知也今姑附記於漢器後以俟更攷之

舉契文二

平昜封宮

鉤弋宮

右二器形制一同以建初尺度之長三寸二分寬三分許字在其旁皆篆書陰款其四字者藏吳門毛氏家海鹽張芑堂明經燕昌武進趙味辛舍人懷玉先後以拓本相貽者也芑堂云重一兩八錢五分此則以今衡權之也芑堂云是平昜封宮四

字其三字者錢塘黃秋盦通判易所得拓本亦皆未見其器錄於此以俟攷

芑堂云漢宮舉契也愚按史記秦始皇本紀秦武公享國二十年居平陽封宮葬宣陽聚東南然此器之文於它書未有所考姑存芑堂之說附著於漢器之末以俟更詳之

漢安井券

漢安二秊六月朔

穎陽里陏建卩□

井徆佗神券永□

無極
泉深三丈有五口
二季長陳正二百　蕩陰龔敬臣百
平原鮑苑三百　雒陽呂仲仁百
下邳東高臣百
彭城長卬鄭熊宣季五百
豫州宋孟百
海鹽張苞堂以漢安井券搨本見示云吳門陸貫夫所藏得於崑山徐氏傳是樓者不知其是金是石也搨本以建初尺度之高四寸橫長七寸前後字各五行後姓名字僅及分許凡出錢者七人按漢碑出錢人名或舉其縣或舉其郡而系以縣從未有書總部之名者若此文之豫州則是十三部之總名而書於人名之上有是理乎其字法雖極似漢隸然其字多係禮器碑陰上二橫內之字則亦不無可疑未見其原刻不敢臆斷也姑就搨本錄之以俟博攷

兩漢金石記卷第五

日講起居注官 文淵閣直閣事詹事府詹事兼翰林院侍讀學士大興翁方綱

器物文下

漢官印

大將軍章

後漢書百官志將軍不常置本注曰掌征伐背叛比公者四弟一大將軍次驃騎將軍次車騎將軍次衛將軍又有前後左右將軍初武帝以衛青數征伐有功以爲大將軍欲尊寵之故置大司馬官號以冠之其後霍光王鳳等皆然世祖中興吳漢以大將軍爲大司馬和帝即位竇憲爲車騎將軍征匈奴有功遷大將軍安帝即位鄧騭遷大將軍位如憲自安帝政治衰缺始以嫡舅耿寶爲大將軍順帝又以皇后父兄弟相繼爲大將軍如三公焉注引梁冀別傳曰元嘉二年加冀大將軍

按漢書郊祀志以正月爲歲首而色上黃官更印章以五字因爲太初元年武帝紀注張晏曰漢據土德土數五故用五謂印文也若丞相曰丞相之印章諸卿及守相印文不足五字者以之足之据

此則此印五字可驗其爲眞漢時物矣然他印又不盡然者今固未能皆執五字之說概疑其僞也且如後人欲作僞又何不可盡增至五字耶豈爲漢印之學者皆不必熟於漢書歟是又難以槩言者然亦可見諸若此類之印或不必盡出漢時矣是以愚所見官印之古者極多而寧闕焉不必備録者也

奮武將軍

漢元帝時以太常任千秋爲奮武將軍按元帝紀

作奮威將軍馮奉世傳作奮武也又獻帝時袁紹以廣平沮授爲奮武將軍又曹操初起兵亦爲奮武將軍

揚烈將軍

獻帝初平三年六月以郭汜爲揚烈將軍胡三省通鑑注揚烈將軍蓋始於是時按此在東漢之末尚守五字印文之式

建忠將軍

漢韓安國王晏皆爲建武將軍又蜀漢孟達亦嘗爲之

部曲將印

部曲督印

騎部曲將

騎部曲督

騎部曲印

軍司馬丞

按此印有之字似於土德數五之義相合然他印乃又不盡然何也顧氏印藪載軍曲候之印其條下亦引漢書注用五爲印文語然他印之不盡然者亦皆未有說

軍司馬印

軍假司馬

軍曲候印

軍假候印

假司馬印

部假司馬

別部司馬

後漢書百官志將軍條下曰其領軍皆有部曲大將軍營五部部校尉一人比二千石軍司馬一人比千石部下有曲曲有軍候一人比六百石曲下有屯屯長一人比二百石其不置校尉部但軍司馬一人又有軍假司馬假候皆為副貳其別營領屬為別部司馬

山陰董小池洵印說云官印多後人射利偽造如部曲將司馬等印且有黄銅者其文皆仿鑄初無大失第以真者較之則不能欺人愚按此說甚確即以右所列數種内如部曲將印潘毅堂所藏廿有二枚吳蘇泉藏者五十有一枚部曲督印吳藏廿有八枚軍曲候印陳目畊藏十有一枚吳藏卅有六枚軍司馬印吳藏卅有四枚陳藏廿有三枚軍假司馬印吳藏廿有五枚潘藏十有八枚別部司馬印潘藏廿有八枚吳藏四十枚其中豈無仿造而其字皆古質可愛亦猶秦中所得古瓦其所拓文無不入古者正不必復以孰爲仿造別白之矣

冠軍侯印

漢霍去病封冠軍侯

武平侯印

曹操封武平侯此印已見顧氏印藪

漢書百官公卿表爵二十徹侯金印紫綬避武帝諱曰通侯或曰列侯後漢百官志列侯所食縣為侯國大者食縣小者食鄉亭愚按今所見侯印甚多姑録此二條以見其概

都鄉矦印

後漢順帝時大長秋良賀子封都鄉侯靈帝時從官史張亮共普中黃門王尊長樂謁者騰是皆封都鄉侯此印亦見頤氏印藪

按今所見亭侯鄉侯之印甚多然非驗於漢史信而有徵者不敢錄也即熊方後漢年表於諸亭侯之文尚多闕名則史家所佚多矣今焉能求備耶

關內侯

後漢百官志承秦賜爵十九等爲關內侯

此印所見甚多其內字有作㕯疊作二內字者印譜篆譜皆沿之其果出漢時與否疑不能明也又有關內侯印又有關外侯印此皆見於頤氏印藪者又董小池曰官印陽文關外侯印頤氏印藪以其有亻旁列於僞印然予所見關外侯印是陰文者

校尉之印軍

按此印於數用五之義相合

司隸校尉

漢書百官公卿表司隸校尉武帝征和四年置成帝元延四年省綏和二年哀帝復置但爲司隸後漢書百官志司隸校尉一人比二千石建武中復置

司隸從事

後漢志云司隸校尉從事史十二人

城門校尉

漢百官表城門校尉掌京師城門共後漢志城門校尉一人比二千石

奉車都尉

駙馬都尉

漢百官表奉車都尉掌御乘輿駙馬都尉掌駙馬皆武帝初置秩比二千石師古曰駙副馬也非正駕車皆爲副馬一曰駙近也疾也後漢志注曰奉車都尉三人駙馬都尉五人

武猛都尉

後漢書何進傳使武猛都尉丁原燒孟津注武猛謂有武藝而勇猛者取其嘉名因以名官也

按此印所見斆校𥂰字皆从月蓋朮字隨手之變乃反其勢以就偏旁故有似於月耳非月字也今人楷書尚相沿呼曰反犬今見漢印乃知反字象形之精

綏民校尉

隸釋綏民校尉熊君碑拜綏民校尉領曲紅長碑以漢獻帝建安二十一年立

從事中郎

後漢書百官志從事中郎二人六百石按此在大將軍府員條下

中藏府印

後漢書百官志中藏府令一人六百石本注曰掌中幣帛金銀諸貨物

許昌宰印

後漢郡國志許昌在豫州刺史部屬潁川郡舊為許獻帝徙都改許昌

濟陽令印

濟陽在兖州刺史部屬陳留郡

大陽長印

大陽在司隸校尉部屬河東郡百官志曰凡縣萬戶以上為令不滿為長

安陵丞印

安陵屬右扶風百官志曰凡縣丞各一人本注曰丞署文書典知倉獄

按今所見令長丞之印甚多姑舉其略如右

睢陵家丞

後漢書百官志列侯家臣置家丞庶子各一人本注曰主侍侯使理家事中興以來食邑千戶以上

置家丞庶子各一人不滿千戶不置家丞志又曰武帝元朔二年令諸王得推恩分衆子土國家爲封亦爲列侯今按睢陵在徐州刺史部屬下邳國然志不言睢陵是侯國態方後漢年表亦不載有封於睢陵者且使睢陵果是侯國則印文何不明出侯字以足成五字耶是皆未可臆斷者

鄉三老

漢書高帝本紀詔舉鄉三老後漢百官志鄉置三老掌教化

廣漢屬國都尉

後漢書郡國志益州部廣漢屬國都尉注曰故北部都尉屬蜀郡安帝時以爲屬國都尉别領三城

呂睦私印

孫睦私印

漢書王莽傳封王氏齊縗之屬爲侯大功爲伯小功爲子緦麻爲男其女皆爲任男以睦女以隆爲號皆授印韍師古曰任充也男服之義男亦任也音壬睦隆皆其受封邑之號取嘉名也

夷道長印

漢率善長

漢歸義胡長

漢寧邑長

漢夷邑長

後漢書百官志四夷國王率衆王歸義侯邑君邑長皆有丞比郡縣漢書西域傳凡國五十自譯長城長君監吏大祿百長千長都尉且渠當戶將相至侯王皆佩漢印綬按今所見歸義夷王羌王之印甚多姑舉此數條以見其槩董小池印說曰董石芝得一駝鈕印曰漢匈奴惡適姑夕且渠漢魏蠻夷長印皆用駝鈕也愚按且渠繫於惡適姑夕之下蓋言某處且渠之印猶言某邑丞某邑尉耳

四邊周起一線

此二印潘毅堂所藏約當漢印之半張石公舍人曰此亦漢印所謂得假半章者也揚子法言五兩之綸半通之銅注曰有秩嗇夫之印綬印綬之徵者也後漢書仲長統昌言曰身無半通青綸之命注十三州志曰有秩嗇夫得假半章印顧氏印藪所載倉邑亦此類

右皆漢印此類所見尚多且如同一日利而篆埶之變亦甚多今姑舉此數條以見其槩愚於兩漢金石古器款識之類附入漢印本不求備且於所見之中古澤雖同而考据宜審是以私印概從删略併識於此

宋周公謹雲烟過眼録明郎仁寶七修類稿皆載張天師玉印云陽平治都功印郎仁寶云玉印乃張道陵所傳者則亦漢時所刻矣愚去年於嗣正一眞人張錦崖起隆所見其符所用大小二印其文並同盖小者是眞也附識於此

王子弁嘯堂集古録載古印三十有七郎仁寶七修類稿載古印五十有六皆雜次公私之印盖隨

見録之也愚因記録兩漢金石隨舉所見漢印除私印不載僅得五十有二種附二銅符於後非專為篆印作也

漢銅虎符

錦五原太守爲虎符第一

五原左一

右銅虎符一以建初尺度之長三寸四分前高一寸二分後高一寸闊五分盖其半亦五分也重今等二兩八錢虎形背文云與五原太守爲虎符弟一肚肋上云五原左一皆篆書陷銀為之符剖為

二片其左内有三笋隆起右有三孔凹以受之今止見其左也五原秦為九原武帝更名東漢同之頤氏印藪吳氏印統所載銅虎符二一曰上郡弟二一曰南海弟一南海者差小其陽陰笋竅與此悉同當是一時所造印藪印統皆謂上郡東漢時廢定為西漢物愚按後漢書郡國志上郡秦置戶五千云云屬并州刺史部則東漢實有是郡不知何以云東漢廢也明人疏於考證類如此而其所謂長短分寸者乃是以今尺量之其實與此符無二也弟字从艸印統所摹亦然次弟之弟从韋束

形而毛詩正義引說文云第次也字从竹弟豈古本異歟然即使从竹亦不當變而从艸以此知東漢時字學漸乖宜許祭酒之興歎矣原字中下亘畫斷作二筆按說文𠫐篆作原从泉泉水原也象水流出成川形而篆文巛字中畫或作く猶之隸楷巛巛等字亦皆中斷耳此則無乖於六書之義者也

附魏銅虎符

口口與騶盯爲銅虎符第五

騶盯司五

右銅虎符一以建初尺度之長三寸頭身共高二寸身高一寸重今等四兩七錢虎形背文云口口與騶男為銅虎符弟五肚肋上云騶男右五皆篆書陷銀為之與續考古圖所載濟陰太守銅虎符肚肋云濟陰右二者其制正同續考古圖引漢書文帝二年九月初與郡守為銅虎符竹使符弟一至弟五當發兵遣使者合符乃聽受之各分其半右留京師左以與之濟陰郡是漢銅虎符也此符騶男弟五騶屬魯國本邾國器曰騶亭前後漢志皆屬豫州然漢爵惟王侯二等不及子男至魏

晉始有五等之爵而晉則伯子男以下不置軍此當是魏物也魏咸熙初始建五等之封其見於史者如傅元封鶉觚男是也則此騶男右五之符其魏時器歟

繆篆解

作篆必本於六書摹印亦然未有可外於六書以爲印學者也予嘗與陸晉士桂未谷宋芝山諸君屢言之而今見杭人丁君魯齋傳所作繆篆解始知解者之誤則不得不亟正之矣秦時八體五曰摹印徐楚金曰摹印者屈曲填密秦璽文是也及

亡新居攝使甄豐等校文書之部時有六書五曰繆篆謂其文屈曲纏繞所以摹印章也繆字訓枲之十絜也一曰綢繆也从糸翏聲武彪切此字本平聲無仄聲也其謬誤之謬乃去聲从言也證之諸經惟禮記大傳曰一物紕繆注紕繆猶錯也此則別為一訓釋文曰本作紕繆也仲尼燕居不能詩於禮繆注繆誤也釋文音謬此二處皆與謬字通用非繆字本音也若漢時定六書之名未有取其借音以謬為繆者也且如果欲別立一篆法謂與尋常書勢不同則其標目

亦當選取嘉名為新潁可喜之詞不當以紕繆錯繆自誣也丁君又謂九疊文綢繆之體乃後代所有漢時無之殊不思秦時八體已有屈曲填密之義所謂屈曲者即綢繆之謂也奚必疊至九𢦏故殳書條下徐又釋之曰殳體八觚隨其勢而書之也詳翫隨勢而書之語即知摹印所以屈曲之故而繆之云者其字从糸為束絲糾繞之義不待辨而明矣為有印信以達政令於四方而以錯繆為詞者𢦏若今之刻印特篆學一端耳其或本同而末異者則偶因配合左右上下以就章法以成體勢此自不得盡以六書繩之蓋所求者合於六書之本旨而已至於隨勢伸縮之變苟其有本於前人者君子弗咎也至如丁君譏馬伏波不當奏正臯字甚至以唐時倒用司農印為例則可謂悖於理矣丁君又謂摹印者絕人揣摹之謂此於文義併不可通摹印猶言篆印耳初無別解不必從而曲為之辭吾因正此一解而凜然於文體學術之攸關世道人心所由繫焉凡立身植行之君子皆當敬而聽之者也

漢泉

吕后時半兩錢

漢書高后紀二年秋七月行八銖錢應劭注本秦錢文曰半兩今按秦時半兩錢質文皆與此同惟秦錢稍重漢錢稍輕大約以建初尺度之逕踰一寸三四分以外者皆秦錢也逕一寸二分以内者則漢吕后時所行耳

文帝時半兩錢

漢書文帝紀五年春二月更造四銖錢應劭注其文亦曰半兩今以建初尺度之逕一寸

半兩

武帝時半兩錢

漢書武帝紀建元五年春罷三銖錢行半兩錢今以建初尺度之逕一寸惟此種外有輪郭也

半兩

傳形半兩

此名傳形者錢之傳模也半字居左兩字居右其尺度與前一種相埒謹案　西清古鑑列此於武帝條下

按漢書食貨志秦錢質如周錢文曰半兩重如其文漢興以為秦錢重難用孝文五年乃更鑄四銖錢其文為半兩其後有司言今半兩錢法重四銖注鄭氏曰其文為半兩實重四銖也据此則漢時所行八銖四銖皆非半兩之舊特沿半兩之名而已

五銖

武帝時五銖錢

漢書武帝紀元狩五年罷半兩錢行五銖錢

按世所傳五銖錢其類最多蓋起於漢武帝下至梁陳魏隋諸代皆有之此錢以建初尺度之逕一寸有輪郭　西清古鑑列之武帝時云

大泉五十

王莽大泉

漢書食貨志王莽居攝變漢制於是更造大泉逕寸二分重十二銖文曰大泉五十蓋漢自武帝鑄五銖錢後閱宣元成哀平五世無所變更至是莽始變漢法也周官外府鄭注曰漢惟有五銖久行王莽改貨而異作泉布多至十品今存於民間者大泉徑一寸二分重十二銖文曰大泉直十五貨泉也賈疏曰王莽造大泉文曰大泉直五十云今存於民間多者有貨布大泉已下者是從莽至漢末鄭君時見行此三者故云今存於民間也案彼大泉直五十不云五十言十五者亦誤當從五十

爲正也方綱按賈疏此語誤矣鄭氏注云文曰大泉此句是撮舉泉文非泉之全文也下句云直十五貨泉猶上條云直貨泉二十五耳賈氏誤讀大泉直十五五字為句而譏鄭氏之誤而其前文又曰王莽造大泉文曰大泉直五十乃自加一直字於泉文之内可乎且賈氏又云至漢末鄭君時見行此三者此語亦誤蓋鄭君之意謂漢末鄭君時民間尚有存此莽泉者非謂其時尚行之也若夫尺度之考則漢書食貨志是東漢初年班氏所記而曰徑寸二分至漢末鄭君之時亦曰徑一寸二分今

以建初尺度之恰是徑寸二分然則劉歆尺建武尺建初尺信乎同符而兩漢權衡之制前後未改於此可證矣

大泉五十泉文四字有若雙鉤筆法者又有兩面皆作大泉五十字者又有以次遞小者蓋莽時官私雜出故同此一品而又自有小大也

栔刀　五百

王莽契刀

漢書食貨志莽造契刀其環如大錢身形如刀長二寸文曰契刀五百注張晏曰案今所見契刀形質如大錢而肉好輪厚異於此大錢形如大刀環矣契刀身形圓不長二寸也其文左曰契右曰刀無五百字也方綱按張晏止就所見一種言之耳其實今所存契刀五百者正與食貨志相合所云長二寸者今以建初尺度之乃專謂其柄長二寸也今所存又有一種右曰契左曰刀無下柄者則即是張晏所見也然張晏又誤倒左右耳契字實作栔栔即契字也

一刀　平五千

王莽錯刀

食貨志莽造錯刀以黄金錯其文曰一刀直五千張晏亦曰其文上曰一下曰刀不與志相應師古曰張說非也王莽泉刀今並尚在形質及文與志相合無差錯也漢志注又載劉奉世弟當時常得錯刀文曰一刀平五千宋祁曰梅聖俞云飲劉原父家原父懷二古錢勸酒其一齊之大刀長五寸半其一王莽時金錯刀長二寸半詩云探懷發二寶太公新室錢獨行齊大刀鏄形末環連文存半辨齊皆有模法圓次觀金錯刀一刀平五千注云

其文如此據此則今所見平字者信合矣郎氏七
脩類稿所載一種上曰一下曰刀二字皆似雙鉤
蓋塡金所致也下柄止云五千無平字亦引一刀
直五千之句此可以互證也今以建初尺度之亦
是其下柄長二尺與契刀略同而劉原父家譏客
所度之尺乃云二寸半者今以宋三司布帛尺度
之連柄厭幾二寸有五分耳然則劉原父家所用
量古泉者其即宋時尺歟

小泉直一

王莽小泉

食貨志莽小泉徑六分重一銖文曰小泉直一今
以建初尺度之實徑六分與志相應

小布一百

王莽小布

食貨志小布長寸五分重十五銖文曰小布一百
自小布吕上各相長一分相重一銖文各爲其布
名直各加一百上至大布長二寸四分重一兩而
直千錢矣是爲布貨十品注師古曰布亦泉耳謂
之布者言其分布流行也宋祁曰各加一百當刪
一字按十品者謂大布次布弟布壯布中布差布
厚布幼布幺布小布也自小布吕上各相長一分
者謂幺布長寸六分上至大布長二寸四分也各
相重一銖者謂幺布重十六銖上至大布重二十
四銖也直各加一百者謂幺布二百上至大布直
千也一字必不可刪假如宋說一百當刪一字則
一分一銖何不亦刪一字而必一百之是刪乎凡
宋祁校漢書所云某字當省者大約類此
此四字每二字皆橫書所謂長寸五分者是連布

之上下言之也今以建初尺度之並與漢志相應
也

幺布二百

王莽幺布

詳見前條

幼布二百

王莽幼布

詳見前條

差布五百

王莽差布

詳見前條五字中間多一曲

中布六百

王莽中布

詳見前條

次布九百

王莽次布

詳見前條九百二字糢糊僅微露上半

大黃布刀

王莽大布

詳見前條此布前人著錄皆作大黃布刀海鹽張芑堂燕昌金石契引吳門張端木曰此布之文乃是大布黃千漢書所云莽布十品大布直千錢意謂是歟而泉志所云大黃布刀了無意義且篆文刀字豈有中多一點者乎蓋千字也但觀幺布等形制研究自明矣又引丁傳曰洪氏泉志所載大黃布刀一種沿誤日久今以漢書食貨志及新莽所鑄諸布覈之當作大布橫千旁行讀之文義自顯蓋大布其直當千也黃即橫字古橫衡二字通詳禮經鄭康成注毛詩箋諸書橫者平也絜刀平五百之類也橫作黃者猶黌舍即橫舍飃飃即橫飃黃乃橫省可據又橫本讀黃古韻庚陽互通也自泉志至今皆以新莽自謂黃帝後裔遂順讀篆文曰大黃如大漢大唐等稱誤矣此是布非刀而誤讀千字為刀不但不識篆文千字并不識刀與布之分矣篆文以點代畫者如周穆公鼎米作米尨生鼎出作出之類不一而足也方綱按此布文自應讀作大布黃千至於黃與橫通之義則存以俟攷

貨布

王莽貨布

食貨志天鳳元年罷大小錢改作貨布長二寸五分廣一寸首長八分有奇廣八分其圜好徑二分半足枝長八分間廣二分其文右曰貨左曰布重

二十五銖直貨泉二十五愚按諸泉布惟此一品
尺寸最詳今以建初尺度之無不與志所云纖豪
悉應者足徵建初尺即劉歆銅斛尺無疑也

王莽貨泉

食貨志貨泉徑一寸重五銖文右曰貨左曰泉枚
直一

漢靈帝五銖

右漢靈帝四出五銖其背有四出文靈帝紀中平
三年鑄四出文錢獻帝春秋曰靈帝作角錢錢猶
五銖而有四道連於邊輪今所存者或背文四出
或止二道者為小異耳

蜀漢直百

右蜀漢昭烈帝直百錢泉志碩烜曰漢獻帝建安
十九年劉備鑄蜀志注從西曹掾劉巴議也又碩
烜曰劉巴說劉備鑄直百錢文曰五銖直百洪遵
曰有一種面文相類背肉粗惡穿左有一爲字今
此錢背篆文作爲潘毅堂云或取犍爲郡也或又
有作楷書爲字者

傳形五銖

泉志碩烜曰劉備鑄直百錢傳形五銖舊譜曰五
字居左銖字居右謂之傳形今見此錢其銖字亦
金在右朱在左也

吳當千

吳志赤烏元年春鑄當千大泉

半兩泉笵

謹案　西清古鑑笵金必先合土寘笵於此摶土
印笵上覆之則泉由方圓皆爲凹文然後煎銅液
澆其上則泉爲凸文而泉文以成故謂之笵此笵
形正圓面徑四寸強建初尺底微弱而環列八泉或
九泉皆其面文也中凸處爲八出九出之文

五銖泉笵
周篔谷震榮所藏者其形長圓面寬逕三寸五分
橫長五寸五分建初尺中列八泉四面四背間以觚
星凸起夾以畀文
又一笵宋芝山持來者略如前一器而差小亦列
四面四背中有觚枝連畀旁有四星二凹二凸
又一笵下出二岐枝連岐枝橫長六寸寬逕三寸
五分笵面凸而泉形凹八泉皆面文文皆反寫其
中畀枝亦凹芝山所借拓本也
大泉五十笵
潘毅堂有為所藏形圜而方面徑四寸底三寸七
分建初尺面列四泉左二面右二背中凸處為四出
文底有四隸書曰宜泉吉利
又一笵形與前器同而差小面列四泉其右二泉
為面文一順一逆其左二為背文底有隸書曰吉
利下又有小隸二字曰史方疑是鑄笵人名
又一笵形亦同而益小面列四泉上二背下二面
底有隸書二大字曰大吉
又一笵形亦同而較前弟一器差小面列四泉上
二背下二面底有反寫橫列金鍚二字鍚作𨧫古

文也凡此底字與泉文皆陽文也
貨泉笵
嘉善姚蘆汀晉錫所藏形八觚面逕三寸中列四
泉右二面左二背其背光可以鑑蘆汀因名其齋
曰笵鑑兒子樹培曰或曰此是後人以銅笵磨作
鏡者或曰今見鏡背有列泉者矣博古圖有鏡背
作五銖錢者此或其制亦未可知姑附於此
張芑堂摹本一笵形長而圓面逕長五寸七分廣
三寸五分中列六泉面背相間各三笵底陰文二
行曰建武二年二月丙申太僕監掾蒼考工令通
齊國令史鳳工周錢造今字國字錢字並泐壞不
可辨据芑堂釋文云尒光武建武二年丙戌是年
正月甲子朔則丙申是二月三日也案此二行乃
隸書芑堂以為篆非也是為東漢金石文字之最
古者
漢元壽鏡銘
元壽元年五月丙午日天大赦廣漢造作尚方明竟
幽湅三商周得無極中得光明長樂未英富且昌宜
侯王師命長生吮可位至三公壽如東父西王母仙
人子立至公侯

吾乍明竟幽湅三商

右鏡銘六十六字又九字乾隆癸卯五月孫淵如上舍以此拓本見贈鏡圜徑得漢尺三寸七分其内層九篆字纔一分許其外層周遶六十六字則篆書細入豪芒不及銖黍西漢文字得見於鏡背已為至幸而又精細至此恐世間金石髙古微妙之品未有過之者矣

孫君自為釋文如右且釋之曰㭊即赦字湏即漫字啇即商字𠀌即立即位字壬寅之冬見此鏡於陝西尋不知為何人所得矣因手拓其文歸

于蘀齋云爾銘内元光明如石壽毋仙人諸字皆反寫

孫君本釋此鏡文為元興元年愚按漢和帝吳歸命侯晉安帝皆有元興之號而其元年之五月皆無丙午驗拓本字極細而又糢糊諦審實壽字也攷漢哀帝之元壽元年五月八日是為丙午此誠西漢文字之尤難遘者矣

漢永康鏡銘

永康元年正月丙午黄氏作竟幽湅三商昭如日月國皆富昌口口作口位至公卿天王日月上有口父太口三口宜吉口子

右鏡銘四十八字篆書作十二方方四字永作𣱵元作亓此二字反書父上似是東字太下似是丣字當爲酉也三下似是利字

乾隆五十一年畢中丞沅於洛陽得此鏡拓文寄示予以漢建初尺度之逕圍九寸當今衣工尺六寸強字每方漢尺三分有半當今尺二分強也鏤文凡四重銘文在其内之弟二重也漢桓晉惠皆有永康而晉惠永康元年正月壬戌朔是月無丙午漢桓永康元年正月乙酉朔則廿二日丙午也

予故定此鏡為漢永康物無疑也適逢今歲丙午正月朔又是丙午而畢公恰得此鏡當為歲歲屢豐之兆矣爰作詩以寄畢云今年正月朔丙午畢公書來傳吉語四十八字鏡背文祝國蕃昌位公輔永康之元月正日亦丙午神所予幽湅三商丣三利宜尔孫子宜東父黄氏作鏡兼作銘銘如騶李質且古五穀成熟和陰陽四時安樂調風雨永康兩字宛叶𡊮四神八位來占祜畢公夙夜宣上德何岦恩膏徧滂溥熒熒古鏡積笞花拭用嵩陽洛濱土甲乚不須長睿辨釋文豈待洪家補從

茲㢑豐日有喜樂職中和㬪樂府熙春不借鏡聽
詞但唱幽歌擊土鼓崇高三闕紀尉濡吏拓全文
寫圖譜我裝此紙作鏡光圓配燈宵月三五
按洪氏隸續載騶氏鏡銘云黃長㿻審定以為漢
器但誤認其中數字今以東觀餘論考之惟天下
從復作得此字當是誤繹其餘諸字則恐二書所
載不同蓋非一器也若博古圖丹鉛錄諸書所載
鏡銘字句相埒者不一然皆視其文之古質斷為
漢物未有若元壽永康二鏡銘明著歲月者也

漢尚方鑑銘

尚方作竟真大好上有仙人不知老渴次玉泉飢食
棗浮天下敖三海壽如金石長相保
子丑寅卯辰巳午未申酉戌亥
右銘三十四字共十二辰字在方輪之內此鏡以
建初尺度之圓徑七寸七分沈匏尊所貽拓本也
竟即鏡字凶即仙字次即飲字

漢尚方鑑銘

尚方作竟真大巧上有仙人不知老渴飲玉泉飢食
棗壽而金石
右銘二十五字此鏡圓徑六寸五分亦匏尊所貽
拓本而即如字

漢尚方鑑銘

尚方作竟真大好上有凶人不知老渴次玉泉汎食
棗浮洊天下敖三海
右銘二十八字此鏡圓徑六寸錢撵石宗伯所藏
也飲飢皆从氵斿游省作洊山亦作凶

漢王氏鑑銘

王氏作竟真大好上有凶人不知老渴次玉泉飢食
棗浮游天下敖三海壽如金石
右銘三十二字此鏡圓徑五寸九分沈匏尊所貽

拓本

漢佳鏡銘

作佳鏡我真大好上有仙人不知老渴次澧泉飢昭
棗浮游天下敖三海壽如金石為國保
右銘三十五字此鏡圓徑八寸顏運生所貽拓本
澧即醴字

漢尚方鑑銘

尚方作竟□大□上有山人不知老□次玉泉飢食
棗□□□□□□□□金石
右銘三十二字此鏡圓徑七寸三分亦匏尊所貽

拓本其文過蝕難悉辨矣大約與前數鏡銘同耳

其内方輪亦似有十二辰字愈模糊不可辨

漢尚方鑑銘

尚□隹竟□□大好上有山人不知老渴次玉泉汎食棗浮游天下敖三海壽如金石□□□□

子丑寅卯辰巳午未申酉戌亥

右銘三十六字此鏡圓徑七寸六分亦匏尊所貽拓本其文首尾殽字難辨方輪内有十二辰字

漢大吉鏡銘

□□作竟真大工上有山人不知老渴次玉泉大吉

右銘二十字此鏡圓徑四寸六分是摹拓本也工即巧字猶之山為仙耳

按博古圖漢尚方鑑銘尚方作竟真大好上有仙人不知老渴飲玉泉飢食棗□梓天下放四海壽比金石之國保此鏡拓本今雖未見然審所釋銘詞信當是作之訛梓當是浮之訛放當是敖之訛梓上一字當是浮之國之字亦當有訛也

漢宜子孫鑑銘

□氏作竟真大好上有山人不知老渴次玉泉汎食棗浮□

此外輪銘字多少不甚可辨

宜子孫

右銘三字以其外一層不可悉辨大約與前尚方諸鏡銘相類故但以其中輪之字録之此鏡圓徑九寸五分顏運生所貽拓本也

漢長宜子孫鑑銘

長宜子孫

右銘四字在内層此鏡圓徑八寸匏尊所貽拓本

漢長宜子孫鑑銘

長宜子孫

右銘四字在内層此鏡圓徑六寸二分曹儷笙所貽拓本

漢長宜子孫鑑銘

長宜子孫

右銘四字鏡圓徑八寸此篆四字在其内層桂未谷所貽拓本

漢尚方鑑銘

尚方小竟大毋傷式龍雨辟不羊朱鳥8武順陰陽子孫二備具居中央長保樂富昌壽敝金石如侯王

右銘四十字此鏡圓徑六寸沈匏尊所貽拓本也

尚方下一字沈云是造字今諦審中有直畫非造字也羊即祥字左字居字皆反書子孫下有二似是子子孫孫也漢詩無九言者此銘内以五六言雜之則中間併入子孫重文以為九言長短相間即是後來長句雜言之發端矣

漢尚方鑑銘

尚方作竟大毋傷式龍右虎辟不羊朱鳥玄武順陰陽子孫備具居中央長保二親樂富昌壽敝金石如侯王兮

子丑寅卯辰巳午未申酉戌亥

右銘四十三字此鏡圜逕六寸八分鮑尊所貽拓本其十二辰字在中層方輪之内銘内左居二字亦皆反寫

漢尚方鑑銘

謹肎善銅出丹陽湅冶鍾多清而明尚方口思善毋傷制成文章式龍右虎辟邪陰朱鳥玄武則曰田子孫葥具居中央長保二親樂未央壽如金石

子丑寅卯辰巳午未申酉戌亥

右銘五十八字此鏡圜徑九寸七分鮑尊所貽拓本其十二辰字在中層方輪之内銘内左辟鳥武

順備居凡七字皆反寫

漢鑑銘

漢有善銅出丹陽和目銀錫清且明左龍右虎

右銘一十八字鏡圜徑六寸運生所貽拓本

漢龍氏鏡銘

龍氏作竟佳宜好明日月世少有刻治兮守悉皆在長保二親宜孫子大吉羊兮

右銘三十二字此鏡圜徑一尺中層四花相向四花之間一面作獸形一面曲蓋車有蓋駕一馬車中一人車前拱迎者一人其二面各一人憑茵坐前後各三人一則前迎者二人後侍一人皆有茵一則前二人交拱相讓後一人侍皆不茵也不知其何義以銘詞度之豈昏禮圖歟銘文皆字上半反寫其文雖篆而垂波似隸也此宋芝山所貽拓本

漢寶鑑銘

匕鬯鏡子子孫孫永㒸用

右銘八字重文二此鏡背作丹鼎雙劍形不知其面圜逕難以量度也此篆文八字分列于旁每行四字鮑尊所貽拓本

漢長貴富鑑銘

長貴富日有喜樂無事宜酒食

右銘十二字此鏡圓徑六寸六分背作四乳菱花此篆文在其内層方輪四面周遶書之宋芝山所貽拓本

漢鏡銘

君宜高官

右銘四字鏡圓徑三寸五分此篆文四字在背鼻上下各二字直書桂未谷所貽拓本

漢甘泉宮瓦文

長生未央

侯官林吉人佶甘泉瓦圖記云右漢甘泉宮瓦子家所藏也甘泉宮址在今陝西淳化縣治山中康熙辛丑予兄同人與祝丈光遠自三原往遊其地見道旁畊夫鉏田積瓦礫如岡阜皆隱隱有文多剥缺不可識因憩樹下見有小物墳起者剔之獲此瓦甚完好字畫獨全亟懷以歸攷三輔黄圖甘泉宮一曰雲陽宮秦始皇二十七年作周十餘里漢武帝建元中增廣之周十九里師古曰秦林光宮在磨石嶺嶺側有甘泉故漢武建甘泉即取為名其嶺高出他山距長安三百餘里而能望見長安城堞宮表有通天臺雲雨悉在其下山中宮殿臺觀略與建章相比百官皆有邸舍帝嘗以五月避暑八月歸每邊警烽火通甘泉以人主不在長安故兩通之也今去漢二千年宮觀淪沒人亦無有向荒山古道而流連憑弔者家兄短衣匹馬裵裒於夕陽隴畝之間田夫牧豎方且揶揄而怪訝之乃適獲此瓦以償其好事之癖吁亦異矣予庚子生於三原家兄獲此瓦時予始二歲稍長家兄輒舉以相示曰此不易得也既壯學書知摹古文

奇字乃知是物可貴庚午學作詩賦為歌以紀家兄亦從而賦之頗聞於人間有屬和者又四方博雅之士多欲摹其文以為傳翫因考圖記詳夫得之始末俾覽者有徵焉愚按新城王文簡甘泉宮長生瓦歌通天臺高屹宮表又短衣匹馬躑躅斜陽等句皆從此文出柬吳惠定宇為之注曰甘泉宮瓦圖瓦徑五寸强厚一寸弱圍一尺二寸弱銘曰長生甘泉今按此瓦文曰長生未央非長生甘泉也圍一尺六寸非一尺二寸也又林吉人此記中康熙辛丑亦誤也當是順治十八年辛丑耳

萬季野斯同羣書疑辨一條云林子吉人示余以甘泉宮瓦圖蓋其兄同人游其地親拾于瓦礫中者其額有四字曰長生未央古而樸其為漢物無

疑也或有問於予曰昔王子充作漢瓦硯記言未央宮瓦有曰長樂未央有曰儲胥未央有曰長生無極無所謂長生未央者得毋僞乎予曰不然彼所云者未央宮瓦也林子所得者甘泉宮瓦也未央作於高帝甘泉則作於武帝時之相去將百年未央在今咸陽甘泉則在今淳化地之相去又二三百里宜其制有不同也安得執彼之說疑此之僞乎子充記謂瓦之面徑五寸圍一尺六寸強厚一寸弱質之林子之瓦其制皆合則其為漢物何疑或又謂未央之瓦乃篆字此則隸字何以不同

予曰隸即今楷書也當高帝時去秦未遠隸書止行於民間故用篆字至武帝則朝廷上下悉用隸書故製瓦者即用其體書之又何疑焉　愚按王烏傷漢瓦硯記以漢瓦文長樂未央儲胥未央長生無極萬壽無疆永壽無疆之類志其目曰未央宮瓦凡六等此亦未知足以該當時瓦文與否而季野此文徒執未央甘泉時地不同以辨之亦未見其必然也季野又謂此瓦文乃隸字不知此乃篆初變隸之時其字正在篆隸之間耳何得區分之乎其專以隸為今楷書則亦非也予於後卷隸八分攷詳之

乾隆庚寅秋方綱在廣州使廨錄士事竣候官林道山名琮字用郊以其家吉人所摹瓦文并前人題硏來示其背有同人手題曰甘泉宮硯辛丑得之石門山中方綱既為賦詩并摹於研以志之後十年庚子秋桐鄉陸堅士費墀又見示吉人所摹製一研文亦相同其研側八分題曰仿漢瓦製吉人凡六字方綱於壬辰夏始得見漢建初尺以準漢器漢泉刀無弗合者因以建初尺度此瓦正得五寸有奇乃知烏傷王文節之記所謂面徑五寸者乃是漢尺五寸強耳若直以今尺度之則甫及四寸安得云五寸哉由是以推則其所謂圍一尺六寸強厚一寸弱者皆是以漢尺度之昔郎仁寶在明代尚能考證歷代諸尺則烏傷之見漢尺可以無疑

而益見攷古之不可輕以臆斷矣○林君精於六書篆籀之學僑寓廣東曰與予訂證金石文字未得竟其志而歿附書於此以志無忘

長生未央

右長生未央瓦藏懷慶靳氏以漢建初尺度之面逕六寸強

長生未央

右長生未央瓦以建初尺度之面逕六寸五分

長生未央

右長生未央瓦面逕六寸五分弱其長字反寫

長生未央

右長生未央瓦面逕五寸五分強

長生未央

右長生未央瓦面逕七寸

長生未央

右長生未央瓦面逕八寸強其長字反寫

長生未央

右長生未央瓦面逕六寸強邊殘破

長生未央

右長生未央瓦面徑八寸五分

長生未央

右長生未央瓦面徑六寸五分

長生未央

右長生未央瓦面徑八寸八分

長生未央

右長生未央瓦面逕六寸四分長字下止一畫

長生未央

右長生未央瓦面逕六寸五分長字內多二亘

右凡長生未央瓦十有三

附甎文一種

長生未央

右長生未央四字甎陽文長生二字在右之上未央二字在左之下形質古樸間以列錢中為界道凡面逕一尺三寸八分以建初尺度之也錢君待庵於陝西得之琢其背為硯寄此拓本屬予邀同人共賦之○今所見古甎款多在甎側為一行直下之文如晉咸和咸康諸甎是也若張芑堂所得蜀師甎則連款文及夃鏤刻處就所存泐餘之質橫約漢尺將及七寸且其蜀師二字重文並列恐非側面矣然終以無歲月不敢定為何時惟此未央宮甎面逕倍之雖不能審知當日宮室之制然此甎文在其面必非疊砌於內止露其側者也西都賦曰金釭銜璧是為列錢列錢之制今不甚可考注謂黃金為釭其中銜璧納之於壁帶漢書外戚傳趙昭儀居昭陽舍其壁帶往往為黃金釭函藍田璧師古曰壁帶壁之橫木露出如帶者也於壁帶之中往往以黃金為釭其釭中著玉璧也按此璧帶乃犆璧字从土銜璧乃玉璧字从玉今文選板本多訛土王相混故附說之為行列歷歷如錢也今見此甎方知列錢之樣如此故附於漢宮長生未央諸瓦頭之後

長生未央

右長樂未央瓦面逕六寸五分強央字重畫
長樂未央
右長樂未央瓦面逕八寸六分
長樂未央
右長樂未央瓦面逕七寸三分
長樂未央
右長樂未央瓦面逕六寸五分強
長樂未央
右長樂未央瓦面逕八寸長字一邊破缺
長樂未央
右長樂未央瓦面徑八寸三分長字反寫

長樂未央
右長樂未央瓦面徑六寸五分強未央字皆重畫
長樂未央
右長樂未央瓦面徑七寸強
長樂未央
右長樂未央瓦面徑五寸六分無中層圓輪而字
之四旁繪以雲物
長樂未央
右長樂未央瓦面徑六寸五分無中層圓輪有十
字界道
長樂未央
右長樂未央瓦四字橫書中二字之間有圓輪二
層夾以直界道其外邊上橫下曲作狀今屋簷
之瓦有此形四字斜排書之中二字較長錯落極
有古意此斷非後人所能為者橫長逕八寸四分
中直逕四寸八分此朱排山摹本也排山記曰余
遊洛陽遇董君鈞阜言其家藏古碑帖邀余過其
友漢州堂共觀之蓋其先人董子相所精篆隸所
藏漢碑為多亦有古瓦搨本數種而長樂未央為
溝間梲際之瓦形製稍異因以其副見遺云丁亥
春日朱楓近牕題時年七十有三愚按相所名金
甌即於嵩山搜剔石闕者也

右凡長樂未央瓦十有一
長生無極
右長生無極瓦面徑七寸上半破缺
長生無極
右長生無極瓦面徑七寸強邊微損
長生無極
右長生無極瓦面徑八寸

長生無極

右長生無極瓦面徑七寸五分

長生無極

右長生無極瓦面徑七寸五分

右凡長生無極瓦五

千秋萬歲

右千秋萬歲瓦面徑八寸

千秋萬歲

右千秋萬歲瓦面徑六寸

千秋萬歲

右千秋萬歲瓦面徑八寸強秋字半缺

右凡千秋萬歲瓦三

延年益壽

右延年益壽瓦面徑六寸三分按延字从㢟延从彡又从𠂆引之方言延永長也又从𠂆引之𠂆象人脛三屬相連故曰又為入也

延年益壽

右延年益壽瓦面徑五寸五分延字内正又變其勢因瓦邊圓轉為之

延壽萬歲

右延年益壽瓦面徑八寸按黃長睿東觀餘論云漢郊祀志云武帝因公孫卿言仙人好樓居於是令長安作飛廉桂館甘泉作益壽延壽館顏師古曰益壽延壽二館也予按太史公記作益延壽觀而近歲雍耀閒耕夫有得古瓦其首作益延壽三字瓦徑尺字畫奇古即此觀當時瓦也据此所摹知漢瓦初無定式也故附錄於此知前條所引烏傷王氏未央瓦凡六等之說恐未可泥矣又長睿此文云其首是也萬氏羣書疑辨稱其額者非是

右凡延年益壽瓦三

與天無極

右與天毋極瓦面徑七寸毋字反寫

與天無極

右與天毋極瓦面徑六寸強與字反寫毋極二字半邊破缺

與天無極

右與天毋極瓦面徑六寸二分極字反寫

與天無極

右與天毋極瓦面徑六寸強

與天無極

右與天無極瓦面逕六寸二分與字左上多一折因瓦勢為之此一種又有大至面逕九寸者

與天無極

右與天無極瓦面徑六寸強與字左上多一畫亦因瓦勢內寬所致

右凡與天毋極瓦六

永奉無疆

右永奉無疆瓦面逕八寸

永奉無疆

右永奉無疆瓦面逕六寸五分強上半邊破缺

右凡永奉無疆瓦二

益壽存富

右瓦面逕六寸五分今朱排山漢瓦圖記曰此瓦得之漢城西南土中考漢書止稱甘泉宮作益壽館而東觀餘論又云於雍耀得益壽瓦則益壽等館不僅一所宜漢城咫尺亦有茲瓦也程勉之惇曰朱氏不解篆文釋為益壽存富四字以至錢趙諸君疑為偽作之瓦以益下皿字不應多為曲折如此又富上不應加北也丁未正月教與申朝邑嚴往漢城訪瓦久無所獲一日於長樂鐘室阯南百步塵埃之間檢得一瓦業已破碎又字為土壤沾污僉卒難辨懷歸沃洗用膠黏合拓出即此文也因攷漢書郊祀志王莽二年興神僊事以方士蘇樂言起八風臺於宮中臺成萬金作樂其上因此知為八風壽存當乃八風臺瓦也八風壽存四字本可成文緣八字筆畫疏少故與風字合為一遂增當字以配合之而當字北下作冂一筆分為二筆使上半加長亦欲與首八風二字相配於此益見古人繆篆分布之妙又莽更名未央宮曰壽成

室更霸館為長存館壽存二字正與莽一時宮館命名相合故知為莽八風臺瓦無疑也或謂說文云榭臺有屋也則臺無屋矣又安得有瓦然郊祀志有神明臺水經注謂神明臺上有九室俗謂之九子臺又三輔黃圖長樂宮有鴻臺秦始皇築上起觀宇云云據此二說則臺亦未可盡云無屋矣

億年無疆

右億年無疆瓦面逕五寸六分

億年無疆

右億年無疆瓦面逕七寸二分

右凡億年無疆瓦二

宜富當貴

右宜富當貴瓦面逕五寸六分朱排山記曰右瓦得之淳化縣甘泉宫故基華州史君嘗爲淳化縣學官此其所藏也其中央有文曰劉程勉之秦漢瓦當文字記作宜富貴當程曰右宜富貴當一中有字從金右㫄湯德不知何字或說金㫄作乃爲劉字乃漢宗室府第瓦也敦案漢鑑銘及古錢文皆有長宜富貴等字此瓦銘或即其意中劉字作釖無所據闕疑可耳江鄭堂藩謂是千金二字

延壽萬歲

此瓦邊㓮不可度其寸分程勉之曰右延壽萬歲瓦一俞太學得於長安市肆當亦萬歲殿或延壽觀瓦說皆見前又史記索隱引漢武故事云作延壽觀高三十丈又案宋黄伯思東觀餘論二館辨云漢郊祀志武帝因公孫卿言僊人好樓居於是令甘泉作益延壽觀師古曰益壽延壽二館也予案太史公記作益延壽觀而近歲雍耀閒耕夫有得古瓦其首作益延壽三字即此觀當時瓦也然則當以史記爲正但一觀名益延壽三字耳顏說非是敦謂黄氏以所見瓦證小顏之誤是矣然今所得瓦既有延年益壽又有延壽萬歲安知非二觀之瓦況郊祀志因封禪書之文益下已增壽字云作益壽延壽館是其說已不始於小顏而漢武故事又有作延壽觀云云則黄氏之辨亦未可據爲定論也

高安萬世

右高安萬世四字瓦面逕七寸程勉之曰右高安萬世瓦一錢別駕得於漢城敦案漢書佞幸傳封董賢爲高安侯此當賢宅第瓦也

便

右瓦面逕六寸六分程勉之曰右便字瓦一申朝邑得於長安市肆攷漢書武帝紀六年四月高園便殿火小顏曰凡言便殿便室者皆非正大之處所以就便安也園者陵上作之既有正寢以象平生正殿又立便殿爲休息閒晏之處耳說者不曉其意乃解云便殿便室皆是正名斯大惑矣敦案韋元成傳注如淳引黄圖高廟有便殿是中央正殿也小顏之說即駁此注然元成傳云京師

自高祖下至宣帝與太上皇悼皇考各自居陵旁
立廟園中各有寢便殿日祭於寢月祭於廟時祭
於便殿據此則便殿之設他陵廟皆有之不獨高
廟為然黄圖特因武帝紀有高園便殿火之文遂
為高廟正殿其誤不辨自明此瓦不知出自何陵
要為便殿瓦無疑也又諸瓦當字文皆突起此獨
汚下為異豈以閒宴之處不欲同於正大與

長毋相忘

右長毋相忘瓦面逕六寸四分吳門張瘦同於關
中得之予與諸君皆為賦詩瘦同匣而藏之以漢

瓦名其軒

宗正官當

右宗正官當四字瓦面逕七寸邊有損壞

都司空瓦

右都司空瓦四字瓦面逕七寸強朱排山記曰此
二瓦並得之漢城中按史記魏其武安侯列傳劾
繫都司空索隱曰按百官表云宗正屬官主詔獄
也正義如淳云律司空主收及罪人是都司空為
宗正屬官宜在禁中故附未央宮末曰瓦曰當未
詳愚按瓦即瓦字當蓋玉巵無當之當底也蓋亦

瓦頭之義歟

司空

右右空二字瓦面逕七寸此二字直書其兩旁有
鏤文朱排山記曰此瓦得之漢城中亦附於未央
宮瓦末

上林

右上林二字瓦面逕七寸強此二字直書中有界
道予於庚寅秋得此拓本於林道山因自摹為研
賦詩志之

上林

右上林二字瓦面逕五寸三分二字直書中無界

道

上林

右上林二字瓦面逕五寸七分二字直書林字二
木相隔稍疎

上林

右殘瓦僅存上半上林二字橫書面逕五寸

上林

右殘瓦僅存上半二字橫書面逕七寸
右凡上林瓦五朱排山記曰此四瓦皆得之漢城

承露臺基旁按秦有上林苑至漢武帝則廣開上
林故當屬之漢也

上林農官

右上林農官瓦面逕七寸強朱排山曰右瓦得之
漢城東南亦上林地也史記平準書令水衡主上
林又分緡錢諸官而水衡少府大農太僕各置農
官此為農官解舍之瓦程勉之曰右上林農官一
瓦錢別駕得於長安市肆攷漢百官表水衡都尉
武帝元鼎二年初置掌上林苑有五丞屬官有上
林均輸御羞禁圃輯濯鍾官技巧六廄辯銅九官

又衡官水司空都水農倉又甘泉上林都水七官
長丞皆屬焉所屬共十六官無農官又史記平準
書楊可告緡錢上林財物衆乃令水衡主上林上
林既充満益廣乃分緡錢諸官而水衡少府大農
太僕各置農官據此則上林之有農官或置於此
時此瓦當即農官治事處之瓦與

延年

右延年半瓦横逕七寸強程勉之曰錢別駕得自
漢城此與上林二半瓦皆非殘缺乃瓦當中具此
一種適用耳平列延年二字殆即殿記所謂延年

殿瓦與

甲天下

右瓦上有二鹿形下甲天下三字右行書面逕六
寸五分強程勉之曰俞太學走書於淳化友人處
索得者不知所從來太學自説為天禄閣瓦敦案
天禄異獸名字亦作鹿漢書西域傳烏弋山離國
有桃拔獸孟康曰一名符拔似鹿長尾一角者或
為天鹿兩角者或為辟邪今鹿形兩角又短尾非
天鹿可知攷長安志引關中記上林苑中二十二
觀有衆鹿觀此瓦畫二鹿者非一之意甲天下亦

云多也豈衆鹿觀瓦與

狼千萬延

右狼千萬延四字瓦面逕六寸四分俟考

黃山

右瓦直書黃山二字黃字上半已泐面横逕六寸
五分程勉之曰黃山瓦一俞太學得自興平攷漢
地理志槐里有黃山宮孝惠二年起此即其宮瓦
與長安志云興平漢黃山宮在縣西南十里

凡瓦文為類二十有四并甎一種附於諸器物文
之末

兩漢金石記卷第六

日講起居注官　文淵閣直閣事詹事府詹事兼翰林院侍讀學士大興翁方綱

魯相韓勑造孔廟禮器碑

右綱按洪氏隸釋作魯相韓勑造孔廟禮器碑歐陽氏集古録作脩孔子廟器碑趙氏金石録作韓明府孔子廟碑今從洪氏無額

一行惟永壽二年青龍在涒歎霜月之靈皇極之日魯相
河南京韓君追惟太古華胥生皇雄顏□二行育孔寶俱
制元道百王不改孔子近聖爲漢定道自天王以下
至于初學莫不驪思嘆卬師鏡三行顏氏聖舅家居魯親
里幷官聖妃在安樂里聖族之親禮所宜異復顏氏

兩漢金石記卷六　一

幷官氏邑中繇發以四行尊孔心念聖歷世禮樂陵遲秦
項作亂不尊圖書倍道畔德離敗聖輿食粮亡于沙
丘君於是五行造立禮器樂之音苻鍾磬瑟鼓雷洗觴觚
爵鹿柤梪籩柉禁壺脩飾宅廟更作二輿朝車威熹
六行宣抒元汙以注水深法舊不煩備而不奢上合紫臺
稽之中和下合聖制事得禮儀於是四方七行土仁聞君
風燿敬咏其德尊琦大人之意逴彌之思乃共立表
石紀傳億載其文曰
八行拔高格皇戲統華胥承天畫卦顏育空桑孔制元孝俱祖紫
宮大一所授前闓九頭以升言教後制百王九行獲麟來
吐制不空作承天之語乾元以來三九之載八皇三
代至孔乃備聖人不世期五百載十行三陽吐圖二陰出
讖制作之義以俟知奧於穆韓君獨見天意復聖二
族逴越絕思脩造禮樂十一行胡輦器用存古舊宇慇懃宅
廟朝車威熹出誠造□涑不水解工不爭賈深除元
汗水通四注十二行禮器升堂天雨降澍百姓訢和舉國蒙
慶神靈祐誠竭敬之報天與厥福永享年壽上極華
紫十三行旁伎皇代刊石表銘與乾運燿長期蕩蕩於盛復
授赫赫罔窮聲垂億載
此以下通作三行韓明府名勑字叔節　穎川長社王元君眞二百依洪

兩漢金石記卷六　二

氏隸釋橫讀分列書之以下不復加空格河東大陽西門儉元節二百故
涿郡大守魯麃次公五千故會稽大守魯傅世起千故
樂安相魯麃季公千故從事魯張嵩眇高五百相主
簿魯薛陶元方三百相史魯周乾伯德三百

碑陰　日下上列凡十七行

曲成侯王暠二百河南成皐蘇漢明二百其人處士
河南雒陽种亮奉高五百故兗州從事任城呂育季
華三千故下邳令東平陸王褒文博千故穎陽令文
陽鮑宮元威千河南雒陽李申伯百趙國邯鄲宋瑱
元世二百彭城廣戚姜尋子長二百平原樂陵朱恭

敬公二百平原㶏陰馬瑨元異二百彭城龔治世平
二百泰山鮑丹漢公二百京兆劉安初二百下邳周
宣光二百已下中列凡十七行河間東州齊伯宣二百陳國呰虞崇伯宗
二百潁川長社王季孟三百汝南宋公國陳漢方二
百山陽南平陽陳漢甫二百任城番君舉二百任城
王子松二百任城謝伯威二百任城高伯世二百相
主簿薛曹訪濟興二百相中賊史薛虞韶興公二百
薛弓奉高二百相史卞呂松□遠百騶韋仲卿二百
處士魯劉靜子著千故從事魯王陵少初二百故督
郵魯开煇景高二百魯曹悝初孫二百魯劉元達二

兩漢金石記卷六　三

已下下列凡十七行百故督郵魯趙煇彥臺二百郎中魯孔宙季將千御
史魯孔翊元世千大尉掾魯孔凱仲弟千魯孔曜仲
雅二百處士魯孔方廣率千魯孔巡伯男二百魯孔
憲仲則百尚書侍郎魯孔宪元上三千魯孔汎漢光
二百守廟百石魯孔恢聖文千褒成侯魯孔建壽千
故從事魯孔樹君德千魯孔朝升高二百行義掾魯
弓如祈都二百魯劉仲俊二百魯夏侯廬頭二百遺已上增書
西陽樂張普仲堅二百增書於上列第一行王暠下故薛令河內
温朱熊伯珍五百增於上列第十四行劉安初下故豫州從事蕃加
進子高千增於上列第十五行周宣光下魯孔儀甫二百增於下列第五行孔
曜仲雅下文陽蔣元道二百增於下列第七行孔巡伯男下文陽王逸文
豫二百增於下列第八行孔憲仲則下南陽宛張光仲孝二百增於下列
第十行孔汎漢光下河南雒陽王敬子慎二百增於下列第十二行孔建壽下
魯石子重二百增於下列第十四行孔朝外高下北海劇袁隆展世
百增於下列第十六行劉仲俊下魯周房伯臺百增於下列第十七行夏侯盧頭下
山陽金鄉師曜奴□翟破子等七人所色此一十六字闕一字
又闕二半字字倍小於前文在碑陰上列之極末近邊拓碑者多遺之是以諸家著錄多不及此
熹平三年左馮翊池陽項伯脩來此一十三字熹字第一行左字第二
行項字第三行凡三行極細書小隸書在碑陰中列第六行謝伯威第七行高伯世二行之下從來未有
知之者予以舊拓本諦審得之

兩漢金石記卷六　四

碑兩側
已下第一列凡四行山陽瑕丘九百元臺三百齊國廣張建平二百其人
處士上黨長子楊萬子三百雩土魯孔徵子舉二百
已下第二列凡四行魯徐伯賢二百魯劉聖長二百河南偃師胥鄰通國
三百河南平陰樊文高二百已下第三列凡四行河東臨汾敬信子直千
河南雒陽左祈雲二百東郡武陽董元厚二百東郡
武陽桓阩豫二百泰山已下第四列凡四行鉅平韋仲元二百泰山費淳
于陵季遺二百故安德侯相彭城劉霸伯存五百故
平陵令魯麃恢元世五百已下增書蕃王狠子二百增於右側第四列韋仲元下

已下上列凡四行東海傅河東臨汾敬謙字季松千時令漢中南鄭趙
宣字子雅故丞魏令河南京丁琮𥘡舉五百左尉北
海劇趙福字仁直五百右尉已下中列凡四行九江浚遒唐安季興五
百司徒掾魯巢壽文后三百河南匽師度徵漢賢二
百南陽平氏王自子尤二百已下下列凡四行相守史薛王芳伯道二
百相行義史文陽公百煇世平百魯傅宼子豫二百
魯孫股三百已下增書魯孔建壽二百增於左側下列第一行王芳伯道下任城
亢父治真百增於下列第三行傳宼子豫下魯孔昭𥘡祖百六盧城
子二百增於下列第四行孫股下

右韓勑造孔廟禮器碑幷陰及兩側永壽二年立

兩漢金石記卷六　五

牛氏金石圖云高四尺五寸闊二尺二寸厚五寸在曲阜縣孔子廟同文門西側東向碑正面十六行行三十六字弟八行皇戲統華胥高出一字前十三行是碑正文後三行則韓相名氏暨出錢諸人名氏與碑陰碑側相連屬者也碑陰十七行行皆三列碑側左右各四行右側四列左側三列陰與側皆有增書名氏故參錯不齊

韓明府名勑字𥘡節歐陽集古錄云前世見於史傳未有名勑者隸釋云繁陽令碑陰有程勑則漢代不獨一韓勑也范史及漢碑所用勑字甚多是時盖上下通用非若後世有鸞臺鳳閣之拘雖勑本音徠去聲然韓字𥘡節程字伯嚴詳其義皆當讀與飭同非音徠也王虛舟云書康誥惟民其勑楙和詩楚茨既佶既勑皆以勑爲敕自漢以來官長行之掾屬祖父行之子孫皆曰勑漢史晨碑又勑瀆井復民漢書陳咸傳公移勑書而孫寶之告督郵范史多用勑字盖是時上下通行本無拘也至南北朝以下則惟朝廷專之而臣下不敢用韓勑東漢人故不忌耳方綱按誡敕之敕从束从攴其訛爲勑者隸書之濫觴也

兩漢金石記卷六　六

碑云幷官氏聖妃方綱謹按集韻增韻韻略諸書及唐林寶元和姓纂皆不收此姓惟宋鄧名世古今姓氏書辨證十四清內有幷官複姓注引先賢傳孔子娶幷官氏生伯魚近日顧南原隸辨吳山夫金石文存亦皆以幷爲是方綱又於國學暨江寧府學見元明加封誥書碑皆書作幷楷隸相證愈無可疑王虛舟乃以隸辨爲誤盖未之考耳

何義門曰孔子娶於幷官氏自王伯厚姓氏急就篇及宋本東家雜記皆作幷而正義中反從流俗作开若非宋本何以析疑

張埴曰宋大中祥符元年鄆國夫人勅亦作并官
氏廣韻今刻原寫作并官校者剷去二小點二小
竪改迹宛然方綱按張君所援廣韻之語是宋人
增益也可見宋時皆知爲并矣又按周公謹癸辛
雜識一條云昔先聖本名兵巳乃去其下二筆所
謂異聞也不知何所本云云此公謹述其時人之
言固不足信然以愚意度之似是兵與并同音因
此傳述致訛以并字去上二點傳會耳然則南宋
時巳有誤作亓者矣
碑字別體洪釋尚有未盡者如廣韻騐同驗是但

爲驥字訓耳若專訓騐字則𦊱當引禮記正義希
騐慕仰之義音義皆當主冀字不必主驥字也又
如土仁處土之土皆是士字又以粮爲糧以苻爲
符以穎爲頴以阝中爲仲以亓爲卞以霝爲雹以皐
爲皐以㦻爲戚皆假借通俗之漸也至於升字吾
友錢辛楣陳竹厂皆讀爲什辛楣云什言者十言
也春秋正義引易云伏羲作十言之教曰乾坤震
巽坎離艮兌消息碑蓋用其語上二句言贊易下
二句言作春秋也婁機頋藹吉皆釋爲斗文義殊
難通矣方綱按婁頋釋爲斗蓋隸體實如此漢碑
亻旁未有作亻者既以釋隸爲主自不得復牽于
他說如以此碑之語必盡合於經義則上句前闓
九頭是何語乎且碑語之不合經者尚多不能更
僕數也愚但知就隸書以讀碑而巳此字當從婁
頋釋爲斗字無疑
程大昌演繁露云禮器碑霜月之靈皇極之日恐
是九月五日此說頗有見宜從之
洪氏所闕者碑正面弟二行育字下是孔字弟十
一行水通下是四字至於此行內出誠造下闕一
字王虛舟云是更字此當不差其云是叓字者謬

也然此字愚意尚欲闕之
碑正面弟八行皇字高出一格辛楣云自皇戲統
華胥而下五十二句句皆四言獨皇戲句五言而
皇字特跳上一格書之殊不可解竊意此字後人
妄加非本文也方綱按此說非也此碑文義既不
可以格律論之而皇字筆法與前後正合後人何
從而妄加乎凡愚之讀漢碑惟以其字信之而巳
耳
虛舟先生於此碑考核不遺餘力然其間舛謬者
不一而足如論人名一條云舊說謂東漢承王莽

制人無二名按二名惟後漢書無之漢碑多有他不具論即此一碑二名者便數十人可知前語無據方綱按此碑惟王畟孫股二人稱名不稱字其餘如應次公傳世起以下凡二字者皆其字非其名也（碑側傅究子豫亦是姓傅名究字子豫而虛舟以為太傅之官亦誤）又如相行義史一條云文陽公當是姓文名陽公或字陽公者非公侯之公云云又如瑕邱一條云瑕邱乃地名非人名元臺亦當是山陽所屬之地以非邑故范史不載耳此兩地泉少人多不能不書又不可悉書故揔而計之曰瑕邱九百元臺五百也方綱按此二條謬誤相同而後條貽誤尤甚漢時雖匹夫之椎魯其題記於石必書郡邑未有似後來文士詩文自署小地名者盖相行義史者官名也文陽者地名即汶陽也公百者姓也煇名世平字也山陽者郡也瑕邱者邑也九百者姓也元臺名也錢辛楣云公百九百皆複姓非出錢之數何氏姓苑云昔岱縣人姓九百名里爲縣小吏而功曹姓萬縣中語曰九百小吏萬功曹是古有九百氏也廣韻公伯複姓有魯大夫公伯寮碑云公百以百爲伯也虛舟又一條云右側惟蕃王狠子爲㝡尊

兩漢金石記卷六　九

然不以居首而與安德侯相平陵令並列然書特縱横於碑陰爲絕異中外賔主之辨始終秩然也方綱按此盖誤讀蕃王二字爲外國之王耳不知蕃是邑名王其姓也

碑陰張普叩堅叩字碩南原列入疑字内此當更考之

碑右側上黨楊萬子萬虛舟以爲萬字上从百下从内謂從陳古白搨本細觀首無兩點中筆又不直貫上下不知當是何字俟更詳之云云然方綱今以舊本審視仍是萬字盖虛舟偶得舊拓一本便以爲是而不知舊拓本亦時有墨法紙質之不同不可以概論也方綱今日審定此碑凡以舊拓三本新拓之洗石精拓者四本凡七本逐字合驗而後定之豈敢執一哉

碑左側魯巢壽文后后碩南原懸辨作石吳山夫金石文存作后此字之形近彻當博求舊拓本定之然恐非石字

虛舟又云碑陰左邊細書山陽金鄉師燿等二人合前共若干人云云方綱按此一行在碑陰結末之掫邊直下一行凡十五字非二人乃七人也七

兩漢金石記卷六　十

人下有所口二字知其非復出泉之人矣似未可槩以合前後諸人通計之也且先生既得陳古白所搨稱爲舊本矣而何以水通下猶誤爲國字乎以是知所謂陳古白搨本者亦未必盡可據矣

碑左右兩側洪氏所未著都南濠金薤琳瑯著之而誤雜入碑陰之内然都南濠王虛舟吴山夫三家皆先左而後右惟牛氏金石圖先右而後左以今度之左三列每列四行右四列亦每列四行左側增書者四人右側增書者一人似乎先從左書而後至右是以匀變三列以爲四列此固情勢所

宜然矣然愚之論碑惟以字體爲主今觀右側與前筆勢尚相近而左側益横肆不羈蓋由右而左正變備矣諦審序銘是一手正面末數行一手其陰一手增書約二手右與左又各一手則石尾一行云七人所作謂書人無疑也虛舟乃撰出五節八變之品目曰左側別開一境右側與巳垂竭是何言與此碑之妙惟虛舟激賞獨至可稱具眼而其論乃專以評時文之語圂之令人悵悵

碑陰中列第六行謝伯威二百第七行高伯世二百此二行下有細隸書三行云熹平三年左馮翊池陽項伯脩來凡十三字方綱以滁陽頤苓云美所藏舊拓本審定得之從來著録家所未見也

韓勑後碑亦見於隸釋隸續而今竟不見其石予屬曲阜桂君再四訪覓弗獲也昔年金陵鄭汝器猶手拓其文以遺朱竹垞見於曝書亭集何至今數十年間乃湮晦不見斯亦異矣據隸續所録碑陰末一行云永壽三年七月廿八日孔從事所立即碑陰人名内云故豫州從事魯孔方廣平五百者也按此與前碑陰内處士魯孔方廣平當是兩人平字今微露右半是以姑依洪氏作平字耳他

時尚覬得一遇後碑拓本補此飢渴也

孔廟置守廟百石卒史碑

方綱按歐陽集古録作吴雄脩孔廟碑趙氏金石録作孔子廟置卒史碑洪氏隸釋作孔廟置守廟百石孔龢碑無額

已下第一行司徒臣雄司空臣戒稽首言魯前相瑛書言詔書崇已下第二行聖道勉口蓺孔子作春秋制孝經口口五經演易繫辭經緯天地幽讚神明故特立廟褒成侯四時來祠事已即去廟有禮器無常人掌領請置百石卒史一已下第三行人典主守廟春秋饗禮財出王家錢給犬酒直須報謹問太常祠曹掾馮牟史郭玄辭對故事擘洪辟雍廱洪禮未

（㠯下第四行）行祠先聖師侍祠者孔子子孫大宰大祝令各一人
皆備爵太常丞監祠河南尹給牛羊豕雞（此字據洪）□□各一
（㠯下第五行）大司農給米祠臣愚以爲如瑛言孔子大聖則象乾
巛爲漢制作先世所尊祠用衆牲長吏備（掌字據洪）□□欲加
（㠯下第六行）寵子孫敬恭明祀傳于罔極可許臣請魯相爲孔子
廟置百石卒史一人掌領禮器出王家錢給犬（此㠯下五字皆據洪氏）酒直
（㠯下第七行）他如故事臣雄臣戒愚戇誠惶誠恐頓首頓首死罪
死罪臣稽首以聞（㠯下第八行高出格）制曰可（㠯下第九行提寫平格）元嘉三年三月廿七日壬
寅奏雒陽宮（㠯下第十行提寫平格）元嘉三年三月丙子朔廿七日壬寅司
徒雄司空戒下魯相承書從事下當用者選其年卌
（此字據洪）

《兩漢金石記卷六》（㠯下第十一行）　十三

以上經通一藝雜試通利能奉弘先聖之禮爲宗所
歸者如詔書書到言（㠯下第十二行提寫平格）永興元年六月甲辰朔十八日
（㠯下第十三行）辛酉魯相平行長史事卞守長擅叩頭死罪敢言之
司徒司空府壬寅詔書爲孔子廟置百石卒史一人
（㠯下第十四行）掌主禮器選年卌以上經通一藝雜試能奉弘先聖
之禮爲宗所歸者平叩頭叩頭死罪死罪謹案文書
（㠯下第十五行）守文學掾魯孔龢師孔憲戶曹史孔覽等雜試龢脩
春秋嚴氏經通高第事親至孝能奉先聖之禮爲宗（㠯下第十六行）
所歸除龢補名狀如牒平惶恐叩頭死罪死罪上司
空府讚（㠯下第十七行提寫平格）曰巍巍大聖赫赫彌章相乙瑛字少卿平原

高唐人令鮑疊字文公上黨屯留人政教稽古若重
規巨（㠯下第十八行）乙君察舉守宅除吏孔子十九世孫麟廉請置
百石卒史一人鮑君造作百石吏舍功毋无窮於是
始□
司徒公河南原武（此四字皆據洪）吳□字季高（此在制曰可一行下空處之末）
司空公蜀郡成都（此二字據洪）趙戒字意伯（此在元嘉三年三月廿七日壬寅奏雒陽宮一行下空處之末）

後漢鐘太尉書

宋嘉祐七年張稚圭按圖題記

右孔廟置守廟百石卒史碑永興元年立牛氏金

《兩漢金石記卷六》　十四

石圖云碑高五尺五寸闊二尺五寸厚七寸在曲
阜縣孔子廟同文門西側南向洪氏隸續碑式云
碑十八行行四十字兩元嘉三年及永興元年皆
平闕司徒府司空府及讚曰亦平闕第八行制曰
可高出一字司徒公司空公題名在制曰可雒陽
宮兩行之下與碑之下一字齊貼碑者不曉古式
多有剪去制字者亦有顛倒二相題名者方綱按
碑之正文至赫赫彌章句止相乙瑛以下則皆記
請置守廟百石卒史之人姓字爵里也鮑疊孔麟
既連綴於乙相之下而限於石格不及書吳雄趙

戎之名氏而文内制曰可及奏雒陽宮二行之下半恰有此二段空石於是載筆者補記二人姓字爵里於此不得謂之題名也後有宋人楷書二行乃是附題者尔碑云孔子十九世孫麟廉請置百石卒史一人按廉者察也訪也麟是人名或讀麟廉二字爲人名非也

洪氏所釋止彔芔二字至于七之爲十則隸畫小有伸縮非别體也又給犬酒直犬字實與大字不佯而從來無言及之者以愚見度之似是犮字蓋即蹳字也既省蹳爲犮又省犮爲犬耳今艸書蹳字亦近之姑附此說未知然否後一犬字則今石已仍第据洪所記尔又洪所闕者第一行勉下當是學字孝經下二字當是删定此亦就石紋隱隱度之非以文義臆斷也

碑稱孔龢脩春秋嚴氏經按公羊春秋有顔嚴之學下邳嚴彭祖眭孟之弟子也朱氏經義考云嚴氏流派史未之詳而其承師條下所列治嚴氏春秋者於漢史外遍徵隸釋而獨不及於孔龢何也是碑骨肉匀適而情文流暢漢隸之最可師法者不必其定出鍾傅也向者觀岐陽十鼓内丙鼓衆字或頗以不似衆字爲疑今觀此碑衆字下半雖

兩漢金石記卷六　十五

三人形體宜同而隸勢已有向背之異推而上之以系篆勢則丙鼓衆字竟可與此互參此碑固有疑其非衆字者矣大約三代之篆至於石鼓亦全於形勢之茂美節制變化而出之雖不可與漢隸並論而其理實有可相通者猶之漢人章奏文字有時亦可以參韓柳章法者也

魯相史晨祀孔子廟碑

方綱按歐陽集古録作魯相晨孔子廟碑洪氏隸釋作魯相史晨祠孔子奏銘無額

已下第一行建寧二年三月癸卯朔已下第二行提起平格七日己酉魯相臣晨長史臣謙頓首死罪上尚書臣晨頓首頓首死罪死罪臣蒙厚恩受已下第三行任符守得在奎婁周孔舊㝢不能闡弘德政恢崇壹變夙夜憂怖累息屏營臣晨頓首頓首死罪已下第四行死罪臣以建寧元年到官行秋饗飲酒畔宮畢復禮孔子宅拜謁神坐仰瞻榱桷俯視几已下第五行筵靈所馮依肅肅猶存而無公出酒脯之祠臣即自以奉錢脩上案食醊具以叙小節已下第六行不敢空謁臣伏念孔子乾巛所挺西狩獲麟爲漢制作故孝經援神挈曰玄丘制命帝卯行又尚書考已下第七行靈燿曰丘生倉際觸期稽度爲赤制故作春秋以明文命綴紀撰書脩定禮義臣以爲素王稽古德亞皇代雖有襃成世享之封四時來祭畢

兩漢金石記卷六　十六

（已下第八行）即歸國臣伏見臨辟雍日祠孔子以大牢長吏備爵
所以尊先師重教化也夫封土爲社立稷而祀皆爲（已下第九行）
百姓興利除害以祈豐穰月令祀百辟卿士有益於
民矧乃孔子元德煥炳光于上下（已下第十行）而本國舊居復禮
之日闕而不祀誠朝廷（已下第十一行提寫平格）聖恩所宜特加臣寢息耿耿
情所思惟臣輒依社稷出王家穀春秋行禮以共煙
祀餘□賜先生執事（已下第十二行）臣晨頓首頓首死罪死罪臣盡（已下）
（第十三行）力思惟庶政歀稱爲效增異輒上臣晨誠惶誠□頓
首頓首死罪死罪上（已下第十四行尚書下空三格）尚書時副言大傅大尉司徒司
空大司農府治所部從事（已下第十五行提寫平格）昔在仲尼汁光之精大帝

所挺顏母毓靈承敝遭衰黑不代倉□深應聘歎鳳
不臻自衛反魯養徒（已下第十六行）三千獲麟趣作端門見徵血書
著紀（已下第十七行）黃玉韻應主爲漢制道審可行乃作春秋（洪作據）復演
孝經刪定六藝象與天談鉤河擿雒却揆未然魏魏
蕩蕩與乾比崇

右魯相史晨奏祀孔子廟碑建寧二年立牛氏金
石圖云碑高五尺五寸闊二尺四寸厚七寸在曲
阜縣孔子廟同文門東側東向洪氏隸續云碑十
七行行三十六字兩尚書字及朝廷並平闕時副
之諸官府在尚書一行之下隔三字昔在仲尼別
作行
假借之字洪所未著者以稷爲稷以土爲士以軟
爲報以畔爲泮顧氏金石文字記云益州太守高
眹脩周公禮殿記亦作畔宫也其云汁光之精者
緯書黑帝汁光紀也方言協汁也自關而東曰協
關西曰汁其云黑不代倉者與班孟堅非是對仁
不代母句法順逆不同此蓋謂周以木德王東方
木爲蒼色而孔子黑帝之精不得以水代木其義
則與仁不代母同耳又云獲麟趣作端門見徵何
休公羊傳注曰得麟之後天下血書魯端門曰趨

作法孔聖沒云云子夏明日往視之血書化爲赤
烏其書乃化爲白書署曰演孔圖中有作圖制法
之狀孔子仰推天命俯察時變却觀未來豫解無
窮知漢當繼大亂之後故作撥亂之法以授之何
休漢儒此碑亦以爲漢制言之蓋一時習尚之言
如此
是碑第十一行出王家穀春秋行禮家字秋字今
皆仍去其有此二字者在今日即稍舊之拓本矣

史晨饗孔廟後碑

無額

已下第一行相河南史君諱晨字伯時從越騎校尉拜建寧元年
四月十一日戊子到官乃以令日拜言孔子已下第二行望見闕
觀式路虔跽既至升堂屏氣拜手祗肅屑僾髣髴若
左依依舊宅神之所安春秋已下第三行復禮稽度元靈而無公
出享獻之薦欽因春饗導物嘉會述脩壁廱社稷品
制即上尚書參以符驗已下第四行乃敢承祀餘胙賦賜刊石勒
銘并列本奏大漢延期彌歷億萬時已下第五行提寫平格長史廬江舒李
謙敬讓五官掾魯孔暘功曹史孔淮戶曹掾薛東門
榮史文陽馬琮守廟百石已下第六行孔讚副掾孔綱故尚書孔
立元世河東大守孔彪元上處土孔褒文禮皆會廟

已下第七行堂國縣員冗吏無大小空府竭寺咸俾來觀并畔官
文學先生已下第八行執事諸弟子合九百七人雅歌吹笙考之
六律八音克諧蕩邪反正奉爵稱壽相樂終日於穆
肅廱上下蒙福長享利貞與天無極史君已下第九行提寫平格饗後部史
仇誧縣吏劉耽等補完里中已下第十行道之周左廧垣壞決作
屋塗色脩通大溝西深里外南注城池恐縣吏斂民
侵擾百姓自以城池道濡麦給令還所斂民錢材史已下
第十一行提寫平格君念孔瀆顏母井去市遼遠百姓酤已下第十二行買不能得香酒
美肉於昌平亭下立會市因彼左右咸所願樂又勑已下第十三
行提寫平格瀆井復民餝治桐車馬於瀆上東行道表南北各種

一行梓已下第十四行提寫平格假夫子冢顏母开舍及魯公冢守吏凡四人
月與佐除
大周而稐二季二𠥱廿三〇金臺
觀王馬元貞弟子楊景齎郭希元
　　勑於東岳作功德便謁
奉
孔夫子之廟題石記之內品官楊君尚歐陽智琮
宣德郎行兖州都督府倉曹衆軍事李淋度
右史晨饗孔廟後碑刻於前建寧二年魯相史晨
奏祀孔子廟碑之陰凡十四行行三十六字惟弟
九行弟十一行行三十五字後有正書題名四行

洪氏所未著者林即財字假即假字也前碑畔宮
以饗飲之地言故字从宮此碑畔官以文學之職
言故字从官漢書諸經列于學官亦以饗序之地
言之凓水又有校官碑亦言學校之官隸釋後碑
亦作畔宮者訛也又末一行顏母开舍开字上二
畫不伸出與前文顏母井字不同或以為井字之
別體則隸勢之變不可知耳
此碑在孔廟同文門之東盖前碑東向而碑陰乃
西向故孫退谷庚子銷夏記誤以後碑為前碑也
退谷又誤以戊子為戊時褚千峯曰史晨碑後人重立下一層

字置趺眼内手不能搨故牛氏金石圖不摹入也方綱按此言重立者蓋謂後人重楦于趺耳非重立也予嘗得百年前拓本亦皆前後二碑每行三十五字耳竟覓下一字不得也乾隆丁酉曲阜孔誧孟戶部請假歸予屬其命良工洗濯諸碑而精拓之且以是碑下一字諄切爲訂戶部歸而視其碑則每行下一字皆深入趺嵌者寸許是以從來拓者莫能措手戶部命工人多力者舉而起之於是戊戌寄來之精拓新本皆每行三十六字計前碑凡多出十字二行崇二行畢四行自五行孝六行明七行歸八行祀九行而十五

行魯十六行經其一行十行十三行十四行十七行此九行皆原空其十一行十二行此兩行字皆原泐闕後碑凡多出五字二行復三行枍五行百六行允七行六其九行西祢下十一行左右下按其界格似應尚有一字吳山夫云後六行字較大則少一字殊不知此碑原依界格書之不以字大小而有異也然今洗原石拓出此處乃明是空石竟無字也其弟一行末洪所闕者今微露左半言字蓋謂字也謁字下尚應有一字則是孔字而原石泐闕矣其弟四行八行十行及十二行已下則皆石本無字然今世所行僞翻本之絳帖内有雅歌吹笙至與天無極四十字目爲蔡邕書其考字下寉有六字絳帖是就淳化閣帖重摹豈得摹入是碑哉此必是明朝人所爲耳而其時是碑下一字尚有拓本可知矣又按是碑豐字爲豐克

字有點與華山廟暨夏承碑同予嘗於華山碑跋詳論之然於是碑亦究未敢定其書人也

王虛舟謂趙明誠金石録有魯相晨謁孔子冢文其略可見者云建寧元年三月十八日丙申又云其四月十一日戊子到官按自丙申至於戊子相去五十二日三月十八日爲丙申四月十一日不得爲戊子此間宜有閏月而後漢靈帝紀二月後不書三月但書閏月以此碑證之知閏月之當爲三月且爲月小盡無疑也方綱按此在通鑑目録何以虛舟弗之考歟今以通鑑目録合之是碑列

是年二月至五月月朔於此

漢靈帝建寧元年戊申

据通鑑目録二月巳酉朔是月大盡

据史晨碑三月巳卯朔十八日丙申是月小盡

据通鑑目録閏三月戊申朔是月大盡

据史晨碑四月戊寅朔十一日戊子是月小盡

据通鑑目録五月丁未朔

漢故博陵太守孔府君碑

篆額十字二行漢字巛萳中乚作乚从古文也大作𣲖从籀文也𡗕𣲖皆象人形故大宜从之若隸楷作太則是古文泰字

（已下第一行）君諱䨓字元上孔子十九世之孫穎川君之元子也
君少履夫姿自然之正帥禮不爽好惡不衍考衷度
衷脩身踐言龍德而學（已下第二行）不至於穀浮斿塵埃之外曒
焉汜而不俗郡將嘉其所履前後聘名蓋不得已乃
翻爾束帶宏論窮理直道事人（已下第三行）仁必有勇可以託六
授命如毛諾則不宿美之至也莫不歸服舉孝廉除
郎中博（芒字據洪）昌長疾病𦊆宿□遷□京（據洪）府丞未出（已下第四行）京師遭
大君憂（據洪）泣踰皐魚喪過乎哀諠畏舊章服竟還署（據洪）試（據洪）
拜尚書侍郎無偏無黨遵王之素虆可黜否出□□
□度（已下第五行）日恪位佇所左袒肅拜治書御史膺皐陶之廉

兩漢金石記卷六　三十三

恕□□叅之（二字據洪）□□□□□□律（據洪）祇用既平□博陵大守
郡阻山□□□□以（已下第六行）餞饉斯多草竊罔不□䀹劉㝵張
丙等白日攻剽坐家不命君下車（據洪）之初□五教以博
□削四凶以勝殘乃□□□爰（已下第七行）尚桓桓拚馬鏐害醜
類已殫路不拾遺斯民以安發號施憲毎合天心□
之所惡不以強人義之所欲不以□□□姓（已下第八行）樂政而
歸于德望如父毋順如流水遷下邳相河東大守舉
此□（已下第九行）□君子風也未怒而懼不令而從雲行雨施□
□大和海內歸公卿之任（據洪）矣勞而不伐（據洪）有實若虛固
執謙需以病辭官去位闔□以孝竭□餘（據洪）暇（二字據洪）遅䘑彈

琴擊磬□□之味而不改其靜上帝棐諶天秩未（據洪）究
將據師輔之紀□（據洪）綱□疾彌流乃碩乃□□世九建
寧四年七月辛未□□□衷（已下第十一行）哉魂神超邁家乎冥冥
遺孤忉絕于嗟想形□□哀遠念不欲生羣臣孺咄
靡所（據洪）復逞夫逝往不可追乎功（據洪尚難）□□□識（已下第十二行）惟君之軌
迹兮如列宿之錯置易建八卦揆肴瞉辭述而不作
彭（已下第十三行）祖賦詩皆讚所見于時頌□□是□吏崔□□□
王沛等伏信好古敢詠顯□（已下第十四行提寫平格）乃刊斯石欽銘洪基昭
示後昆申錫鑒思其辭曰穆穆我君大聖之胄淳懿
允元叡其元秀惟嶽降精誕生忠良奉應郡貢亮彼

兩漢金石記卷六　三十四

我□克明王道辯（據洪）物居方周□□□□也（已下第十五行）正名朝無
秕政亶哉惟清出統華夏化以兼成□猾殄逆賢倚
□庭帝（二字據洪）重乃勛（據洪）自（據洪）□□沍所（據洪）臨如神（二字據洪）□□□□□
之（已下第十六行）翰先民是程宜乎三事金鉉利貞而絜白駒俾世
憒惻當享（據洪）眉者莫匪爾極大（據洪）□□□邈矣（據洪）不意于嗟
悲兮□□□息（已下第十七行）渴渴庶幾復焉所力咨乎不朽没（據洪）而
德存伊尹之休格于皇天惟我君績表于月青永永
無沂與日月并于嗟□□于（已下第十八行）以慰靈
碑陰
故吏司徒掾博陵安平崔烈字威考

故吏齊□博陵安平崔恢字行孫
故吏乘氏令博陵安平王沛字公豫
故吏司空掾博陵安國劉揚字子長
故吏外黄令博陵安國劉悳字伯桓
故吏白馬尉博陵博陵齊智字子周
故吏五官掾博陵安平劉麟字多公
故吏五官掾博陵安平王瑤字顯祖
故吏五官掾博陵安平孟循字敬節
故吏五官掾博陵高陽史應字子聲
故吏五官掾博陵南深澤程祺字伯友

故吏五官掾博陵南深澤程祚字元祐
故吏五官掾博陵安國劉機字□闇

右漢故博陵太守孔府君碑并陰孔君卒於建寧四年七月碑蓋其時所立也牛氏金石圖云碑高八尺濶二尺六寸厚八寸在曲阜縣孔子廟同文門東側西向洪氏隸續云碑篆額兩行額下有穿穿下有文兩旁有暈起於圭首之半至篆處則沒其文十八行後餘二行行四十五字有闌界如棊之局也方綱按碑陰十三行其八九兩行當穿之下今故於碑陰之文按行列横書之是碑剥泐㝡甚而其陰又加甚焉凡今所録碑陰之字皆据洪氏也

予得研山齋舊拓本止有正面其第五行庸弟六行命弟九行位弟十一行遺弟十四行辯此五字尚皆未損然洪所有而今不可辨者已有三十二字故於字旁以据洪記之至今日拓本則并此五字亦不辨矣吴山夫金石文存所載尤多空缺至十行綱下□字洪氏所闕吴山夫作而今以舊拓本諦審頗是附著于此

洪所未著者以潁為頻以斿為游以絜為潔至于

徲侇洪音徲大奚切侇與而切愚按漢碑中徲侇皆棲遲之或體耳此二字今泐

是碑全似今日正書之法不特人旁起筆不用逆勢也朱竹垞喜作分隸而以是碑絶類曹全碑亦未然也

張塤曰寃由博陵大守遷河東大守故吏晨碑陰題曰河東大守孔寃而此碑額題曰漢故博陵太守孔府君者以碑為博陵故吏所建故題其前官也王渙先為河内温縣令後為雒陽令有一石闕只題河内縣令予曰此温民所造闕故只題其前

官人或不以爲確得博陵碑可証吾言之不謬

有漢泰山都尉孔君之碑

篆額十字二行都字者上左筆隨點帶轉篆勢所無不獨筆迹小異而已蓋漢人篆法已不能一槩而論也

有漢泰山都尉孔君之銘 此是碑之弟一行另標題目漢碑所少也額作碑而題作銘

旻第二行 君諱宙字季将孔子十九世之孫也天資醇嘏齊聖達道少習家訓據洪治據洪 旻第三行嚴氏春秋緝熙之業既就據洪 旻第四行而閨閾之行允恭德音孔昭遂舉孝廉除郎中都昌長祗傳五教尊賢養老躬忠恕以及人兼禹湯之辠己故能興朴□□彫幣旻第五行濟宏功於易簡三載考績遷元城令

是時東嶽黔首猾夏不□□旻第六行□□祠兵遺畔未寧乃擢君典戎以文脩之旬月之間莫不解甲服辠此字今拓本如此或是辠字洪氏作罪誤□□□□旻第七行櫌田畯喜于荒圃商旅交乎險路會鹿鳴於樂崩復長幼於酬酢據洪□□□□旻第八行稔會遭篤病告困致仕得從所好季六十一延熹六季正月乙未□□□旻第九行疾貴速朽之反真慕寧儉之遺剽宅夕不華明器不設凡百印高□□□旻第十行述於是故吏門人乃據洪 旻第十一行據洪補共陟名山采嘉石勒銘示後俾有彝式其辭曰於顯我君懿德惟光紹聖作儒身立名彰貢登王室闈閈

旻第十二行 是宴夙夜□□在公明明乃綏二縣旻第十三行黎儀以康於亦時靡擁茲岱方帥彼凶人覆俾□□南畝孔鹽山有夷行旻第十四行豊年多乘稱彼兕觥帝賴其勳民斯是皇疾□□□乃委其榮忠告慇勤屢省乃聽恭儉自終簠簋不陳生播高譽歿令旻第十五行名永矣不刊畜載揚聲聲下空格延熹七年七月戊□造此造字至十五行底

碑陰

門生故吏名

篆額五字一行

旻下上列凡廿行 門生鉅鹿癭陶張雲據洪字子平門生鉅鹿癭陶趙政字

元政門生鉅鹿廣宗捕巡字升臺門生東平寧陽韋勳字幼昌門生魏郡館陶張上字仲舉門生魏郡館陶王時字子表門生魏郡陰安張典字少高門生魏郡魏孟忠字待政門生魏郡魏李鎮字世君門生魏郡館陶吳讓字子敬門生魏郡館陶文儉字元節門生魏郡館陶鯤瑱字仲雅門生魏郡鄴暴香字伯子門生東郡東武陽梁淋字元祖門生東郡衛公國趙恭字和平門生東郡東武陽張表字公方門生東郡東武陽滕穆字奉德門生東郡樂平𡜊演字仲序門生東郡樂平靳京字君賢門生東郡樂平梁布字叔

（已上列凡廿行）

光門生東郡樂平乘顯字伯異門生陳留平丘司馬
覬字伯昌門生安平下博張祺字紂松門生安平下
博張朝字公房門生安平下博蘇觀字伯臺門生安
平堂陽張琦字子異門生北海安丘齊納字榮謀門
生北海都昌呂升字山甫門生北海劉秦麟字伯麟
門生北海劇如盧浮字遺伯門生北海劇薛顗字勝
輔門生北海劇高冰字季超門生濟南梁鄒趙震字
紂政門生濟南梁鄒徐璜字幼文門生濟南東平陵
吳進字升臺門生甘陵廣川李都字元章門生甘陵
貝丘賀曜字升進門生魏郡清淵許祺字升明門生

魏郡館陶史崇字少賢門生魏郡館陶孫忠字府文
門生東郡樂平盧循字子節門生任城任城□口字
（已上下列凡廿行）
景漢門童安平下博張忠字公直故吏北海都昌逢
祈字伯憙故吏北海都昌殭章字文理（字據洪）故吏北海都
昌魏稱字文長故吏北海都昌呂覬字元覬故吏泰
山費魚淵字漢長故吏泰山華毋樓覬字世光故吏
泰山南城龠覬字世舉故吏泰山南武陽蕭誨字伯
謀故吏泰山費淳于黨字季之弟子北海劇陸暹字
孟輔弟子陳留襄邑樂龠字宣舉弟子下邳下邳朱
班字宣□弟子東平寧陽周順字承□弟子沛國小
沛周升字仲甫弟子魯國文陽陳褒字聖博弟子汝
南平輿謝洋字子讓弟子山陽瑕丘丁瑶字寶堅弟
子魯國戴璋字元珪弟子魯國六王政字漢方

右泰山都尉孔宙碑延熹七年七月立牛氏金石圖云在曲阜孔子廟同文門東側南向高八尺五寸闊三尺二寸厚八寸碑正面十五行行二十八字其穿在額之弟二字中間也漢碑有額而首行復有標題者惟此碑尒牛氏以為隋唐㠯來碑式之濫也碑陰有門生故吏名五字題額亦漢碑所少惟是碑與鄭季宣碑陰有之而季宣陰額橫書

此直書其式又異也額五字在穿下其下三列上中列皆二十一行下列二十行其字視碑正文獨小

宙為孔融父後漢書融列傳云父宙太山都尉一本作伷碩氏金石文字記云三國志注引續漢書亦作宙其名或作伷者盖板本偶異至於伷字公緒則別是一人朱竹垞曝書亭集亦同此說乃其所著經義考承師門內泰山都尉魯孔宙季將下復注云王粲漢末英雄記張璠漢記宙字公緒何也又其所据隸釋列於承師條下之孔宙弟子暨

其門人門童或以郡爲邑或以邑爲郡（魏乃縣也訛作魏郡）或以邑爲官（北海劇劇訛尉）或以邑爲姓（任城任城下任任城是邑名其姓）闕數十人中訛謬非一則又何也

此碑正文字稍大於他碑故尚不覺其仍之甚碑陰則多所闕仍矣然實有洪釋誤而今正者樂平盧脩洪作盧精今誦審石本是脩字也又高脒字季趨石本脒字三點與冰不同脒即凝字也說文凝之疊切二水也又砯履石渡水也或从厲作濿詩深則厲之厲字也此字脒作三點而字曰季[illegible]恐是渡水之義若以字形論則恐是脒若以字義論則恐是砯濿二者之間或借或變在隸省便之勢皆未可知然恐未必是冰字也至竹垞經義考寫作氷則烏焉成馬矣

碑云少習家訓治嚴氏春秋蓋其先世已治嚴彭祖之經亦已見東漢經師爲公羊之學者衆也碑陰門生之後繼以故吏故吏之後繼以弟子先其疏而後其親也

碑與碑陰書出二手者獨是碑耳然皆漢隸之最醇美者即以碑正文暨碑陰文字凡數見而若帶二點或二點參差正歌無一同者凡隸之勢於此悟之有餘師矣顧氏隸辨所摹皆誤

碑字凡从系者皆作从系系胡計切繫也系莫狄切細絲也凡系之屬皆从系未有可通於系者隸書之假借如此

兩漢金石記卷第七

日講起居注官文淵閣直閣事詹事府詹事兼翰林院侍讀學士大興翁方綱

漢故豫州從事孔君之碑

隸額十字一行額已剝泐之甚舊拓本孔字尚隱隱可辨今新拓者孔字亦不見矣

君諱裒字文禮孔子廿世之孫泰山都尉之元子也　旦下第二行

□□□□□叺卩□□　旦下第三行　口繼德前葉清和挺懿固

天□□□□□□幽讚□□□治家業春秋□綜極□

典蒿藉靡遺朲琦多眇爲淵爲林博學多識□□匪

勞是□□□之迭□遠□來秝　旦下第四行　朿州郡鱗浮巾隽凸

猶觀山采王□□□故□□□世之名□□□之

旦下第五行　岀□□□州□高□廉□之事□□□□□□□

擅名之□□之□廟固辟峻　旦下第六行　□叺□□□□援

爲□□□□□□□覽□□圖□□元節所過夷　旦下第七行

□□桀骨栗莫敢藏匿君□□□□□□遂□

危□濟渡窮厄後會事覺　旦下第八行　□□□□臨難引□各爭

援命□□□□□□□□□□□□喪予英彦忉乎

旦下第九行　□□靡□同懷□□有勇臨難　據牛　旦下第十行　□□□□□□□□

□□□□□□□尚享有若□□□□□魯相汝南陳

府君□□□□□□多士□□乃□□□碑昭

旦下第十一行　□□□□□曰　旦下第十二行提空四平格　□□□□德□隆才　口　舊燿□雲

如□□□□□□□□□磬□□逢□百匕仁風　旦下第十三行

既數□義□□戠□□□□十□□頌□□與□□

□□□□□表仌□　旦下第十四行　旦下闕字多少不可知

右漢故豫州從事孔君之碑牛氏金石圖云在曲阜孔子廟同文門內西側北向高七尺五寸闊二尺八寸厚六寸有半碑出於縣東周公廟側廢田中雍正三年鄉民犁田得之以告廟官陳百戶乃輦置孔廟列於漢諸碑之次碑在土中時正面向上故碑字泐最甚惟第一行諱字家世皆具知爲泰山都尉宙之長子也前叙後銘立石歲月不可知矣其額十字一行下有穿其文每行三十字其行數以今拓本審之可見者十四行耳然拓者紙稍窄每不見其後二行則僅見十一二行者有之碑既泐蝕將盡而拓者復惜紙若此可慨也已牛氏金石圖所摹之字本不足據今以是碑完字太少故牛氏之圖有差可從者亦即據之其牛氏釋誤者則亦表而出之第三行琦字牛氏訛作琱第七行桀字牛訛𥻘匿牛訛圖濟牛訛有其餘半字之訛者不具論凡碑內之字略可見者百七十字而已文內叙其救匿張儉兄弟爭死事則吳山夫金石文存引三國志崔琰傳注詳之而予所

補著者則朱氏經義考於孔宙弟子皆載治嚴氏春秋條下此碑云治家業春秋則褎能世嚴氏之經無疑因据此碑補書豫州從事褎於承師門內

漢孔德讓碣

無額碑一作碣洪氏隸釋作孔謙碣

以上一行孔謙字德讓者宣尼公廿世以上二行孫都尉君之子也幼體

蘭石自然之姿長膺清少孝以上四行友之行禮述家業脩𦿁以上三行

秋經升堂講誦深究聖指弱以上六行冠而仕歷郡諸曹史季以上五行

世四永興二季七月遭疾不以上八行祿以上七行

右孔德讓碣永興二年立牛氏金石圖云在曲阜

縣孔子廟同文門西側北向高二尺四寸闊一尺四寸厚五寸隸續云孔謙碣甚小一穿微偏有暈一重起於穿中復有兩暈在右其一甚短與它碑小異文八行行十字後餘兩行愚按穿當五六兩行之間第八行止二字通計七十二字今洗石精拓尚與洪氏所見相同牛氏近在兗州乃云剝落所存不滿四十字則無怪乎吳氏金石文存空至二十三字之多矣

碑云禮述家業脩𦿁秋經此宙之弟六子也愚已補載其爵氏於經義考承師門孔褎一條之後矣

然据其文曰脩春秋經則德讓必自有纂輯之書未可槩以嚴彭祖之師法泥之也

長膺清下洪作妙按古無妙字或書爲眇然此石本今尚可見止一少字居中其左並無女目等字之偏傍或當日省作少即是眇字乎若亘釋爲女旁之妙則非也

漢孔宏碑

無額

以上第一行□□□□□□□日令辰□謁以上第二行□□□□□□之山以上第三行

山觀林木之□□□□□禾陰陽以興雨假爾衣仰□

□□之典謨□德言章先民有以上第五行□□□□魯□以獲

福昔左周人以上第六行□□□□□回而銘之咸自紀□夫

此處空一行無字

此行係第八行九行□□□□□□海見其人

□□□□東海鄭人

右孔宏碑土人名吉日令辰碑又曰魯相謁孔廟殘碑今弟一行尚可辨日令辰字牛氏金石圖云在曲阜孔廟同文門東側北向高二尺七寸闊二尺三寸厚六寸又曰碑剝落如孔謙碣姓名漫不可辨讀金石籍据舊搨本得知是宏碑也方綱按

此碑雖與孔謙碑製小而多泐相同然不得援孔
謙以例此者孔謙上下穿暈今明碑式碑文皆可
按隸釋而定之則與碑文明白者無以異也此碑
則上半之字前行之字皆不可識則未審其上別
有缺落與否而中間露出諸字皆無地里爵氏可
据乃其六行文後別隔一行列二行云云則是二
人之鄉貫又與碑後題立碑出錢之式不同則實
未敢定爲何等碑矣且此碑之名爲孔宏者僅見
於牛氏金石圖牛氏所云讀金石籍据舊搨本者
隱約其辭並不確指出於何書且果有舊拓本則

所摹碑圖亦必較今日所拓明白處略多數字而
以予得今日洗拓稍精之本亦已較牛氏多識出
其十許字則牛氏未見舊拓本可知矣是以吳氏
金石文存竟置是碑弗著予則姑依牛氏題目著
之而竊附其說如此

第四行第五字牛摹作與第九行人上一字牛摹
作冬皆訛凡牛氏圖中全字三十有五方綱所釋
者全字四十有四凡碑中可見之字除中間空一
行無字外其有字者前後八行前六行行十三字
後二行行七字

後漢郡國志東海郡有祝其縣又有郯縣此碑後
另起二行其第二行是東海郯人無疑其第一行
則海上一字不甚分明未敢臆定爲東字海下二
字上一字或近於祝下一字其字下似多二小畫
者亦未敢遽定爲東海祝其人也然其爲二人鄉
貫則確不可易耳他碑此例甚少

此碑雖泐甚然字勢尚勁逸牛氏以爲臃腫無神
彩謬矣然即此亦可見牛氏未曾見舊拓本也

五鳳二年石刻

五鳳二䄵

魯卅四䄵
六月四日成

直靈光殿基西南卅步曰太子
釣魚池盖劉餘以景帝子封魯
故土俗以太子呼之明昌二年
詔修孔聖廟匠者取池石以
充用土中偶得此石側有文曰
五鳳二年者宣帝時号也又曰
魯卅四年六月四日成者以漢
書考之乃餘孫孝王之時也西

漢石刻世爲難得故予詳錄之
使來者有考焉提控脩廟朝散
大夫開州刺史高德裔曼卿記

右五鳳二年石刻牛氏金石圖云石高一尺一寸闊一尺九寸厚一尺字刻右方周方七寸在曲阜孔子廟同文門西側北向

錢竹汀詹事潛研堂金石文跋尾云魯孝王慶忌以後元元年嗣則五鳳二年當爲孝王之三十三年與石刻不合方綱按魯共王餘以孝景二年立爲淮陽王二年徙魯二十八年薨此魯共王餘之二十八年者漢武帝元朔元年也史表書曰元朔元年安王光嗣四十年薨則是安王光未逾年改元也準此度之則孝王慶忌自必亦以未逾年改元矣既以元朔元年爲安王光之元年則自應以征和四年爲孝王慶忌之元年而自征和四年計至五鳳二年正是三十四年矣史表書曰後元元年孝王慶忌嗣者據各國赴告之文書之非孟堅之失也蓋孝王上承安王之制未逾年改元而其赴告於朝則曰後元元年嗣位若逾年改元也者此或魯國臣下諱言未逾年改元而爲此赴告之詞漢朝未能核正之耳

此刻曲阜人皆言是石朱竹垞以爲軏者非也此刻凡三行十三字文甚完具孫北海以爲殘字者非也此刻乃漢初篆變爲隸之書然可云隸而不可云篆且止可謂之隸而不可謂之分朱竹垞吳山夫以爲篆書李光映以爲八分書者皆非也予於隸八分考卷内詳之

十三字中惟五字中畫六字下畫尚餘篆勢鳳之鳥魯之魚皆於篆理相合渾淪樸古隸法之未經琱鑿者也婁彥發舉漢隸年字垂筆之長蓋僅見楊孟文石門頌耳不知西漢之字已開此法矣

膠州高南阜鳳翰嘗以是刻舊拓本手自鉤摹今餘姚張氏爲鋟木以傳之然原本鳳字兩旁無分出之波魯字上半中有直畫魚下之从亦尚分明高摹皆誤

居攝墳壇刻字

祝其卿
墳壇
攝二年
二月造

右祝其卿墳壇

上谷府
卿墳壇
居攝二年
二月造

右上谷府卿墳壇

二墳壇刻字皆居攝二年二月造牛氏金石圖曰二石龜龜椁四圍而鑿其中刻之於內祝其卿龜崇一尺廣二尺厚一尺五分其龜崇二以爲鑿崇以其三爲兩椁之崇十分其龜廣三而殺之以爲鑿廣鑿廣五寸五分餘以爲椁廣三分其椁廣一在左二在右以置其鑿弦鑿於龜上下中也以其厚之弱爲之鑿深上谷府卿龜崇與廣厚如祝其之數惟鑿廣十分其龜廣而三之六寸也他形制從同在曲阜縣孔子墓前雍正十年廟官陳百戶移置孔子廟西齋宿所愚按洪氏隸釋不錄此蓋以其篆與隸不同且洪氏未見此拓本也然洪氏有三條論此頗精核其一隸續新莽侯鉦跋曰趙氏有居攝墳壇刻石二其一曰上谷府卿墳壇一曰祝其卿墳壇皆居攝二年造趙云上谷郡名

祝其縣名王莽時官名日易史家不能盡紀不知府卿祝其卿爲何官予嘗於廣漢屬國造橋碑論之矣應劭所云大縣有丞左右尉所謂命卿三人漢隸有吳郡府丞武開明碑而武榮碑中稱之曰吳郡府卿又沈子琚縣竹江堰碑云縣丞王卿則居攝墳壇所刻乃上谷府丞祝其丞也予未獲此二碑因說王莽侯鉦故并及之其一隸釋蜀郡屬國辛通達李仲曾造橋碑跋曰漢志屬國置都尉一人丞一人又注引應劭云大縣有丞左右尉所謂命卿三人小縣一丞一尉者命卿二人隸刻有武開明碑終於吳郡府丞其子榮碑中書爲吳郡府卿沈子琚碑有云縣丞犍爲王卿諱某字季河据史及碑則漢人蓋有稱其丞爲卿者此題不顯題辛君爲都尉而謂之明府則李君稱卿蓋是屬國丞也其一隸續南安長王君平鄉道碑跋曰碑有丞什邡王卿尉縣竹楊卿姓名應劭云小縣一丞一尉所謂命卿二人此碑丞尉皆稱卿與應說合

此刻乃是篆非隸與五鳳年字殊矣祝其卿墳壇字剝蝕尤甚攝上居字今已不可辨

張埧曰祝其縣東海郡新莽天鳳改名曰猶亭山此在居攝時故猶曰祝其非左傳杜注夾谷即祝其隸泰山郡之萊蕪者也方綱按漢志祝其縣東海郡下泰山郡則無之蓋左傳之祝其非漢之縣名矣

魯王墓石人刻字

府門之卒

漢故樂安太

守麃君亭長

右魯王墓石人刻字牛氏金石圖云在曲阜縣東

南五里許張屈莊西魯王墓前東側一石人介而執殳高五尺腰圍七尺刻曰府門之□一石人冕而拱手立領下裂紋如滴泪痕高五尺五寸胷圍七尺五寸胸刻漢故樂安太守麃君亭□十字兩石人並肩而西向相去者五六步云予初得二拓本諦審之其一云府門之下一字是卒字其一云漢故樂安太守麃君亭下一字是長字既而又拓得一本則并其弁首眉目皆拓出之牛氏雖云自腰以下陷土中不可見然今所拓字實已全具非其下尚有字也筆法整勁漢篆之冣工者

按漢書地理志樂安本千乘和帝永元七年更名樂安是此刻爲東漢時字無疑吳山夫金石文存據鄭芷畦說山東省志載魯恭王孫皆葬此因謂麃姓出於魯恭王之後亦未然也又按錢辛楣潛研堂跋尾云漢制諸郡置太守王國稱相和帝永元七年改千乘爲樂安國質帝本初元年以樂安國土卑溼租委鮮薄徙樂安王鴻封勃海自後無封樂安者蓋已罷爲郡矣此稱樂安太守其在桓帝以後乎麃姓不詳其所出韓勑碑有故涿郡太守麃次公故樂安相麃季公皆魯人也則麃固魯

之名族矣季公故樂安相桓帝永壽中猶存此刻所云麃君豈即季公乎季公王國相而追稱之曰太守猶荀淑爲朗陵侯相而文若傳稱朗陵令也張石公埧曰千乘國漢高帝置王其國者三人賢也此一人前漢建也伉也伉寵子寵嗣和帝永元七年改國名樂安王其國者二人寵也嗣寵者鴻也質帝立本初元年徙王鴻於勃海此後王樂安者不聞焉國既無侯不應有相而桓帝永壽二年韓勑碑有故樂安相魯麃季公題名其曰故者則在質帝之前或爲寵相或爲鴻相而罷歸者也既無侯

無相當罷爲郡則應置太守陸續之中子逢爲樂安太守者是也此石人字曰樂安太守麃君者爲季公之後裔或族人而不可即傅會爲季公也府門之卒四字一行直下漢故樂安太守麃君亭長十字則分二行牛氏云一人介而執殳然今以全拓本審其位置則腰間府門之卒四字乃正當其中而所執之殳微偏左耳牛氏摹本以四字偏右非也

漢碑陰

曹　薛夏侯　奏曹史下

蒋　辥曹史文陽

功曹史薛曹嘉　曹史蕃仲力

中部督郵蕃郭尚　中賊曹史薛蔔瑨

南部督郵文陽侯脩　左賊曹史

北部督郵魯王壽　右賊曹史　韓

守　卿文陽張耽　左決曹史　虞

左戶曹史魯孔元　右決曹史文陽馬宗

右戶曹史薛　曹史

史　爰　曹

曹史

右漢碑陰牛氏金石圖云高四尺闊二尺厚三寸碑今在曲阜顔氏家其正面無字矣此其陰亦仍甚満石皆縱横鏟鑿之痕有類竹葉俗呼竹葉碑云

碑上有穿穿之上隱隱似有字者右一行末微露小左一行末微露日然却在其陰而其正面益不可知矣陰凡十一行行十六字牛氏金石圖所摹者纔四十八字而巳乾隆壬辰秋八月二十一日揚州羅兩峯聘持是碑拓本於城南陶然亭請予及錢辛楣同審定後數日見海寧陳竹厂以綱穉

文後四年丙申秋曲阜孔葒谷繼涵以精拓本見贈於是合前後所見諸本及穉文重加審繹凡得可辨之字九十有八半字三而碑陰之文幾全矣其缺泐處則實不能定其所闕字數耳故第就圖式書之

第一行第一字曹牛氏誤穉作雷第二行蒋字牛誤作府第三行蕃牛誤不成字

陳竹厂穉者凡六十餘字今不復重録也而録其跋於此其跋曰其職則有中南北督郵奏曹辭曹中左右賊曹左右決曹諸史皆屬吏也其貫則有

魯薛蕃汶陽皆魯國也攷漢人碑陰脩廟者有出錢數墓碣則加門生故吏字且貫離他郡惟紀本郡長官功德則不然張納馮煥二碑其例也此碑人不出屬吏貫不出魯國而書法與張馮二碑不異則魯國長官德政碑也後漢書百官志曰都尉分縣治民者比郡其監屬縣有五部督郵曹掾又曰皇子封王其郡爲國每置傅相相如太守則有五部督郵者知不僅太守矣魯國也無太守及都尉則有此督郵者非魯相而何陳跋又云其人姓名惟存鄭尚王壽二人而方綱今所審釋則縣名

又得卞十卞亦魯國屬也其人姓名又得曹嘉侯脩張耽孔元荀瑤五人而孔之名又足補隸釋所記孔氏譜牒人名之所未及不可謂非幸矣

乙未四月屬曲阜顏運生拓此無字之正面來以資考證其年冬運生拓以來精心諦審其正面穿下約有文十三行則其陰十一行者或亦旁有未辨之字未可知也弟一行隱隱審度其字似是□□□□字□□□此一字似是沛國□沛國有向縣此一字或當似之人也弟二行弟三字似是漢弟三行弟二字是造餘則無字碑矣此碑洪氏所未見然即洪所已錄而今未見者尚多則山巔水涯井竈屋址片石隻辭可摩挲諦視者知復何限神物之遇合顯白當自有時願天下學侶凡遇舊迹名區一瓦一礫毋輕視之而督工繕役職有攸司者又不待言矣因跋此碑而重有感焉爲賦三詩綴於後石笋園林放翁感秦中樂府白公歎今人若肯荒苔拭莫與前詩一例看鄱陽曾續史滑章孝甯諸碑語未詳斷玦殘圭復何限崖尊石臼審圓方㓜势翻將竹葉題童敲牛礪或鋤犂誰家雪色高堂壁月下紛紛詫仲圭

兩漢金石記卷第八

㠯講起居注　文淵閣直閣事詹事府詹事兼翰林院侍讀學士大興翁方綱

漢故司隸校尉忠惠父魯君碑

方綱按歐陽集古録作魯峻碑洪氏隸釋作司隸校尉魯峻碑今依碑額書之

隸額十二字二行

（㠯下一行）君諱峻字仲嚴山陽昌邑人其先周文公之碩胄□

□伯禽之懿緒㠯載于祖考之銘也（據洪㠯下二行）君則監營謁者

之孫脩武令之子（三字據洪）體純龢之德秉仁義之操治魯詩

無通顏氏春秋（㠯下三行）博覽羣書𥼶物不栞學爲便宗行爲

士表漢□始仕佐職牧守敬㥿恭儉州里歸稱（㠯下四行）舉孝

廉除郎中謁者河内大守丞喪父如禮辟（據洪）司徒府舉

高第侍御史東郡頓丘（㠯下五行）令視事四年比縱豹産化行

如流遷九江大守□殘酷之刑行循吏之道統政□（據洪）

（㠯下六行）載𣥺若清風有黃霸召信臣在穎南之歌㠯公事去

官休神家衖未能一朞爲司空王暘（㠯下七行）所舉（據洪）徵拜議郎

太尉長史御史中丞延憙（㠯下八行）七年二月丁卯拜司隸校

尉董督京輦掌察羣寮蠲細舉大權然疏發不爲小

威㠯濟（據洪）其（據洪）仁弸中獨斷㠯效其節案奏□（㠯下九行）公彈紏五

卿（據洪）華夏祗肅佞穢者遠遭母憂自乞拜議郎服竟還

拜屯騎校尉㠯病遜（據洪　㠯下十行）位守疏廣止足之計樂於陵灌

圍之契閉門靜居琴書自娛年六十二熹平元年□

（㠯下十一行）月癸酉卒明年四月庚子葬於是門生汝南干□沛

國丁直魏郡馬萌勃海呂圖任城吳盛陳留（㠯下十二行）誠屯東

郡夏侯宏等三百廿人追（據洪）惟在昔游夏之徒作謚宣

尼君事帝則忠臨民（㠯下十三行）則惠乃昭告神明謚君曰忠惠

父（據洪）息（此字洪作㱃，蓋忠惠之子也。今以舊拓淡墨本諦審，稍露其字之半，如此似未是㱃）不（㠯下十四行）

孝弱冠而孤承堂弗構䕶薪弗何悲蓼蘩之不報痛

昊天之靡嘉（據洪）顯企有紀能不（㠯下十五行）號嗟刊石叙哀其銘曰

（㠯下十五行擡寫平格）巖巖山岳礧落彰較棠棠忠惠令德孔（㠯下十六行）爍命□時生

雅度宏緯允文允武厥姿烈逴内懷溫潤外撮强虐

督司京師（㠯下十七行）穆然清邈當□緄職爲國之權匪究南山

遐邇忉怛凡百君子欽謚嘉樂永傳𥩅齡晻𦆅昀昀

碑陰

故吏河内夏管懿𠂔遠千（㠯下二十一行爲上列）

故吏九江壽春㰝龔伯麟五百

故吏九江壽春任琪孝長五百

故吏東郡頓丘許踰伯過五百

門生沛國譙丁直景榮千

門生勃海高成呂圖世階千

門生東郡濮陽殷敦登高千

門生汝南名陵干商朝公五百
門生南陽新野魏顯文臺五百
門生平原般路龍顯公五百
門生平原西平昌王端子行五百
門生陳留尉氏胡嵩永高五百
門生陳留尉氏胡昰仲表五百
門生濟陰定陶俳真子然五百
門生任城樊兒雄大平五百
門生平原樂陵路福世輔三百
門生魏郡斥丘李牧君伯三百

門生魏郡繁陽壬輔子助三百
門生任城任城周普妙高三百
門生任城任城吳盛子興三百
門生勃海重合梁愔祢節三百
門生河東蒲反李□□時三百已下二十一行為下列
門生河東蒲反陽成□文智三百
門生汝南汝陽鄭立□節三百
門生東郡臨邑夏侯宏子松二百
門生東郡博平孫讓□□二百
門生東郡樂平邢顯□□二百

門生東郡樂平邢□季□二百
門生魏郡內黃馬萌子□二百
門生魏郡犁陽壬□少□二百
門生汝南灑强尹稜□□二百
門生汝南灑强尹顯祢□□百
門生勃海南皮劉扶節□□百
門生勃海南皮劉盛興□□□
門生河間阜成東鄉晨子□二百
門生河間阜成東鄉恭公□二百
門生平原西平昌劉丕景高二百

門生平原般張讓伯讓二百
門生陳留尉氏夏統子思二百
門生濟陰乘氏許仁伯德二百
門生濟陰離狐周維元興二百
義士梁國寧陵史強強良二百

右漢司隸校尉忠惠父魯君碑并陰牛氏金石圖云碑高八尺五寸恐誤詳見後濶三尺厚七寸在濟寧州孔子廟戟門東側西向張亟齋弨濟州學碑釋文云東第一碑是也

隸續云魯峻碑隸額兩行有穿文十七行行三十

二字

洪氏引毛詩左傳周官太元諸書爲義莪通用之本是固然巳然此碑以蓼莪作蓼蕺蕺字从艸是又徵異耳又洪以栞即看字頣南原嘗辨其誤謂即栞旅栞木之栞頣説是也蓋栞即刊字猶筆削勘定之義尓又洪以緄即袞字按詩袞職箋雖以袞冕爲訓然玉篇緄古本切織成章也則緄字自亦可通

遐邇忉[忄到]頣南原云[忄到]疑即惻字非也按詩倬彼甫田陸德明云倬陟角反韓詩作菿音同云菿卓

兩漢金石記卷八　五

也傳云倬明貌疏云毛以爲倬然明大者可見倬字本有大義矣爾雅菿大也注云菿義未聞然尓雅注云菿音罩則是菿有卓罩二音矣疑當時方言[忄到]與悼通也雖輶軒絶代語所未採然似可備一説不必以去入之異爲疑耳説文悼从心卓聲徐鼎臣謂悼當从罩省卓非聲者誤也

奏字内非从夫其上一畫乃逆筆予有舊拓本驗之乃知也何義門云奏字篆从本楷書未知當何從也魯峻碑奏字稍與本字爲近耳案今所行婁氏字原頣氏隷辨板本則皆述作夫字矣

洪所未釋者愘即恪街即巷也[言蜀]字益旁諠變爲三猶从水也王士仕諸字中皆加小畫則𥝩體涉筆之偶變也

潁南之潁張丞齋釋作从水然石實从禾隷體之未能盡繩者如此正多也至第五行除字五字實張氏臆斷石泐不可見矣延熹七年七字今止露半据洪氏作七年按通鑑目録是年二月壬寅朔丁夘是月之二十六日則在七年無可疑者年六十二二字石本今尚可見洪作一字非也

碑陰與碑文書者非出一人隷續云魯峻譙敏碑

兩漢金石記卷八　六

並云蔡中郎書蓋碑録之云也洪以爲皆不足信是矣至碑陰字體則高城皀城城皆省作成黎陽黎作棃蒲坂坂作反壬端壬輔王皆作壬又與碑文王字中加小畫者不同蓋當時隷體多隨勢爲之矣

西平昌之邑後漢書郡國志平原郡條下無之而前志平原郡有平昌後志平原郡之次即樂安國其下注云高帝西平昌置爲千乘句不可解千乘與西平昌自是兩地不應牽連書於樂安國之下恐是西平昌在平原郡下而錯簡耳

洪氏隸釋既不見是碑之陰故不知門生汝南干商之名而朱竹垞經義考承師門内亦止有干姓而無其名且所載至東海夏侯而止予今盡取碑陰門生邑居姓氏以補之

洪氏隸續弟十二卷云忠惠父魯峻斷碑陰□延上以下凡九十有一人書姓字而不名惟二人有郡藏碑者以為魯君碑陰雖無所據度其石之廣適與魯碑合所存尺有七寸乃其下之四横横二十有四人計其上當更有十横碑載干丁馬吕吴誠夏侯等三百二十人為魯君作謚七子題名當

在前列一石之上正可容三百二十之數碑有汝南干商此有汝南袁彦和亦有馬丁夏侯姓者又字體頗與魯碑相類若無可疑云云桂未谷馥曰碑陰今見在濟寧文與此異蓋洪氏以他碑之陰誤作峻碑陰也然頤南原隸辨云是碑陰凡三列下一列湮滅存者二列每列二十一人方綱向者執頤氏此說以謂既云三列則或下列尚有一二畫微露者尚未可知或是拓碑之工不肯用全石之紙以搨之為可憾耳今屬錢唐黄小松親到濟寧學宫碑下手拓其陰紙之高下與碑之正面相等而其下半實無一字並非拓工省紙有所遺失也且可以見牛氏所云高八尺五寸之訛當是五尺八寸耳蓋著録之不可憑如此

戴延之西征記金鄉焦氏山北數里有漢司隸校尉魯峻冢前有石祠堂中四壁皆青石隱起自書契已來忠臣孝子孔子及七十二弟子形象皆刻石記之今墓與石室尚存惟此碑爲人輦置任城縣學矣此條見水經注並見藝文類聚而藝文類聚引此作魯峻水經注作魯恭是水經注所引偶誤也隸續載魯峻石壁殘畫象其首行題牓云祠

南郊從大駕出時㳄有大車帳下騎鮮明騎小史騎鈴下騎駙馬帳下騎諸畫象次石上横牓云君為九江太守時車前導騎又功曹史導車馬諸畫象洪云既有九江標牓又有屯騎職掌更有先賢形象定為魯峻石壁所刻也

漢故益州太守北海相景君銘

篆額十字二行漢字右下从艸篆體之變

旱一行 惟漢安二丰仲秋□□故北海任城景府君卒歍歔

哀哉國□□□實英彦失疇列宿飭精晩學後時于何 旱二行

穹倉布命授期有生有死天寔為之豈夫仁哲永勉

不遺於是故吏諸生（以下三行）相與論曰上世羣后莫不流光
□於無窮毋㝡燿於書篇身歿而行明體亡而名存（以下四行）
或著形像於列圖或䡈頌於管弦後來詠其烈竹帛
敘其勳乃作誄曰伏惟明府受（以下五行據馮本平格）質自天孝弟淵懿帥
禮蹈仁根道核埶抱淑守真晶白清方勉已洽身寔
渘寔剛（以下六行）乃武乃文遵考孝謁假階司農流恩元城與
利惠民強衙改節徽弱蒙恩威立澤宣化（以下七行）行如神帝
嘉厥功授目符命守郡（以下八行）益州路遐攣親躬伯遜讓夙
宵朝廷建英忠讜辨秩東衍璽追嘉錫據（此處穿空二格）北海
相部城十九郡邦歸向分明好恩先目敬讓殘僞易
心輕（以下九行）黠踰竟鴟梟不鳴（此處穿空二格）兮子還養元䘵寬蒙祐
目寧蓄道循悳[]祉目榮紛紛令儀明（以下十行）府體之仁義
道術（此處穿空二格）明府膺之黃朱餌父明府三之台輔之任
明府宜之目病被徵（以下十一行）委位致仕民□思慕遠近搔首
農夫醳耒商人空市隨轝飲淚奈何朝廷奪我慈父
去（以下十二行）官未旬病乃困危珪璧之質臨卒（以下十三行）不回歎欷賨絕
奄忽不亡孝子憷懆顛倒剥摧遂不勉寤永潛長歸
州里鄉黨隕涕𢧵哀故吏忉怛歍欷偯佪四海冠蓋
驚慟傷裹大命[]（以下十四行）期寔惟天□明（以下十五行據馮本平格）王設位明府不就
臣子欲養明府弗留歍歍哀哉爵曰考積幽穸表至

□兮□□□□翔（以下十六行）議郎于再命龐將綏元兮規英槼
謨主忠信兮羽漸藩屏撫萬民兮□□□□恩彌□（以下十七行）
兮宜衆鼎轉□幹禎兮不永𡿨壽蓂臣子兮仁毅海
外著廿棠兮□石勒銘□不亡兮

碑陰

故（以下上列十八行）中部督郵都昌羽忠字定公故門下督盜賊劉騰
頌字尉遠故門下議史平昌蔡規字中舉故門下書
佐營陵孫榮字世榮故門下書佐淳于逢訢字廿成
故騎吏劉㬻（督下舞）字敬石故吏朱壺孫徵字武達故吏
營陵薛逸字佰踰故吏營陵慶鴻字中□故吏都昌
呂福字孟尻故吏都昌張暘字元暘故書佐都昌羽
質字孟僘故書佐朱壺鞠欣字君大故書佐平壽淳
于閭字久宗故書佐營陵徐曾字曾華故書佐都昌
張彤字翔甫故（以下中列十八行）書佐淳于孫悝字元卓故書佐營陵
鍾顯字槐寶行義劉張敏字公輔故書佐劉秉禹字
佰度故書佐東安平閻廣字廣宗故書佐劉紀政字
世堅故書佐淳于孫晄字威光故循行都昌台丘遷
字世德故循行都昌董芳字季芳故循行營陵留米
字漢興故循行都昌鼂遷字漢久故循行營陵是盛
字護宗故循行營陵久邉字武平故循行營陵臨照

字景燿故脩行都昌張駿字臺卿故脩行營陵淳于
登字登成故脩行營陵頍理字中理故脩行營陵水
丘郃字君石故㠯上下列十八行脩行都昌呂興字世興故脩行都昌
逢進字世安故書佐劇徐德字漢昌故書佐劇姚進
字元豪故書佐劇邴鍾字元鍾故書佐都昌張翼字
元翼故脩行都昌張耽字季遠故脩行劇中香字季
遠故脩行平壽徐允字佰允故脩行淳于趙尚字上
卿故脩行都昌段音字世節故脩行都昌齊晏字本
子故午營陵是遷字世達故午營陵留敞字元成故
午淳于董純字元租故午營陵縛良字世騰故午朱
虛炅詩字孟道故午都昌台丘遷字孟堅故小史都
昌齊冰字文達故小□都昌張亮字元亮
行三年服者凡八十七人此十字分二行書於第三列之第一行第二行下
此接第十八行之後提寫平格豎建廟石惟故臣吏慎終追遠諒闇沈思守衛墳園
据洪仁綱禮備陵成宇立樹列既就聖典有制三載五究
當離墓此其次行側永懷寐□人不可勝㠯義割志乃著遺辭
㠯明厥意魂靈瑕顯降毋嘉祐
此十八句在碑陰人名三列之後作二長行
右北海相景君銘并陰牛氏金石圖云高六尺濶
二尺二寸厚五寸五今在濟寧州孔子廟戟門東

側西向亟齋張氏釋云東弟二碑是也𥿋續云篆
額二行碑十七行行三十三字穿居其中在弟八
字之下其三行各廢兩字廢兩字者占二格也方綱又按其穿達於陰在
上列之下中列之上碑中屢稱明府獨伏惟明府一句其明
府字平闕亂曰亦平闕
𥿋釋云任城有景氏三碑皆不著其名字景君嘗
屬司農守元城刺益部相北海以順帝漢安二年
卒此皆明著于碑者碑雖漫漶計其闕者二十三
字耳而歐陽公遽以為漫滅多不成文其名氏邑
里官閥皆不可考不知碑實無其名氏邑里非因
闕泐所致也
剋字隸辨以附克字之下引說文本作勊按說文
勊尤劇也此碑中剋字凡二見俱从刀後云剋己
治身雖與克字相通然說文克字訓肩也徐鍇曰
肩任也負何之名也能勝此物謂之克据此云能
勝勝字平聲與勝負勝字不同論語注馬曰克己
約身正義此注訓克為約劉炫云克訓勝也己謂
身也身有嗜慾當以禮義齊之嗜慾與禮義戰使
禮義勝其嗜慾也近儒惠氏棟云仁以為己任故
謂之克王肅劉炫以克為勝殊背於理方綱按此

說非也克即羕書勊字剋即說文勊字書舊云刻子刻亦即克勊字也釋文云刻音克馬云侵刻也近儒王氏鳴盛云太史爭欲立紂而箕子贊立微子紂必惡之是舊日之云適所以侵害于子此說是也从刀从力之別乃羕之變體所不必泥也然則左傳論語克己復禮之克書舊云刻子之刻皆即是剋勊字而克己之克與克肩之克不同舊云刻子之刻與時刻刻鏤之刻不同試以艸書刻字之勢推之即知其與勊字無二矣克己字正宜援是碑勊己證之而惠氏之說特喜與朱注異耳不

足憑也〇後文遂不勊寤又以勊同克蓋漢碑通用之例固非一端也是碑前以歍歎為嗚呼後又以歎欷連文亦其一證

歎欷欷字洪釋所闕今以精拓本審視是欷字遂不勊寤不字亦洪所闕今補

亂詞幽穸下洪闕三字今諦視石本上二字是表至此下又闕四字其弟二字下半从日猶仿佛可見他時若得摩挲石刻定當辨之尒恩下闕二字上一字是彌

弟十四行明王設位王洪氏作主按此碑主字係上作橫畫今無之是王字無疑又筮即弦字英即策字霄即殞字碑陰佰即伯字非陌也濟寧州志作陌方即方字非芳也濟州學碑釋文作芳

碑陰人名中列故書佐東安平閭廣閭字洪作閭張作閻皆非竟不能定為何字新城王文簡摘漢碑中奇姓者亦未及此

碑陰人名淳于誾淳于登之淳于皆姓也淳于逢訢淳于孫悝淳于孫晄淳于趙尚淳于埜純之淳于皆縣名也後漢書郡國志北海國有淳于永元九年復

碑陰人名之邑凡八劇營陵平壽都昌淳于平昌朱虛東安平皆羕北海國者也

百官志注漢官曰諸縣有書佐有循行有幹有小史書佐幹主文書者也王文簡池北偶談乃引都元敬謂當信碑本以正漢書之誤是不知漢隸循楯二字通用也故午二字朱竹垞與王文簡皆不曉其義池北偶談至以為皂羕賤役之屬尤誤矣且其所以不曉者乃尤在不知隸法千支巳午字未有作干者耳

碑陰隸釋無之其載於隸續者闕字尤多今以石

本補數字所闕不甚多矣後文豎建下洪闕二字其上一字或作凧非也似是聿字肃說文音余律切所以書也楚謂之聿吳謂之不律燕謂之弗从聿一聲其下一字或是岩字然此二字尚未可臆斷要之此二字者上言筆之于書下言銘之于石也大意如此

元吾竹房三十五舉云隸書須是方勁古拙斬釘截鐵挑拔平硬如折刀頭方是漢隸此語惟是碑足以當之牛眞谷云隸有篆體洵知言哉解此則可以通其義於天璽三段碑矣

漢尉氏令鄭季宣碑 末見其額說詳于後

一行

二行

三行　五

四行　可躍

五行　干辛　奇

六行　我

七行　車未撓駕賊

八行　侵掠如

九行　齊　仪㷇咻

十行　放觞沙

十一行　中神人

十二行　徽五典　熊惠者也當

十三行　卒亏　是路無

十四行　䍃欲子車

十五行　恩粤人之　君

十六行　堂

十七行　賴祉

十八行　命夵

右漢尉氏令鄭季宣碑殘字此其上半拓本予所

舊藏者約計十八行除弟一行無字可見其略可見者四十八字又半字三而已牛氏金石圖著錄者財三十五字中間脫漏弟八行而弟十二行䉼下一字今日舊拓本尚見其上半牛氏乃只著其下半心而闕其上半何也至洪氏隸續所著錄凡二百七十許字則其所見拓本較今日增倍可知矣而以愚今日諦視殘搨所著之字與洪同者財三十八字洪訛而今正者五字七行撓洪訛折九行仪洪訛以㷇洪訛俾十三行亏洪訛乎是洪訛之洪闕而今補者四字又半字三九行咻十二行徽惠䉼十三行卒十五行干辛則又何也

考定洪氏隸續鄭季宣碑

丁酉秋曲阜孔莊谷戶部繼涵以所爲是碑全圖艸本見示存余篋者五年矣今審定釋文重爲考次依洪氏著錄之本加以方綱所審訂正爲圖仍依本書各卷釋文之例書之然洪氏所錄以今日所可見者核之已多楮柾則今日所不可見而僅得之洪錄者其可盡信也耶今既無他本可據則亦不得已而洪錄是依也世尚有執洪氏之書以摹漢隸者則吾不知也

君以下一行□□字季宣□娉君之孫□□□□□□□□□

兩漢金石記卷八　七

□□□□□□□□□□□□□□□□□孔莊谷所圖每

行三十七字今姑依其格畫之君以下二行□度和□淵□□五□之□□□

□□□□□文□□□□□□□□□□□有趙宣

□□振□以下三行□吳札之高□□□□□□□□□□□

□扼目□□□□□□□東□□守欽□□此處以莊

谷之圖一据洪氏所錄之字計之所差者一字只三十六字為一行其差以下四行缺在某字間則不可臆知也今姑

系其所差字數扵其行之末尾以人脩禮招陽□可躍□□□□□□

□□□□亍父貞忠節□□□□□季□□□此行所差

二字姑以三十五字為一行觀國之光亂以下五行□□帝□干辛奇□□

□□□□□□□□□臣夙夜在公于斯□□□□

□□□此行所差一字賊雲會威以下六行□□□□我□□□□□

□□□□□□□□□季四月□□□□□社□□

馮死黨□此行所差二字□以下七行□遠近□車□挖駕賊□□□

□□□□□□□□乾剛之□辨□□□□□□其

旅供□天□以下八行□□東鄙□□侵掠如貊□□□□□

□□□□□□爾乃□□□□□□此行所差二字舍措九

刑而□以下九行□齊□政□□仍燠咻□□□□□□□□

□□以耕養慰存□叟鰥獨靡困□此行所差一字續既以下十行□

□□□□□虞放鵠沙□□□□□□□□□□□

□就洿慹□□恭織□□□遺則不□此行所差一字□以下十一行□

兩漢金石記卷八　大

□□穆之中神人協、□□□□□□□□之□□□

戜之害弦詞並□仁義交□□可謂□徽以下十二行五典□□

能惠者也當□□□儀鴻□□□□□□□□春秋

五十有七中平二年四月辛此行所差一字亥以下十三行卒于□□□

□□是路無軌□□□□□□□□□與旒來□弱

睽孤其三年四月辛酉□此行所差三字□以下十四行葬故吏□□咎

欲子車之殉□□□□□斬纏方□洛父事君慕衛

罔之不泯此行所差六字恩以下十五行粤人之□□追頌君德伐石銘以下十六行擬寫四格

碑摘□黎□□□□□令問□無□其辭曰堂堂惠

君明□□聲□□□□□□□□帝□□□□君戎

城討賊□如雷如霆既克有此下三行銘詞以每句四言計之實是一行三十五字與前文之每行似是三十七字者不同不知何也今於前文依莊谷之圖而銘詞則不能畫一尒以下十七行
宅丞心則寧民□賴祉□□□□□□迹□□□□□
□□□顯奕世□□厥成伊㢒□繼伐此行迹下隸續云闕六字
若以銘詞四言度之銘凡三行行凡三十五字則迹下當闕七字然以銘詞韻脚度之上下句寧誠靈皆韻也則迹下當闕八字又與每行三十五字之格不合今姑依三十五字之格畫之如此
宗之靈以下行
喬巒隕□景命不□□□□□□□□□□□□□□石
休有下闕

右洪氏隸續所載鄭季宣碑以今所存殘字位置度之大約是十八行其前十五行是敘而後三行

是銘也敘似三十七字為一行而銘則三十五字為一行不可得而臆斷矣洪云篆額穹碑多有裂紋据此則是碑上方必有篆額而今日雖極精之舊拓本亦無復知其篆額者矣且牛氏金石圖竟云無額即使下半埋土中而其額之有無豈可誣乎山陽吳山夫近日留心金石者也而所撰金石文存於是碑正面止以殘缺僅存數字一語了之並不著其僅存者為何字亦可慨矣

洪釋云䬲即飢字夙即夙字鳩與鵃同音鵃鳩是鳩名恐是用趙簡子放鳩事方綱按婁氏字源亦以䬲為飢字愚謂非也此句接上觀國之光是䬲字頤南原說是也石鼓䬲潘云籀文䬲字見義雲章作䬲綦又小變从几耳鵃婁亦同洪說頤南原綦辨援古文尚書鵃吺字即驩兜碑文放上有虞字其爲虞放驩兜無疑愚謂此說亦非也廣韻鵃鳥名人面鳥喙鴅四凶名鴅兜也古文尚書作鴅此二字無論其是二是一要之是从丹非从舟也說文鳩鶻鵃也又云鵃鶻鵃也从鳥舟聲張流切玉篇鵃止遥丁交二切鶻鵃也是从舟不从丹也洪氏所援趙簡子放鳩事愚固未敢斷其是否然

以本有从舟之字而乃强引从丹之字以實之蓋顧氏所見殘拓本此下已模糊疑其下是吺耳而不知此石此字今尚明白是沙字也

婁氏字原又云基即棋字緵即縗字愚按基字洪所不著不知在何處可見婁所据之拓本與洪氏小有不同惜未得其釋全文耳

洪婁所未釋者燠咻字左傳昭三年民人痛疾而或燠休之注燠休痛念之聲正義曰賈逵云燠厚也休美也服虔曰燠休痛其痛而念之若今時小兒痛父母以口就之曰燠休代其痛也杜云燠休

痛念之聲其意如服言也愚按下文云其愛之如父母則正義以口就之其說精矣咻字說文不收玉篇許王切噢咻痛念之聲也又許流切廣韻咻口病聲也觀玉篇噢从口則燠休休字之从口更於聲意皆無可疑者矣說文抌解抌也他括切

附載張氏亟齋濟州學碑釋文鄭季宣碑存字

五月（亟齋云原相連者接書各見者隔書此二字接書則是以第二行五字下為月字也此未然）

助（亟齋未著某行今審五字之後我字之前尚隔三行不知此字在某行矣隸續亦無之恐是誤看）

我（此第六行一字不誤）

壽考之𩥇畔（第七行卑未抏𩥇賊此云壽考之𩥇畔誤也）

侵掠如（此八行三字不誤）

攸興（第九行仮㸒此云攸興誤也）

兵放鴟沙（第十行虞張作兵國薌吉云字迹漫漶蓋以意度之耳當從隸續作虞）

之中神人（第十一行張有之字與隸續合信舊本足貴也）

五十　能惠者也當（第十二行十即蕙字之訛）

兮　之路無（第十三行之即是字之訛）

所璽欲子車（第十四行張多一所字洪所無）

恩人　君（第十五行三字不誤）

堂（第十六行一字不誤）

賴（第十七行一字不誤）

張云以上今存者四十三字此內惟第十四行所字洪氏隸續所無者今未敢定其是非也姑存以備考

牛氏金石圖云尉氏令鄭季宣碑并陰高四尺闊三尺厚七寸在濟寧州孔子廟戟門東側張亟齋釋文云東弟三碑是也牛云碑附牆陽面東向陰面西向張云予癸丑歲見之及己巳復來搨甫十七年又漫漶數字碑陰完好故轉向外頂有垂虹三條其上橫刻篆文八字穿下列人名二十行亦井井可見此碑甚大可與魯君碑相等此所存止

上一列下半埋入土中儻得博雅當事掘起升高重立是所厚望焉愚按亟齋此言於是碑最為有功蓋土人所名為鄭季宣碑者皆其陰也是以碑正面雖有字而人不之拓且聞其正面偪牆甚近拓工不能以身側入須二人從兩邊各以手探入拓之此所以正面拓本得之者甚艱即好古如牛眞谷居近濟寧而所為金石圖至失去中間一行蓋亦因所得拓本中間一行為兩邊手探所不及而失之也予於是碑心摹手量匪伊昕夕前後所拓致正面遂有三本是以晴窓諦視竟能辨洪氏

之所未辨者張亟齋得四十三字予竟得四十七字又半字四豈非於是碑深有相關之素耶故首錄亟齋之言以著是碑正面拓本之難如此壬寅八月八日記

洪氏隸續云漢故尉氏令鄭君碑篆額據此則是碑有額無疑予因札致黃小松全拓其正面今得小松寄來所拓碑與陰皆用極寬長之紙四邊留空中間石本凡高四尺六寸橫寬三寸而正面穿上之額竟不可見蓋穿以上皆全泐無復石膚矣小松札云其額處石泐凹入寸許且云石質最鬆

施椎即落拓時本欲去其下座外高騐下半有字否因石質一動即損不敢更張也下座乃兩石夾嵌外低內高所以拓本正碑短而碑陰長也丙午六月十日記

碑陰

尉氏故吏處士八名

篆額八字橫書其下有穿穿下乃刻人名○洪氏隸續婁氏字源皆作尉氏處士故吏人名以處士列故吏之上訛也今領以尉氏隸辨又以處士字置尉氏之十尤訛矣

一行　卩　處

二行　故孟　者　處

三行　關內侯張　處士

四行　故方城長毛良　處

五行　故孝　耽　處

六行　故從　堂孔康　處

七行　故從　伯

八行　故從事

九行　從事楊光子宮

十行　故從事宗　仲

十一行　故五官掾

十二行　故五　掾邯鄲

十三行　故守令呂萬仲

十四行　故　任　二　此字微露

十五行　故督郵邯鄲敬

十六行　故督郵邯鄲璣元珪令司

十七行　處　德源

十八行　處士　謙詳直

十九行　處士　𡴀德　主

二十行　處士　子朝　議

右鄭季宣碑陰今見存字九十一又半字五

弟四行毛下洪氏隸續作武誤今石本是良字

弟五行耽字張氏釋文作群誤今石本是耽字
弟十六行元珪張氏釋文作元璣誤今石本是珪
字
弟十八行直字洪氏隸續作真誤今石本是直字
弟十九行德字上張氏釋文作子今石本是孝恐
當是孝

㠯上正誤五處
弟一行下列今石本尚露首一字是處
弟二行下列今石本尚露首一字是處
弟三行下列今石本尚露首二字是處士

兩漢金石記卷八　三十五

弟四行下列今石本尚露首一字是處
弟五行下列今石本尚露首一字是處
弟七行伯字洪氏隸續所無今補
弟八行洪氏隸續全漏去今補二字
弟九行宮字洪氏隸續闕今補
弟十九行下列首一字是主字洪張皆無今補
弟二十行下列首一字是議字洪張皆無今補
㠯上補遺十處

洪氏隸續所載鄭季宣碑陰

議郎安衆闕下　故孟津都尉闕　處元闕
關内侯張字闕二詩　故方城長毛武字闕二
故孝字闕三耽闕虞　故從字闕三堂闕康
故從事下闕又故從事一人　從事楊光子闕
故從事宗闕仲闕　故五官掾闕下
故五官掾邯鄲字闕三　故守令呂萬仲闕
故字闕二任字闕二　故智鄠邯鄲敬闕下
故智闕邯鄲璣元闕　今司空掾
處字闕四德源　處士闕謙闕真
處士字闕三德　處士字闕二子朝
處士邯鄲字闕三　處士呂林字闕二

兩漢金石記卷八　三十六

處士呂璜字闕二　處士闕楚闕政
處士字闕二元　處士下闕又闕一人
故吏字闕三真　故吏邯鄲闕盛伯
故吏邯鄲謀孝起　故吏字闕二子真
上闕二字祭酒闕敕闕卞　上闕二字掾邯鄲瑾子恩
門字闕二曹史李字闕二正　主簿闕下
上闕二字張闕下　上闕五字讓字闕二
上闕四字祺字闕二　門下史邯鄲睦闕寧
門下史字闕二元闕　記室史辛字闕三
主記書佐闕下　主記書佐闕下

門下書佐丞脩闕三字　記室書佐侯瑾字闕二
錄事書佐李䚃方政　記室字闕二　陳㠏元艾
騎吏丁闕瑋珪　騎吏田闕元戒
騎吏馮艾子茂　直事干樊順伯叙
直事干陳瑚芳臺　直事干張超子與
直事干楊郃景闕　直事小吏字闕四
直事小吏丞闕番子　直事小吏荆闕后酾
門下小史陳勛子愍　上闕音伯字

隸續云上下凡四横其中督郵邯鄲璣名字之下細書四字云今司空掾末有直事干四人亦是以

干爲幹語在景北海碑陰最後空十餘行有一行刻字似是造碑者所識

方綱按洪氏既見拓本知爲上下四横則宜依其四横之式書之乃變爲上下二列又無界限以别識之今以石本見存之字度其上二列尚皆可合至其下二列則以每列二十行計之所謂直事干直事小吏之數人者不知其仍屬弟三列歟抑有在弟四列者歟而又云最後空十餘行有一行刻字又未知是專指弟四列否矣

張氏丞齋濟州學碑釋文所載鄭季宣碑陰

故郡□□□□
故孟□□□□□
關内侯張□□
故方城長毛良□□
故孝□□□群□□
故從事□□堂永康
故從事□□□伯
故從事□□□
從事楊光子容
故從事宗昌仲父

故五官掾□□□□
故五官掾邯鄲□元□
故守令吕嵩仲嵩
故守令任□□□
故督郵邯鄲敬□□
故督郵邯鄲璣元璣今司□□　此名下有今司二小字下缺一字故爲督郵今遷官司某事也
處士邯鄲□德源
處士□謙謙直
處士□□子德
處士□□子朝

以上存者一百字缺者以方位計之當是四十九
字
第一行第二字今拓本之稍舊者尚微辨右卩
方綱按張巫齋云右題名意止三層又云碑陰完
好人名二十行井井可見今所得一百六十九字
又云其列名必有二三層此所存祇上一列下半
埋入土者應尚有字此三條在一跋之内既云意
止三層又云必有二三層蓋巫齋未見隸續致有
斯疑也而巫齋所得正面四十三字又合諸趙婁
所著者二十六字又合其所著碑陰之百字故云

兩漢金石記卷八　二九

百六十九字亦因未見隸續而掇拾未全耳
又按吴山夫既依洪續之文而豈芟去後半以爲
傳信者此吴氏之失也至於處士呂林或未必是
林字既是今石所無則第据著録以爲信者亦未
可執也
補全今石所見漢尉氏令鄭季宣碑
一行仍空
二行　五卄之　五字向所嘗露見也自此字以下則新升出土者耳之上一字洪氏所闕今諦審似是緯字
三行仍空
四行　𠄌　此字在四行可躍下空七格之下一字其左半不可辨

五行　郎中　此二字在五行奇字下空五格之下一字
六行　帝口特　此帝字在六行我字下空六格之下一字也此二字皆洪所未著
七行　又　此字在七行賊字下空一格之下一字其左半不可辨
八行　豹　此字在掠如下
九行咻下仍空
十行　汏　此字在沙字下其左半是水旁又此下再空五格之下一字隱隱尚露上半是倩字
十一行　協　此字在神人下又此下再空五格之下一字是之
十二行　門　門内有畫與否不可知此在當字下
十三行　軌　此字在路無下　約嫚　此二字在軌字下空四格之下一字洪所未著也
十四行　之殉　此二字在子車下

兩漢金石記卷八　三十

十五行　君德伐石　德字尚在原出土内而拓本不見久矣今升高始見之
擒　此字在伐石下空二格之下据洪是擒也然驗石乃作擒蓋擒之或體
[illegible]　擒下空一格之下
十六行　庭帝　在堂字下空十四格之下
十七行　吕洪迹　此三字在賴祉下空五格之下洪氏但有迹字其吕洪二字洪所未著
十八行仍空
右新升出土鄭季宣碑之正面凡增補廿有四字
此内洪所未著而今見者九字
碑陰
行之下一列　處口邯鄲

二行之下列
處士呂彬（彬洪作林誤）
三行之下列
處士呂攢
四行下列
處□□楚□政
五行下列
處士□□元
六行下列
處
七行下列
□□弓元（此一字又半字洪所未著）
八行下列
□又□□□真
九行下列
□吏邯鄲□盛伯
十行下列
□吏邯鄲謀孝起
十一行下列
□□□□子真

兩漢金石記卷八　三三

十二行下列
□□祭酒□敦幼才
十三行下列
□□□邯鄲瑾子恩
十四行下列
□□□曹史李
十五行下列
□□□□□宊（此宊乃半字也洪所未著）
十六行下列
□□□□彪叔（此二字洪所未著）
十七行下列
□□□□邯鄲（此二字洪未著）
十八行下列
□□□□史（此一字洪未著）
十九行下列
□□□□□彦（此一字洪未著）
二十行下列
議□□□子（此二字洪未著）

右碑陰凡增補五十七字此内洪所未著今見者

十一字洪誤今正者一字凡兩面新并出土石本增出八十一字內補正洪氏隸釋十八字

錢唐黃易跋云右碑在濟寧州學戟門之東正面向壁下半久埋土中康熙年間淮陰張力臣作釋文已稱碑字半没亟宜出之乾隆丙午夏翁覃溪詹事欲易搨致碑額碑去壁不盈尺工人伸紙頗難上方泐深寸許額字不復見詹事復趣易升碑甚力工師見石質鬆裂不敢移動易銳意辦此畏氈絙索百指一心出土無損作二石柱夾之嵌置堅牢兩面皆露數百年沉埋之蹟一旦復見真平生快事也凡全石高六尺寬三尺并鐫跋碑側以志之

兩漢金石記卷八　三二

附碑側新刻字

漢尉氏令鄭季宣碑正面向壁其下久埋土中翁詹事方綱欲顯全文屬衛河通判黃易升碑向外乃與知濟寧直隸州事劉永銓州判王所禮成其事碑字復全殊可快也

乾隆五十一年八月十六日黃易題記

李東琪同來

大興翁方綱餘姚邵晉涵吳張塤

漢故執金吾丞武君之碑

隸額十字二行文作黑字凸起字勢大小參差至為古雅

（已下一行）君諱榮字含（已上三字據洪）和治魯詩經韋君章句闕幘傳講孝經
論語漢書史記左氏國語廣學（已下二行）甄微靡不貫綜久斿
大學蘱然高厲鱻於雙匹學優則仕（已下三字據洪）為州書佐郡曹
史主薄（已下三行）督郵五官掾功曹守從事丰世六汝南蔡府
君察舉（二字據洪）孝廉□□郎中遷執金吾丞（已下四行）遭孝桓大憂屯
守元武（據洪）慼哀悲憧加遇害氣遭疾（據洪）隕靈□□□□君
即吳郡府（據洪）卿（已下五行）之中子敦煌長史之次弟也廉孝相承
亦世載德（據洪）不忝□□□□命□不竟（已下三字據洪）台衡（已下六行）蓋觀德於

始述行於終於是刊（據洪）石勒銘垂示無（二字據洪）窮其辭（三字據洪）曰天降（已下七行據洪）
雄彥資才卓茂仰（三字據洪）高鑽堅（已下八行據洪）允文允武內幹三署外□
師旅□勒屯守舊威□武旌旗絳天雷震電舉歎燿
（據洪）赫然（已下九行）陵惟哮虎當遂股肱□之元輔天何不弔（以下凡六字皆據洪氏隸續）降此
□（二字據洪）咎癔乎我君仁如（據洪）不壽爵不副德位不稱功咸褒
傷愴遠近哀同身沒□□（已下三字據洪）萬世諷誦

右漢執金吾丞武榮碑牛氏金石圖云高六尺三寸濶二尺二寸厚六寸在濟寧州孔子廟戟門西側東向亟齋張氏濟州學碑釋文云西弟一碑是也碑凡十行行三十一字額下有穿穿當碑之正中文在穿下十行皆不適穿之左蓋甫及碑石之半云其左半石上無文

碑云治魯詩經韋君章句漢書儒林傳曰申公以詩經為訓故以教亡傳疑者則闕弗傳韋賢治詩事博士大江公及許生由是魯詩有韋氏學至韋氏章句之目則史所弗著惟見於是碑而已金石之功豈淺鮮哉

是碑叙武君家世父兄於卒後又稱其父兄之官而不稱名又稱其年卅六及其遭桓帝喪卒而不書某年月日是皆金石文之例所宜記者從來為

金石例者潘文僖不叙唐以前文王止仲墓銘舉例知有隸釋諸碑而未能一一儕其本始黃梨洲金石要例雖引及東漢六朝之文而於漢碑亦未之能詳也若以洪趙之書合之後來出土諸碑分門別類件系而條舉之庶幾於貞石之文有所稽攷也矣

碑以如為而仁如不壽者仁而不壽也此亦如而通用之一例歎即歎字丞即亟字憧即慟字

是碑之書孫北海賞其簡質而牛真谷病其板拘予以為字畫差小而適古彌出他碑之上不特不

病於板拘卽簡質亦尚不足以盡之耳

漢故郎中鄭君之碑

篆額二行八字

君諱固字伯堅著君元子也含中和之淑質
至行立乎鄉黨初受業於歐陽遂窮究于典籍膺
事弱冠仕郡吏諸曹掾史主簿督郵五官掾功曹
衞上清目自循犯顏謇愕造膝佹　加　成
吿目此服之郑后珍瑋目爲儲舉先屈計掾奉我
簡乎聖心延熹元年二月十九日詔拜　中非其
從其本規乃遣凶慼年卌二其四月　四日遭命

男孟子有楊烏之才善性形於岐　見於噩
所共哀也故建　共墳配食斯壇目慰考妣之心
鍾鼎奚銘昔姬公　武弟述其兄綜宮□□　刁行
目旌遺芳其辭曰
於惟郎中寔天生德顛親誨弟雯恭⼀　穀我義
立模式從政事上忠目自勖貢計王庭華夏歸服
雅意危斯自得乃遭氛災隕命顛沛家失所怙國
失喽嗟孟子苗而弗毓奉我元兄脩孝罔極魂而

右是碑之上段止見每行十九字之本也自乾隆四十二年目前所拓之本皆止於此蓋其中段尚埋土中未出也而其間就近今所拓又微有辨者弟二行籍字全見膺字猶見上半者舊拓也藉字止露其頂膺字全不見者新拓也計上段凡存二百五十四字又半字三此內洪氏所有者今闕其九（四行辭以好方六行郎七行廿八行雖十二行竭力）洪氏所闕者今補其二（十行姬下公字十一行綜下宮字）吳山夫以爲上段每行只存十七八字非也

昔姬下洪空二格以今諦審石本姬下是公字公下當是頌字此實石痕可髣髴非以文義度也

上段本與中段相連石並未斷乃徃日因石埋土

中只拓得其半耳似應合中段聯爲一圖然其中又微有拓本新舊之不同若聯爲一圖則觀者無以考新舊本之所以異故先以上段別爲圖其存字如右

則
推賢洁
貢清眇口
也以疾錮

行　行　行　行　行　行

七行 身痛如之何
八行 既年七歲而夭
九行 琦瑶延𠳋為至㐲
十行 於蕓陋獸𠳋敢忘
十一行原空
十二行 方漢我礼則傳宣
十三行 帝用嘉之顯拜殊
十四行 忠直俯哭誰訴印
十五行 靈亦歆斯勒

右是碑之中段六十字又半字五乾隆四十三年戊戌定海藍嘉瑄掘起入地之半凡尺許而碑所存於今之字止此矣先是雍正六年有李鶡者於濟寧學泮池左發地得是碑最下一段今別爲圖於後而李得下段時不知有此中段也蓋土人相傳以爲中段已亡而今一旦掘起升高始知此段實與上段相連也

二行 三行 四行

行 憲ㄏ
行 滿期限
行 之君大
行 君夫人
行 不紀則
丿刊石
一行原空
二行 業佮
三行 湃逆
四行 卌焉

右是碑之下段雍正六年出土者凡二十字又半字四牛氏金石圖所云李鶡於泮池左得残石高六寸闊一尺六寸因移置於碑旁者是也

洪氏隸釋所載全文

紀一行 君諱固字伯堅蕃君元子也 缺二行 含中和之淑質履上仁□□□孝友著乎閨門至行立乎鄉黨初受業於歐陽遂窮究乎典籍膺游夏之文學襄冉季之政事 缺三行 弱冠仕郡吏諸曹掾史主簿督郵五官掾功曹入則腹心出則爪牙忠以衛上 缺四 清以自修犯顏謇愕造膝佹

辭加以好成方類推賢達善遜遁退讓當世以此服是下五行
之郑后珍瑋以為儲舉先屈計掾奉我□貢清眇冠
乎羣彥惪能簡是下六行乎聖心延熹元年二月十九日詔拜
郎中非其好也以疾錮辭未滿期限從是下七行其本規乃遘
凶愍年卅二其四月廿四日遭命隕身痛如之何先
是石大是下八行男孟子有楊烏之才善性形是下九行於岐嶷□□見
於鑾髦丱七歲而夭大君夫人所共哀也故建□共
墳配食斯壇以慰考妣之心琦璠延以為至惪不紀
則鍾是下十行鼎奚銘昔姬□□武弟述是下十一行其兄綜□□□□行是下十二行擬以為於
於蒸陋歟㬍敢忘乃刊石以旌遺芳其辭曰於惟郎

中寔天生惪頤親誨弟虔恭竭力教我義方導我礼
則傳宣孔業作世是下十三行模式從政事上忠以自勖貢計王
庭華夏歸服帝用嘉之顯拜殊特將從雅是下十四行意色斯自
得乃遭氛災是下十五行隕命顛沛家失所怙國亾忠直俯哭誰
訴卬噓焉告嗟嗟孟子苗而弗毓奉我元兄脩孝罔
極魂而有靈亦歆斯勒
郎中鄭固碑牛氏金石圖云闊二尺厚六寸牛氏又云高四尺二寸此乃專就從前所見止上半每行廿九字之石言之未可以為定式也在濟寧
孔子廟戟門西側東向亟齋張氏濟州學碑釋文
云兩弟二碑是也篆額下有穿文十五行行二十

九字
是碑自歐陽集古録已目為零落之餘而云其間
有遜遁退讓之語今則遜遁字已不可見而以今
日拓本次弟所收先後出土者核之洪氏所録則
所闕亦不甚多乃牛真谷以為碑亡其半顧甫原
以為碑已中斷皆失其實矣顧又云家有拓本尚
完而所摹諸字乃皆訛誤則是所謂有完本者亦
未可信也
邑字从篆體郑字借羊為手此碑字之稍異者至
於清眇眇字即今妙字方言眇小也此當為妙之

正字凡書妙字者當以是碑為據
張埴曰以疾錮辭以疾句法作讀豆錮辭之錮當
作固其弟撰碑避其兄之諱也
漢膠東令王君廟門斷碑
此以今所存石別為題目其額則未之見
口王氏之
九世
衆　甘邯之乚強
一冐尹　亻曰王　武
溺而濡㞷至孝𠙵二十

九世□□乃復聞聲闕下
衆勝邯鄲之圍強闕下
其爵者曰王景武闕下
爾而濡之至孝昭二年闕下
夏甫舉孝廉武□令闕下
喻字林恭博士徵陽闕下
已後堊于京師者五世闕下
陽太守自高平就學闕下
宗直道者宰困而後闕下
子勃海府丞次子尚書郎闕下

茂舉孝廉爲譙令去官闕下
仇牧之忿奮不顧難名闕下
弱弟居荒亂之中□鯨闕下
爲郡功曹去官家拜闕下
令□所宰莅馳化如神闕下
辰也季世有一黄初五闕下
張氏祔于先姑仰堂宇闕下

右洪氏所載前碑一通今以見存之字合之爲圖如右

闕上念鼎足爰建時雖字闕五式不闕上魏后實天所授址

夏甫舉孝广武　令
喻丁林恭　士
已伇堊于京師
阝大守自高平
宀直道百
子劝海府丞八子当
茂舉孝廉　令ㄙ
仇収之心　不
弱弔居荒乚
君功　去
所　莅

長也
辰氏

右滕東令王君廟門斷碑見存之石凡十八行五十九字又半字三十二而已乾隆四十年歲在乙未夏四月之望濟寧李東琪得此石於州學戟門内大成殿西階下古樹之根驗隸續知是此碑題記於石後秀水盛百二爲跋

洪氏隸續滕東令王君廟門斷碑二

自王氏之先出□季闕下

發乇字闕三 如舊闕上 周服從此龍光文好俎豆武侯鷹
揚闕上 十朱旗乃舉席卷三闕 克成帝宇闕下 路字闕二 逸
民字闕二 逸民匪彫匪琢闕 哲字闕二 有處顯允君子或
默或語闕上 光隆前闕 伊漢中葉皇極不建闕上 我闕 漢
闕 聘闕 車束帛有戔闕上 庶績咸喜咨爾陽闕 維闕上 亢
闕 允闕 匪闕 攸居字闕二 王所闕上 空彝倫攸闕 沖質闕
祚炎闕 中徵闕上 人闕 得字闕六 剅克闕上 有馥其馨闕 時
闕上 犬宜闕 帝庭內管機密闕 軌闕 平出闕上 赫如闕 榮
身歿名立永揚德闕 顯闕上 用闕 康將和闕 門剖符闕
景闕上 來世饗

洪氏隸續曰右漢故縣東令王君之廟門十隸字為額予新獲此全碑其中白紙相去數字許如石斷裂之狀上段十八行是叙事之文下段少一行是四字韻語判然非一碑必是二石毀缺好事者匣而一之藏碑之家隨行剪貼故文意錯亂不可曉解其所叙有兩人舉孝廉者有以博士名者有丞勃海者有為太守為尚書郎為譙令為郡功曹者其一人名字可辨曰喻字稚恭下云凡所宰莅馳化如神年四十一黃初中卒韻語有身歿名立及剖符字蓋謂最後之人張氏祔於先姑疑其匹也勃海丞尚書郎則其子也所謂上世有邯鄲之功者秦之王翦也韻語初云字闕二 魏后實天所授繼云文好俎豆武侯鷹揚朱旗乃舉克成帝宇則其人仕於魏初也中云伊漢中葉皇極不建又云沖質闕 祚炎闕 中徵又云仇牧之忿奮不顧難則是述其先世前朝之事也碑云葬于京師者五世所叙既非一人又載婦姑相祔而以廟門題其額必是昭穆宗兆者碑中雖有景武孝昭沖質之文却有魏后黃初之字而題額以漢者豈縣東是其祖廟沒於漢代者乎隸釋目錄曰隸釋書成十年

再因考古始知縣東廟門是兩碑也

方綱按後一段石今不可見洪氏云下段少一行蓋是十七行今亦無從而畫其限矣婁氏漢隸字源云喜義作熙蓋熹字古通熙是碑因又以喜通也其云克成帝宇者僅見於洪錄雖未知拓本若何然按之文義字體均當是克字洪釋作充誤矣克肩也从屋下之象本从人不从十也

碑有黃初五云云則是碑立於黃初五年之後是魏碑也以其著錄猶云漢故縣東令故附於漢金石記○洪氏隸釋採趙氏金石錄謂縣東令廟門

碑以其非東漢而出之然隸續仍載此

跋盧江太守范府君之碑

右篆額二行十字末一字存半乾隆四十三年歲在丙申夏六月滕州人崔儒眎得於濟寧龍門坊水口石下今在濟寧州學宮戟門內

碑載隸釋第十九卷洪氏云右故廬江太守范府君之碑篆額在濟州任城魏明帝青龍三年縣長薛君鄉人翟循等所立范君名式字巨卿山陽金鄉人仕漢至廬江太守亦魏碑附錄於漢刻後廬內之由變而从四范內之巳變而从巳此在隸體之變則可而在篆則不可是六朝已後書體之濫觴也

予既得是碑額之後八年乃得見宋拓碑本今錄於此

君諱式字□□□□□□□□□□功存有夏以下闕者據洪氏云定曰御龍□胙商周世昭其隆晉主夏盟為范氏則其後也君稟靈醇之茂度體元亮之殊高徽柔懿有士會者光演宏謨翼崇霸業錫色命族貞白介淵儁宏道躭藝恢韜墳恭明允篤恕九德靡爽藉探賾研機罔深不入若乃立德隆禮樹節賢真忠諒足以弼國篤友足以輔仁用能昭其洪懿聲充宇甸接華岸於汝墳潤枯斃於荊漢超管鮑之遐蹤信靈諄乎炳煥是以□化泉流芳久鴻鷹燿仁闡於權興濟俗侔乎皐訓犀公偉馬弓旌盈路再讓考□□三府舉高第侍御史拜兗州刺史糾剔瑕慝六教允□土□罒聖言此處數允以下□土□罒聖言六字皆洪氏所無也其果在此間與否亦不可知姑據宋拓標本錄於此○洪氏接允字之下云施翰飛肅於鷹揚典刑□□軌□帝□其勳遷盧江太守擬泰和以陶化昭八則以隆治彌□宏略惠訓以僊□□協□□□齊□□靖源之溪閎寶疏氏之至順以疾告辭韜光潛燿詠琴詩以寧□□□□□□□□其猶充洽外內宴紹德之輿藪而儀民之淵表也未亮三事□□□終□□□□□常山相暨子汜孫而允嗣罔繼粵青龍三年正月丙戌縣長汝南薛□□□□□□感靈壇之不饗思隆懿模以紹奕世乃與縣之碩儒咨典謨之中□□同宗□□□之胄昭告祖考俾守厥祀本支著宣融之祚人神協休茂之慶焉禮也於是鄉□□上計掾翟循州部泰山從事史翟郃等僉以為君雖煇名載藉光颺前列而靈墳

亡口儀閒靡　述遂相與略依舊傳昭撰景行刊銘樹
墓以聲百世其辭曰
於昭上德實唐之允誕表靈和蹈規履信窮神周覽
祇道之訓道德微猶鴻術口舊穆彼今毗贊此醇懿
以文會友以仁翼十敷化濟殖華止以遂永言孝思
民之攸墍如何昊天不信其軌明德不報允胙亡紀
爰韓訓典詢爾髦士育茲緒口以永遐祉詒厥孫謀
燿于萬祀

是碑依洪氏所釋似是十九行行三十三字第一行君諱第二行士會第三行之殊第四行不入第五行盧甸接第六行鴻奮此間似再有一行者第八行

江第九行清源第十行其猶第十一行常山第十二行感靈第十三行昭吉第十四行翟循第十五行述遂第十六行於昭第十七行彼今第十八行昊天第十九行謀燿然鴻奮至侍字正合一行三十三格之數而標本侍字不斷直至御字始斷則是此間尚有闕也又再起一行若史字至遷字纔三十一格而標本盧江之上又尚露三半字皆洪所無者則此間又有闕矣恐洪氏所据亦是當日標本有剝蝕處未可知耳是以每行三十三格之數可定而通計若干行之數則究未能定也

命族句下有宜字當是實此洪氏所闕者今補之
實宜句下是忠字洪氏誤作志今正之

今年夏曲阜桂未谷書來云於歷城郭氏見范巨卿碑翦標本可辨者三百三十字而已結體在衡方韓仁之閒與漢石經絕不類李嗣眞乃定為蔡書無論立碑年歲不符即筆法亦大相遠矣未谷精于分隸所鑒當不誣得是札後寤寐以之其秋九月得黃小松自濟寧所寓書乃知是碑為小松所得將託孔戶部葒谷使人之便寄京俾予與同人題之至其冬十二月是碑寄至予既為譽搨一本又為補未谷所未辨之字十有一正洪氏誤字一忠誤洪作志誤潛心坐臥其下者三日而知未谷之

鑒弗確也蔡中郎卒於初平三年壬申是碑立於青龍三年乙卯相去四十三年此非他碑在漢末所立可以傳會蔡書者比也稍有知識者不至謬誤如此況李嗣眞在唐初負藝苑盛名其肯自蹈於後人之譏議乎自趙明誠金石錄始駁嗣眞之誤洪文惠隸釋婁彥發漢隸字原以至近今凡著錄金石者無不以此為口實予是未谷又增一語以為與石經不類而李嗣眞之謬妄為千人共指者矣予乃取李嗣眞書後品之文讀之而知李嗣

眞不誤而諸家之誤也書品此條乃論列梁蔡皇衛諸家之書其言曰毋邱興碑云是索書比蔡石經無相假借蔡公諸體惟有范巨卿碑風華豔麗古今冠絶詳李此言之意蓋合同時諸家與蔡相衡校而漢碑多不著名氏漢末一時隸法大都習蔡之體者居多惟有毋邱興一碑云是索書則其意以范巨卿碑爲不知何人書可知矣其上句云比蔡石經無相假借是專指蔡書石經之一體也所以下句轉出蔡公諸體謂同時學蔡書者不止學其石經一體耳蓋隸之爲勢非一而蔡之結體

兩漢金石記卷八　四十九

公私鉅細其應千變如當時芝英體亦或以爲蔡書是也蔡書之體既非一端而學蔡書者亦非一人就其中蔡體之善者則莫善於范巨卿碑耳此言極易明白猶之後人品唐碑亦云歐體顏體豈可即指爲率更之書魯公之書乎至於石經本非中郎一手所書今石經拓本又已百不存一何得以是碑與石經比較耶況即同出一手而應制莊敬之體與得意時隨手之變亦自不同予嘗辨西嶽華山夏承劉熊諸碑昔人以爲蔡中郎書者其言皆非無據洪氏云書家名氏非出於本碑者槩

不足信此語若以評唐宋之碑則可若漢碑則皆無書人名氏安得有出於本碑者哉如小歐陽於漢刻每條下皆系一語云右無撰書人名氏不亦贅乎是碑於勁利之中出以醇厚而頓挫節制神采煥發實高出漢末皇象梁鵠諸家之上其目爲蔡體第一者蓋李嗣真見學蔡之書必多乃有此折衷之鑒不特是碑之品目上下源流劃然可尋而蔡書之勢亦因此可得其梟後來歐陽率更書法之秘筆筆皆從此碑得之非深求漢唐之接續者未易語也予嘗謂漢碑自以韓勑節禮器碑

兩漢金石記卷八　五十

爲冠若蔡中郎最有名於時其實在漢隸中非其至者然此事探原會委兩漢之書至中郎而發揮始爲盡致是以後之稱者尤爲烜赫而唐人楷隸之祖實俎豆焉是碑既見推於李嗣真則唐賢諸家當必人人服習者蓋漢人分隸之形質至此而皆化爲性情恐褚河南對史陵云此法更不可以教人者正不外是也中郎爲漢隸大家紙借此梯航以窺見一斑其於書學或有裨乎今必謂指中郎書者無所考據而彼駁之疑之者亦何嘗有所攷據不過一倡百和好翻前人之語必欲使漢隸

中不許有中郎一撇一拂而後巳中郎何罪而致此耶自今宜懸李嗣真書品之語以爲是碑定評而予之得見是碑於千百年書學淵源一大關捩借以發明不亦大快幸哉他日見小松未谷當面質之

洪云嘖即賾字非也易繫辭傳聖人有以見天下之賾賾字九家作冊京作嘖嘖訓情也虞翻曰嘖謂初也揚雄太元曰化在嘖也范望注云陽氣潛在地下養萬物之根荄故云化在嘖準此二訓正與探字義合

兩漢金石記卷第九

日講起居注官 文淵閣直閣事詹事府詹事兼翰林院侍讀學士大興翁方綱

嵩山太室神道石闕銘 凡二段

額九字篆書陽文三行今僅存前二行六字云中嶽泰室陽城後一行三字全泐不可見矣王虛舟遂以爲額止六字非也

又按此額陽文累字牛氏金石圖摹作雙鉤者誤也

又按嵩山三闕橫直之式非具圖無以知之是以與他碑依格直書者不同

前銘 太室神道闕銘凡有前後二段此段蓋在額之前故今標曰前銘曩時著錄家未見其後段也故今不得不剖析著之

○惟中□□□崇高神
君家土□□㠯氣寂紀 冢土二字始存之侯雯攷證本
春生萬物膚寸起雲潤施
源流鴻濛沛宣並天四海
莫不蒙恩聖朝肅敬衆
庶所尊齋誡奉祀戰慄
盡懃以頌功德刻石紀
文垂顯□異以傳後賢
元初五年四月陽城□
長左馮翊萬年呂常始
造此石闕時□□□

○潁川大守京兆杜陵
朱□丞□夏□麦□□
監□府掾陽□□□□
丞河東臨□此下闕字或四或五不可知
臨□張嘉□□易□□
史□□□鄉三老嚴
壽□□□佐石副垂
崇高亭長蘇重時監少此字上半如此或是之字然未敢定
陽翟平陵亭部陽陵格
王孟功□車卿王文□

潘□□□□共□□□
陽□□□□陽□□□
君□□□脩此行下闕幾字不可計
人甫此行下闕幾字不可計
人者師此行下闕幾字不可計
眇此行下闕幾字不可計

右嵩山太室闕文八分書二十七行每行約九字
亦有行十字者顧氏金石文字記云在開封縣中
嶽廟南百餘步元初五年四月刻
嵩山三闕惟太室闕字差小前銘後系官名各以
一圈標界於首亦金石文所罕見也三闕歐趙洪
皆不著錄近人顧亭林王虛舟吳山夫牛空山四
家始錄之而吳山夫金石文存有少室開母二闕
獨無太室闕牛空山金石圖槪以爲每行九字殊
多舛誤顧氏金石文字記所載太略王虛舟改正
戠祀二字甚允若第四行源流下一字王所釋亦
未確也第二行冡字王亦未敢遽信今方綱諦審
似是冡土二字然究亦未敢質其必然也
並卽普字誡卽戒字崇卽嵩字顧氏録作嵩非也
按說文有崇無嵩徐騎省新附字乃有嵩字注曰

中岳嵩高山也从山从高亦从松韋昭國語注云
古通用崇字息弓切
王虛舟謂此碑每作波法皆雙鉤此非也蓋分隷
至末筆捺脚承接通體之勢故較他畫倍加寬闊
而鑱刻之痕日久漸露中央黑地遂若有似於雙
鉤者實非雙鉤也禮器碑內往往有之

後銘此正在太室額字之下蓋前銘在額之前也
前行極泐不可辨
丰
此行全泐不可辨

延此字在行底
光四年三月
□孔子大聖
潁川大守楊
此行全泐
此行全泐
此行全泐
官□廟
此行全泐
此行全泐

兩漢金石記卷九　四

縣
此行全泐
申□懷
此行全泐
□辥曰下空
□二中嶽
此行全泐
衣被此在行底
此行全泐
□圖黻亭

然□庭京雒索□□鼎此在行底
所
此行全泐
此行全泐
王命
此行全泐
此行全泐
此行全泐
此行全泐
此行全泐

兩漢金石記卷九　五

此行全泐
此行全泐
此行全泐
此行全泐
雨□此在行底
亇子此在行底
亇□此在行底
所子可不此在行底
亇至此詞畢
字此一行當是勒字人名

右約四十餘行有直界紋其行視太室闕前銘稍
狹而字長篆中帶隸剝泐已甚不能多辨矣其文
亦前敘後頌太室闕額正當此文中間之上方其
額後空處畫數獸
此文從來不見於著錄牛氏圖亦無之先是黃小
松札來云見此拓本略摹數字見寄未之詳也逾
月畢秋帆中丞於中州拓寄此本連上方之額乃
知是太室闕之後銘而小松處拓本適亦寄來二
本互對纔辨四十七字耳
此段與前銘同勒於太室闕間即以歲月亦居前

銘之後則題曰太室闕後銘亦自可通抑或日曰
延光四年潁川太守銘亦可通也

嵩山少室神道石闕銘

額云少室神道之闕六字篆額三行陰文

□莪林並
緜日月而
此一行空無字
三月三日
郡陽城縣
興治神道

此一行空無字
君丞零陵
泉陵薛政
五官掾陰
林戶曹史
夏效監廟
掾辛述長
西河圜陽
馮寶丞漢
陽冀祕俊

廷掾趙䋌
戶曹史張
此一行空無字
誹將作掾
嚴壽廟佐
向猛趙始

右嵩山少室闕文碩氏金石文字記云在開封縣
西十里邢家鋪葉井村嵩陽石刻記曰所刻丞薛
政等與啓母廟同啓母廟延光二年立知此亦與
同時所立也

金石文字記曰此闕有銘詞而今僅存二行八字其可辨者五字方綱按今可辨者尚有七字蓋顧氏未見蔽綵二字也又云三月三日而上無年云郡陽城縣而上無郡名亦亡其上一層矣

方綱按此闕既亡其上層則三月三日之上其爲年無疑雖葉井沝之說亦可通然文與事非親見者又安知其必爲一年所立乎王虛舟遂謂同時所立故不須復列其年殊涉武斷

葉井沝以爲二十一行然今拓本實二十二行每行存四字其空無字者三行拓本之字僅十九行

而已然今所拓本往往不揖後三行者非足本耳予得此銘足本十九行之後即接圓𢇍畫象也

蔽即叢字說文新附字蔽麻蒸也从艸取聲一曰蓐也側鳩切然非此字

少室東闕題名

江孟李陽柦仲
潘除鄭孟柦盛
潘陽□文令常
紓□□重令容

右隸書四行行六字每二字爲一界格在少室神道闕之東畫像之下牛氏金石圖謂之少室東闕題名云高一尺闊六寸刻文寖下前人皆未及見見而表之者维陽董金甌相西也東闕刻文皆北向

牛氏凡闕五字予以拓本諦審其首行弟一字尚露其半當是江字弟四行首一字全具是紓字其不可辨者三字亦然以漢人題名之例必先書郡縣而後及其姓名字此刻則似每二字爲一姓名不得以地名泥之矣其隸法則是東漢人筆無疑也柦或是查紓字當闕以俟考

開母廟石闕銘

無額

並行五字上層篆書

並行七字下層　以上闕

小□陽
□□𦀲開母廟興
□神道闕時大守
□□朱寵丞零
□□泉陵薛政五官
掾陰林戶曹史夏
效盈掾陳脩長西
河圖陽馮寶丞漢

陽蕉祕䃾延掾趙
穌戶曹史張詩將
𦙶掾嚴壽佐左福
此處有界道通上下二層

銘文上層
□□□□邑防百川柏鯀稱遂
□□□原洪泉浩浩下民震驚
□□□功疏河寫玄九山甄旅
□□□文爰納塗山辛癸之間
三□□人□勤斯民同心濟隨
□□□□正杞繪𣹳晉又遷亂□
□□□□亨於茲馮神翩彼飛雉

兩漢金石記卷九　十

□□□其庭原祥符瑞靈□挺生
□□□□恥陰陽穌清興雲降雨
□□□□皿守□不歇比性乾坤
福祿來張柏肩我君千秋萬祀
子子孫孫表碣銘功昭眡後昆
□□□□配光二季　重曰
□□□□□化歷□洋溢而溥優
□□□□□政𠠏文燿以消㩴
□□□□□雖皇極正而歸休
□□□□□穎芬𦬼𣡗兮圍疇

□□□□□蔄木連理於芊條
□□□□□盛胙日新而累熹
□□□□□化咸來王而會朝
□□□□□靜九域少其脩治
□□□□福祀聖母虖山隅
神□合而䣕㮚蠻我后以萬祺
此處有界道通上下二層
兮胥樂而罔極永歷載而保之

右嵩山開母廟石闕銘篆書牛氏金石圖云在登封縣北十里崇福觀東二十步延光二年造景氏說嵩云闕在啓母石之正南

兩漢金石記卷九　十一

通前後摠計三十五行葉井叔以爲三十二行蓋未見後銘之末二行又未見其最前陽字之一行也王虛舟亦依井叔以爲三十二行者沿訛也予得此銘拓本三十五行之後即接圓㡌畫象王虛舟曰前題名十行今審是十一行也虛舟未見前一行耳行七字唯第三行六字共六十九字內模糊七字無上層故無闕文方綱按顧氏金石文字記亦謂之題名其實乃書官系銜非題名也又按所云模糊七字者第二行開母上當是縣題名之後有界道上下通界道之後爲銘文銘有上層通前後銘十二行四字爲句上下兩層每層六字行共十二字下層五

行後有界道共前銘一百四十四字内糢糊四十七字銘後紀年一行文曰延光二年延上糢糊四字年下空二字爲後銘重曰二字行凡六字後銘文凡十一行九行之後有界道上下通九行之前上層約止存一二字其上四五字皆糢糊九行之後二行則上下十二字俱全共後銘百三十二字六字爲句内糢糊五十二字按前銘之後二行愚所藏拓本有上層十二字而虚舟僅見栢碣二字耳栢即相廼相字非栢也通計予所藏本前銘一百四十四字内糢糊三十三字後銘一石三十二字内糢糊四十二字耳是予所藏本又視虚舟多出二十五字也前系銜第一行虚舟未見陽字弟二行虚舟未見

興字弟四行泉上當是陵字前銘上層弟六字是防字下層弟四行山上一字實非漢字虚舟駁碩氏之誤是也弟五行上層首一字是三字弟四字是入字其弟三字拓本尚微露末脚似出字此句似是指三過家門不入事也下層斯民下是同字弟七行上層首四字景氏説嵩作聖漢福亨未敢知也其弟四字則或是亨字弟八行上層弟三字是其字弟十行上層弟四字説嵩作寧此或然耳後銘弟一行上層辟上一字當依説嵩作作字弟三行上層辟上一字説嵩作時字此亦或然

開母即啓母避漢景帝諱也靈支挺生支蓋借爲支又借支爲枝又借枝爲芝也累熹借熹爲熙也返之爲役則説文徑云春秋傳返从彳也又以茲爲茲以㻊爲翮以胙爲祚至於挺之手旁作木靜之月脚作肉銘之名作名皆失六書之義當東漢時字學漸已放失此許祭酒所爲興歎也㞢字頗王二家　闕未録按説文㞢少也讀若輟正當援是銘以詁義尔

堂谿典嵩高山石闕銘

題依趙氏

以前未知闕幾行

□□□□□
□寺□五宙
丨阝□丨陵
□□□□开
熹平口□来
請千□叩廟
典大君諱協
字季度自爲
郡主簿作闕
銘文後舉孝

此間有界道

鄘西鄂長卑
終叙曰於惟
我君明允廣
淵學兼游夏
德配臧文殁
而不朽實有
立言其言惟子所見拓本止此此間有界道
何□□□□□此一行上此一字據牛氏金石圖錄之也以下未知闕幾行

右八分書十七行從來著錄家皆所不載惟牛空山金石圖載其文自典大君諱協句起云刻於開母銘下南向謂之季度銘者是也予初得拓本亦止有後十行既而讀趙氏金石錄堂谿典嵩高山石闕銘云中郎将堂谿典伯并熹平三年来請雨嵩高廟按東觀記曰使中郎将堂谿典請雨因上言改中嶽崇高仍為嵩高又蔡邕傳注引先賢行狀云典字子度而延篤傳注作季度今此碑云字伯并當以碑為正今見此拓本通計文十七行者其前云□寺□五官中郎将□陵□□□□□熹平四□来請雨□高廟此五行之文髣髴可辨者正與趙氏金石錄相合然此拓本後十二行内明

十四　雨巢金石記卷九

云字季度趙氏既引延篤傳注作季度而以此碑伯并爲是則於碑後字季度之文何以黙無一語以此而推則恐趙氏所見拓本止有前五行耶趙氏止見前五行而題曰堂谿典猶之牛氏止見後十二行而題曰季度銘耳然後十二行實承前文一貫觀其字季度上一行曰典大君諱協而大君二字究未能解若此二字明白則前後文皆明矣攷之後漢書延篤傳曰少從潁川唐溪典受左氏傳注先賢行狀曰典字季度為西鄂長風俗通曰吳夫槩王奔楚封唐谿因以爲氏典為五官中郎将唐與堂同也郡國志潁川郡有定陵隱陵今驗拓本陵上一字微露左旁似是隱陵也郡國志潁川郡陽城有嵩高山劉昭注山海經謂為太室之山帝王世紀曰陽城有啓母冢以此核之則碑所謂郡主簿者即潁川郡主簿也潁川既與陽城合季度又與西鄂長合似乎此季度者即是堂谿典矣然是銘請雨嵩高及蔡邕傳與五官中郎将堂谿典等奏正定六經文字二事相合並在熹平四年而延篤終于永康元年其受業於典乃在少時且在其受業馬融之前況以此碑字季度者自為

十五　雨巢金石記卷九

郡主簿時作闕銘文此開母闕銘造於延光二年下距熹平四年相去五十三歲之久且五官中郎將秩比二千石而先賢行狀及此銘皆僅言為西鄂長不當舍其大官而專舉其微者合此數說則字季度為西鄂長之一人恐未必是熹平書石經請雨嵩高之一人矣友人張石公欲讀大為太謂典之先人諱協字季度此則於情事時代俱可通然且無論先人無太君之稱而即以後漢書注明引先賢行狀典字季度又為西鄂長又為五官中郎將則又似非二人者此條實應闕疑者矣牛氏

金石圖止稱季度銘者專就所見後段言之今既全得前文知其與趙氏所見無二雖典與季度名字尚待詳攷而是銘之為堂谿典請雨嵩高時所勒則無疑者也故仍依趙氏題爲堂谿典嵩高山石闕銘云尔

牛氏摹本以典爲與以鄂為郢以早為卑皆訛又景日昣說嵩云嵩山三石闕一題中嶽太室一題開母廟一題少室神道無題嵩高山者此祈雨銘詞或即在廟前石闕而封於苔蘚無可摹識歟抑刻有闕石而時久隤敝歟景氏於嵩少石刻親爲手剔考之冣詳而其言如此然則此刻見者信罕矣

趙氏金石録云後漢書靈帝紀熹平五年復崇高山名為嵩高山章懷注引前漢書武帝祀中嶽改嵩高爲崇高東觀記曰使中郎將堂谿典請雨因上言改之復為嵩高今此銘乃熹平四年可以正漢史之誤方綱按堂谿請雨嵩高雖在四年然必其降勑改號之儀成於五年故史書於五年耳安得據碑以駁史哉

詳味銘詞諱協字季度者為郡主簿在舉孝廉之前及其舉孝廉為西鄂長而早終則未嘗官中郎將無疑此必非堂谿典矣大君二字雖未詳其出處然此諱協字季度者必當是堂谿典之先人也又按鄭固碑云大男孟子有楊烏之才年七歲而夭大君夫人所共哀也據此文以大君與夫人並言正是父母之稱當是漢時有此語耳頤不知後漢書延篤傳注何以有堂谿典字季度為西鄂長之語若至熹平四年寫經禱雨其人尚在則已在其門徒延篤歿後八九年矣又安得謂為早終乎此亦當入兩漢刊誤補遺之一條也

兩漢金石記卷第十

日講起居注官　文淵閣直閣事詹事府詹事兼翰林院侍讀學士大興翁方綱

西嶽華山廟碑

篆額六字今所見者宋册也據洪氏隸續是二行廟字內月作肙蓋册之省

一行周禮職方氏河南山鎮曰華謂之西嶽春秋傳曰山
嶽則配天乾巛定位山澤通氣雲行雨施既成萬物
二行易之義也祀典曰日月星辰所昭卬也地理山川所
三行生殖也功加於民祀以報之禮記曰天子祭天地及
山川歲徧焉自三五迭興其奉山川或在天子或在
四行諸侯是以唐虞疇咨四嶽五歲壹巡狩皆以四時之

兩漢金石記卷十　一

中月各省其方親至其山柴祭燔燎夏商則未聞所
五行損益周鑒於二代十有二歲王巡狩殷國而有事于
六行提「高」字出一格方嶽祀以圭璧樂奏六歌高祖初興改秦淫祀大宗七行提「孝武」出格
承循各詔有司其山川在諸侯者以時祠之孝武皇
出格帝脩封禪之禮思登假之道巡省五嶽禋祀豐備故
八行提「宣」字出格立宮其下宮曰集靈宮殿曰存僊殿門曰望僊門仲
九行宗之世重使使者持節祀焉歲一禱而三祠後不承
十行提斯至于亡新寖用丘虛訖今垣趾營兆猶存建武之
十一行元事舉其中禮從其省但使二千石以歲時往祠其
十二行有風旱禱請祈求靡不報應自是以來百有餘年有

事西巡輒過亨祭然其所立碑石刻紀時事文字摩
十三行滅莫能存識延熹四年七月甲子弘農大守安國亭
侯汝南袁逢掌華嶽之主位應古制脩廢起頓閔其
十四行若茲深達和民事神之義精通誠至礿祭之福乃案
十五行提經傳所載原本所由銘勒斯石垂之于後其辭曰巖
寫平格巖西嶽峻極穹蒼奄有河朔遂荒華陽觸石興雲雨
我農桒資糧品物亦相瑤光崇冠二州古曰雍梁馮
十六行于豳岐文武克昌天子展義巡狩省方玉帛之贄禮
十七行與岱亢六樂之變舞以致康在漢中葉建設宇堂山
嶽之守是秩是望侯惟安國兼命斯章尊脩靈基肅

兩漢金石記卷十　二

十八行共壇場明德惟馨神歆其芳過䙡凶札揫斂吉祥歲
十九行提「君」字平格其有豐民說無疆袁府君肅恭明神易碑飾闕會遷
京兆尹孫府君到欽若嘉業遵而成之延熹八年四
二十行月廿九日甲子就袁府君諱逢字周陽汝南女陽人
廿一行孫府君諱璆字山陵安平信都人時令朱頡字宣得
甘陵鄃人丞張昮字少游河南京人左尉唐佑字君
廿二行提「京」字平格惠河南密人主者掾華陰王萇字德長京兆尹勑監
都水掾霸陵杜遷市石遺書佐新豐郭香察書刻者
潁川邯鄲公脩蘇張工郭君𨓆

右西嶽華山廟碑延熹八年立其石已亾都南濠

援徐季海古迹記以為蔡中郎書趙子函云郭香乃蓿中郎書耶今雖不能遽定為中郎然金石文字記及隷書亭題跋皆謂後漢書律歷志郭香即此人攷郭香之名見于五官郎中馮光沛相上計掾陳晃奏中事下三府集議其時坐侍中西北與光晃相難問者即蔡邕尒在熹平四年三月九日也邕可以理香之說則香何不可以察邕之書哉中郎集中楊秉碑正在延熹八年而秉又華陰人也若碑中字體奇正互出古今造用非中郎涤勢所謂脩短相副異體同勢奇姿譎誕靡有常制者

乎即以一二字略言之如克字陵字皆加點與說文不合而與古籀奇字體勢轉近夏承碑克字亦有點世或以夏碑亦出中郎雖難概信然其說正非無自也佩觽云李少監陽冰說蔡中郎以豊同豐又與此碑合矣凡此數者有一於此足以附質中郎之說而况有徐季海語可據乎

是碑石既不存拓本亦久不見於著錄華陰王無異藏本予向所傾想而未見者乾隆甲午冬吾友朱竹君學使自江南歸以所得無異本見示即所謂闕一百五字本也予偕来齋中彌十日思力摹為册此本自明萬歷中藏華陰東肇商雲駒陰商雲雛兄弟之墨莊樓雲駒以贈華州郭宗昌允伯允伯跰证園又號宛委山人所居有松談閣其家僮惠靈偃史明二人者善装潢於天啓四年重装是帖入　國朝歸華陰王宏撰嘯月樓宏撰字無異號山史康熙八年携此本至京師明年庚戌自跋于後云孫少宰有跋而庚子銷夏記無之後歸歙之何氏乾隆丙戌歸徽州學官上海黄文蓮星槎後七年癸巳星槎以歸竹君吳江陸蘆墟自識其臨本云予得華山碑雙鉤本於頤南原家謂從

商邱宋尚書摹得其原碑即華陰王無異家藏本南原粲辨亦云予從商邱宋尚書摹得之即無異藏本也予既偕竹君此本摹之亦遂信為即商邱藏本矣今年戊戌五月曲阜桂未谷從顔氏家得金壽門雙鉤商邱家藏本則凡王無異本所闕之字此皆有之因更摹一本又借竹君本來細對別摹其副以寄陝西偉中丞畢公勒諸祠下（時重修嶽廟石已具矣會有疑其贗者阻之遂不果勒）既而以商邱詩核之則所謂宋搨僅闕十字者蓋即此本也而頤陸所謂文字完好者亦即此本蓋原石弟三行首歲字八行末

門字十行持節祀焉節字末行杜遷市三字遺書佐書字又鄲字又蘇張下二字君下一字此十一行皆極殘損而亦皆稍可以意補者也陸臨弟三十二本自跋云近得補損之瀍是商邱本闕十字與王無異本闕百五字判然二本同在人間實無可疑者南原之說姜白蒲亦云尔此則傳聞之誤亦不必以為疑矣春秋使使字陸臨正同而碩不録者偶失之耳予既喜二本積疑一旦豁然而又以商邱闕十字之石本末得親見一對臨之故姑就壽門雙鉤本補入王無異本以成全璧延平劍合終當有日尔姜名任脩

三原王焯跋王無異本時為康熙四年乙巳此在商邱得是碑之前三十餘年而已稱存海内者二本則是本並著於世久矣而陳子文金石遺録云華嶽廟碑趙子函舊物授諸王山史者趙子函三字當是郭允伯三字之訛已轉畀淮浦張力臣予訊之不獲循環於胸次者垂三十年甲申臘月出守黔中道經邗上從舊友周儀一處得見此碑繼晷臨摹兼録諸題跋乙酉二月十三日皖江舟中書按王無異本後題云小華劉僩生再觀此碑在康熙十四年乙如皋人雍正元年以王無異本摹勒上石

夘下至四十四年乙酉正三十年而此碑後有山史庚戌六月自跋則其歸張力臣當即在此數年之後而宋漫堂得華山碑在康熙三十八年己夘且王虛舟壬辰選館尚於宋蘭暉撿討齋中見之云蘭暉靳弗肯借此是康熙五十一年事而陳子文則於康熙四十三年甲申見之邗上周儀一家其非宋漫堂本可知此亦世有二本之確證矣全謝山鮚埼亭集跋是碑後云竹垞見西陂本文字完好并篆額俱無恙因有驚心動魄之喜然則予家所藏為豐學士萬卷樓中故物歷二百餘年不缺不爛可寶更何如乎篆額左右有唐太和中李衛公諸人題其旁其下有宋元豐中王子文題幾無隙地予按今華嶽廟中趙文淵劉升八分諸碑上下左右皆有題識知謝山之言不妄也劉升碑有明何濱李楷祔則題云地震後古碑大為俗人所損所存於廟者寥寥數種耳据此則是碑燬於地震之說蓋為可信

洪氏隸續云袁逢修華山廟碑二十二行行三十七字袁府君肅恭明神及京兆尹勑杜遷市石皆平闕高祖太宗孝武竝高出一字有紋如碁局据此

以圖碑制則末行之末恰至石趺而止也然末行末張工下一字君下一字洪氏皆云闕而今諦審拓本尚隱隱可見也

碑以鑒爲監亨爲享此洪所未釋者又以王爲玉王欣救思六二切玉工也今以通玉則未知何出然載攷楊著楊統諸碑皆然是玉王通用漢人類如此矣顧南原之是正諸字也獨於岐字引玉篇攴爲古攴字然玉篇初無此文而婁彥發字原舊刻本此字尚與碑合不知南原何以有此說也若陵字加點則諸家皆未之及蓋字勢之變非一端

而其來亦非一日矣

朱竹垞於漢隸最推是碑以愚平心論之則漢隸自以禮器碑爲最此碑上通篆下亦通楷借以觀前後變創之所以然則於書道源流是碑爲易見也夫使人易見者非其至者也

漢北海淳于長夏君碑

篆額　未見

已下第一行君諱承字仲兖東萊府君之孫大尉掾之中子右中郎將弟也累葉牧守已下二行印紱典據十有餘人皆德任其已下三行位名豐其爵是故寵祿傳于歷世策薰著于王室君已下四行鍾其美受性淵懿含和履仁治詩尚書兼覽羣藝靡不尋暘州郡更請屈已匡君爲主簿督郵五官掾功曹上計掾守令冀州已下五行從事所在執憲彈繩糾枉忠絜清肅進退以禮允道篤愛先人後已克讓已下六行有終察孝不行大傅胡公歆其德美旌招俯就羔羊在公四府歸高除已下七行淳于長到官正席流恩褒善糾姦示惡旬月化行風俗改易輸軒六轡已下八行飛躍臨津不日則已下九行月皓天不弔殲此良人年五十有六建寧三年六月癸已淹疾卒官已下十行嗚呼痛哉臣隸辟踊悲動左右百姓號咷若喪考妣咳孤憤泣忉怛傷摧勤銘金石惟以告哀其

辭曰已下十一行另起平格於穆皇祖天挺應期已下十二行佐時理物紹縱先軌積德勤約燕于孫子君之羣感並時繁祉明明君德令問不已高山景行慕前賢列庶同如蘭意願未止已下十三行中遭宪夭不終已下十四行其紀夙世霣祚早喪懿寶抱器幽潛永歸萬里痛矣如之行路感動黨魂有靈垂後不朽

夏承碑凡三本趙明誠金石錄云元祐中洺州因治河得於土壤中者建寧原石也隸釋漢北海淳于長夏承碑篆額隸續云淳于長碑圭首之上有暈二重自右周於左其左復有一重篆額三行黑字其文十四行行二十七字按隸續所圖額三行九字一方微偏在左穿則在額之下蓋穿當額之偏右而文之中上也明成化己亥知府秦民悅跋下半爲後人摹刻

者即朱竹垞所謂土人重摹者也此成化本也秦跋云仆於後堂復樹之東隅唐跋云秦公建愛古軒以覆之碑首有穿則仍是原石耳○吳山夫云成化本不知何時淪沒嘉靖戊戌掘地得之求索者衆郡守唐寬即碎其石後守唐曜又重刻于漳川書院跋言此碑因取築城之石為工所毀蓋不欲暴前守之短故微其辭也汪上湖云乾隆三十三年永年縣修城急囑留意此碑而竟不可得聞城有一面不必拆脩若豈正在此一面內耶嘉靖乙巳

知府唐曜重刻于漳川書院則又取成化本重勒

者也其額夏承碑三篆字宣書碑文後有淳于長夏承碑六字又有建寧三年蔡邕伯喈書九字皆正書其碑正文十三行行三十字碑後小楷書四行云右蔡邕書淳于長夏承碑在廣平府承不知何許人其仕與卒皆無當於廣平碑所自來莫可考□永樂七年冬歲久踣仆成化巳亥前守秦公民悅復建愛古軒以覆之碑首有穿疑所以受綍懸棺而八分字畫奇古信為神物無疑距今幾七十年海內□□□石□□嘉靖癸卯築城之役為工匠所毀越二年余來守郡索諸民礫間不獲乃取模本臨石寘亭中□□□歐陽子集古錄至千卷自以為多是碑錄所未載然其時已云漢隸難得況後此五百年獲見古人不及見之完碑乃不幸而淪沒豈不可深惜耶今臨刻遒勁不失漢風骨足併佳觀它時興作者他山之石何讓□□碑也哉嘉靖乙巳五月望南昌唐曜○汪上□湖云是碑今在永年縣城內漳川書院二門外近有縣令曲阜孔君改名紫山書院者是也乾

隆甲午秋桐城姚夢穀郎中以雙鉤本見眎中闕三十字即梁瑤峯尚書所從雙鉤雕木之本尚書自跋云是山陽吳山夫廣文從金壇王虛舟給事摹得者至今戊戌夏又從張晴谿吏部齋中得虛舟雙鉤本則此三十字具全虛舟自跋謂所見元搨則何屺瞻楊景西二本所見雙鉤則畢既明胡玉笥二本詳翫虛舟之跋畢既明鉤本即楊景西本云闕字正與秦跋合是下半未補刻以前本也胡玉笥鉤本與何屺瞻本則虛舟亦未言其同異而其下云一百十字巋然竟完以此瘦之疊似畢既明本為闕一百十字者矣然吳山夫金石文存云夏承碑予得雙鉤本于海鹽畢既明後有豐道生跋蓋從宋搨影摹者中闕三十字蓋猶在一百十字未闕之前者今梁尚書本實闕三十字其為畢既明本無疑而何以王虛舟謂闕一百十字豈

虛舟之誤歟予既先後並得二本摹存於茲又據洪氏隸續以原石行數位置列為圖并以今本圖附于後而以今石訛誤尤甚者一一記出按其行列攷次曰是而知此碑之先後原委其為三本之同異亦可以了然無惑矣

是碑前人著錄其可疑者數條謂成化時所樹恐非原石者顧南原汪上湖說也謂積行當作積德者徐壇長說也謂成化本已有訛字者吳山夫說也謂王秋澗臆度爲蔡中郎者顧南原王虛舟說也按王秋澗集跋蔡中郎隸書云中郎本取秦相

斯大小篆為八分實秦隸書也近觀公建寧三年所書五官功曹掾夏承墓表眞奇筆也如夏金鑄鼎形模怪譎雖蛇神牛鬼厖雜百出而衣冠禮樂已胚胎乎其中所謂氣淩百代筆陣堂堂者乎至元辛未中秋前二日觀至元辛未是元世祖至元八年即宋度宗咸淳七年也趙明誠金石錄云余家所藏漢碑二百餘卷獨此碑最完今合秋澗之言審之知原石字全者為宋拓無疑矣初未嘗有在廣平府學之語頗南原汪上湖之疑蓋誤讀金薤琳瑯耳詳見後條至於積德勤約則原石重刻石皆然其訛作積行者則或是著錄家從金薤琳琅諸書抄寫致訛者也而徐壇長謂原本德字雖損然行下心字可辨則壇長所見是舊拓之下半已損者也何義門云近者予得丹陽孫仲墻藏本所剝損者僅二十餘字又在子擴所得之上都元敬所得江陰徐子擴本子擴名充號兼山著暖姝由筆一卷是皆謂原石舊拓下半已損者而拓之先後有不同也其摹刻之訛字則成化本與嘉靖本蓋皆有之雖上半亦間有數筆之訛而下半特甚焉頗南原既云所得本與都元敬同而以所摹諸字驗之皆仍嘉靖本之謬則是南原不特未見建寧本抑且未見成化本也詳見後條

辛丑春吳門陸謹庭孝廉恭以其所藏宋搨本來眎中闕化行以下三十字後有豐人翁楊景西二跋伯喈此書謂之茈英體乃八分之奇品也今廣平有碑乃永樂間俗人重寫頓加肥濁而吾鄉徐芳遠遂以為法無迺寳燕石者耶是本乃宋搨非中父好古未能識也嘉靖己酉中伏日道生題書法自科斗一變學者紛紛梁庾元威作書論載隸有十餘種各工其習以文其一家之學至中郎而體法百變窮靈盡妙動合神功但歷年既久斷碑墨本存者絕少此碑蓋其間之一體筆意飛動精神如在今見之如景星卿雲是豈可多得與然斯道高古非世俗通行之書以故闕然不講久矣予偕臨一過恍然有得因識數語以歸之其世寳哉康熙乙未長至後二日高平楊繩祖題有景西及畢既明印其為山夫所見雙鉤本之所自出無疑頗山夫未見此拓本耳景西即楊繩祖字則虛舟所見亦即此本然虛舟所雙鉤之一本則又別假自臨仁判史胡玉筍之雙鉤本是以較多三十字耳虛舟鉤本遠遜山夫然今見宋拓本始知其筆筆變化左右向背陽開陰闔之妙則山夫虛舟雙鉤二本皆全未夢見矣蓋是碑上承篆籀下開正楷為古今書道一大關捩而或以怪奇目之豈知言之選歟義門云碑字未嘗怪譎者此言是也按洪文惠隸釋初不云中郎書虛舟跋則援隸續語謂非出於本碑者皆不足信蓋其指為中郎書者一出臨汝帖一出王秋澗集也而是本後

豐道生跋亦遂斷以為伯喈芝英體是皆不因廣平重刻本後有蔡邕伯喈書字而傅會者明矣予嘗平心論之漢隸皆無書人姓名何從得出於本碑者而信之乎至於中郎之蹟在東京最為有名則諸碑中自宜多有其法如中郎篆勢云修短相副異體同勢奇姿譎詭靡有常制又竇臮述書賦云傑戟彎弧星流電轉皆與是碑相合又李陽冰云蔡中郎以豐同豐予又嘗以克字有點證華山碑與是碑合則以是碑目為中郎書者未必皆無稽之談也至於芝英體之說則洪引庾元威語謂

為其間之一體初未嘗定指為芝英也攷庾元威書論有屏風百體間以朱墨采色不著其狀是碑體參篆籀而兼開正楷之法乃古今書道一大關捩豈可以元威所名百體者名之乎豐跋所云中父者華夏字中甫別號東沙無錫人豐道生嘗為作眞賞齋賦云夏承婁壽漢碑樂毅東方晉刻牙籤錦笈以為藏天球河圖而比重者是也賦後題云嘉靖二十八年歲在屠維作噩月在鶉火之次日在參前進士天官尚書郎南禺外史豐道生人砂著正與此碑後跋同時所作然則此本是錫山華氏眞賞齋藏本在當時最為烜赫著名之蹟今眞賞齋右軍袁生諸帖彪炳天壤而是碑獨不見稱即虛舟山夫諸先生亦不知其為眞賞齋舊本良可欷也徐芳遠名蘭號南塘鄞人累舉不第八分初法淳于長碑晚年參以己意時人謂其書與程南雲並馳都南濠云徐蘭與豐坊同時所作隸字不師漢人而師宋廬陵朱協極者也予往年既摹二鉤本今見此宋拓本然後知二鉤本皆土木形骸而其左右倚伏陽開陰閉之妙信為隸書圭臬其有目為奇怪者未可以為信矣此吳門陸謹

庭所藏不遠數千里持以眎予爰為考論其本末借臨十日而歸之

何屺瞻所藏是孫仲牆本闕二十餘字者今未見其拓本亦無雙鉤本楊景西本即豐道生跋本闕三十字者予今見其拓本并有其響搨精本又有其雙鉤本即吳山夫所雙鉤本也梁跋謂山夫從虛舟摹得者蓋山夫或得此雙鉤底本於虛舟耳非謂虛舟所手鉤之一本也胡玉筍本則虛舟所言不詳不知其所自來乃是通幅無闕字者今未見拓本而有其雙鉤本後有雍正十年冬十有一月四日此山王澍臨并題三本大略如此碑圖及額詳具隸續而虛舟誤作夏承碑

不知漢人碑額無稱名者虛肩蓋未之考也
是三本者皆近日著錄家所見故列次之外此則
惟明江陰徐子擴為郃元敬雙鉤一本中闕四十
五字其本今未必有知之者矣
成化本上半段是原石考
予既於辛丑春得見吳門陸謹庭所藏宋拓本借搨
而詳考之知是明錫山華中甫氏真賞齋最烜赫有
名之蹟為謹庭跋于其後越三年謹庭復以計偕北
上集話予詩境軒語及是碑之妙而是日宋芝山適
以其友瑛君所藏一本相眎即成化本也此內可與

今廣平碑對證其訛謬者凡有三焉一則原石泐字
成化時鑿訛者嘉靖本亦因之以訛如一行弟也累
二行歷三行書䇲覽羣藝四行掾功曹上計守令異
五行允道萬愛克六行羔羊四府歸七行俗改易轓
軒六八行六建寧三年六九行右百姓號咷若喪考
妣十行曰十一行羣十二行質同如蘭意願十三行
永歸凡五十八字是也二則原石模糊字畫不可辨
成化時尚不甚訛而嘉靖本加之訛者一行將二行
傳三行靡五行禮六行俯就七行化風八行十十行
哀辭十一行軌積德勤約燕十二行慕前十三行抱
器幽潛凡廿三字是也又有成化本上截之字有略
近模糊而嘉靖本訛者二行爵四行恚八行𢧐凡三
字是也其餘則與建寧原石本竟無少異則成化本
即建寧原石而下半為後人摸刻之誤無疑矣自成
化十五年已亥至嘉靖二十二年癸卯凡六十五年
而為築城工匠所毀遂有其又明年乙巳之重刻則
是成化本存於世者等於原石之艱得矣予向來亦
疑成化本為秦郡守民悅所重刻非建寧之原石蓋
因何義門汪上湖二先生之說而致疑也今見此本
反覆研究而知其不然者義門云初翻本亦作勤約

予向執此一語以為成化時是初翻嘉靖時是再翻
豈知成化時只有下半截之鑿壞而非通體重刻也
若果成化時已經重刻其與原石相同之字必不能
如此堅栗與原本逼肖假使其成化時之刻工選石
鳩材即能如此逼肖而何以成化已亥至嘉靖時纔
五六十年之間即已有下半截如此泐蝕之多此則
成化時所重立即是建寧之原石不待辨而明者矣
至於汪上湖之疑蓋本於頤南原隸辨其說謂秦民
悅所見碑在府治而元王文定公秋澗集云在府學
則成化時何得尚在府治似乎民悅所見已非原碑

矣此語又大不然按王秋磵集跋此碑初未嘗指為在府學也乃都南濠金薤琳瑯引秋磵此跋其下云碑在今廣平府學此句是南濠語非秋磵語上誤讀此文遂謂秋澗時已在府學因疑泰守所樹未必是原石謬矣況秋磵元初人元初此地仍曰洺州後乃升為廣平路亦無府字至明代始有廣平府之稱秋磵何由而有廣平府學之語乎泰跋云成化已亥此碑仆於後堂復樹之東隅唐跋云前守秦公民悅建愛古軒以覆之碑首有穿據此二跋則成化時止有重立之事而並非重刻也即下半截之重摹鑿失

亦非必秦守成化時之所為蓋成化間重立此碑不過因其仆地而建亭扶植之不但未嘗重刻抑且未嘗摹鑿下截其摹鑿下截蓋在成化之前不知何時何人所為非必其成化時所重刻也至於義門云初翻本亦作勤約此語實為不誣予見朱臥庵所藏本正與成化本同而上半所存眞本之字則過於肥穠即如弟四行為主簿為字上半向外一點與中間長撇之尾皆極麄大露鋒與原本實不相埒而銘內却作勤約弟約字已變圓體與原石勺字方折殊矣其下半重鑿之字亦與瑛君本同据此言之則是尓時又別有一重刻本也然此重刻本實在成化本之後蓋以上半諸字過肥失眞知之也都南濠言廣平通判山西宋孟清言府學復有一碑與此相類殆即此本之謂歟

成化本闕一百十字考

所謂一百十字者凡有二焉一曰泐而未訛弟一行將弟也累葉弟二行祿傳于兼弟四行掾功弟五行禮弟六行俯弟七行月弟八行人年五十弟十行哀其辭弟十一行軌積德燕之弟十二行慕列庶弟十三行抱器潛凡三十二字或泐其全字或泐其半字

者也二曰泐而已訛弟二行歷世弟三行尚書兼覽羣藝靡不弟四行曹上計掾守令冀州弟五行乂道蔦愛先人後已克弟六行就羕羊在公四府歸弟七行化行風俗改易轓軒六弟八行有六建寧三年六弟九行右百姓號唯若喪考妣弟十行曰弟十一行勤約于孫子君羣弟十二行前賢同如蘭意願弟十三行幽永歸凡七十八字合二者為一百有十字也此一百十字皆在碑之下段然弟一行末牧字弟六行末高字弟十三行末萬里痛字凡五字皆不訛不泐也嘉靖重刻本既改易其行次而此一百十字中

又有考以原碑改正其訛者十二字又此外別有訛者又三字今人多見嘉靖本不得見成化本是以所謂一百十字者弗能知也王虛舟乃以為所得雙鉤本與秦跋闕字合不知秦跋所闕之字虛舟尚未之詳考而奚以知其合否乎

都南濠本闕四十五字考

吳山夫云都太僕家本闕字四十五謂是舊搨碩南原家本與都正同然隸辨所載巽作蕻羣作群之類與宋本乖異則顧氏所有殆重摹本也愚按都太僕所謂闕四十五字之本當是其拓本偶闕四十五字

耳非石所原闕也而顧南原乃云予家有雙鉤本亦止闕四十五字勒紹亦作勒約疑即都所藏本夫都太僕既未明言此四十五字為某某字矣則即偶同闕字之數者豈必其即都本然此亦不必深辨也姑即以顧所摹於隸辨之字驗之蓋秦郡守所云闕百有十字者今具在也然其中有別焉有成化時石已泐蝕而未嘗鑿訛者有已鑿訛者其已鑿訛則訛在成化本而嘉靖本特踵之耳其僅泐蝕而未訛則訛在嘉靖本矣顧氏此書於碑下截之百有十字中沿重刻之訛者甚多若吳山夫所舉羣字巽字特嘉靖本之踵訛者耳此猶可曰顧氏所見或是成化本也至於一行將字（凡此所云第幾行者皆據漢刻原石行次言之）二行傅字三行靡字五行禮字六行俯字就字七行化字十行哀字辭字十一行執字積字十二行慕字前字十三行幽字潛字此十五字皆成化本不訛而嘉靖本獨訛者則顧氏止見嘉靖本併成化本亦未見也明矣而豈得復云有所謂雙鉤本闕四十五字與都本同者哉然或為之解曰顧氏所得雙鉤本皆在石之上半段而下截重刻者無從而雙鉤之是以顧氏不得已而於下截勉强就嘉靖本以成之假若果如此說亦

已於所云闕四十五字者不侔矣然而尤有可異者第二行爵字第四行匡字第八行孅字此三字却在石之上半段成化本並不訛而嘉靖本訛者乃顧氏一依嘉靖本摹之則其通一碑全賴嘉靖本為之圭臬矣而何得有雙鉤本云尔乎不特顧氏果見闕四十五字之雙鉤本斷不肯出此即使以費氏字原所摹諸字一一驗而為之則亦必不敢出於此而今竟撫拾後人最謬之字目為漢碑之書在成化時鑿補下段者土人也不足責也即嘉靖時摸勒全碑者亦匠役也不足責也若以學人而欲是正文字則如之

何而可出此哉吾是以不得不詳著之至若弟十二行頤字傾氏所摹與嘉靖本不同則豈所得雙鉤本止此一字與漢刻相合（此字傾氏所摹右半近合而左半仍沿誤）亦必無是理則吾不得而知之矣

真賞齋本闕三十字考

予既考定陸謹庭所收宋拓本即華氏真賞齋本或有疑之者曰中闕三十字化行至十有恰三十字正合嘉靖重刻本一長行之字數蓋以隸續攷之淳于長碑十四行行二十七字而嘉靖重刻本則十三行行三十字也予應之曰漢刻每行二十七字參差數

也不得而混同者也至於嘉靖重刻三十字之數則整齊易於混同者也安知非裝界成冊時以每行五字每葉六行為式恰失去一葉即是三十字矣亦豈必因尓時有新刻本而始如此哉今人習見三十字之行數遂不覺耳豈可執此以疑古刻乎此本豐道生跋在嘉靖二十八年己酉其時嘉靖新本刻甫四年未必即能冒亂真本也豐跋中所稱永樂閒俗人重寫頓加肥濁而吾鄉徐芳遠遂以為法蓋即謂土人重刻下截者尓乃併其通體而譏之則亦豐氏持論之過耳

嘉靖本又有重刻考

豐道生為華東沙題所藏宋拓原本云今廣平有碑乃永樂閒俗人重寫頓加肥濁此跋在嘉靖二十八年己酉距唐守重刻之歲甫逾四年其云頓加肥濁者蓋指成化本重鑿下半截之字言之耳然予見成化本雖下半鑿壞而其上半之字仍自遒勁不減宋拓也今日所見嘉靖重刻者乃忽已有四本其肥瘦楷柱顯然不同者甚多始知嘉靖本又已為人數數重勒矣大約其稍餘遒勁之意者嘉靖原石也其過肥者又欹勢太醜者皆非嘉靖原石又不知何時何

地重刻者也傾南原自謂所得雙鉤本疑即都元敬本而以今重刻十三行者為失真然其隸辨內所採之字皆是今所行嘉靖本之惡札則是傾南原所藏者是嘉靖刻之初拓蓋其中遒勁之筆尚有存者傾遂信之登諸著錄耳予所得極碎爛一本是百年前拓者而尚非嘉靖原本今日以所見四本並粘冊諦玩之止一本最舊者神氣遒勁當即是傾南原所据之本耳何義門云夏承碑新翻本較之李明吉所得翻本尚不如也此亦一證也

華山廟碑雙鉤本記

予聞全謝山所藏豐學士萬卷樓本今在寧波范氏天一閣中既而知為嘉定錢辛楣少詹事所得未歸辛楣時海鹽張芑堂燕昌為雙鈎其本寄予蓋未翦褾之全紙是以謝山有歷二百餘年不缺不爛之語篆額二行居中而微有迤向後之勢蓋刑空者九行後空者八行而予向見褾本未之知也額右云劒南西川節度使撿挍兵部尚書成都尹兼□史大夫李德裕判官□□□之□供奉崔知白□□使司監察御史□此間闕幾字不可知度□此間闕不可知賈□都團練判官監察御史裏行李商卿大和四年十一月一日此下又云大和五年九月十三日華陰縣此下闕一段文皆自後而前左云銀青光祿大夫行尚書工部侍郎李德裕大和三年八月十六日自浙西觀察使檢校禮部尚書兼御史大夫拜又云判官監察御史崔知白支使監察御史崔璠唐書百官志監察御史十五人凡十道巡按以判官二人為佐務繁則有支使巡官協律郎王式此皆自前而後之文碑內樂奏六歌句下空石處云元豐乙丑歲戊寅月癸丑奉議郎知華州軍州事王子文被旨設醮于嶽祠庚戌入內內侍□內侍殿頭郝隨奉命躬詣致祭俱七日罷壬子入內□自內侍殿頭元易簡出使徑原朝謁會放齋宮子文題皆正書也

兩漢金石記卷弟十一

日講起居注官 文淵閣直閣事詹事府詹事兼翰林院侍讀學士大興翁方綱

蒼頡廟碑

無額

已下一行 □流 闕幾字不可計 劉君諱 下闕幾字不可計

已下二行 人省火流德教於千里□禮樂之亻 下闕不可計

已下三行 逢□義立□□親乃諏訪國老 下闕

已下四行 彌久奠之□室於是乎廿作教告 下闕

已下五行 誓寫彼鳥迹以紀時 此下闕行下半空

已下六行 蒼頡天生德於大聖四目靈光為百王作書以傳萬

已下七行 嗣陶 闕幾字不可計 以誨 下闕

法度非書不明古今行事非品□無以垂示三綱六

已下八行 紀 下闕

地理卬覽縣為俯名山川五常之類含氣庶品非書

不記 下闕

已下九行 闕四字 大表千秋 闕四字 未生者皆 闕二字 服其教□為德也莫 下闕

已下十行 闕二字 陰陽並兼然 闕四字 乾行無已順環無端 下闕

已下十一行 □□三百選有德聖裔以□之粢稷稻粱淡齊 闕二字

已下十二行 闕一字 良辰蘩祀告 闕三字 復民五家須 下闕

已下十三行 闕一字 禱祈雨降子 闕六字 盜賊 闕不可計 文 下闕

已下十三行 闕三字 潁川 闕不可計 訓古今 下闕

已下十四行 闕四字 歌之義 闕不可計 乃作頌曰 空格 數 穆穆聖蒼 下闕

已下十五行 老名永久彌光無德不報□□百行順禮 下闕

已下十六行 聲休嘉孔融 此下空至行底

已下十七行 劉府君大漢枝族應期作弼宗 下闕

已下十八行 禮崇樂以化未造勸諧辟雍 下闕

已下十九行 □霙□令問節高□配聖德合符出 下闕

已下尚有五行皆莫不可辨

碑陰

其列之弟一行余不可見

其上列之弟二行 上闕不可計 陳 下闕

其上列之弟三行 上闕不可計 陳□千

其上列之弟四行 故首盜賊文卩走ㄔ千

其上列之弟五行 故記史池陽吉□□二百

其上列之弟六行 五官掾高陵□□千

其上列之弟七行 奏曹掾池陽吉□千

其上列之弟八行 □□掾雲陽□□千

其上列之弟九行余不可見

其上列之弟十行 上闕不可計 千五百

其上列之弟十一行 上闕不可計 千

此上列之十二行全不可見
此上列之十三行全不可見
此上列之十四行全不可見
此上列之十五行全不可見
此上列之十六行全不可見
此上列之十七行全不可見
此上列之十八行全不可見
此上列之十九行　上闕不可計　千
此上列之二十　上闕不可計　□曹史蓮勺□□千
此上列之二十一行　上闕不可計　池陽□□千

此上列之廿二行　□倉曹史臨晉楊仲千
此上列之廿三行　上闕不可計　雲陽□□千
此上列之廿四行　□曹史　下闕
此下列之第一行全不可見
此下列之第二行全不可見
此下列之第三行　議曹　下闕
此下列之第四行　少府史　下闕
此下列之第五行　教化史　下闕
此下列之第六行　持事掾　下闕
此下列之第七行　高陵守　下闕

此下列之第八行　持事掾高　下闕
此下列之第九行　故□□亭長　下闕
此下列之第十行　上闕不可計　掾亭　下闕
此下列之十一行　上闕不可計　池陽吉□　下闕
此下列之十二行全不可見
此下列之十三行全不可見
此下列之十四行全不可見
此下列之十五行　上闕不可計　勺　下闕
此下列之十六行全不可見
此下列之十七行　上闕不可計　掾萬　下闕
此下列之十八行全不可見

此下列之十九行全不可見
此下列之二十行　上闕不可計　曹　下闕
此下列之二十一行　上闕不可計　掾曹　下闕
此下列之二十二行全不可見
此下列之二十三行全不可見
此下列之第二十四行全不可見

碑側

鄃令朔方臨戎孫羨　闕六七字不可定　從事永壽二年

朔方太守上郡仇君察孝除郎中大原陽曲長延熹四年

九月乙酉詔書遷衙令五年正月到官奉見
劉明府立祠刊石表章大聖之遺靈以示来世之未
生謹出錢千百□者下行自紀姓名
右左側之上層凡六行
衙守丞臨晋張疇字元德五百　守左尉萬年長沙瑗字君平五百
衙縣三老上官鳳季方三百
衙鄉三老時勤伯秋三百
衙主記掾楊綬子長三百
衙門下功曹裴篤伯安三百
衙門下游徼許愔功上三百

衙門下賊曹白餘子□三百
右第二層六行
功曹史上官才□肆三百
錄事史楊禽孟布三百
集曹掾馬津子孝三百
倉曹掾任就子□□百 據集古錄子下當是優
故功曹郭□□□三百
集曹 闕字不可計 三百
右第三層六行
軍假司馬衙 闕下

逆掾位衙 闕下
逆掾位衙張 闕下
故文學掾衙李 闕下
故文學掾 闕下
右第四層止存五行已上碑之左側凡四層
議曹史蓮勺楊士三千
功曹書佐頻陽成扶千
騎吏蓮勺任棸六百
騎吏高陵□肆六百
騎吏臨晋□珠六百

□吏高陵張順六百
右右側之上層六行
高陵左鄉有秩 闕下
萬年左鄉有秩游智千
萬年北鄉有秩畢奮千五百
蓮勺左鄉有秩杜衡千五百
池陽左鄉有秩何博千五百
右第二層止存五行
夏陽候長 闕下
夏陽候長馬琪千

衆邑侯長何惲千
叏羽侯㦰下闕

右第三層止存四行吕上碑之右側凡三層

碑額題字

左馮翊東牟平陵衡君諱
□字□升以熹平六年五
月廿八日於□□□□□
□□□祠出奉錢二百□
□□之禮

右額之右題八分書五行

嘉祐庚子五月
蒼頡祠下
喬岳同過
汲郡呂大忠華陰
萬年朱吉打碑記

右額之左題正書五行吕上皆在碑正面穿之上方

尹碩字村明
官張掖屬國
□□□□
□□□□

右碑陰額上穿之右邊八分書似是四行前二行今僅可辨十字字稍大後二行字稍小不可辨矣前二行明字國字字脚㕣下碑陰字將四行許之分際而其字與碑陰上一列之四五六士此四行項首一字縻相銜接而國字右半邊仍勢斑駁望之微似羽字之半是以牛氏金石圖竟將碑陰上層弟五六等行故翟盜賊云云之上又多增一字或半字不知此乃上面另題之字也○首行尹字上或尚有一二字次行官字上亦或有字皆不可臆定今故止從此字摹之

乃設
豪為
尸後

右五字又半字黃秋盦寄書来云蒼頡廟碑陰穿之上尖角處有此數字摹以相寄秋盦此札甫至適又得見一稍舊之拓本則此數字之前後似尚有字而皆泐壞不可識矣乃字之前末知尚有幾行為字下似是劉字後上半字不可識後下似是世字就此數字詳其義似是乃設□□象為劉君□□以□後世雖不可盡曉然大意是為劉君作

也附識於此

右蒼頡廟碑幷陰及其兩側凡四紙牛氏金石圖云碑在白水縣東北五十里史官村正北五里許廟中西向又云高五尺闊二尺厚五寸然今以拓本度之其闊乃不止二尺則牛氏諸圖所載尺寸蓋有未可盡信者矣

是碑歐公僅得其兩側其目以為朔方太守碑陰者左側也又目以為不知何碑陰者右側也趙氏金石錄知其為蒼頡廟碑矣而又離而二之其目以為熹平六年五月蒼頡廟碑者碑之正面也又

目以為延熹五年蒼頡廟人名者碑之兩側也吳山夫金石文存云金石錄以為熹平六年予但以兩側有延熹五年字而定為桓帝時刻此語是矣然吳山夫蓋亦未審碑正面上方別有熹平六年字也山夫自謂所得四紙皆具先後不紊舉似古人不覺色喜而趙氏所見之年月吳氏猶未之見豈得謂之全乎然吳氏又幸而未見熹平之字不至如趙氏誤以後人題字之年月為立碑之年月也

是碑御令孫羨奉教於劉明府而立此石劉蓋治左馮翊也後漢書地理志左馮翊有衙縣衙皇覽曰有蒼頡冢在利陽亭南墳高六丈是也衙碑作御隸之小變也碑文首以劉君諱□又云劉府君大漢枝族漢碑之體多以祀典推重其使君也傳刻之石今日未有蝕泐如是碑之甚者牛氏金石圖所摹正面僅存不足九十字陰僅四十字今予以精拓舊本諦審之正面尚可辨者二百六字陰上下二列可辨者九十二字趙氏金石錄所載為百王作憲句憲字乃是書字之訛而吳氏金石文存竟謂碑與碑陰皆不成文乃全芟去而僅從

碑側錄之何也

碑文二十四行陰亦如之其每行字數則本自脩短參差極隸書變勢之宜吳氏擬以郃陽曹全碑猶未盡也牛氏之圖則無論穿上後人所題隸楷槩弗之及而正面誤以為二十行陰則上列誤作八行下列誤作十四行其漫不足憑如此

碑以未為末凡二處（碑正面十八行未造是末造又左側上層未生是末生）

又以偏傍王為玉亦凡二處其碑側內任下一字吳作皝歐作就似以就為是

碑上方題名凡五段三隸二楷其三隸皆漢人一

則熹平六年五月趙氏誤据以爲正文者也其二
則無年月亦漢人題名無疑但此二段隸法皆與
本碑不同耳其二楷則前四行自後而前是宋人
題也其末一行則另一人所題不可知其歲月矣

郃陽令曹全碑

無額

昰一行君諱全字景完敦煌效穀人也其先蓋周之胄武王
秉乾之機昰二行翦伐殷商既定爾勳福祿攸同封弟叔振
鐸于曹國因氏焉秦漢之際曹參夾輔王室世宗廓土
斥竟子孫遷于雍州之郊分止右扶風或在安定或

處武都或居隴西或家昰三行敦煌枝分葉布所在爲雄君
高祖父敏舉孝廉武威長史巴郡昰四行朐忍令張掖居延
都尉曾祖父述孝廉謁者金城長史夏陽令蜀郡西
部都尉祖父鳳孝廉張掖屬國都尉丞右扶風昰五行隃麋
侯相金城西部都尉北地大守父琫少貫名州郡不
幸早世是以位不副德君童齔好學甄極毖緯無文不綜
賢孝昰六行之性根生於心收養季祖母供事繼母先意承
志存亡之敬禮無遺闕是以鄉人爲之諺曰重親致
歡曹景完易世載德不隕其名及其從政清擬夷齊
直慕史魚歷郡右職昰七行上計掾史仍辟涼州常爲治中
別駕紀綱萬里朱紫不謬出典諸郡彈枉糾邪貪暴
洗心同僚服德遠近憚威建寧昰八行二年舉孝廉除郎中
拜西域戊部司馬時疏勒國王和德弒父篡位不供
職貢君興師征討有兖膿之仁分醪之惠攻昰九行城野戰
謀若涌泉威牟諸賁和德面縛歸死還師振旅諸國
禮遺且昰十行二百萬悉以簿官遷右扶風槐里令遭同産
弟憂棄官續遇禁冈潛隱家巷七年光和六年復舉
孝廉七年三月除郎昰十一行中拜酒泉祿福長訞賊張角起
兵幽冀兖豫荊楊同時並動而縣民郭家等復造逆
亂燔燒城寺萬民騷擾人褱不安三郡告急羽檄仍

至于時聖主諮諏羣僚咸曰君哉昰十二行轉拜郃陽令收合
餘燼芟夷殘逆絕其本根遂訪故老商量儁艾王敞
王畢等恤民之要存慰高年撫育鰥寡以家錢昰十三行糴米
粟賜癃盲大女桃婓等合七首藥神明膏親至離亭
部吏王宰程橫等賦與有疾者咸蒙瘳悛惠政之流
甚於昰十四行置郵百姓繦負反者如雲戢治廧屋市肆列陳
風雨時節歲獲豐年昰十五行農夫織婦百工戴恩縣前以河
平元年遭白茅谷水災害退於戊亥之間興造城郭
是後舊姓及脩身之士官位不登君乃閔縉紳之徒
不濟開南寺門承望華嶽鄉明昰十六行而治庶使學者李儒

欒規程寅等各獲人爵之報廓廣聽事官舍廷曹廊
閣升降揖讓朝覲之階費不出民役不干時門下掾已下十七行
王敞錄事掾王畢主簿王歷戶曹掾秦尚功曹史王已下
八行提爲平格顯等嘉慕奚斯考甫之美乃共刊石紀功其辭曰懿
明后德義章貢王庭征鬼方威布烈安殊荒還師旅
臨槐里感孔懷赴𡋯紀嗟逆賊燔城市特受命理殘已下十九行
圯芟不臣寧黔首繕官寺開南門闕嵯峨望峯山鄉
已下在末一行距前第十九行又隔二行之空明治惠沾渥吏樂政民給足君高升極鼎足
中平二年十月丙辰造

碑陰

碑陰之文上下左右參差相間故不比他碑可以直書今依其原石之式爲圖如左

處士河東皮氏岐茂孝才二百
右一行起上一層書之在四層之上偏石之左
縣三老商量伯祺五百
鄉三老司馬集仲裳五百
徵博士李儒文優五百
故門下祭酒姚之辛卿五百
故門下掾王敞元方千
故門下議掾王畢世異千
故督郵李諲伯嗣五百
故督郵楊勤子豪千
故將軍令史董溥建禮三百
故郡曹史守丞馬訪子謀
故郡曹史守丞楊榮長孳
故鄉嗇夫曼駿安雲
故功曹任午子流
故功曹曹乇定吉
故功曹王河孔達
故功曹王吉子僑
故功曹王時孔良五百

故功曹王獻子上
故功曹秦尚孔都二
故功曹王衡道興
故功曹楊休當女五百
故功曹王衎文珪
故功曹秦杼漢都千
璉
故功曹王詡子昫
故功曹杜安元進
右二十六行爲第一層

丙

孔宣

萌仲謀

此一行空無字

故郵書掾姚閔升臺

故市掾王尊文憙

故市掾杜靖彥淵

故主簿鄧化孔彥

故門下賊曹王翊長河

右八行為第二層在碑陰之偏左其右無文

故市掾王理建和

故市掾成播曼舉

故市掾楊則孔則

故市掾程璜孔休

故市掾扈安子安千

故市掾高頁顯和千

故市掾王瓌李晦

故門下史秦並靜先

右八行第三層之右

起

故賊曹史王授文博

故金曹史精暘文亮

故集曹史柯相文舉千

故賊曹史趙福文祉

故法曹史王敢文國

故塞曹史杜苗幼始

故塞曹史吳產孔才五百

□□部掾趙炅文高

□□曹史高廉　吉千

右十行第三層之左第二層之八行及第三層左半之十行仍是自右

兩左顧氏金石文字記逆讀非是

義士河東安邑劉政元方千

義士侯褒文憲五百

義士潁川臧就元就五百

義士安平邳博季長二百

右四行第四層

右曹全碑并陰牛氏金石圖云高五尺二寸闊二尺六寸在郃陽縣孔子廟東掖門內西向碑出於明萬歷中郃陽之莘里村方氏曰和傳石匡扇而碑出也趙氏石墨鐫華云萬歷初郃陽舊城掘得

之華里村即郃陽舊城也
碑以宄爲叱而宄豫之宄仍作宄又以痒爲癃以斐爲妃以七爲匕以景爲量以褱懷皆爲懷
碑初出時止缺一凶字後乃中有斷裂又後乃乾字中曰有穿連之直畫矣今日得乾字未穿者爲舊本也又中間咸曰君㦸咸字咸内口上一畫是攣曲倒折之筆今石泐而其旁一小直畫不可見遂成二小橫畫矣自陳香泉姜白蒲臨本皆已失之顧氏隸辨亦誤
戰字威字皆闕末筆此與碑陰人名僅存一二字

又秦尚孔都下有二字而無千百等字皆似書丹時偶然空闕不能臆爲之説矣
竹垞兮漢隸爲三種虚肎亦以是碑與華岳婁壽兮爲三種自後學平心論之漢隸各有妙境殊不必尔也顧寧人以遂爲遴蓋出偶然審視之誤至巴郡朐忍令則朐忍縣名載於後漢書郡國志巴郡條下其文無異而顧氏以爲別體字則不可解矣

校官碑

校官之碑四字隸額洪氏隸釋作溧陽長潘乾校官碑

盖（以下一行）漢三百八十有七載□□□子□□□□□□銘功著斯金石其詞曰溧陽長潘君（以下二行提寫平格）諱乾字元卓陳國長平人盖楚太傅潘崇之末緒也君稟資南（以下三行）□之神□□□德之絶操髫髦克敏□學典謨祖講詩易剖演奥藝（以下四行）□覽百家衆推拏聖抱不測之謀秉高世之介屈私趨公即仕佐上郡位（以下五行）既重孔武赳著疾惡義形從風征暴執訊獲首除曲阿尉禽姦戔猾（以下六行）寇息善歡履菰竹之廉蹈公儀之絜察廉除茲初厲清肅賦仁義之風（以下七行）脩□□之迹垂化放虖岐周流愛雙虖□□□□親敃寶智進直退慝布（以下八行）政優優令儀令色獄無呼嗟之

（以下九行）寃壄無叩匃之結矜孤顧老表孝貞節重義輕利制戶六百（以下十行）省無正繇不責自畢百姓心歡官不失實於是遠人聆聲景附樂受（以下十一行）一廛既來安之復役三年惟泮宮之教反失俗之禮構脩學宮宗懿招德（以下十二行）既安且寧干侯用張籩豆用陳發（以下十三行提寫平格）彼有的雅容□閑鍾磬縣矣兮胥樂焉乃作敘曰翼翼聖慈惠我黎蒸（以下十四行）貽我潘君平茲溧陽彬文赳武扶弱抑彊□刈骾雄流惡顯忠裕疑元老師敃作朋脩學童冠琢質繡章寔天生德有漢將（以下十五行）興尚旦在昔我君存今（以下十六行）□此龜艾遂尹三梁永世支百民人所彰子子孫孫卑介熾昌

（另起上層第一行）丞沛國銍趙勳字萬伯左（第二行）尉河內汲董竝字公房右（第三行）

（下層其上一行）尉豫章南昌程陽字孝遂

時將作吏名（上二行）戶曹掾楊進（上三行）議曹掾李就（上四行）議曹掾梅檜

（上五行）戶曹史賀□遻（下一行）掾位侯祖主記史吳超（下三行）門下史吳訓

（下四行）門下史吳翔（下五行）門下史時球

（另一行）光和四年十月己丑朔廿一日己酉造

右校官之碑牛氏金石圖云碑在溧水縣孔子廟內南向高四尺闊二尺五寸厚四寸五分單禧釋文一碑額正書漢校官碑釋文六字其釋文下方識云漢校官碑宋紹興十一年溧水尉喻

仲遠得之固城湖濱置之官舍今在孔廟之大門右長樂陳長方雖嘗碑其所得本末釋文則未之見碑以靈帝光和四年歲在辛酉造距今凡一千一百五十三年番陽洪景伯先生出字為之釋謂挈為契犛為黎畀為俾榭為野賣為責刻去其刀賢去其貝干侯與豻侯通尚且謂太公周公可謂精審有據其餘不可辨者尚有二十七字今觀首行自三百字以下止斯字凡十有六字比之洪氏作釋文時又皆不可攷且如第三行之字之下是禢字禢下闕一字有天字敏之上是克字衆之下是僞字退之下是慝字後之上為復疲之下為失此之上為即皆隱隱可見洪則悉以為闕又如既安且寧則以為日寧梅檜則以為桓檜豈當時誤于墨本而然耶溧陽志至謂元卓為元貞是又以名亂而傅會也禧承乏于茲暇日與士友曹國傑摩莎久之得其二三因以洪先生釋文列于上僭附所見于其下勒諸樂石以補前脩之所偶未及者餘尚俟博雅君子云至順四年龍在癸酉夏五月文學掾濟陰單禧謹識按此文都元敬金薤琳琅全載之都元敬跋云元至順四年校官單禧考

訂碑文與隸釋不同者二十七字近日杭州汪氏刻本金薤琳琅跋云單君謂洪氏所釋外不可辨者尚有二十七字即隸釋所注為闕者是也單君於洪氏所闕者得八字又異同者二字今南濠乃以二十七字皆為單禧所考定誤也方綱按單氏隸釋本竟無之首行于字下云闕四字今本乃誤作闕二字則單氏此碑猶得據以存洪氏原本耳若其所謂紹興十一年者則王象之碑目注引洪遵或堅癸志作十三年而首行銘功功字則單亦

沿洪之誤釋為工也稟資南口之下一字洪云闕單釋為禱今諦審是神字衆之下一字洪云闕單釋為儁汪氏新刻又以為儁今諦審是推字又弟三行單以為亙矢字十五行此字上單以為即汪以為服今諦審之皆未敢定也又若賦仁義之風下一字諸家皆闕今諦審是脩字既来安之下一字諸家皆闕今諦審是復字奥藝下闕一字諸家或釋為外今諦審之非外字也又呼嗟訛為吁嗟則單氏石本之誤也

校官碑者漢靈帝光和四年溧陽為其長潘君作

潘君自曲阿尉来宰溧陽興學官講肄射碑頌所為作也顧氏金石文字記引雲麓漫鈔後漢永平十年幸南陽祠舊宅禮畢名校官弟子作雅樂奏鹿鳴則東漢時有校官矣此蓋信潘君之職為校官也牛氏金石圖跋云予獨怪潘乾溧陽長而額題曰校官碑莫考其官制所謂或其上當有斷文此蓋疑潘君之職非校官也以愚論之二說皆非也校官者學舍官職之統稱如漢書云某經列於學官是也潘君之職自是縣宰後漢之時亦不聞特設學校之官永平幸南陽所謂校官弟子者學舍之弟子耳後漢書百官志每縣邑道大者置令一人千石其次置長四百石小者置長三百石本注曰皆掌治民顯善勸義禁姦罰惡理訟平賊恤民時務然則縣宰之事不專在教而茲碑特頌其興學之事故其石刻於學舍云尒都南豪又稱單禧為校官殆亦同此誤者也又洪氏隸釋云費鳳別碑與前碑今並列於吳興校官之壁據此亦足證校官二字是學舍之名非職官之名也

漢書循吏傳文翁修起學官於成都市中（師古曰學官學之官舍也）招下縣子弟以為學官弟子至武帝時乃令

天下郡國皆立學校官按此條即此碑校官二字出處也

曲阜孔戶部譜孟云學典謨之上是志字賦仁義之風下是脩達二字雅字下是式字今並存之譜孟又云碑云漢三百八十有七載自漢高帝乙未改元至光和四年辛酉數符然蔡邕獨斷言從高帝至桓帝三百八十六年除王莽劉聖公三百六十六年從高祖乙未至今壬子歲四百一十年呂后王莽不入數可證計漢歷者不併入呂后王莽聖公也是可疑矣愚按王莽合孺子嬰居攝凡十

七年合更始二年為十九年再合之呂后八年為二十七年自高帝元年乙未至桓帝末年丁未凡三百七十三年若於中除二十七年則是三百四十六年矣安得云三百六十六年乎且壬子是靈帝熹平元年自高帝乙未至此是三百七十八年又安得云四百一十年而邕獨斷既云靈帝二十二年董卓立陳留王為帝則是獨斷之書成於初平時邕死於初平三年壬申上距熹平壬子已二十年又不當以壬子為止也獨斷之紀漢年不可据以為證明矣豈得轉因以疑是碑乎

都氏金薤琳琅云碑在今南畿溧水縣學蓋溧水即漢溧陽地也此與單氏跋謂在孔廟大門右者相合而王象之輿地碑目建康府條下云溧陽長潘元卓碑後漢光和四年今在尉廳又云校官之碑後漢光和四年立今在縣圃既分二碑又在兩地則是圖經沿訛又不止單禧所辨溧陽志之誤而已

洪景伯隸釋在元時當有善本即此一碑單氏所引隸釋之文覺今日隸釋本不可信者實多如畨之為垂退之為退房之為房豈復煩於釋乎至若厲之為厲則碑本作厲與正楷何別而蔑之為蔑則又何待釋乎以愚論之蔑字非蔓字乃曼字也蓋曼衍之義於勲字為近而是碑蕛蔾皆从艸是以知之也叚之為賢洪所未釋而隸續云說者謂校官碑親叚賓智因蒙下文从省今按碑中叚字凡兩見豈皆蒙上下文耶不待援酈氏鏡銘而後知其說之謬也

碑凡二十二行文在穿下正文十六行後人名五行年月一行人名之上列三行左右各空一行其下列五行左右亦各空一行蓋正文之末行與年

月一行皆止於半行也每行二十七字牛氏圖於首行誤伸下多一格耳其以前半叙事之文目曰誄而以後半有韻之文目曰叙亦變例也靈帝光和四年九月庚寅朔閏十月己丑朔此云十月己丑朔者閏十月也不言閏亦變例也

白石神君碑

篆額五字一行陽文

已上行

蓋聞經國序民莫急於禮禮有五經莫重於祭祭有

已下二行

二義或祈或報報以章德祈以弭害古先哲王類帝禋宗望于山川徧于羣神建立兆域脩設壇屏所以

昭孝息民輯寧上下也白石神君居九山之數參三（旦下三行）
條之壹無將軍之䝘秉斧鉞之威體連封龍氣通北
嶽幽讚天地長育萬物觸石而出膚寸而合不終朝（旦下四行）
日而澍雨沾洽前後國縣屢有祈請指日刻期應時
（旦下五行）有驗猶自挹損不求禮秩縣界有六名山三公封龍
靈山先得法食去光和四年三公守民蓋高等始為（旦下六行）
無極山詣太常求法食相縣以白石神君道德灼然
乃具載本末上尚書求依無極為比即見聽許於是（旦下七行）
遂開祐舊地改立殿堂營宇既定禮秩有常縣出經
用脩其犧牲奉其圭璧絜其粢盛旨酒欣欣燔炙芬（旦下八行）

（旦下九行）芬敬恭明祀降福孔殷故天無伏陰地無鱻陽水無
沈氣火無灾燀時無逆數物無害生用能光遠宣朗
顯融昭明年穀歲熟百姓豐盈粟斗五錢國界安寧（旦下十行）
介乃陟景山登崢嶸采元石勒功名其辭曰巖巖白（旦下十一行另陽）
（一空二行提寫平格）石峻極太清皓皓素質因體為名惟山降神髦士挺（旦下十二行）
生濟濟俊乂朝野充盈灾害不起五穀熟成乃依無
極聖朝見聽遂興靈宮于山之陽營宇之制是度是（旦下十三行）
量卜云其吉終然允臧匪奢匪儉率由舊章華殿清
閑肅雍顯相元圖靈像穆穆皇皇四時禋祀不愆不
忒擇其令辰進其馨香犧牲玉帛黍稷稻粮神降嘉（旦下十四行）

祉萬壽無疆子子孫孫永永番昌
（旦下十五行另陽一空二行提寫平格）光和六年常山相南陽馮巡字季祖元氏令京兆新（旦下十六行）
豐王翊字元輔長史潁川申屠熊丞河南李邰左尉
上郡白土樊瑋祠祀掾吳宜史解微石師王明
（另一行）燕元璽三年正月十日主簿程疵守門傳白石將軍
教吾祠今日為火所燒

碑陰
（旦下是上層凡十二行）主薄卅音𠦃道主薄郝幼幼高主薄郝尚文休主薄
史淵孔先主薄王合元先主薄卩仝文業祭酒囗礼
孝仁祭酒范日孔周祭酒張廣德林祭酒郭稚子碧

祭酒郭挈仲業都督趙略孔逵主薄郝明孔休主薄（旦下是下層十二行）
杜斐元達主薄馬靖文囗主簿韓南儒伯主薄囗觀
泰宏主薄李斐討宗主薄囗當季元主薄郤志元恪
主薄張斐休武祭酒陳光長林主薄囗由季儒
碑陰上方四行（此亦隸書與正文同出一手）
務城神君錢二萬李女神義錢三萬磃石神君義錢
二萬䃜神君義錢一萬
碑陰下方正書（此後人所題參差不計行數）
重修都翁記
都惟張郁緒　賈吉張信　藨進蘋吉

任方　吳方　裴順　劉讓
張乂男張用糸一貫為都三伯　共計一十口
李方　劉演　柳榮　康誠
王吉　王吉　董秀　李寧
杜旦　史秘　李新　安榮
□畢　□誠　□璘　□隆　□言
□□　孫顯　李玉　張清
趙征　張能　李謙　任鐸
左付蘊家主都唯那頭蘊琮男蘊誠蘊隆
孫五人婁婦伍个弁長欲共十八口

廣化寺主
□僧惠具糸伍伯
唯那頭張志　蘊玉　蘊正
馮崢　安秀　蘊順　蘊則
東左　李元　成政　成諫　李能
李□　成□　□隆　麻新　李己
李海　李潤　成昌

右白石神君碑弁陰牛氏金石圖云在元氏縣城內龍化寺後西向高五尺五寸闊二尺二寸厚四寸五分

洪氏隸釋引郡國志注云有石塞三公塞石塞即白石山也隸釋所載有三公山無極山二碑此則其後二年所立也河朔訪古記云元氏縣西北三十里封龍山下有漢刻白石神君碑是也是碑之為漢刻無可疑者其以為後人重刻特出洪氏之疑而吳山夫乃云後有燕元璽三年正月十日主簿某人刻字定其為重刻殊不知主簿下乃程疵二字其下亦非字字斯亦傅會之甚矣吳又辦粟升五錢是斗非外以為書鐫之過不知石本實是升字並非外也又抱損抱字趙氏金石錄明釋作

抱而諸家皆訛作抱何也崢嶸即嶸字

碑末常山相馮巡元氏令王翊二人稱名與字長史申屠熊則稱名不稱字且在元氏令之後與三公無極二碑不同蓋勒碑時固無一定之例特偶有後先詳略耳即如三公無極二碑丞亦稱字而是碑丞不稱字可見其不必畫一矣想洪氏所收拓本必是裝冊成冊而申屠熊之下恰空三格又或裝潢者誤置在前因而誤以長史穎川申屠熊七字接上季祀之文而又云其下闕三字也今驗石本則並不如此又碑陰上方之末一行辟神君

辟字吳山夫誤作祥又以上句萬字實之云萬祥神君其誤亦坐裝標之失耳予嘗謂收藏古刻必有其副而後可翦截裝潢正為此也又碑陰上層弟一行音上止闕一字再上是空石無字吳山夫謂闕二字非

僖三十一年公羊傳山川有能潤于百里者天子秩而祭之觸石而出膚寸而合不崇朝而徧雨乎天下者唯太山尒据此傳文初無雲字唐人類書引此乃加一雲字曰惟太山雲尒誤也何休注曰言其觸石理而出無有膚寸而不合下文河海潤于千里注曰亦能通氣致雨潤澤及于千里据此則所謂出合者山之氣為之也觀是碑上言幽讚長育下言尉雨沾洽信知公羊二語之不指雲矣

碑正文十六行行三十五字中空二行後有燕元璽三年題字一行碑陰正文十二行行二列其首行止上列無下列碑陰上方別起四行為一列也其下半別有楷書人名則後人所題其云都者河朔訪古記云縣西有八都神壇八都者總望八山而祭于此當即此都字之義而其書則廟令之徒為之尒務城磻石蓋皆其地名務疑即瞀字嚾瞀

山名音權髦在柏鄉縣南

吳山夫因洪說而傅會謂其文併非漢文其言固謬然洪說亦非也是碑書法專主於方整在漢隸中為最潔齊者然風骨遒勁似猶在校官碑隸法之上不得以其近似六朝唐人而概疑之至於慕容前燕元璽甲寅之歲上距斯碑之立已百七十年而小隸之筆未必出於文人鉅卿乃亦能遒勁如此是可寶已

三公山碑

無額　此碑每行之字參差不一是以如其式圖之

元初四年常山相隴西馮君到官承饑衰之後□惟
三公御語山三條別神迥在領西吏民禱祀興雲
膚寸偏雨四維遭離羌寇蝗旱鬲并民流道荒醮祠希罕林莫
亓由是出來和氣不臻乃來道要本祝其原以三公𠔇廣
其靈尤神處幽道艱存之者難卜擇吉土治東就衡山起
堂立壇雙闕夾門薦牲納禮以寧其神神喜
其位甘雨屢降報如景響國界大豐穀升三錢民
無疾苦永保其年長吏魯國顏㳂五官掾閻祐戶曹
史紀受將作掾王笧元氏令茅匡丞吳音廷掾
郭洪戶曹史翟福工宋高等刊石紀焉

錢唐黃小松易以是碑拓本見寄小松跋云乾隆甲午三通館方輯金石略長吏按古碑上之朝閣西王君宰元氏得此刻在城外野坡石高四尺二寸廣二尺字汾幾不可辨吳興楊君鶴洲詑其奇命余辨識得一百九十字闕疑六字知為漢口初四年祀三公山文書法勁古與開母少室諸篆刻相類是東漢中葉書集古金石二錄有漢三公山碑乃隸書立於光和四年今不存此刻在隸碑之前尤可貴也

丙申夏錢唐黃君易以三公山碑拓本見寄按其文略云口初四年常山相隴西馮君到官承饑衰之後吏民禱祀興雲偏雨乃起堂立壇薦牲納禮國界大豐穀斗三錢民無疾苦長史魯國顏〻五官掾閻格戶曹史紀受將作掾王簡元氏令茅佳丞吳音廷掾郭洪戶曹史翟福工宋高等刊石紀焉此與洪氏隸釋所載光和四年三公山碑不同光和碑云常山相南陽馮巡字季祖此則云隴西馮君又其長史令丞之名皆與此不同知非一時所立也碑首惟初字可辨杭人趙晉齋魏跋此謂通鑑永初二年先零羌寇河內詔常山作塢堠以禦寇云云然此是後漢書西羌傳之文在五年春非二年也碑首初字之上隱隱尚露其下半諦視是元字馮君到官承饑旱之後乃是安帝改元元初四年丁巳之歲下距光和辛酉乃有六十五年之遠以此知隴西馮君與南陽馮君非一人明矣趙君又謂嵩山泰室石闕銘作于元初四年此刻當與同篆同時按嵩山泰室石闕銘乃元初五年非四年而此刻雖是篆書乃是由篆入隸之漸減篆之縈折為隸之逕直又不必以嵩山石闕為徵者矣碑中有三條云云與白石神君碑同三條云

者當是茲山之實事而今莫可攷矣趙氏金石錄云三條莫曉何語此自是闕疑之義而洪氏乃引尚書正義北條南條中條之說以實之近人刻金石錄者又以為崇飾之辭皆非也

河朔訪古記云三公神廟在元氏縣西北三十里封龍山下旁曰天台三公之廟廟有漢三公山碑一通縣西故城西門外八都神壇亦有三公山碑一通漢光和四年常山相馮巡所立按此所謂廟有漢三公山碑一通者即此碑也

碑凡十行每行字數參差不齊字勢長短不一錯

落古勁是兼篆之古隸也光和三公之碑今已不存而此石巋然獨完豈非幸歟

碑以囚為四領為嶺瓦為不豐為禮禮為醴熹為喜偏省其彳庚省其㇀趙君云文中三公之下疑是御字愚按三條下疑是别字醮祠下是希罕口奠四字三錢上是斗字非升字又弟三行雝字之左半弟七行屨字之下半兼帶行艸之勢是篆隸所絶無者

兩漢金石記卷弟十二

署講起居注官文淵閣直閣事詹事府詹事兼翰林院侍讀學士大興翁方綱

漢故穀城長蕩陰令張君表頌

篆額二行十二字

（以下一行）君諱遷字公方陳留己吾人也君之先出自有周周宣王中興有張仲以孝友為行披覽詩雅煥知其祖高帝龍（以下二行）興有張良善用籌帷幕之內決勝負千里之外析（以下三行）珪於留文景之間有張釋之建忠弼之謨帝遊上林問禽狩所有苑令不對更問嗇夫嗇夫事對於是進嗇夫為令令退為嗇夫釋之議為不可苑令有公卿之才（以下四行）嗇夫喋喋小吏非社稷之重上從言孝武時有張騫廣通風俗開定畿寓南苞八蠻西羈六戎北震五狄東勤九（以下五行）夷荒遠既殯各貢所有張是輔漢世載其德爰既且於（以下六行）君蓋其繵縺纘戎鴻緒牧守相係不殯高問孝弟於家中謇於朝治京氏易聦麗權略藝於從畋少為郡吏隱練職位常在股肱數為從事聲無細聞徵拜郎中除穀（以下七行）城長蠶月之務不閉四門臘正之僚（据都）休囚歸賀八月筭民（以下八行）不煩於鄉隨就虛落存恤高年路無拾遺犂種宿壄黃巾初起燒平城市斯縣獨全子賤孔蔑其道區别尚書五教君

崇其寛詩云愷悌君隆其恩東里潤色君垂其仁邵（以下九行）
伯分陝君懿于棠晉陽珮瑋西門帶弦君之軆素能
雙其勛流化八基遷蕩陰令吏民頡頏隨送如雲周（以下十行）
公東征西人怨思奚斯讚魯考父頌殷前喆遺芳有
（以下十一行）功不書後無述焉於是刊石豎表銘勒萬載三代以
來雖遠猶近詩云舊國其命惟新於穆我君既敦既（以下十二行模糊半格）
純雪白之性孝友之仁紀行來本蘭生有芬克岐有（以下十三行）
坐綏御有勛利器不觀魚不出淵國之良幹垂愛在
民幣沛棠樹溫溫恭人乾道不繆唯淋是親既多受（以下十四行提寫平格其前空一行）
祉永享南山干祿无疆子子孫孫　惟中平三年歲
在攝提二月震節紀日上旬陽衆服梹感思舊君故
吏韋萌等僉然同聲僨師孫興刊石立表以（以下十五行）示後昆
共享天秩億載萬年

碑陰

（以下上列十九行）故安國長韋叔玠錢五百故從事韋少王錢五百故
從事韋元雅錢五百故從事韋元景錢五百故從事
韋世節錢五百故守令韋叔遠錢五百故守令范伯
犀故吏韋全石錢二□故督郵范齊公錢五百故吏
范文宗錢千故吏范世節錢八百故吏韋府卿錢七
百故吏范季考錢七百故吏韋伯臺錢八百故吏范

德寶錢八百故吏韋公雋錢五百故吏氾定國錢七
百故吏韋闓德錢五百故吏孫升高錢五百故吏韋（以下中列十九行）
公逴錢七百故吏韋排山錢四百故吏范巨錢四百
故吏韋義才錢四百故吏韋輔節錢四百故吏韋元
緒錢四百故吏韋客人錢四百故從事原宣德錢三
百故吏韋公明錢三百故吏范成錢三百故吏韋輔
世錢三百故吏范國方錢三百故吏韋伯善錢三百
故吏氾奉祖錢三百故吏韋德衛故吏范利德錢三
百故吏韋武章故吏驅叔義故吏韋宣錢三百故吏（以下下列三行）
韋孟光錢五百故吏韋孟平錢三百故守令韋元考
錢五百

右張遷碑并陰牛氏金石圖云高六尺三寸濶二
尺六寸厚五寸在東平州學明倫堂前南向
碑額二行居碑文第八行至第十三行之間蓋碑
文偏右而空其左也碑文十五行而十三行後空
一行方接第十四行也每行四十二字其陰三列
上中皆每列十九行下列三行而止其正文第十
四行末刊石立表句表字之旁又刻衣字郃陽褚
峻千峯云嘗見舊搨本無此牛氏圖据此說以謂
此半表字殆後人所刻方綱按此半字實是原石

所有褚氏牛氏之説非也其碑陰下列無字處之末尾有楷書付訖二字此則後人妄鑿非原碑也碑以芾爲策狩爲獸稯爲稷羂爲羈殯爲賓是爲氏中爲忠瑋即韋因佩而加玉也雖从玉今乃从呂與言相似隸之小變也秨即柞變禾从禾漸開後人行楷之假借矣集韻纏即纏字纏陵延切纏縷不解也此蓋以爲纏聯字也顧云美釋羂爲羅釋来爲黍羂固非羅字来亦恐非黍字

微拜下以舊拓本諦審是郎中字存恤高年年字則据都南濠本如此今以舊拓諦審尚未能定也

兩漢金石記卷十二　四

子賤孔蔑其道區別蔑下闕處今石本尚隱露四邊是其字都南濠誤以爲空二格吳山夫乃据都本以爲蔑下其上又闕一字者非也

曲阜桂未谷馥曰碑云騰正之傑休因歸賀都氏金薤琳瑯釋傑爲際案傑字不見於書傑即祭之異文隸書偏傍隨意增減如孫叔敖碑以湶爲泉孟郁脩堯廟碑以欄爲蘭此類不可枚舉方綱按本碑内以瑋爲韋是也無須它引小尓疋蔡法也尚書禹貢二百里蔡鄭康成注蔡之言殺減殺其賦春秋左氏傳周公殺管叔而蔡蔡叔注蔡放也釋文云上蔡字説許作𥽌玉篇云𥽌書作蔡字漢書宣帝紀元康三年詔骨肉之親𥽌而不殊呂邑王傳作析而不殊吳仁傑曰𥽌當作𥽌説文𥽌散之也散與析同義此碑蓋謂張君治穀城未減獄訟省刑釋因故下文云尚書五教君崇其寬詩云愷悌君隆其恩是則傑之爲蔡無可疑者都氏何据而釋爲際耶方綱按桂君此條甚辯故採之又嘉定錢辛楣大昕云八月筭人見後漢書皇后紀碑云八月筭民不煩于鄉筭作莢蓋省文而都氏釋作莢顧氏釋作莢皆誤也惟碑云爰既且于君辛楣謂詳其文義言

兩漢金石記卷十二　五

後有興者且於君也此説頗似牽強而顧寧人謂既且二字是暨之誤因執此以疑碑出摹刻致茲訛謬愚按二家之説皆爲過當爰既且三字自當闕疑牛眞谷云是碑點畫之借摹刻之訛此謂當日上石爲摹刻非謂後來重摹益足徵古文之簡易疎闊雖善賡者不能倣其謬而好事者迺執此以爲依託之券驗不亦悖乎愚獨許此説爲近是

吳山夫云蓺於從政諸家皆作從畋非也此蓋用魯論求也蓺於從政乎何有句政字左畔微有損壞遂與畋字疑似愚按此説於文義極通然恐吳

氏所藏本此字紙墨壞耳今以精拓之本與舊拓本相對諦審明白是畋字並非政字左畔因損而疑似也然吳氏之說頗有理以此推之則是碑撰文之人未必即書石之人想東漢時能書胥史之類固不乏人竟似草藁審視未明而茲然下筆者如此則爰之為爰豎之為既且以及来字之類或皆誤筆未可執一以論矣

碑云治京氏易而朱竹垞經義攷承師門以歐趙洪氏所弗錄遂不之及也愚已載入經義考補正卷中

碑合表頌僅五百言而其敘張氏先世事乃至三之一亦似太煩此固不可以入潘昂霄王止仲之例者矣頌文無頌曰字而碑尾紀年月後又若頌詞者則是文與書皆不可以常格論尔

碑陰玠即琀字吳山夫作玲非也故守令范伯犀故吏韋德榮韋武章騶秫義此四行下原石皆無字吳山夫皆謂闕三字又於韋武章下多出錢字皆非也其上列第二人亦姓韋但其名二字不可識凡韋氏者二十六人吳山夫云廿五人亦非也汜定國錢七百韋孟平錢三百牛氏金石圖皆訛作五百

方綱奉使江西廣東往返四過東平而不得一觀是碑已亥秋奉使往江寧歸途於十月二日曉發東平入州學獲觀是碑碑在明倫堂西階下軋亭覆焉頂圓下無龜趺中無穿（牛氏圖碑之四旁有螭遶之今輒砌不見）表字之下空處至地尚餘三寸五分東里二字已缺東字止存右上一角里字全缺潤字止餘下半石質蒼黝而不細膩然視江寧天璽碑則蒼古過之在江寧時汪君庸夫持舊搨殘本來謂今碑是重刻予以今本對之實是一石豈以其無穿疑為

重刻乎必因顧寧人之語傳會為之耳既得親見原石作歌記之是冬還都而揚州羅兩峰以所藏舊拓本見贈併為予繪觀碑圖云

漢故衛尉卿衡府君之碑

（隸額黑字十字分二行二行之中有黑線一條牛氏金石圖作中間雙線者誤也漢字作艸頭歐陽集古錄作衡方碑趙氏金石錄作衛尉卿衡方碑洪氏隸釋作衛尉衡方碑）

（以一行）府君諱方字興祖肇先蓋堯之（據洪）苗本姓□□則有伊尹在殷之世號稱阿衡因而氏焉□□□土（以二行）家于平陸君之烈祖少以濡術安貧樂道履該顏原兼循季由閭斯行諸砥仁癘（據洪）□□□□土（以下三行）階夷愍之貢經常

伯之賓位左馮翊先帝所尊垂名竹帛考盧江太守
兄鴈門太守□□□(以下四行)孝長發其祥誕降于君天資純
懿昭前之美少以文塞穀阨允元長以欽明躭詩悅
書□□□(以下五行)秋仕郡辟州舉孝廉除郎中即丘侯相膠
東令遵尹鐸之導保鄣二城參國起按玹叙□□□
(以下六行)本肇末化速郡閭州舉尤異遷會稽東部都尉將繼
南仲邵虎之軌飛翼軨之旌操參□□□綏來(以下七行)王之
鑾(據洪)會喪太夫人感背人之凱(以上二字皆據洪)風悼(以下八行)蓼儀之劬勞廊閣
苦由仍留上言倍淵向哀扎服祥除徵拜議郎右北
平大守尋李廣之在邊(據洪)恢魏絳之和戎戎戢土佚費
(以上四字皆據洪氏本)

兩漢金石記卷十二

省巨億懷□□□靜(以下九行)有績遷潁川大守脩清滌佁
掐拔隱逸光(據洪)大茅茹國外浮議淡界緣動氣泄狂(據洪)□
□□□□歸(以下十行)來洙泗用行舍藏徵拜議郎遷太醫令
京兆尹舊都餘化詩人所詠並有亡新君□□□□
(以下十一行)隆寬慄鶡火光物隕霜剿姦振滯起舊存亡繼絕恩
降乾太威肅剝以本朝錄功入登衛(據洪)□□翼(以下十二行)紫宮夙
抂惟寅禕隮左公有單襄穆典謨(以下十三行)之風詔選賢良招
先逸民君務在寬失順其文舉巳從政者退就勑巾
永康之末君衛(據洪)孝桓建(以下十四行)寧初政朝用舊臣留拜步兵
校尉豪六師之師維時假階將授緄職受任浹旬庵

八

離膈疾年六十有三建寧元年二月五日癸丑卒詔
遺使□□弔(以下十五行)賻礼百賓臨會莫不失聲其年九月十
七日辛酉塟盖雅頌興而清廟肅中庸起而祖宗(字據洪)□
(以下十六行)故仲尼既歿諸子綴論斯干作歌用昭于宣謚以銓
德銘以勒勳於是海內門生故吏□□□采(以下十七行)嘉石樹
靈碑鐫茂伐祕將來其辭曰峨峨我(以下十八行提寫平格)君懿烈孔純高
朗神武歷世忠孝馮隆鴻軌不忝前人寬猛不主德
義是經(據洪)韜綜(據洪)頊□愠故前(以下十九行)呈艦英接秀踵迹晏平初
據百里顯(以下廿行)顯令聞濟康下民曜武南會邊民是鎮惟
□□□憂及退身衆(據洪)議帝室刻苻守藩北靖□卜有

兩漢金石記卷十二

九

和(以下廿一行)有聲旋守(據洪)中獄幽滯以榮遺種舊京卜□□□舍(以下)
澤戴仁□□彼寧剋長剋君不(據洪)霣不陽維(以下廿二行據洪)明維(據洪)允燿
此聲香能悊能惠剋亮天功入統□□劃劃光光法
言稽古道而後行兢兢業業素絲羔羊誾誾侃侃顒
顒昂昂蹈(據洪)規履榘金玉(據洪)其相謇謇(以下廿三行)王臣蘧公𡻕章樂
旨君子□□无彊銘勒金石□□□□□□問□□萬
世是傳　碑(門生平原樂陵朱登字仲希書)

右漢故衛尉卿衡府君碑牛氏金石圖云碑在汶
上縣西南十五里平原郭家樓前南向雍正八年
汶水泛決碑陷卧土人出貲重建立馬碑高八尺

濶三尺厚七寸
額下有穿穿下即碑文也文凡二十三行行三十六字銘文提格另起銘文之末又另起一碑字此碑字下分二行門生平原樂陵朱登字仲希書此是書人姓名附系於碑末而其另起一碑字既不提行又不多空格是以人多見其泐而忽之耳
碑立於靈帝建寧元年九月趙氏金石錄以爲三年二月顧氏金石文字記以爲三年六月皆非也
背人背字毛詩譜云自紂城而北謂之邶字又作鄁碑省阝作背即邶字也至於蓼莪之爲蓼儀則古字莪儀相通此亦其一證趙氏金石錄以爲漢人師傳有異同亦不然也
階夷愍句上土字是士非土也賓即賓字擥即攬字也苦由仍下是留字君務在下是寬字今尚皆隱隱可辨洪以爲闕者亦拓本偶不見耳
同年盧抱經云碑云階夷愍之貢經常伯之賓謂其以孝廉察舉而爲郎中也夷謂伯夷愍謂閔子古閔愍通用如春秋諸侯之謚閔者亦作愍也碑云桼國起按本之齊語本肇末上缺一字必竱字也君務在口失失上一字洪云缺字頗似賓字其失字剝泐乃英字非失也時詔書令選賢良務先逸民而衡君欲舉其賓之賢者又欲順詔書之文故下云已從政者退從勑巾蓋令其棄官而就舉也予按此說亦有理但以石本仍痕驗之不似英字則賓字亦未敢定姑附存其說于此
末行小字洪氏以爲即采石鐫碑之門生也附綴文後此又一體例也
是碑書體寬綽而濶密處不甚留隙地似開後來顏魯公正書之漸矣然予嘗以每行分翦徵空一線之隙裝之則每字相接並不嫌於緊密蓋其書勢在景君鄭固二碑閒也

尹宙碑

額殘缺止餘滔銘二字分二行篆書在穿之右吳山夫金石文存曰篆額二行今但存其下從銘二字君歷官至從事而卒疑其額必題漢故某州從事尹府君銘十字今其上八字破壞不存故揭二但傳其下二字也方綱按顧氏金石文字記以其穎川人而言本州知其爲豫州也蓋其額當云漢故豫州從事尹君之銘或曰尹君碑銘未可定也顧氏金石文字記作豫州從事尹君碑吳山夫金石文存作漢從事尹宙碑錢氏潛研堂金石文跋尾作州從事尹宙碑蓋諸家皆未嘗見元皇慶二年一碑耳今附載于後

君（吕下一行）諱宙字周南其先出自有殷迺迨于周世作師尹赫赫之盛因以爲氏（吕下二行）吉甫相周宣勛力有章文則作

頌武襄猗犺二子著詩刻于風雅及其（已下三行）亢孫言多世
事景丕載在史典秦兼天下侵暴大族支判流僊或
居三川（已下四行）或徙趙地漢興以三川爲穎川分趙地爲鉅
鹿故子心騰於楊縣致位執金吾子孫以銀艾相繼
在穎川者家于僞陵克纘祖業（已下五行）牧守相亞君東平相
之玄會稽大守之曾富波侯相之孫守長社令之元
子也君（已下七行）體温良恭儉（已下六行）之德篤親於九族恂恂于鄉黨
交朋會友貞賢是與治（已下八行）公羊春秋經博通書傳仕郡
歷主簿督郵五官掾功曹守昆陽令州辟從（已下九行）事立朝
正色進思盡忠舉衡以處事清身以厲時高位不以
爲榮卑官（已下十行）不以爲恥含純履軌（已下十一行）秉心惟常京夏歸德
宰司嘉焉季六十有二遭離寢疾熹平六季四月己
外卒於是論功敘實宜勒金石（已下十二行提寫平格）遁作銘曰於鑠明德
于我尹君龜銀之胄弈世載勛（已下十三行）紹紀本朝優劣殊分
守攝百里遺愛在民佐翼牧伯諸夏肅震當漸鴻羽
爲漢輔臣位不福德壽不隨（已下十四行）仁景命不永早即幽昏
名光來世萬祀不泯

右從事尹宙碑牛氏金石圖云碑高六尺闊二尺
八寸厚六寸在鄢陵縣孔子廟戟門前南向
碑文在穿下文十四行行二十七字

兩漢金石記卷十二　十二

碑立於熹平六年四月頤氏金石文字記以爲四
年誤
頤氏又云豫字磨滅今按文内無此字不知何以
云豫字磨滅也
碑以僊爲遷以僞爲鄢以穎爲潁勛力有章句騐
石是力字諸家並作功誤也頤氏文字記又以僊
作僊又抄寫之訛
鉅鹿郡鹿字廣韻注云案漢書只作鹿是漢書省
作鹿非鹿之加金也頤氏所校刊廣韻本亦如此
碑字較諸碑稍大而冲和有度正與孔宙碑可同
訛之牛氏圖跋稱爲金石文二宙良非虛品

兩漢金石記卷十二　十三

附錄

忠顯校尉汴梁路鄢陵縣達魯花赤兼管本縣諸
軍奧魯勸農事阿八赤自皇慶元年正月二十有
四日下車莅事欽奉詔書追封孔子爲大成至聖
文宣王立石頖宮所以彰聖恩重名教也公目物
色碑材得片石于洧川盖東漢熹平六年故豫州
從事尹君諱宙者之碑也公捐己俸購石輦來鄢
頖命匠刮磨將舍舊而新之既而幡然改曰碑歷
一千二百餘年故物舉一廢一有所弗忍遂議更

以新石併舊石附立廟廡于以見公好古尚賢成此美事鄗之士民咸頌公德為之辭曰仁我忠顯治績在鄗事師古始德崇哲先吏新修癈二美得全寫之琬琰以永其傳皇慶三年春正月望日立石鄗陵縣儒學教諭李謦撰古洧歲寒野人王克讓書丹

按是碑記重立尹宙碑事明言其為豫州從事可見元皇慶移置學官時其額尚完也

漢循吏故聞憙長韓仁銘

篆額十字二行

熹平四年十一月甲子朔廿二日乙酉司隸（以下泐闕下同）
河南尹校尉空閘典統非任素無績勲宣善
仁前在聞憙經國以禮刑政得中有子產君子
尉表上遷槐里令除書未到乃奄掩命隕身為
祀則祀之王制之禮也書到郡遣吏以少牢祠
勤勲行勵厲清惠以旌其美豎石訖成表言如律
令
十一月廿二日人酉河南尹君丞熹謂京寓
墳道頭訖成表言會月卅日如律令

此碑出京索間左氏傳京城太祊之地滎陽令李侯輔之於縣發地得之字畫宛然頗類劉寬碑書也韓仁漢循吏蚤卒不見於史而見於此非不幸也李侯亦能吏夭其或者為李侯出耶抑偶然耶夫物之顯晦有昔猶士之遇不遇也向使此碑不遇李侯埋沒於荒煙艸棘中得為礎為砧足矣吾聞君子之遺闇然而日彰然自古賢達埋光鏟采堙滅無聞亦何可勝數抑有時而不幸也後千百歲陵谷變易獨此碑尚存李侯之名託此以不朽亦未可知也正大五年十一月廿一日翰林學士趙秉文題

兩漢重循吏而韓君之名不見于史則知班范所載遺逸者尚多此碑又復埋沒于荒榛斷壠中閲千載而人不識是重不幸也及吾友輔之滌拂薶□夕而樹之然後大顯于世其冥冥之中亦伸于知已者耶輔之疎朗英偉初非百里才也乃能不以一邑為卑留心政事急吏緩民靄然有及物之意行見□□□□□揚□□其功名事業必將著金石而光簡冊蓋不待附見于此然則二君皆不朽人也無疑趙郡李獻能

正大六年八月日奉政大夫滎陽縣令李天翼再立石
監立石司吏董□　石匠王福

右漢聞熹長韓仁銘牛氏金石圖曰在滎陽縣署東角門東側西向高六尺闊三尺厚六寸五分篆額額下有穿碑凡八行行存十八九字下半泐闕後有金哀宗正大五年翰林學士趙秉文及趙郡李獻能二跋并滎陽令李天翼題重立歲月及立石吏石匠姓名趙跋四行八分書李跋三行李題一行吏匠姓名一行皆正書

碑額大書漢循吏表其賢也吳山夫云額稱韓仁銘而碑無銘辭牛階平云銘者論譔其德善而明著之者也刊石以名仁之美斯銘稱焉雖文辭不

叶於聲詩固無害其爲銘也愚按牛說是也

碑以熹爲喜亢爲丕挋爲短牢爲牢奎爲幸王任中皆加二小畫皆隸之通變也

碑自歐趙洪婁以來皆不著于録吳山夫謂劉太乙續金石録始載之至牛空山始爲摹圖而失摹李欽紳跋今日拓本則二跋皆有泐字矣

碑額十字長短隨勢爲之王虛舟謂不規規就方整故行間茂密是也此與張遷碑額皆漢隸之最得勢者

張壽碑

吳山夫金石文存云隸額漢竹邑侯相張君之碑十字予所藏是碑無此額牛氏金石圖亦無此額恐吳氏是據洪釋本耳然牛氏亦不言額失蓋牛氏之書未嘗以洪釋細核也
又按是碑下泐不可知其多少是以依其石勢圖之

君諱壽字仲吾其先蓋晉大夫張
孝友恭懿明允篤信□□經□習父
匡國達賢登善濟可登斑叙優能正
謂者贊衛王臺叓火忠謇上嘉其節仍
相明德慎罰　遣江楊剽賊上
自菲薄儲偫　所留并官相
稼嗇滋殖國　聿豐穰皤白

樂化戶口增　殷功刊王府將
過督郵周紘　君常懷色斯舍
駱驛要請君　固執不顧民無
覭府視不折　违府進退以
五月辛酉卒　夫積滽純固者
石樹碑式昭　曰
亮元德於我　體懿純懿三
賦牧邦畿梨烝殷門荒饑感良臣
彌闓垂令紀永不刊亐肖德深後昆

右漢故竹邑侯相張壽碑牛氏金石圖云碑在城

武縣孔子廟内陷戟門東壁而砌置之闊三尺高二尺方綱按此指今所存殘碑言之耳蓋碑於何時爲後人截作碑趺而穴其中成凹凡壞四十字碑凡十六行以洪氏隸續所載全文度之每行當有三十八字今上半至泐處每行僅存十四五字則後人之截爲碑趺者必是取其石之正方而用之就今拓本趺眼居中上下左右皆正相等則其上久已無額可知即竹垞亦稱殘碑可證也牛氏乃以爲下截辱爲碑趺尤誤

洪氏載是碑全文凡五百四十二字外又闕十四字今之存者一百八十字而已碑云敦悦經雅習父東光君業蓋世傳詩學者又云舉孝廉除郎中給事謁者遷竹邑侯相罷復爲從事辟司徒府年八十建寧元年五月辛酉卒此其大略也洪氏所錄全文今不具贅碑以斑爲班字此洪氏所未舉者以妻爲屢則漢書多有之

碑字淳古與孔宙碑相類牛氏擬以白石神君碑謂開魏隸之法然是碑隸法實在白石神君碑之上也

兩漢金石記卷十二　六

唐公房碑

歐陽集古錄作公昉碑趙氏金石錄作仙人唐君碑洪氏隸釋作仙人唐公房碑碑篆額云仙人唐君之碑六字在碑額之偏右其篆字分二行君字在次行之首據隸續是君字今不可辨矣其弟一行弟三字篆書唐字甚分明今隸續刻本誤方綱按是碑今所存字更少於洪氏是以今所存者與洪所錄者各別爲一圖不比他碑所書之例

□□□□□□□□□□□□□□□□□□□故能□□□□□□□
□上陟皇燿統□□□□□□浮命壽無□□王公之尊四海之富□□□□□□
□毛天地之性斯其至貴者也耆老相傳以爲王莽居攝二年君爲郡吏□□□□
□土域啖瓜□□真人左右莫察而君獨進美瓜又從而敬禮之真人者□□□□
□□□山上□□君神藥曰服藥以後當移意萬里知□獸言語是時府□□□□
□□□七百□□□□往徠□景則至闔郡驚焉白之府君從爲御史鼻□□□

兩漢金石記卷十二　九

□具□□□□□爲□□鼻□之視其腹中果有被具府君□賓燕欲從學道□□□
頃無所進□□□□□尉部吏收□□□□子公房乃先歸於谷口呼其師告以□□
□□□之歸以□□□□□□子□□□妻子戀家不忍□又曰豈欲得家□□□
□□□□□□□□□□□□屋柱飲牛馬六畜須臾有大風元雲來迎□□
□□□□□□然與之俱去昔喬松崔白皆一身得道□公房舉家俱□□
□曰□者□□□□源百世故使智鄉春夏毋蚊□秋冬□鮮繁蟲螫不遐□□□
□□□□收入天下莫斯德祐之效也道牟羣仙德潤故鄉知德者鮮歷世莫紀
□□□□□□郭君諱芝字公載脩北辰之政馳周邵之□歆樂唐君神靈之美
□□□□□□□□德厚者廟尊乃發嘉教躬損奉錢倡率羣義繕廣斯廟□□
□□□□□□□□□□□□□□□□君靈□□□辭曰

此三行首格在穿內

□□□□□□□□□□□□□□□□□□□□□□浮雲□□
以上今存拓本如此
以下洪氏隸釋本
君字公房成固人蓋帝堯之（闕十字）之故能舉家（闕五字）
去上陟皇燿統御陰陽騰清躡浮命壽無疆雖王公
之尊四海之富曾（闕五字）毛天地之性斯其至貴者也
耆老相傳以為王莽居攝二年君為郡吏（闕四字）土域
啖瓜旁有真人左右莫察而君獨進美瓜又從而敬
禮之真人者遂與（闕）期賀谷口山上乃與君神藥曰
服藥以後當移意萬里知鳥獸言語是時府在西成

去家七百餘里休謁往徠轉景即至闔郡驚焉白之
府君徙為御史鄙䜄軷車被具君乃畫地為獄召鄙
誅之視其腹中果有被具府君（闕）賓燕欲從學道公
房頃無所進府君怒勑尉部吏收公房妻子公房乃
先歸於谷口呼其師告以厄急其師與之歸以藥飲
公房妻子曰可去矣妻子戀家不忍去又曰豈欲得
家俱去乎妻子曰固所願也於是乃以藥塗屋柱飲
牛馬六畜須臾有大風元雲來迎公房妻子屋宅六
畜翛然與之俱去昔喬松崔白皆一身得道而公房
舉家俱濟盛矣傳曰賢者所存澤流百世故使賢鄉

春夏毋蚊蚋秋冬鮮繁霜厲蠱不遐去其螟蜮百穀
收入天下莫知斯德祐之效也道牟羣仙德潤故鄉
知德者鮮歷世莫紀
漢中大守南陽郭君諱芝字公載脩北辰之政馳周
邵之風歆樂唐君神靈之美以為道重者名邵德厚
者廟尊乃發嘉教躬損奉錢倡率羣義繕廣斯廟（闕）
和祈福布之兆民刻石昭音揚君靈譽其辭曰
（上闕）遂享神藥超浮雲兮翱（下闕）
碑陰
額暈三重內有八分書數行隱隱略辨公房二字又

其右下露一山字餘皆泐不可見
以前數行皆不可見
掾南
厺南鄭
州　事
處士南鄭祝恒字仲
處士南　祝朗字德
處士南鄭祝崇字季華
大守史南鄭祝榮字文举
大　史南鄭趙英字彥才

處士南阝刂通字海
故　中　阝趙忠字元楚
以上今存拓本如此
以下洪氏隸釋本
故江陽守長成固楊晏字平仲東部督郵成固左介
字元術故江陽守長南鄭楊銀字伯慎處士南鄭祝
龜字元靈司徒掾南鄭祝楊字孔達處士南鄭祝岱
字子華故益州從事南鄭祝忱字子文處士南鄭祝
恒字仲華處士南鄭祝朗字德靈處士南鄭祝崇字
季華大守史南鄭祝榮字文華大守史南鄭趙英字

彥才處士南鄭劉通字海闕故褒中守尉南鄭趙忠
字元楚字闕二南鄭楊鳳字孔鸞
右唐公房碑在今陝西漢中府城固縣西北三十
里碑無年月可考隸續云圭首偏右其內有暈一
重又兩重在其左暈下脚去穿頗遠穿下即刻文
所存者十七行行三十一字其後石已裂碑陰一
横十五人方綱按今所存字與洪氏所見十七行
行三十一字者同惟第一行僅存故能二字末行
僅存浮雲二字中間略可辨者尚有三百字惟第
十三行隸釋云天下莫知今諦視石本實無知字

洪氏殆以文義度之增入知字耳此蓋原刻之誤
失也又按此穿上距圭首之暈雖遠而下逼文之
第九十十一凡三行之首各損其一字又城皆作
成此皆洪氏所未及而碑陰額間之字洪氏亦未
言也
又按歐陽集古錄謂不載其姓蓋歐陽公未見此
碑額耳唐公房祠見於水經注華陽國志諸書隸
續所引後漢書志即華陽國志文也

益州刺史李君神祠碑
其上無額惟於碑前題二行云故宛令益州刺史南郡襄陽李郊邪計闕字孟初神祠之碑隸書字倍

大於後文是漢碑之式所僅見者其穿在文中亦與他碑式異故為圖以箸之

故宛令益州刺史南郡襄陽李以下闕不可計
字孟初神祠之碑

君□舉孝廉除補郎中之以下闕不可計
史卒官□故吏民追思德化以下闕
吏訊治立碑度祠下以下闕
垣宇樹　木皆不ㄋ令□不□文守以下闕
中大人　共案文□□□□文以下闕
永興二　年一六月己亥月十日

部勸農賊捕掾李龍南部游訖（以下闕）
屋有守祠義民今聽復無（以下闕）
時令琅邪開陽貫君諱戊字（以下闕數格不分明）伯□□□戊（以下闕）
□河南雒陽㝢衍字元博（以下闕數格不分明）仲□□□□漢海（以下闕）
□掾吳定尉□功曹史□伯□□□時□夫劉俊秭艾佐□□攷（以下闕）
戶□□□門伯□史左□元舉□□□□賊捕掾李龍升高□□京□甫（以下闕）
□□□□□功實吏左治□□□□□時亭長張河㝷海亭父唐譚伯祖（以下闕）

是碑歐趙洪以來著錄諸家皆未之及前題大字二行後文一十三行行僅存數字其當中穿處曰永興二年六月己亥朔十日以通鑑攷之漢桓帝

〈兩漢金石記卷十二〉　二十四

永興二年甲午四月己亥朔七月戊辰朔則六月爲己亥朔無可疑者碑以立祠爲主故不詳敘李君出處之蹟蓋曾舉孝廉官郎中官宛令又官益州刺史卒於官吏民追思爲立祠也賊捕掾官名不見於史志碑文系於勸農下則所謂各署諸曹掾史者史亦未之詳也貴君以下則立祠之諸官姓名其令則益州官也門人江秋史自亳州雙鉤其本見寄既而又得此拓本紙墨皆新其碑今蓋尚存俟更訪之

貴君之名微露上半似是盛字劉俊字秭艾漢碑多以艾爲乂也

婁氏漢隸字原云漢碑年字垂筆有長過一二字者然此碑婁所不載也詳其筆勢蓋以當穿未得放筆故於穿下不嫌過垂以伸其氣此不獨可悟書法亦文章蓄洩之理耳楊孟文石門頌命字則以石紋斷裂適當垂處不違寫下一字而引上脚使長又與是碑年字不同

〈兩漢金石記卷十二〉　二十五

兩漢金石記卷第十三

日講起居注官 詹事府詹事兼翰林院侍讀學士大興翁方綱

漢武都太守李翕西狹頌

趙明誠金石錄作武都太守李翕碑
洪氏隸釋作武都太守李翕西狹頌

是一行漢武都太守漢陽阿陽李君諱翕字伯都天姿明敏
是二行敦詩悅禮膺祿美厚繼世郎吏幼而宿衛弱冠典城
是三行有阿鄭之化是以三剖符守致黃龍嘉禾木連甘露
是四行之瑞動順經古先之以博愛陳之以德義示之以好
是五行惡不肅而成不嚴而治朝中惟靜威儀抑抑督郵部
是六行職不出府門政約令行強不暴寡知不詐愚屬縣趍

是七行教無對會之事儌外來庭面縛二千餘人年穀屢登
是八行倉庾惟億百姓有蓄粟麦五錢郡西狹中道危難阻
是九行峻緣崖俾閣兩山壁立隆崇造雲下有不測之谿阨
是十行芒促迫財容車騎進不能濟息不得駐數有顛覆霣
是十一行隧之害過者創楚惴惴其慄君踐其險若涉淵冰嘆
是十二行曰詩所謂如集于木如臨于谷斯其殆哉困其事則
是十三行為設備今不圖之為患無已勑衡官有秩李瑾掾仇
是十四行審因常繇道徒鐉燒破析刻臽確嵬減高就埤平夷
是十五行正曲柙致土石堅固廣大可以夜涉四方无雍行人
是十六行懽悀民歌德惠穆如清風乃刊斯石曰赫赫明后柔是十七行提寫平格
嘉惟則克長克君牧守三國三國清平是十八行詠歌懿德瑞
降豐稔民以貨稙威恩竝隆遠人賓服是十九行鐉山浚瀆路
以安直繼禹之迹亦世賴福
是二十行提寫平格建寧四年六月十三日壬寅造時府

右漢武都太守李翕西狹頌隸釋云在成州隸辨据墨寶云磨崖在同谷縣成州即今鞏昌府成縣同谷宋屬成州今廢此頌今所傳拓本皆止此二十行行二十字隸續云十九行者盖不算年月一行故又云末有一行書年月也又云後又有小字題名二行低四字許按今隸釋刻本年月一行後有小字二行今附于後

丞右扶風陳倉呂國字文寶

故府掾　孟字

又按隸續弟十一卷武都太守李翕天井道碑後有題名十二行今附載於此

丞右扶風陳倉呂國字文寶

門下掾下辨李旻字子行故從事

議曹掾下辨李昊字仲齊故從事

主簿下辨李遂字子華故從事

主簿上祿石祥字元祺

五官掾上祿張亢字惠碲故從事亢是亢字
功曹下辨姜納字元嗣故從事
尉曹史武都王尼字孔光
衡官有秩下辨李瑾字瑋甫
從史位下辨仇靖字漢德書文
下辨道長廣漢汁邡任詩字幼起
下辨丞安定朝那皇甫彦字子才

繹續云此十二人題名在天井磨崖之後其十仇靖字漢德書文者揮翰遺詞皆斯人也郙閣題名云從史位字漢德為此頌中閒姓名刓缺得此乃知前碑亦仇所作今按此題名弟一行正與隸釋所載西狹頌後小字題名之弟一行相合惟隸釋所載弟二行故府孟三字與此不同豈石本與摹寫板本偶有失誤耶以愚意度之西狹頌年月一行末有時府二字蓋謂是時府中之官丞某掾某也則此十二行題名必是接西狹頌後者無疑而隸續云在天井磨厓後恐洪氏兩得其拓本遂岐出耳以牛氏圖證之益信也今日適得趙晉齋從西安寄來此十二行題名拓本晉齋來札云此十二行實在西狹頌後頗與隸釋所載牴牾頌額有

惠安西表四篆字五瑞圖下有下祿上辨題名三行見沔縣所拓全文一大紙然後知之詢之搨工云圖頌刻於山石轉角處下臨深潭艱於氈椎故從來無全拓者又聞天井磨厓尚在已屬沔令往訪拓許日竢之丙午閏七月廿五日記

四方无雖无即无字雖即壅字言四方之人往來無壅塞也亦世賴福亦即奕字此皆洪所未釋者後十二行題名末行字子才才字今隸續板本作木誤

漢李翕黽池五瑞碑

君昔在黽池脩崤嶔之道德治精通致黃龍白鹿之瑞故圖畫其像

右李翕黽池五瑞碑隸釋云李君昔治黽池臻此瑞物及西狹磨崖因刻於前非碑陰也黽池有二殽丁小疋進士云公羊傳崤之嶔巖是文王之所避風雨者也文蓋用此

此前有畫象其閒隸書題云黃龍白鹿木連理嘉禾承露人甘露降凡六處一十五字此題字二行二十六字在其左方云又趙晉齋云五瑞圖下有下祿上辨云云題名三行予所未見俟叚訪之

隸釋隸續皆題曰李翕五瑞碑實則即西狹頌磨
崖畫象耳其字亦一手所書也蓋以別記其黽池
之事故別為標題也

漢析里橋郙閣頌

趙明誠金石録作郙閣頌洪氏隸釋作李翕析里橋郙閣頌方綱按析里橋郙閣頌六字隸額洪氏隸釋吳氏金石文存皆載之而予未見其額也隸續云隸額二行

惟昂一行斯析里䨑漢巴右谿源漂疾橫柱于道涉秋霖瀧
盆溢滔滔涌濤波滂沛昂二行激揚絕道漢水逆昂三行讓稽滯商旅
路當二州經用衍沮沮縣士民或給州府休謁往還
恒失日晷行理咨嗟郡縣所苦斯谿既然郙閣尤甚

緣崖昂下四行鑿石䨑隱定柱臨昂下五行深長淵三百餘丈接木相連
號為萬柱過者慄慄載乘為下常車迎布昂下六行歲數千兩
遭遇隤納人物俱隋昂下七行提寫半格沈沒洪淵酷烈為禍自古迄今
莫不創楚於是大守漢陽阿陽李君昂八行諱翕字伯都以
建寧三年二月辛巳到官思惟惠利有以綏濟聞此
為難其日久矣嘉念高帝之開石門元功不朽乃俾
衡昂九行官掾下辨仇審改昂十行解危殆即便求隱析里大橋於
今乃造校致攻堅□□此二字洪所闕今重刻本作結構工巧雖昔
魯班亦其儗象又醳散關之嶃漯從朝陽之平燥減
西□昂十一行□二字洪闕今重刻本作審之高閣就安寧之石道禹導江

何以靖四海經記厥續艾康萬里臣□昂下十二行□□三字洪闕今重
刻本作蔡鴻功勒石示後乃作頌曰□昂下十三行提寫平格□□□四字洪闕今重刻本作上
帝經臣降茲惠君克明俊德允武允文躬儉尚約化流
若神瘦民如□昂下十四行□□三字洪闕今重刻本作学遐邇平均精通晧穹
三納苻銀所歷垂勳香風有鄰仍致瑞應豐稔□昂下十五行□
□□□□□□昂下十六行提寫平格五字洪闕今重刻本作季登居民怏樂行人夷欣慕君靡乃詠
新詩□□□□□四字洪闕今重刻本作曰析里之兮此字重刻本作阯以兌
之間高山崔嵬兮水流蕩蕩地既塉确兮與寇為鄰
□昂下十七行□□□□□六字洪闕今重刻本作西隴鼎峙兮東以析分或失緒
業兮至于困貧危危累卵兮聖朝閔憐昂十八行艾究□兮

紉□□□□□此十一字據洪釋如此今重刻本云分苻析璜兮迺命是君扶危救
傾兮全育□遺劬勞曰稷兮惟惠勤勤黃邵朱龔兮
蓋不□□□□此十一字據洪釋如此今重刻本作拯弱亨乜兮瘵㦲始起咎門亢
巍兮百姓歡欣僉曰太平兮文翁復存

右漢析里橋郙閣頌靈帝建寧五年立婁氏漢隸
字原云在興州磨崖宋之興州今為略陽縣金石
文字記云今略陽縣有重刻本是也
是碑近日顧寧人吳山夫皆未見原本然重刻本
嶃漯嶃字亦不作嶃而顧氏沿集古錄之訛以為
嶃尔顧氏謂以日為田此永赫所以致疑然歐公

之疑亦不僅在此蓋濕陰之濕它合反與㳫溼之字不同此歐公所以疑是碑之以漯為溼也顧南原隸辨乃援濕陰地名以實濕漯本一字之說則誤矣諸家又以下句從字誤為從字原石實是從字也

又洪氏誤釋者載乘為下乘隸釋刻本訛棄下字誤為闕雖昔魯班亦其儗象其字石本甚分明而洪釋為莫亦非也

重刻本不知在何年月据陳六謙金石遺文錄是知縣申如塤所重刻也隸續云碑文十九行行二十七字太守漢陽李翕平闕頌後又有詩亟別行今以原石本驗之皆合其闕文則前七行皆闕其下方者凡闕三十五字後十行皆闕其上方者凡闕五十二字今以重刻本諦審之則其前所補下方三十五字者雖刻手殊拙然規模粗存至其後所補上方五十二字者則益加醜惡不復成字且此五十二字者與洪氏所存無一字合弟十六行以上一字洪作艹今原石本尚隱露艹字下半之痕而重刻乃是陎字又不分明弟十八行救上隔格之一字以原石審視確是扶字洪亦闕救上一字

則原石亦似微有字痕斷非危字因是知重刻本所補之妄定當以洪釋所存者為正也

此兄之間此即坤字諸本皆作川非也晧即昊字菊即雨字洪所未釋也菊洪釋誤為兩

隸釋所載碑後尚有五行今附著於後

建寧五□□月十八日癸□闕下

時衡官□□□仇審字孔信

從史位□□□□字漢德為此頌

故吏下辨□□□子長書此頌

時石師南□□□□威明

顧南原隸辨曰余家有舊拓本無此數行重刻本有之愚按重刻既有之豈有原石反無之者意此字今日當仍存於崖石拓者失之耳

建寧無五年建寧五年即熹平元年也是歲五月改元正月丙辰朔三月乙卯朔此刻月上闕字而趙湖州金石錄作二月据此則二月是丙戌朔其十八日是癸卯也既可以補溫公通鑑目錄之所未備而又以知趙洪所收石本有多出一二字者也

衙官下闕据木碑當是掾下辨三字從史位下闕

以天井題名考之當是下辨仇靖四字隸續云郙閣題名從史位下字刓缺得天井道碑題名乃知前碑亦仇所作是也頌南原云故吏下辨下闕三字天下碑錄以為仇子長名紼未知何據豈作碑錄時其三字猶未闕耶愚按小歐陽集古錄目郙閣頌條下云右不著撰人名氏漢仇紼隸書此以子長為即仇紼又其一證矣然題名固云漢德為頌子長書頌而小歐乃云不著撰人名氏則歐陽氏藏本想已闕其後題五行者耶至趙子函援馬伯循說以為蔡中郎書則又并小歐陽之說亦未之見者矣

漢武都太守耿勳碑

一行　今所見拓本無額此据洪氏隸續標目云尒

漢武都太此四字今已經重鑿守此字今闕据洪錄之右扶風茂陵耿君諱勳字伯瑋其先此二字今重鑿本自鉅此字据洪鹿二行世有令名為漢建功俾侯三國卿此字据洪守將帥爵此字据洪位相承三行以迄于君君敦詩說禮家仍典軍歷此二字据洪難和戎武憲此字据洪慷慨以得此字据洪四行奉貢上計廷陳惠康安遏之謀上納其謨拜郎上黨府丞掌五行令孝績有成苻英乃作熹平二年三月癸酉到官此三字今石已經重鑿訛作日郎官三字

奉宣詔此字据洪書哀閔垂恩猛此字据洪不殘義寬不宥姦喜不縱慝威不戮仁六行賞恭罰否界與此字据洪六此字闕今据洪僅辨下半如此流其災統系寵存贈亡篤出至也歲在癸七行丑厥運淫此二字据洪雨傷害稼穡率土普議此字据洪開倉振澹身冒炎赫八行火星出熱至屬縣巡行窮此字据洪匱陟降山谷經營拔此字据洪涉草止露宿九行扶活食此字僅辨下半洪闕今如此十行發千有餘人出奉錢市口口作衣賜給貧乏發荒田耕種賦与寡獨王佳小男楊孝等三百餘此字据洪戶減省貪此字据洪吏十一行二百八十人勸勉此字今石上重鑿是課字据洪氏作勉字十二行趍時百姓樂業老者得終其壽幼者得以全育甘

棠出䔿不是過矣又開故道銅官鑄此字据洪作錢器此字据洪十三行興利無極外羌且口等怖威悔惡重譯此字今石重鑿作都而右半睪字尚可見据洪作譯也乞降脩治狹道分子效十四行力口如農此三字今石重鑿作大小民三字然此三字止占下二格其上一字洪所闕處則隱隱似是後字今仍依洪書之十五行得衆地出歡心可謂卬出若明此字重鑿今神者已夫美政此字据洪不紀人無述焉國人僉嘆刊勒斯石表示無窮其辭曰十六行

十七行擡頭平格泰華惟岳神曜吐精育茲令德既喆且明寔謂耿君天胙此字据洪顯十八行榮司牧莅政布化惟成采嘉惟則穆如風清勤卹民隱拯十九行阨扶傾匪皇啓處東撫西征恭子

遺慈日活呂生山靈挺（廿一行）寶匈灾乃平愷悌父母民賴

呂寧（廿二行提寫平格）

熹平三年四月廿日壬戌西部道橋掾下辨李翕造

右耿勳碑歐陽趙氏所不載惟洪氏隸釋隸續有之隸續云在成州同谷縣即今鞏昌府成縣也婁氏字原云字與郙閣頌相類乾道間方出

予今所得拓本凡廿二行行廿二字已極泐缺矣然就其畫隱隱可見者諦審之全文尚粗可讀其中洪録原闕而今無從別識者四字而已（七行流上一字十行作上二字十四行等上一字）洪有而今闕者二十二字（一行守鉅二行鄉爵三行軍歷憲得六行詭猛七行與八行運淫議九行窮拔十一行餘貪十三行鑄器十六行政十八行胙）至於洪闕而今辨出者則五行乃字七行系字十一行与字二十行匪啓處字二十一行灾字此凡七字可補洪氏所未備矣又洪誤而今正者五行蕪字洪誤釋英十行市字洪誤釋雨作字洪誤釋振十六行僉字洪誤釋命二十一行乃字洪誤釋字此凡五字尤足關於考正者也蕪即箕字蕩陰令張遷碑八月蕪民即此字苻蕪乃胙者胙即福祚之祚古通用也頤氏隸辨祚字下引四老神祚机字云胙與祚同說文新附字祚福也徐

鉉曰凡祭必受胙胙即福也爾雅釋天夏曰復祚釋文祚亦作胙是也詛皇啓處者婁氏字原啓字下引靈臺碑匪皇啓居與詩不遑啓居同可證也又洪氏釋云碑以說為閱按此碑敦詩說禮說與閱不同也

碑字逕一寸五分雖與郙閣大小相埒而跡泐之中仍具勁逸之勢又時時有參差大小不甚整齊者似因石理衝長所致

鄐君開石門刻字

（無額）

永平六年漢中郡以

詔書受廣漢

蜀郡巴郡徒

二千六百九十人

開通褒余道

太守鉅鹿鄐君

部掾治級王弘史荀茂

張宇韓岑弟典功作

太守丞廣漢

楊顯將相用

始作橋格六百卅三
大橋五爲道二百五十
八里郵亭驛置徒司空
褒中縣官寺并六十四所
刪凡用功七十六萬六千八百
餘人瓦卅六萬九千八百八

右摩厓刻凡拓本可見者一十六行文云永平六年漢中郡以詔書受廣漢蜀郡巴郡徒二千六百九十人開通褒余道太守鉅鹿鄐君部掾治級王宏史荀茂張宇韓岑弟典力乍此二字止露左半晏釋作功作太守丞廣漢楊顯將相用□始作橋格六百卅三□大橋五為道二百五十八里郵亭驛置徒司空褒中縣官寺并六十四所□家似是凡用功七十六萬六千八百□餘似是人瓦卅六萬九千八百八以下不可知以上凡一百二十四字泐者四五字而已文字刻畫之見於世者自周岐昜十鼓秦瑯邪臺刻漢五鳳二年字上谷祝其卿墳壇石外其真蹟長篇託石本以存者未有古於是刻者矣至其字畫古勁因石之勢而縱橫長斜純以天機行之此實未加波法之漢隸也宋紹熙甲寅師章德茂始得此刻故婁氏字原載之而隸續不及載也宋南鄭令臨淄晏袤有題記一篇今附錄於此

九千四百餘　粟　九年四月成就益州　東晝

漢中郡太守鄐君修橋格碑盡一百五十有九字漢明帝永平六年刻於褒余谷中其紀號先巴官鐵盆銘一歲紹熙甲寅三月甲子南鄭令晏袤□堰□□□褒谷獲此刻於石門函南險側斷崖中先是癸丑夏秋積雨苔蘚剝落至是□畫始見字灋奇勁古意有餘與光武中元二年蜀郡太守何君閣道碑體勢相若建武永平去西漢未遠故字畫簡古嚴正觀之使人起敬不暇昔高皇帝興王漢中出褒入秦道由子午塹路峗巇自秦取蜀之石牛道開通石門史雖不書靈帝建寧五年衡官掾仇審頌太守李翕郙閣碑云嘉念高帝之開石門元功不朽則石門雖甚於秦而開於高帝明矣至威帝建和二年漢中太守王升鐫碑石門中紀永平四年司隸校尉楊君孟文以詔書鑿通石門則又從而廣之通道幾五十年至安帝永初元年西夷虔殘橋梁斷絕復脩子午凡十五年至順帝延光四年詔益州刺史罷子午道復通褒余則此路自秦漢以來通塞屢矣今碑刻於永平六年

載漢中郡以詔書受廣漢蜀郡巴郡徒二千六百九十人開通褒余道太守鉅鹿鄐君部掾治級王宏史荀茂張宇韓岑弟典功作太守丞廣漢楊顯始作橋閣六百廿三大橋五為道二百五十八里九年四月成就刻石紀工器錢粟之數於崖壁中去石門不百步惜乎崖廣碑斷字有□闕今所鑿棧道石竅具存適知楊孟文治石門於四年辛酉歲鄐君楊君治閣道於六年癸亥歲而王升建和二年紀石門之功已不及此橋格事今乃遇□壺千一百三十三年之後物之顯晦蓋有定數如此鄐君楊君為民興此□□

三年而後成曾不諱勞而史逸其名非苔蘚封護至今必為風雨所剥此名遂亦摩滅矣敬書碑陰俾来者有以取信焉夏四月旬有六日臨淄晏袤書

此記之前拓本尚隱隱有字蓋晏所題記之前别有晏所釋文一段也所謂九年四月成就云云者當是其釋文之末一行而今拓永平刻文止有一百廿四字較之晏所記者一百五十九字尚少其三十五字又以今所見釋文末一行得見其末之十有七字則尚少其十八字然晏記中又尚遺失原文數字而以卅為廿又引楊孟文石門頌出散入秦語作出蕿入秦亦誤也晏既謂此文刻於永平六年又云九年成就所以婁氏字原載此刻云永平九年立此則非拓得其全文不可而今此拓本亦已艱致無由而臆斷之或婁氏九年之說有所据依耳

鄐君不著其名廣韻漢有東海太守鄐熙古今姓氏書辯證云因官居焉望出東海者也橋格即橋閣字然閣字本非其義格則枝架之名此格字當為正也

故司隸校尉楗為楊君頌

隸額十字作二行　洪氏隸釋題云司隸校尉楊孟文石門頌歐陽集古録作司隸楊君碑趙氏金石録作司隸楊厥開石門頌

一行惟巛靈定位川澤股躬澤有所注川有所通余谷之川其澤南隆八方所達益域二行為充三行提寫平格高祖受命興於漢中道由子午出散入秦建定帝位以漢詆焉後以四行子午蕿路歮難更隨圍谷復通堂光凡此四道垓鬲尤艱至於永平其有四五行丰詔書開余鑿通石門中遭元二西夷虐殘橋梁斷絶子午復循上則縣峻屈六行曲深顯下則入冥廣寫輸淵平阿淚泥常蔭鮮晏木石相距利磨确磐崄危七行槍碭履尾心寒空輿輕騎遰导弗

前悳𡕒蘤狩虵蛭毒蟳末秋截霜稼苗夭殘終丰丕
登匱餧之患卑者楚悳尊者弗安愁苦之難焉可具
言於是明知故司（九行）隸校尉犍為武陽楊君厥字孟文
深執忠伉數上奏請有司議駮君遂執爭百（十行）遼咸從
帝用是聽廢子由斯得其度經功飭爾要敞而晏平
清涼調和烝烝艾（十一行）寧至建和二丰仲冬上旬漢中大
守犍為武陽王升字稚紀涉歷山道推序本原嘉君
（十二行提寫平格）明知美其仁賢勒石頌德以明厥勳其辭曰
君（十三行）德明明炳煥彌光剌過拾（十四行）遺厲清八荒奉魁承杓
綏億衙彊春宣聖恩秋貶若霜無偏蕩蕩貞雅以方

兩漢金石記卷十三　十七

寧靜（十五行）烝庶政與乾通輔主匡君循禮有常咸曉地理
知世紀綱言必忠義匪石厥章𢇁（十六行）宏大節讜而益明
揆往卓今謀合朝情醳䮬即安有勳有榮禹鑿龍門
君其（十七行）繼縱上順斗極下荅坤皇自南自北四海攸通
君子安樂庶士悅雍商人咸憓農夫永同春秋記異
今而（十八行提寫平格）紀功垂流億載世世嘆誦
序曰明哉仁知豫識難易原度天道安危所歸勤勤
竭誠榮名休麗（十九行上空低二格）
五官掾南鄭趙邵字季南屬褒中鼂漢彊字產伯書
佐西成王戒字文寶主

（二十行提寫平格）王府君閔谷道危難分置六部道橋特遣行丞事西
成韓朖字顯公都督掾南鄭魏整字伯玉後遣（二十一行）趙誦
字公梁案察中曹卓行造作石積萬世之基或解高
格下就平易行者欣然（二十二行）焉　伯玉即日徙署行丞事
守安陽長

此頌磨崖刻於褒斜谷中趙明誠金石錄以為楊
厥開石門頌洪氏隸釋始著楊君名渙字孟文其
云厥者助語之辭又引蜀中楊淮碑云楊君厥諱
淮始知兩碑皆以厥為語助也然所引楊淮碑今
亦拓得之與此刻同在褒斜谷中洪謂此在興元

兩漢金石記卷十三　十八

彼在蜀蓋亦未之深考也頌為建和二年漢中大
守王升所立其主鐫石之役者書漢彊王戒二人
頌後低格書之此已開碑後系撰書姓名之式矣
鼂王皆承五官掾趙邵之屬故於頌後復紀王君
造作石積事王君不特為楊之鄉人而政績復能
繼之一頌而二善備焉矣婁氏字原云斜漢隸皆
作余犍為皆作楗是蓋不獨此一碑為然或以說
文無犍字疑郡名當从木是則未知二字偏傍孰
為沿訛而木字篆勢與牛之上半相似所當存以
資考異也又婁氏摘附字體謂漢隸命字垂筆有

長過一二字者蓋指此頌也然此處特因石理剥裂不可接書而垂下耳非可以律隸法也洪録所失者王府君一行閟谷道下一字闕今以石本審視確是危字行丞事西成下人名是韓服二字服即朗字也洪訛作輔服弟三弟四行子𠦑𠦑即午字洪俱訛作卞銘辭内春宣聖恩恩字今石本上下二畫皆隱隱完具洪訛作日又此頌前序亦句句有韻子午復循是遵循之循也洪訛作脩又烲即炳字核禹即閡隔字蔕似非斃字以漢詆爲洪謂詆是抵字愚按此詆字下無點與詆不同當是

氏字猶費汎碑以紙爲氏也

碑云王府君造作石積此積字婁氏不録顧南原隸辨引廣韻云積艸名類篇云一曰艸積詳碑文義蓋易艸積爲石也隸釋云以積爲積非是愚按此頌塗作塗𤳅作𤳅炳作𤏡多有加艸之文則此積字或即是積字加艸之體尔洪氏之言未可遽非也

又按洪氏隸續云楊厥碑高祖受命平闕命字下筆甚長所侵兩字許又空兩字方書其下一句又十七行序曰別作行後一行低二字書趙邵等三人姓名又書王府君今遣官屬事凡三行末行低七字書魏伯玉徒官每行三十字或有疏密不齊者合以石本核之全文凡廿二行此云文十七行者蓋序曰以後別計之也又隸續云宣和殿藏碑録以楊厥碑爲㝡漢𤳅書考其碑云五官掾南鄭趙邵屬褒中㝡漢𤳅書佐西成王戒主蓋三人主其事書佐則王戒之職非漢𤳅書之也集古金石二録鄭樵金石略俱作楊厥石門頌隸釋既知厥爲語助詞而隸續仍曰楊厥碑蓋亦沿諸家之訛而亦因以見洪氏隸釋隸續之書非成於一時其

中尚不無搘拄處也今日隸續久無善本揚州新刻隸續文十七行訛作六十七行而顧氏隸辨遂云碑文六十七行又毫無辨正之語亦可見顧氏之未見此頌拓本矣又驗石本末一行書魏伯玉徒官乃於前文之下空七格書之耳非此行低七格也其每行之字疏密不齊蓋因石勢書之故也

司隸校尉楊淮表紀

字原引墨寶云在褒城縣北五里磨崖

無額

故司敎校尉楊君厥諱淮字伯邳舉孝廉尚書侍郎
上蔡雒陽二行令將軍長史任城金城河東山陽大守御
史中丞三為尚書尚書令三行司敎校尉將作四行大匠河南
尹伯邳從弟諱弼字穎伯舉孝廉西鄂長伯母憂去
官復舉孝廉尚書侍郎遷上丞冀州判史大醫令下
邳五行相元弟功德牟盛當究三事不幸早隕國喪名臣
州里失覆二君清六行□約身自守俱大司敎孟文之元
孫也
七行□門同郡下玉字子珪以熹平二年二月廿二日謁
歸過此追述勒銘故財表紀

此文亦刻於褒斜谷厓者不得謂之碑文尾明言
表紀是也洪氏隸續云同郡下玉過其墓為勒此
銘按此文與楊孟文石門頌皆刻於石門之厓故
其文尾特書曰大司敎孟文之元孫此一句即二
碑之世系也其云黃門同郡下玉謁歸過此追述
勒銘者當即是過石門之地見楊氏開通石路之
刻此刻在王升為楊孟文勒頌後之二十有六年有感而詳述其門閥非
過墓之謂也勒銘銘字洪氏亦誤看銘者指乃祖
開石路之刻言之即前王升所為楊孟文石門頌
耳此下表紀字乃指此刻言之此刻固非韻語亦
不得謂之銘也洪氏誤以為過墓宜其題之曰碑
矣洪氏所錄中丞下闕一字今驗石本是三字還
下是左字洪訛作迮其表紀上一字洪錄作財今
驗石本下多一點或是財字偶多一筆亦財即纔
裁通用之字謂至是始為之表紀也文凡七行字
畫皆因石勢為之参差古拙敎即隸之省牟即侔
之省也

附魏晉題刻二種

潘宗伯韓仲元以泰始六年五月十日造此石木□
景元四年十二月十日盪寇將軍浮
亭侯譙國李苞字孝章將
中軍兵石木工二千人始通此閣道

釋魏潘宗伯韓仲元李孝章碑字
潘宗伯韓仲元以泰　六年五月十日造此石才女
景元四年十二月十日盪寇將軍浮
亭侯譙國李苞字孝章將
中軍兵石木工二千人始通此閣道

魏潘宗伯韓仲元李孝章通褒余閣道碑陰
潘宗伯韓仲元記造橋閣十九字紹熙甲寅始見於

石門之南厓其泰字下一字不顯止有六年以下字至此字下三字又不能識徵有偏旁漢魏兩晉以泰紀年者凡七惟魏明帝有泰和六年晉武帝有泰康十年餘皆一二年或四三年則知此為泰和六年明矣是歲蜀建興十年先是太和四年魏司馬懿伐蜀五年蜀諸葛亮圍祁山魏詔司馬懿拒之龜七月亮復軍明年亮休士作木牛流馬故魏人得入褒谷治橋閣矣後題景元四年三十八字者魏陳留王年號自泰和六年至此凡三十有三年剿此二號皆魏之紀年無疑其書盪寇將軍云者蜀張嶷亦有此將軍

號魏盪寇將軍浮亭侯李苞字孝章復通此閣道於景元四年即蜀炎興元年冬十一月魏鍾會鄧艾率衆伐蜀至江油降馬邈至緜竹斬諸葛瞻劉禪詣艾降巴蜀皆平十二月魏分益州為梁州褒余閣衜於是乎通矣慶元元年中秋日南鄭令臨淄晏袤書

此刻前一行云潘宗伯韓仲元以泰始六年五月十日造此石木□後三行低三格書之云景元四年十二月十日盪寇將軍浮亭侯譙國李苞字孝章將中軍兵石木工二千人始通此閣道皆隸書紀於褒谷厓上後有宋慶元元年南鄭令臨淄晏袤釋文并記云潘宗伯韓仲元記造橋閣十九字其泰字下一字不顯漢魏兩晉以泰紀年者凡七惟魏明帝有泰和六年晉武帝有泰康十年餘皆一二年或四三年則此為魏泰和六年也是歲蜀建興十年諸葛亮休士作木牛流馬故魏人得入褒谷治橋閣矣愚按諸葛武侯以建興九年復出祁山以木牛運糧大破司馬懿射殺張郃其時武侯屢脩斜谷之道豈有魏人得大書年號於石門者況魏明帝太和晉武帝太康皆是太字非泰字金章宗泰和年乃是泰字今諦審此石本隱隱尚有畫痕可辨

確是始字非和字也晉武帝泰始六年則西路通闢已久治此石道為理之可信者王象之輿地碑目有太康元年興元新路記其時亦去此不遠皆可以補史傳所未及也蓋厓上先有景元之題而潘韓復題於其右耳晏記以為皆魏刻非也

兩漢金石記卷第十四

日講起居注官文淵閣直閣事詹事府詹事兼翰林院侍讀學士大興翁方綱

殷比干墓字

殷比
干墓

右殷比干墓四字隸書二行字逕五寸許洪氏隸續云右殷比干墓四字水經云朝歌縣牧野比干冢前有石銘隸云殷大夫比干之墓今已中折不知誰人所誌大觀中會稽石國佐有此四字比水經　闕其三字畫清勁乃東都威靈時人所書者收碑如歐趙皆未之見婁氏漢隸字源云殷比干墓四字水經云朝歌縣牧野比干冢前有石銘隸云殷大夫比干之墓今只四字復不完石公弼跋云殷比干墓四字在今衞州比干墓上世傳孔子書然隸始于秦非孔子書必矣字畫勁古當是漢人書方綱按洪婁二書所引水經及石氏語大略相同據水經則曰殷大夫比干之墓據石氏則曰四字而已若謂七字闕其三則殷字下當有泐裂之迹而今所見拓本則殷比二字連接自爲一行干墓二字連接自爲一行與水經所云不同矣墓字下半泐去及其字勢之清勁則皆與洪婁所云又無以異也而吳山夫又云字不類隸之批法疑是先秦西漢人書此則強作解事者仍以洪氏所云當是東漢人書者爲正

敦煌太守裴岑紀功碑

無額

惟漢永和二年八月敦煌
太守雲中裴岑將郡兵三
千人誅呼衍王等斬馘部
衆克敵全師除西域之灾
蠲四郡之害邊竟艾安振
威到此立海祠以表萬世

右漢敦煌太守裴岑紀功碑隸書六行行十字牛氏金石圖云碑在西塞巴爾庫爾城西五十里地名石人子以碑上銳下大孤筍挺立望之如石人也雍正七年大將軍岳鍾琪移置將軍府十三年徹師又移置漢壽亭侯廟碑高五尺云是碑土人有重刻者其眞本多爲捐手描失故眞本亦往往不同然必其有描失之痕者乃是眞本若其無描畫之迹而有失誤者則非眞本牛眞谷

云是碑以篆爲隸然是由篆變隸之漸漢碑多如此其字中凡遇口字皆方中帶圓者乃是眞本若其口字竟似圓圈者則非眞本

庾即灾字變巛爲广猶寓作庽也重刻本或訛作疢而牛氏金石圖誤因之牛氏又訛艾爲又訛漶爲海此其冣甚者也蓋摹本既非一本如兵字之上半裴振表字之下半諸搨本往往有誤而未若牛氏所摹之尤甚耳

四郡者即所謂河西四郡武帝所置也延元二年尚書陳忠上疏云敦煌置挍尉增四郡屯兵以西

撫諸國是也敦煌太守本以治西域事而呼衍王在北爲之犄角其在前則陽嘉四年呼衍王侵車師後部漢發兵救之掩擊於勒山不利者即敦煌太守也其後元嘉元年漢吏士四千餘人出塞至蒲類海呼衍王聞而引去漢軍無功而還者亦敦煌太守也惟是年雲中裴岑斬馘部衆爲前後罕見之績而史頋闕焉何也

東漢石刻以永平六年鄐君石門之記爲冣古次則漢畫有永建四年郘善君字再次則是碑爲冣古矣惜其地極遠搨手不精以致真本皆被描飾耳安得與鄐君石刻皆得精搨佳楮墨之本以配周鼓秦篆乎

是碑重摹之本亦在巴里坤未可以得自塞上者遂爲眞也長洲頋蘆汀文鉷重刻於濟寧者乃作立海祠蓋亦非從眞本出耳

漢王稚子闕

漢故兖州刺史名下

右拓本得于成都僅存六字又三半字

□□□□□□□□于成都其石室在學官東漢循吏□□
□□□□□□□□之新都其石闕在道旁太□□

右拓本楷書二半行乃王稚子闕之陰殘字也

國朝成都通判陳耦漁祥裔蜀都碎事載此文劉汪所爲也今錄於左

西漢循吏稱文翁葬于成都其石室在學官東漢循吏稱王稚子葬于新縣即今之新都其石闕在道傍然石室依古禮𣪚得不磨滅而石闕獨暴露骨立可憐歷兩漢千三百餘年間二人爲古今吏師而遺跡亭亭勢参峨嵋氣凜雪山蓋官學者所當臣于下風以幸教㝢鄙而至有未忍知者其不躪如此予訪古石類得秦石犀石笋漢石室石柱

石闕凡物五若犀笋與柱無甚損益事而石闕苟不朽則實二人之甘棠也于是新都令王君天常趣古甚力得子說因請大尹蕭陽蔡公爲稚子作屋書榜以昭昏昏按闕面有隸字三十一法度勁古過于鍾梁闕上下有衣冠鳥獸等象僅可辨氣韻精簡過于頤陸幷以告來者

此文以今所得殘拓本依其字數度之當是十一行行二十三字也東都事略劉涇字巨濟簡州陽安人熙寧六年進士元符末除職方郎中卒有前溪集爲米元章畫友

漢故先靈侍御史河內緜令王

右舊拓本存十二字其一則亦云漢故兗州夾史名阝ノ一行凡六字又三半字與予今得拓本同跋云崇禎十三年太倉黃翼聖知四川之新都縣余棄豩釋以二闕字屬之至十七年解縣事歸出此爲贈云二闕已横臥榛莽中各失其下半截矣此後四川兵戈雲擾人煙斷絶正不知此後二闕尚存否也洪趙所藏二闕俱有全文故知其名與歐陽所藏止判史一闕而又失去王君下二字遂不知爲何人止據雒字去水加隹爲光武以後字定爲後漢人耳苟非洪趙兩君子則今之見二闕者何從知其爲稚子哉丁酉正月頤苓記又一跋云漢王稚子闕載洪趙二録甚詳崇禎庚辰余之官新都即古鄲縣道傍二闕巋然在焉每公事往還下車瞻眺古木平岡夕陽衰艸輒佪徊不忍去癸未余量移鄖南命工搨數本以歸中間殘闕共十一字據葛君常云吳中藏本皆同其湯滅自何年不可攷矣歲次屠維大淵獻如月望日攝六老人識

滋陽牛氏金石圖所摹與予今所得拓本亦同牛

跋云闕在新都縣北十二里官道西墓前高一丈五尺闊三尺厚二尺五寸字逕三寸五分東向按王君闕有二其一云漢故先靈侍御史河內縣令王君稚子闕雒正九年没於溝水中

附録前人所著圖式

漢故先靈侍御史河內緜令王

西漢循吏穉文翁葬于成都其石室在學官東漢循吏口
稚子葬于鄲縣即今之新都其石闕在道傍然石室口

此新城王文簡秦蜀驛程後記所録西闕正面及其陰所存之字也云其陰行楷直下書又云石闕

闕字中書已失之矣然此陰以今拓本驗之乃是
雒陽令一闕之陰非河内緜令一闕之陰也文簡
蓋偶誤記耳

漢故兗州刺史雒陽

王文簡所記王稚子二闕此其東闕也云此闕下
方上銳壘石如累棊其巔如蓋覆之望之如窣堵
坡狀壘石凡五層二層刻人物之形三層象虎海
馬五層師子也又記後人題字今錄于此

宛丘李昇符季士宏鄒碚權眉張剛壬午歲季冬
廿四日龍舒陳□公觀此建中靖國元年洛陽張
戭岷江張剛沂西馬中行同迓大尹清源□

右在三層周遭行楷橫書

唐安張察先至

紹興八年秋八□伯疆□漢同徠（此是八分橫書）

右在四層

建安吳栻爾赴鎮明年二月□皆謁漢循吏王□
城東東同之徼□

右在五層之西面直下行書

若渾筍與桂□也於是新都□大尹莆陽□

右在五層之北面直下行楷書
○桂恐是柱之訛渾當是犀

漢故先靈侍御史河内緜令王君稚子闕

漢故兗州刺史雒陽令王君稚子之闕

右洪氏隸續第五卷所圖圖後跋云右王稚子二
闕其右則騎而西者二人其左則乘車而東者二
人挽之者橐佗也王君平生官簿互見於兩闕之
上

先置　漢故先靈侍御史河内緜令王君稚子闕　右闕南面

雒陽　漢故兗州刺史雒陽令王君稚子之闕　右闕西面（方綱按此右字當作左）

右洪氏隸續第十三卷所圖圖後跋云西州所存
漢人墓闕其石方數尺間有闕者上琢樓屋爲盖
如今寺觀中經幢蜀帥范至能盡圖其八面相贈
闕之兩角有斗斗上鐫耐童兒又作重屋四壁刻
神像人物車馬之類亦有漫滅者額上六字先置
二字在右闕南面稚字在北面子字在東面雒陽
二字在左闕西面坐蓮之像四左右各一小兒其
像頂冠若祠剎中所謂天王者獅象之間其僧四
乘馬者四人引車者二乘車者五以繩曳獸者一
人中獸而立者亦一人耐童兒二十七人神體不

具者有三龍一象一師子八其六在五角獸面四
半體者五車馬糢糊辨不能盡蜀工椎拓二闕總
有一車二馬乃石闢兩隅所刻者王君二闕至今
不毀
又隸續弟二卷别出雒陽稚子六字一題云右先
置雒陽稚子六字其大小與王稚子二闕相若而
波磔不越乎規矩之外亦刻於稚子闕上但殘闕
不具無先後之序方綱按此六字即其額也不應
别出一題其置字盖靈字之訛
趙明誠金石録云按後漢書循吏傳王渙字稚子
嘗爲温令而石刻爲河内令者盖史之誤渙以元
興元年卒然則闕盖和帝時所立也朱竹垞云漢
書河内郡有温縣無河内縣所謂河内縣令者謂
河内郡之縣令也史未嘗誤方綱按洪氏隸續已
云謂河内之縣令尔即温也碑中縣字及系作緜
今以所見舊拓本驗之信然

漢郭巨墓石室畫象題字凡六處按石本無郭巨墓字其稱郭墓者据傳聞也詳說卷尾
平原濕陰
邰善君
以永建四年
四月廿四日
来過此堂
叩頭謝
賢明
右隸書廿六字分七行
安吉
右隸書二字爲一行此段凡二紙其畫有水有陸
水有舟陸有車馬水有龜魚陸有鴈鶩中間若幕
若塚中有人若神凭几狀下有一車二馬馬逸而

車覆二人墮水其乘舟者挺叉救之下有隸書云
平原濕陰邰善君以永建四年四月廿四日来過
此堂叩頭謝賢明永建是漢順帝西京李恂永建無四年則
此四字在其前其云來過此堂叩頭謝賢明者似
是邑人故吏過而感誦之詞中間又有安吉二字
亦過此者所刻祝其安神之義也後漢書郡國志
平原郡有濕陰濕水所出也濕陰前志作漯陰應
劭曰漯水出東武陽東北入海師古曰漯它合反
說文濕水出東郡東武陽入海从水㬎聲桒欽云
出平原高唐徐鍇曰漢書濕水東北至千乘入海

縣午合反故从縣聲也濕俗作漯字此與燥溼之溼迥不相同韓勑修孔廟禮器碑有平原濕陰馬瑨元與韓勑後碑有平原濕陰王宣元威皆即其地也

成王

右二字為一行畫三人中一人沖幼端拱而坐左右二人夾輔拱向蓋周召二公也成王二字細隸書在中間一人之上而旁二人皆無題字不若武梁祠堂畫象逐一題之此當時題記者詳略有不同尔按周召分陝之事或曰成王時或曰武王時或曰文王時史記燕召公世家其在成王時召公為三公自陝以西召公主之自陝以東周公主之此成王之說也樂記武始而北出再成而滅商三成而南四成而南國是疆五成而分周公左召公右六成復綴以崇天子鄭氏曰五奏象周公召公分職而治也故此經曰總干而山立武王之事也發揚蹈厲太公之志也武亂皆坐周召之治也此武王之說也鄭氏毛詩譜文王受命作邑于豐乃分岐邦周召之地為周公旦召公奭之采地施先公之教於已所職之國正義曰文王既遷於豐而

岐邦地空故分賜二公以為采邑也言分采地當是中半不知孰為東西或以為東謂之周西謂之召事無所出未可明也知在居豐之後賜二公地者以泰誓之篇伐紂時事已言周公曰樂記說大武之樂象伐紂之事云五成而分陝周公左而召公右明知周召二公並在文王時已受采矣文王若未居豐則岐邦自為都邑不得分以賜人明知分賜二公在作豐之後且二南文王之詩而分繫二公若文王不賜采邑不使行化安得以詩繫之故知此時賜之采邑也此文王之說也方綱嘗綜合而攷之孔疏以為周東召西事無所出則別無可證之條也而周書君奭正義又曰成王即政之初召公為保周公為師輔相成王為左右大臣此條正與史記燕世家成王時分陝之說相合矣乃其為詩譜疏則引樂記之文曰五成而分陝樂記之文固未嘗有陝字弟云周公左召公右而已弟云周召之治而已蓋特舉以文止武言之而未嘗詳及於分陝之職至於書序乃曰召公為保周公為師相成王為左右馬融云分陝為二伯東為左西為右而孔疏又曰周官篇云立太師太傅太保

兩漢金石記　卷第十四

茲惟三公則此實太師太保而不言太者意在師
法保安王身言其實為左右尒不為舉其官名故
不言太也經傳皆言武王之時太公為太師此言
周公為師蓋太公薨命周公代之於時太傅蓋畢
公為之於此無事不須見也据此則周召之分左
右東西實在輔成王之年其樂記於武王樂言之
者乃統合前後以文止武之義而詩譜分采邑乃
其始事耳孔疏引樂記誤多陝字故辨之如此或
曰此据大戴記太公左召公右也此說亦通

大王車

右三隸字為一行晝一車駕四馬車有桯有蓋弓
衣達常之式備焉車中二人其一人執轡者在前
大王車三字在蓋之左邊

胡王

右二隸字為一行晝數人皆持弓矢張滿又有馳
馬控弦者又一人向胡王跪胡王坐而向之

相

右隸書一字為一行晝一人若拱揖狀前一人持
弓迎之又前有一人騎而來者
以上六段皆有隸題其前二段字勢泐甚後四段
皆瘦細與韓勑禮器碑字相近成王大王胡王數
字之尾向右出波掣長而帶雙鉤之勢禮器碑字
時有此筆後來唐褚河南雁塔聖教序大字末筆
仿此

朱長舒墓石室題字

朱長舒之墓

右五字隸書夭斜不工在晝象旁晝作數人有冠
冕者有持杯盂者其下方有字數行泐壞之極諦
審之亦似小隸書五行第一行似云漢朱長舒之
墓云云其下不可辨又一人旁有金吾二隸字

右二石室字皆黃小松於濟寧拓得寄來者云是
郭巨朱鮪二墓石刻按朱鮪墓見於水經注朱鮪
墓石壁刻人物見於夢溪筆談以其晝像驗之與
夢溪所說不甚合至於郭巨墓石室則說見於趙
明誠金石錄跋北齊隴東王感孝頌之文其文曰
隴東王者胡長仁也武平中為齊州刺史道經平
陰有古冢詢訪耆舊以為郭巨之墓遂命僚佐刻
此頌焉墓在平陰縣東北官道側小山頂上隧道
尚存惟塞其後而空其前與杜預所見邢山上鄭
大夫冢無異冢上有石室制作工巧其內鐫刻人

物車馬似是後漢時人所為余自青社如京師往還過之屢登其上按劉向孝子圖云郭巨河內溫人而酈道元注水經云平陰東北巫山之上有石室世謂之孝子堂亦不指言何人之冢不知長仁何所據遂以為巨墓乎今以畫象拓本合趙氏此跋驗之則畫象題字所謂來過此堂叩頭謝賢明者未識其果為郭巨墓否也碩亭林金石文字記未見隴東頌額遂据其文直題曰孝子郭巨墓碑則尤失於攷耳

寶應漢石刻畫象

江南寶應縣地名射陽者有古墓焉土人呼為戚齊墓蓋傳訛也墓有漢刻石二其一高五尺三寸濶二尺凡畫三層上層孔子見老子象孔子在中面左老子在左面右弟子在孔子後手執束幣八分書題三行曰孔子曰老子曰弟子中層模糊不可辨下層三人并食器烹魚者胹鼎者其一高與濶稍殺之亦三層上層大鳥中層獸首銜環下層一人執刀楯者禮明堂位疏曰舞者左執楯右執斧謂之武舞此蓋其遺意歟周禮夏官司兵掌五盾鄭注云五盾干櫓之屬其名未盡聞也詩秦風蒙伐有苑疏龍盾是畫龍於盾則知蒙伐是畫物於伐左傳蒙之以甲以為櫓櫓是大盾故伐為中干干伐皆盾之別名也蒙為雜色知苑是文貌今見此畫其亦干戈櫓盾之類歟大約此刻畫像與洪氏隸續所錄沈府君江原長諸刻相近

漢延光殘碑

額橫書當是五字弟一字不可辨弟二字左半是子字然未敢定是某字也弟三僅露下半似是福字弟四諸城志云是長字今諦審其左半尚有直畫亦皆未敢定也弟五字不可辨

文五行諸城志云行可二十字今未敢定

弟一行諸城志云可見者七字今諦審之起處尚似延光四年字中間有琅邪二字下云是吾字安都都字偏左甚小此一行今可見者七字

弟二行諸城志云可見者五字今諦審之上半有子字下云維見寘居廿年此一行可見者七字諸城志脫偏寘字

弟三行諸城志云可見者二字今諦審之此行首一字應從牛氏金石圖是都字下半云拜都官中黃凡可見者六字

第四行諸城志云可見者七字今詳審之上云子少
口長少中間有平字下半云萬業其功譽怛凡可見
者十一字
第五行依諸城志可見者十四字示好延光四年八
月廿一日庚戌造
右漢延光殘碑凡可見者四十五字其微辨而未
定者又六字諸城志云康熙六十年脩超然臺得
自土中移置縣治宅門外亦弗無珎也胥徒仆諸
地坐焉受笞者必踞是晞息碑畫滿非大雨不露
字形乾隆十二年壽光知縣宮懋讓勘灾至縣辨

爲漢隸椎拓以去越二十七年宮君來知諸城乃
嵌於内堂之東垣搆小亭護之而碑顯矣碑高三
尺廣尺四寸字徑二寸其上半多泐不可辨其下
半可辨者約略如右碑有界局文有直無横其字
或長或短填其格無餘地其上横三字則篆體矣
蓋額也揣其文義似吏民頌長官之辭而不辨何
者爲姓名可惜也方綱按其上有横畫一綫此上
是五字非三字也又按是碑與近日元氏出土之
三公山碑字勢相似蓋在篆初變隸之時是爲兼
篆法之古隸碑額亦同諸城志獨以篆目其額尚
未盡也又按漢安帝延光四年乙丑以安帝本紀
是年三月戊午朔驗之通鑑目録所載二月戊子
朔六月丙戌朔九月乙卯朔皆合則八月廿一日
必非庚戌矣然延光字與庚戌字皆極分明月日
亦皆無誤則又何也存以闕疑可矣延字與予所
得延年益壽漢瓦篆法相埒
元氏三公山碑近日出土視此尚未極泐壞是以
尚可按次圖之是碑則不可圖矣牛氏金石圖雖
摹入然訛誤甚多又無附説

漢安仙集字

漢安元丰兕月
十八日會仙友
右十二字隸書作二行
東漢仙集
留題洞天
右八字楷書分前後二行
漢安元年四月十八日會仙友兩行十二字隸帶
篆勢其旁正書東漢仙集留題洞天八字孫退谷
庚子銷夏記云余於故侯吳國華家得此書法妙
甚其事雖未可信然非漢人手筆不能也未審石

在何所亦未見它書載其事存之以志異聞而已

方綱按此刻惟見於關中來濬金石備考云在四川簡州逍遥山石窟而王象之輿地碑目於蜀碑㝡詳亦未之及也漢安爲順帝改元壬午之歲所謂仙友者特道家之詞姑取以備漢隸一種尓

蜀楊公闕

蜀故侍中
楊公之闕

右楊公闕隸書八字分二行牛氏金石圖云在梓潼縣北一里許大道旁東數十步西向高一丈六

尺濶四尺五寸厚三尺字逕三寸五分近人亦頗有疑此刻非真者然方綱兩見拓本蜀字楊字頂皆微泐中字闕字之頂亦有横泐文與牛氏所摹正同牛氏圖闕上作四層疊石之狀其下左右各一方此文在其右方而左方則空無字恐未必是僞造其疑之者過也

牛氏所摹又有尹公闕今未見其拓本而近日所見相傳爲漢碑額者漢車（下闕不可知）尉陳（下闕不可知此二行當是額之上半）大司農耿公碑（六字分二行其頂皆微闕）廣平侯吳公闕（六字分三行）卜君之頌（四字分二行）中年（下闕不可知）魯君之（下闕此二行亦是額之上半）魏公闕（横書三字）凡此數額亦皆不見於著録或云竟是近人所僞造也附記於此

漢王君碑

漢故王君之碑
府君諱（此下闕幾字不可知）皿周文之緒也天清咊其（闕不可知）
郡太守王陽令知政之風洵（闕不可知）之德美中平二秊
（闕不可知）作文銘勒碑以伷由不（以下闕不可知其中十間据禮冊録之亦尚多闕處未可知也）

丁酉秋錢塘黃秋盦持來漢王君碑禮冊四十八字皆陰文首云漢故王君之碑以下難辨者二字

每字有界局紋約二寸七八分許而首六字無之且加大蓋額也通體皆篆惟秊字近隸後有潘跋云有訪碑入蜀者搨得東漢篆碑還學窠大字存僅四十餘王君諱巳闕治行爵里皆無可考金石所以永傳乃歲久仍未可恃爲足慨巳其書狀如螺扁有先秦自然之妙漢碑中篆刻不多見也壬子歲小春陋夫

按潘跋言是碑在蜀王象之輿地碑目於蜀中石刻㝡詳而無此碑然其字特古質非近人所能僞作也聞有疑其僞者故辨之它日遇蜀人留心古

刻者仍當細訪尔又聞汪秀才中言是碑中語是
竊販隸釋之語又其中平二年云云亦從
隸釋出云愚因此說曾將隸釋通部撿查一過未
之有也隸釋内中平二年之碑惟劉寛譙敏都鄉
正衛彈碑耳亦皆與是碑不相涉也且使欲假漢
碑豈不能撰數句而必隸釋之是攘然此說必不
可信者也至于近所傳李君碑則誠可疑矣并附
于後

漢故李君之碑 六篆字陰文二行有界格其下有穿穿下文凡六行可見者行十二字亦皆篆書額之界格有直有横文之界格則有直無横耳

君諱昭字伯朙其先富波君之 以下闕不可知
忠孝立仁行道實體彌隆也
帝目掾史名見嘉其忠孝品
拜郎中遷雒陽長史換犍爲
元初五秊三月三日卒勒
懿鑠其德于我李君其德

此刻篆書板實而無神采故不當與王君碑並論
也或云有知其僞造者今姑附于此

漢隸殘字

孛黄与自然之性損沖盈下 目舉孖憂委之羣公爭
德遂隱身甚 踐迹遑時絶俗榮禄不能蘯其志王有
脩代寬親在堂遂脩孖性過六性君有過人者孖處
貴能賤乚德也貞固也避言隱燿澹泊也有行之彰
司徒建續協邑漢皇爰在滋如穀之豐徵君損益抱
盈目確乎不牧如龍之紓匪石之介如一休齊光日
月厥德聿昭

秋盦持來漢隸殘碑自然之性云云存者百十七
字又其略可辨者五不可辨者三翼日孔蕺谷又
以一本來眎則重摹氈刻也已少數十字矣過六
情下氈刻僞本有一字

是刻從來不見於著録惟近日虞山葉氏續金石
録所載與此同過六情下有也字後云右漢隸殘
碑不知其人從某家㯉册録之自然之性上作夏
黄字方綱按黄字是矣而其上一字則非夏字也

兩漢金石記卷第十五

日講起居注官　文淵閣直閣事詹事府詹事兼翰林院侍讀學士大興翁方綱

武梁祠堂畫象

揚州汪氏所藏舊搨本凡一册為幅一十有四

第一幅

上有山闕之形中二人冠制徵異而皆蛇身下半相交衣制亦同右一人手持曲尺曲尺中央又有小横尺蓋象畫卦也二人之中間有一狀如小兒者兩足捲起石本有泐勢故摹搨不甚可辨泰定隸續本則宛若小兒狀

洪氏隸釋云自伏戲至夏桀是一段蓋此是石之上一横列也

左邊隸書一行云伏戲倉精初造王業畫卦結繩以理海内

右十六字洪氏隸釋同隸續止標伏戲二字者省文耳非此一行外復有標題也

搨本此幅前題云王業洪氏隸釋史氏學齋佔畢皆作王業愚意王業非太古語當從之此跋不著名氏方綱按王即工字即石鼓攻字亦如此也其非王字明甚

方綱按尚書益稷予欲觀古人之象正義曰謂欲申明古人法象之衣服垂示在下使觀之也易繫辭云黄帝堯舜垂衣裳而天下治象物制服蓋因黄帝以還未知何代而具采章舜言巳欲觀古知在舜之前耳周易繫辭傳黄帝堯舜垂衣裳而天下治正義曰垂衣裳者以前衣皮其制短小今衣絲麻布帛所作衣裳其制長大故云垂衣裳也今觀武梁祠畫自黄帝巳前伏戲祝誦神農三象衣皆短小足徵二經之義符矣

又按此畫伏戲手持曲尺蓋以矩象畫卦也故於初造王業首以畫卦言之吳郡張舍人塤曰曲尺

矩也所謂圓出於方方出於矩矩出於九九八十一也曲尺中間小尺弦也所謂結一角也方圓皆有弦邪徑相通之率也圓為句方為股矩廣長也然方徑一而匝四以曲尺之形而重之其象為□所謂股脩四也又所謂合矩以為方也小尺邪徑為弦其象為𠄎因而圍之徑一而周三所謂句廣三也又所謂環矩以為圓也参天兩地而倚數參天句也兩地股也句股正歷舍矩不觚從事也

第二幅

畫一人冠前後鋭若髟纓狀兩手若有所搏擊者
左隸一行云祝誦氏無所造為未有耆欲刑罰未施
搨本題云祝誦史氏疑俎誦婁氏漢隸字原又詮
誦為融洪氏云吕祝誦為祝融而介於羲農之間
乃從白帋通之説未有耆欲史婁洪皆以末作未
而洪氏又以耆為耆復云耆即耆字今諦觀此本
原不作者當從婁氏所釋又題云耆即嗜字禮記
耆欲將至漢書爪牙不足以供耆欲皆去口從耆
此其證也洪氏謂者即耆字殊譌
方綱按耆即嗜字此何待辨且洪氏所錄乃作者

並不作耆諸君未見隸釋善本耳又婁氏字原耆
字下云武梁祠堂畫象未有耆欲與上同按所謂
與上同者言與所引前條老子銘絕耆去欲耆欲
二字之義同耳非謂二碑字勢同也又按未有耆
欲今見摹本實是末字
俎誦乃黃帝史當在人臣之列不應與羲農並通
鑑前編云祝融氏又曰祝誦氏是時天下治和萬
物咸若祝融聽弇州之鳴鳥以為樂歌譜神明而
和人聲以火施化亦號赤帝此數語亦正與末有
耆欲刑罰未施之言相合小司馬補三皇本紀云

當女媧末年諸侯有共工氏任智刑以强霸而不
王以水乘木乃與祝融戰不勝而怒乃頭觸不周
山崩天柱折地維缺女媧乃鍊五色石以補天云
云注三皇紀者不同譙周以燧人為皇宋均以祝
融為皇而鄭依春秋緯以女媧為皇承伏羲皇甫
謐亦同此在伏戲之後神農之前正相合矣其云
刑罰未施者正對共工任刑言之而手作搏擊狀
蓋亦取征伐共工事也頤氏隸辨誦字收入一東
韻融字下

弟三幅

畫一人冠亦前後鋭若髟纓狀兩手右提左抑耒
耜以教耕
左隸一行云神農氏因宜教田辟土種穀以振萬民
搨本題云周禮振窮月令振乏絕漢書議振貸皆
與振萬民義同後世易以賑字非古也又題云吳
曾傍錄賑濟當用振字說文謂舉也救也以饑饉
窮尼舉救之使存立耳左氏振廩同食即此義又
蘆浦筆記載周易振民育德注振濟也
方綱按說文耒手耕曲木也从木推丰古者垂作
耒耜以振民也据此一條以證振字足矣不必它

引也易繫辭傳神農氏作斲木為耜揉木為耒耒耨之利以教天下考工記匠人為溝洫耜廣五寸二耜為耦注古者耜一金兩人併發之疏耜謂耒頭金金廣五寸云二耜為耦者二人各執一耜此兩人耕為耦也鄭云古者耜一金者對後代耜岐頭二金者云今之耜岐頭者至後漢用牛耕種故有岐頭兩脚耜今猶然也但以牛種用二耜則畎下布種與古異也据此則圖中田器端分兩股者似失古制然說文茉兩刃臿也从木丫象形宋魏曰茉也互瓜切相臿也詳里切或作梩臣鉉等曰

今俗作耜又枱耒耑也弋之切又或作鈶据此茉相梩枱鈶皆一物也故方言曰臿燕之東北朝鮮冽水之間謂之斛宋魏之間謂之鏵（戴震疏證云即說文茉字）或謂之鍏江淮南楚之間謂之臿沅湘之間謂之畚趙魏之間謂之喿東齊謂之梩（戴震云即相字）證此二文初未嘗必以一金為古制而說文所解小篆非興於漢其以茉从木丫象形丫乃分別之勢則耒端之兩分蓋非起於後世矣正可援說文此條以詁易繫辭斲木之義者也

第四幅

畫一人冕服衣裳兩手上下若指畫狀

左隸一行云黃帝多所改作造兵井田制衣裳立宮宅

搨本題云史氏所釋脫作字又脫井田字制衣裳立宮宅僅存裳宅二字洪氏造兵下脫井田制衣四字而注云闕三字則此本當在史洪之前較完好也

方綱按通鑑帝用甲兵制陳法以師兵為營衛於是畫野分州得百里之國萬區遂經土設井立步制畝使八家為井井開四道而分八宅井一為隣隣三為朋朋三為里里五為邑邑十為都都十為

師師十為州分之於井而計於州則地著而數詳即其事也

第五幅

畫一人冕服衣裳作向右拱揖狀

左隸一行云帝顓頊高陽者黃帝之孫而昌意之子

搨本題云洪本云昌下闕二字史亦闕

方綱按此搨本昌下亦闕二字

第六幅

畫一人冕服衣裳作拱揖狀

左隸一行云帝俈高辛者黄帝之曾孫也
搨本題云史氏云帝嚳作帝俈殊可以證古辨今
然此本俈字從吉蓋古省也
頤南原云管子侈靡篇俈堯之時注俈帝俈也史
記三代世表亦作帝俈
弟七幅
畫一人冕服衣裳兩手若指畫狀
左隸一行云帝堯放勳其仁如天其知如神就之如
日望之如雲
方綱按頤南原云勲諸碑以勲省為重此復變重
為童今所行重刋字原摹本失之
弟八幅
畫一人冕服衣裳面側向右兩手作經營指畫狀
左隸一行云帝舜名重華耕於歷山外養三年
搨本題云重華下史洪本俱闕
弟九幅
畫一人冠上銳下卑手執器如臿而短柄
左隸一行云夏禹長於地理脈泉知陰隨時設防退
為肉刑
搨本題云脉字知字時設防三字史洪本俱闕而

隨下洪但云闕二字者誤也史又多闕肉字此本
舊釋訛隨為道防為陽又因史洪本訛遏為退方綱
今得拓本實是退字非遏字洪不誤也
方綱按竹垞後跋据此圖冠頂銳而下卑謂即禮
所云毋追者其說良是禮曰委貌周道也章甫殷
道也毋追夏后氏之道也鄭注毋發聲也追猶堆
也夏后氏質以其形名之白虎通夏十三月為正
其飾最大故曰毋追毋追言其追大也漢輿服志
委貌冠皮弁冠同制長七寸高四寸制如覆杯前
高廣後卑銳所謂夏之毋追商之章甫者也陳祥
道禮書曰考白虎通所言則三冠之制異輿服志
所言則三冠之制同禮文殘闕其制度名義莫究
其詳禮圖謂毋追有覆杯之狀於義或然鄭司農
釋周禮言夏后氏之牟追蓋古者牟母通用也內
則有敦以牟卮匜而牟乃食器則覆杯之說蓋有
所傳也愚按聶崇義三禮圖亦有古法難識依文
觀象之語而以毋追有覆杯之狀則諸家同之然
既曰毋發聲也則即使通牟亦當為發聲之詞乃
又曰牟乃食器以曲合覆杯之說何其矛盾耶且
聶氏既從三代冠制相同之說矣而所圖委貌毋

追章甫則又不同是其未有確證不俟辨而明矣
又按是圖冠制頂銳下畢其間文縷數重如其銳
卑之勢蓋追本自字小自也象形故當肖危銳之
制也其繪於此者蓋以見夏后氏冠制而其形概
亦必有所承也至於手操掘地之器亦舉其譔績
之最大者著之非謂當時乘四載之日必冠此弁
追也若士冠禮之文所謂夏后氏之道者此與周
道殷道同義猶言周制殷制夏后氏之制耳鄭注
涊於道字乃曰常所服以行道之冠也豈不迂哉
掘地之器今莫舐名之淮南子曰禹身執虆垂以
為民先高誘注虆音雷而不著其為何器孫奭孟
子音義虆力追切趙注虆梩籠臿之屬然音義既
以虆為土籠臿為鍬矣而疏又云歸取虆梩籠臿
則仍似統舉而未極分明也今此圖之器耑有兩
岐柄約居耑之二當存之以俟注淮南者博考焉
弟十幅
畫一人手執戈戟之屬坐於二人肩背之上
自黃帝至堯舜皆服冕惟大禹冠異至此夏桀則
冠與後數幅常人之冠無異
坐下二人面各前後向其冠若分三髻者

左隸一行只夏桀二字
搨本題云夏桀史本少此二字
又題云洪氏隸釋云自伏戲至夏桀是一段愚又
考隸續碑圖此一段與後曾子至丁蘭同為一碑
而帝王列之上截故搨本在上者獨有碑額形象
可據
方綱按此所謂碑額者指其每幅之上皆有山闕
之形自伏戲至此十幅所同也非別有碑額尔
弟十一幅
畫二人右為曾子母坐紡車架上踏車轉簨左手挽
車柱右手指曾子作教訓之狀左為曾子拱手跽而
受教
左上隸書六行行四字云曾子質孝㠯通神明貫感
神祇著灵来方後世凱式□□　無綱此條以今所得拓本審定改正如此
搨本題云此貫凡六行行四字為句洪本首行止
闕質字而注云闕二字三行闕神字與史本皆同
惟四行舊釋有靈乘乃而史洪皆作著乎朱方方
與明綱為韻但無可疑上三字竹翁云驗之當是
口千乘然尚未詳其義五行凱式洪云即楷式六

行舊釋全闕史僅存綱字洪存無綱二字愚驗無
字稍偏恐當是橅字橅之為模亦猶凱之為楷也今以方綱所得拓本驗之無字在偏右其左半實似木旁
又題云慎行按弟四行弟三字似是來字隸釋綠
續恐俱訛也
弟十二幅
畫三人一馬一車車有桯有蓋蓋有弓車前坐一童
子閔子後母弟也車後坐一人為閔子父左手扶桯
右手下撫閔子而與之言其一人跽於車後者閔子
也

吴郡張舍人塤曰輈應在車下二馬駕之輈在二
馬閒也今畫輈在一馬旁非也方綱按陳祥道禮
書曰先儒謂天子駕六諸侯與卿駕四大夫駕三
士駕二庶人駕一庾蔚曰漢世駕一馬而坐乘此
圖在漢時未必盡與周制合也若蓋桯達常之式
則已略具矣
方綱又按洪氏隸續所摹武梁祠碑諸圖雖新舊
本互有殘泐然今以其可見者諦審之如管仲至
秦王之下一段凡二事隸釋隸續皆失其題皆以一馬駕車
豫讓一段內趙襄子車亦以一馬駕又處士縣功
曺一段車馬蓋一如閔子之式又梁高行奉金者
使者之後其車亦有蓋而是二馬又衛將軍一段
駕車亦二馬又范雎秦王一段之下一段失題駕車
亦以一馬合之閔子一段有車馬者凡八事而一
馬者六事兩馬者二事若果依大夫士庶馬制不
同之語則何以趙襄子縣功曹皆一馬乎若果準
以漢時有一馬之制則何以衛將軍二馬乎同出
一碑畫者不應隨意增減是必有故焉所當闕疑
而不可臆斷者也
右上隸書二行云子騫後母弟子騫父

左上隸書二行云閔子騫與假母居愛有偏移子騫
衣寒御車失棰
摹本題云閔子騫下洪本注闕一字依舊釋實闕
與後二字史本亦闕然驗之後字似假字豈古有
是稱亦如秦紀假父之例耶而前題又作後母此
不可解愛字史洪本皆作喪非是有偏二字史洪
皆闕而洪本僅注闕一字史本闕子騫衣三字洪
本僅闕衣字御字下史本盡闕洪本僅存一失字
今全文可讀迺是御車失棰棰與鞭同而舊釋脫
末二字又譌車為事蓋此賛釋文諸家脫誤尤多

耳又題云世修按古後母亦稱假母漢書衡山王
傳注假母繼母也其證甚明

弟十三幅

畫四人萊子父母坐於左父又在母之左上有幃幔
之狀其右舉手向左而舞者萊子也跪其後者萊子
妻也

右上隸六行云老萊子楚人也事親至孝衣服斑連
嬰兒之態令親有驩君子嘉之孝莫大焉

左下板篆隸六字云萊子母萊子父

此六字自右而左母右父左今揚州刻本隸續摹

誤

摹本題云洪云斑連即斑斕又題云漢縣三老碑
五色斑爛作斑連錢唐金司農謹攷

又題云朱子云古人只是跪坐又云古人席地亦
只是盤坐爾雅妥安坐也蓋以兩膝著地以尻着
踵而稍安者為坐伸腰及股而勢危者為跪觀此
圖猶見古者安坐之禮慎行識

顧氏隸辨云淮南子至于連石是謂下春高誘注
連音爛江鄰幾雜志同州民謂連雨為爛雨毛晃
增韻云楚詞青黃雜揉文章爛兮韓詩華燭光爛
爛竝讀平音以連為爛即以爛為斕也又按說文
瀾或從連作漣瀾從闌得聲連與闌古本同音故
或從之徐鉉注曰今俗漣音力延切則不知連有
闌音矣此碑以連為斕或同音而借耳

弟十四幅

畫木像於左下有座一人跪於右者丁蘭也又一人
跪於丁蘭之後而在其幅之上又橫出於旁者凡三
物一在左一在右上一在右下皆若鳥喙首狀

按隸題云刻木為父則所刻僅止一像非二親之
像也且其右上一人衣冠皆具而無座則不似刻
木像矣若云是丁蘭妻則其冠乃男子之服又非
可以母妻為疑者此一人不可臆定

左上篆書四行云丁闌二親終歿立木為父鄰人假
物報乃借與

搨本題云歿吏洪本皆譌作後

吳郡張舍人塤曰丁蘭河内人流寓平陵在今興
平有子孝邨孫盛逸人傳刻木為人仿彿親形隣
人張叔妻從蘭妻有所借蘭妻跪報木人木人不
悅不以借之今漢碑有報字本此隸釋誤作䣊

此圖搨本後跋録於此

右漢從事武梁祠堂畫象傳是唐人拓本舊藏武進唐氏前有提督江河淮海兵馬章後有襄文公順之暨其子鶴徵私印漢自趙岐營壽藏圖及平仲羊舌祁譽東里子産延州來季子四象紀諸史冊外如朱浮魯恭李剛魯峻董蒲范皮諸祠墓畫象刻石者匪一惟梁祠人物最多洪适隷續具摹其形古帝王忠臣義士孝子賢媍凡一百六十有二人是冊存者僅帝王十人孝子四人而已由黄帝至舜圖皆服冕禹手操掘地之器冠頂鋭而下畢殆禮所云毋追者是覩此可悟聶崇義三禮圖之非桀以人為車故象坐二人肩背隷續所摹失其真矣每幅上下四旁有小字分書題識姓名或間作韻語趙明誠稱其字畫遒勁史繩祖謂其筆法精穩可為楷式觀者但見墨光可鑑元氣渾淪驗為唐本不虚也康熙乙酉竹垞朱彝尊過衎齋書屋重觀因跋其尾時年七十有七按此拓本止十四幅者以曾子至丁蘭四事一段正在伏戲至夏桀十事一段之下截也其上一截之十幅則皆隷書於其後一行而其下一截之四幅則皆隷書於其左右者因石之寬狹為異耳

乙酉九月過衎齋重觀讀竹垞先生跋尾乃取洪氏隷釋隷續史氏學齋佔畢婁氏漢隷字原細為辨証歎此揭直在數家所藏之前碑刻圖畫之古無踰於此矣

畫家著錄多始魏晉人不知東漢石闕圖寫人物已多第存者寫尔武梁一碑乃唐人拓本洵不易得圖中機有絞車有蓋庭有幃略見古人制器尚象曾子母菜子妻履約皆鋭頭當知漢日女子已非赤脚亦可資考古之一端也康熙丙戌人日雪阻葫蘆山房復同竹垞把翫書此查浦

是冊仲安於康熙癸未購得年來每過山居輒與同觀者跋其尾今歲戊子查浦復假還相與再過衎齋繙閱舊蹟故人墓有宿艸查田遠在都亭人生聚散何常自頤年巳八十後期莫定書此憮然

彝尊

武梁祠堂畫象漢鐫唐拓有宋洪景伯收入隷續中當時已歎為難得況又隔五百餘歲乎漢人碑碣石闕刻山林人物畫繪之事莫古于此王厚伯云顧愷之陸探微輩尚有其遺法至吳道子始用巧思而古意遂減今此本尚在人間豈非天下奇寶仲安既獲鐘鼎款識矣復購此以成齋中二妙倶竹垞老人為之作緣者老人每過其齋必反復

展玩題識如子昂之跋蘭亭累牘不休皆藝苑中
嘉話也龔翔麟識

癸巳春暮寒中携此本展玩數過元氣渾淪覺後此筆墨皆落工巧竟失古法矣諸公題識精當無從贅一語惟以衰年得見名蹟為快謹記歲時以志欣幸之意立夏前三日蘿軒翁萬年識於瑪瑙山莊

竹垞先生每過衎齋余兄弟家居必陪杖屨戊子先生弃至則余復赴燕及余長告南歸先生下世已五年矣衎齋重出此册讀先生題識數語遂成讖兆老眼模糊不覺流淚承睫也癸巳重陽後十日初白庵髮衲慎行

方綱於丁酉秋聞錢唐黃小松易說揚州汪君雪礓家藏是册至己亥冬謀諸羅兩峰聘江秋史德量欲借觀而不獲至癸卯春小松借吳門陸氏摹本寄予予因手摹一本并詳記其畫象後二年甲辰春又得汪君雪礓所寄摹本又小松復摹其隸書來屬予對證爰合三本參互考訂著其大略如此

方綱今所得原石拓本凡五紙為幅四十有四

第一幅

伏戲倉精初造王業畫卦結繩以理海内 小隸書作一行直下

第二幅 後數條皆同此

祝誦氏無所造為未有者欲刑罰未施

第三幅

神農氏因宜教田辟土種穀以振萬民

第四幅

黃帝多所改作造兵井田𠂆衣裳立宫宅

按隸釋造兵下云闕三字今以石本驗之此三字上二字是井田下一字微露其半當是制字蓋洪氏所得本偶闕失此三字耳非尔時石泐如此也

第五幅

帝顓頊高陽者黃帝之孫而昌□之子

隸釋云昌下二字闕今驗石本其下一字是之字尚露其半惟昌下一字闕耳顓字洪氏婁氏皆摹誤

第六幅

帝俈高辛者黃帝之曽孫也

第七幅

帝堯放勳其仁如天其知 如神就之如日望之如雲
第八幅
帝舜名重華耕於歷山外養三年
隸釋止有帝舜名重華五字蓋洪氏所得拓本偶
有闕失非原石之泐此亦其一證矣
第九幅
夏禹長於地理脉泉知陰隨時設防退為肉刑
隸釋此條内凡闕五字蓋皆洪氏本所偶失非原
石有泐也退字洪氏不誤
第十幅

夏桀
已上為第一紙之上一列
第十一幅　凡二榜
曾子質孝目通神明貫感神祇著灵來方後世凱式
□□ 無綱
此一榜在畫象之上方六行行四字内闕二字綱
上一字其無字偏處於右其左半隱隱有畫痕略
似木旁當是橅字也餘已具於前跋内矣著靈來
方此句今得見原石本始獲成文義來方者即將
來之義猶言方來又言方將也○此條内洪所闕
而今補者二字洪誤而今正者三字
讒言三至慈母投杼
此一榜在象之下方横書洪氏所遺今見原石本
乃得之
第十二幅　凡二榜
閔子騫與假母居愛有偏移子騫衣寒御車失秧
此榜在左凡二行徧即偏字也餘具前跋○此條
内補洪七字正一字
子騫後母弟子騫父
此在右凡二行

第十三幅　凡三榜
老萊子楚人也事親至孝衣服斑連嬰兒之態令親
有驩君子嘉之孝莫大焉
此一榜在上凡六行行五字詳具前跋
萊子父
此一榜横書在下之左
萊子母
此一榜横書在下之右
第十四幅
丁蘭二親終歿立木為父鄰人假物報乃借與

四行報字微泐

巳上爲弟一紙之中一列

弟十五幅　凡四榜曺子刦桓作二人相持狀

管仲

齊桓公

曺子刦桓

魯莊公

弟十六幅　凡二榜專諸作手持刀狀

二侍郎專諸炙魚刺殺吴王

此一榜分三行〇此條内補洪氏一字又洪氏云

侍郎下闕一字今驗原石實不闕也

吴王

此一榜下有一小隸書荊字其畫極細蓋當時刻

手將下一條荊字誤刻於此

弟十七幅　凡四榜中間畫一柱下有開篋樊於期

頭也秦武陽伏其傍荊軻作散髮狂奔之狀荊軻

之後復有一人

荊軻

秦武陽

此一榜三字分二行

秦王（王即王字）

樊於其頭（其即期字巳見隸釋）

巳上爲弟一紙之下一列洪氏云自管仲至秦王

是一段而不言其爲某處之下一段信洪氏是据

裝冊之本而未見初拓之全石本也

弟十八幅　凡二榜畫要離伏而慶忌按其首前後

二人皆持兵

王慶忌

此一榜三字在上横書

要離

此二榜洪氏所云闕二人名者也今此條補洪所

未見者凡五字

弟十九幅　畫一人持兵一馬驚逸餘泐不可辨一

榜八字作一行

豫讓敎身以報知巳

巳上爲弟二紙之上列其下列無題字者不具録

後仿此

弟廿幅　畫一人手持物右向其柱間一榜

使者

此一榜之前洪云闕一人名今驗石本此間本無

題字非石泐也
弟廿一幅　凡五橛其末一榜蒖語也畫姑姊在柱
問作手援之狀其後一人又手援之餘皆泐
長婦兒
梁節姑姊
採者
姑姊兒
此一橛三字橫書於上
姑姊其室失火取兄子往輒得其子赴火如亡示其
誠也

此一橛分二行
弟廿二幅　凡五橛畫一人騎馬者追吏也後母子
跪於馬下下有死人前母子齊繼母又在其後
追吏
後母子
前母子
齊繼母
死人
洪氏云後母子之前闕二人名今驗石本是追吏
二字非二人名也齊繼母之下洪氏亦闕今驗有

死人二字此幅補洪氏所未見者二橛凡四字
弟廿三幅　凡二榜畫二人一人偃㞙於牀其攻者
前赴之
京師節女
怨家攻者
已上爲弟三紙之弟一列
弟廿四幅
三州孝□ 孝下闕
此一橛洪氏所闕今驗石本補此三字
弟廿五幅　凡二橛

義漿羊公 此人之前畫一甖有勺盖盛漿者
亡漿者
弟廿六幅　凡二橛此處凡畫三人一立者二跪者
湯父
魏湯
洪云魏湯下闕一字今驗石本無闕
弟廿七幅　凡二橛畫三人
孝□ 闕一字洪氏同
趙□䐗
洪云葜□者按此條即趙□䐗之訛也者字偏處

於右其左僅露二亘畫莫審是何字也此條凡改
正洪氏二字
弟廿八幅　凡三榜畫三人
孝孫父
三字横書於上
孝孫
孝孫祖父
洪氏云孝孫口父中闕一字今驗是祖字不闕也
又洪氏脱去前一條孝孫父横書三字今此幅共
補洪所未見四字

巳上爲弟三紙之弟二列
弟廿九幅　畫一人乘車車有蓋車中復有一人凡
一榜
趙产 下半字微露不可辨
此條洪氏所闕今驗石本補洪所未見者一字
弟三十幅　凡二榜畫韓王坐而左向其二人持兵
向之
韓王
聶政
弟卅一幅　凡二榜畫二人女右向王手援之
齊王
無鹽媿女鍾離春 媿即醜字已見隸釋雖側从禹則東漢已然矣
巳上爲弟三紙之弟三列
弟卅二幅　凡二榜畫二人一車一馬二獸餘仍不
可辨
處士 𡉟即士字
縣功曹
巳上爲弟三紙之弟四列
弟卅三幅　凡三榜畫四人上有帷幔
梁高行

奉金者
使者
弟卅四幅　一榜二人前有車馬而無榜識不可辨
記
秋胡妻
魯秋胡
此合一榜分二行
洪氏作胡妻秋胡止四字今驗石本補二字
弟卅五幅　凡二榜此處畫人之數多仍不可計
口兄子

義姑姊
此二榜相近皆在像之上方洪氏但有義姑姊三字而無前一榜隸續所圖則但有姑姊二字又并義字失之今驗石本補前一榜中闕一字仍存二字
姑女兒
此一榜在像之下方横書中間一字泐半
已上爲弟四紙之弟一列
弟卅六幅　此間畫二人凡二榜
口上闕幾行幾字不可計木榆亻親丰老氣力稍衰笞之口㞓

心懷楚
此一榜是榆母一幅賛語二行洪氏全失之今補凡十五字說苑韓伯瑜有過母笞之泣曰他日得罪笞嘗痛今母之力不能使痛是以泣錢塘何夢華元錫曰此以柏榆爲伯瑜也親上疑是傷字
榆母
弟卅七幅　此間畫二人一人跪而進食一手持筯
凡二榜
渠父
邢渠哺父

弟卅八幅　凡二榜畫永父持杖後有車董永立其前
永父
董永千乘人也
弟卅九幅　凡五榜可辨者五人
章孝母
朱明
朱明弟
朱明妻
朱明口
此一榜三字横書於像之下
末一朱明口洪所失也此條補洪二字
孤此處僅存此一孤字微露可辨即洪氏所録李氏遺孤也畫與榜皆不可計矣

已上爲弟四紙之弟二列
弟四十幅　凡二榜三人
一目如趙臣也秦辟於秦此一榜首二字半泐
秦王
弟四十一幅　凡二榜三人
范且
魏須畄此條末一字泐下半

貙須賈一椖洪所闕今補三字

巳上為弟四紙之弟三列（此幅內畫車馬人物尚多今不悉記）

弟四十二幅　畫人馬之數不可計凡一椖

齊將軍（此一椖末一字泐下半）

按其位置并畫象此即洪氏所云衛將軍也不知何以誤齊為衛此條改正此一字

弟四十三幅　一椖一柱三人

楚昭貞姜（四字分二行）

此一條洪氏所無今据石本補此四字

巳上為弟五紙之上一列

弟四十四幅　一榜畫泐不可辨

此間洪氏所載忠孝李善休屠像三椖今泐失

騎都尉

巳上為弟五紙之下一削

此五紙改正洪釋九字補七十三字（洪有而今泐者十二字）

仁和何夢華（元錫）曰趙氏一幅與豫讓殺身接連蓋予所得拓本是巳翦分二大紙者耳附記

乾隆丙午秋錢唐黃秋盦既扶升鄭季宣碑得拓其全石為二三百年來一大快事矣巳而秋盦又於濟寧得漢建和元年二月敦煌長史武斑碑又得建和元年三月武氏石闕銘巳而拓工又訪得武氏石闕畫象題字甚多急拓致之則武梁祠堂畫像洪氏所載於隸釋隸續者一旦具得之且補出洪氏所未見者數十字於是予與秋盦二人十年以來心營目想之狀皆豁然得識其真豈非文字精靈感會而致此歟今秋一月間而得世所未覩之漢刻四種何幸如之即今揚州汪氏所藏本諸前輩歎詫為希有者不足為絕異而洪氏所見方務德重刻本又不必言矣方綱於九月初得秋盦所拓寄弟一紙視汪氏藏本已有多出者其時

方拜視學江西之　命計日治裝未獲手繹今至江西復得秋盦續寄後數紙茲以課藝稍暇始按洪婁氏之書一一研究具列如右丁未春正月廿六日南昌使院識

趙氏金石錄云漢武氏石室畫像五卷武氏有數墓皆在今濟州任城縣墓前有石室四壁刻古聖賢畫像小字八分書題記姓名往往為贊於其上文詞古雅字畫遒勁可喜据此則趙氏當日巳分為五卷（洪氏云為石六其五分為二也）蓋趙所得者是全拓之五紙也愚今以五紙分列著之雖未必即為趙氏卷

次之舊然大約亦不相遠矣
是碑分隸爲漢代刻字之極小者每有一榜分二行三行以外則必以直線界之此亦碑式之宜著者也

孔子見老子像　凡四榜其前一榜泐不可辨然似本無字者後三榜字存

老子

孔子也

孔子車

此文及畫像人物車馬之數皆具於隸續惟以爲

人物七者則尚少二人盖洪氏僅言老子車後一人回首向外而不言其後復有人也今驗拓本則車後一人回首向外者其後復有二人拱而向內必有此向內之二人乃足明車後一人所以向外之故而洪氏所得拓本盖失拓此段二人耳

洪氏錄此於隸續弟十三卷與所載弟六卷武梁祠堂畫像並不相涉盖洪未知此碑在何處也今於武氏祠山諸刻畫象中得之黄君得此石時亦不知其爲何室之石然其字畫體式與前所畫古聖賢人諸刻無二故合此一時一地所得畫象爲列如左

黄易刻此石後云孔子見老子畫象載洪氏隸續乾隆丙午冬錢唐黄易得此石於嘉祥南三十里武宅山敬移濟寧州學鄭文宗李東琪監立

弟一幅

主簿車　弟一榜三字一馬駕車車有盖車上二人其前一人面向前其後一人面向後車後復有一人與車上後一人語其前二人騎而導者二馬之後有一飛鳥其前又二人騎而負物二馬之後又一鳥

令車　弟二榜二字一車一馬車有盖車上二人皆面向前其前一人手持物車前二人執物而趨其前二人騎而執物導者

門下功曹　弟三榜四字一車一馬車有盖車上二人前有飛鳥

門下游徼　弟四榜四字一馬駕車車有盖車上二人

門下賊曹　弟五榜四字一馬駕車車有盖車上二人其前二人騎而導者前又一人拱迎

凡此紙一列五榜十七字

弟二幅

此亭長　弟一榜三字

此閒畫一馬駕車車有蓋車上二人車後一人

主記車　弟二榜三字即題於此畫閒

主簿車　弟三榜三字一車有蓋車上二人前馬皆泐不可辨

此閒畫一人乘馬

此君車馬　弟四榜四字一車有蓋車上人與駕馬皆泐不辨

此騎吏　弟五榜三字二人騎而持物

調閒二人　弟六榜四字二人前趨持物

此一紙凡上下二列其上列平列廿一人凡四榜皆無字此其下一列六榜共廿字

按後漢書輿服志公卿以下至縣三百石長導從置門下五吏賊曹督盜賊功曹皆帶劍三車從導主簿主記兩車為從縣令以上加導斧車長安雒陽令及王國都縣加前後兵車亭長据此則主簿主記亭長以次及之則此幅畫象之文亦自後而前也

弟三幅

此齋桓公也　弟一榜五字齋即齊字可見漢時書手涉筆通用之誤如此後人乃於張遷諸碑斤斤致辨何也

此在上列之末上列凡可見者八人此一人作歎仆狀其前一人舉手擬之蓋亦曹子刼桓事也

君為都口時　弟二榜五字弟四字泐似是中字

此在下列之前畫象多泐略見者一馬駕車車有蓋車上一人手持物餘不可辨

五官掾車　弟三榜四字

此在下列之後一馬駕車車有蓋車上二人前一

人手持物後一人御者也車後又二人步隨之手皆持物

凡此一紙上下二列三榜十四字

弟四幅

子路　一榜二字

此紙上下凡二列上一列畫十九人此榜在弟十一人閒

四車　弟二榜只見車字其上一字只露下半

下列前畫一馬駕車車上二人車後一人

此前又畫二人乘馬其後又一人

此丞相車　第三楬四字　此處一馬駕車車有蓋
車上一人御者一人
門下功曹　第四楬四字　一馬駕車車有蓋車上
一人御者一人
此前又二人乘馬一厲馬前又一人
凡此一紙二列五楬可見十一字
弟五幅
荊軻　弟一楬二字
秦武陽　弟二楬三字
也　弟三楬上皆泐只見末一字

此是上一列三楬可見者六字此一列凡畫七人
一柱與隷續所載不同
中一列前後二車各駕一馬前車內一人車前一
厲一人乘馬後車內二人凡二楬無字
行亭車　弟四楬三字　前畫一馬駕車車上二人
車後一人其前又一馬駕大車車上一人一楬無
字此是下一列凡此一紙三列四楬可見九字
弟六幅
□將　此弟一楬可見者一字此間畫二人手持物
義婦　弟二楬二字畫一人右向跽

義婦親子　弟三榜四字畫一小兒
以下畫四人凡二楬無字
又一馬駕車車有蓋車上一人一楬無字
孝子刑渠　弟四楬四字畫一人跽於前其後一人
兩手拱而奉饌左向
刑渠　弟五楬可見二字此一榜在帟幕之下此間
人物皆泐不可辨
按此石畫象有孝子刑渠前所錄武梁祠堂畫像
有邢渠哺父其畫亦作進食狀即此一事也此作
刑蓋古隷以刑為邢耳後有老萊子荊軻之屬皆

同事別繪知非一室之石矣
又按前條所錄朱楡與此邢渠二事皆孝子也而
邢渠一事古今記孝行者獨不概見書闕有閒矣
賴此石像以傳其人所係豈淺鮮哉
宣蓋車　弟六楬可見三字畫一馬駕車車上一人
此一紙之上一列凡六楬可見者十六字
伯游也　弟一榜三字畫一人跽向左其後又有一
人
伯游母　弟二楬三字畫一人向右垂手狀後有一
鳥

此弟二列凡十三榜卌六字
此一紙之下尚有二列其弟三列凡可見者十三
人三車四榜皆無字其弟四列人與鴈皆無榜無
字
據此榜字文王在武王伯邑考之後則似其畫又
榜題皆是由後而前者蓋與前所錄武梁祠象伏
羲以下皆自前而後者不同矣此是別一室之刻
可知也
弟七幅
𠂣秦王　弟一榜三字一人坐而左向其前一人右

向手持兵欲椹之其後又一人持弓亦右向
此是上一層前又一榜無字其下二人一坐一持
物物上有鳥
侍郎　弟二榜二字畫二人相向
魯秋胡　弟三榜三字一人若卻避狀一人前擬之
其前後皆有人石泐不可辨
此一紙僅著上列三榜八字其下一列二車車皆
駕一馬有蓋又有騎而導者一榜無字此紙凡二
列
弟八幅

老萊子　弟三榜三字畫一人跽向左持杖前有盤
饌萊子舉手作奉進狀
萊子父母　弟四榜四字上幔下茵二人對坐
乳母　弟五榜二字
口子載　弟六榜可見二字
此二榜相連中有直界文此間畫二人向左前一
小兒立後一小兒起躍向前
康孫封　弟七榜三字畫一人
又寸要　弟八榜三字惟下一字全見其弟二字只
見其半是孫字也上一字僅露下脚不知是何字

也畫一人
此間又畫一人其榜泐
蔡孫度　弟九榜三字畫一人
此間又畫一人其榜滅
周公旦　弟十榜三字畫一人左拱而右向
口王發　弟十一榜見二字上一字微可辨畫一人
左向
伯邑考　弟十二榜三字一人左向
文王　弟十三榜上有幔二人對坐於茵只一榜二
字其後又有一人

君爲市掾時

此一紙凡上下二列此其下列一楬五字君字外高一格穿在中間界道黑處其上列五人二馬一鳥餘皆泐下一馬駕車車有蓋車上二人其前四人趨而持物前導其後二馬前馬有人騎者後馬泐不可辨

弟九幅

功曹車　弟一楬三字一馬駕車車有蓋車上二人右向

尉卿車　弟二楬三字一馬駕車車有蓋車上二人

右向前一人手持物其後三人騎而從者皆右向末後一飛鳥

此是其上列也可見者止此二榜其前有持弓矢干盾者凡七人二馬二楬無字

游徼車

功曹車

賊曹車

主薄車

主記車

下列凡五車車皆一馬一蓋車各二人五車之外皆戈盾攻戰之狀亦有飛鳥之屬車各一楬楬皆三字凡五楬合前七楬凡此紙上下二列廿一字

弟十幅

君車　弟一楬二字

畫一馬駕車車有蓋車上二人車前持物步而導者三人持物騎而導者二人

門下功曹　弟二楬四字

門下游徼　弟三楬四字

各一馬駕車車有蓋車上二人

此一紙凡三列其上二列皆無楬此其下一列也

此紙凡三楬十字

弟十一幅

道吏車　弟一楬三字

此上弟一列無楬此在弟二列畫一馬駕車車有蓋車上二人車前有飛鳥前有二人騎而導者

主薄車　弟二楬三字

在弟三列一馬駕車車有蓋車上二人車前一獸躍起前有三人騎而導者

此一紙凡三列二楬六字

弟十二幅

秋胡婦　弟一㮰三字
此幅凡上下二列其下一列無㮰此在上一列之
右畫一女子携一小兒上有飛鳥小兒之後又一
女子
齊王　弟二㮰二字齋即齊字
此在前畫之左畫一人其前有物其後二女子隨
之其後又一人
此一紙凡二㮰五字
弟十三幅
賊曹車　一㮰三字

一馬駕車車有蓋車上二人車前二人騎而導者
其前一人奉幣來迎
此紙一㮰三字
巳上十三幅小松續拓致者題云武氏前石室畫
象凡十三幅皆洪氏隸釋所未著者凡一百八十
一字
口元　弟一㮰隱露一字如此　畫一樹上結華
實纍纍樹右上下二人此元字是敬避寫
口
王口則　此弟二㮰似是二行止露二字餘泐不辨
字在畫之下方
白魜五飞　弟三㮰止見此三字餘莫辨
来刂令叙少則至　弟四㮰隱隱露此略可見者三
字此㮰之前畫一獸作人立狀
䀎　弟五㮰畧見半字
氵氵如湮
游於
莫堯時　弟六㮰三行行幾字不可計約可辨者七
字三行中間有界文此間畫樹一株結實下垂蓋
蓂莢也

六足罝　叉衆則一　弟七㮰略見六字畫一獸不
甚可辨
口口日口口如　弟八㮰止可辨一如字
此下又有一長㮰竟一字不可辨
巳上祥瑞圖弟一紙三列八㮰廿三字
白魚武
律入于王亻　弟一㮰二行可見七字
比目魚王夕
明無不衜則　弟二㮰二行可見九字凡二行者皆
有界文

銀甕口法得中　弟三榜見五字此間畫一大甕

白馬朱鬣

良　弟一榜二行可辨者四字此處畫一馬

澤馬王者勞來

扌　弟二榜二行可辨六字畫一馬

王口王者　弟三榜可辨三字畫一物上下圓各兩

翅中有亘柄

巳上祥瑞圖弟二紙三列下列畫與榜全不可辨

此其上中列六榜卌四字

夫罷仁姦自　弟一榜可見五字

木連理王者德純洽八方為一

家則連理生　弟二榜二行十七

字全此間畫一樹花葉客茂其根不甚可辨

辟泖離王者不隱過則至　弟三榜二行十字全此

間畫一辟圜孔上有方罫細文

元圭水泉跡通四海

會同則至　弟四榜二行十二字亦全此

間畫一圭元字敬避寫

比翼鳥王者德及高

遠則至　弟五榜二行十一字全此間

畫一比翼大鳥二首四尾又可見者二足餘泐

比肩獸王者德及鰥

寡則至　弟六榜二行十一字全畫一

獸殘泐

上闕不計口此字似是或主或王后稷　弟七榜辨二字謂不可辨

皇帝時南口乘鹿来獻巨暘　弟八榜可辨九字畫

不甚可辨約可辨騎鹿者二人皇卽黃字

巳上祥瑞圖弟三紙八榜八十一字

凡祥瑞圖六紙其有畫無題榜者不具錄錄此有

題榜者三紙凡一百卌八字合此石室前後畫象

凡洪氏所未見者揔得三百九十二字

附錄錢塘黃易修武氏祠堂記畧

乾隆丙午秋八月自豫還東經嘉祥縣署見志載

縣南三十里紫雲山西漢太子墓石享堂三座久

沒土中不盡者三尺石壁刻伏羲以来祥瑞及古

忠孝人物極纖巧漢碑一通文字不可辨易訪得

搨取堂乃武梁碑為武斑不禁狂喜九月親履其

壤知山名武宅又曰武翟歷代河徙填於石室零

落次弟剔出武梁祠堂畫像三石久碎而為五八

分書四百餘字孔子見老子畫像一石八分書八

字雙闕南北對峙出土三尺掘深八九尺始見根
脚各露八分書武氏祠三大字三面俱人物畫像
上層刻鳥獸南闕有建和元年武氏石闕銘八分
書九十三字武斑碑作圭形有穿横闕北道旁土
人云數十年前從坑中拽出此四種見趙洪二家
著錄武梁石室後東北一石室計七石畫像怪異
無題字惟邊幅隱隱八分書中平等字有斷石
柱正書曰武家林其前又一石室畫像十四石八
分題字類曹全碑共一百六十餘字祥瑞圖石一
久卧地上漫漶殊甚復于武梁石室北别得祥瑞

圖殘石三共八分書一百三十餘字此三種前人
載籍未有因名之曰武氏前石室畫像武氏後石
室畫像武氏祠祥瑞圖又距此一二里畫像二石
無題字莫辨為何室者漢人碑刻世存無多一旦
搜得如許且畫像樸古八分精妙可謂生平奇遘
按漢武氏諸碑惟武榮碑植立濟學武斑碑武梁
祠像武氏石闕銘今已出土餘武梁碑武開明碑
二種未見安知不盡在其處嘉祥漢任城地趙氏
云任城有武氏數墓所指甚明何縣志訛為漢太
子墓然土人見雕石工巧呼為皇陵故歷久得不

毁失未始非訛傳之益也今諸石縱横原野牧子
樵夫豈知愛惜不急收護將不可問古物因易而
出置之不顧實負古人是易之責也武斑碑宜與
武榮碑並立濟學而石材厚大遠移非便易惟將
孔子見老子畫像一石移至濟寧與知州劉永銓
敬置學宮明倫堂其諸室之石大而且多無能為
役州人李鐵橋東琪家風好古摟碑之功最著洪
洞李梅村克正南明高正炎善書嗜碑勇於成美
與之計畫宜就其地剏立祠堂壘石為墻第取堅
固不求華飾分石刻四處置諸壁間中立武斑碑

外繚石垣圍雙闕於内題門額曰武氏祠堂隙地
樹以嘉木責土人世守地有古碑官捐易擾宜定
價資其利而杜其累立一石存記為久遠之圖是役
也非數百金不辦易與濟寧數人量力先捐海内
好事者聞而樂從捐錢交鐵橋梅村明高董其役
易與司士諸君成其功求當代鉅公撰碑垂後仿
漢碑例曰某人錢若干某人錢千詳書碑陰以紀盛
事漢人造石闕以後地已淤高興工時宜平治七
八尺既固屋基且今埋碑盡出不留遺憾有堂蔽
覆椎搨易施翠墨流傳益多從此人知愛護可以

壽世無窮豈止二三同志飽嗜好于一時也哉乾
隆丁未夏六月錢塘黃易

附録方綱重立武氏祠石記

昔歐陽子集古録以漢魏已來古刻散棄於山崖墟莽間未嘗收拾為足憾又自謂荒林破冢神仙鬼物詭怪所傳莫不皆有然而漢武氏祠像之文則録所未著也至東武趙氏始有武氏石室畫像五卷而其録不傳惟鄱陽洪氏乃圖且釋之凡四百餘字而已當南宋時已以重刻本為可珎而況逮今又六百年乎錢塘黃子秋盦既於濟寧州學

扶升尉氏令碑得拓其全石已而復於嘉祥縣南之紫雲山得敦煌長史武斑碑洎武氏石闕銘遂盡得武氏石室所刻畫像又得孔子見老子象及祥瑞圖石刻視洪氏所著功盖倍之矣於是敬移孔子見老子象一石於濟寧州學而萃其諸石即其地為堂垣砌而堅之榜曰武氏祠堂俾土人守焉往者予與黃子考訂金石文字每以斯碑舊本不得賞析為憾今吾二人十年以來心營目想之狀一旦得遇其眞而予適按行鄱陽廬阜間遠懷文惠洪公千里關山所悵結而三歎者也後之摩挲斯石者當何如護惜之

武氏祠堂畫象詩

虞書觀象遠莫追豐侯圖形見者誰今之正書租漢隷畫手呂弗東京規西川稚子闕已汎我始訪得射陽碑西陘頌芻迹或屬嵩山室闕人罕窺近年稍出郭巨墓永建題字非同時魯峻李剛各何在水經圖記猶然疑任城近與鉅野接鄱陽夢早東武馳吾友黃子官濟上鄱陽東武一手為芟廬江既收舊本鄭郎中復補闕遺昨者升高尉氏石五六百載無此奇地靈光怪要騰出我輩嗜好來

應之平生夢想武梁刻一旦忽慰心調飢果然雕文騁技巧行行羅列章委蛇遷史遠稽大戴禮白虎通義推皇羲堯舜垂裳自軒帝其前艸昧猶衣皮夏商之王僅略見年追章甫詳容儀次繪古賢首曾閔丁蘭刻木萊衣嬉蓋以孝行為職志義姑節女相並垂亦有侯王弁卿相芻暨荊聶兼要離馬書班表所未悉賴取軼事留于斯鄱陽著録凡六石東武五卷誰曾披今之拓本幅恰五兩家孰是增與剟史家佔畢亦云尒或系以贊銘非詩小隷庚庚坼龜兆一榜一柱森鼎彝東武之藏吾弗

考已七十字增淳熙邗江汪君秘殘軸古光如溓
堆隃麋竹垞初白諸老子鑒賞往復論心期我懷
此軸非一日手為摹本目屢疲誰知貞珉尚宛具
迮者鐵斂寧非癡丙秋得之春始讀費我行役日
三思豫章使廨坐晴晝如入周廟觀器欹即以車
圖桯蓋制禮書經說袪紛歧伏羲倉精造工業手
執尺矩句服施其他器皿及屋宇胥驗品式知崇
卑後人繪事邪有此畫譜惜未窮津涯聞有建康
重勒本歲久亂真今孰知隸圖會當洪氏補息壤
豈敢宋子欺前年予門人宋芝山謀欲重刻是畫予勸以俟舊本今則可矣同日
又得武氏石建和刻想同工師報黄因寄江秋史與
桂未谷精靈會合吾敢私三漢書軒不足道叜擬題
扁光茹荧予嘗以小松所貽肥城畫象并孫季述所貽嵩山畫象洪稚存所貽射陽畫象同裝自題其室曰三漢書齋

兩漢金石記卷五　四九

敦煌長史武班碑

隸額陰文二行故敦煌長史武君之碑九字前一行五字後一行四字

行建禾元丰大歲在丁亥二口辛己朔廿三日癸卯長
史同闕下
二行敦煌長史武斑字字闕五武丁口伐鬼口元功字闕三感
王府官闕下

三行上闕字多少不可計臣君乡闕下
此間未知所闕幾行
此行微露三字亦未知其上所闕幾字右以口嘉闕下
此即在前一行之次亦未知其上闕幾字恢等口惟昔日口口郎署感闕下
此間未知所闕幾行
銘之七行於惟字闕六受天闕下
銘之八行口是字闕九川闕字闕二庯庠字闕二首微妙元通闕下
銘之九行口帝朕三闕字十史官書功昊天上帝降口鞠凶晻忽徂
逝闕下
銘之四行上半所闕幾字不可計女悽愴口表金門字闕二不忘字闕三

兩漢金石記卷五　五十

昆闕下
尚書丞沛國銘後一行止露此五字另起書銜之
成武令中山字闕三种銘後之二行露此六字
豐令下邳字闕三崇銘後之三行露此五字
故陳留銘後之四行露此三字
口東長銘後之五行露此二字

碑陰

武氏碑三字在穿之下字極大是楷書蓋後人所刻因其正面極泐而刻此三字以識之也然其字甚古拙此外竟無一字洪氏亦不言此陰有字也

右敦煌長史武斑碑洪氏云在濟州任城字小石

損官壽残失而自洪氏巳後著錄家無復知有此碑者矣丙午秋八月錢塘黃秋盦易旣爲扶弁尉氏令鄭季宣碑拓其全文復於濟寧訪獲是碑拓其文幷陰見寄泐蝕巳極核之洪氏所錄僅存什之一二尔字小而行列參差與倉頡廟碑略近以洪釋計之則每行約在四十許字間雖稍有多少參差當亦不遠也銘詞與後銜皆提行書之銜名之末有云紀伯允書此碑此又漢碑具書人姓名之一事也○小歐陽集古錄目云嚴祺字伯魯隸書今不見此文久矣据洪氏隸釋載是碑末云紀

伯允書此碑下乃云嚴祺字伯曾曾魯二字未知孰是然驗其文勢則書者紀伯允而非嚴祺也紀伯允三字上有闕文或是□紀伯允則紀字是其名伯允是其字未可知也今不䏻臆定矣

武君爲吴郡府丞開明之長子仕爲敦煌長史非敦煌人也小歐陽集古錄目以武君爲敦煌人亦誤也

鞠訩此作鞠㐫鞠字上半泐不可辨或似有竹頭未可知也按說文惟𨁝鞠字从革或从㚔其𥷚竆字則𦍒从㚔盖竆理罪人義取㚔所以驚人㚔字从大从羊一曰大聲是也洪氏釋作鞠恐未是又微妙妙字其半泐不可辨今諦審之亦似目旁盖妙从女者非也茲未敢遽定仍依洪本作女旁耳其中間闕幾字原石既不可計亦仍依洪氏著之

武斑碑詩

歐陽集古不知姓初以一字題曰斑熙寧巳酉閲五載始得善本爲補還又因丁亥推漢紀章和追步何其艱歸來堂軸審以額敦煌長史題於顔鬱欝雙行九大字筆飛氣若熊羆詮參差中寓欹側勢意思邈尓澹以閑碑字雖小更遒逸勁于篆畫

圓非彎小歐陽說嚴伯魯古本所露今偏慳僅存洪釋什一二誰謂著錄繁可删紀伯允書系碑尾裂繻子帛疑迴環敢云援此爲訂正但恐辨者來譏訕碑陰三字誰所志經過千載涕爲潸我摹殘畫想歐跋夢餘熙寧旧平間偏傍妙似不从女晴窓時寄予目眅

漢武氏石闕銘

建和元年大歲在丁亥三月庚
戌朔四日癸丑孝子武始公弟
綏宗景興開明使石工孟孚李

弟卯造此闕直錢十五萬孫宗
作師子直四萬開明子宣張仕
濟陰丰廿五曹府君察舉孝廉
除敦煌長史被病夭沒苗秀不
遂嗚呼哀哉士女痛傷

右武氏闕銘凡八行行十二字末一行九字按趙氏録云武氏有數墓在任城開明者仕為吳郡府丞綏宗名梁仕為郡從事宣張名斑皆自有碑此一條實武氏諸碑之總目吳予今獲同日見之是碑歷字又足證武梁祠像榆毋贊語信是同時所

刻也病下是天字趙作云訛也石工名趙氏作孟季季弟令驗石本下是李字上是乎字皆非季字也此上有畫二層上層畫車馬人物中層畫一獸首如石闕之狀

武氏石闕銘詩

武氏一門著碑五應孝三世名相承四楊碑外執
與匹楊則偃耳武可遷前惟府卿既從事後有長
史金吾丞建和丁亥刻者二是銘特以孝子稱合
之諸碑考行迹獨闕始公及景興可作任城世系
譜開明之刻吾無徵曰丞曰卿洪所辨隸圖隸續
闕不勝吾嘗拈出帚氏學魯詩訓故儒林增魯詩帚氏章句獨見於武榮碑方綱嘗取以補秀水朱氏經義攷金吾丞碑置孔廟而
此諸刻靈榛芳黃君同日披剔得從事畫象爭鈔
縢長史一碑極磨泐賴此補述嶽獻繩本為文銘
銘及子意以祖武垂昆仍自從鄱陽著録後我今
為介題緗繒銘文書前空其後金吾碑式侔亦應
子姓官閥詳與略昂霄止仲撰未能金石之例或
原委傾吾於此常兢兢隸書沈厚亦可喜叓陊唐
法斯足懲黨援建康郡齋例買石取影勤挑燈

兩漢金石記卷第十六

日講起居注官文淵閣直閣事詹事府詹事兼翰林院侍讀學士大興翁方綱

漢故涼州刺史魏君之碑

篆額十字洪氏隸續云篆額二行

君諱□字元丕京兆闕不可計凡注闕者仿此牙都尉之闕有畢萬者僊去仕晉建勛封魏秦闕逝闕良妟暨于君冥乹氣之純懿履轄奚之闕鹽類□聖喆闕苞肏允執虔恭其仕州郡也躬素忠謇犯而勿欺兼綜恩法通識百典闕察孝廉除郎中尚書侍郎右丞遭泰夫人憂服闋還臺拜尚書侍郎秉總闕廷科績特拜左丞每在選舉遜讓匪石鑽前忽後遂耽思舊章尋微貫闕樞衡匡弼九年而冈衙西羌放動餘類未輯詶咨羣奈惟德是與拜涼闕流㠯鹽邪志樂季文粟帛之不公儀徹織庖園之節崇文德㠯來遠斑闕下䌛戎實服干戈戢威施舍弗券求善不猒舉不失選官不易方百工闕有優洋洋奐乎若德光燿冠乎諸牧盖四時之序功成則退君屢辭㠯闕無竆而坐式度不可草帶其縱而眉耇不延徂疾來升春秋六十光闕民失慈父四海之內莫匪摧傷於是故吏茂才雲中大守漢陽闕冑從事闕威牧琰等不遠萬里斷制褋裳感恩奔哀乃與門生平原曹鉌闕山闕於戲使以下共十係提寫平格君既膺柔德貢躡帝宇入參文昌出化西土仁義充衍澤洽闕德世記其軌辭疾輕居棄榮䅗處不卒苻宿究是台輔三方失闕不闕贖闕徂落不𠭃舜禹二書之應臻于己丑辰五盈䚷猶有代序闕茲后土光闕

以下題名據洪本另行題寫

尚書令宏農宜陽周嘉奕英　故幷州刺史伯柳奕高

故豫州刺史朱虛炅褒公遷　故東萊大守梁國碭陳闕

樂浪大守劉騰□元十　議郎河南鞏王遲元乂　海陽令逢牧左伯闕令沛國周龍幼興　齊闕薄令劉皇脩恭義　滕東令東萊黃闕仲真　尚書郎番尋軌上闕故廣宗長淳于闕　故孝廉劉巖闕

右漢故涼州刺史魏君之碑褾冊凡九葉存四百九十六字以較洪氏隸釋所錄者少其二十五字多其八字尋微貫下洪氏有能字拜涼下有州刺史三字百工下有惟時二字君屢辭㠯下有疾三二字光下有和四二字曹鉌下有芓字山下有石字光下有燿字騰下有述字淳于下有孫典禮三字劉巖下有景故部司河南張楯八字又令見拓本內秦下逝字轄奚之下鹽類二字百典下察字三方失下不字二書下之字春秋下六字番尋下軌字皆洪錄所無又洪所錄眉耇不𨒪下作温一本旁注温字今驗石本是徂字從事威下洪作較今驗石本是牧凡補洪氏所無者八字

又改正二字也標冊藏歷城郭敏磐家云得於泰安趙相國家者額陰俱完而紙墨漫漶糢糊字字在雲霧中矣先是曲阜桂未谷於歷城見此本寓書告予云其家不肯輕出示人既而未谷就其家抄寫拓文寄予審定又逾月而孔葒谷書來云黃小松寄是冊屬予作跋既幸獲觀舊拓因手摹一通并釋定其文如右

未谷跋云碑云僊去仕晉僊即遷字平原曹鮴鮴即說文䄍字也碑云西羌放動餘類未輯拜涼州刺史又云蠡戎賔服干戈戢臧案後漢書桓帝紀

延熹四年先零沈氏羌與諸種羌寇并涼二州又段熲傳熲被徵下獄朝廷知為涼州刺史郭閎所誣詔問其狀事屬延熹四年碑言訓咨羣奋惟德是與蓋元丕繼閎為刺史當在延熹四年以後復乃辭疾家居卒於光和四年也

方綱按鮴即穆字非鮴也隸釋板本訛作鮴耳券勞也从力卷省聲鄭康成曰券今倦字漢碑皆以券為倦至於契券字从刀與此不同也券為怠倦之倦乃其本字無煩釋訓婁氏字原乃云涼州刺史魏君碑券蓋倦字它碑所未用者又以置契券券字下皆誤以从刀者作从力耳

隸續碑式云碑十六行行石已斷剥所存者行三十一字題名四行行四人亘行有線道然則洪不言陰是題名即在正面非碑陰也今拓本略可見者十三人又微露一二筆如糸旁者洪所未及耳劇龍芻興下一齊字當亦另是一人

孫退谷庚子銷夏記載是碑作涼州刺史魏純碑云從故內得之斷闕已甚又云趙氏金石錄已言文字殘闕方綱按金石錄云涼州刺史魏蒼碑文字殘闕族系名字皆不可攷又按隸釋云君諱□

字元丕正與今所見本同且退谷所得既云斷闕已甚不知何從而得其名曰純也

張石公舍人跋云覃溪所釋外予又補釋者春秋□十是六字究分台輔是分字不是是字周嘉彥英下接樂浪太守非并州刺史並未剪斷可辨也予按春秋六十確是六字已補寫入所核字數內矣至于究是台輔確是是字舍人誤看耳若周嘉彥英下其紙亘連樂浪太守樂浪太守劇鶩□元才下其紙亘連薄令劇皇脩以此標本未剪斷而益知洪氏之是也蓋洪氏固云題名四行行四人

也今自周嘉彦英下至樂浪太守恰於中陽三人再自元才下至薄令亦恰隔三人而其紙適皆接連於是知洪氏隸釋所書題名皆是按原石横列書之先上列而後次列也近日著録金石諸家往往忽而依横書為序忽而依直書為序迄未有以定正畫一者今得此褾本始知洪氏皆依横列為序自今可据以為著録之定式而非舍人之言亦莫吾發也

是碑朴實蒼勁微似張遷碑而加之流逸又間出以泰差鎔落之致漢隸䏻品也後題名四行則有類韓勑碑而又有開唐隸處

漢□幽州刺史朱君之碑

篆額十字今見拓本九字其弟二字空闕据洪釋是故字也碑額之下有穿

君諱龜字伯靈亳陵太守之孫昆陽令 闕下

系祖考之鴻軌履太和之 闕下

岳載德不隕亻□仁義成於東脩孝弟梱其本性然

而虛巳下士勞謙克 闕下

厚載多容察孝廉除郎中尚書侍郎吕將事去官三

府更辟吕太尉高弟 闕下

堂之論建宏遠之議碌落 闕下

手乞降礼昌大守曹鸞上紕解黨吕不糾擿獲戾晋

靡僭亍□巷羣 闕下

辟輒吕疾辭鮮畢數犯障塞僉復舉君拜幽州刺史

爾乃邁種 洪隸似是書惠字 下闕

禁吕糾姦宄養誥繇時雨之澍品物除惡如農夫之

務去草邊 闕下

右漢幽州刺史朱龜殘碑并額拓本紙墨俱舊錢唐黄秋庵得之計其中間所空闕與洪本同而尚軼其大半每行五字裝褾成册而横紙相連無翦截之痕其額漢下即接幽字紙亦相連知是重刻本也字畫之古不㦲漢刻蓋非宋以後人所能摹勒矣

秋庵同時得漢碑三種皆寄來屬予考跋是碑與成陽靈臺碑暨小黄門譙敏碑也三碑俱出重刻而是碑最為精妙以洪所云闕者考之邁種下一字似是書字書下一字江秋史云當是惠字解黨上一字則左為糸右似疋字以愚意度之恐原本是疏字蓋左疋上ク微近糸首而拓本模糊致誤耳 全文具在隸釋茲不悉録

隸圖云朱龜碑篆額二行有穿文十七行行三十

三字有碁局之紋今此殘本惟見界紋而已餘不
可考矣然考之歐陽公集古錄則云于時幽州州
下滅一字夷侵寇以君為御史中丞討伐其後磨
滅云云又小歐陽集古錄目云龜廣陵人蓋歐陽
氏所得亦是拯殘刓之本故致于時益州益字訛
作幽而廣陵太守之孫誤為廣陵人也今得見此
殘拓抑又何減昔人所得耶

是碑書勢多變方為圓在漢隸中為最近篆者宜
乎六朝變隸之後以永興為山陰血嗣也觀漢刻
者正宜通前後書家正變原流觀之耳

成陽靈臺碑

据洪氏隸釋是篆額今拓本未見其額

惟帝堯母昔者慶都𡍲舍穹精氏姓曰伊體蘭石之
操履規柜之度則乾巛之象通三光之曜游觀河濱
感赤龍交如生堯厥後堯來祖統慶都告以河龍堯
歷三河有龍授圖躬行聖政以育苗萌火陽之盛先
闡後明遂以侯伯逡踐帝宮慶都僊歿蓋葬于茲欲
人莫知名曰靈臺上立黃屋堯所奉祠下當以水神
龍所熹靈龜隱刑汾踊波汦比目鯱魚濯鱗通泉元
碭蒐薑生莛臺涯貫長歷久崇如洪闕二字今見拓本似不贊二字
三代改易荒廢不循五運精還漢受濡期興滅繼絕
如堯為之承祠基年鯱魚復生故有靈臺畫夫魚師
衛仕驛恖鯱魚服之延壽洪闕二字今按似是哀平二字之際道小
衰沮遂遭亡新禮祠絕矣於是故廷尉仲定深惟大
漢隆盛德彼四表大平未至靈瑞未下四夷數僔軍
甲數擾匪皇啓居日禋不夏案從洪釋作案經考典河洛
祕奧漢感赤龍堯之苗胄當脩堯祠追遠復舊倡
黃屋推原聖意災生變見天以譴告前後奏上陳敘
大義掐祥塞咎為漢求祚朝廷克省帝納其謀歲以
春秋奉大牢祠時廷尉迭位連白表奏詔芙嘉命遂

見聽洪云闕二字為大中大夫歸侶黃壁令月吉日圖立
覘坐興業會工雁霧夷平上合天意下應洪闕五字今按弟二字是形
鎊五色華精立此立字据拓本也洪本作上闕通天戶嚮少
陽前設大璧侯神之堂地毀石墠其下清涼可舞八
[口]此字洪闕今審其左半似言旁似當是詠以洪闕今諦審是奏字大章時濟陰大
守鑿郡審晃成陽令博陵管遵各遣大掾輔助仲君
經之營之不日成之神靈精粢依怙於人廢之則亡
存之則神瘦帥羣宗貧富相均共慕市碑著立功訓
洪闕勒石銘中門之表卜擇元日齊革精誠先廔毛血
謹慎犧牲祈祠獲福神享其靈甘雨時降百穀孰成

幽荒辛服徐方來庭萬國蒙祉黎元賴榮莫不杇此字洪作被今按拓本如此右下半闕泐德咸歌頌聲其辭曰

於赫慶都德彊大兮承神精燿統赤裔兮爰生聖堯
名蓋世兮其此字洪本作上受符命迹帝制兮廣被之恩深
荒外兮歷紀四此字洪本作盈千垂遺愛兮陵廟復崇享大
祭兮上來多怙降福沛兮萬國禧寧孰不賴兮光宣
美勛永未此字洪本云闕今驗拓本如此幣兮垂視罔極億萬歲兮

濟陰大守魏郡陰安審君諱晃字元讓從公車令來
成陽令博陵蠡吾管君諱遵字君臺從東明門司馬
來丞潁川新汲尹茂字伯舉遷下邳尉尉潁川襄城
楊調字君舉仲訢伯海從右中郎將遷鉅鹿大守仲
球伯儀從大尉掾遷呂長仲選孟高辟司徒府遷徒
不絕皆與沼大聖黃屋之力

建寧五年——五月造

右成陽靈臺碑重刻本字逕寸許與倉頡廟碑字形大小相近彼參差無格而此皆畫一但重刻本或未具界紋耳標冊雖多逐行翦截然其中如乾巛之象二行紙仍相連兩時降以下三行紙亦相連咸歌頌聲以下三行紙亦相連則標工雖巧亦終莫能泯其重刻之迹也其與洪本異者連白表

奏白洪作自當是洪刻之訛立闕通天立洪作上則二字皆可通存以俟考可也下應下洪闕五字今諦審其第二字是刑字即形也服之延壽下洪闕二字今諦審似是哀平二字而此重刻本平字之下半微訛耳崇如下洪闕二字今諦審似是不積二字積與滙為韻也大章上一字是奏字以奏上是詠字此三處凡八字並足以補訂隸釋者也崇如之如與前感赤龍交如生堯句之如字皆即而字古而如通用堯廟碑又曰高如不危滿如不溢可以互證也可舞八詠以奏大章八詠蓋亦葛天氏八闋之類歟又洪氏於前碑已釋云桓即拒字婁氏字原乃於語韻別出桓字非也莫不被德洪本作被然是碑被字皆書作彼則此未必是被字今審此拓本左與木旁相近右與包字相近恐是抱字此亦當存考者也至於案經考典案字此拓本下半作桒上受符命上字此拓本作其則皆翻本之誤也其最誤者則銘內云歷紀盈千盈即盈字洪婁二書所同盈千云者統以千計之詞耳今見此拓本乃作四千按帝堯一百載癸未歲至東漢靈帝建寧五年是年五月十六日改元熹平是碑末云建寧五年五月造

不著其日壬子歲凡二千四百三十年何以云四千也盖是拓本剥泐丞字上半已失遂止据其下半皿字形近四字而致誤耳然就一字驗之則此刻字形大小已有改動吾不能信其他字之亦有改作否矣末一行年月年字垂筆下逾二格漢隸惟見五鳳二年石刻暨益州刺史李君碑與此而三矣盖漢隸中每有此體婁氏字原已言之

裔字据此拓本獨與洪婁所錄不同此雖重刻自有的據况筆法渾勁必非偽作也然其中亦恐原石既泐泐痕與筆勢界在銖黍未可膠柱鼓瑟者

愚第就其與洪婁所錄暨洪氏所喜一章足相證者摹存於篋以資考核而如圖之為圖神之加點雖出洪婁所錄亦未敢處處傅會恐涉於近日顧南原之所為也

漢故小黄門譙君之碑

篆額

君諱敏字漢達鄰君之中子章君之弟郎中君之昆也其先故國師譙贛深明典奥讖錄圖緯能精微天意傳道與京君明君承厥後不忝其美务而好學才略聰叡詩書是綜言合雅謨慮中聖權既任在公忠允篤誠㠯直佐主帥下惟約肅將丕命振之于外羣寮有司各敬爾儀君商時度世引己倍權守靜徹究韜光韞玉㠯遠悔咎耻與鄰人羣竝棆驅識萁之杢謂君為喆在笞甯武當亨南山難老之壽昊天不惠降茲殉疾年五十有七㠯中平二丰三月九日戊寅卒嗚嘑哀哉國喪良佐家隕棟梁遐邇咨悼士女哀懷僚朋親感莫不失聲泣涕雙流於是立表寫憤斯銘傳于罔極其辭曰

於穆使君盛德炤明𥘉惟簪業帥由舊章文武彬彧柔而能剛屈道從政令名顯揚臣多醜直是用遜讓

且㠯毓姿優遊□京邑儐遘罹景命不長屋棟顛霣君□喪亡如何如何吁嗟昊蒼身退名存永世遺芳

中平四丰七月十八日癸卯造

右小黄門譙敏碑并額重刻本紙墨亦舊以校隸釋皆同惟銘内洪闕二字今諦審之優遊下似是氏字盖借作京邸之邸也又以京字押於下為韻耳喪亡上似是乃字末云中平四年七月十八日癸卯造隸釋作廿八日今驗此拓本確是十字是年七月丙戌朔癸卯是十八日無疑當据此以正隸釋之誤

漢酸棗令劉熊碑

雙鉤殘本　今依之不著全文

前闕十六字大帝垂精接感篤生聖明此間闕二十一字爵列土
封矦載德相繼不顯闕二十字季子也誕生照明岐嶷踰
絕長闕十九字惠古業覈其𢼸行脩言道闕二十一字練州郡
卷舒委邐忠貞立效官闕二十字祀有成来臻我邦循東
里之惠闕一十字慎徽五典勤恤民殷闕一字心顧下闕二字
仁恩闕十二字清脩闕二字德惠潛流㐫芳旁希尤懸縣闕十
九字之風莫不嚮應悅誨日新闕二十二字有所由處民之
秉彝宴我劉父闕十九字禮習聆匪徒豊學屢獲有年闕十

九字在昔先民有作洪闕一字則甄盛德闕十七字徽式序在
位量能闕一字宜官無曠事闕十九字彈造設門更富者不
獨逸樂貧者不獨此間依洪氏所闕似是十九字然不獨二字已是洪本所無則此間所闕尚不止十九字父吏民愛若慈父畏若神明闕二十字乃闕二字
洛度諏詢采摭此下闕十字十字下即提行另書詩詞詩詞之首又闕二十二字厥
闕一字誕生岐嶷闕二十五字道德民闕二十一字鳴一震天臨
保漢寔生闕二十二字靈不傷人闕二十字俭乎成功闕一字暇
民豫新我闕二十一字豊黔首歌頌

右劉熊碑殘本歙巴俊堂慰祖雙鉤本凡二百十
八字内多出洪所闕者四字少四百一十字

此鉤本筆勢與婁氏字源不合者二十二字與顧
氏隸辨不合者二十字昔朱竹垞見鄭谷口所藏
本云存字不及百名顧南原謂從寒山趙氏所藏
拓本摹得之而不言其文之全否字之多少据中
間竭字補洪之闕則南原真見拓本矣然其餘與
此鉤本不合者則以隸法論之皆不及此本之得
勢若䆒字頤作罕與洪婁皆合而婁釋作本則其
誤不為無因至於𢼸字頤作女旁保字上半頤作
合口以愚意度之顧氏從寒山摹得之本必僅寥
寥數字而其餘所錄諸字皆据洪婁之書載入又

不明言而紛揉莫辨耳得此雙鉤殘本使天下後
見前人之所未見且所存字倍蓰於谷口之藏本
不亦大快幸哉

是碑以豊為豐與華山碑正同核之李陽冰中郎
以豊為豐之言證以王建題碑之句目為蔡書或
當不誣若必如隸續之言謂必碑中有撰書人姓
名而後定之則難乎其為中郎矣小歐陽乃於跋
中每篇具言不著撰書人名氏不亦贅乎

是碑隸法實在華山廟碑之上而存字更少於彼
得此雙鉤本可不什襲珎之

朱竹垞跋云右漢酸棗令廣陵劉熊孟陽碑愚謂題漢碑者當以漢碑之例題之應稱海西不應稱廣陵即以其下文稱上元鄭篤可證也每憾竹垞經義考承師門內於漢唐以後經師忽而書郡忽而書邑嘗据其可知者為悉更正之附識於此以見著錄有體非敢淂議前人也

予以巴君所贈雙鉤本贈張石公舍人舍人云劉熊為光武曾孫其碑陰出錢者多熊之故掾功曹則碑當立於孝和孝安帝之世若中平年立已隔六七十年或八九十年其助錢一百二百五百誰

其瑣瑣記之此理之必無者也方綱按熊廼功補後漢同姓王侯表云廣陵思王荆永平十年自殺永平十四年侯元壽紹封又封元壽弟三人為鄉侯其名闕然則平其一也至平子彪襲封史無其年亦未著其別有襲封鄉侯亭侯之號則安知其不仍封俞鄉乎是熊當為彪之子不當為彪之弟豈有光武元孫出自本碑轉不足信而信洪氏之臆斷耶若既繼世為鄉侯則永平之末至熹平光和間甫百年耳自平至熊凡三世矣何不可目以中郎書耶若淮陽頃王昞之元孫封亭侯其子四人仍封亭侯亦可證也洪氏但執平封俞鄉又不知彪之封號淂尒駁碑之誤甚無據也因以復于石公而併附綴其說于後

漢婁壽碑

歐作後漢元儒婁先生碑趙作漢元儒先生碑洪作元儒先生婁壽碑隸續載碑圖云元儒先生婁先生碑篆額一行白文洪云所篆婁字頗異圖經謂之翟先生碑歐陽公問之王洙原叔以李陽冰篆文證之始知先生為婁姓方綱按吳山夫金石文作亦載此篆額弟未知山夫果見此額否也今愚所得雙鉤本則額已不可見矣

先生諱壽字元考南陽隆人也曾祖父攸春秋以大夫侍講至五官中郎將祖父大常博士徵朱䢵司馬

親父安貧守賤不可營以祿先生童孩多奇岐嶷有志捥髮傳業好學不猒不攸廉隅不飭小行溫然而恭慨然而義善與人交久而能敬榮且溺之耦耕甘山林之杳藹遁世無悶恬佚淨漠洿瀎衡門下學上達有朙自遠冕紳莘莘朝夕講習樂以忘憂郡縣禮請終不囬顧高位厚祿固不動心甊絺大布之衣糲𥻧蔬菜之食蓬戶茅宇棬樞甕牖樂天知命權乎其不可拔也是以守道識真之士高尚其事卿鄉州鄰見親歲懷年七十有八熹平三年正月甲子不祿國人乃相與論惪處諡刻石作銘其詞曰

皇矣先生褒惠惟明優於春秋元嘿有成知賤為貴
與世無爭撣演衡門禮義滋醇窮下不茍知我者天
身歿聲晉千載作珍縣之日月與金石存

右漢元儒先生婁壽碑王象之輿地碑目引集古録云在光化軍乾德縣壽墓之側今立於縣門下方綱按集古録云乾德縣圖經載此碑景祐中余自夷陵貶所再遷乾德令按圖求碑而壽有墓在穀城界中余率縣學生親拜其墓見此碑在墓側遂據圖經遷碑還縣立於勑書樓下至今在焉是也宋曁光化軍領乾德縣熙寧中軍廢改乾德為

光化縣今與穀城縣俱屬湖廣襄陽府聞諸官茲土者云碑石尚存今在某廟中泐蝕幾無字矣又云近有某延道重刻其文方綱皆未之見也豐道生眞賞齋賦云婁承婁壽漢碑樂毅東方晉刻牙籤錦笈以為蔵天球河圖而比重此賦為無錫華東沙作東沙所蔵婁壽碑宋拓本後有豐道生題識後歸部僧弥又歸頤維岳後又歸何義門云碑首闕四十八字此本聞今尚在吳中惜未得見頤南原云曾見一拓本於鬻古之家翦而帖之每行四字失去首二行今不知所歸此與吳山夫所收足本及朱竹垞所跋中吳齊女門頤氏不全本皆各自一本也頤南原云予家有雙鉤本得之寒山趙氏吳山夫云碑本完好無一字刓剥真漢刻之僅存者隸釋州鄰下闕一字此本乃是見字方綱今所得正是寒山趙氏雙鉤本而州鄰下見字完好又與山夫本同後有小篆書二行云甲戌四月廿二日書于小宛堂時清味新緑繞筆端上前後有金孝章俊明印此本今長洲頤文鉄勒石於濟寧（所謂近日重刻者今訪得之乃是婁先生之墓一語耳非全碑也附記於此）

隸續云篆額一行文在暈下穿在文中三行之内

所廢者六字凡十三行行二十五字今以此雙鉤本驗之其字數正相合當是全文無闕者又多出洪所録之一字信可寶已

碑云曾祖父脩春秋以大夫侍講銘又云優於春秋知元儒世傳春秋之學而撰碑者未言其承師某氏耳又其曾祖父之名没而不章為足惜也蕭謹据是碑補書元儒於經義攷承師條春秋三傳之後

且之為沮權之為確此皆漢碑之借體至若不可營以祿洪氏隸釋作榮則非也李鼎祚周易集解

否卦象詞君子以儉德辟難不可營以祿虞翻曰君子謂乾坤爲營乾爲祿謂辟難遠遯入山故不可營以祿營或作榮儉或作險碑作營字正可見漢時讀本如此洪氏見今本皆作榮而并改碑文誤矣

歸安丁小疋進士杰曰兩漢南陽屬縣無名隆者集古録此碑跋云今爲光化軍乾德縣圖經載此碑又云按圖求碑壽有墓在穀城界中隸釋亦云此碑在光化宋乾德穀城二縣在兩漢爲陰縣地疑是陰字之訛方綱按此説甚辨然今見雙鉤本確是隆字闕疑可矣

小疋又云秦會稽頌德惠攸長史記作脩長容齋隨筆引史記亦同婁氏作攸本張嶅所録始皇碑文攸即脩之省文張表碑雅藝攸載婁壽碑攸春秋可證方綱按婁氏字原云漢碑脩字皆作攸顧南原隸辨亦引古文尚書脩皆作攸是也今見此雙鉤本攸字中間直畫作二筆尤可以證秦篆也

附漢陳德碑

漢故陳德之碑六字篆額分二行牛氏金石圖有之予未見其拓本

君諱德字伯

建寧元年二

拜郎中以其

之性蜀郡之

縣丞張公同

乃立斯碑作

於惟哉君從

之仁本由天

子子孫孫孔

建寧四年三

碑陰

故門下史人名　隸額六字二行穿在第三字第六字間

故門下史王　牛作林今諦視石本是王

故門下史李

故戶曹史吴　牛作吴今諦視石本此字下半剥泐然似尚有數畫未必是吴字

故戶曹史王　牛作王今諦視石本右旁有點是玉字

故功曹掾陳

故郡曹史田　牛作田石本上下皆有泐勢

故功曹史古

故功曹史田

故門下史田
故門下史子
故門下史白（牛作白石本字之上中俱有𠂎勢吳山夫金石文存作田恐當是田字）

右陳君碑并陰予見其陰拓本而碑之前面則歙程易疇孝廉以雙鉤本見餉者牛氏圖曰陳君碑僅存上截高一尺八寸闊二尺厚五寸然牛氏所圖兩面界格并其額穿相去位置皆如一而云碑字逕寸五分陰字逕二寸是陰字大於前矣而所圖因前十行陰十一行廼陰字反小於前則牛氏所圖豈足信乎

予初見是碑於牛氏之圖頗聞是碑乃人所偽造牛氏誤信而圖之也及見程荔江師意齋所藏碑陰拓本渾古圓勁則實漢刻無疑然則其碑之正面亦出真石可無疑矣是以姑依牛氏所圖之碑載於前而以予所見碑陰載于後然即以牛氏著錄此陰只五十五字而其待於訂正者已有數字則益信凡事之未目覩者果未可盡信也

是碑從來不見於著錄惟近日牛氏金石圖及吳山夫金石文存載之牛氏圖云碑在沂州東南數十里田間郃陽褚峻跡得之搨數本弃往則土人埋之矣詢之云懼是碑之聞於官而歲是求也雍正六年以後是碑遂亡所在不可復拓矣（師意齋藏本蓋即褚峻手搨數本之一也）然是碑今聞之錢塘趙晉齋（魏）及予門人江秋史（德量）皆云確是褚千峯偽造秋史言其（祖）江賓谷（昱）云褚千峯嘗親說其偽造是碑之事足一董姓人所書即寫黄初年孫二娘石刻之人也今姑附錄於此

州輔碑殘字摹本

宂卌帷幕
有安社稷之勳

右十字在宋王寀所刻汝州帖弟二卷題曰蔡邕書今以隸釋驗之是永壽二年吉成侯州輔碑中集出之字也碑全文具于隸釋今不錄

隸續云汝帖以州輔碑為蔡中郎所書不足信也今所存止汝帖内十字無從而定其字體矣至婁氏字原顧氏隸辨所載卌字之類以汝帖拓本揆之則亦未敢信尔

天禄辟邪字

天禄辟邪四篆書今所見拓本每字高廣各四寸許賈人持售必詑為漢人原石本且題之曰宗資

石獸予所見凡數本皆同一石所拓似其石至今存者今考之而知其不然也趙明誠金石録云州輔墓石獸膊字酈道元注水經云州君墓有兩石獸已淪没人有掘出一獸猶不全破甚高壯頭去地丈許制作甚工左膊上刻作辟邪字余初得州君墓碑又覽水經所載意此字猶存會故人董之明守官汝潁間因託訪求之踰年持以見寄其一辟邪道元所見也其一乃天禄字差大皆完好可喜之明又云天禄近歲為村民所毁辟邪雖存然字畫已殘闕難辨此蓋十年前邑人所藏今不可

復得矣趙氏此條在吉成侯州輔碑之後以隸續證之即所謂汝帖目為蔡中郎書者也今汝帖弟二卷蔡邕隸書定冊帷幕有安社稷之勲十字即州輔碑也此四字即在此段之前題曰宗資石獸蓋州輔墓在汝州王寀弗深考因漢碑中有宗資墓獸刻字而牽附之題曰宗資其目又作宋資皆誤也其實即是趙明誠所見州輔墓石獸膊上字耳趙云天禄字差大所以今汝帖所摹此四字尚具叄差斜綴之勢天禄二字果視辟邪二字稍大蓋汝帖是從真本摹得故能存其眞如此今日所

傳拓本則四字板配整齊無復筆意即以汝帖校之已見其謬矣邪字左耳右邑汝帖筆法甚具惟汝帖石刻已久今日雖稍舊之汝本其邪之左耳内中竟有似於冈字而新拓之汝本更不可辨矣予所藏汝帖乃宋時拓本又以數十年前稍舊之拓對之始知其作冈字者由於汝石半刓之故是則今日所傳此篆拓本從已刓之汝帖所摹取者可知矣夫趙明誠當北宋時已云其石為村民所毁所以洪氏當南宋時已不得見此字矣王寀刻石于汝州必當及見此拓本今猶賴有汝帖摹本

略存古意而近人好事者不加深攷妄為穿鑿好古之士往往收藏以為舊拓不可不明辨也○或曰歐陽趙氏録中皆言有宗資墓天禄辟邪字安知此非宗資墓者況汝帖明題以宗資墓也予應之曰汝帖之題不足據者多矣歐趙所録則必可信者也然歐陽趙氏所云南陽宗資墓前石獸膊字者不著其詳而趙氏所云州輔墓石獸膊字則云天禄字差大且又近在汝州也以其地以其字皆與州輔合而宗資云者無一可合焉是以定為州輔非宗資也至於汝帖之題其他處且勿論即

以此卷同錄於一葉之州輔碑殘字亦且弗著其為州輔乃但題云蔡邕而已則所題宗資者其又可信耶予是以据其字與其地之合而斷之

兩漢金石記卷第十七

日講起居注官文淵閣直閣事詹事府詹事兼翰林院侍讀學士大興翁方綱

漢碑偏考五種

漢故沛相楊君之碑　此八字篆額今所見拓本與洪氏隸釋同

詔　此字在名行吕脩外句下按隸釋是詔字此誤言旁

復為　此二字在委而下按隸釋舊本云委而復爲至明朝翻刻本訛作復為今所見拓本乃沿翻板隸釋之訛

夵出師征　按隸釋作王師出征此誤作出師

晞　此字在嚴霜句上按顧氏隸辨作晞云說文晞望也海岱之間謂眄曰晞字原誤釋作晞愚按字原作晞未嘗作晞顧氏糾之誤也隸釋明朝翻刻本作晞今汪氏据舊本重刻作晞疑皆有誤似當仍以字原為正

僚　此百僚字隸釋作遼洪氏跋云此碑以百寮作百遼婁氏字原亦特舉楊統碑遼字云遼與寮同惟翻刻隸釋板本乃作僚今此拓本依翻刻本也

萬　此字在民報爾之上洪氏所闕

𠰻　銘内𠰻𠰻力𠰻即克字也上下二字皆同惟
翻刻隸釋上一字訛𠰻今拓本又訛作𠰻
份　銘内伱士充庭洪氏婁氏皆作伱惟翻刻隸釋
訛作份今此拓本沿誤
以上七條皆其㝡易見者又如臣換雖政茂慕變
脩廟策吏侯辜儀求癸條勅鴻懿鑠靡暮稜冥爭
載等字皆與洪婁二書所録不合然洪本著録全
文或尚有板本謄寫之難知而婁氏之書摘字臨
仿必無大誤愚嘗以宋録字原舊本校之是碑内
如苗㸃詘翻障直廸騎副當畏猛月戴贖東等字

凡涉於口田等字者其左邊直畫皆上屈向内大
約如夏承碑口字之法字原所載夏承碑晧字可
證也（愚見夏承碑真賞齋華氏所藏宋本其晧字恰在中間闕亾卌字之内無憑考据然以它字證之大率不相遠）
而今見此拓本皆無一字相合
漢故繁陽令楊君之碑　按隸釋云漢故繁陽令楊
君之碑銘隸續亦云篆額二行足證其為十字無
疑也今此拓本乃篆額九字脱去一銘字
場　此字在爰集之下舊本隸釋作場惟明朝翻刻
本作場今拓本沿訛
敲　投敲句隸釋本作㪚翻刻作敲今拓本沿訛

椽
鏞　此二字隸釋本作褕鏞與婁氏字原同今拓本
並沿翻板之訛
莪　銘内委蔑成勲蔑字原本並不如此明刻隸釋
訛作蔑今拓本又訛作莪
以上六條其易見者又如類服歸闈吏攀轅輪振
徦𩃬御永迺垂神赴溪等字皆與洪婁二書所録
不合又隸字與洪氏急就章不合
漢故高陽令楊君之碑　此篆額與隸釋合愚按此
額九字蓋分三行也若繁陽令碑額既云二行則

十字無疑矣隸續高陽令碑亦云篆額二行愚有
舊校本則作三行當以三行為是頤南原隸辨載
高陽令碑額亦云三行也
賢上微辨似是親字
丁丨　此似是二字在司徒舉三字下之穿間
建寧元　此三字尚可辨在年字上洪氏所闕也
大　此字似六又似七在月字上
羅舊　此二字銘内文字之上洪云闕
是碑拓本字獨大内多此數字建寧元三字洪氏
所未著者（洪云石損亾其年）然婁氏字原云以長歷推之

必是建寧元年頌南原云按碑遣從兄沛相憂去官即繼之以上天不惠不我慭遺之語蓋與沛相先後卒沛相以建寧元年三月卒著之卒必在建寧元年十月也据此則洪婁所見闕處皆同而此拓本何由而增多建寧元三字乎似是据諸家著錄之文增入者矣又此拓本月上一字似六似七考通鑑目錄是年十月二十八日正是壬寅非六月七月也

催　此字在縉紳字下据隸釋是催字此拓本訛催

以上一字宬誤其餘如窮還詒留爲憂基暇禱紳勲等字皆與洪婁二書所録不合又異字與洪氏急就章不合也

漢故太尉楊公神道之碑　歐洪皆作漢故太尉楊公神道碑銘今此拓本作之碑訛

郡　群英雲集隸釋作群此拓作郡訛

抬　此字隸釋作兢以禮抬今此拓作抬訛

除襄成令　此句歐洪皆作除襄城令此拓作成訛

照　乾監孔昭隸釋作昭此因隸釋而琢去下四點

以上四條皆其易見者餘如祗履莱㥯皆奚冥等字皆與洪婁二書所録不合至於陳字洪氏急就章作陳一本又作𨻳此拓乃皆不與之合也又碑中易世不替替字据字原及宋本隸韻竝作替今所見拓本乃作替此亦其僞作之一證

右閿鄉楊氏四碑文皆具於隸釋而石亾久矣丁酉秋錢唐黃小松得太尉高陽令二碑拓本屬予爲作歌其秋復於王蘭泉齋中得見四碑全本爲之狂喜復題以長句與朱竹君孔葒谷往復嗟賞因鉤摹其本爲四冊并冊尾冉徒蔡松原嘉山陰潘陋夫寧諸手跋皆過録之其明年宋芝山復持來王虛舟手帖一卷則漢閿鄉楊氏四碑跋稿也跋言所得四碑即歐陽集古原搨本就四碑合計之凡較洪氏多出六字高陽令碑建寧元羅舊五字沛相碑萬字則是四碑之本當屬乹道淳熙以前所拓矣必其僞一流傳人世推爲希有之珎也而何以虛舟得其四小松又得其二蘭泉又得其四若是其曡見之易也虛舟此跋雖確是眞迹然遍檢竹雲虛舟諸題跋則皆無之豈非後來亦自疑而不存其稿耶然四碑隸書實極精妙謂之漢人書蹟亦當無媿潘蔡二君跋遂謂太尉碑當在禮器之上而高陽令碑與孔宙相埒不得目爲過也年來頗聞門人江

秋史云夙聞楊氏四碑若有可疑者今録兩漢金石至此四碑始爲備細校核乃四碑各有鑄漏不符之實迹不特未見原碑并且未見隸釋原本乃僅据依明朝翻本之隸釋爲之者其寖謬者是太尉繁陽二碑之額及沛相碑百遼訛倏又退焉二字訛作復爲此皆萬無可置辨者故不得不明著其僞或當是褚千峯所爲耳

郭林宗碑

不知原碑額文云何今愚所見姜刻本篆額六字云有道郭先生碑恐未足據

先生諱泰字林宗太原介休人也其先出自有周王季之穆有虢叔者寔有懿德文王咨焉建國命氏或謂之郭即其後也先生誕膺天衷聡叡明哲孝友溫恭仁篤慈恵夫其器量弘深姿度廣大浩浩焉汪汪焉奥乎不可測已若乃砥節厲行直道正辭貞固足以幹事段括足以矯時遂考覽六經探綜圖瑋周流華夏遊集帝學收文武之將隊拯微言之未絕于時纓緌之徒紳佩之士望形表而景附聆嘉聲而嚮和若猶百川之歸巨海鱗介之宗龜龍也爾乃潛段衡門收朋勤誨童蒙賴焉用袪其蔽州郡聞德虛已備禮莫之能致羣公休之遂辟司徒掾又擧有道皆以

疾辭將蹈鴻厓之遐迹紹巢許之絕軌翔區外以舒翼超天衢以高峙稟命不蝸享年四十有二以建寧二年正月乙亥卒凡我四方同好之人永懷哀悼靡所置念乃相與惟先生之德以謀不朽之事僉以爲先民既没而德音猶存者亦賴之于見述也今其如何而闕斯禮于是樹碑表墓昭銘景行俾芳烈奮于百世令聞顯于無窮其辭曰

於休先生明德通玄純懿淑靈受之自天崇壯幽浚如山如淵禮樂是悦詩書是敦匪惟撫華乃尋厥根宮牆重仞允得其門懿乎其純確乎其操洋洋搢紳言觀其高滂淺泌止善誘能教赫赫三事幾行其招委辭召貢保此清妙降年不永民斯悲悼爰勒茲銘摛其光耀嗟爾來世是則是效

天下碑録云漢郭林宗碑在汾州介休縣墓側水經注云介休縣城東有徵士郭林宗宋子浚二碑宋沖以有道司徒徵林宗縣人也辟司徒舉太尉以疾辭其碑文云將蹈洪崖之遐迹紹巢由之逸軌翔區外以舒翼超天衢以高峙稟命不融享年四十有三建寧四年正月丁亥卒凡我四方同好之人永懷哀痛乃樹碑表墓昭銘景行云陳留蔡

伯喈范陽盧子幹扶風馬日磾等遠來奔喪持朋友服心喪朞年者如韓子助宋子俊等二十四人其餘門人著錫衰者千數其碑文故蔡伯喈謂盧子幹馬日磾曰吾爲天下碑文多矣皆有慙容唯郭有道無愧於色矣按此碑久已不存歐趙洪婁皆不著于録今日所傳拓者凡有二本乃近人傅青主鄭谷口所重書字跡醜惡不足云矣愚所録此本是乾隆七年如皋姜任脩摹本任脩字自耘號退耕後有自識云予從寒山趙氏拓本摹得又摹北海孫氏所藏石經殘碑得中郎筆法以吳炳

補桐柏碑之例重補此碑或比近人傅山鄭簠杜撰者差勝云愚按是本以亨爲享以遒爲隨以叚爲隱則皆見於劉熊碑者也以牆爲墻則見於石經論語者也又以榷爲確以徲徲爲栖遲則皆見於婁壽碑者也劉熊碑世或傳爲蔡書亨遒叚三字洪氏亦嘗以假借釋之至婁壽碑則未有目爲蔡書者石經論語雖屬蔡書然牆榷諸字則洪氏未嘗以假借釋之借非原石如此何以能闇合乎又或疑姜從隸辨摹入然若使從隸辨摹補亦焉能免參差集綴天吳裋褐之痕而予曾見姜君所摹袁逢曹全諸碑手意莽鹵斷不能脫空摹擬而勻潔若此惟其不能自運是以筆蹤弱劣不稱漢碑骨格而要之典型具在非傅鄭二刻比也且其通體筆意與寒山趙氏所摹婁壽碑相似則其出自寒山諒非誑語矣

此本内以瑋爲緯碩南原隸辨之書不著于録即此一條亦見姜氏此本非從隸辨來也

此本及傅鄭二本竝云年四十有二以建寧二年正月乙亥卒蔡中郎集則云年四十有三以建寧二年正月乙亥卒水經則云年四十有三以建寧

四年正月丁亥卒三處互異後漢書本傳云建寧元年太傅陳蕃大將軍竇武爲閹人所害林宗哭之慟明年春卒于家時年四十二考陳蕃竇武之死在靈帝建寧元年九月史不悞也然則林宗當生于順帝永建三年戊辰至建寧二年年四十二也惟是是年正月甲辰朔二月癸酉朔乙亥丁亥二日則正月皆無之若依水經作四年則其正月廿六日是丁亥然於史又不合是則所當闕疑者亦不得因有水經作四年而遽謂此本誤也

此碑未見眞拓本原不當録惟以舉世皆見傅鄭

二本而姜氏摹本似有依據蓋寒山趙氏之本必非無自是以録此且洪氏既未載其文尤當列其文於此與蔡集可資考訂焉非比楊氏四碑既載於洪釋者可以不録全文也

傅青主書此碑後有跋云此碑在南渡之前已不可見而今乃有藏此碑者吾從汾陽曹孝廉偉得一本不知近代何人補書陋甚不知青騾公所嘗識以為漢碑者又何本也按此所謂青騾者郭子章也子章重刻郭林宗碑跋云介休王尹正已訪於汾故家得舊碑示余予近過許昌摹魏受禪文叅之斯碑字體畫一其出蔡手無疑王乃命工鐫之貞珉據此云字體與受禪相類則是方整一種者矣此亦足證姜氏所摹之非無據也

兩漢金石記卷弟十八

日講起居注官　詹事府詹事兼翰林院侍讀學士大興翁方綱

附　魏孔羨碑

魯孔子廟之碑（篆額六字二行）

（一行）維黃初元年大魏受命允軒轅之高縱紹虞□（此字洪作氏）之遐統（二行）應歷數以改物揚仁風以作教於是揖五瑞班宗彝鈞衡石同度量秩羣祀於無文順天時以布化既乃緝熙聖緒昭顯上□（此字洪作世）追存二代三（三行）恪之禮兼紹宣尼褒□（洪作成）之後以魯縣百戶命孔子廿一世孫議郎孔羨為宗聖侯以奉孔□（洪作子）之祀制詔三（四行另提寫）公昔仲尼姿大聖之才懷帝王之器□□□□□（此五字據吳山夫金石文存云當衰周之末方綱按洪氏隸釋僅有當衰周三字下云闕二字魏志作之末吳山夫所録既未言所得是何時拓本且即使舊拓亦豈能出洪本上哉此可見山夫亦是據録釋爲之耳）而無受命之運□□（此二字洪本上一字闕下一字作生而吳山夫直闕其二字此亦足見山夫本即今拓本矣然下一字以勉跡審視不似生字今姑闕之）乎魯衛之朝教化乎汶泗（五行）之上栖栖焉皇皇焉欲屈己以存道貶身以救世當□□公（當字今拓本尚露上半公字尚見下半中間二字洪引魏志作時王）（六行）終莫能用乃追考五代之禮脩素王之事因魯史而制春秋就大師而正雅頌俾千載之後莫不采其文以述作卬其聖以成謀咨可謂命世大聖

億載之師表者已遭天下大亂百祀墮壞舊居之廟
毀而不脩褒成之後絕而莫繼闕里不聞講誦之聲八行
四時不睹烝嘗之位斯豈所謂崇化報功盛德百世
必祀者哉嗟乎朕甚閔焉其以議郎孔羡為宗聖侯
九行邑百戶奉孔子之祀令魯郡脩起舊廟置百石□卒此二字吳山夫皆闕洪氏隸釋作吏卒山夫蓋疑而闕之也顧氏金石文字記曰百石卒史者秩百石之卒史也漢書儒林傳郡國置五經百石卒史兒寬傳補廷尉文學卒史黃霸傳補左馮翊二百石卒史水經注載此為後人不通者改作百夫吏卒杜氏通志刻本亦作百戶吏卒三國志監本同朱竹垞因有雜尸之喻方綱按洪氏所釋孔羡碑已作吏卒則此二字之誤自魏碑已然無惑乎三國志之作吏卒矣然今諦視石本泐迹卒上一字似是史字未敢臆定
以守衛之又於其外廣為
屋宇以居學者於是魯之父十行老諸生遊士睹廟堂之
始復觀俎豆之初設嘉聖靈十一行於髣髴想貞祥之十二行另提寫來集
乃慨然而歎曰大道衰廢禮學滅絕卅餘丰皇上懷
仁聖之懿德兼二儀之化育廣大苞於無方十三行□恩淪
於不測故自受命以來天人咸和神氣烟熅嘉瑞踵
武休徵屢臻殊俗解編髮而慕義遐夷越險阻而來十四行
賓雖大皓遊龍以君世虞氏儀鳳以臨民□洪作伯禹
命元宮而為夏后西伯由岐社而為周文尚何足稱十五行
於大魏哉若乃紹繼微絕興脩廢官疇咨稽古崇配
乾巛允神明之所福祐宇內之所歡欣也豈徒魯邦

而已哉爾乃感殷人路寢之義嘉先民泮宮之事以
為高宗僖公蓋嗣世之十七行另提寫王諸侯之國耳猶著德於名
頌騰聲乎千載况今聖皇肇造區夏創□洪作業垂統
受命□洪作之日曾未下十八行另提寫輿而褒崇大聖隆化如此能
無頌乎乃作頌曰煌煌大魏受命溥將弁體黃虞含
夏苞商降釐下土十九行上清三光羣祀咸秩靡事不綱嘉
彼元聖有邈其靈遭世霧亂莫顯其榮褒成既絕寢
廟斯傾闕里蕭條二十行靡歆靡馨我皇悼之尋其世武乃
建宗聖以紹厥後脩復舊堂豐其甍宇莘莘學徒爰
居爰處王教既□洪作備羣小遄沮魯道以興永作憲
矩洪聲登假神祇來和廿一行休徵雜遝瑞我邦家內光區
域外被荒遐殊方□□洪作重譯廿二行搏拊揚歌於赫四聖運
世應期仲尼既没文亦在茲彬彬我后越而五之並
于億載如山之基
魏陳思王曹植詞此二行楷書
梁鵠書後人題碑後
右魏黃初元年封孔羡碑牛氏金石圖云在曲阜
縣孔子廟同文門西側東向額下有穿文廿二行
行四十字顧南原隸辨云行四十二字者誤也
碑以縱為蹤揖為輯珏為班姿為資恪為愙為

晉谷爲茲大皓爲太皥尋之爲尋蓋涉筆偶移左右耳至於丗代之丗則下横畫右出與卅爲三十字之廿旁加丨者迥不相同今諦審石本卅餘年卅字右邊直畫垂下之勢宛然此亦講隸法者所宜知也碩南原隸辨第引武榮碑季世六之字以爲與丗代字無別而不知引此碑也其可以魏人之隸而少之耶

中間慨然而歎下一段有韻育與測爲韻即可知杜詩屋韈同用之理矣

後題梁鵠書者郡守張稚圭按圖經之詞出于宋

嘉祐中汝帖掇集此碑之字因題曰梁鵠書雖不必其果足徵信然其書實自道勁不必盡以漢隸一概律之孫退谷嗤其矯厲方板過矣

附魏公卿上尊號碑公卿將軍上尊號奏八字二行篆額陽文

相國安樂鄉侯臣歆大尉都亭侯臣詡御史大闕七字據洪釋云夫安陵亭侯臣朗使持節闕二十一字洪云行都督督軍車騎將軍□□臣仁輔國將軍清苑鄉侯臣若虎牙將軍南昌亭侯臣輔輕車將軍都闕七字洪云亭侯臣忠冠軍將軍好時鄉侯臣秋渡遼闕十六字洪云將軍都亭侯臣未衞將軍國明亭侯臣洪使持節行都督督軍鎮西將軍東鄉侯

臣眞使闕五字洪云持節行都督督軍領楊州刺史征東將軍闕十五字洪云安陽鄉侯臣休使持節行都督督軍征南將軍平陵亭侯臣尚使持節行都闕九字洪云督督軍徐州刺史鎮東將軍武安鄉侯臣霸使持節闕十五字洪云左將軍中鄉侯臣郃使持節右將軍建鄉侯臣晃使持節前將軍都鄉侯臣遼闕六字洪云使持節後將軍華鄉侯臣靈匈奴南單于臣泉奉常臣闕十三字洪云貞郎中令臣洽衛尉安國亭侯臣昱大僕臣夔大理東武亭侯臣繇大農闕三字洪云臣霸少府臣林督軍御史將作大匠千秋亭侯臣照中闕十三字洪云領軍中陽鄉侯臣楙中護軍臣涉屯騎校尉都亭侯臣祖長水校尉關內侯闕三字洪云臣淩步兵校尉關內侯臣福射聲校尉關內侯臣質闕十三字洪云振威將軍俚鄉亭侯臣題征虜將軍都亭侯臣觸振武將軍尉猛亭侯闕七字洪云臣當忠義將軍樂鄉亭侯臣生建節將軍平樂亭侯臣闕十六字洪云圍安衆將軍元就亭侯臣神翼衛將軍都亭侯臣衢討夷將軍成遷亭侯臣愼懷遠將軍關內侯臣巽綏邊將軍常樂亭侯臣儁安闕十三字洪云夷將軍高梁亭侯臣昺奮武將軍長安亭侯臣豐武衛將軍安昌亭侯臣楮等稽首言臣等前上言漢帝奉天命以固禪羣臣因闕六字洪云天命以固請而陛下違天命以固辭臣等頑愚猶闕一字洪云知其不可況神祇之心乎宜蒙納許以福海內欣戴闕十六字洪云之望翻刻本一作之懷誠而丁卯制書詔臣等日□□□□□洪氏汪引魏志云以德則孫不足以

闕一字洪云時則雱未滅若以羣賢之靈得保首領終君魏
國於孫足矣若孤者胡足以辱四闕八字洪云海至平天瑞人事皆
先王闕六字洪云聖德遭慶孫何有焉是以未敢聞命臣等伏讀
詔書於邑益甚臣等聞易稱聖闕十七字洪云人奉天時而論曰君子畏
天命口口口口洪注引魏志云天命有去就然後帝者有闕二字洪云禪代是以
唐之禪虞命以在爾虞之順唐謂之受終堯知天命
去已闕二十五字洪云故不得不禪舜知歷數在躬故不敢不受不得不禪奉天時也不○敢不受
不得五字洪本亦闕注引魏志如此殷不受畏天命也漢朝雖承季末
陵遲之餘猶務奉天命以則堯道是闕十六字洪云以頤禪帝位而
歸二女陛下正於大魏受命之初抑虞夏之達節尚延陵之讓體
所杜者大所旨者小所詳者輕所闕九字洪云略者重中人凡士口口
洪引魏志云猶爲陛闕五字洪云下陋之歿者有靈則重華必忿憤於倉
梧之神墓大夏必鬱色於會稽之山陰武闕二字洪云王必
不悅闕三字洪云於高陵之元闕二字洪云宮矣是以臣等殷以死請
且漢政在奄宦祿去帝世七室矣遂集矢石于其一闕
字洪云宮殿而闕十四字洪云二京爲之丘虚當此之時四海蕩覆○當此之時四海蕩七字洪本
亦闕引魏志如此天下闕二字洪云分崩武闕一字洪云王親衣甲闕一字洪云而
冠胄沐雨而櫛闕一字洪云風爲民請命則活萬國爲世撥
亂則致升平鳩民闕廿一字洪云而立長築宮而置吏元元無過罔於前業而始有造
於○元無過罔四字前業而始有五字皆洪本闕引魏志如此華裔

陛下即位土昭文德以翊武功勤恤民隱視之如傷
懼者寧之勞者休之寒者以煖飢者以充遠人闕十一字
洪云以德服冠敘以恩降邁恩種○恩降邁三字洪本闕引魏志如此德光被四表稽
古篤睦茂于放勳罔漏春自裕于周文是以布政未
朞人神並和皇天則降甘露而臻四闕九字洪云靈后土則挺芝草
而吐○后土則三字草而二字洪本闕皆引魏志如此醴泉虎豹鹿菟咸素其
色雉鳩燕爵亦白其羽連理之木同心之瓜五采之
魚珍祥瑞物雜遝於其間者無闕九字洪云不畢備古人有言微禹○古
禹二字洪本闕引魏志吾其魚乎微大魏則臣等之白骨既交
横于曠埜矣伏省羣臣内外前後章奏所以陳叙陛
下之符命者莫不條何洛之圖書授天地之瑞應因
漢朝之款誠宣萬方之景附可謂信矣著矣口矣裕
矣高矣闕八字洪云邵矣三王無以及五○三王二字洪本闕引魏志帝無以加民
命之懸於魏邦民心之繫於魏政卅有餘年矣闕一字洪七
引魏志作此乃千世時至之會萬載壹遇之秋達節廣闕七
字洪云度宜昭於斯際拘○度宜昭斯際拘六字並引魏志彎狹闕一字洪本闕今驗舊拓似是
一行字洪引魏志此句云拘牽小節不施於此時久稽天命罪在臣等
輒營壇場具禮儀擇吉闕二字洪本闕一字引魏志云日今驗仍闕一字洪失之
昭告昊天上帝秩羣神之禮闕一字洪云須祭畢闕六字洪云會羣寮
下朝堂○會羣寮堂四字引魏志議年號正朔服色當所闕二字洪云以施

行臣謹拜表朝堂臣歆臣詡臣朗臣仁臣若臣輔臣
忠臣秋臣柔臣洪臣眞臣休臣闕六字洪云臣尚臣霸臣郃臣晃臣
遼臣靈臣泉臣貞臣洽臣昱臣夔臣繇臣霸臣林臣
照臣楙臣陟臣祖臣淩臣福臣質臣題臣觸臣當闕八字洪云臣生臣圍臣神臣衢臣愼臣巽臣俊臣曷臣豊臣楮誠惶
誠懼頓首頓首死罪死罪翻刻本一有臣繇等言四字誤

右魏上尊號奏亦名勸進碑今與受禪碑並在許州南三十里樊城鎮漢獻帝廟中二碑皆南向此在東側受禪碑西側也洪氏隷續云二碑文皆廿二行此碑行四十九字受禪碑行四十八字皆有

奕局文陛下等字皆平闕牛氏金石圖以爲行字不可數者未之攷也今見拓本剥泐又甚故不悉記原石行數矣惟陛下即位云云以後又一拓本故特起以別之耳

是碑不書立石年月碩寧人云此文當在延康元年而刻於黄初之後按後漢書獻帝紀建安二十五年三月改元延康冬十月乙卯皇帝遜位魏王歐陽公集古録謂魏志是年十一月癸卯猶稱令者當是十月行一字也方綱攷通鑑目録是年十月癸卯朔歐陽子之言信矣然延康是漢年非魏年通鑑目録既不著延康之號而魏志書於文帝紀正恐覽者或未之詳耳

是碑之文載於魏志注中亦删節録之也其云陛下即位光昭文德志注作光字隷釋同之然今審拓本僅存上半實非光字授天地之瑞應據隷釋作授今審拓本頗似授字是以姑仍洪氏作授然亦未敢定也

洪文惠云碑自造于華裔之後石理皴剥字跡晻昧今世所傳者多是前一段尓近日吴山夫金石文存亦載至華裔句止至近今數年拓碑者始知

併後段拓之雖極剥泐然尚略辨其槩但與受禪碑俱已糢糊不若華裔句已上前半石本尚筋骨具備耳

柱即柱字倉即蒼字泉即泉字至於光被四表則漢末之文亦已如此建安黄初間爲將相者必非臨文時甫就經師取料則其爲東漢以來傳誦如此之本可無疑者而戴東原必謂古本堯典作横被四表横轉寫作桄桄又脱誤爲光以此矜言復古其亦可以不必矣〇吴禪國山碑亦有格于上下光被八幽之文去此碑不遠亦可相證也愚嘗

平心論之借使古本有作橫被者亦當兩存以相叅質不必定斥光字之非況於義理光字更爲足

乎

附魏受禪碑

受禪表三字一行篆額陽文牛氏金石圖摹作陰文誤

維黃初元年冬十月辛未皇帝受禪于漢氏上稽儀極下考前訓書挈所録帝王遺事義莫顯於禪德美莫盛於受終故闕十二字據洪釋云書陳納于大麓傳稱歷數□□洪云闕二疑當闕三是以降闕一字洪云世且二百年幾三千堯舜之事復存于今允皇代之上儀帝者之高致也故立斯表以闕五字洪云昭德□義焉

皇帝體乾剛之懿姿紹有虞之黃裔九德既該欽明文塞齊光日月材無三極及嗣位先皇龍興饗國撫柔黎民化以醇德崇在寬之政邁愷悌之教宣重光以照下擬陽闕十七字洪云春以播惠開禁倉散滯積冢臣□□□□□之錫勞獲金爵之賞褆祿闕二十三字洪云之孫食舊德之祿善無微而不旌功無細而闕一字洪云衆地陪臺蒙賜餼之養興遺勳繼絕世廢忘之不□□□□□戎士哀矜庶獄罷戍役焚丹書囹圄虛靜外無曠夫元澤雲行罔不沾渥若夫覆載闕七字洪云簡易剛柔允宜乾巛之闕九字洪云德陰陽□□□□□類育物奮庸造化之道四時之功也寬容淵嘿恩洽羣黎皇戩之質堯舜之姿也

闕十七字洪云孜孜業業邁德濟民伯禹之勞□□□□叡智神武料敵用兵段湯之略周發之明也廣大配天地茂德苞衆聖鴻恩洽於區夏仁聲播闕十三字洪云於八荒雖象胥所□□□□□□和而来王是以休徵屢集和氣烟熅上降乾祉下發巛珎天闕啓闔四靈具臻闕十九字洪云涌醴橫流山見黃人所以顯受命之□□□□□之期運也其餘甘露零於豊草蠶繭於茂樹嘉禾神芝奇禽靈獸窮祥極瑞者朞月闕十六字洪云之間蓋七百餘□見自金天以□□□□□嘉祥之降未有若今之盛者也是以漢氏覩歷數之去已知神器之有歸稽唐禪闕十三字洪云虞紹天明命釐嬪二女欽授天位皇帝謙退讓德不嗣至于再至于三

於是羣公卿士僉曰陛下聖德懿侔兩儀皇符照晰受命咸宜且有熊之興地出大螻夏后承闕二十一字洪云統木榮冬敷殷湯革命白狼銜鉤周武觀□□□□□方之今日未足以喻而猶以一至之慶寵神當時紹天即祚負依而治闕二十二字洪云況於大魏靈瑞若茲者乎蓋天命不可以辭□□□□□以意距大統不可以久曠萬國不可以乏主宜順民神速承天序於是皇帝乃回思遷慮爾觀庶徵上在璿機茲之周易卜以守龜龜茲襲吉闕二十二字洪云五反靡違乃覽公卿之議順皇天之命練吉日□□□□唐典之明憲遵大鹿之遺訓遂於繁昌築靈壇設壝宮跱圭璧儲犧牲延公侯闕十九字洪云卿士常伯常任納言諸節牧

□犁虎□□□□匈奴南單于東夷南蠻西戎北狄王侯君
長之羣入自旗門咸旅于位皇帝乃受天子之藉冠
通天龍袞龍穆穆皇皇物有其容上公薦祝燔燎棫
樸闕十九字洪云告類上帝望秩五岳四瀆六宗徧于羣神□□□昊祥風來臻乃
詔有司大赦天下改元正始開皇綱闡帝載殊徽幟
革器械脩廢官班瑞節同闕十三字洪云律量衡更姓改物勤崇垂鴻劉□
作則永保天祿傳之罔極

右魏受禪碑洪氏隸釋曰所謂受禪表者蓋表揭其事非表奏之表也小歐陽集古録目云碑不著所立年月今按乃是黃初元年之十月晦也

碑中有熊夏后云云蓋皆出於讖記東漢之儒競言讖緯卒致三分之際曹魏受禪孫吳封山皆託讖以爲文且欲以炫於後世斯經師之流斁史冊之炯鑒也

洪所未釋者横即璣字廠即麓字照即昭字至若乏字上作横畫尤於反正之旨相合此當有益於六書者而婁氏字原不收近日顧氏隸辨收之乃訛作上撇何也

集古録云世傳爲梁鵠書而顔真卿以爲鍾繇書劉禹錫云王朗文梁鵠書鍾繇鐫字謂之三絶又古文苑載聞人牟準魏敬侯碑陰云魏羣臣上尊號奏鍾元常書魏受禪表文衛覬金針八分書也方綱按此二碑實出一手書蓋純取方整開唐隸之漸矣

附黃初殘字二種

雜弟故
脩德義休
牧伯納
康事以

此一面四行

疾病卒
九以黃初五
民榮靡所膽

此一面三行

右二塊各十三字逕寸許隸書文有界局後有刻云乾隆元年夏五既望得于洛陽芊野臨濮圃藏

黃初元
年三月
十九日
孫二乂

李三娘
□□□
娘陳九
娘衛十
五娘衛
十娘吳
□娘為
□□造

右大字隸書約有十二行三十字
以上相傳是黃初殘字者二種後一種多言其是
僞造故系於後然前一種亦無可考姑記存之

附吳寶鼎甎文
大吳寶鼎二年歲在丁亥作
右吳寶鼎二年甎陽識隸書十一字歲在二字微泐其半而作雙鉤文以今衣工尺度之長尺有寸五分闊寸有八分
朱竹垞跋云康熙四年吳之村民於小雁嶺掘地得塼二識云云蓋孫皓時紀元通鑑晉泰始三年也而有鉤文知非民間物考是年六月皓起昭明宮方五百丈二千石以下皆自入山督攝伐木一時摶埴之工陶旊交作或分命吳郡助其役理有然者摶之爲用古人取材必精故羽陽銅雀香姜之瓦皆可製研而是甎相之理觕質暴若似乎火氣不交埒不執者殆爲坏者所棄流轉民間未可知也張芑堂燕昌跋云是甎字與皇休明天發神讖碑同一運筆法
芑堂又以蜀師甎字拓文見寄中有蜀師二字字體與隸書近芑堂云嘗於吾鄉海上見之徐友竹堅說揚州平山堂下開河得古甎亦有蜀師字蜀師二字未詳何義近日吳興又得一甎文曰蜀夫

篆法亦古雅有致漢隸字原隸續俱載景師甎蜀師蜀夫景師蜀師豈其類歟

附吳九真太守谷朗碑
方綱所見拓本無額其碑上方有後人所刻重脩字然或碑是重立耳非重脩碑刻也
府君諱朗字義先桂陽耒陽人豫章府君之曾孫公府君之孫郎中君之子也其先世自顓頊益爲舜虞賜姓嬴氏至于扉子封於秦谷因而氏焉君承洪原之清流稟弈世之高素履道思順德行純脩三歲喪母十一亡父獨與弟展承奉繼親和顏悅色孝友溫恭曾閔之操君其蹈焉弱冠仕郡歷右職守陽安長

淛問宣𡊮遂升王府除郎中尚書令史郡中正遷長
沙劉陽令播渥恵以育物垂仁恩以布化莅政未期
徵拜立忠都尉尚書郎靖密樞機名冠□□遷部廣
州督軍校尉正身率下不畏彊禦𡊮清蕩濁萬里肅
□功成辭退拜五官郎中遷大中正平衡清格彛倫
攸叙于□交州竊𢀷叛國戎車□□干戈未戢帝思
俾乂訓咨羣司僉以君任部南州威恩□□遷九真
太守君稟明德所歷垂勳宜延遐紀光□皇家如何
不永春秋五十有四鳳皇元年四月乙未寢疾而卒
嗚呼哀哉凡百君子莫不嗟痛乃立碑作頌以顯行

績其詞曰
於鑠府君稟性元通積行閨閾九族睦雍羽儀上京
德與雲騰入蹈丹墀夙夜靖恭出撫梨民風移俗與
名晷豹產勳齊往縱當乳黃耇翼佐帝庸昊天不弔
哲人其終濟濟縉紳靡瞻靡宗勒茲□石乳光無窮

右吳九眞太守谷朗碑在湖南耒陽縣其文十八
行行廿四字隸書以順爲順从心色爲色劉陽爲
瀏陽衞爲衛訓咨爲疇咨顯爲顯梨爲黎縱爲蹤
蓋猶沿漢碑之遺其字道勁亦有漢分隸法
是碑罕見於著録惟歐趙二書有之趙有目無跋
歐陽公云碑無書撰人名氏按秦本紀非子邑於
秦而此與朗子永寧侯相碑皆爲扉子莫詳其義
也近日崑山葉九來奕苞金石録補題曰吳秦朗
碑云按吳志建衡三年陶璜破交趾禽殺晉所置
守將九眞日南皆還屬則必以是年守九眞明年
改元鳳皇而卒史不立傳其三世皆仕吳爲牧守
而志亦無考也愚按葉氏引吳志是矣但以爲秦
朗者乃誤讀碑内賜姓嬴氏後封秦谷之句而致
訛耳不特歐趙二書皆作谷朗爲可據而今所見
拓本之末有興業鄉大義鄉嗣孫谷起凰谷尚志

諸姓名皆谷氏之後裔其爲谷朗愈無可疑矣

附吳禪國山碑

此已前未知有幾行據吳槎客考云以前尚有三行据雲薖漫鈔僅從此前一行起

□□□□□格亏上下光被八幽□□□□□不歸仁是故
□□□□□□□□□□□□□□□□□□□□□□上尊
□□□□□□□□□□□於是丞相沇兼太常□□迎
□□□□□□□□□□□□□□□□□□□□□□□□
□□□□□□□□□□□□□□□□□□□□□□□□
□□□□□□□□□□□□□□□□□□□□□□□□
□□□□□□□□□□□□□□□□□□□□□□□□

□□□□□□□□□□□□□□□□□□□□□□□□
□□徘徊於此遂基大宮玉燭シ□□澤□清萬民子來不日
□□□□□□□跂足率土來庭柔服百神經緯□□日昃不
□□□□□□百家思該□□□陵遲大綠朱光閭光東觀
□□□□□□典采□□□□□拯化無幽不閭衆逸遠佞寬
罪宥□□□□□□□□□□慝凶□□朽枯上天感應□□
□□□□初外特發□□□受籙圖玉璽啓自神賢神人指授
金冊青玉符者四日月抱戴老人星見者弍十有弍五帝瑞氣黄
□□□□宮闕顯著斗牛者弍十有九麟鳳龜龍銜圖負書卅
有九青猊白兕月鷟采鳳□廿有二白麃白麐白麅白兕卅有□

兩漢金石記卷十八　十八

白雉白烏白鵲白鳩弍十有九赤烏赤雀廿有四白雀白燕廿有
黍神魚吐書白鯉騰船者二靈絮神蠶彌被原野者三嘉禾秀穎
甘露凝液六十有五殊幹連理六百八十有三明月火珠璧流離
卅有六大□□餘泉黍十有五大寶神璧水青瑴璧卅有八王
燕王羊王鳩者三寶□□鐘神鼉夏柷神禹卅有六石室山石闕
石印□□□□□天讖彰石鏡光者弍十有弍神□頌歌廟
靈□示者三□□□湖澤開通應讖合謠者五神□□僮靈母
靈女告徵表祥者卅有黍靈夢啓讖神人授書著驗□□者十秘
記讖文王板紀□者三王几王印文采明發者八□□王琯王瓚
王玦王鉤王稱殊輝異色者卅有三王尊王盌王盤王罌清絜光

服者九孔子河伯子胥王□□言天平墬成天子出東門鄂者四
大賢司馬徽虞翻推步圖緯甄匱啓緘發事與運會者二其餘飛
行之類植生之倫希古所覿命世殊奇不在瑞命之篇者不可稱
而數也於是旃蒙協洽之歲月次陬訾之口日惟重光大淵獻行
□□□惟茲歲帝出虖震周易實著遂受上天王璽文曰吳眞
皇帝王質□□□理洞徹𡙇受祇莛夙夜惟寅夫大德宜報大命
□□□□兆宭灘之歲欽若上天月正革元郊天祭地紀禘天
□□□命於是丞相沇太尉璆大司徒燮大司空朝執金吾脩
□門校尉歆屯騎校尉悌尚書令忠尚書昬直晃昌國史瑩覈等
□以為天道元默以瑞表眞今衆瑞畢至三表納貢幽荒百蠻浮
□□化九垓八埏罔不被澤率按典繇宜先行禪禮紀勒天命遂
□□□□山之陰告祭刊石以對揚乾命廣報坤德副慰天下喁
□□□□

兩漢金石記卷十八　十九

中書東觀令史立信中郎将臣蘇建所書

後有刻工殷政何赦六字一行雲麓漫鈔諸本不載吳槎客考列于中書東觀令後一行之下方亦未見拓本今姑闕之

格丏上下之上闕七字据吳槎客考云□之□□

□子茲

上尊之上闕二十二字据吳考云弟十五字賂
上尊云云之後一行全闕据吳考云末六字靡不
遑假民用吳云荆溪外紀自民用字起
於是丞相之上闕九字吳考云不犯於是□方綱
按今以拓本驗之實闕九字吳作五字非也
兼太常之下闕二字迎下闕五字吳云太常處奉
迎□□□□□□□率禮按此又多出五字亦
非
於是丞相云云之後一行全闕吳云備儀尊敬闕十九字宮字闕一吳又云儀雲麓漫鈔作義
徘徊云云之前一行吳亦全闕
徘徊上闕三字吳作所臨□
跂足上闕八字吳作□□□□□□延頸
經緯下闕二字吳作庶務
百家上闕七字吳作暇□觀六經旁貫
思該下闕四字吳作道根繫世
典采上闕七字吳作□紀實言建設墳
典采下闕五字吳作詢微闡窮神
罪宥下闕十一字吳作刑尊道尚功嘉善矜弱哀
賤

初升上闕五字吳作□□□踐阼
特發下闕三字吳作神夢膺
宮闕上闕五字吳作旗紫蓋覆擁
白兎卅有下闕一字吳作二
餘泉上闕三字吳作貝餘甒
鳩者三寶之下闕二字吳作鼎神
石印之下闕七字吳作封啓九州吉發顯吳云吉
疑作告
湖凖之上闕四字吳作谿民推紀
僮靈之上闕二字吳作翁神
板紀之下闕一字吳作恩
王琯之上闕二字吳作王□
胥王之下闕二字吳作□宣吳云宣荆溪外紀作
圖誤也宜上一字或當是裔字姑闕之
惟茲歲之上闕四字吳作年所值實
王質之下闕三字吳作青黃角吳云或作觧或作
虓今石仍闕其半
兆渻之上闕五字吳作宜彰乃以柔
命於是之上闕四字吳作璽用彰明
門校尉之上闕一字吳作城

以爲之上闕一字吳作僉
化九垓之上闕二字吳作海慕
山之陰之上闕四字吳作於吳興國
末行首四字全闕吳作偶之望焉
以上海鹽吳槎客碑考所錄全文之字皆審定諸
本載之愚所以不錄於前而綴於後者非概有所
疑也凡愚所著錄金石之文必以目見拓本爲主
苟非出於氈蠟所有者則悉從附綴亦期於不沒
其實爾
右吳禪國山碑江南通志云在荊溪縣西南五十

里牛氏金石圖云在宜興縣張朱鎮北三十里山
頂上碑如鼓形高八尺圍一丈二尺三面皆剝蝕
僅存西面二十行行十九字可識者二百五十三
字（方綱按牛氏所摹十二字曰門鄂者四曰一其餘飛曰文曰吳貞攷以文二其餘飛之後尚漏二行足知牛氏所見摹本之不全矣昔嘗手量石鼓驗牛氏所著尺度之不可信今據吳槎客考則此碑之字尚存三面何云僅存西面乎即以所存正面言之亦當是南面而非西也）吳山夫
金石文存云碑本甚巨今止存二十行行九字其
上下四旁多已不具即此二十行中剝落者尚數
十字二家著錄之言如此愚初得一拓本乃有三
十一行行二十五字可識者五百十二字今海鹽
吳槎客騫寄來手拓全本則可見者三十五行凡
可識字五百九十三字（槎客考中謂摹得四十一行凡千餘字蓋兼其泐處計之耳）槎客云牛氏所謂張朱鎮者朱當作渚張渚
鎮見宋九域志其北去碑纔十餘里牛云三十里
亦誤也槎客又曰國山爲荊南巨鎮董山又其下
之小者此碑在董山之巔高丈有二尺圍二丈其
形圓而橢有類於碣字逕二寸起東北訖西北周
繞三面正北一面似無字也石色紫青而堅光可
以鑑今南面下截斜泐數寸脫十餘字而西面上
截裂尤深更數年當折一角矣雲麓漫鈔云土人

目曰囤碑以其石圓八出形如米廩云
吳槎客國山碑考辨陳壽吳志之誤曰是碑天冊
元年所立吳志書於天璽元年此不辨碑文之過
碑云旃蒙協洽之歲受上天玉璽乃以柔兆涒灘
之歲紀號天璽丞相沇等咸以爲宜先行禪禮云
云則是天璽之前一年也又碑有國史瑩覈等名
覈乃華覈攷本傳以天冊元年免官益知不在天
璽明矣朱長文墨池編歐陽集古錄王象之輿地
碑目張鉉金陵新志皆以爲天冊元年立者是也
按槎客此辨竟以爲史失之矣又吳山夫金石文

存云天璽元年丙申正所謂涒灘之歲紀號天璽
也但據碑言似因封山而後改元天璽據吳紀則
陽羨石室之瑞在天璽元年因封禪國山明年又
改元大赦則改元者天紀也大抵此時無歲無瑞
亦頻歲改元先後之閒固有不及細詳者矣愚按
二家之説山夫較爲渾融且此碑前文尚闕數行
究未審其起處爲何語亦安得遽據碑以駁史乎
愚雖嗜攷金石而未敢輕易專据所見以斷史之
誤所以貴闕疑也

槎客考中爲盧熊國山碑跋正月辛亥之誤極爲

精核曰盧跋正月當是十月之誤左傳襄三十年
歲在陬訾之口孔穎達正義曰十二次亥爲陬訾
碑借星名以紀月猶下借歲陽歲名以紀日月次
陬訾之口者蓋爲孟冬十月建亥之月非正月也
六里山石刻云旃蒙協洽之歲孟冬陽月所紀正
與碑合又攷是歲十月壬寅朔則辛亥初十日也
陳鱣松研齋隨筆曰玉峯顧氏論甲子古人用以
紀歲歲則自有歲陽歲名以甲子名歲雖自東漢
已下然未嘗正用自三國鼎立天光分曜而後文
人多舍年號而稱甲子吳後主國山封禪文旃蒙
協洽之歲月次陬訾之舍日惟重光大淵獻日當
言辛亥而冒用歲陽歲名則又失之鱣按國山碑
陬訾之口非舍字驗之拓本正與左傳尔雅合顧
氏蓋猶踵雲麓漫鈔之譌耳方綱按正月孟陬之
陬从阜十二次亥爲娵訾之娵从女是碑借陬爲
娵也

盧熊跋云太尉璆即宏璆曲阿人宏咨之孫權外
甥也後官至中書令太子少傅大司空朝史稱兼
司徒董朝國史瑩覈即光祿勳薛瑩東觀令華覈
也宜與縣志云國山本名離墨山俗又呼董山以

董朝所封故也吳槎客云執金吾脩當即滕循循
脩古通故三國志作滕循晉書作滕脩也屯騎校
尉悌當即張悌尚書令忠當即丁忠尚書昬當即
岑昬並見吳志餘若丞相沇大司徒燮城門校尉
歆尚書昷晃昌俱未見於國志惟晉書杜預傳有
吳都督孫歆五行志有吳尚書僕射屈晃甘卓傳
父昌吳太子太傅侯旻攷之

槎客考又云立信中郎將雲麓漫鈔及周雪客天
發神讖碑攷並作正信誤也立信中郎將雖不見
於後漢百官志及三國志等書按元劉大彬茅山

志云杜契杜陵人孫權用爲立信校尉是吳官有立信之號矣又吳志陸抗傳赤烏九年遷立節中郎將九眞太守碑又有立忠都尉皆其類也蘇建一作健誤方綱按雲麓漫鈔載碑末一行云中書東觀令史立信中郎將臣蘇建所具文愚初得拓文末一行不可辨亦以雲麓漫鈔爲得其眞矣及槎客今寄全拓文則建字下所書二字宛然今而後可定爲蘇建書無復有異議也

槎客云靈女告徵錄續雲麓漫鈔及朱彝尊天發神讖碑考序並作神女惟沈欽荊溪外紀作靈女

按干寶搜神記漢代十月十五日以豚酒入靈女廟擊筑奏月上弦之曲作神女者誤愚按今見石本實是靈字諸家沿訛作神也

碑中凡廿卅字雲麓漫鈔俱訛作二十三十字司馬徽微即徽字雲麓漫鈔訛作徵陋訾之口訛舍三表雲麓作四此皆槎客已改正者徽即江表傳丹陽刁元使蜀得司馬徽與劉廙論運命者也

王象之輿地碑目分列陽羨封禪碑吳禪國山碑爲二者誤也鄭樵金石略云吳禪國山碑陰未詳所在碑圓不可言陰亦誤也干奕正天下金石志王槩天發神讖碑賦注並目爲天紀碑亦誤也王士正兮甘餘話云天發神讖碑即囤碑則漁洋本不講金石之學勿與辨可矣

陶宗儀書史會要云蘇建官至中郎將其書與皇象同所書禪國山文在宜興善卷山中愚按此謂與皇象書同者近之後之論者或因此又謂天發神讖碑亦蘇建所書金陵瑣事及盧熊國山碑跋又或謂國山碑亦皇象所書陳鱣引沈德潛語則皆牽引無據矣吳槎客又極駁盧熊此碑書勢與天發神讖碑相似之說亦無庸也

王象之輿地碑目云集古錄吳國山碑不著撰人名蘇建篆歸命侯天冊元年得玉璽刊石告禪于國山之陰其所述瑞應凡千有二百餘事愚按此條引蘇建篆甚明然此語今集古錄無之詳繹其文是小歐陽集古錄目中語也

愚按是碑侈陳符瑞詞多誣誕即後人或取以考核史志前後年月究無確據皆無關於著錄之大者惟篆勢遒勁爲三國孫吳時之蹟是爲古物可翫耳是碑玉皆書作王一皆書作弌四或作亖七皆作桼皆古體之僅存者桼字則洪氏嘗說之矣

廿卅字則古本左傳巳然惟𨑨字篆勢不甚可解
而又搋兮明姑從諸家録作𨑨耳
王羊王鳩今驗石本實是鳩字江南通志等書作
鵷非也啓緘發事下是與字諸本皆作與非也愚
於金石文皆据目見拓本爲驗而不敢据諸家著
録之文者以此

附

吳天璽紀功碑

丁步于日月

上天帝言天 或作而誤

第一段

帝曰大吳一　萬方甲午丙日于 第一段 徵靈上半

才化中平子　此字或作元誤 元示于山川一 靈革

天發神讖文

天璽元年丞　巳酉朔十四日中 靈上半一第三段

武中郎將丹　川岭川峊 山 巨巨

然發刻廣省　此字或作于誤 是天讖廣多　未解解

者十二字日　月廿三日遣　解文字

令史建忠中　將會稽陳治　解十

三字治復有　未解日八月一 此字只露此

詔遣中書郎行　將軍裨將軍關內　九江

費宇行視更　二字合五十參　宇與 或作字誤

西部校尉姜　關絡典校皐儀備　梅肖

章成李楷賀　吳寵建業丞許　番約

等十二人吏 露半 竝共觀視深甄麻 露上半 永歸

大吳上天宣命昭太平文字炳朖而 或作天誤 在諸

石上故就　刊銘敷垂億

蘭臺東觀令　吳郡

巧工九江朱　工東

功東海夏侯

右石凡三段第一段廿一行中空一行共存全字
一百有七半字一第二段十七行中空二行共存
全字八十五半字九第三段十行中空一行共存
全字二十半字二揔計三段廿一行凡存全字二
百十有二半字十有二
乾隆四十四年秋九月十五日方綱親到江寧府
學尊經閣下手量是石中段爲第一石高三尺五
寸圍八尺九寸其頂宛然鐘形截去上甬者截痕
尚可辨也東爲第二石高二尺三寸三分圍八尺
六寸此石末工東二字乃是半字自此日下削去

是以此半邊有似方形西為弟三石高二尺六寸二分其圍則上濶下束亦以削去之故側出方稜耳上圍六尺八寸三分下圍六尺三寸七分

石上題跋

余因遊府南天禧寺寺門之外有石三段半埋于土竊疑以為天璽元年巖山紀吳功德段石岡之碣因觀之果耳人多傳口象書稽之實八百十有五年字雖損缺而尤有完者寺僧不知護持歲月之久風雨所暴必至泯滅因華至漕臺後圖籌思亭時辛未元祐六年三月二十六日轉運副使左

朝請郎胡宗師題

右正書十行在弟一石之後

余奉命計臺侍親遊此得天璽斷碑親之吳山夫云當是觀字而石刻實是親筆力高面兩文辭殘簇不可讀也悲夫崇寧元年中秋日轉運判官石豫安正題面兩二字不可解

右正書十一行在弟一石頂之右

人見上古殘碑集字輒珎重以為希奇古人之心千載如見獨不當一仰思邪明嘉靖甲子暂學御史天臺山人耿定向識是日南畿舉人修序齒會始也

右行書十二行在弟一石頂之左

北平翁方綱來觀

右八分書一行在弟三石之右下

按王槩天發神讖碑賦自記云是碑凡二十二行然實是二十一行其以為二十二行者連空行計之也又謂補三十一字是二十一字之譌二十一字者弟三行上段之下補統字此未可知弟四行中段之頂補元字非弟六行上段之下補月字此當是弟七行上段之下補陽字未知弟八行中段之頂補于

字非弟九行上段之下補黍字未知中段之頂補月字今從之下段之頂補解字今從之弟十行上段之下補郎字當是弟十一行中段之下補日字未知弟十二行上段之下補大字未知下段之上補侯字當是弟十三行上段之下補解字未知中段之頂補十字非中段之下補字字當是弟十六行上段之下補往字未知中段之下補歷字當是弟十七行中段之頂補大字今從之弟十八行中段之頂補刻字非中段之下補萬祺字未知而反遺失數字如弟六行中段末之中字弟七行中段末之山字弟十四行中段末之備

字皆拓本見全者而皆失之其所總計行數字數
概不可憑丕特近日滋陽牛氏金石經眼錄所圖
三段之尺寸皆已差舛而王虛舟竹雲題跋所計
行數字數亦皆不足據也
朱竹垞云秦當作泰今驗石本實是泰字並非秦
字也又吳山夫云此碑非一石所折今驗其東段
第二石之頂為人磨平刻一裔字字大於篆而不
能泯其鏟鑿之痕是一石折為三無可疑者
蒼潤軒帖跋云碑舊在壽思亭今驗胡跋內壽思
亭二字尚可辨王介甫有壽思亭詩自注云在江

東轉運司南廳也是碑實是篆書並非分隸相傳
是皇象書又有以為蘇建書者則是因國山碑牽
引致誤耳
補黃初殘字前一種內續得六字
按君士
掾退丰美
己酉二月山陰何夢華以此拓本見贈其體勢大
小與前所錄二面各十三字者毫髮無二蓋一石
之字也

兩漢金石記卷第十九
日講起居注官文淵閣直閣事兼翰林院侍讀學士大興翁方綱
隸續補
今世所傳洪氏隸續非完書故秀水朱檢討嘗欲
依婁氏漢隸字原目次取陳氏寶刻叢編所有者
補之方綱竊取斯意凡據洪跋八條而洪氏所爲
滂喜篇併附考釋於後
補第四卷首
武君闕銘
韓勑孔林別碑兩側題名

功曹史殘畫像
雍邱令殘畫像
成王周公畫像
會稽東部都尉路君闕
甄陽令宋君殘碑
已上婁氏目第二百八至第二百十四凡補七
題
韓勑孔林別碑兩側題名
兩題名廣不及尺長如其碑蓋是刻於兩傍者趙氏
錄韓君後碑亦有陰豈即此耶或別有之也大中祥

符年遣翰林待詔尹熙古書士十二賢贊黃有鐫記在其上又有知縣廟事孔子四十四代孫景同誌之文知此在孔林而爲韓碑題名較然矣石之一有唐人李肱及慶歷中辛苦渝題識歲□皆刻於漢字之上使古□□□□侵蝕吁可惜哉

雒邛令殘畫像

雒邛令殘畫像其標題皆已摩滅獨存泰山爲雒邛令一榜六字所謂太山者疑泉。辨其所終之官其書法亦猶朱浮碑云府君作令時之比此畫形制甚有□朱君者但作一㫄行則與之不類又人馬之形貌

亦不類駕車各以一馬凡車之上有蓋乘車者之後有一人焉其御也惟弟七車無蓋而御者執斧其次則導者二人各執其物有如箭者次二人乘馬次導者又二人然後至所謂雒邛令之車次二人乘馬從之後有一車惟見其馬與車之半輪餘則缺矣此刻及朱浮畫乃是寫其平生車騎之容納之幽穸者亦塗車芻靈之意後世神祠佛剎中圖畫於廊廡間有此類者

成王周公畫像

成王周公畫像有標題者六皆偏而不正惟成王周公二榜不侵滅其閒張幕設案有總角垂衮而中立者成王也冕而跪于東者曰周公則西者當是召公漢碑有龍旂者隨其文而觀之則先龍而後旂蓋以碑之所向爲左右也立於二公之後者六人其西三人則無標題皆有所執如弓矢之屬一馬在其後此碑所列諸臣翼如也與武梁朱浮畫像法式皆異雒邛令及此圖皆洛陽朱敦孺希眞所藏者朱云齊魯閒漢公卿墓中物亦不詳其主名武帝嘗畫周公負成王朝諸侯以賜霍光此畫之意艮未喻也

會稽東部都尉路君闕

此條隸續原文具存錯簡在卷弟十三之四頁內宜移補於此處（庚申造以上乃闕上所刻字東都冢墓以下則洪氏之文）曲臣桂君（醆）曰醆按弟十三卷路君二闕凡二跋其後跋末云東部說在前卷則此條非弟十三卷之文明矣蓋弟四卷所載者有闕而無畫像至弟十三卷則皆畫像也猶之碑式一卷皆已說之碑而又說其式非重出也字源亦再見者依洪氏次弟也郭旻碑重出於十九卷洪氏跋語在前卷亦此例尔

䌷陽令宋君殘碑

漢故頻陽令宋君表其篆額兩行獨不殘缺碑十行行有七字惟聖賢之胄不闡休聲朝廷咨謀來歸靈宇數句成文趙氏所藏者亦是殘碑恐不至如斯之鮮也額之左有令丞簿尉五人題名乃本朝官制其右有文云後漢頻陽令宋君碑記其辭云宋君漢㫬宰也鄉人空人餘亦缺矣

已上第四卷凡補跋五條据陳思寶刻叢編補者四從本書後卷移補者一

補第十三卷内

孝子董蒲闕

孝子董蒲闕其中刻一禽頗大兩旁各一獸銜環佩之屬甚類處士金恭闕禽之下横書七字云孝子登鄉宜利里董蒲亦與金恭闕相類禽之右有一行云永寧二年三月辛巳朔十一日辛卯掾李純有秩張成其間數字難辨此闕先書年月朔日又有掾史姓名與墓門之闕不同必董君孝行著聞官爲甄表而立此闕二獸不見下體恐所刊文辭或在其下

已上第十三卷内跋一條据陳思寶刻叢編補

補第十五卷内

馮君開道碑

馮君開道碑威宗和平元年刻凡六十九字紀其披山開道人民歡悦之利末有曹史孔固三人題名

文範先生陳仲弓殘碑

漢文範先生陳仲弓之銘篆額兩行額下有穿穿下數行僅存㝡上一字獨醇字瞭然可識前一行者其右從月又前一行彷彿是君字蔡中郎爲仲弓作三碑其弟二碑有含光醇德之句前有徵士陳君但相去差遠中間無從月者疑此非中郎所作趙氏有仲弓殘碑以挍集本凡改定數字豈即此碑乎

已上第十五卷内跋二條据陳思寶刻叢編補

備考弟二十一卷

晉南鄉太守司馬整碑陰

青羊鏡銘

楊君殘碑

開通裦斜道碑

江州朿邑長盧豐碑

酒泉題名

已上六題是婁氏目弟三百四之弟三百九未知洪氏弟二十一卷所續果即此否今所傳隸續弟二十一卷主記史武當趙會欽元諸人題

名凡四葉不知何碑驗其人名內多有南鄉人恐即是司馬整碑陰也或謂晉碑未必收於隸續然晉濕槃銘晉鄭烈碑洪氏亦皆已收之矣惟開通褒斜道碑紹熙甲寅所得光宗即位之五年也洪文惠卒於孝宗淳熙十一年甲辰此碑之出則在其後十年則似是婁氏所增者故姑錄於此題曰備考以示不敢遲補云

曲阜桂未谷馥曰竹垞朱氏疑末二卷爲隸韻隸圖予攷之漢隸字原叙隸韻未及成書景伯隸圖跋云右隸圖中卷則是尚有上下兩卷而趙希弁讀書附志載隸韻七卷知朱說之未允矣

未谷又曰竹垞朱氏跋陳思寶刻叢編言卷中隸續諸條予嘗取以補原書二十一卷之闕馥疑一字衍蓋二十卷也隸續二十一卷碑目凡六種陳書無之二十卷碑目凡十三種陳載其九如斥彰長田君碑宗俱碑陰侍中楊文父神道比干墓四字右侍無名人墓闕貞女羅鳳墓闕种氏石虎刻字延年益壽郭字尉府壺壁甎文是也凡陳所有者此本俱有獨堵陽長劉子

山碑不見於陳書故此本亦闕然則此卷非隸續全文乃朱氏取陳書補綴者又曰陳氏所載亦非隸續全文唐禹廟頌可證此卷跋語多簡短亦非全文乃陳氏節錄者朱氏應注明某條据陳書補耳方綱按未谷以今所行隸續弟二十卷爲朱檢討所補者此說非也隸續弟二十卷劉子山碑闕其後半宗俱碑陰闕其前半自是原寫本如此非出朱氏所補朱氏所云欲取陳氏寶刻叢編所有以補隸續者雖有此語卻未就業也若果朱氏已補豈有前弟四卷韓勑孔林別碑諸跋俱未補入而專補後卷者乎未谷誤讀朱氏跋中補原書二十一卷之闕一語耳所謂補二十一卷之闕者蓋合隸續全帙統計之而謂欲補之耳非專指其弟二十一卷也未谷於此書用功甚勤且欲補正重定一目恐見其書者誤以此弟二十卷爲出朱竹垞之手則失之遠矣故不可以不辨

宋洪氏急就章注

漢　袁良碑

喜　孫叔敖碑　隸辨失載

悠　司馬季德碑　字源失載

歍　鄭固碑

霖　劉寬碑　字源隸辨皆失載

繼　楊厥碑　即建和二年司隸校尉楊君石門頌

滴喜悠悠歍霖繼　洪氏原注出袁良孫叔敖司隸校尉楊君鄭固劉寬楊厥碑一字有數出處不再見

滂喜悠悠獨無繼

彝　繁陽令碑　字源隸辨皆失載

灋　無極山碑

菲　張納碑

離　孔耽碑

昦　袁逢碑　即延熹八年西嶽華山廟碑

朿　成伯著碑　隸辨失載

丗　富春丞張君碑　字源失載

緣灋菲離昦朿丗　原注出繁陽令無極山張納孔耽袁逢成伯著富春丞碑

緣法菲離昉中丗

騁　周憬碑

㚇　楊著碑、

尹　韓勑碑

耜　孔耽神祠碑

隊　繁陽令楊君碑

弟　成伯著碑

畨　樊毅碑　即樊毅修華嶽碑　字源隸辨皆失載

騁㚇昦新隊弟畨　原注出周憬楊著韓勑孔耽繁陽令成伯著樊毅碑

騁異爭新墜筆意

斵　楊厥碑

擄　孟郁碑　即永康元年脩堯廟碑集古錄作堯祠祈雨碑

圗　靈臺碑　此據跋晉本也隸續作孔耽碑秦定列本作圖靈臺孔耽自應兩存

籍　元賓碑　即延熹二年議郎元賓碑

戠　魯峻碑

畫　衛彈碑

戫　平輿令碑　延熹六年平輿令薛君碑在隸續第一卷　字源隸辨皆失載

斵擄圗籍戠畫戫　原注出楊厥孟郁孔耽元賓魯峻祝睦平輿令碑孔耽一作靈臺

斷據圖籍載一二

氏　費汎碑

羲　老子銘

㞋　倩何相碑　婁機字源云此字蓋上安西頞之推論數外設次辦側配焉成以世俗爲非張守節亦謂丘是訛字而今隸字皆然蓋各是一家之書不可一說定也○按此條詳見後　隸辨失載

娠鬗　原注出費汎老子續河相碑

氏羲農

邦　鄭固碑　頤藹吉隸辨云按从丰之字碑載从
丰如夆爲夅之類是也

夓　帝堯碑

禹　孔廟碑　字源失載隸辨載孔宙碑陰字與此
合

鄭夓禹　原注出鄭固帝堯孔宙碑

邦舜禹

緫　孔宙碑

綦　孔謙碣

鑱　楊著碑

緫綦鑱　原注出孔宙孔謙楊著碑

終羕秋　楊震碑　按此字在楊震碑陰隸辨附載楊敍
碑陰條下字源失載

陳　孔宙碑

鄱　袁良碑　隸辨失載

陳鄱魯　原注出楊震孔宙袁良碑

陳郯魯　潘乾碑　按此即校官碑隸釋云劉者其刀

𤔲　孔宙碑　按此字在孔宙碑陰隸辨失載

戔　

暴　鄭仲奇碑

嬴　

戔暴嬴　原注出潘乾孔宙郭仲奇碑

劃暴嬴　孔耽碑　字源隸辨皆失載

侖　魯峻碑

勵　袁良碑　隸辨失載

楙

侖勵楙　原注出孔耽魯峻袁良碑

擒霸楚　劉脩碑　按字源隸辨皆不載此字隸釋載劉
脩碑內亦無此字談薈本作𡋯下注劉
同今姑仍其原注作劉脩碑以俟詳
考

畢　孔耽碑

字　

迹　靈臺碑

基字迹　原注出劉脩孔耽靈臺碑

基字恢　逢童碑　字源隸辨並失載

啓　周憬碑陰

劉　

趾　祝睦後碑

啓劉趾　原注出逢童周憬祝睦碑

啟劉祚

罕　范鎮碑　隸辨頤藹吉按顏氏家訓皇甫謐外
世俗書也

夒　劉寬碑　隸辨頤藹吉按碑訛夒爲夔說文夔
神魖也如龍一足从夊象有角手人

面之形集追切憂貪獸也一曰母猴似人从頁已止夊其手足奴刀切集韻憂與猱同此碑與繁陽令楊君碑魏上尊號碑皆人之名必無以貪獸爲名者故知其譌爲憂耳玉篇憂俗作憂亦即憂字也从頁之字變隸作頁如憂憂爲憂之類憂从頁故亦作頁復省夊已字變夊爲攴耳憂夒莫辨相仍積習有所自來

真

鄭令碑　按鄭令碑即元和四年鄭令景君闕碑集古録作景君石椁銘

畢夒真　原注出范鎮劉寬鄭令碑

皐夒棄

鼂

楊厥碑

䵷

張壽碑

孫𪊨𨭯碑

兩漢金石記卷十九　十二

䠞

鼂䠞䵷　原注出楊雄張壽孫𪊨教碑

朝鄉聚

殲

逢童碑　在逢盛碑陰碩藹吉曰趙氏謂氏族書無殲姓或是借爲解字未可知也

葉

畢山亭碑　隸辨失載

曹

北海相碑　按北海相景君碑無此字恐是梁知之誤

殲葉曹　原注出逢童畢山亭北海相碑

解葉曹

呂

孟郁碑

孟

孟郁碑

禮

宗俱碑

呂孟禮　原注上二字出孟郁下宗俱碑

呂孟祖

談暫本異今附列於後

衰

王純碑　隸辨碩藹吉曰隸釋衰即衮字按廣韻衮同裕碑蓋誤用非即衮字也

景謁者碑　此字在景謁者碑陰

孟

孟郁碑

呂

衰孟呂　原注出王純景謁者孟郁碑

衮孟呂

按以上二句兩本並録于此近日所刻漢隸分韻本與談暫本同

兩漢金石記卷十九　十三

隸

帝堯碑

典

祝睦碑

禮

孔龢碑

隸典禮　原注出帝堯祝睦孔龢碑

隸典禮

秝

孔躭碑

律

樊敏碑

瘦

孟郁碑　隸釋云此碑凡广之類多从疒婁氏字源云廬江鴈門凡从广之字多作疒

嵒律度　原注出孔耽樊敏孟郁碑
垂律度
僊　礐峻碑
衖　孟郁碑　隸辨曰碑云歌術功稱以術爲述然洪氏隸續於此碑後已注曰歌術爲歌述
顯　郭仲奇碑
僊術顯　原注出礐峻孟郁郭仲奇碑
儒術顯
尉　綏民校尉碑
祿　度尚碑
屢　李翕碑　此李翕碑謂建寧四年西狹頌
尉祿屢　原注出綏民校尉度尚李翕碑
爵祿屢
尉　熊君碑　字原隸辨並失載
右尉字出熊君碑据玉芝堂談薈所載一本附錄於此
風　夏承碑　隸辨曰郭忠恕汗簡風碧落文作風
雲　郭仲奇碑
甬　衡方碑
露　李翕碑　此李翕碑謂黽池五瑞碑亦足徵其與西狹頌本一碑也

星　高彪碑
電　周憬碑
燿　孟郁碑
風雲霜露星電燿　原注出夏承郭仲奇衡方李翕高彪周憬孟郁碑
風雲霜露星電煇
壺　孔宙碑
邊　韓勑碑
壺　韓勑碑
光　孔宙碑
璵　楊統碑
鼎　三公山碑
彝　孫根碑
壺邊壺光璵鼎彝　原注上出孔宙次二字出韓勑餘出孔宙楊統三公山孫根碑
簋籩壺兕璵斝彝
柔　三公山碑
稷　史晨碑　字原隸辨並失載
耆　袁逢碑
馥　祝睦碑
蕙　靈臺碑

皿　靈臺碑

儀　帝堯碑

黍稷香馥薦皿儀　原注出三公山史晨表逢祀睦次二字靈臺下帝堯碑

黍稷香馥薦皿儀

滌　蔡湛碑　光和四年稾長蔡湛頌也隸辨失載按唐虞世南書夫子廟堂碑滌省中畫本此

齋　淮廟碑　延熹六年桐柏淮瀆廟碑也頑氏隸辨曰說文齋从示齊省聲此則不省齊而移示於两耳隸釋是也碑字今明字原誤書作齋乃云字从示敬之至也甚為紕繆

謡　孔彪碑

兩漢金石記卷十九　十六

禋　蔡湛碑　頑氏隸辨曰按說文禋或省作禋

盧　帝堯碑　按此謂熹平四年所立帝堯碑與永康元年孟郁脩堯廟碑不同

饗　孟郁碑　字源云即饗字

歸　孔龢碑

滌齋蠲禋盧饗歸　原注出蔡湛淮廟孔寵蔡湛帝堯孟郁孔龢碑

滌齋蠲禱靈饗歸

鳥　孔耽碑　隸辨訛作鳥

獸　樊毅碑　此謂光和二年十月樊毅脩華岳碑隸辨失載

鼠　唐公房碑

蚰　靈臺碑　字原云淮南子墜形訓西北方有𩵋魚在其南注云𩵋如鯉讀如蚌

此字隸辨失載

鳩　唐扶頌

麟　孔宙碑　此在孔宙碑陰

龜　戚伯著碑　字源失載

鳥獸鼠蚰鳩麟龜　原注出孔耽樊毅唐公房靈臺唐扶孔宙戚伯著碑

鳥獸鼠蚰鳩麟龜

道　高彪碑

邊　劉脩碑

遍　唐扶頌

達　宋恩碑　成都學師宋恩等題名也

兩漢金石記卷十九　十七

遭　武梁碑

過　馮煥碑

隨　劉熊碑

道邊遍達遭過隨　原注出高彪劉脩唐扶宋恩武梁馮煥劉熊碑

道邊通達遭過隨

淵　袁良碑

淡　孔謙碣

闕　吳公碑　熹平元年漢故民吳仲山碑也頑氏隸辨云魏孝文比干墓碑闕亦作闕

真　韓勑碑

表　唐扶頌　字源隸辨並失載

出　孔耽碑　字源隸辨並失載

己　戚伯著碑

淵㳄闚奧表出巳　原注出表良孔謙吳公韓勑唐扶孔耽戚伯著碑

測深闚奧表出之

隸續第一卷防東尉司馬季德碑跋云自三蒼滂喜亾原注李斯作蒼頡篇揚雄作訓纂篇賈魴作滂喜篇名曰三蒼魴者漢和帝時郎中以隸字寫三蒼隸法始廣小學不絕如綫字書行于世者篇莫加于類篇韻莫善于集韻所載隸古以石刻校之則舊撫尚多脫略隸法皆以悠作悠此碑又省作悠稽之篇韻咸無焉聊因論此擬急就一章云云凡此之類皆非假借字書所不應棄蔡伯喈奉熹平之詔列鴻都之碑晚學咸所取正未嘗一字好奇也如前急就雖曰漢人典刑亦石經之所不取今之學者事不師古乃隨手緣筆變點畫篡偏旁以取新尚怪爲能間有所據不過晉魏以後字體此膏肓之疾也

按張懷瓘書斷云昔李斯作蒼頡篇趙高作爰歷篇胡毋敬作博學篇至平帝元始中徵天下通小學者以百數各令記字于未央庭中揚雄取其有用者作訓纂篇二十四章以纂續蒼頡也孟堅乃復續十三章和帝永元中賈魴又撰異字取固所續章而廣之爲三十四章用訓纂之末字以爲篇目故曰滂喜篇言滂沱大盛也凡百二十三章文字備矣

書斷又云和帝時賈魴撰滂喜篇以蒼頡爲上篇訓纂爲中篇滂喜爲下篇所謂三蒼也皆用隸字寫之

洪氏隸釋跋清河相張君基碑云漢人用字有假借若有通用者有奇古者有變易偏旁及減省者隸釋皆巳表出其間點畫小異尋文而可識者皆不復釋如此碑農上安西之類是也頹之推論揖下無耳鼓外設皮離側配禹皐分澤外咸以世俗爲非今隸字皆然蓋各是一家之書不可拘以古法也其詳巳類之隸韻略舉數字於此平聲則窂牢霊靈隸分韻本作此字隮霊逌通濡濡本作濡分韻㦧遷上聲則嚮嚮覽覽叀叀啓啟典典去聲則擾擄喬喬孟孟騐驗㱱舜入聲則衘衘厲屬隲陟懯惻壼壹凡巍字山皆在下魏字却有山在上者惟字皆從心獨尚書維字從糸爾

按此條即其急就一章之所本而所舉二十字中與急就同者七異者三洪氏譏後學之好奇而以此類非假借然此等字實皆漢人隨手之變與後

之好奇者初無以異馴致六朝字體雜出未始不以此爲厲階也言隸而不準六書之舊何以愈於言艸篆者耶

又按此條語與婁氏漢隸字原叒字條下語同蓋婁氏字原多出於洪氏之書也

兩漢金石記卷第二十

日講起居注官 文淵閣直閣事詹事府詹事兼翰林院侍讀學士大興翁方綱

隸八分攷

許愼說文序秦始皇帝初兼天下丞相李斯作倉頡篇中車府令趙高作爰歷篇太史令胡毋敬作博學篇皆取史籀大篆或頗省改所謂小篆者也是時秦燒滅經書滌除舊典大發隸卒興役戍官獄職務繁初有隸書以趣約易而古文由此絶矣（徐鍇曰王僧虔云秦獄吏程邈善大篆得罪繫雲陽獄增減大篆去其繁複始皇善之出爲御史名其書曰隸書班固云謂施之于徒隸也即今之隸書而無點畫俯仰之勢）自爾秦書有八體一曰大篆二曰小篆三曰刻符四曰蟲書五曰摹印六曰署書七曰殳書八曰隸書

漢書藝文志蒼頡七章者秦丞相李斯所作也爰歷六章者車府令趙高所作也博學七章者太史令胡毋敬所作也文字多取史籀篇而篆體復頗異所謂秦篆者也是時始造隸書矣起於官獄多事苟趨省易施之于徒隸也

江式論書表隸書者始皇時獄吏下邽（一作杜）人程邈附於小篆所作也世人以邈徒隸即謂之隸書

張懷瓘書斷隸書者秦下邽人程邈所作也邈字元

岑始為衙縣獄吏得罪始皇幽繫雲陽獄中覃思十
年益大小篆方圓而為隸書三千字奏之始皇善之
用為御史以奏事繁多篆字難成乃用隸字以為隸
人佐書故名隸書蔡邕聖皇篇云程邈刪古立隸文
甄酆六書其四曰佐書是也秦造隸書以赴急速為
官司刑獄用之餘尚用小篆焉漢亦因循至和帝時
賈魴撰滂喜篇以蒼頡為上篇訓纂為中篇滂喜為
下篇所謂三蒼也皆用隸字寫之隸法由茲而廣酈
道元水經曰臨淄人發古冢得銅棺前板外隱起為
字言齊太公六世孫胡公之棺也惟三字是古餘同

今隸書證之隸字出古非始於秦時若爾則隸法當
先於大篆矣按胡公者齊哀公之弟靖胡公五世六
公計一百餘年當周穆王時也又二百餘歲至宣王
之朝大篆出矣又五百餘載至始皇之世小篆出焉
不應隸書而先大篆程邈所造書籍具傳酈元之說
恐未能辨也案八分則小篆之捷隸亦八分之捷漢
陳遵字孟公京兆杜陵人哀帝時為河南太守善隸
書與人尺牘人皆藏之以為榮此其創開隸書之善
也爾後鍾元常王逸少各造其極焉程邈即隸書之
祖也八分書秦羽人上谷王次仲所作也王愔云次

仲始以古書方廣少波勢建初中以隸艸作楷法字
方八分言有模楷又蕭子良云靈帝時王次仲飾隸
為八分二家俱言後漢而兩帝不同且靈帝之前工
八分者非一而云方廣殊非隸書既言古書豈得稱
隸若驗方驗廣則篆籀有之變古為方不知其謂也
按序仙記云王次仲上谷人少有異志早年入學屢
有靈奇年未弱冠變蒼頡書為今隸書始皇時官務
煩多得次仲文簡略赴急疾之用甚喜遣使召之三
徵不至始皇大怒制檻車送之於道化為大鳥出在
檻外翻然長引至于西山落二翮于山上今為大翮

小翮山山上立祠水旱祈焉楊固北都賦云王次仲
匿術於秦皇落雙翮而冲天明次仲是秦人既變蒼
頡書即非效程邈隸也按蔡邕勸學篇上谷王次仲
初變古文是也始皇之世出其數書小篆古文猶存
其半八分已減小篆之半隸又除八分之半然可云
子似父不可云父似子故知隸不能生八分本謂之
楷書楷者法也式也模也孔子曰今世行之後世以
為楷式或云後漢亦有王次仲為上谷太守非上谷
人又楷隸初制大範幾同後人惑之學者務益高深
漸若八字分散又名之為八分時人用寫篇章或寫

法令亦謂之章程書惟蔡伯喈造其極焉王次仲為八分之祖也

方綱按後人辨證隸與八分之淆訛皆自懷瓘此二條誤之八分者若八字分散此語當為八分定解何以懷瓘之論謂學者務益高深而致然耶且如八字分散乃六書象形之義耳何高深之有乎此内所引王愔文字志其書不傳矣就所引云古書方廣少波勢次仲乃以隸艸作楷法此二語本無疑義所謂古書方廣者正謂秦時暨漢初變篆為隸之書耳何得云驗方廣則篆籀有之耶篆籀體勢修長不得云方廣明矣所謂作楷法者楷乃楷模矩則之義非後人所目為楷書之楷也所謂以隸艸作楷法者艸乃艸創之義又豈後人所目為行艸之艸乎懷瓘乃又緣此傳會謂隸書本謂之楷書毋怪乎後人因而駁歐陽子矣皆懷瓘此條致人迷誤也又所謂隸亦八分之捷隸又除八分之半皆誤也隸生於篆八分生於隸也然隸無定名就其初改篆而言則無波者謂之隸就其再變而言則有波之八分亦可謂之隸洎乎後來對八分而言則楷書亦未嘗不可謂之隸隸者徒隸

佐隸之稱取其簡易者為名耳八分可謂之隸而隸不可専目為八分也約而言之漢初所造之隸初省去篆文之圓折則但以有直有橫者為隸此在今日當目之曰古隸或名之曰隸古亦無不可顧氏隸辨駁隸古之目亦無庸也按此一種隸為隸之最先者如五鳳二年字建初銅尺字皆是也去篆之轉折而尚未有八分之波尾故曰但有橫直而已此正王愔所謂古書方廣無波勢者也漢人有波之隸則由隸漸增筆勢其形象八字分布故曰八分此其體之正變亦自多端然由漢至六朝唐人皆為之者此在今日當目之曰分隸或竟直目之曰隸亦無不可近人有指定楷書為隸而謂此種分書不得名為隸者皆張懷瓘之說誤之也至於六朝唐人已後改分隸為楷書則變其波畫而加點啄挑趯仍存古隸之橫直焉故亦可以隸書名之其實是楷書或曰正書若必以隸名則名之曰楷隸以愚見既是楷書自可毋庸復以隸名也前有古隸又有分隸則何必又取今之楷書目之曰隸以博復古之名哉此三者雖皆可以隸名而大約稱漢隸者則前曰古隸後曰分隸於中古隸居其三分隸居其七也若晉唐已來之隸則皆分隸而已夫隸從漢初已有之而陳遵是西漢末造之人張懷瓘乃以為創開隸書是何説哉然張氏此書於字學源流系述頗能具存其槩故詳列之於右而其先八

今後隸書則倒置矣故移易二條之先後而幷叙之

許愼說文序孝平時徵沛人爰禮等百餘人令說文字未央廷中黃門侍郎揚雄采以作訓纂篇及亡新居攝使大司空甄豐等校文書之部頗改定古文時有六書一曰古文孔子壁中書也二曰奇字即古文而異者也三曰篆書即小篆秦始皇帝使下杜人程邈所作也（徐鍇曰李斯雖改史篇為秦篆而程邈復同作也）四曰佐書即秦隸書五曰繆篆所以摹印也六曰鳥蟲書所以書幡信也而世人詭更正文變亂常行以燿於世諸生競說字解經誼稱秦之隸書為倉頡時書云若此者皆不合孔氏古文謬於史籀

方綱按許氏序曰今叙篆文合以古籀將以理羣類解謬誤味許氏斯言則當日佐書之不合古籀者多矣

又按顧氏隸辨後卷亦引許氏此叙而曰說文以八體試之漢書以六體試之說文以六體為王莽時改定漢書以六體為蕭何著法并不言秦有八體愼固俱漢人而兩書不同何也此義愚昔於萬季野羣書疑辨內固已詳剖之矣蓋班志以六體

試學童者蕭何律也其文則依前保氏六書言之何由而及秦制乎至於許序以八體言之耳此漢尉律篇之文也其文則依前秦八體試學童者則猶之今日援据官文書者各有相承之案牘以為据也是故六體云者特班氏從其後時撮舉之詞亦非蕭何所造也何者六體首曰古文釋之者曰古文謂孔子壁中書也孔壁書出於魯共王壞孔子宅而魯共王是景帝子先封淮陽後乃徙封於魯其去漢初已五六十年蕭何艸律時安得而知之哉既是班氏撮舉之詞則與許序八體之文亦初不相背究之六體之目亦未知始自何年而許序於甄豐改定古文句下繼之曰時有六書則亦非定自甄豐矣安得而疑漢書與說文之不相合歟

晉書衛恒傳四體書勢云秦既用篆事繁多篆字難成即令隸人佐書曰隸字漢因用之獨符璽幡信題署用篆隸者篆之捷也上谷王次仲始作楷法至靈帝好書時多能者而師宜官為冣梁鵠謂邯鄲淳得次仲法然鵠之用筆盡其勢矣鵠弟子毛宏教於祕書今八分皆宏之法也漢末有左子邑小與淳鵠不

同然亦有名作
頤氏隸辨曰按四體書勢古文篆隸艸也其曰秦
令隸人佐書曰隸字漢因用之則知漢亦名隸也
序能隸之人則有王次仲師宜官梁鵠邯鄲淳毛
宏左子邑俱是漢人則知漢人所能者亦惟隸也
又曰今八分皆宏之法也八分而曰今則知漢以
前不名八分矣今八分而曰皆宏法則知八分即
隸法矣八分之名見於史者始此又其勢曰奮筆
輕舉離而不絶纖波濃點錯落其間詳其體象八
分與隸有異勢乎王應麟玉海乃謂自唐已前皆

謂楷字為隸譏歐陽公集古録誤以八分為隸目
漢石刻為漢隸博學如應麟且不能無失乃知議
古者之難也方綱按頤氏此條允當之至即王應
麟之誤即由誤解上谷王次仲始作楷法一語耳
不知所謂始作楷法者楷法猶言矩則耳非正書
楷字之名也又衛恒此條內云隸者篆之捷也一
語盡之矣而張懷瓘乃又增改之云八分為小篆
之捷隸為八分之捷於是愈解說而愈糺紛矣
頤氏隸辨又曰書家相傳八分之說多矣蔡文姬
言臣父造八分時割程隸八分取二分割李篆二

分取八分於是為八分書是非文姬之言也魏晉
以來論書者俱言八分楷法為王次仲作設果是
邕造則八分篆二分隸之體極為高古邕於秦定
六經立碑太學之時何不用此體書碑使天下取
則乃今所傳石經遺字與熹平以前之漢碑無少
異耶有以知文姬之言為僞也郭忠恕佩觿亦鄙
其言以為流俗而自為之說曰書有八體蔡邕以
隸作八分體蓋八體之後又生此法謂之八分乃
又曰小篆散而八分生八分破而隸書出其言自
相矛盾不足據也惟王愔文字志王次仲於建初

中以隸艸作楷法字方八分言有模楷其說最為
可據愔魏平北將軍乂之子也其去漢猶近故李
陽冰亦承用其說字方八分者字體本方而八分
之謂其皆似八字勢有偃波說文訓夰字云从大
而八分之八分二字當作是解釋適之金壺記云
王次仲以隸法局促遂引而伸之為八字之分故
號八分是也方綱按頤氏隸辨一書所録漢隸未
能皆得其真至於論隸八分此條極為折衷確當
有功藝林論隸八法者宜以此為定論矣其駁郭
忠恕說亦為平允總之先言八分而後言隸未有

不誤者也至其引說文訓義尤為得之方綱嘗以
詁八分之義莫詳於說文說文乎字條下云从兮
从八八分也詹字條下云从言八八分也介字
條下云从人八一八八象气之分散八字條下云八
別也象分別相背之形凡八之屬皆从八又說文
部叙曰八實分之故次之以八右數條皆訓詁為
形於八分之義最為的據而今之攷隸八分者皆
弗察而乃他為之說則何也

林罕字原偏傍小說序曰書之所與莫知何代隸之
所起始自秦時篆者取蟲篆之形隶書便徒隸之用

篆雖一體而隸變數般篆隶既興訛舛相錯非究於
篆無由曉隸隶有不抛篆者有全違篆者有戚篆者
添篆者有篆隸同文者

後漢書光武紀注漢制帝之下書有四策書用篆書
三公罷免賜策用隸書

方綱按隸書非今楷書此其明證

孔安國尚書序曰科斗書廢已久時人無能知者以
所聞伏生之書考論文義定其可知者為隸古定更
以竹簡寫之正義云就古文體而從隶定之故曰隸
古以雖隸而猶古也

方綱按此條即隸書也顧氏隸辨所解未當

唐韋續纂五十六種書第二十七古隸書秦程邈繫
獄中十年變大篆作第二十八徒隸書因程邈幽囚
為之第四十四八分書漢靈帝時上谷王次仲作

方綱按此以古隸徒隸又差為二種則今不能臆
斷

洪氏隸釋曰今之言漢字者則謂之隸言唐字者則
謂之分殆不知在秦漢時分隸已兼有之唐張懷瓘
書斷云蔡邕八分入神隸入妙又云張昶八分碑在
華陰今華山所存漢碑凡四華亭一碑乃昶分書也

又云八分者秦羽人上谷王次仲所作始皇時官務
稍多得次仲文簡略赴急速之用甚喜遣使三召不
至漢和帝時賈魴用隸字寫三倉隸由茲而廣蓋八
分為小篆之捷隸又八分之捷其贊八分則曰龍騰
虎踞兮勢非一交戟橫戈兮氣雄逸其贊隸則曰摧
鋒劍折落點星垂詳其說而察其字則孫根及華亭
碑為漢人八分無疑矣唐人自稱八分蓋有自來考
古博雅之士更為辯之

方綱按此條云漢字謂之隸唐字謂之分此二語
是也又引張氏書斷謂八分為小篆之捷隸又八

分之捷此二語非也漢碑惟五鳳二年石刻字鄐君褒斜道刻字元氏三公山碑字此數種但有横直而無波尾者止可謂之隸不可謂之分自餘諸碑如中郎石經之屬謂之隸亦可謂之分亦可而洪氏必据張氏所引者以孫根及華亭碑為八分頗失之固矣揆厥所由蓋魏晉以降至於唐代皆沿中郎餘波漸就隼尾開廣之勢所以字至於唐但云八分也迨後人統溯千年前曰漢隸後曰唐隸乃通論之詞耳當唐人時蓋專名為八分是其體勢然也既專以八分名當時之隸矣所以上溯

漢京之書但目之以隸此亦先河後海之例也蓋漢人隸之無波者固應名隸即其有波者亦尚與其未生波者相去不遠亦猶詞揚祖述後人擬古詩十九首蘇李諸篇亦統謂之擬古云尔此所以在洪氏時言漢字者則謂之隸言唐字者則謂之分理勢之必然者也至於八分為小篆之捷此一語本不差惟隸亦八分之捷此句似乎倒置先後於文未順然平心論之亦有可說者八分為篆之捷是八分減於二篆矣而未免多生波勢也不若隸之無波者既減篆之折又省隸之波豈非更捷於八分乎惟是合古今書體論之則篆宜在前隸次之分又次之不得先言分而後言隸耳此則張氏書斷誤倒其前後雖以洪氏之精熟漢隸亦未之駁正者也

又按隸釋一條論隸書云隸法雖自秦始蓋取其簡易施之徒隸以便文書之用未有點畫俯仰之勢終西京之世學士大夫不留意此書故彝鼎所識碑碣所刻皆不復用之又洪文敏邁論隸書一條云自篆捷於漢而為隸隸變於魏八分於晉宋隋唐之間以分視隸猶康瓠之與周鼎也而唐人

篤好之漢法益亡此二條皆可以參漢唐分隸同異分合之先後云

又按凡此諸條特略舉其概耳其實唐人亦未嘗不以漢隸為八分也杜少陵送顧八分文學詩云中郎石經後八分盡憔悴此在唐時固已目中郎石經為八分矣

秦少游法帖通解曰秦程邈增減大篆去其繁複名其書曰隸書凡奏事令隸人書之故又謂之佐書今漢碑在者皆隸字而程邈此帖乃是小楷豈敢遂信以為秦人書

方綱按淮海此條專為淳化閣帖中程邈書言之不得為後人以楷即是隸者所借口也

吾子行字源七辨四曰秦隸秦隸者程邈以文牘繁多難於用篆因減小篆為便用之法故不為體勢若漢款識篆法相近非有挑法之隸也便於佐隸故曰隸書即是秦權漢量上刻字人多不知亦謂之篆誤矣或謂秦未有隸且疑程邈之說故詳及之五曰八分八分者漢隸之未有挑法者也比秦隸則易識比隸字則微似篆若用篆筆作漢隸字即得之矣八分與隸人多不分故言其法六曰漢隸漢隸者蔡邕石

經及漢人諸碑上字是也此體最為後出皆有挑法與秦隸同名其實則異又謂之八分

方綱按吾氏此說最為紕繆其悞人甚矣八分與漢隸同異源流之實愚前條已詳之茲特以吾氏之說最足惑人而表出之耳其分秦隸漢隸為二種尚不大害也至於先言八分而後言漢隸則豈可哉秦權漢量皆是篆書又不知吾氏何由別為秦隸一種此則未之前聞者也

陶宗儀書史會要曰東漢和帝時賈魴以隸字寫三倉隸法始廣而八分兼行至蔡邕則銘刻多分書矣

建初中以隸書為楷法本一書而二名鍾王變體始有古隸今隸之分則楷隸別為二書夫以古法為隸今法為楷可也隋唐以降古法書廢遂指八分以為隸可乎蓋漢有隸分唐有分楷分之不可為隸猶楷之不可為分也

方綱按此條亦是非參半其謂古法為隸今法為楷是也至謂八分不可為隸則非矣孫退谷云漢碑有隸有八分八分亦隸也今之正書亦隸也趙明誠謂歐陽公誤以八分為隸公實不誤耳此說最合

劉有定衍極注曰隸書之別曰古隸程邈王次仲作曰今隸亦曰正書出於古隸鍾繇衛瓘習之頗有異體鍾繇謂之銘石羲獻復變新奇故別為今隸書謂之楷法而隸楷分矣曰八分王次仲作蔡邕述之張懷瓘曰漸若八字分散故曰八分鍾繇謂之章程書

愚按程邈作隸王次仲廣之王次仲造八分蔡邕述之在秦漢時分隸已兼有矣程邈隸書法帖中有其蹟西漢惟建平郫縣碑是隸古法學者觀之當自悟耳

方綱按建平郫縣碑陶氏古刻叢抄具摹其文至

如淳化閣帖所摹程邈隸書則未必可信也劉氏此條内尚有引蔡琰諸說今皆删去略存此數語以見其槩其言楷隸而後及八分則亦失先後之序云

陸子淵書輯曰秦興同天下之書而李斯遂為世宗時則趙高胡毋敬改省籀篆同謂之小篆程邈所上務趨便捷謂之隸書王次仲分取篆隸之間謂之八分自邈以降謂之秦隸賈魴三倉蔡邕石經諸作謂之漢隸鍾王變體謂之今隸合秦漢謂之古隸

方綱按陸子淵此條惟以八分為分取篆隸之間

一語頗氏議其未當頗氏之議是也

高南阜八分說曰結繩之後書契肇興雲鳥蟲魚百物象形而篆作筆畫紆曲久益增繁遞變至秦李斯始為小篆較古篆大篆為省矣而當時法令日繁猶皆不給乃取王次仲所造新書用之隸牘以趨便易是為隸書沿至西漢猶然其諸碑版鐘鼎金石刻識之屬則仍小篆也隸牘既易銷亡而金石之文不與故鮮考焉于今幸可據證者賴有五鳳二年十三字按五鳳為孝宣紀年其為西漢物無疑則秦漢隸書初體也漢末伯喈始添掠捺八字左右而分布之是為八分今世所見漢碑是也是八分者以形體言為分列之分非分數之分也元常踵之更益勾剔而為楷則帖中所刻元常諸正書是也由此言之則筆畫平直體仍小篆而去其繁重者隸也因隸而加掠捺者八分也因八分而更加勾剔者楷也是隸與八分本一書而以直畫分捺易其名楷則今之正書其兼分隸者亦可名隸猶艸書之有章艸皇索也窮其源流其由古隸入八分者從前遞後之交關則八分可槩曰隸而古隸不得謂之八分也其楷中帶隸者從後留前之餘味則兼隸之楷可曰隸楷而隸斷不得槩謂之楷也明矣特以古隸不傳人少真見而各憑臆說遂使隸與八分之名紛紛聚訟而并楷書

為之不明也向作此說文壼塵篋近從彙輯漢印之役類舉及之並為手摹五鳳石刻十三字與究心隸書者共堅識力而祛羣惑焉

方綱按南阜此說精確之至可為隸八分之定解矣惟中間漢末伯喈始為八分一語猶沿向來訛傳文姬之說不足為據餘並允當不刊者也

又按南阜此條云八分分字是分列之分非分數等分之分二語明析之至矣愚更有說者分字必

作分別分列解乃可讀為平聲其作分數等分解
者乃應讀去聲又漢書律歷志一黍之廣為一分
此亦作實字而讀平聲然此則必對丈尺寸言之
而後可謂之分今如俗解減去篆書二分而名八
分試問篆書有何丈尺寸之可量而以分寸之分
名之乎既非分寸之分而又必作實字訓之則是
分劑分量分數等分之分矣玉篇分劑之分扶問
切在去聲二十三問禮記分毋求多禮達而分定
之類是也此字自古及今從無讀平聲之理而八
分書之分字其讀平聲蓋無疑義即杜詩大小二
篆生八分亦押平聲可證也然則即以分字音義
一條論之其為分布分列之分可以豪無疑惑者
矣

兩漢金石記卷第二十一

日講起居注官文淵閣直閣事詹事府詹事兼翰林院侍讀學士大興翁方綱

補遺之一 凡二種

范巨卿碑殘石字

額已見前

君諱式字 闕八字 功孝有夏 下闕
士會者光演宏謨翼崇霸業錫邑命族□貝 下闕
之殊高瀲柔懿恭明允篤恕九德繇與□白 下闕
不入若乃立德隆禮樹勛寶真忠諒足□ 下闕
甸接華戎於汝墳潤枯斃於荊漢超管 下闕
鴻奮燿仁闡於權輿濟俗伴乎皇訓羣 下闕
侍御史拜冀州刺史糾剔瑕慝六教允 下闕
廬江大守撫泰和以陶化路八則以隆 下闕
清源之深閎寶疏氏之至順以疾告
其猶充洽外内寔紹德之輿藪而叁 下闕
山相暨子氾孫而允嗣巴 缪下闕
之不饗思隆窓 下闕

右漢故廬江太守范府君碑殘石一片高約三尺
橫約二尺所存正面之文十二行一百六十字悉
與前卷所錄宋拓本文同其每行字數亦與愚前

卷所度之式同而視宋時所拓之字又損其半矣
然亦不料今日復得見斯石之出也錢唐黃穮盦
既得是碑宋拓本之後六年竟得此石於濟寧州
學而重立之拓其本貽予時予兩漢金石記刊板
已竣爰補圖於其後
石之上方刻云乾隆己酉莫春琪菅工拓碑于州
學適步櫺星門而見蘚根片石甚古訝為瀟物拂
拭之隱隱有隸書數人名急摇洗之乃范式碑也
不禁狂喜遂移與先得之額並列焉李東琪鐵橋
記頓文鉷鄭支宗李學白同觀錢唐黃易助立

碑陰

乂圭
孝節
子丰
嚴德蘭
郗文則
翟公遠
嚴公儀
邛子則 此子字洪云闕
陳文信

道
以上十人在弟一列較洪氏所録前闕十三人
范文直
王文舒
夏侯文丰
宣禮
江德和
夏侯聲發 此發字洪云闕
休
魯紹武 魯字洪云闕

毛子叡 堅洪作豎誤
郗公然
以上十人在弟二列較洪録前闕十三人後闕二
人
文霌
王　伯 二字洪並闕
德
魯倉舒 倉舒二字洪闕
文規
邛封則

龐文十（龐洪譌作某字文字洪闕）
文
孝信（信字洪闕）
文（石全闕　此行洪）
馬子文
以上十一人在弟三列較洪録前闕十三人
何文幹
孝成
翟仲榮
文（此行洪闕）

翟文卩
嚴（第四列至此人止）
以上六人在弟四列較洪録前闕十三人
此即洪氏隸續誤以為魯峻斷碑陰者今在范巨卿殘石之背可以斷然不惑者矣所存字纔及洪録之半而可以補洪氏所闕者十一字又正其誤者二字且今日重刻隸續此諸人名皆順下直寫更無復知其原石行次之式今見此拓本乃知洪氏所録人名前後次弟皆就本碑之横書者為叙也隸續此跋闕而未完愚前据諸書以補綴之未得及此條也今得是本乃知所謂石之廣與魯碑合又字體與魯碑類者皆不可以為信尔

附録方綱寄李鐵橋龔呈秋盦詩

任城寶墨熊光起天意助成黄與李李家耽古今兩世黄子到官餘一紀得碑圖與刻碑圖范額王碑出未已二鄭全碑復舊觀金絲聲中瞻問禮（孔子見老子象）今者緘来絶奇特番昜魯峻推鄉里夏侯丁馬剩幾人四横逕尺参差是誰知正面森有芒眩晃不敢凝眸視一片山陽烈士心肆兀輪困照青史蕊蕊畫痕皆聳立真氣千年尚如此百六十字

十二行字字行行百金抵傾視着范兩行額十年前記臨渠水（此額戊戌夏得之龍門坊水口）刻期似覿張元伯裂書湯結陳平子八分小字記碑右黄李同雋為狂喜不知何與吾輩事石不能言果誰使匆秋黄子得宋本我為斷斷研蔡體范邪蔡邪神式憑不在烟煤一幅紙任城五碑玆已八何況中郎與尉氏昔所不見忽聚之二千年蹟今完矣鄭汝器邵張力臣恨不同時共窓几寄聲賀李因報黄姓名已與東山峙虹光破碧有昔言竊喜區區獲欵啟却近者昜洪氏居蓬窓夜夢馳東濟（畏題秋盦所得宋拓本末句云）

任城成陽別州萊恐有缸光破空碧若為今日毀者

劉熊碑雙鉤本圖式

一行　大帝

二行　爵列

三行　季子也

四行　熏古業　此行行惰言道下尚略可見者二字洪所闕也其上一字似衍字下一字不可辨巴氏本所無也

五行　練州郡　此行竭字右半尚可見效官下尚略可見者二字洪所闕也上一字亦不辨下一字字勤字巴氏本所無

六行　祀有成　此行之惠下有抑字洪錄所有巴氏本無

七行　慎徽

八行　慕德惠　此行慕字巴氏本無

九行　之風　此行日新下尚可見者砥口頑三字砥字巴本無洪錄有之頑字則洪錄所無也

十行　必有所

十一行　講禮習聆　此行講字巴本所無洪有

十二行　古在昔　此行洪勛勛字尚可見洪誤作勲也盛德下是惟字洪亦闕此二字巴本皆無

十三行　徽式序在位　此行量能下尚可見授字洪所有又此行官無曠事下尚可見士無逸三字洪所無也巴本皆無

十四行　彈造

十五行　刂父吏民　此行悔下尚可見往脩二字洪所無巴本亦無

十六行　乃相與咨　此與字尚隱隱可辨洪所無也相與二字巴本並無又此行采摭下尚可見謡言刊石佳五字巴並無也石佳二字洪亦無

十七行空

十八行　厥醇誕生　此厥醇二字巴本無洪有又此行岐嶷下尚可見言協二字洪有巴無

十九行　道德民　下空

二十行　嗚一震　此行寔生下尚可見口仁口三字洪闕巴無

廿一行　靈不傷人　下空

廿二行　渙乎成功　此行新我下尚可見口風通三字洪有通字無風字巴並無

廿三行　豐黔首歌頌

右漢酸棗令劉熊碑揚州汪容甫秀才中所藏宋拓本予既跋歙縣巴舍人雙鉤本之後三年汪君書来云得宋拓本較多於巴氏本且有出於洪錄之外者予因致書門人江秋史編修俾鉤摹之越二年秋史自京以鉤本寄予南昌盖以巴本合恭之也凡多出巴氏本者二十八字又補洪氏所闕者十三字正其誤者一字碑之全文已略具於前卷兹為著其圖式如此

補遺之二　凡二種

陶南村古刻叢鈔所摹漢刻二種

建平五年六月郫
五官掾范功平史
石工𣪊徒要本長
廿五丈賈二万五千

右建平五年石刻二十九字古刻叢鈔云西漢刻石字闊六七寸許長短不侔其文曰建平五年六月郫五官掾范功平史石工𣪊徒要本長廿五丈賈二万五千此刻在永康過縈屏二里許道旁乹道丙戌余始得之荒榛中出石三面高卑凸坳刻隨其勢蓋孝哀時刻也建平止四年明年書元壽而不載改元月日豈詔未至蜀時刻耶如孝獻初

平止四年文翁柱記亦書五年之類也其後僭叛號建平者凡八皆不在蜀石勒慕容堅慕容德慕容盛劉義宣魯爽賊白馬桑斯賊王愉五官掾續漢志謂掌署諸曹事西京末郭唐為信都五官掾見於後書故知其為西漢刻石無疑西漢字世固罕有歐陽文忠以未之見為恨從劉原甫得銅器欵識數字已為可寶而不得石刻也今此刻天下漢隸莫先焉乃不及與集古所録蓋不幸矣世豈無抱道負材之士不為世知如此石者乎可不為之歎息哉按此刻見於洪氏隸續王氏復齋碑録婁氏漢隸字原王氏

輿地碑記諸書復齋碑録謂之建平范功平治道碑隸續謂之建平郫縣碑永康軍即宋之成都府灌縣也惟陶氏叢鈔摹其字故摹附於此

攷此石首三處閣
直錢萬二千永元

六年

右永元六年刻石十六字古刻叢鈔云東漢刻石字方二三寸許蔡迨刻記云在范功平磨崖之西五十餘步字畫大小不等而筆意精妙去地數寸剥蝕甚於前刻模者必偪而可得蜀之漢刻最多此刻後尊楗閣記卌有八年其次在弟三矣甚可愛也余得前刻後十日小子武仲始見而模本云後五年太守晉原李公始為作屋護之索余考鐫之石東萊蔡迨書按陶氏古刻叢鈔以蔡迨此文分屬於前後二碑之下遂若此記無歲月者合之前條乃知蔡迨得此刻在宋孝宗乹道二年丙戌其鐫記於石當在乹道七年辛卯也記中云此刻後尊楗閣記卌有八年則尊楗閣記當在光武之中元元年是固東漢最古之刻而不見於著録金石諸家僅借此記以表其名耳可不惜哉又按此刻復齋碑目作永元六年攻石題婁氏字原作永元十六字

漢金石刻文見於諸家摹本者尚多然呂薛所摹已不無筆勢小異王宷汝帖所摹又多率略不加精考非得拓本不足以為据也是以不具摹載

補遺之三 凡三種

廣都公乘伯喬殘題名

公乘伯喬曹守長郡鄐村雒

右殘題名隸書洪氏隸續云所存者一列二人今見雙鉤摹本乃作三行蓋是從舊裝成冊者摹得之故不著斷闕之迹耳又按婁氏字原所次漢碑之目悉依洪氏原次獨一百九十八無此種而有永元十六字不知何也

貞女羅鳳墓闕

漢貞女羅鳳墓

今見雙鉤摹本無上朱爵額矣洪氏所謂筆勢清逸尚髣髴見之

永初官壂文

永初七年作官壂

此文隸續載其二本云二壂惟七及官字文有反背不同据隸續所録其一七字反官字正又其一七字正官字反也今見雙鉤摹本則七字官字皆反書又壂字隸續作甓今見摹本乃作壂豈傳者

非一本耶然婁氏所摹官字中間筆迹與此微異
而於鑿之為戭亦不采入二十三錫者何也
以上三種皆趙晉齋所藏舊拓本何夢華元錫重
摹勒石寘于南昌儒學齋廡予未見拓本僅就何
君石本録之

兩漢金石記卷第二十二

日講起居注官　文淵閣直閣事詹事府詹事兼翰林院侍讀學士大興翁方綱

班馬字類附記

秦本紀云天子賜孝公黼黻鄒誕生音甫弗而鄒氏
之前史本已從黹矣

秦本紀獻公二十一年與晉戰于石門斬首六萬
天子賀以黼黻按史記此文是獻公非孝公也然
今所行史記板本皆作黼黻从黹不从黹也蓋是
後人改之婁氏此書猶見宋以前之舊本耳

釭

漢書趙后傳黃金丨服虔音工流俗讀音江非

也

漢書趙后傳黃金丨師古曰釭音工流俗讀之音
江非也騐今本說文釭古雙切惟玉篇古紅古雙
二切亦不引說文本音廣韻則引說文曰車轂中
鐵也又古雙切按廣韻此文系於古紅切下而其
引說文云又古雙切足知說文舊本先以古紅切
明矣今本說文乃徐氏所妄者適得顏監所謂流
俗之讀耳

訟

史記吳王濞傳丨共禁弗予徐廣曰丨音公正
義音容言相容禁止不與漢書作頌讀曰容

史記吳王濞傳注徐廣曰訟音公裴駰案如淳曰訟公也漢書注如淳曰頌猶公也師古曰頌讀如容按此字公容二音義亦不同婁氏既引史記正義相容之說而又二說並存何也此似當以徐如氏說為是

衕　史記酈生傳陳留天下之|與衝同

方綱按此字本从童說文通道也从行童聲玉篇亦作衝其作衝者注云同上廣韻亦然然則从童者其本字而从重者後來或體耳婁氏謂與衝同則童之改爲重自宋已然矣

廱　漢書禮樂志丞相請立辟|與辟雍同

廱　漢書百官公卿表諸廟寢園食官令長丞有|太宰太祝令丞文穎曰主熟食官如淳曰五時在|故置師古曰如說是也太宰即具食官不當復置饔人也

驗此二文今漢書板本皆作廱旁無二畫當是婁氏一時所見板本偶有加二畫於旁者然攷隸楷以來凡从广之字頗有加二畫於旁者矣當必自漢時有之評此等字惟應鷹字本从𤸰省是以仍沿其形若辟廱字自無借疒旁之理也假使漢世之字或有如此者亦出於義理之外而況今本又並不如此則此二字之借用不亦可以已乎

雝　史記孔子世家雒|音離

孔子冢塋閒樹柞枌雒離女貞五味此裴駰集解之語非世家正文也今世所行汲古閣本訛作雒離

秭鳩　史記歷書||先滭上音子下音規

史記||先滭徐廣曰秭音姊鳩音規子𨿽鳥也一名鶗鴂駰案此字今行世板本史記皆作鳺其字又作𨿽音規似乎旁从夫者今考之知其不然也

規字但取音耳其字之从夫與此字絕不相涉玉篇鳺方于切鳺鳩也則从夫之字自音方夫切矣玉篇又云鴂古惠古穴二切鶗鴂也則鴂原有二音而古穴切之音即鴂當从夬可以無疑玉篇鳺字古穴切可證也漢書揚雄傳徒恐鶗鴂之先鳴子師古曰鶗鳺一名子規鶗音大系反鴂音桂鶗字或作鷤亦音題鳺又音決此條作鳺从夬是其明證也

丌　史記周紀其登名民三百六十夫不顯其當作||古其字

今史記周紀板本云其登名民三百六十夫不顯亦不賓滅徐廣曰一云不顧失亦不賓失㓕一又云不顧亦不恤也

紂　漢書昌邑哀王傳女羅丨音敷

按此字本非假借之字可以不存然後人有因板本之訛作紂字音敷者是則存以正訛可矣

怚　史記王翦傳秦王丨而不信人通作粗

方綱按婁氏此條誤也史記王翦傳秦王怚而不信人徐廣曰怚一作粗音麤按說文怚驕也从心且聲子去切粗疏也从米且聲徂古切二字音義

不同此文一本作粗而粗字本上聲非平聲是以徐氏注曰音麤謂其一本之作粗者音麤耳非謂怚音麤也詳玩此注不特怚字無音麤之說并可以見粗字與麤字亦原不相同所以徐氏有粗音麤之訓也婁氏誤讀徐注乃以怚與粗通其失甚矣

嗁　漢書五行志兒丨腹中亦啼字

按此字後人作啼乃俗體耳婁氏謂嗁亦啼字是何說乎

位　史記孔子世家余丨回留之不能去云丁奚反

此特板本偶然作位未可遽攟入類

雷　史記孝景紀後三年十二月晦丨正義音雷本是雷字傳誤寫

方綱按史記孝景紀後三年十二月晦靁徐廣曰一作雷字又作圖字實所未詳按說文靁陰陽薄動靁雨生物者也从雨畾象回轉形魯回切古文作䨻籒文作𩆲靁閒有回回靁聲也据此言象回轉形又言回靁聲則䨻字當从㐭雲雷字當从回也徐氏云未詳者專指其一本又作圖字者耳洪文惠急就篇亦言圖字有作畱者蓋漢時寫畱

字下半作回上半作㠯形與雷近而致訛耳豈得併以畱字爲傳誤乎

𠦑　漢書司馬相如傳仰丨橑而捫天丨古攀字橑椽也音老

漢書司馬相如傳仰𠦑橑而捫天師古曰𠦑古攀字揚雄傳爨既𠦑夫傅說兮晉灼曰𠦑慕也師古曰𠦑古攀字愚按馬揚二賦𠦑字實一字耳顏注之訓亦同而婁氏析爲二字何也說文𠦑引也从反𠬞此字音拱今班馬字類板本既誤爲二字遂以相如傳之𠦑字訛寫爲艸於是不特字形訛舛而字

義亦晦矣

凋　漢書郊祀志張敞美陽鼎刻書曰黼黻丨戈與

凋同酷吏傳斲丨爲樸與彫同

此皆顔注文也按古鐘鼎文字作肅説文琱治玉也彫琢文也此二字原自可通至於凋乃蕭落之義豈可通乎廣韻彫刻字亦作雕則後人又以鳥名之字通之皆失其本矣

疵　漢書律歷志旁有丨焉不滿之處吐彫反

漢書律志旁有丨焉不滿之處吐彫反此顔注文也驗今本漢志作疵廣韻疵不滿之皃

俚　漢書季布贊其畫無丨之至耳晉灼曰揚雄方言丨聊也許氏説文曰賴也此爲其計畫無所聊賴

驗今説文云聊也玉篇引説文亦同婁氏引此注許氏説文曰賴也此條可備説文考證

豪　史記項羽紀沛公入關秋丨不敢有所近漢書高帝紀吾入關秋丨無所敢取與毫同

方綱按此字本作豪籀文作豪个隸楷又省作豪共别作毫者俗字也婁氏乃云與毫同非是

襄　史記高祖紀丨侯王陵丨當爲穰而無禾字亦耳今郤公或作名此類多矣

方綱按史記高祖紀襄侯王陵降西陵嵩昭曰漢封王陵爲安國侯初起共時在南陽南陽有穰縣疑襄當爲穰而無禾字省耳今郤公或作名字此類多矣瓚曰時韓成封穰侯江夏有襄是所封据此則注載二説不同自以瓚説爲是况嵩氏亦云疑當爲穰此尚是未定之説而婁氏遽信之援以入類豈不誤哉

逷　史記太倉公傳重陽者丨心主音唐猶盪也

史記倉公傳重陽逷心之逷从易音唐此與鍚字徐盈切从易者同耳今驗漢韓勑碑陽字亦皆从易蓋漢人隸書隨手之誤習焉不察而此二字後來板本遂致多有混用者此字从易音唐亦歧混之所自矣

糧粮　史記司馬穰苴傳取將軍之資糧享士卒又身與士卒平分粮食

此粮字亦板本偶然涉俗體耳未可据也

耐　漢書高紀罪丨以上古耏字音若能

按高紀注應劭曰輕罪不至於髡完其耏鬢故曰耏古耏字从彡髮膚之意也杜林以為法度之字皆从寸後改如是言耐罪已上皆當先請也耐音

若能如淳曰耐猶任也任其事也師古曰依應氏之說耏當音而如氏之解則音乃代反其義亦兩通而謂頰旁毛也彡毛髮皃也功臣侯表宣曲侯通耏爲鬼薪則應氏之說斯爲長矣愚按顏注雖主應說然應氏以耐卽耏未嘗言耏字音而也說文耏从而从彡奴代切或从寸作耐推此合於杜林之說則應氏所謂古耏字杜林所謂音若能者皆是乃代反也能字古音亦乃代反故曰音若能也婁氏不知舷字有乃代反之讀遂以此字收入蒸登部內失之遠矣又驗今本漢書高惠高后文功臣表宣曲侯通孝文十七年有罪赦爲鬼新据顏注證之知赦字是後人所改也

騣　漢書百官表丨栗都尉服虔曰丨音搜狩之搜索也

愚按漢印文間有或體此必當日印文如此恐當見六明印龍驤將軍有作驢者推是言之班氏漢書取用古字大都本其來處冊書之所載耳非班氏自爲取異也

冘　漢書薛宣傳陰陽丨鬲閉也皮都反

驗今板本作否宜存以備考

佮　漢書藝文志大丨三十七篇古禹字

方綱按漢書藝文志雜家類大命三十七篇師古曰命古禹字說文禹古文作㒳玉篇㒳命並同今班馬字類板本或作命非也

柱　漢書地理志漢中淫失枝丨竹甫反言意相節卻不順從

拄　漢書西域傳以道當爲丨置竹羽反支柱也

此二條當互相證也地理志漢中淫失枝柱與巴蜀同俗注師古曰枝柱言意相節卻不順從也西域傳車師後王姑句目道當爲拄置心不便也注師古曰拄者支拄也言有所置立而支拄於己故心不便也拄音竹羽反又音竹具反其字从手而讀之者或不曉以拄爲梁柱之柱及分破其句言置柱於心皆失之矣据此二文師古以拄字从手不从木然二字音義志傳正足相發明而顏監之注亦未嘗憶及地理志之从木也此當以西域傳注支拄字爲主而枝柱柱字其或體耳

辠　史記武帝紀常山王有丨與罪同漢書賈誼傳赦死丨

按此是罪之本字秦以此字形與皇近改爲罪耳

豈得云與罪同乎
僔　漢書賈誼傳丨若囚拘說文音渠隕反
要引說文渠隕反今說文無此字且今說文本云
切不云反也此條聊備說文考證
刅　漢書揚雄傳丨華蹈衰古掌字
按說文刅从反爪今本漢書作爪則是爪字矣手
爪之爪側狡切此反其形故曰从反爪也班馬字
類板本作刃亦誤
溉　史記五帝紀帝嚳丨執中而徧天下徐廣曰古
既字从水旁

禮　漢書五行志劉屈氂復坐祝丨要斬側擄反古
思按徐氏此說不言所本恐當闕疑
詛字
謯　漢書上官后傳祝丨後宮古詛字
按此二字並云古詛字然考禮字見於洪氏急就
出於宗俱孔謙諸碑其為詛之古字則僅見於此
當云謯為古詛字禮則古詛字之假借或體耳
弟　漢書高惠高后文功臣表錄弟下音義同次第
之第劉向傳罷令就弟讀作第宅之第
按此字本作弟說文弟韋束之次弟也不當轉云

同第
容　漢書五行志思心之不丨讀作容
按此容即睿字無煩音讀也其以左丨為ノ者宋
時板本偶然如此不必異耳說文思字下今本云
容也容即容之誤可知漢時睿字寫作容也
鄼　漢書高紀相國丨侯音贊或云何封沛郡丨縣
才何反
按高紀師古注蕭何傳文穎注皆云音贊其云音
才何反者則沛郡之鄼也其字本从虘後又从贊
故王莽改曰贊治亦沿贊字之音是沛郡鄼邑也
而蕭何沛人故班氏泗水亭銘以才何反押韻然
師古据地理志及功臣表力辨其為南陽之邑非
沛郡之邑今仍當以潁注為主而泗水亭銘直以
為借叶可矣

孌　漢書外戚李夫人傳上所以丨丨顧念我音戀
又力全反
驗今板本作孌宜再查攷
眇　漢書元紀窮極幼眇音要妙儒林傳總五經之
眇論讀曰妙律志究其微眇眇細也莫小反又音妙
按說文無妙字當即是微眇之眇周易妙萬物而

為言妙之从女不知起於何時然其始是眇字無
疑也儒林傳顏注曰眇讀曰妙律志注云又讀曰
妙借後世之妙字以準其讀斯爲當矣似不可云
音妙也

秉　漢書五行志云殺生之丨被命反

按今本五行志云失秉之明者也又云殺生之丨
失而在下師古曰秉音彼命反說文秉从又持禾
後人遂以為秉持之字師古注云謂失所執之權
也此蓋借用為柄字

術　史記樂書識禮樂之文能丨又丨者之謂明丨
作之謂也禮記作述漢書賈山傳丨追厥功丨讀作
述

與述通此字可證洪氏急就一條

滜　史記天官書其色大圜黄丨注云音澤

方綱按臯分澤外佩觿攸譏所謂臯分澤外者謂
以皐為臯耳故馬援傳有四下羊白人羊之議非
謂澤旁睪變為臯也此皆紺黻之類不知亂於何
時然大約在東漢以後矣必非史記原本如此耳

菸　史記黥布傳貢丨上肥下赫姓名也

騐今史記板本作赫不煩音讀矣此當存攷也但
唐人書赫字多作菸恐此即其字耳未知是否

奭　史記竇嬰傳有如兩宮丨將軍音赫怒也

騐今史記本作螫張晏曰螫怒也蟲怒必螫人又
火各反此與裴氏所据不同應存以備考

措　史記梁孝王世家李太后與爭門措指爭格反
索隱音迮說文迫也

今史記本晉灼曰許慎措置措以為笮騐今說文
置也無迫訓笮音此條可据以攷說文

蒜　漢書百官公卿表丨作朕虞古益字

按說文蒜籀文嗌上象口下象頸脈理也玉篇作
嗌蓋嗌古文通也今班馬字類板本訛

涇　史記賈生傳長沙卑丨漢書律歷志銅爲物之
至精不為燥丨變節與濕同

按此涇字乃燥涇字其濕字乃水名出東郡入海
即瀹濟漯字他合切今俗體以濕為燥涇字又以
漯為濟漯字皆非正也裴氏乃謂涇與濕同謬矣
此當云隸从㬎省耳

又按涇从水㬎省聲與濕字从水㬎聲皆因㬎字
得聲而形又相近此俗體所以致訛之由也㬎五
合切古文以為顯或以為繭而說文曰或讀若唫

嗌巨錦切此正與入聲緝合之部同類亦可以證

唐韻入聲部法相承之所自矣

悉　史記周紀襄王告丨于晋

驗今板本作急此特婁氏偶見宋時板本作悉是

俗體之訛不足以入字類按急上从及其項从人

與悉上从爪者不同何可假借

𥟓　史記鼂錯傳上令公卿列侯宗室丨議音雜集

也

驗今本直作集字且如是雜字𥟓特俗書之或體

耳亦無煩音讀也

《兩漢金石記卷十三》　　　　　　　　　　十四

愚按婁氏之書若知女蚤等字不須言同者此類

甚多不可枚舉又如古字或體不必云亦某字者

今皆不具記也又婁氏所記制字作𠜤一條本書

所不採不知何也當更博取舊本班馬字類考之

(K—2683.01)

責任編輯：范鵬偉

封面設計：黄華斌

科學出版社互聯網入口

歷史分社：010—64011837　銷售：010—64031535

E—mail：yangjing@mail.sciencep.com

銷售分類建議：歷史/古籍

www.sciencep.com

ISBN 978-7-03-054676-0

定　價：389.00 元